普通高校“十三五”规划教材·工商管理系列

网络营销基础与网上创业实践

（第二版）

荆　浩◎主　编

赵礼强　孟繁宇　王庆军　王永东　陈　静◎副主编

清华大学出版社

北　京

内容简介

本书是作者在教学实践中，根据多年积累的教学经验凝练而成。本书全面融合了网络营销的基础理论知识和网上创业的实践操作，注重理论与实践的紧密结合，突出实务性，同时具有理论深度，适用范围广，应用性强。

本书共分十五章，第1章至第9章为网络营销基础理论知识介绍部分，重点介绍了网络营销的常用工具和方法、网络市场与网络调研、网络营销STP战略、网络营销组合策略等内容；第10章至第15章为网上创业实践部分，该部分重点介绍了网上创业的准备、网上开店、网上创业营销等内容。全书充分阐述了网络营销的前沿理论、最新应用和网上创业的实践技巧，体现出复合型人才培养的目标。

本书既可以作为高校电子商务、信息管理、市场营销等专业的教材；也可以作为广大电子商务实务工作者的指导性工具书和管理培训参考书。

图书在版编目(CIP)数据

网络营销基础与网上创业实践/荆浩主编. —2版. —北京：清华大学出版社，2017(2024.8重印)
(普通高校"十三五"规划教材·工商管理系列)
ISBN 978-7-302-46689-5

Ⅰ. ①网… Ⅱ. ①荆… Ⅲ. ①网络营销—高等学校—教材 ②电子商务—高等学校—教材
Ⅳ. ①F713.36

中国版本图书馆CIP数据核字(2017)第035904号

责任编辑：陆浥晨
封面设计：汉风唐韵
责任校对：宋玉莲
责任印制：刘 菲

出版发行：清华大学出版社
网　　址：https://www.tup.com.cn，https://www.wqxuetang.com
地　　址：北京清华大学学研大厦A座　　**邮　　编**：100084
社 总 机：010-83470000　　**邮　　购**：010-62786544
投稿与读者服务：010-62776969，c-service@tup.tsinghua.edu.cn
质量反馈：010-62772015，zhiliang@tup.tsinghua.edu.cn
课件下载：https://www.tup.com.cn，010-62770175-4506
印 装 者：三河市龙大印装有限公司
经　　销：全国新华书店
开　　本：185mm×260mm　　**印　　张**：25.5　　**字　　数**：582千字
版　　次：2011年4月第1版　2017年3月第2版　　**印　　次**：2024年8月第6次印刷
定　　价：49.00元

产品编号：073334-01

第二版前言

中国的电子商务发展迅猛，网络购物市场更是越来越繁荣。截至2015年12月，中国的网络购物用户规模达到4.13亿，高于网民增速；网络零售额交易额达到3.88万亿元，占社会消费品零售额的12.9%。网络营销工具与手段不断创新，微博营销、微信营销、网络社群营销等应用日益广泛。2015年，李克强总理在政府工作报告中提出要推动“大众创业、万众创新”，众多的高校大学生将网上创业作为主要的创业模式。

《网络营销基础与网上创业实践》第一版于2011年出版，至今已经五年多了。由于读者的广泛认可，本书于2014年获批辽宁省第二批“十二五”普通高等教育本科省级规划教材。为了满足广大读者的需求并紧跟电子商务和网络营销发展的趋势与特点，作者从2015年开始对本书进行修订更新。在教材的框架体系上，第二版没有做较大的更改。第二版中增加的内容，首先是在网络市场、网络消费者、网络广告等方面全面更新了数据；其次是在网络营销工具、网上创业等方面，增加了微博营销、微信营销、跨境电商等最新的知识点；最后是在一些章节的案例方面做了更新与补充。

本书由沈阳航空航天大学从事网络营销、电子商务等课程理论教学与实践教学的教师共同编写。全书共分为两篇，第一篇是网络营销基础理论部分，共分九章。该部分系统地介绍了网络营销的理论知识，主要包括网络营销的内涵特点、网络营销常用工具、网络市场与网络调研、网络营销STP战略、网络营销组合策略等内容。第二篇是网上创业实践部分，共分六章。该部分重点介绍了网上创业的流程、工具、技巧和方法等，该部分凝练了很多教师和同学网上创业的技巧，具有很强的指导性。

本书编写框架由荆浩确定，荆浩负责全书最后的统稿。第2章、第3章、第9章由荆浩编写，第6章、第10章由赵礼强编写，第1章、第4章由王永东编写，第5章、第7章由陈静编写，第8章由荆浩、王永东共同编写，第11章至第14章由孟繁宇、王庆军共同编写，第15章由王庆军编写。

本书的再版工作得到了清华大学出版社的大力支持，特别是陆浥晨编辑的悉心指导与督促，我们对编辑的辛勤工作表示衷心的感谢。同时，本书在写作过程中，借鉴和引用了大量同行网络营销方面的相关著作、教材、案例以及互联网上的资料，主要参考文献已列在书后，在此对有关作者一并表示衷心感谢。

由于作者水平所限，因此，书中难免有不足和错误之处，敬请读者、专家、学者给予批评指正。

编　者

2017年1月28日

第一版前言

近年来,随着互联网在我国应用的不断普及,网络市场的发展也日渐繁荣。中国电子商务研究中心2010年8月初公布的数据显示,中国网购用户突破1.3亿,到2010年末,网购交易额将达4300亿元。应对日益增加的网络购物者和不断增大的网络购物市场份额,网上营销方法与手段已成为企业和个人网络营销者急需了解和掌握的工具。2008年,全球金融危机对我国广大中小企业的发展产生了严重的影响,电子商务和网络营销成为中小企业迅速摆脱危机的重要途径之一。同时,金融危机也对广大高校毕业生的就业产生了直接影响,网上创业的诸多优势也使其成为众多高校毕业生(在校生)实现创业的重要方式之一。淘宝网最新网络就业数据显示,截至2010年4月30日,淘宝网创造了106万个直接且充分的就业机会,也就是说,有106万人通过在淘宝网上开店实现了就业。全球咨询机构IDC测算,每一人在淘宝开店实现就业,就将带动2.85个相关产业的就业机会。也就是说,截至2010年4月,通过淘宝网进行网上创业已经为产业链创造了302.1万个就业岗位。

随着全球网络经济的飞速发展,网络营销作为企事业单位和个人开展电子商务的核心,所涉及的理论和实践也发展迅速,同时其实践性和应用性也越发显得重要。本书在全面整合网络营销核心理论知识的基础上,融入了网络营销新模式、新方法和新技术。同时,基于网络营销基础,详细地介绍了网上创业的方法和个人网店经营的关键步骤和流程。既注重基础知识的理论性和系统性,又注重实践应用性。

本书的特点可以概括如下:

(1) 全新的内容体系,基于先理论后实践的逻辑思路来撰写。

(2) 实战的案例操作讲解,结合学生成功的网上创业实例介绍,突出实务操作,使学生学习完之后,可以完成网络营销企划、网上商店创建与运营。

(3) 案例新,实用。每章开篇案例引入内容,篇末安排1～3个有针对性案例,每个案例安排3～5道有针对性的讨论题。

(4) 实战的课外作业。突出实务,在作业环节安排了专门网上实践和角色扮演的情景习题,通过作业游戏来锻炼学生的实际应用能力。

(5) 实时性强。紧密跟踪网络营销的发展动态,及时将全新的网络营销模式和统计数据纳入书中。

(6) 参考国外经典教材、阿里巴巴培训认证教程体系,章节内容新颖。

全书共分为两篇,上篇是网络营销基础理论部分,共分9章。该部分系统地介绍了网络营销的理论知识,主要包括网络营销的内涵特点、网络营销常用工具、网络市场与网络调研、网络营销STP战略、网络营销组合策略等内容。下篇是网上创业实践部分,共分5

章。该部分重点介绍了网上创业的流程、工具、技巧和方法等,该部分凝练了很多教师和同学网上创业的技巧,具有很强的指导性。

本书编写框架由荆浩确定,荆浩、赵礼强负责全书最后的统稿。其中第1、6、9章由赵礼强编写,第2、3、4、8章由荆浩编写,第5、7章由陈静编写,第10章由赵礼强、陈静编写,第12、13章由孟繁宇编写,第11、14章由孟繁宇、马丽娜共同编写。

本书在写作过程中,借鉴和引用了大量网络营销方面的相关著作、教材、案例以及互联网上的资料,主要参考文献列于书后,在此对有关作者一并表示衷心感谢。

由于作者水平所限,书中难免有不足和错误之处,敬请读者给予批评指正。

编　者

目录

第一篇　网络营销基础

第二篇 网上创业实践

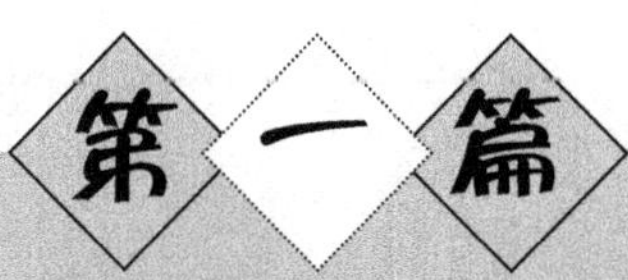

网络营销基础

第 1 章

网络经济与网络营销

【学习目标】

了解网络经济的基本概念和特征；掌握网络环境对传统营销要素、营销策略、营销方式、营销活动、营销理念带来的影响和变革；掌握网络营销理论的基本原理；熟练掌握网络营销的基本概念、类型、特点等；了解网络营销发展现状及趋势。

【关键词汇】

网络经济(network economy)　网络营销(network marketing)　网络营销理论(network marketing theory)

20 世纪 90 年代以来，网络技术的迅速发展，推动了一种新型经济形态——网络经济的产生和快速发展。在网络环境下，传统营销方式遇到了很大冲击，而以现代电子和通信技术为基础的网络营销，则在许多方面存在着明显的优势。

1.1 网络经济下营销理论的变革

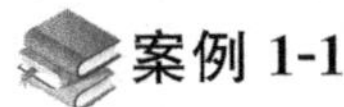
案例 1-1

苏宁由传统零售商转型为互联网公司

2009 年，苏宁超越竞争对手成为全国家电连锁的老大，当年苏宁董事长张近东提出苏宁要从传统的家电零售商向互联网企业转型。2011 年，苏宁易购上线，而彼时苏宁的线下门店处于发展最为迅猛的阶段，常常一天之内在全国同时开出十多家店面。不过当时苏宁已经清醒地认识到互联网的趋势不可阻挡，决心突破自我，甚至不惜艰辛在互联网零售之路上蹒跚起步，外界曾把苏宁转型的决定比作“壮士断腕”。苏宁认为趋势取代优势是任何一个企业都逃脱不了的宿命，企业不怕选择艰难的道路，就怕迷失正确的方向。五年的时间，苏宁一边默默耕耘、苦练内功，一边承受着销售徘徊、利润下降、用户吐槽、舆论诟病、投资者疑惑等外部诸多压力，如今苏宁终于度过这一艰难历程。

从 2014 年开始，进入苏宁“互联网＋零售”的阶段。就是以互联网的技术嫁接、叠加、改造、优化线下的业务流程和零售资源，核心是加渠道、商品、服务。

第一,互联网+线下的渠道。让互联网平台在线下以不同的形式与用户接触,比如云店、易购、服务站、体验区等。云店就是苏宁最重要的互联网产品,张近东要求苏宁的团队要把云店打造成零售业的旗舰店。苏宁上海云店开业仅三个小时销售突破一千万元,当天客流量最高突破5万人次,销售突破3500万元。云店就是要通过吃喝玩乐组合,满足用户多产品的需求,并通过融合线上线下,开展母婴、超市、百货等体验,吸引不同人群的体验,从而提升流量,增强用户的黏性。2015年7月底苏宁在北京首家云店将在联想桥开业。2015年苏宁全国一共规划50家云店。

第二,通过互联网+商品。突破了门店展示数量,陈列方式的局限,互联网虚拟的展示、模拟穿戴和情景搭配,可以更好地实现人和机器、人和商品的互动,以及商品和应用场景的交互,门店的商品出现了无限制的拓展。苏宁还与日本、美国、中国香港公司的海外公司引入海外部的频道,并在实体店进行展示,也就是说未来苏宁可以把世界各地的产品都汇集起来。

第三,互联网+服务。苏宁认为移动支付、场景互联、社交服务将成为线下O2O三大方向。移动端嫁接线下促销资讯、导购流程、支付环节,可以在线开放售前、售中和售后的服务,苏宁易购移动端将全面与线下人员、商品、促销和服务无缝对接,让客户可以实时看到货送到哪里了,还可以查询身边的门店进行什么样的促销,特色售后服务等,并可以进行预约、交易与互动。

张近东透露,2015年苏宁易购在云计算、大数据、O2O、开放平台等应用技术上越来越成熟,物流、客服体验越来越好,商品与运营、终端与后台的融合越来越顺畅。这意味着苏宁自转型以来进行的前台线上线下融合,后台物流、资金流、信息流的互联网化,以及适应互联网快速创新的组织架构调整和管理变革都已经脱胎换骨,传统零售的苏宁已经转型成为了全新的互联网苏宁。张近东表示,苏宁将不再分线上线下,以创新开放的互联网思维全面推进,整体增长将全面对标互联网公司。

(资料来源:根据虎嗅网和《京华时报》等相关报道整理)

案例思考题

(1) 苏宁公司为什么要转型?

(2)"互联网+"给苏宁公司带来哪些好处?

(3) 在网络环境下,苏宁公司是如何将传统渠道和网络技术结合起来的?

1.1.1 网络经济的内涵

1. 新经济

20世纪90年代以来,美国经济出现了第二次世界大战后罕见的持续性的高速度增长。在信息技术部门的带领下,美国自1991年4月份以来,经济增长幅度达到了4%,而失业率却从6%降到了4%,通胀率也在不断下降。这种经济现象就被人们表述为"新经济"。所谓"新经济",实质上就是知识经济,而知识经济,是指区别于以前的以传统工业为支柱产业、以自然资源为主要依托的新型经济。这种新型经济以高技术产业为支柱,以智力资源为主要依托。

众所周知,知识经济是以电脑、卫星通信、光缆通信和数码技术等为标志的现代信息技术和全球信息网络"爆炸性"发展的必然结果。在知识经济条件下,现实经济运行主要表现为信息化和全球化两大趋势。这两种趋势的出现无不与信息技术和信息网络的发展密切相关。现代信息技术的发展,大大提高了人们处理信息的能力和利用信息的效率,加速了科技开发与创新的步伐,加快了科技成果向现实生产力转化的速度,从而使知识在经济增长中的贡献程度空前提高;全球信息网络的出现和发展,进一步加快了信息在全球范围内的传递和扩散,使整个世界变成了一个小小的"地球村",从而使世界经济发展呈现出明显的全球化趋势。因此,知识经济实质上是一种以现代信息技术为核心的全球网络经济。

2. 网络经济的内涵

网络经济是一种建立在计算机网络(特别是互联网)基础之上,以现代信息技术为核心的新的经济形态。它不仅是指以计算机为核心的信息技术产业的兴起和快速增长,也包括以现代计算机技术为基础的整个高新技术产业的崛起和迅猛发展,更包括由于高新技术的推广和运用所引起的传统产业、传统经济部门的深刻的革命性变化和飞跃性发展。网络经济是一种在传统经济基础上产生的,经过以计算机为核心的现代信息技术提升的高级经济发展形态。尽管目前人们对未来经济的描述有多种说法,诸如知识经济、信息经济、后工业经济、新经济、注意力经济,等等,但它们的基础是相同的,这就是计算机与计算机网络,特别是国际互联网络。

1.1.2 网络经济的基本特征

网络经济是知识经济的一种具体形态,这种新的经济形态正以极快的速度影响着社会经济与人们的生活。与传统经济相比,网络经济具有以下显著的特征:快捷性、高渗透性、边际效益递增性、可持续性和直接性。

1. 快捷性

消除时空差距是互联网使世界发生的根本性变化之一。第一,互联网突破了传统的国家、地区界限,使整个世界紧密联系起来。在网络上,不同民族、国家的人们可以自由地交流,以此来沟通信息,人们对空间的依附性大大减小。第二,互联网突破了时间的约束。网络经济可以 24 小时不间断运行,经济活动更少受到时间因素制约。第三,网络经济是一种速度型经济。现代信息网络可用光速传输信息,网络经济以接近于实时的速度收集、处理和应用信息,节奏大大加快了。因此,网络经济的发展趋势应是对市场变化发展高度灵敏的"即时经济"或"实时运作经济"。第四,网络经济从本质上讲是一种全球化经济。由于信息网络把整个世界变成了"地球村",使地理距离变得无关紧要,基于网络的经济活动受空间因素的制约降低到最小限度,使整个经济的全球化进程大大加快,世界各国的相互依存性空前加强。

2. 高渗透性

迅速发展的信息技术、网络技术,具有极高的渗透性功能,使得信息服务业迅速地向第一、第二产业扩张,使三大产业之间的界限模糊,出现了第一、第二产业和第三产业相互融合的趋势。三大产业分类法也受到了挑战。为此,学术界提出了"第四产业"的概念,用以涵盖广义的信息产业;美国著名经济学家波拉持在 1977 年发表的《信息经济:定义和测量》中,第一次采用四分法把产业部门分为农业、工业、服务业、信息业,并把信息业按其产品或服务是否在市场上直接出售划分为第一信息部门和第二信息部门。第一信息部门包含现在市场中生产和销售信息机械或信息服务的全部产业,诸如计算机制造、电子通信、印刷、大众传播、广告宣传、会计、教育等。第二信息部门包括公共、官方机构的大部分和私人企业中的管理部门。除此之外,非信息部门的企业在内部生产并由内部消费的各种信息服务也属于第二信息部门。从以上产业分类可以看出,作为网络经济的重要组成部分——信息产业已经广泛渗透于传统产业。对于诸如商业、银行业、传媒业、制造业等传统产业来说,迅速利用信息技术、网络技术,实现产业内部的升级改造,以迎接网络经济带来的机遇和挑战,是一种必然选择。

3. **边际效益递增性**

边际效益随着生产规模的扩大会显现出不同的增减趋势。在工业社会物质产品生产过程中,边际效益递减是普遍规律,因为传统的生产要素——土地、资本、劳动都具有边际成本递增和边际效益递减的特征。与此相反,网络经济却显现出明显的边际效益递增性。

(1) 网络经济边际成本递减。信息网络成本主要由三部分构成:一是网络建设成本;二是信息传递成本;三是信息的收集、处理和制作成本。由于信息网络可以长期使用,并且其建设费用与信息传递成本及入网人数无关。所以前两部分的边际成本为零,平均成本都有明显递减趋势。只有第三种成本与入网人数相关,即入网人数越多,所需信息收集、处理、制作的信息也就越多,这部分成本就会随之增大,但其平均成本和边际成本都呈下降趋势。因此,信息网络的平均成本随着入网人数的增加而明显递减,其边际成本则随之缓慢递减,但网络的收益却随入网人数的增加而同比例增加,网络规模越大,总收益和边际收益就越大。

(2) 网络经济具有累积增值性。在网络经济中,对信息的投资不仅可以获得一般的投资报酬,还可以获得信息累积的增值报酬。这是由于一方面信息网络能够发挥特殊功能,把零散而无序的大量资料、数据、信息按照使用者的要求进行加工、处理、分析、综合,从而形成有序的高质量的信息资源,为经济决策提供科学依据。同时,信息使用具有传递效应。信息的使用会带来不断增加的报酬。举例来说,一条技术信息能将以任意的规模在生产中加以运用。这就是说,在信息成本几乎没有增加的情况下,信息使用规模的不断扩大可以带来不断增加的收益。这种传递效应也使网络经济呈现边际收益递增的趋势。

4. **可持续性**

网络经济是一种特定信息网络经济或信息网络经济学,它与信息经济或信息经济学有着密切关系,这种关系是特殊与一般、局部与整体的关系,从这种意义上讲,网络经济是知识经济的一种具体形态,知识、信息同样是支撑网络经济的主要资源。一般实物商品交易后,出售者就失去了实物,而信息、知识交易后,出售信息的人并没有失去信息,而是形成出售者和购买者共享信息与知识的局面。现在,特别是在录音、录像、复制、电子计算机、网络传统技术迅速发展的情况下,信息的再生能力很强,这就为信息资源的共享创造了更便利的条件。网络经济在很大程度上能有效杜绝传统工业生产对有形资源、能源的过度消耗,造成环境污染、生态恶化等危害,实现了社会经济的可持续发展。

5. 直接性

由于网络的发展,经济组织结构趋向扁平化,处于网络端点的生产者与消费者可直接联系,而降低了传统的中间商层次存在的必要性,从而显著降低了交易成本,提高了经济效益。为解释网络经济带来的诸多传统经济理论不能解释的经济现象,姜奇平先生提出了"直接经济"理论。他认为,如果说物物交换是最原始的直接经济,那么,当今的新经济则是建立在网络上的更高层次的直接经济,从经济发展的历史来看,它是经济形态的一次回归,即农业经济(直接经济)—工业经济(迂回经济)—网络经济(直接经济)。直接经济理论主张网络经济应将工业经济中迂回曲折的各种路径重新拉直,缩短中间环节。信息网络化在发展过程中会不断突破传统流程模式,逐步完成对经济存量的重新分割和增量分配原则的初步构建,并对信息流、物流、资本流之间的关系进行历史性重构,压缩甚至取消不必要的中间环节。

1.1.3 网络经济与网络营销

万维网是最早通用的全球网络化的具体实现,它允许使用者提供超媒体内容或者互动式地进入超媒体内容,实现使用者之间的相互交流。这些独特的互动形式,包括"机器互动"和"人员互动",在最近几年已经促进了万维网作为一种商业媒体的快速普及。传统的基于大众媒体的沟通方式认为大众沟通是一个一对多的过程,由此,公司通过媒体向大的消费群体传递信息。各种各样的大众媒体的作用有一个最关键的特征,那就是企业和消费者之间不存在互动性。

新的营销沟通蕴藏于超媒体计算机中介环境的模式,如网络承担营销沟通的模式,是一种多对多的媒体沟通模式。借此,消费者可以和媒体互动,企业可以向媒体提供内容。这样的媒体环境与传统媒体环境之间最大的不同在于,这种环境下,顾客可以给媒体提供纯商业导向的内容。在这种媒体模式中,主要的关系不是发送者和接受者之间的关系,而是用于互动的超媒体计算机中介环境内部的关系。在这种新模式中,信息和内容不是简简单单地从发送者传给接收者,而是被参与者用来创造各种媒体环境,然后又由他们来体验这个环境。

1. 营销市场要素的变化

网络营销是在市场营销的基础上发展起来的,网络营销可以被认为是借助于联机网络、计算机通信和数字交互式媒体来实现营销目标的一种市场营销方式。传统的市场营销主要研究卖方的产品和劳务如何转移到消费者或用户手中的全过程,以及企业等组织在市场上的营销活动及其规律性,包括消费者需求研究、市场调研、产品开发、定价、分销、广告、公关、销售等。在上述营销活动的各个过程中,在互联网上开展的网络营销活动在很大程度上有别于传统营销。因此,网络营销对传统营销所带来的冲击是多方面的,也是不可避免的。

根据市场营销学的理论,营销市场是指某种商品的现实购买者和潜在购买者需求的总和。对一切既定的商品来说,营销市场是由消费主体、购买力和购买欲望三个主要因素所构成,其相互之间的关系公式可表述为:营销市场=消费主体×购买力×购买欲望。

在网络信息时代,组成网络营销市场的三个主要因素已经发生改变,具体表现在以下几个方面:

(1) 消费主体的变化。在网络时代,网络市场上的主要消费者的显性特点是年轻化、知识型、有主见和有较高的经济收入,而具有上述特点的网络消费者的隐性特征表现为比较注重自我和具有个性化、遇事头脑冷静和思考理性化、兴趣爱好广泛和刻意追求新鲜事物。

(2) 消费者购买力的改变。以我国的情况为例,改革开放的成功,使我国人均国民收入得以大大提高。根据恩格尔定律,随着人均收入水平的提高,人们的消费需求在满足了基本生活需要的基础上,会逐渐向满足发展体力、智力和娱乐等方面转变。近年来,城乡差别和地区经济发展的不平衡及种种其他原因,产生了一大批年轻的有较高文化程度的高收入者,现代企业必须注意这个拥有较多可以自由支配收入的具有高购买力的网络消费者。

(3) 消费者购买欲望的改变。购买欲望是消费者购买商品的动机、愿望或需求,是消费者将潜在的购买力变为现实购买力的重要条件。购买动机均要受当前社会的政治、经济、科技、文化和宗教等因素的影响和制约,带有时代的烙印。在网络信息时代,网上购物不同于到商场的方便性和优越性,使人们选择上网购物的意向越来越普遍。因此,企业必须面对消费者购买欲望的这种改变。

2. 网络营销对传统营销策略的冲击

传统营销致力于建立并维持和依赖层层严密的渠道,在市场上投入大量的人力、物力和广告费用,这一切在网络时代将被看成为无法负担的奢侈。在网络时代,人员推销、市场调查、广告促销、经销代理等传统营销手法,将与网络相结合,并充分运用互联网上的各项资源,形成以最低成本投入,获得最大市场销售量的新型营销模式。网络营销将在以下几个方面对传统营销策略带来冲击:

(1) 对标准化产品的冲击。作为一种新型媒体,互联网可以在全球范围内进行市场调研。通过互联网,厂商可以迅速获得关于产品概念和广告效果测试的反馈信息,也可以测试顾客的不同认同水平,从而更加容易地对消费者行为方式和偏好进行跟踪。因而,在大量使用互联网的情况下,对不同的消费者提供不同的商品将不再是天方夜谭。

(2) 对品牌全球化管理的冲击。与现实企业的单一品牌与多品牌的决策相同,对开展网络营销公司的一个主要挑战是如何对自己的全球品牌和共同的名称或标志识别进行管理。在实际执行时,对公司的品牌管理采取不同的方法会产生不同的情况。另外,如果公司为所有品牌设置统一的品牌形象,虽然可以利用知名品牌的信用带动相关产品的销售,但也有可能由于某一个区域品牌的失利而导致公司全局受损。这方面的例子是很多的。因此,开展网络营销的公司是实行具有统一形象的单一品牌策略还是实行具有本地特色的多种区域品牌策略,以及如何加强对区域品牌的管理是公司面临的现实问题。

(3) 对定价策略的冲击。相对于目前的各种传统媒体来说,互联网先进的网络浏览功能会使变化不定的且存在差异的价格水平趋于一致。这将对有分销商分布在海外并在各地采取不同价格的公司产生巨大冲击。总之，互联网将导致国际价格水平标准化或至少缩小国别间的价格差别。这对于执行差别化定价策略的公司来说确实是一个严重的问题。

(4) 对营销渠道的冲击。在网络的环境下，生产商可以通过互联网与最终用户直接联系，因此，中间商的重要性将有所降低。制造商通过网络渠道直接与传统零售商展开竞争，导致渠道中间商的作用越来越弱化，使供应链渠道长度缩短，形成渠道中介化。而提供网络增值服务的中介商增加，使供应链渠道宽度变宽，形成渠道再中介化。

(5)对传统广告障碍的消除。企业开展网络营销主要通过互联网发布网络广告进行网上销售，网络广告将消除传统广告的障碍。首先，相对于传统媒体来说，由于网络空间具有无限扩展性，因此在网络上做广告可以较少地受到空间篇幅的局限，可以尽可能地将必要的信息一一罗列。其次，网络广告迅速提高的广告效率也为网上企业创造了便利条件。

3. 对传统营销方式的冲击

随着网络技术迅速向宽带化、智能化、个人化方向发展，用户可以在更广阔的领域内方便地实现声音、图像、动画和文字一体化的多维信息共享和人机互动功能。"个人化"把"服务到家庭"推向了"服务到个人"。正是这种发展将使得传统营销方式发生革命性的变化，其结果将可能导致大众市场的逐步终结，并逐步体现市场的个性化，最终将会以每一个用户的需求来组织生产和销售。

(1) 重新营造顾客关系。网络营销的企业竞争是一种以顾客为焦点的竞争形态，争取新的顾客、留住老顾客、扩大顾客群、建立亲密的顾客关系、分析顾客需求、创造顾客需求。因此，在网络环境下，公司如何与散布在全球各地的顾客群保持紧密的关系，并能正确掌握顾客的特性，再通过对顾客的教育和对本企业形象的塑造，建立顾客对于虚拟企业与网络营销的信任感，这些都是网络营销成功的关键。基于网络时代的目标市场、顾客形态、产品种类与传统模式下的种种会有很大的差异，如何进行跨越地域、文化和时空的差距重新营造企业与顾客的关系，将需要许多创新的营销行为。

(2) 对营销战略的影响。由于互联网具有平等性、自由性和开放性等特征，使得网络时代企业的市场竞争是透明的，人人都能掌握竞争对手的产品信息与营销行为。因此，胜负的关键在于如何适时地获取、分析、运用这些在网络上获得的信息，研究并采用具有优势的竞争策略。从这一点来分析，可以使小企业更易于在全球范围内参与竞争，这一点是跨国公司所不能忽视的。无论怎样看，网络营销都将降低传统营销环境下跨国公司所拥有的规模经济的竞争优势，给中小企业和公司提供了一个与大公司进行公平竞争的平台。在互联网的环境下，企业间的策略联盟是主要竞争形态，运用网络来组成企业的合作联盟，并以联盟所形成的资源规模创造竞争优势，将是网络时代企业经营的重要手段。

(3) 对跨国经营的影响。在网络时代，企业开展跨国经营是非常必要的。在过去分工经营的时期，企业只需专注于本行业和本地区的市场，而将其在国外的市场委托给代理商或贸易商去经营。但互联网所具有的跨越时空连贯全球的功能，使得进行全球营销的成本低于地区营销，因此企业将不得不进入跨国经营的时代。网络时代的企业，不但要熟悉不同国度的市场顾客的特性以争取他们的信任,满足他们的需求,还要安排跨国生产、运输与售后服务等工作,并且这些跨国业务大部分都是要经由网络来联系与执行的。

可见,尽管互联网为现存的跨国公司和新兴公司(或它们的消费者)提供了许多利益,但对于企业经营的冲击和挑战也是令人生畏的。任何渴望利用互联网进行跨国经营的公司,都必须为其经营选择一种恰当的商业模式,并要明确这种新型媒体所传播的信息和进行的交易将会对其现存模式产生什么样的影响。

(4) 企业组织的重整。互联网的发展带动了企业内部网(Intranet)的蓬勃发展,使得企业的内外沟通与经营管理均需要依赖网络作为主要的渠道与信息源。因此对企业所带来的影响包括业务人员与直销人员减少、组织层次减少、经销代理与分店门市数量减少、营销渠道缩短,以及虚拟经销商、虚拟门市、虚拟部门等企业内外部的虚拟组织盛行。这些影响与变化,都将促使企业对于组织再造工程(re-engineering)的需要变得更加迫切。

4. 网络环境下营销活动的演变

从网络经济的本身看,首先,它使经济活动的扩展具有全球性,可达互联网连接的所有国家和地区,进入全球市场,扩大营销范围,并充分利用全世界的生产要素。其次,它使经济活动的低成本和高效率具有十分广泛的普遍性。上网的企业、家庭和其他单位,都会因交易费用降低、商机选择增多而获益。最后,它还使经济活动的主体行为有多选择性,促进生产与消费的个性化。

基于网络,厂商就能够将信息技术与营销实践结合在一起。网络技术对营销活动的影响如表 1-1 所示。

表 1-1 网络技术对营销活动的影响

互联网技术的属性	对营销活动的意义
传递字节,而不是原子	数字形式的信息、产品、交际可以近乎实时地存储、传递和接收。文字、图像、照片、音频、视频都可以数字化,但是数字产品是无法触及的
充当沟通的媒介	不管身处何方,志同道合的人(比如,进行在线拍卖和音乐文档共享)可以聚集在一起,进行商业合作。技术方便了人们进行实时的沟通、分享信息(如供应链中的多家企业)
全球化	互联网开辟了新的市场,人们可以在全球范围内合作,员工可以跨国协调,销售人员也能进行远程信息交换
网络延伸	利用自动化沟通的便利,企业可以扩展市场,消费者则可以在第一时间告知他人自己的品牌感受
跨时空	消费者对企业的沟通效率抱有更大的期望,希望企业的工作流程能够更快一些
信息对等	企业可以对信息进行规模定制,使消费者对产品和价格等信息有更多的了解
标准公开	为实行流畅的供应链管理和客户关系管理,企业可以相互获取对方的数据库信息。在这方面,大小企业是平等的
市场结构	非传统企业(如网络服务中介)承担了许多分销渠道的工作,新的行业纷纷涌现(如网络服务提供商)
工作的自动化	网络的自动服务功能降低了经营成本。出现了自动交易、自动支付、自动实施等功能

互联网的这些属性，不仅使得营销战略和策略得到更加有效的实施，而且帮助改变了营销活动的方式。例如，人们发明了信息数字化的方法，这样就彻底改变了信息和软件的传递方式，并且开发出了新的交易渠道。此外，由于人们能够平等地分享信息，所以对信息的控制从向厂商倾斜变成了向消费者倾斜。表1-1列出了互联网为营销活动带来的优势，由上可以得出这样的结论：信息技术，特别是互联网，促使营销实践发生了根本的变革。这些变革绝大多数可以帮助传统的营销活动更有效地接触市场、增加销售。然而，也有一些变革使得传统的营销活动从根本上发生了改变。

(1) 市场力量从卖方转移到了买方。不管是个体的消费者还是企业的客户，如今都变得格外挑剔，因为在全球各地存在着无数的竞争者，他们都在抢生意。客户只要点一下鼠标，就有可能投入竞争者的怀抱。因此，对客户需求的关注成为稀缺的商品，良好的客户关系就是企业最有价值的资产。

(2) 市场细分。大约从1992年开始，大众消费市场逐渐萎缩，取而代之的是以少数消费者为目标群体的小众市场。互联网把这种趋势发挥到了极致，那就是一个客户一个市场。它要求厂商迅速做出回应，面对很小的目标市场生产产品，设计个性化的沟通方式。

(3) 缩短了距离。如今，厂商要与商业伙伴、供应商、客户进行沟通和协调，或仅仅是朋友之间的闲聊，距离再也不是障碍。有了互联网，身在何处已经不再重要，许多厂商已经把传统的沟通媒介搁置在一边。

(4) 改变了传统的时间观念。企业利用互联网与合作者或者投资人进行沟通，时间已经不是一个问题。在线上可以做到真正意义上的全年无休。人们可以在自己认为合适的时间上网交流。有些管理者需要与其他地域的合作者协调，这时候，时区已经不再是问题。

(5) 信息管理无比重要。在数字时代，收集、存储、分析客户信息已经变得十分容易，成本也很低。在实施营销计划的过程中，管理者就可以跟踪计划执行的结果。每一项活动都可以形成报告。但是，要把数据库里浩瀚的信息变成对战略决策有意义的资料，却不是一件容易的事情。

由此可见，网络经济的大发展一方面促使覆盖全球的网络市场形成，这必将推动传统营销活动与互联网的有机结合；另一方面也促使电子商务的蓬勃发展，进而吸引企业和消费者对网络营销的共同关注。

5. 网络环境下营销理念的演变

市场导向使市场营销观念变得可以操作，根据这种观念，企业努力地发现顾客需要，并在有一定利润的前提下满足顾客需要。市场导向意味着“组织范围内关于市场的知识的产生与现在以及将来的顾客需要有关”，因为在技术不确定性的影响下，未来数年在网上开发新产品的企业仍将面对这些条件。同时因为市场导向能为处于这种情况中的企业赢得重要的竞争优势，所以，那些对以网络为基础的业务感兴趣的公司都尽量采用市场导向。

然而，令人惊讶的是，市场营销观念的演变中，让消费者共同推动这种对新兴网络媒体发展的工作做得还不够好。实际上，这种新兴媒体的发展基本上是在一对多的大众沟通模式指导下进行的,这种模式的前提条件是被动大众"受体"在增长,而不是寻找不同体验的异质用户在增长。但是,为了采用市场导向,企业必须了解他们的顾客,进行消费者调研。可惜的是目前有深度的消费者调研工作开展得非常之少,也许是因为在信息密集的环境下,市场营销的职能常常是由其他职能部门来执行,而这些部门对营销作用了解得不如营销人员那么深刻,才造成这样的结果。

当今存在于技术领域和市场领域的网络风暴代表的不仅仅是技术的演变。因此,我们认为成功的网络营销工作需要有市场营销观念的进步相配合,企业不仅要努力发现顾客需要,而且在满足顾客需要的同时盈利,还要通过开发电子商务新模式去从事各种有利于网络这一新兴媒体正常发展的市场营销活动。这就是我们提出的扩展市场营销的观念。

以反映传统营销模式的现行营销实践来举例,从企业的角度来看,最为人所知的一个难处是绝大多数网站不能够吸引访问者注册,特别是在消费内容不需要付费的情况下还存在这种情况。但是如果企业连它的网站的访问者的特征都不知道,市场营销观念的应用又从何谈起呢?一种建议就是要把注册信息集中,通过集中注册信息从消费者那里收集各种人口统计数据和心理统计数据,再将收集来的数据在站内或跨网站销售,卖给那些希望与消费者导航建立链接的网站,以及那些对包含消费者营销变量的消费者交易行为感兴趣的网站。

但是,如果考虑把网络作为一个多对多的沟通媒体,在此基础上构建出来新的模式可能意味着要把注册过程分散,这样消费者才能在他向网站出售其所需要的个人资料及利益的同时,仍然能保持对所售信息的所有权。发展这样的观念也许不仅能推动注册,还能允许顾客参与注册过程,并从注册过程中受益。

以上情况充分说明,市场营销的作用已发生了变化,其作用不再是"单纯"地满足顾客需要,而是要实现一个推动市场发展的、有利他人的共同目标,一个明显地不排除消费者的目标。这种变化与美国国家科学院 1994 年的报告是相吻合的:"在新的商业环境下,合作比竞争产生的回报可能更大,信息共享比信息独享产生的回报可能更高。"

1.2 网络营销的理论基础

网络营销区别于传统营销的根本原因是网络本身的特性和消费者需求的个性化。在这两者的综合作用下,使得传统营销理论不能完全胜任对网络营销的指导。因此,需要在传统理论的基础上,从网络的特性和消费者需求的演化这两个角度出发,对营销理论进行重新演绎和创新。

1.2.1 直复营销理论

美国直复营销协会为直复营销下的定义如下:直复营销是一种为了在任何地方产生可度量的反应和达成交易而使用一种或多种广告载体交互作用的市场营销体系。简单地讲,直复营销就是任何与消费者或企业直接进行沟通,企图能直接产生回应的营销方式(例如对企业所提供的产品或服务,能直接订购、询问更多信息或到特定地方去参观)。传统的直复营销媒体有直接信函、电话、目录与邮购、有线电视、报纸、杂志、广播等。比起传统的从批发商到零售商的分销方式，直复营销具有很多优点，如减少中介、提供充分的商品信息、减少销售成本、无地域障碍、优化营销时机、以顾客反馈信息开发和改善产品、控制精确测定成本和业务量等。

互联网作为一种高效率的交互式的双向沟通媒体，自然成为直复营销的最佳工具。这表现在以下几个方面：

第一，借助互联网，企业与顾客之间可以实现直接的一对一的信息交流和直接沟通，顾客可以直接通过网络订货和付款，企业可以通过网络接受订单、安排生产，直接将产品送给顾客。从网上销售的角度来讲，网络营销是一种典型的直复营销。

第二，互联网的方便、快捷使得顾客可以方便地通过互联网直接向企业提出建议和购买需求，也可以直接通过互联网获得售后服务。企业也可以从顾客的建议、需求和要求的服务中，找出企业的不足，按照顾客的需求进行经营管理，减少营销费用。

第三，直复营销的一个最重要的特性，就是营销活动的效果是可测量的。互联网作为最直接、最简单的沟通工具，可以很方便地为企业与顾客提供支持与交易平台，通过数据库技术和网络控制技术，企业可以很方便地处理每一位顾客的购物订单和需求，而不用考虑顾客的规模大小、购买量的多少。这是因为互联网的沟通费用和信息处理成本非常低廉。网络营销以直复营销作为理论基础，说明网络营销是可测试、可度量、可评价的。有了及时的营销效果评价，就可以及时改进以往的营销努力，从而获得更满意的结果。

网络营销作为一种有效的直复营销策略，源于网络营销的可测试性、可度量性、可评价性和可控制性。因此，利用网络营销这一特性，可以大大改进营销决策的效率和营销执行的效用，麦考林国际邮购有限公司就是一例。因特网也直接催生了一些网络直复营销商，如美国的 MyPoints 早已成为美国网上消费者最喜欢的直复营销网站之一，中文利网(http://www.chinabonus.com)则是中国的因特网直接催生的网络直复营销商。

1.2.2 关系营销理论

关系营销(relationship marketing)是一种与关键对象(顾客、供应商、分销商)建立长期满意关系的活动，以便维持各方之间长期的优先权利业务。根据世界著名的营销学权威、美国西北大学教授菲利普·科特勒的观点，关系营销是当今营销学中最被看好的趋势之一。

网络关系营销的常用方式有以下两种：

(1) 互动栏目设计。互动栏目的运用是充分发挥网络特性的一种营销手段，通过互动栏目可充分了解访问者的特征及喜好，从而更直接地掌握第一手的市场资料。此手段要与其他网络推广手段相配合。

(2) 会员关系管理。针对网络会员设计一系列服务，通过网络会员管理系统可以准确地了解每个人不同的喜好及基本情况。有针对性地为会员提供信息及服务，可以在恰当的时间把恰当的信息/服务送到恰当的人手中。

在网络关系营销理论中互联网是作为一种有效的双向沟通渠道，企业与顾客之间可以实现低费用成本的沟通和交流，它为企业与顾客建立长期关系提供有效的保障。主要

表现在:

第一,利用互联网,企业可利用柔性化的生产技术最大限度地满足顾客的个性化需求,为顾客在消费产品和服务时创造更多的价值。企业也可以从顾客的需求中了解市场、细分市场和锁定市场,最大限度地降低营销费用,提高对市场的反应速度。

第二,企业利用互联网可以更好地为顾客提供服务和与顾客保持联系。互联网的不受时间和空间限制的特性能最大限度方便顾客与企业进行沟通,顾客可以借助互联网在最短时间内获得企业的服务。同时,通过网上交易方式,企业可以实现对产品质量、服务质量和交易、服务过程的全程质量控制。

第三,企业通过互联网还可以与相关的企业和组织建立关系,实现双赢发展。互联网作为最廉价的沟通渠道,它能以低廉的成本帮助企业与企业的供应商、分销商等建立协作伙伴关系。联想计算机公司就是通过建立电子商务系统和管理信息系统实现与分销商的信息共享,降低库存成本和交易费用,同时密切了双方的合作关系。

关系营销的核心是保持顾客,为顾客提供高度满意的产品和服务,在与顾客保持长期关系的基础上开展营销活动,实现企业的营销目标。实施关系营销并不是以损害企业利益为代价的。研究表明,争取一个新顾客的营销费用是保持老顾客费用的5倍。因此,加强与顾客关系并建立顾客的忠诚度,是可以为企业带来长远利益的。关系营销提倡的是企业与顾客双赢策略。互联网使企业与顾客之间可以实现低成本的沟通和交流,是企业与顾客建立长期关系的有效保障。

1.2.3 "软营销"理论

1. 网络软营销与传统强势营销的区别

"软营销"理论是针对工业经济时代以大规模生产为主要特征的"强势营销"提出的新理论,它强调企业进行市场营销活动的同时必须尊重消费者的感受和体验,让消费者主动接受企业的营销活动。强势营销活动中最能体现强势营销特征的是两种促销手段:传统广告和人员推销。在传统广告中,消费者常常是被动地接受广告信息的"轰炸",它的目标是通过不断的信息灌输方式在消费者心中留下深刻的印象,至于消费者是否愿意接受、需要不需要则不考虑。在人员推销中,推销人员根本不考虑被推销对象是否愿意和需要,只是根据推销人员自己的判断强行展开推销活动。在互联网上,由于信息交流是自由、平等、开放和交互的,强调的是相互尊重和沟通,网上使用者比较注重个人体验、隐私保护,因此,企业采用传统的"强势营销"手段在互联网上展开营销活动势必适得其反。因此"软营销"应运而生。

"软营销"与"强势营销"的一个根本区别在于:"软营销"的主动方是消费者,而"强势营销"的主动方是企业。消费者在心理上要求自己成为主动方,而网络的互动特性又使他们变为主动方真正成为可能。网络营销恰好是从消费者的体验和需求出发,采用"拉"(pull)式策略吸引消费者关注企业来达到营销效果。在互联网上开展网络营销活动,特别是促销活动,一定要遵循一定的网络虚拟社区规则,也称为"网络礼仪"。网络"软营销"就是在遵循网络礼仪的基础上巧妙营销而达到一种微妙的营销效果。

2. 网络软营销中两个重要概念

网络社区(network community)和网络礼仪是网络营销理论中所特有的两个重要的基本概念,是实施网络“软营销”的基本出发点。网络社区是指那些具有相同兴趣、目的,经常相互交流,互利互惠,能给每个成员以安全感和身份意识等特征的互联网上的单位或个人所组成的团体。网络社区也是一个互利互惠的组织,同时网络社区成员之间的了解是靠他人发送信息的内容,而不像现实社会中的两人间的交往。因此在网络社区这个公共论坛上,人们会就一些有关个人隐私或他人公司的平时难以直接询问的问题展开讨论。基于网络社区的特点,不少敏锐的营销人员已在利用这种普遍存在的网络社区的紧密关系,使之成为企业利益来源的一部分。

网络礼仪是互联网自诞生以来所逐步形成与不断完善的一套良好、不成文的网络行为规范,如不使用电子公告牌BBS张贴私人的电子邮件,不进行喧哗的销售活动,不在网上随意传递带有欺骗性质的邮件,等等。网络礼仪是网上一切行为都必须遵守的准则。

1.2.4 整合营销理论

整合营销兴起于商品经济发达的美国,是20世纪90年代以来在西方风行的一种实战性极强的操作性策略。整合营销又称整合营销传播(integrated marketing communication, IMC),根据全美广告协会的定义:“整合营销是一个营销传播计划的概念,即通过评价广告、直复营销、销售促进和公共关系等传播方式的战略运用,并将不同的信息进行完美的整合,从而最终提供明确的、一致的和最有效的传播影响力。”

整合营销强调营销即是传播,即和客户多渠道沟通、和客户建立起品牌关系。与传统营销“以企业为中心”相比,整合营销更强调“以客户为中心”。IMC的倡导者,美国的舒尔茨教授用了一句简单的话来说明这种理论重心的转移。他说,过去的座右铭是“消费者请注意”,现在则是“请注意消费者”。在传统营销理论架构中,居中心地位的是20世纪60年代的4P理论(即product、price、place、promotion),进入90年代以来,营销领域逐渐转向4C理论。4C理论主张的观点是:先将产品搁置一边,认真研究顾客的需求与欲望(consumer wants and needs),不要再卖你所能制造的产品,而是卖顾客确定想购买的产品;暂时忘掉定价策略,先了解顾客满足其需求与欲望支付的总成本(cost);暂时忘掉渠道策略,先考虑顾客购买的便利性(convenience);暂时忘掉促销,注意与顾客的沟通(communication)。4C理论是整合营销的支撑点和核心理念。

根据网络营销与传统营销整合的途径,总结网络营销与传统营销的整合模式大致包括:

(1) 传统企业建立自己的网站进行营销。传统企业借助现代互联网络,建立自己的营销平台,直接面对面地在网上与客户进行一系列营销活动。

(2) 传统企业借助网络企业营销。传统企业借助网络企业现有的技术和条件,借船下海、借风扬帆,通过在线营销方式与客户进行交易,这样节约了成本,其经营活动也更加快捷。

(3) 网络企业借助传统企业营销。网络企业充分利用传统企业完善的配送体系,实现从网上营销到网下营销的完美连接。

(4) 网络企业自建实体营销。如有的网络营销公司走多元化或经营、销售一体化模式,建立连锁店或大型超市,通过网上广告向客户推荐促成网下客户实际购买,来实现营销目标。

上述(2)(3)模式实际上就是"鼠标+水泥"营销模式。所谓的"鼠标+水泥"营销就是指将先进的互联网技术与传统优势资源相结合,利用先进的信息技术提高传统业务的效率和竞争力,实现真正的商业利润的一种营销模式。"鼠标+水泥"是一个传统企业e化和互联网公司实体化的趋同过程,也是传统营销和网络营销整合、优化过程。在网络经济中,"水泥"式的传统企业扮演着重要的角色,它们具有新兴或虚拟企业无可比拟的物理优势和基础环境,往往比".com"企业更具有竞争和生存优势。这些传统的实体企业是社会物质财富的直接创造者,是社会经济的基础和支柱。新技术的出现只有应用到传统企业中,真正实现生产力的提高,才会推动整个社会经济的向前发展。随着一些大型传统企业纷纷"触网","鼠标+水泥"营销模式成了传统企业的选择。对传统企业来说,如何将"鼠标"与"水泥"整合起来,有效地开展营销活动,获得竞争优势是极其重要的。这就需要企业充分认识"鼠标+水泥"营销模式面临的问题并找到相应的对策。

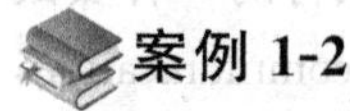

案例 1-2

戴尔网络整合营销策略

戴尔是国际个人电脑销售排名第一的公司,戴尔公司除了门店直接销售PC外,最主要的营销方式就是网络营销,据了解戴尔公司每年绝大部分营业额就是网络营销。

戴尔公司是由年仅19岁的企业家迈克尔·戴尔创立的,他是计算机业内任期最长的首席执行官,他的销售理念非常简单,那就是:按照各户要求制造计算机,并且向客户直接发货,使公司更能明确地了解客户要求,然后以最快的速度做出回应。这个直接的商业模式消除了中间商,这样就减少了不必要的成本和时间。

直销的另一个好处就是能充分了解客户的需求并对其做出快速响应。通过网络营销,商家的产品从定位、设计、生产等阶段就能充分吸纳用户的要求和观点,而用户的使用心得也能通过网络很快地在产品的定位、设计、生产中反映出来,每一个系统都是根据客户的个别要求而量身定做的。因此在美国,戴尔公司是商业用户、政府部门、教育机构、个人消费者市场名列第一的主要个人计算机供应商。

电脑软硬件产品是十分适用于网络直销,首先,网络用户大多数是电脑发烧友,对于这类信息最为热衷,再加上电脑产品的升级换代快,使得这一市场有着永不衰退的增长点。戴尔充分利用这点,利用互联网推广其直销订购模式,凭借着出色的网络营销发展模式,一举超越所有竞争对手,成为全球销售第一的计算机公司。进入中国市场之后,戴尔以"直效营销 Be Direct"的网络营销模式为基础,加以强大的营销推广,在中国市场上取得了迅猛的发展,仅次联想、方正之后,成为中国PC市场第三大巨头。

网络整合营销4I原则

Interests 利益原则

当戴尔接触网络时,凭着对新技术的敏锐,戴尔率先搭上了最新因特网班车。"我们就应该扩大网站的功能，做到在线销售。”戴尔在出席董事会时，坚定地表示：“网络可以进行低成本、一对一，而且高品质的顾客互动，在线销售最终会彻底改变戴尔公司做生意的基本方式。”1996 年 8 月，戴尔公司的在线销售开通，6 个月后，网上销售每天达 100 万美元。1997 年高峰期，已突破 600 万美元。Internet 商务给戴尔的直销模式带来了新的动力，并把这一商业模式推向海外。在头 6 个月的时间里，戴尔电脑的在线国际销售额从零增加到了占总体销售额的 17%。经过近 10 年的发展，到 2006 年，公司收入已经有 60%～70%来自网上销售。

Interaction 互动原则

网络媒体区别于传统媒体的另一个重要特征是其互动性。戴尔为消费者提供了互动交流的平台，为消费者提供售后的技术支持。戴尔以博客的形式为消费者提供资讯、产品介绍，发布新品。

另外，这里还设置了视频区，你可以看到设计师、工程师设计研发的过程。把消费者作为一个主体，发起其与品牌之间的平等互动交流，可以为营销带来独特的竞争优势。未来的品牌将是半成品，一半由消费者体验、参与来确定。当然，营销人找到能够引领和主导两者之间互动的方法很重要，他们会逐一作着介绍，让大家看到自己的研发过程，给予消费者对产品质量的信赖感，这也满足了部分消费者对产品制造研发的好奇心理。

开设网上在线论坛。不仅是大客户，那些小型企业、大批的居家办公者也被吸引在戴尔品牌的周围。从 1998 年秋季开始，戴尔设立的高层主管与客户的在线论坛“与戴尔共进早餐”，扩大到小型的商业用户，这种现场聊天的话题包括服务器市场走势等大题目，而且还设法让一般用户有机会提出各种各样的问题，然后通过戴尔的在线知识库在人工智能软件帮助下给予自动回答。

提供搜索服务。戴尔也提供了全方位的搜索服务。设置搜索服务可以方便用户查找自己所想要的产品和技术支持。搜索的范围很宽，既有对硬件的搜索，也有对软件的搜索；既有对各种组装好的整机的搜索，也有对各种零配件的搜索等。

Individuality 个性原则

进入戴尔主页，给人一目了然，井井有条的感觉。戴尔计算机公司将其产品分别按照产品种类或者应用领域进行分类。例如，按产品种类可以分为台式机、便携机、服务器和工作站，等等；按应用领域可以分为家庭用、小型商业用、大型商业用、教育用和政府用。不同的产品面向不同的市场，因而实行不同的策略，这实际上也是一种市场策略。

戴尔根据顾客需要，为顾客量身定做电脑，正所谓“量体裁衣”。每一位顾客对电脑的要求是不一样的，所以戴尔公司为消费者“分门别类”：针对不同人群，为不同的人群，不同的资讯，也对不同国家的人群，提供不同语言的服务，还添加了友情链接，让更多的人了解戴尔走向国际化。用户可以根据显示内容和提示，很快就可以找到符合用户要求的产品，并且了解产品的价格和各项功能。

戴尔一直坚持以客户为中心组织企业内部的架构，忠诚地执行最好的“客户体验”的企业口号，从市场、销售到后勤，客户服务部门都以统一的面貌出现在客户面前，客户找到任何一个部门，都能得到统一的答复。在提高客户体验的同时，戴尔的市场、销售成本却大量缩减，这就是戴尔公开的秘密。

针对不同类型的客户,戴尔在安排内、外销售人员方面的资源分配也不同,可能以外部销售为主,内部销售为辅;也可能是以内部销售为主,外部销售为辅,甚至不要安排外部销售人员。

Interesting 趣味原则

这款笔记本针对的是教育市场,这可不是戴尔随口说的。从设计之初,戴尔就与数百名学生、教师、家长和管理人员紧密合作,把他们的需求考虑在内。Latitude 2100 的外壳和常见的金属或者塑料笔记本外壳不同,采用的是橡胶质地,具有防滑功能。柔软的外壳起到缓冲作用,有效避免学生间因为拥挤或者碰撞而造成的意外伤害。但是 Latitude 2100 又很坚固,你会发现它比家用上网本 Mini 10 稍微厚重了一点,这是考虑到适合学生使用,一定的厚度可以让笔记本更加结实。笔记本底部防水,可以避免液体的意外溅入。还有可选便携式肩带,方便学生随身携带。

互联网让营销力量得到了极大的释放,网络营销如此深刻地融入企业的运营模式之中。戴尔公司的网络营销策略迎合了时代的潮流,利用了先进科技发展其网络销售,可谓是开直销之先河,抓住了商机。

(资料来源:http://b2b.netsun.com/detail--4933482.html)

案例思考题

(1) 什么是网络整合营销?

(2) 戴尔公司是如何开展网络整合营销的?

(3) 开展网络整合营销时需要注意些什么?

1.3 网络营销的概述

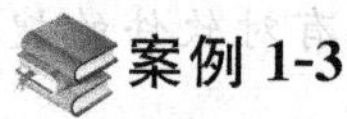

案例 1-3

海尔网络营销策略

海尔集团以优质的服务闻名,海尔的网站建设也突出了这一点:时刻把客户的需要与利益放在第一位。在其网上商店中,除了常规的推荐产品,还有产品定制,“您的难题就是我们的开发课题!”海尔是这么说的,也是这么做的。企业的生命在于创新,海尔集团将以更新、更高、更好的产品满足广大顾客的要求。“只要是您能想到的,我们都能做到”,这是海尔的承诺。海尔网站设有友情链,这在其他企业网站中不多见。从这些链接的功能上看,包括知名的门户网、网上商城、著名的搜索引擎,还有《人民日报》网络版和招商银行。海尔透彻地理解互联网运作与成功的真谛,一切有为之举,均在融合之中。所以海尔会拿出专门的页面设置友情链接,这样的营销策略既显得主家超凡大度,也为这些网站做了标志广告,并可以方便访问者。据公司有关人士介绍,进军电子商务、实施“网上直销”战略是家电企业面临激烈的市场竞争拓展利润空间的必由之路,公司将充分利用海尔集团的“一名两网”(名牌、配送网络、支付网络)的优势,以企业内部的 IT 建设为基础,进一步完善网站,该网站主要以海尔信息介绍和网上浏览为主。目前有几十家国内外网络公司正在就网站的改造和建设方案进行投标工作,以适应下一步电子商务运作。通过业务流程再造，将整个公司业务过程重新进行组合，通过网络真正实现生产、销售和服务的个性化。在CNNIC最新的网站排名中，海尔网站名列中国工业网站第一名。

以高科技、高质量产品而闻名的海尔集团，一贯重视科学研究与开发，不断推出高科技新产品以满足用户的需要。为了跟踪国际最新节能技术，海尔在美国洛杉矶、日本东京等地设立了6个设计分部，11个信息中心，并依托海尔中央研究院研制出了多项国际领先的节能技术。新产品的不断开发需要有雄厚的科技力量作为后盾，社会的不断发展更离不开科学家的创新与奉献。同时海尔还建立了企业间的B2B(http://www.ehaier.com/)电子商务合作模式。这不是简单的"水泥＋鼠标"进军电子商务的姿态，而是行动，"率先整合"的强劲信号着实意味深长，这是中国互联网发展历史上较大的动作之一。海尔正以自己的实力与真诚最大限度地满足用户的需要，为世人创造美好的新生活，创造新的互联网神话。

（资料来源：http://blog.sina.com.cn/s/blog_5dcc990a0100cwl1.html）

案例思考题

(1) 海尔是如何将传统营销和网络营销结合起来的？

(2) 总结海尔网络营销的基本策略。

1.3.1 网络营销含义

1. 网络营销的概念

营销管理专家菲利普·科特勒认为："营销是个人和集体通过创造并同别人交换产品和价值以获得其所需之物的一种社会过程。"它既不同于单纯的降低成本，扩大产量的生产过程，又不同于纯粹推销产品的销售过程。而"市场营销是致力于通过交换过程满足需要和欲望的人类活动"。为了达到这个目的，企业必须不断地改进产品、服务和企业形象，提高产品价值，不断地降低生产与销售的成本，节约消费者耗费在购买商品上的时间和精力。因此，营销过程是一个涉及企业人、财、物、产、供、销、科研开发、设计等一切部门所有人员的系统工程。

今天，网络时代已悄然把我们带进了电子商务的世界，这里有商家、消费者，有产品，也有服务，形成了一个名副其实的虚拟市场。网络营销是以现代信息技术为传播手段，通过对市场的互动营销传播，从而达到满足消费者需求和商家诉求(盈利目的)的过程。简单地讲，网络营销就是利用先进的电子信息手段进行的营销活动。从技术上说，电子商务与网络营销有着密切的联系。电子商务是由于互联网的迅速发展而成为商业活动的新形式，网络营销则是随着电子商务的兴起而成为其发展的必然要求，它是电子商务这一概念涵盖下的一个重要组成部分，而互联网成为电子商务与网络营销的工具。网络营销不等同于网上销售，销售是营销到一定阶段的产物，销售是结果，营销是过程；网络营销的推广手段不仅靠互联网，传统电视、户外广告、宣传单亦可。网络营销不仅限于网上，一个完整的网络营销方案，除了在网上做推广外，还有必要利用传统方法进行线下推广。

2. 网络营销与电子商务的关系

所谓电子商务(e-business)，就是利用数字技术对企业各种经营活动的持续优化。这里所说的数字技术，就是计算机技术和网络技术，因为它们为数字信息的存储和传递创造了条件。企业利用电子商务的手段,吸引并且维系客户和商务伙伴。电子商务已渗透到企业的各项工作的流程中,比如,产品的采购和销售等。它涉及的领域包括数字化沟通、数字化交易、在线市场调研,企业的各个工作岗位上都会用到电子商务。我们可以认为它是电子商务的一个分支,即电子交易。网络营销则是电子商务活动的一个组成部分。但网络营销不仅仅局限于网络,主要表现在:

第一,网络营销的许多技术(比如,客户关系管理、供应链管理、数据交换等使用的硬件和软件)都早于万维网。

第二,不利用万维网的网络沟通(比如,电子邮件、新闻组)也是开展营销活动的有效途径。互联网的部分服务形式已经整合到一起(比如,基于万维网的电子邮件),但是,绝大多数的人并不利用万维网来发送或接收电子邮件。

第三,互联网向各种信息接收装置发送文本、图像、音频、视频的信息,但是这些装置不一定是个人计算机(PC)。各种数字信息可以通过互联网传递到电视机、PDA、手机等信息接收装置,甚至冰箱或汽车上。

1.3.2 网络营销的职能

网络营销的职能归纳为八个方面:网络品牌、网站推广、信息发布、销售促进、销售渠道、顾客服务、顾客关系、网上调研。

(1) 网络品牌。网络营销的重要任务之一就是在互联网上建立并推广企业的品牌,知名企业的网下品牌可以在网上得以延伸,一般企业则可以通过互联网快速树立品牌形象,并提升企业整体形象。网络品牌建设是以企业网站建设为基础,通过一系列的推广措施,达到顾客和公众对企业的认知和认可。在一定程度上说,网络品牌的价值甚至高于通过网络获得的直接收益。

(2) 网址推广。这是网络营销最基本的职能之一,在几年前,甚至认为网络营销就是网址推广。相对于其他功能来说,网址推广显得更为迫切和重要,网站所有功能的发挥都要以一定的访问量为基础,所以,网址推广是网络营销的核心工作。

(3) 信息发布。网站是一种信息载体,通过网站发布信息是网络营销的主要方法之一,同时,信息发布也是网络营销的基本职能。所以也可以这样理解,无论哪种网络营销方式,结果都是将一定的信息传递给目标人群,包括顾客/潜在顾客、媒体、合作伙伴、竞争者,等等。

(4) 销售促进。营销的基本目的是为增加销售提供帮助,网络营销也不例外,大部分网络营销方法都与直接或间接促进销售有关,但促进销售并不限于促进网上销售,事实上,网络营销在很多情况下对于促进网下销售十分有价值。

(5) 销售渠道。一个具备网上交易功能的企业网站本身就是一个网上交易场所,网上销售是企业销售渠道在网上的延伸,网上销售渠道建设也不限于网站本身,还包括建立在综合电子商务平台上的网上商店及与其他电子商务网站不同形式的合作等。

(6) 顾客服务。互联网提供了更加方便的在线顾客服务手段,从形式最简单的FAQ(常见问题解答),到邮件列表,以及BBS、MSN、聊天室等各种即时信息服务,顾客服务质量对于网络营销效果具有重要影响。

(7) 顾客关系。良好的顾客关系是网络营销取得成效的必要条件,通过网站的交互性、顾客参与等方式在开展顾客服务的同时,也增进了顾客关系。

(8) 网上调研。通过在线调查表或者电子邮件等方式,可以完成网上市场调研。相对传统市场调研,网上调研具有高效率、低成本的特点,因此,网上调研成为网络营销的主要职能之一。

开展网络营销的意义就在于充分发挥各种职能,让网上经营的整体效益最大化,因此,仅仅由于某些方面效果欠佳就否认网络营销的作用是不合适的。网络营销的职能是通过各种网络营销方法来实现的,网络营销的各个职能之间并非相互独立的,同一个职能可能需要多种网络营销方法的共同作用,而同一种网络营销方法也可能适用于多个网络营销职能。

1.3.3 网络营销的优势

由于对数字信息的读取廉价而又便捷,所以消费者、众多的企业、大大小小的社区,甚至整个社会都发生了很大的变化。

1. 消费者

有了互联网,消费者不仅能够连续、方便地获取信息,享受娱乐,还能通过网络进行沟通。有人说,"信息就是力量",于是,消费者比以往任何时候都有了更大的力量。例如,他们可以通过搜索引擎搜索信息,比较产品的特性和价格。此外,他们还可以利用互联网直接将音乐、电影及其他各种娱乐节目接收到个人计算机或者电视机上,当然是按照他们自己的时间和媒体选择偏好,而不是被媒体左右。同时,互联网方便了消费者利用电子邮件、网络电话、协同管理软件(比如 NetMeeting)等方式,进行一对一的多媒体沟通。互联网影响着许多人的工作、交际和消费方式,与此同时,厂商们争先恐后地向消费者提供价值,以从网络经济中"分一杯羹"。

2. 社区

如今,身处全球各地互不相识的人可以聚集在网络社区里讨论各种各样的问题。消费者可以在亚马逊等网站上阅读书评,每月交一点月租费,就可以参加网络游戏,酣战一场。网络社区建设的新发展趋势是微博。许多网络用户每天在自己的网站上写微博,厂商们也开始利用微博将网络用户吸引到自己的网站上来,还可以到微博的独立撰写人那里搜索廉价而又十分有意义的信息。厂商们也在网络上组建自己的社区,特别是同行业的企业往往聚集在一起。网络社区的另一种形式是网上拍卖。有的是在企业市场上拍卖,有的则是在消费者市场上拍卖。最后,值得一提的还有在音乐行业中,一些志趣相投的人通过网络聚集在一起,组建自己的网络社区。互联网方便了企业和消费者从全球各地聚集到一起,进行在线沟通和合作。

3. 企业

在企业界,数字环境促进了整个企业各个层面的工作和流程。各个岗位上的工作人员组成跨部门团队,利用计算机网络共享信息,提高了工作效率和盈利能力,同时为企业提升竞争优势,带来以下好处:

(1) 为厂商、消费者和学者提供了一条开展市场调研的渠道;

(2) 提升了一些优势品牌,使品牌得到了延伸;

(3) 提高了客户自助服务和现有企业经营(除新兴的网络企业之外)的成本效益;

(4) 提供了前所未有的一对一在线沟通的机遇,充分体现个性化;

(5) 开辟了新的客户群体的市场;

(6) 利用外联网与企业和个人进行有效的个性化联系;

(7) 无限广阔的网络空间使得厂商能够推出产品、服务和信息,预期的客户能够对厂商有更深入的了解,这一切是印刷媒体无法做到的;

(8) 企业可以利用互联网结成联盟,共享利益;

(9) 提供独特的展示信息的方式,有助于企业增加销售和利润。

4. 社会

由于计算机能够轻易地连接到互联网上,所以,原来横亘在工作岗位与家庭之间的界限就模糊了。这样的结果对工作当然是有利的。

1.4 我国网络营销发展

1.4.1 我国网络营销发展现状

网络营销的成长依托于互联网的快速发展。世界互联网的发展也并非一帆风顺,曾经经历了快速膨胀期和2000年的互联网泡沫破灭之后的低迷期。但是低迷期之后,发展相对稳定、增长迅速。截至2015年,全球互联网的普及率为42%,网民数量超过30亿。这说明电子商务和网络营销的发展具有广阔的空间。最近几年,传统大型互联网市场,如中国、美国、日本、巴西和俄罗斯互联网的普及率超过45%。传统大型互联网市场网民数量排名前15名的国家平均渗透率为59%,远高于世界平均水平,但网民的平均增长率低于全球平均水平,这说明网民的增长放缓。

从地区来看,北美地区的网民占世界网民的比例为10%左右,互联网的渗透率最高为接近80%,增长率最低,说明北美地区发展早,目前进入相对成熟稳定期。欧洲地区的网民占世界网民的比例为20%左右,渗透率也很高,约为60%,增长率也不高,这证明欧洲虽然落后于美国,但是发展也进入了成熟期。亚洲的人口最多,网民占世界的比例超过40%,也是最高的,互联网渗透率不到30%,低于世界平均水平,增长率很高,这表明亚洲增长强劲,发展潜力比较大。

中国互联网的发展大致可以化分成为三个阶段:

第一阶段从1996—2000年,为我国互联网发展热潮阶段,以几大门户网站(搜狐、新浪、网易)为绝对主导;网民普及率不到1%。

第二阶段从2001—2003年,为我国互联网发展低潮阶段。随着2000年纳斯达克网络股的暴跌,网络经济发展步入冬天,我国的互联网发展也进入调整期,然而这一时期仍然磨砺了盛大、百度、腾讯等公司,网民普及率不到10%。

第三阶段从2004年至今,随着Web 2.0新兴公司从概念到资本到商业模式,到市场力量的逐渐崛起,第二次互联网发展进入又一轮热潮期。来自中国互联网信息中心的数据显示：截至 2016 年 6 月，我国网民数量达到 7.10 亿，为世界第一，网民普及率达到 51.7%。

从以上发展阶段来看，在第三阶段发展时期，才是中国互联网时代真正井喷爆发的时期。由于技术上的成熟和产品价格降低所带来的实惠，互联网所显示的强大能量被释放出来，而且随着基数的扩大而速度倍增。

首先，网民的数量和渗透率在不断增长。网民数量从 2005 年的 1.11 亿增加到 2016 年的 7.10 亿，渗透率从 2005 年的 8.5%增加到 2016 年的 51.7%。

其次，中国电子商务交易规模快速增长，企业实力明显增强。中国电子商务研究中心监测数据显示，2015 年中国电子商务交易额达 18.3 万亿元，同比增长 36.5%。其中，B2B 电商交易额为 13.9 万亿元，同比增长 39%。网络零售市场交易规模达 3.8 万亿元，同比增长 35.7%，其中 B2C 市场交易规模占 51.6%，C2C 市场交易规模占 48.4%。在企业方面，B2B 电子商务服务商市场份额中，阿里巴巴排名首位，市场份额为 42%。B2C 网络零售市场，天猫排名第一，占 57.4%份额；京东名列第二，占据 23.4%份额。

最后，中国的信息基础设施发展快速，并逐步向数字化、智能化、宽带化方向发展，网络规模、技术层次和服务手段都达到了较高水平。另外，移动互联网、视频技术应用到电子商务，提升电子商务服务水平。

1.4.2 网络营销的发展趋势

1. 搜索引擎仍然是第一网络营销工具

搜索引擎市场经过多年的发展，已步入较为成熟的阶段。2016 年中国搜索引擎企业收入规模为 706.2 亿元，增长速度有所放缓，但活跃客户数量不断增长。未来搜索市场集中度将进一步提升，百度、360 搜索及搜狗将是市场中最主要的竞争者，未来市场将较难再有重要的新进入者，同时谷歌等资历较老的搜索引擎边缘化态势会更加明显。

随着多种专业搜索引擎和新型搜索引擎的发展，搜索引擎在网络营销中的作用将更为突出，搜索引擎营销的模式也在不断发展演变。目前，关键词和联盟广告是搜索引擎企业最核心的业务，也是搜索引擎企业收入增长的基础，未来仍将保持较为稳定的增长。除了这些常规方式之外，专业搜索引擎（如博客搜索引擎）、本地化搜索引擎推广等也将促进搜索引擎营销方法体系的进一步扩大和完善。

广告主日趋重视搜索引擎平台的品牌营销。传统广告主购买关键字就是为了促进销售，与品牌推广的关系很少，如今越来越多的传统品牌广告主开始重视在搜索引擎平台上进行品牌推广。对于广告主来说，搜索引擎则是发掘潜在的客户，使品牌的购买意向提升的重要渠道。

2. Web 2.0 网络营销模式的深度变革

Web 2.0 拥有 Web 1.0 所不具备的明显特征，如分享、贡献、协同、参与等。这种理念已经改变了现在互联网站的建设架构，互联网已经不再只是一个媒体，而是一个真正让人参与进去的社区。目前，Web 2.0 网络营销模式获得不同层次的发展，如 RSS 营销、网络视频营销、社会网络（SNS）营销、微博营销等各种营销模式层出不穷。

微博是允许用户及时更新简短文本（通常少于 140 字）并可以公开发布的微型博客形

式。允许任何人阅读或者只能由用户选择的群组阅读。微博逐渐发展成可以发送链接、图片、音频、视频等多媒体,发布终端包括网页、移动终端、短信等。微博的未来是以人为中心,每一个人都是媒体,这种以个体为基本单位的群体多维多边实时交互平台,将成为广告主有效的实时营销平台。

2013 年 Twitter 上市后,推动了微博这种新兴媒体的快速发展,国内的新浪微博等微博媒体发展速度也很快,其营销价值也得到了市场的认同。从功能上来讲,微博集中了以下的功能:交友、互动、即时的观点分享、互动的百科问答、专业的信息发布、与公众人物面对面的交流等功能。从商业链及营销价值上来讲,以 Twitter 为代表的微博将会是一个高度开放的平台,未来将会有更多的合作伙伴参与到这个开放的平台中来,诸如 OneRiot、Seesmic 等这些合作者将与 Twitter 紧密地联系在一起。开放的平台将会带来更多的盈利模式,微博的营销大门也就此开启,是单纯地做口碑与消费者展开沟通还是利用各种应用展开全方位的营销,我们会继续关注。

SNS 即社会网络(social network service)是指以"实名交友"为基础,基于用户之间共同的兴趣、爱好、活动等,在网络平台上构建的一种社会关系网络服务。与微博相比 70% 以上的 SNS 用户目的是关注朋友,而微博用户最重要的目的是了解新信息。同时,关注名人、讨论热点话题也占比较高。在商品信息源可信度方面,SNS 除较为相信熟人和企业用户之外,更易相信熟人的朋友,而微博用户则更易相信行业专家和体育娱乐明星。

SNS 是一个强关系链的社会网络。因此,基于人际关系的"软"营销将成为未来社区营销的主流。目前社会网络营销仍处于发展的初期,网络营销产品仍以硬广为主,但硬广对网络社区用户体验伤害较大,也未能深度挖掘网络社区用户营销价值。社区媒体与其他媒体最大的不同在于具有相对真实的用户资料及真实的人际关系,因此品牌与用户之间的互动变得更加真实,更加值得信赖,易于形成几何级的形式传播效应。因此从长期看来,社会网络硬广模式投放比例将不断下降,基于人际关系的"软"营销方式成为未来社区营销的主流。基于人际关系的"软"营销可以利用社区关系以及关系渠道向多维扩展,如基于社区接触点管理的体验营销、病毒营销、数据库营销,等等。但不同类型的社区媒体植入营销的方式有所不同,BBS 形式社区由于其匿名特征,可进行大规模植入性病毒营销,另外基于在线体验的植入营销也是目前非常主流的一种营销方式,在新品上市营销活动中应用尤多。

3. 移动互联网的迅猛发展

根据中国互联网络信息中心的报告,截至 2016 年 6 月,我国手机网民规模达 6.56 亿,网民中使用手机上网的人群占比 92.5%。通过台式电脑和笔记本接入互联网的比例分别为 64.6% 和 38.5%;平板电脑上网使用率为 30.6%;电视上网使用率为 21.1%。手机远高于其他设备上网的网民比例,手机俨然是中国网民增长的主要驱动力。

手机网民对移动互联网的需求越来越多元化,以社交娱乐为主的同时资讯信息类也较多。其中,以联络朋友为目的的手机网民比例最大。这一方面延续了传统手机的基础通信联络功能;另一方面,微博、微信等网络应用在移动端的良好发展,使手机网民可以一直在线关注好友动态、随时沟通,满足手机网民的移动社交需求,进一步强化了手机的通信联络功能。手机上网对日常生活的渗透进一步加大,在满足网民多元化生活需求的同时提升了手机网民的上网黏性。手机上网成为互联网发展的主要动力，不仅推动了中国互联网的普及，更催生出更多新的应用模式，重构了传统行业的业务模式，带来互联网经济规模的迅猛增长。

中国移动互联网市场规模呈现高速增长。经过几年的发展，移动互联网的竞争格局逐渐开始清晰，商业模式日趋成熟，电商、游戏、营销等领域仍是移动端最主要的盈利来源。移动还将在服务业电商化、传统行业互联网化、在线旅游等细分行业深入体现，甚至比实物类网购的移动化变革更迅速、更彻底。

4. 网络广告形式多样，将实现跨平台和跨终端的推送

近几年以来网络广告整体继续保持平稳增长，网络广告市场规模早已经突破千亿元大关。

2015年度中国网络广告市场规模达到2093.7亿元，同比增长36.0%。在持续几年保持高速发展之后，未来两年市场规模仍保持较高水平，但增速将略缓，今后几年整体规模有望超过4000亿元。

2015年，搜索广告仍旧是份额占比最大的广告类型，占比为32.6%，较2014年占比略有下降。电商广告份额排名第二，占比达28.1%。未来，电商网站将成为最大份额的媒体形式，成为最具营销潜力的网络媒体形式之一。视频贴片广告份额继续增大，成为新的增长亮点，在整体网民中渗透率超过90%，是网民最常使用的网络服务之一，网络视频营销价值潜力巨大。品牌图形广告与搜索关键字广告作为传统网络广告形式，占比相对受到挤压。

网络广告商通过对数据的整合，可以实现跨平台、跨终端的广告推送。例如通过微博、论坛、中小网站等平台向网民推送与其在电商网站上的购物历史、浏览信息或搜索引擎中使用过的搜索关键词等信息相关联的广告。同时，谷歌眼睛等穿戴式设备的出现将推动跨平台数据的整合。通过对数据的分析形成的消费者画像可以依托统一账号等身份识别方式实现跨终端的广告推送。

5. 大数据与精准化和个性化营销

注重用户体验、关注客户消费行为是网站一直以来的精细化管理的重点。但是大数据时代的来临，使我们对客户的分析具有了新的视野。大数据(big data)或称巨量资料，其特点是数据体量巨大，全世界每年几万亿GB的信息量；数据类型繁多，除了包括以往便于存储的以文本为主的结构化数据，也包括网络日志、音频、视频、图片、地理位置信息等大量的非结构化数据；处理速度要求快，一般要在秒级时间范围内给出分析结果，时间太长就失去价值了，被称为1秒定律。以上三个特点导致大数据另一个特点，那就是价值高，但价值密度低的特点。

大数据在网络营销领域的价值表现为通过挖掘整合，实现精准化、个性化营销。其网络营销方式包括搜索引擎精准营销、RTB实时竞价广告、重定向精准营销等。

索引擎精准营销是搜索引擎运营商整合受众的兴趣点、搜索关键词、浏览主题词、到访页等数据信息，进而描绘受众自然属性、长期兴趣爱好与短期特定行为，在其广告联盟网站上针对受众呈现精准广告内容。

实时竞价广告，即RTB(real time bidding)是利用第三方技术在数量庞大的网站上针对每一个用户展示行为进行评估以及出价的竞价广告模式,其核心是广告交易平台(AD exchange)及针对媒体的SSP和针对广告主的DMP。对网络媒体而言,RTB广告可以有效提升网站碎片化流量的变现能力;对广告主而言,RTB广告可最大化地实现精准投放,提升投资回报率。

重定向精准营销关注的是如何产生网站或广告的"回头客",试图让那些曾经访问过某个网站,但没有产生购买或有效行为的网民产生二次访问或实际购买。再锁定精准广告不会帮助客户直接进一步扩大"潜在用户池",但可以使既定潜在的用户群产生更多的实际购买,进而提升转化率。

6. O2O线上与线下的互动

目前,O2O主要有两种解释:一是Online to Offline(线上到线下)。典型应用场景为用户在线上购买或预订服务,然后再到线下商户实地享受服务;或用户在线上购买或预订商品,然后再到线下的实体店取货或体验。二是Offline to Online(线下到线上),也称反向O2O。应用场景为用户通过线下实体店体验并选好商品,然后通过线上下单来预订商品。

随着互联网对国民经济的渗透继续加深,O2O的商业形态会更依赖于消费者社区的发展。O2O可以跨越空间、实体的半径和各种终端进行网上和网下的互动。反过来在支付方式线上线下的互通前提下,消费者将获得更好的支付方式。同时,商业机构能够精确地知道在什么时间、什么地点,消费者进行了哪一类的消费。这些沉淀的数据,最终变成大数据的基础,为企业更好地分析消费行为提供支撑。

与实物O2O相比,生活服务业将成为下一步渗透的重点。2010年团购的兴起,第一次大规模地教育了线下的本地生活服务商户,推动中国本地生活服务O2O市场的快速发展。生活服务O2O领域被普遍认为是下一个亿万元规模的市场。目前中国本地生活服务O2O市场中的主要参与者包括地方性生活服务社区论坛、分类信息网站、生活服务点评类网站、生活服务类团购网站和生活服务优惠券网。国内三大互联网巨头,阿里、腾讯和百度的积极布局则直接推动了本地生活服务O2O行业的整体发展。

7. 跨境电商

2015年,尽管全球贸易增速放缓,但是中国跨境电商依然逆势成长。全年中国跨境电商(包括批发和零售)交易规模达4.8万亿元,同比增长28%,占中国进出口总额的19.5%。其中,中国跨境电商零售交易额达到7512亿元,同比增长69%。阿里研究院预计到2020年,中国跨境电商交易规模将达12万亿元,占中国进出口总额的约37.6%;跨境电商零售出口额将达到约2.16万亿元,年均增幅34%。跨境电商市场潜力巨大,而现阶段我国企业更多的还是处于摸索期。

目前跨境电商的经营模式多种多样,主要有:"自营+招商"模式,苏宁选择该模式,结合了它的自身现状,在传统电商方面发挥它供应链、资金链的内在优势,同时通过全球招商来弥补国际商用资源上的不足;"直营+保税区"模式,聚美优品选择该模式,保税物流模式的开启会大大压缩消费者从订单到接货的时间,加之海外直发服务的便捷性,因为聚美海外购较常规"海淘商品"购买周期,可由15天压缩到3天,甚至更短,并保证物流信息全程可跟踪;"保税进口+海外直邮"模式,天猫在跨境这方面通过和自贸区的合作,在各地保税物流中心建立了各自的跨境物流仓,全面铺设跨境网点,规避了基本法律风险,压缩了消费者从订单到接货的时间，提高了海外直发服务的便捷性。各种模式都有优势和劣势，哪种模式能成为未来中国跨境电商的主流，还需要时间检验。

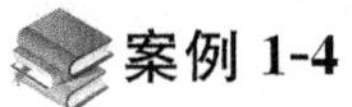

案例 1-4

星巴克爱情公寓SNS网站虚拟营销

星巴克一直以来采用的都不是传统的营销手法，而是采取颇具创意的新媒体形式。此次星巴克联手SNS网站爱情公寓尝试虚拟营销，将星巴克徽标做成爱情公寓里“虚拟指路牌”广告，是星巴克首次尝试SNS营销。

iPart爱情公寓(www.ipart.cn)为两岸三地唯一一个以白领女性跟大学女生为主轴设计的交友社区网站(female social networking)，尽全力帮网友打造一个女生喜爱的温馨交友网站。品牌形象中心思想关键词为：清新、幸福、温馨、恋爱、时尚、文艺、流行。

12月12日是星巴克滨江店举办“璀璨星礼盒”活动的特别日子，因此从12月1日开始，星巴克不仅将滨江店封装到巨大的礼包中，更在爱情公寓网站上做成了颇具创意的“虚拟指路牌”，并且还以倒计时的方式，等着你再好奇地在线上或者去线下看看12月12日星巴克的“open red day”到底是什么，不肯把第一次的神秘一下子都给曝光出来。

礼包展开前，采用神秘礼物与星巴克情缘分享的方式进行。

1. 神秘礼包：线上活动结合了线下活动的概念，送给网友神秘礼物，便会出现在网友小屋当中，虚拟的神秘礼包与实体的上海星巴克滨江店同日开张，礼包和实体店面同样以大礼盒的形象出现。

2. 星巴克情缘分享：网友上传自己生活当中与星巴克接触照片并写下感言，以口碑与体验的方式塑造出星巴克式的生活态度是被大家认可、受欢迎的。

礼包展开后出现品牌旗舰店，打造一个品牌大街。与繁华的闹市区不同，星巴克小店另开崭新的公寓大街区域，提供具质感的品牌大街。虚拟的星巴克店家设计中，延续实体店家的温馨舒适感，店家周围环境设计以享受生活的感觉为主，不过度热闹繁华，以高品质的生活感受来凸显品牌的层次感。另外，结合爱情公寓内的产品来提升曝光度与网友参与、互动，让网友更加了解品牌个性与特色所在。

1. 见面礼：设计专属礼品，来到虚拟店家就可领取或送好友。

2. 活动专区、公布栏：星巴克线上及线下活动报道，大量的曝光让参与程度提升，分享关于星巴克的信息及新闻，引起各种话题讨论和增加网友的互动。

3. 咖啡小教室：咖啡达人教室，固定的咖啡文化或相关教室消息，让网友了解更多关于咖啡的文化。

星巴克在爱情公寓的虚拟店面植入性营销被众多业界人士称赞，甚至成为哈佛大学教授口中的案例。星巴克想让他们的消费者了解到他们的态度，因此他们做了一系列活动，包括从品牌形象到虚拟分店开幕、新产品推出，再到赠送消费者真实的优惠券等。这一系列营销非常符合星巴克的愿望——不让消费者觉得他们是在做广告。但是，如果星巴克每天发信息告诉你哪里有他们新开的店面，哪里有新出的产品，让你赶快来买他们的产品，短时间可能会起到销售的效果，但是这种不断的强迫行为会让消费者产生强烈的厌烦之感,反而会彻底毁灭星巴克在消费者心中良好的形象。

(资料来源:http://www.i-wanggou.com/1004/346690.html)

案例思考题

(1) 分析星巴克 SNS 网站虚拟营销的策略。

(2) 分析星巴克在 Part 爱情公寓的交友社区开展网络营销策略。

本章小结

本章主要分析了网络经济下营销理论的变革,全面分析了网络环境对传统营销要素、营销策略、营销方式、营销活动、营销理念带来的影响和变革。分析了网络整合营销、关系营销、软营销、直复营销理论的原理和方法。介绍了网络营销与传统营销区别,网络营销的基本概念、类型、特点及网络营销的基本职能。进一步分析了我国网络营销发展现状及趋势。

复习思考题

1. 什么是网络经济?网络经济的特点是什么?

2. 网络经济对传统营销有哪些影响?

3. 分析网络直复营销、网络关系营销、网络软营销、网络整合营销理论基本概念和核心内容是什么?

4. 什么是网络营销,网络营销有哪些特点和优势。

5. 网络营销的职能包括哪些?

6. 网络营销发展趋势主要有哪些?

实践题

1. 假如你想在网络上购买一件"生日礼物"送给上海的朋友,请登录 www.baidu.com,输入不同的关键词进行搜索,选择购买生日礼物的网络销售平台。当你确定了网络销售平台后,请回顾你都考虑哪些因素,这些因素之间是如何权衡的。

2. 分别登录戴尔网站(www.dell.com.cn)和联想网站(www.haier.cn),详细了解网站设计、功能和各自特色,并分析戴尔和联想的网络销售模式的优点和缺点。

第 2 章

网络营销常用工具和方法

【学习目标】

了解网络营销常用工具；熟悉搜索引擎营销、网络社区营销、微博营销、微信营销等的原理；掌握网络营销常用工具的使用方法。

【关键词汇】

搜索引擎营销(searching engine marketing)　网络社区营销(on-line community marketing)　网络口碑营销(on-line word of mouth marketing)　微博营销(twitter marketing)　微信营销(wechat marketing)

网络营销职能的实现需要通过一种或多种网络营销手段，常用的网络营销方法除了搜索引擎注册之外还有：关键词搜索、网络广告、交换链接、网络社区营销、网络口碑营销、许可 E-mail 营销、微博营销、微信营销、病毒性营销，等等。下面简要介绍几种常用的网络营销方法。

2.1　搜索引擎营销

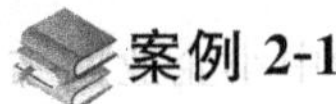案例 2-1

兰蔻——品牌、销售两不误

如若有消费者在百度搜索上敲下“兰蔻”两字，搜索结果页面最上方不再是普通的文字链接，而是图文并茂的兰蔻网上商城品牌专区，如图 2-1 所示。作为国内首家试水网上营销业务的化妆品品牌，兰蔻此次与百度的再度联手，意在将搜索引擎上的潜在消费者吸入其 B2C 网站进行消费。

通过百度品牌专区，兰蔻网上商城链接、促销公告、商品信息等以图文并茂的形式呈现。与传统的搜索显示结果最大的不同是，广告主可以亲手编辑栏目内容，将企业的最新信息前移，主动管理企业在搜索引擎上的品牌形象，促进网络平台和线下活动的良性互动。

“通过百度的品牌专区，我们的品牌在那些搜索兰蔻的消费者面前有了更好的展示，不但能够提升品牌形象，并且为兰蔻网上商城带来了很多高质量的流量。在使用了品牌

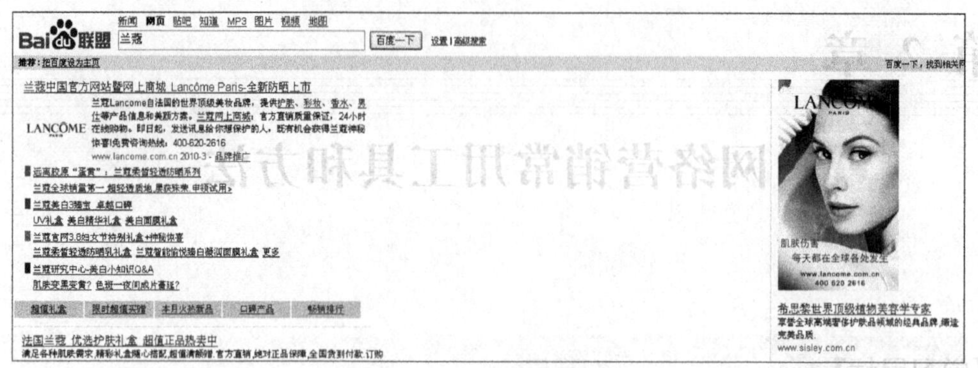

图 2-1　兰蔻搜索引擎广告

专区之后，我们大幅度地提高了品牌关键词的转化率，因此而产生的销售也相应提高了30％。”欧莱雅副总裁兰珍珍表示。

（资料来源：http://it.hexun.com/2008-07-16/107477599_1.html）

2.1.1　搜索引擎营销原理与方法

1. 搜索引擎营销原理

所谓搜索引擎营销（search engine marketing，SEM），就是根据用户使用搜索引擎的方式，利用用户检索信息的机会尽可能将营销信息传递给目标用户。

搜索引擎营销得以实现的基本过程是：企业将信息发布在网站上成为以网页形式存在的信息源；搜索引擎将网站/网页信息收录到索引数据库；用户利用关键词进行检索（对于分类目录则是逐级目录查询）；检索结果中罗列相关的索引信息及其链接 URL；根据用户对检索结果的判断选择有兴趣的信息并点击 URL 进入信息源所在网页。这样便完成了企业从发布信息到用户获取信息的整个过程，这个过程也说明了搜索引擎营销的基本原理。

近年来搜索引擎营销的应用更为普及，其效果也获得广泛认可，已成为中小企业网站推广的首要方法。

2. 搜索引擎营销的方法

搜索引擎注册（有时也被称为搜索引擎加注、搜索引擎优化登录、提交搜索引擎等）是最经典、最常用的网站推广手段方式。当一个网站发布到互联网上之后，如果希望别人通过搜索引擎找到你的网站，就需要进行搜索引擎注册，简单来说，搜索引擎注册也就是将你的网站基本信息（尤其是 URL）提交给搜索引擎的过程。

对于技术性搜索引擎（如百度、Google 等），通常不需要自己注册，只要网站被其他已经被搜索引擎收录的网站链接，搜索引擎可以自己发现并收录你的网站。但是，如果网站没有被链接，或者希望自己的网站尽快被搜索引擎收录，那就需要自己提交你的网站。技术型搜索引擎通常只需要提交网站的上层目录即可，而不需要提交各个栏目、网页的网址，这些工作搜索引擎的“蜘蛛”自己就会完成了，只要网站内部的链接比较准确。一般来说，适合搜索引擎收录规则的网页都可以自动被收录。另外，当网站被搜索引擎收录之后，网站内容更新时，搜索引擎也会自行更新有关内容，这与分类目录是完全不同的。用这种搜索引擎注册的方法时，到各个搜索引擎提供的“提交网站”页面，输入自己的网址，提交即可，一般不需要网站介绍、关键词之类的附件信息。例如，在百度注册网站的网址为(http://www.baidu.com/search/url_submit.html)。目前技术型搜索引擎的提交(或被自动收录)是免费的，如图 2-2、图 2-3 所示。

图 2-2　免费加入百度搜索引擎

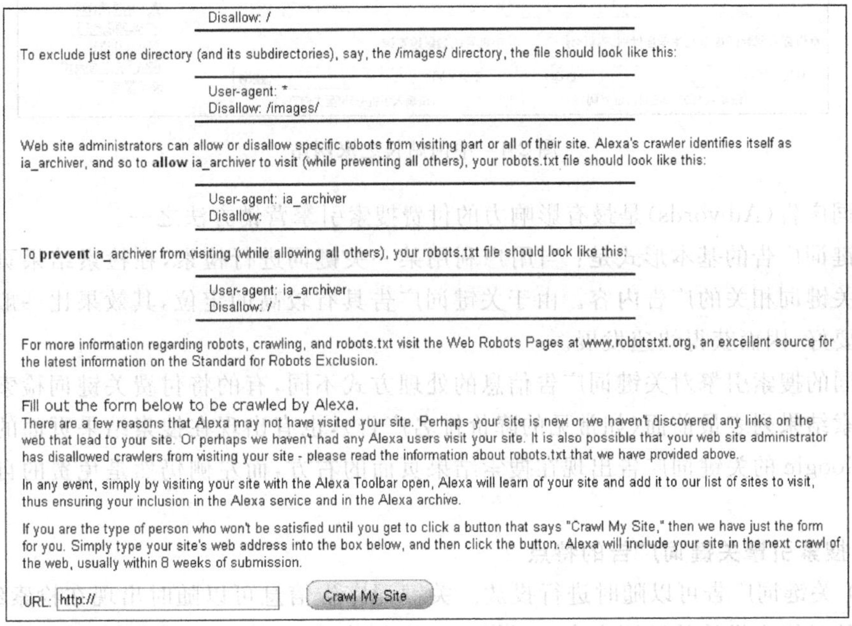

图 2-3　免费加入 Alexa 搜索引擎

如果想了解更多网站搜索引擎注册的方法，可登录中国站长之家网站，如图 2-4 所示。

2.1.2　关键词广告

关键词广告，是付费搜索引擎营销的一种形式，也可称为搜索引擎广告、付费搜索引擎关键词广告等，自 2002 年之后是网络广告中市场增长最快的网络广告模式。Google

图 2-4　中国站长之家网站

的关键词广告(Adwords)是最有影响力的付费搜索引擎营销方法之一。

关键词广告的基本形式是：当用户利用某一关键词进行检索，在检索结果页面会出现与该关键词相关的广告内容。由于关键词广告具有较高的定位，其效果比一般网络广告形式要好，因而获得快速发展。

不同的搜索引擎对关键词广告信息的处理方式不同，有的将付费关键词检索结果出现在搜索结果列表最前面(如常见的降价排名广告)，也有出现在搜索结果页面的专用位置(如 Google 的关键词广告出现在搜索结果页面的右方，而左侧仍然是免费的自然搜索结果)。

1. 搜索引擎关键词广告的特点

(1) 关键词广告可以随时进行投放。关键词广告信息可以随时出现在检索结果中，也可以随时终止投放关键词广告。根据这一特点，如果一个网站是刚刚建成发布，其他网站推广方法进行推广可能有一定的滞后效应，那么就可以尽快采用关键词广告推广来获得用户的关注。

(2) 关键词广告信息出现的位置可以进行选择。通过进行关键词的合理选择，以及对每次点击价格等进行合理设置，就可以预先估算推广信息可能出现的大致位置，从而避免了一般网络广告的盲目性，对于自然检索结果排名位置的不可预测性也是一个补充。

(3) 关键词广告信息可以方便地进行调整。出现在搜索结果页面的关键词广告信息，包括标题、内容摘要、链接 URL 等都是用户自行设定的，并且可以方便地进行调整，这与搜索引擎自然检索结果中的信息完全不同。自然检索结果中的网页标题和摘要信息取决于搜索引擎自身的检索规则，用户只能被动适应，如果网页的搜索引擎友好性不太理想，显示的摘要信息对用户没有吸引力，从而无法保证推广效果。

(4) 可引导潜在用户直达任何一个期望的目的网页。由于关键词广告信息是由用户自行设定的，当用户点击推广信息标题链接时，可以引导用户来到任何一个期望的网页。在自然检索结果中，搜索引擎收录的网页和网址是一一对应的，即摘要信息的标题就是网页的标题（或者其中的部分信息），摘要信息也是摘自该网页。而在关键词广告信息中可以根据需要设计更有吸引力的标题和摘要信息，并可以让推广信息连接到期望的目的网页，如重要产品页面等。

2. 搜索引擎关键词广告的优势

(1) 关键词广告有助于提升公司网络知名度

搜索引擎具有绝对领先的网络商业流量，搜索引擎关键词营销是网络营销中最重要部分之一。网站在搜索引擎网站中的排名直接影响企业网络知名度。

(2) 关键词广告有更好的针对性和目标性

只有当网民使用了企业购买的关键词时，企业相关信息才会出现在搜索结果页面的显著位置，而使用这些关键词的浏览者往往是对这些信息感兴趣的人。因此，关键词广告具有很强的针对性和目的性。

(3) 关键词广告有较为明确的效果

关键词广告一旦投放，关键词的选择和排名直接影响到企业知名度的网络排名和网站流量，效果较为迅速和直接，短期见效不是不可能。

(4) 关键词广告成本较低，容易控制成本预算

点击付费广告的特点是展示免费，点击付费，关键词的选择和广告预算随时变化，自由掌控。

(5) 关键词广告具有良好的投资回报率

相对于报纸、杂志、电视等传统媒体动辄上万元的广告投入，搜索引擎广告更经济，具有良好的投资回报率。

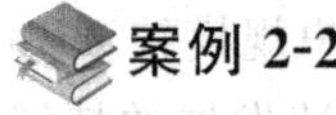

案例 2-2

美联航空——优化关键词选取，达成机票销量翻番增长

美国联合航空公司（United Airlines）在 2007 年第一季度期间，充分利用搜索营销手段，在消费者形成机票购买决策前就与之充分互动，将消费者最想预先知晓的机票信息做最有效的传达，在广告预算没有增长的情况下，搜索营销产生的销售业绩增长超过两倍。

美联航空通过调研获知，有 65%的消费者在做出旅行决定前，会进行至少 3 次的搜索，有 29%的消费者会进行 5 次以上的搜索。而用户关注的信息主要体现在三个层面：价格、服务和关于航空公司的详细信息。因此，针对这三个层面的信息，分别对关键词的选择以及结果的呈现方式做了优化，使消费者在决策前知晓相关的信息，从而带动了机票

销量的增长。

美联航空的案例告诉我们,搜索营销能够告知客户在购买周期内关注的细节是什么,而如何把握这些细节,如能在营销活动中提升与客户的信息传达能力,并且时刻优化这些信息的呈现,让市场营销人员和用户保持互动循环,就能对销售产生实际的促进作用。

(资料来源: http://it.hexun.com/2008-07-16/107477599_1.html)

2.1.3 中国搜索引擎市场的发展

1. 中国搜索引擎用户规模

2015 年,我国搜索引擎用户规模达 5.66 亿,使用率为 82.3%,用户规模较 2014 年年底增长 4400 万,增长率为 8.4%。搜索引擎是中国网民的基础互联网应用,截至 2015 年,使用率仅次于即时通信,详见图 2-5。

图 2-5 2010—2015 年搜索引擎用户规模与增速

(资料来源: CNNIC中国互联网络发展状况统计调查. http://www.cnnic.net/hlwfzyj/hlwxzbg/ssbg/201607/P020160726510595928401.pdf)

截至 2015 年 12 月,手机搜索用户数达 4.78 亿,使用率为 77.1%,用户规模较 2014 年年底增长 4870 万,增长率为 11.3%。手机搜索是整体搜索引擎市场快速发展的持续推动力:2011 年至今,手机搜索用户规模年增长速度一直快于搜索引擎领域整体,在全国互联网渗透率、搜索引擎使用率长期保持小幅增长的背景下,手机搜索使用率的增长幅度更大,详见图 2-6。

2. 综合搜索引擎品牌渗透率

截至 2015 年 12 月,在搜索引擎用户中,百度搜索的渗透率为 93.1%,其次是 360 搜索/好搜搜索和搜狗搜索(含腾讯搜搜),渗透率分别为 37.0%和 35.8%。搜索引擎市场集中度有逐年提高的趋势,详见图 2-7。

3. 各类搜索引擎用户渗透率

截至 2015 年 12 月,94.6%的搜索用户通过综合搜索网站搜索信息,其次是购物、团

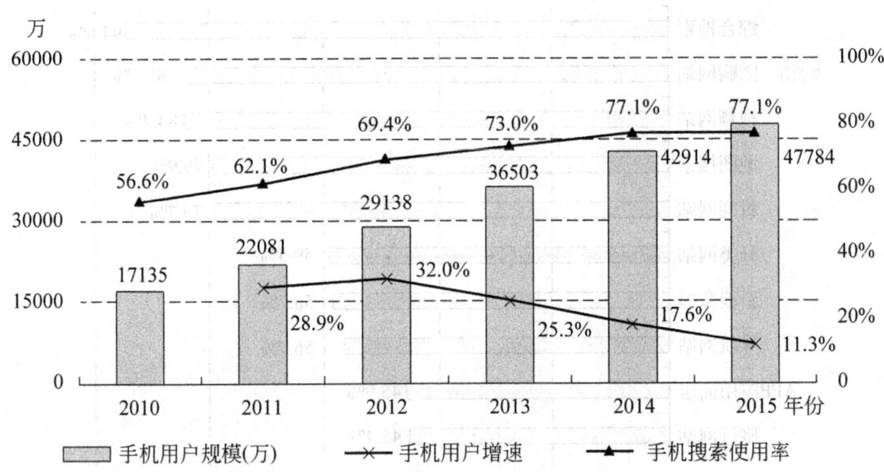

图 2-6　2010—2015 年中国手机搜索用户规模与增速

（资料来源：CNNIC中国互联网络发展状况统计调查. http://www.cnnic.net/hlwfzyj/hlwxzbg/ssbg/201607/P020160726510595928401.pdf）

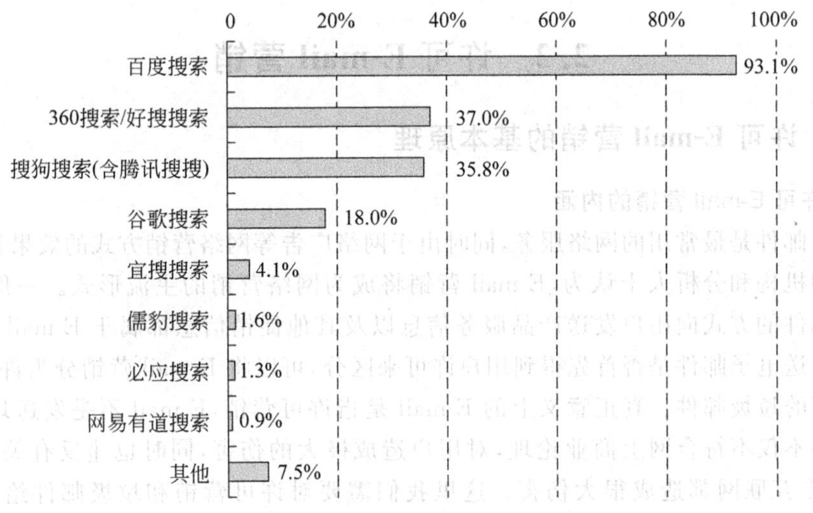

图 2-7　综合搜索引擎品牌渗透率

（资料来源：CNNIC中国网民搜索行为调查. http://www.cnnic.net/hlwfzyj/hlwxzbg/ssbg/201607/P020160726510595928401.pdf）

购网站的站内搜索和视频搜索，渗透率分别为 86.3%和 84.4%。其他种类搜索引擎的使用涉及地图、新闻、分类信息、微博、导航等各类互联网应用，渗透率远超 50%；此外还涉及 APP 搜索和旅行网站搜索，渗透率也超过 45%。搜索行为贯穿于用户互联网使用的方方面面，“无上网，不搜索”的大搜索局面已经形成，详见图 2-8。

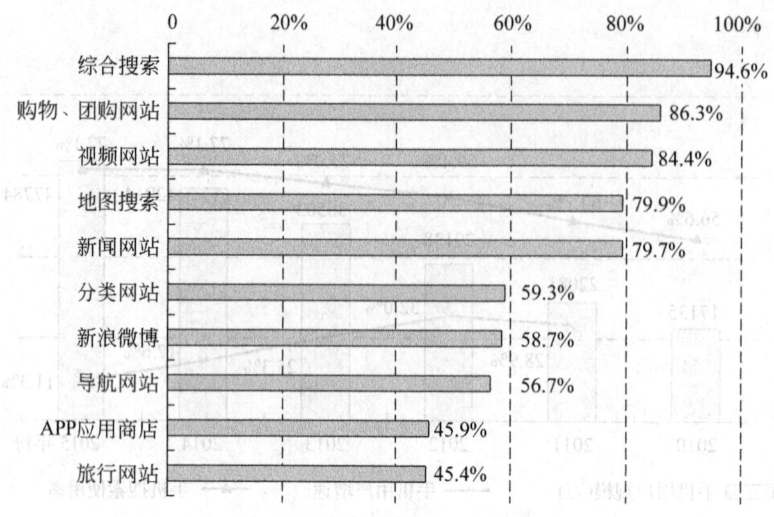

图 2-8 各类型搜索引擎渗透率

(资料来源：CNNIC中国网民搜索行为调查.
http://www.cnnic.net/hlwfzyj/hlwxzbg/ssbg/201607/P020160726510595928401.pdf)

2.2 许可 E-mail 营销

2.2.1 许可 E-mail 营销的基本原理

1. 许可 E-mail 营销的内涵

电子邮件是最常用的网络服务，同时由于网络广告等网络营销方式的效果日益下降，一些咨询机构和分析人士认为，E-mail 营销将成为网络营销的主流形式。一般来说，通过电子邮件的方式向用户发送产品服务信息以及其他促销信息都属于 E-mail 营销的范畴。从发送电子邮件是否首先得到用户许可来区分，可以将 E-mail 营销分为许可营销和未经许可的垃圾邮件。真正意义上的 E-mail 是指许可营销，E-mail 不是发送垃圾邮件。垃圾邮件不仅不符合网上商业伦理，对用户造成极大的伤害，同时也违反有关的法律法规，对整个互联网都造成很大伤害。这里我们需要对许可营销和垃圾邮件给予必要的说明。

根据《E-mail 营销》(冯英健著，机械工业出版社，2003 年)的定义，E-mail 营销是在用户事先许可的前提下，通过电子邮件的方式向目标用户传递有价值信息的一种网络营销手段。E-mail 营销有三个基本因素：基于用户许可、通过电子邮件传递信息、信息对用户是有价值的。三个因素缺少一个，都不能称之为有效的 E-mail。

开展 E-mail 营销需要一定的基础条件，需要解决三个基本问题：向哪些用户发送电子邮件，发送什么内容的电子邮件，以及如何发送这些邮件。这三个基本问题可以进一步归纳为 E-mail 营销的三大基础。

开展 E-mail 营销的过程，也就是将有关营销信息通过电子邮件的方式传递给用户的过程，一般要经历以下五个主要步骤：①制订 E-mail 营销计划，分析目前所拥有的 E-mail 营销资源，如果公司本身拥有用户的 E-mail 地址资源，首先应利用内部资源；②决定是否利用外部列表投放 E-mail 广告，并且要选择合适的外部列表服务商；③针对内部和外部邮件列表分别设计邮件内容；④根据计划向潜在用户发送电子邮件信息；⑤对 E-mail 营销活动的效果进行分析总结。

因此，真正意义上的 E-mail 营销也就是许可 E-mail 营销(简称许可营销)。基于用户许可的 E-mail 营销与滥发邮件(spam)不同，许可营销比传统的推广方式或未经许可的 E-mail 营销具有明显的优势，比如可以减少广告对用户的滋扰、增加潜在客户定位的准确度、增强与客户的关系、提高品牌忠诚度等。

2. 许可 E-mail 营销分类

根据许可 E-mail 营销所应用的用户电子邮件地址资源的所有形式，可以分为内部列表 E-mail 营销和外部列表 E-mail 营销，或简称内部列表和外部列表。内部列表也就是通常所说的邮件列表，是利用网站的注册用户资料开展 E-mail 营销的方式，常见的形式如新闻邮件、会员通信、电子刊物等。外部列表 E-mail 营销则是利用专业服务商的用户电子邮件地址来开展 E-mail 营销，也就是以电子邮件广告的形式向服务商的用户发送信息。许可 E-mail 营销是网络营销方法体系中相对独立的一种，既可以与其他网络营销方法相结合，也可以独立应用。

内部列表 E-mail 营销的主要职能在于增进顾客关系、提供顾客服务、提升企业品牌形象等，内部列表营销的任务重在邮件列表系统、邮件内容建设和用户资源积累。内部列表 E-mail 营销的一般步骤包括邮件内容设计、测试、发送、效果跟踪等环节，可以分为五个基本步骤。

外部列表 E-mail 营销的目的以产品推广、市场调研等内容为主，工作重点在于列表的选择和邮件内容设计、营销效果跟踪分析和改进等方面。由于外部列表 E-mail 营销资源大都掌握在各网站或者专业服务商的手中，要利用外部列表资源开展 E-mail 营销，首先要选择合适的服务商。选择 E-mail 营销服务商需要考虑的主要因素包括服务商的可信任程度、用户数量和质量、用户定位程度、服务的专业性、合理的费用和收费模式等。

2.2.2 许可 E-mail 营销的模式及建议

1. 许可 E-mail 营销的八种模式

从营销的手段、提供服务的内容和与顾客的关系等方面综合分析，E-mail 营销有下列八种主要模式：

① 顾客关系 E-mail；

② 企业新闻邮件；

③ 提醒服务/定制提醒计划；

④ 许可邮件列表；

⑤ 赞助新闻邮件；

⑥ 赞助讨论列表；

⑦ 鼓动性营销；

⑧ 伙伴联合营销。

2. 许可 E-mail 营销的八项建议

在实施上述八种营销模式的同时,应该对下列八个方面给予高度关注:

(1) 获得“积极赞同”

首先,顾客需要明确地选择加入许可 E-mail 的关系。从较长的一段时期来看,许可 E-mail 营销战略无论在反应率还是在总成本方面都优先于其他方式的 E-mail 营销。

(2) 加深个性化服务

个性化服务不仅仅是在邮件里加上客户的名字,而应该创建更多的个性化许可 E-mail 活动。关于客户的信息除了名字和地址外还应该有更加详细的内容,创建一个与产品和服务相关的客户数据库,有助于维持许可列表的忠诚度,并增加回应率。

(3) 了解许可的水平

客户许可的水平有一定的连续性,在你每一封发送的邮件中都包含着允许加入或退出营销关系的信息,用某些条件限制顾客退出营销关系是没有必要的。将你的电子化营销服务模块化对满足顾客的需求有更加明显的效果,例如,可以在一系列不同的 E-mail 服务项目中提供顾客所需要的特定信息,如新闻邮件、特定产品信息、降价信息等,使顾客能够选择最能满足需求的服务,同时还可以传达对产品兴趣和频率敏感的信息。

(4) 开展提醒服务

据调查,超过半数以上领先的营销人员已经进行过提醒服务和定制提醒计划的实验,包括时间提醒(如生日)、补充(如替换、升级)和服务备忘录(如预定维护)。研究表明,33%的 E-mail 登记了提醒服务。

提醒服务专注于现行顾客需求并塑造了将来顾客的购买行为。预定提醒服务即对顾客进行了定位,如图 2-9 所示。

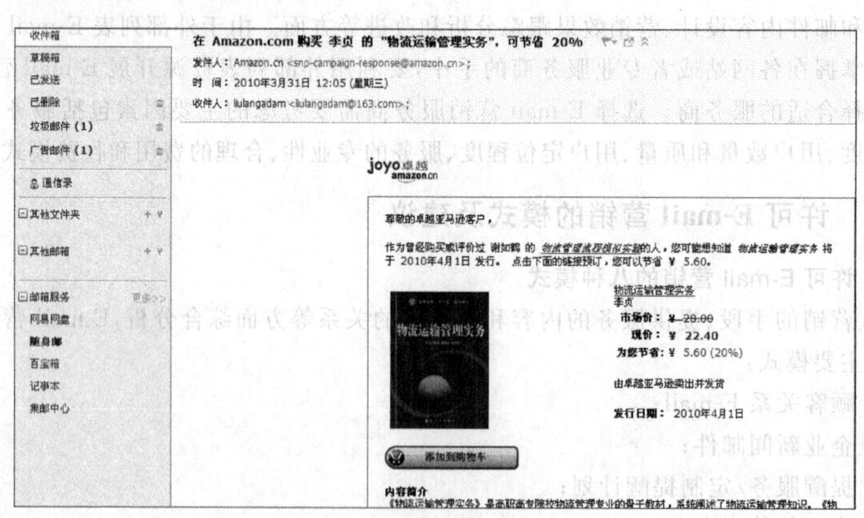

图 2-9 E-mail 提醒服务

(5) 扩展鼓动性的应用

有资料表明,有 75%以上的顾客曾经受到过熟人的推荐,被调查的成功的营销人员中,有 50%利用已经建立起来的可信任的顾客关系产生杠杆作用,采取鼓动性实验营销计划(病毒性营销)。此外,20%的电子邮件用户利用熟人的"口碑"宣传发现并浏览新的网站。除了搜索引擎和自由冲浪之外,实现领先的营销战略还需要做其他宣传,如网络标志广告和电视广告等。

(6) 采用交叉品牌/交叉商业计划

交叉品牌及与伙伴公司合作的营销战略是 E-mail 营销实践的部分内容,开展这些计划有利于建立与核心顾客社区的高度信任,影响新顾客社区并建立营销杠杆,并迅速扩张许可 E-mail 活动的宽度和价值。

(7) 投资的绩效评价和回报

开展营销活动应该识别一个特定计划的总体反应率(如点击率和转化率)并跟踪顾客的反应,从而根据顾客过去的反应行为作为将来的细分依据。然而,令人吃惊的是,调查中发现,将近 70%的营销人员在 E-mail 营销活动中既没有测试点击率也没有测试转化率。事实上,投资的绩效评价和回报应该作为营销计划的基本内容。

(8) 改进频率管理

E-mail 联系的频率应该与顾客的预期和需要相结合,这种频率预期与具体环境有密切关系,从每小时更新到每季度的促销诱导。这一点非常重要,因为顾客需要相应的、定位的内容和服务来取得许可,长期不变的非定位的 E-mail 信息将造成已经建立营销关系的顾客撤销他们的许可。

2.3 网络社区营销

网络社区是网上特有的一种虚拟社会,社区主要通过把具有共同兴趣的访问者集中到一个虚拟空间,达到成员相互沟通的目的。网络社区是用户常用的服务之一,由于有众多用户的参与,因而已不仅仅具备交流的功能,实际上也成为一种网络营销场所。网络社区是指包括 BBS/论坛、公告栏、群组讨论、在线聊天、交友、个人空间、无线增值服务等形式的网上交流空间,同一主题的网络社区集中了具有共同兴趣的访问者。社区是互联网特有的一种虚拟平台,网络社区可以通过其平台特色,将分散的目标客户和受众群众精准地聚合在一起,达到用户之间相互沟通的目的。由于大量用户的参与,因此,社区不但具备交流的功能,更重要的是,社区逐渐成为网络营销的场所。网络社区营销是以网络社区为平台,针对社区用户积极的参与性、开放的资源分享性,以及网民之间频繁的互动性,借助线上/线下活动、事件讨论、话题引导等方式展开的营销行为。

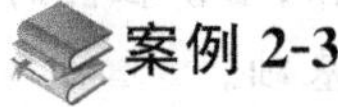

案例 2-3

相宜本草网络社区口碑营销案例

市场研究公司 Jupiter Research 调查数据显示:77%的网民在线采购商品前,会参考网上其他人所写的产品评价;超过 90%的大公司相信,用户推荐和网民意见在影响用户是否购买的决定性因素中是非常重要的。随着社会化网络力量的兴起,用户在网络社区中的活跃参与、复制和传播,口碑犹如一个雪球,在互联网这片信息联通的大陆上,愈滚愈大。无论你是一个消费者还是一个企业,你都有可能通过你的声音(口碑)去影响其他人。善于利用不断变化的社会化新媒体的企业,将在未来获得传播的先机,以低廉的成本实现精准营销,而忽视其存在企业,也为此付出巨大的代价。

相宜本草是一家国产天然本草类化妆品品牌,其产品进入市场化运作时间较短,市场认知度较低。虽然产品拥有良好的品质和口碑,但对于该品牌了解的消费者相对较少。相宜本草总部在上海,公司调查数据显示,相宜本草在上海地区产品美誉度达70分,而知名度只有30分,这与这几年发展的整体策略有关,市场投入相对较少,将更重要的资源及资金投入于产品研发及销售渠道。在有限的市场投入情况下,如何能够针对现阶段的发展产生最好的营销效果,经过多方咨询与沟通,相宜本草采用了网络社区口碑营销的策略,借助互联网社区营销新媒介,展开迎合精准群体心理的营销策略,利用网络快速传播的特点,实现低成本的广泛传播效应。

相宜本草选择了唯伊网作为核心传播载体,以唯伊社区为营销传播中心,整合浙江本地社区及线下高校资源,实现了线上线下互动整合营销。

关于唯伊网:

唯伊网 www.weyii.com(图 2-10)是国内一家新兴的化妆品品牌口碑社区,社区以品牌俱乐部、试用达人为特色,汇集化妆品品牌的消费者、粉丝和意见领袖,用户人群以年轻态人群为主,年龄层在20～30岁之间居多,品牌消费习惯不稳定,有较大的热情尝试新鲜品牌、新鲜产品,因此唯伊社区还形成了特有的"小白鼠"氛围。

图 2-10 唯伊网网站

相宜本草是化妆品领域的年轻品牌,其市场价格也非常适合年轻态群体,唯伊社区的用户群体与相宜本草的定位相互吻合,这为最终的营销效果奠定了坚实的基础。

整个营销过程大致分为:

第一个环节为免费申请品牌试用装。利用消费者的利益驱动和新鲜事物的好奇心,为品牌造势、吸引眼球、聚集人气。事实上对于女性消费者而言,申请新品试用装的诱惑力还是比较大,最重要的是她们会重新发现一个也许就存在她们周边的品牌,但她们从未在专卖店里尝试过。这有很多心理因素,互联网却实现了很多新鲜的尝试,同时她们也会在这个过程中关注这个品牌,并了解其他消费者对该品牌的口碑评价,这个过程无形中使品牌受到极大的关注，抓住受众的眼球，其实已经成功了一部分。

第二个环节是收集申请者的数据资料（包含真实姓名、性别、住址、邮箱、电话、QQ、品牌消费习惯等信息），并向品牌进行反馈，以便数据挖掘。这个过程中相宜本草充分利用了数据的资源，为这些潜在消费者进行了电话营销，并且为每个潜在消费者邮寄了相宜本草的会员杂志，很多用户反馈相宜的服务很贴心，使得消费者对相宜本草这个陌生品牌产生了好感。

第三个环节为网络整合营销传播。唯伊联合国内知名社区站点，做联合推广，活动有更丰富的传播载体，更广阔的传播范围，快速提升品牌在网络中的知名度和影响力。这个过程线上线下有着交叉互动的关系，包括高校人群的覆盖，短信平台的精准营销，都为整个事件的传播面起到了极大的推广作用。

第四个环节为用户分享试用体验。以奖品为诱饵，吸引试用用户分享产品体验，引导消费者的正向口碑，实现推广产品在网络传播的知名度和美誉度一定程度提升的效果。因为唯伊社区有稳定活跃的用户群，收到试用装的用户很快就开始试用体验，并且她们非常愿意与大家分享试用的过程，这个和社区的气氛、气质有很大关系。因为有高质量的人群和特定的氛围，当然还有奖品为诱饵，试用评论的质量非常高，90%以上的评论都超过500字，这在化妆品评论网站、社区是罕见的事情。正因为有高质量的评论，对于产品的口碑还有充分的传播意义。相宜本草推出的免洗眼膜产品，刚好在这一期间投放市场，通过百度和Google搜索相关评论，基本上全部回到唯伊社区，因为这里的用户是第一波试用用户，而且这一产品可以找到几十篇高质量的评论，相宜的其他产品可以找到上百篇。对于一个新兴品牌，唯伊社区汇集大量的口碑评论，通过互联网的复制传播效应，口碑逐渐扩散开来。

第五个环节为试用达人BlogMedia推荐。试用达人Blog目前拥有1700多个网络订阅，拥有忠实的读者群，在网络试用领域有着较高的知名度和影响力，在活动结束阶段，将重点推荐活动期间优秀的网友评论，为品牌网络传播画上完美的句号。

整个营销事件结束统计得到的数据：

1. 试用装派发数1600份（高校渠道）。

2. 总计获得4305份有效网络申请用户资料（用户数据包含姓名、性别、年龄、肤质、电话、邮箱、QQ、地址、手机、消费习惯等）。

3. 活动页面浏览量总计111055次，用户回复数1745条。

4. 联合推广的获得浏览量总计59633次，用户回复数749条。

5. 试用评论总计115篇，图文并茂，90%以上的评论都在500字以上。

1000字以上试用评论：22篇；

500～1000字试用评论：102篇；

200～500字试用评论：11篇；

200字以下试用评论：无。

6. 因活动的带动，相宜本草板块主题帖增加228条，回复增加6146条，其中高质量的评论增加近168条，累计浏览达202255次。

7. 事件活动网络转载多达665次，因评论数量太多，尚未统计转载次数。

8. 活动网络直接传播受众 20 万以上(间接传播受众 400 万以上),线下覆盖人群 10 万。

(资料来源:http://www.douban.com/group/topic/3423343/)

案例思考题

(1) 相宜本草为何开展网络社区营销?如何开展?

(2) 相宜本草开展网络社区营销的成功之处是什么?

2.3.1 网络社区的形式和作用

1. 网络社区的形式

电子公告板(BBS):是虚拟网络社区的主要形式,大量的信息交流都是通过 BBS 完成的,会员通过张贴信息或者回复信息达到互相沟通的目的。有些简易的社区甚至只有一个 BBS 系统。

聊天室(chat room):在线会员可以实时交流,对某些话题有共同兴趣的网友通常可以利用聊天室进行深入交流。

讨论组(discussion group):如果一组成员需要对某些话题进行交流,通过基于电子邮件的讨论组会觉得非常方便,而且有利于形成大社区中的专业小组。

论坛和聊天室是网络社区中最主要的两种表现形式,在网络营销中有着独到的应用。网络社区可以增进和访问者或客户之间的关系,也可能直接促进网上销售。

2. 网络社区的作用

(1) 可以与访问者直接沟通,容易得到访问者的信任。如果你的网站是商业性的,你可以了解客户对产品或服务的意见,访问者很可能通过和你的交流而成为真正的客户,因为人们更愿意从了解的商店或公司购买产品;如果是学术性的站点,则可以方便地了解同行的观点,收集有用的信息,并有可能给自己带来启发。

(2) 为参加讨论或聊天,人们愿意重复访问你的网站,因为那里是他和志趣相投者聚会的场所,除了相互介绍各自的观点之外,一些有争议的问题也可以在此进行讨论。

(3) 作为一种顾客服务的工具,利用 BBS 或聊天室等形式在线回答顾客的问题。作为实时顾客服务工具,聊天室的作用已经得到用户认可。

(4) 可以与那些没有建立自己社区的网站合作,允许使用自己的论坛和聊天室,当然,那些网站必须为进入你的社区建立链接和介绍,这种免费宣传机会很有价值。

(5) 建立了论坛或聊天室之后,可以在相关的分类目录或搜索引擎登记,有利于更多人发现你的网站,也可以与同类的社区建立互惠链接。

(6) 方便进行在线调查。无论是进行市场调研,还是对某些热点问题进行调查,在线调查都是一种高效廉价的手段。在主页或相关网页设置一个在线调查表是通常的做法,然而对多数访问者来说,由于占用额外的时间,大都不愿参与调查,即使提供某种奖励措施,参与的人数可能仍然不多,如果充分利用论坛和聊天室的功能,主动、热情地邀请访问者或会员参与调查,参与者的比例一定会大幅增加,同时,通过收集 BBS 上顾客的留言也可以了解到一些关于产品和服务的反馈意见。

2.3.2　网络社区营销的发展

1. 网络社区营销的发展

互联网的快速发展促进网络服务内容不断推陈出新，网民的网络需求也不断向个性化和细分化方向发展。依托于互联网的网络营销在营销理念发生了根本性的变化，其营销平台和方式也越来越多样和丰富。网络营销发展历程如图 2-11 所示。由图 2-11 可以看出，网络营销发展经历了三个时代。

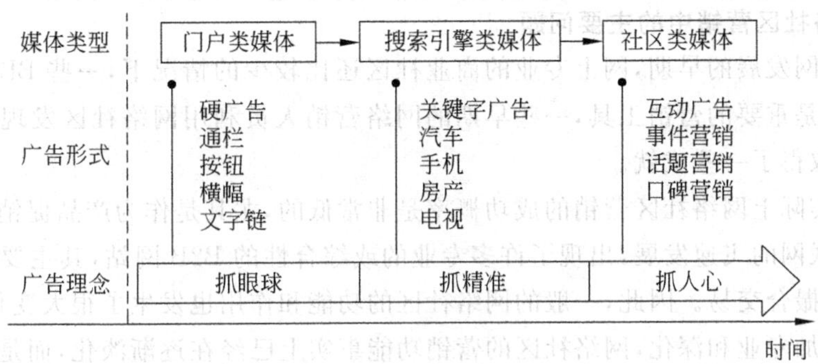

图 2-11　网络营销发展历程

(1) 门户时代：20 世纪末期的"眼球经济"时代，网络营销方式主要以品牌网络广告为主，此时门户类网站成为通栏、按钮、文字链等广告形式的主要投放平台，广告主追求更多的是广告投放覆盖的广泛性，而用户只是被动地接受。这种营销方式属于花大钱、撒大网形式，导致高投入、低产出的局面。

(2) 搜索引擎媒体时代：此后随着搜索引擎在技术和使用上的快速发展，使其成为网民使用率最高的基础性网络服务之一，由此导致搜索引擎类媒体的迅速崛起。而网民的网络需求更加明确，更多的网民开始主动搜索自己所需要的信息，搜索引擎成为网民登录网络的主要入口。此时，基于搜索的竞价排名和关键词搜索等营销方式，由于其精准和快速的特点，使得搜索引擎媒体成为广告主青睐的重要的网络营销平台。

(3) 社区互动时代：随着 Web 2.0 概念的实用化，基于 Web 2.0 的论坛、博客和视频分享等网络服务发展迅速，网民的高度参性、分享性与互动性促使社区类媒体成为广告主新的淘金地。基于社区的事件营销、话题营销、口碑营销等方式开始崭露头角，网络营销方式由之前的推送式、拉动式向互动式方向发展，营销理念也由之前的抓眼球、抓精准进入抓人心时代。

2. 网络社区营销与传统营销的区别

网络社区营销与传统营销方式的最大区别在于以下两点：

(1) 用户依据自身需求的主动搜索：传统广告形式是以"推"的形式引起用户的关注，因此受众的广泛性非常重要，导致广告投入巨大，但最终形成购买行为的人群很小。而在 Web 2.0 时代，用户会根据自己的喜好去主动搜索，使得用户能够更快、更准确地找到自己需要的产品，也使得企业的广告投放更具针对性。

(2) 用户对体验结果的主动分享：传统营销模式终止于用户购买行为的发生，社区营销中,更重要的在于通过对产品的使用产生良好体验后,用户购买、体验产品之后的主动分享经验,可借助论坛、博客等多种社区互动平台进行快速、大范围的病毒式传播,从而形成网络上的众口相传。

因此,对于广告主和广告策划者而言,社区营销的关键在于,如何使得用户产生想了解的兴趣,推动他们去主动搜索;更重要的是在用户体验过产品之后,为用户打造一个互动交流的平台,并通过各种方式促使一部分愿意分享良好体验的用户声音加速传播和迅速扩大,从而可以影响更多的用户,形成众口相传的网络口碑营销。

3. 网络社区营销中的主要问题

在互联网发展的早期,网上专业的商业社区还比较少的情况下,一些 BBS、新闻组和聊天室曾经是重要的营销工具,一些早期的网络营销人员利用网络社区发现了一些商业机会,甚至取得了一些成就。

但是,实际上网络社区营销的成功概率是非常低的,尤其是作为产品促销工具时。另外,随着互联网的飞速发展,出现了许多专业的或综合性的 B2B 网站,其主要职能就是帮助买卖双方撮合交易。因此,一般的网络社区的功能和作用也发生了很大变化,网络营销的手段也更加专业和深化,网络社区的营销功能事实上已经在逐渐淡化,而是向着增加网站吸引力和顾客服务等方向发展。所以,当我们利用网络社区进行营销时,要正视这一手段的缺陷,不要对此抱太大的期望。

不过,一个优秀的社区在网站中所起的作用仍然不可低估。在可能的情况下,当规划和建设自己的网站时,应尽可能将网络社区建设作为一项基本内容。

2.3.3 如何建立网络社区

如果打算在自己的网站开设网络社区功能,下面是一些规划和管理网络社区需要考虑的基础内容。

1. 网络社区的定位和主题

根据社区的规模和参与者的成分,可将网络社区划分为综合性社区和专业社区两种主要形式,每个社区通常又会按照不同的主题分为若干板块。从网站的商业价值来讲,综合性社区和专业社区各有优势,前者通常可以吸引大量人气,首先吸引网民的注意,然后通过网络广告等形式取得收入,而专业性社区往往直接蕴涵着大量的商机,例如,一个关于汽车的社区,其会员中很可能有大量潜在的购买者。

一些专业网站或者企业网站在创建社区时通常会定位于专业社区。那么,是不是生产什么产品的企业都建一个该产品的论坛,让消费者来发表关于某产品的意见。这样可能不是最好的方案,因为社区成员之所以参与的基本原因是可以与其他成员交流信息,并了解自己希望的信息。同时,网络社区又是一个休闲的场所,会员希望能在轻松愉快的气氛中了解自己感兴趣的内容,并发表自己的意见或见解。

2. 网络社区的功能

网络社区中最常用的功能和服务包括论坛、聊天室、讨论组、留言系统等,可根据自己的需要选择。

3. 网络社区的管理

有些网络社区由于存在各种缺陷，可能参与者很少，一个主题下面每天只有几条信息，甚至几天才有一条信息，造成这种结果的原因可能是多方面的：比如网站访问量比较小，话题过于专业或类别过于详细等。所以，如何吸引尽可能多的成员来参与是至关重要的。

为了吸引尽可能多的用户参与社区，需要在下列方面充分考虑会员的需要：

(1) 利益共享：这是网络社区的基本出发点，如果会员从中不能分享到自己所期望的利益，也许就不会对该社区关注。会员期望的利益包括切实的物质利益，也包括了解有价值的信息、与志趣相投者的交流、获得心理满足等多方面内容。

(2) 开放性：一个社区最活跃的是其核心成员，但仅有核心成员的参与是不够的。据估计，80%以上的社区成员通常不发表任何言论，但总会有新的成员不断加入进来。应该营造一种开放、平等的氛围，无论新老会员，都可以自由参与。由于互联网的社区很多，新用户在决定是否加入一个社区时，一般会先经过一段时间的考察和了解，对于还没有注册为正式会员的用户，应该给予了解社区的机会。

(3) 会员忠诚：为会员提供附加价值，增进对社区的忠诚度和依赖性，例如特别的折扣、不定期的奖励措施等，必要时可利用网下的沟通机会增强会员与社区的关系。

(4) 环境保护：不要让喧闹的广告出现在社区里，大量的广告会使会员觉得厌烦，也可以聘请主要成员参与社区管理，授权他们删除与主题无关的帖子，或者其他非法言论、恶意中伤等信息。

4. 网络社区的推广

现在，网上的各种社区不计其数，并非随便一个社区都会有大量用户主动参与。因此，网络社区建成发布之后，还需要进行一系列的推广活动。

网络社区的推广方法实际上类似于新网站的推广方法，可以提交给搜索引擎的相关分类目录，在分类广告中发布信息，到其他相关社区发布新社区开张的消息，甚至可以利用网络广告、邮件列表等方式吸引目标用户的注意。

此外，如果你的网站已经先于网络社区发布并拥有一定量的访问者，可以充分利用网站来为网络社区开展推广活动，例如，在网站上发布社区开张的消息；像为产品做广告宣传一样，在网站上宣传参与社区的好处；在网站公布其他成员参加社区取得收获的证明材料或推荐书；定期邀请专家或知名人士作为嘉宾参加社区的活动，与会员现场交流，或者解答会员的问题；为社区会员创建一份免费电子杂志，可以在每期电子刊物的结尾处提醒会员回来参与社区的活动。

2.4 网络口碑营销

进入 2008 年以来，包括论坛、博客、交友等在内的社区成为业界新的关注焦点和投资热点。主要原因在于，社区作为网络互动平台，其开放性、互通性吸引了大量网民的使用；而社区用户产生的内容也成为社区平台的核心资源之一，同时社区用户广泛和积极的参与性也凸显出网络社区较高的营销价值。

网络口碑营销作为一种基于社区的新营销模式,自 2004 年产生以来,经过近几年的用户和市场培养,逐渐得到广告主的认可,越来越多的企业开始尝试在社区平台上借助口碑营销进行企业产品、服务和品牌的推广。

2.4.1 网络口碑营销的发展

1. 相关概念

网络口碑(internet word of mouth,IWOM):网民通过论坛(BBS)、博客、社交和视频分享等互动网络平台,与其他网民分享关于企业、产品和服务的各种多媒体信息。这些信息众口相传,最终形成针对企业产品、服务和品牌等各方面的口碑效应,从而对企业品牌形象、影响力、产品销售等多方面造成一定影响。

网络口碑营销:企业通过对自身产品和用户需求的分析挖掘,在网络社区平台上借助多种营销方式,在加强用户体验的基础上,提高用户分享良性体验的积极性,从而在用户中形成众口相传的口碑效应,达到促进企业品牌形象提升及产品销售增加的目的。

社区关注度:指研究对象(企业、品牌和产品等)在网络社区中被谈及的帖子和博文数量。

2. 中国网络口碑营销发展历程

中国网络口碑营销的发展主要经历四个阶段(图 2-12),包括:2004—2005 年的起步期;2006—2007 年的市场培育期;2008—2010 年的快速发展期;2011 年之后的成熟期。

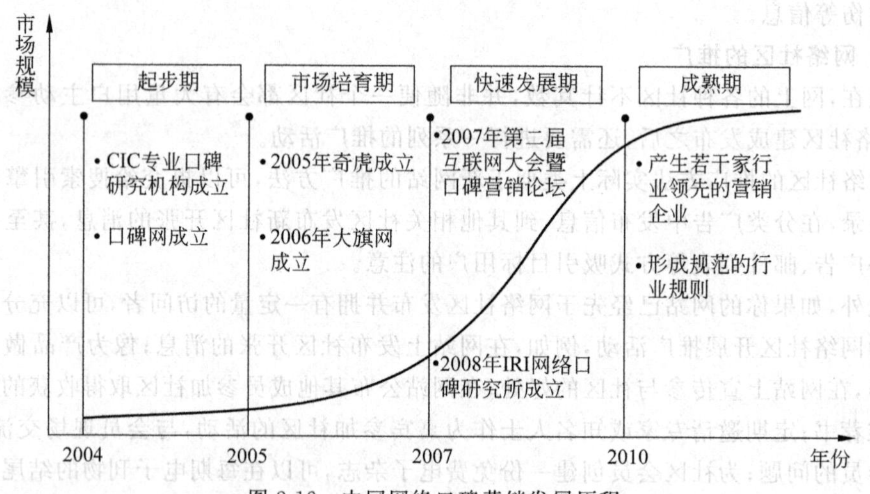

图 2-12 中国网络口碑营销发展历程

(1) 起步期:网络口碑概念开始传播

① 品牌网络广告对用户体验的负面影响开始引起人们的重视;

② 包括论坛、博客在内的网络社区开始吸引更多网民的关注和使用,其营销平台价值开始显现;

③ 网络口碑营销在国外发展相对成熟,开始进入中国;

④ 口碑网的成立,使网络口碑的概念开始进入人们的视野;

⑤ CIC 等专业的口碑营销研究机构在网络口碑营销概念的推动方面起到了很大的

作用。

（2）市场培育期：网络口碑营销获得初步认可

① 奇虎、大旗等基于论坛的口碑营销机构出现，推动网络口碑营销理念的广泛传播；

② 口碑互动、1024 等专业的网络口碑营销商出现，加速网络口碑营销化发展；

③ 一些传统公关和网络营销公司开始试水网络口碑营销业务，促进市场进一步发展；

④ 更多广告主开始认可网络口碑营销理念，并开始进行尝试。

（3）快速发展期：竞争加剧，面临洗牌

① 2007 年第二届互联网大会暨口碑营销论坛的召开，标志着网络口碑营销已经成为重要的营销模式被人们广泛认知和接受；

② 2008 年 IRI 网络口碑研究机构成立，是国内第二家专门以网络口碑营销为研究对象的研究机构；

③ 更多传统广告主开始通过口碑营销的方式进行企业品牌建设和推广，网络口碑营销市场发展迅速；

④ 营销体系、产业链构架进一步完善，广告主、营销机构对口碑营销的认知更加成熟，逐渐脱离纯粹的量化指标，开始进行长期稳定的合作；

⑤ 行业竞争加剧，市场开始洗牌，大量在整体策划、运营方面实力较差的营销机构开始被市场淘汰；

⑥ 行业的快速发展，推动相关政策的出台，进一步推动市场的规范化运作。

（4）成熟期：形成成熟产业链，市场稳步发展

① 网络口碑营销形成成熟的产业链，市场呈现稳定发展态势；

② 行业发展进一步规范化，经过洗牌，形成几家行业领先的口碑营销机构；

③ 行业规则进一步完善，有可能形成促进行业稳定发展的行业协会。

3. 网络口碑产生机制分析

艾瑞认为，网络口碑的产生需要以良好的产品或服务为基础，企业在做口碑营销时，需要着重注意以下几个方面（图 2-13）：

（1）优质的产品及服务为基础：口碑的产生必须以过硬的产品或服务质量为保证，在此基础上企业借助网络社区平台，通过组织线上线下结合的各种体验活动，并促进购买行为的发生，才能产生正面的用户体验。如果产品或服务质量本身比较差，给体验的用户造成负面的影响，那么宣传力度越大，对企业负面影响越大。没有好的质量保证，再强大的公关能力也无济于事。

（2）用良好的用户体验为体验用户搭建话语平台：通过各种方式使用户产生良性体验后，企业或广告代理商所要做的是，为用户搭建发表体验感受的平台，并借助游戏、抽奖等多种方式促进用户表达出自己的体验感受，从而形成对企业产品的正向评价。

（3）促进正向的用户评价的广泛传播：在活动平台上形成的用户正向评价，所影响范围有限，需要通过多社区平台的广泛传播以及博客、主流媒体等各种平台的互相促进，扩大正向评价的传播范围，使其形成病毒式传播，对更多用户产生正面影响。

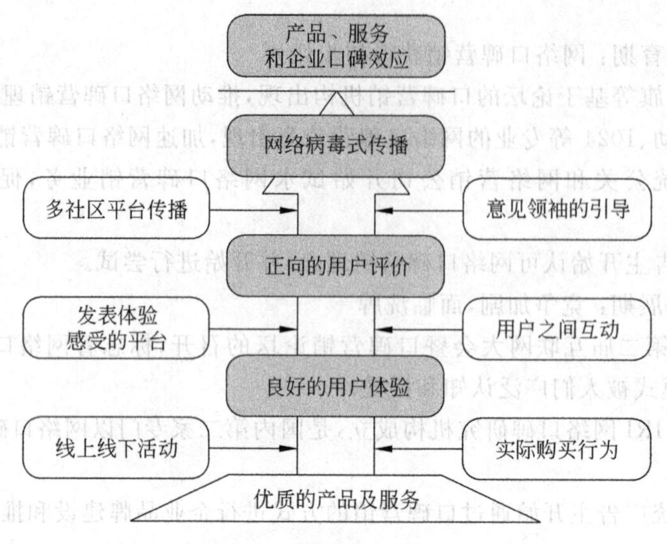

图 2-13　网络口碑产生机制

2.4.2　网络口碑营销优势及存在问题

1. 网络口碑营销优势分析

艾瑞咨询认为,口碑营销是以优秀的产品质量为保证,以用户的真实、良性体验为出发而展开的营销行为。对用户而言,企业为他们提供了更多的体验机会,以及在此基础上的发言权。随着新定制时代的到来,用户可借此根据自己的需求,影响企业的产品生产、运营策略,从而使企业产品、服务更好地满足自身需求。

对广告主而言,网络口碑营销主要在以下几个方面更具吸引力:

第一,病毒式传播,影响更迅疾、更广泛:网络社区事件的传播具有爆发迅速的特点,能够在很短时间内聚集大量的关注;同时由于社区用户参与性和分享性都比较高,社区热点事件往往能够借助各种渠道和方式得以大范围传播。网络口碑营销通过借助用户、网民之间的众口相传,以网络社区为主要传播平台,因此具有短时间大范围、快速传播的爆发性特征。

第二,用户细分,营销目标精准:由于社区用户习惯于根据自身爱好等集聚成大小不同的群体,各群体都有核心的关注点和消费倾向,因此借助话题、事件、主题活动等方式进行的行销更具针对性。

第三,高投入产出比:网络口碑营销传播的主要平台是社区类媒体,主要媒介是用户,主要方式是众口相传,因此与传统广告形式相比,无须大量的广告投入;相反,可借助用户评价的病毒式扩散获得更大的影响力。

第四,达成企业和用户之间真正互动:传统广告形式只是将产品推给用户使用,之后用户的使用体验缺少相关反馈机制和渠道。口碑营销的传播内容就是用户的评价,企业通过口碑营销一方面建立自己的正面影响力,同时可以建立起实施监测用户体验、及时反馈有效信息的机制,为企业明晰用户、市场需求变化,及时调整企业战略有着深远的意义。

2. 网络口碑营销存在的主要问题

艾瑞咨询认为，目前网络口碑营销市场主要存在以下几个方面的问题：

第一，网络口碑营销代理商对网络口碑营销概念认知的不足，导致口碑营销市场鱼龙混杂，所提供服务质量参差不齐，长此以往，将不利于市场的健康发展。

第二，网络口碑营销缺乏成型理论框架的支撑，一些代理商对口碑营销策划、执行的简单化理解，使得用户对口碑营销存在一定误解。

第三，社区语义搜索技术有待突破，依靠现有搜索技术无法准确判断社区用户对企业产品评价的倾向性，而采取人工筛选方式又面临数据量极为庞大，费时费力但效果不佳的问题。

第四，口碑营销监测和效果评价体系的缺失，导致广告主无法准确知晓口碑营销的效果，使得网络口碑营销市场发展缓慢。

第五，网络口碑营销作为一种新的营销模式，缺乏政策监管和行业规范的约束，将不利于其长期、健康发展。

艾瑞咨询认为，目前网络口碑营销市场的核心问题在于缺乏营销监测和效果评价体系。市场监测和效果评价体系的缺失，对营销代理商而言，没有完整、统一的营销策略和评估办法，整个营销市场在服务内容、方式、质量等方面存在很多问题，甚至产生了一些负面影响。对广告主而言，由于口碑营销效果无法量化，无法对投入产出比进行准确评估；再加上对口碑营销认知的不成熟，使得广告主虽然对口碑营销接受程度有了一定的提高，但是总体投入还停留在较低水平。

2.5 病毒性营销

病毒性营销并非真的以传播病毒的方式开展营销，而是通过用户的口碑宣传网络，信息像病毒一样传播和扩散，利用快速复制的方式传向数以千计、数以百万计的受众。病毒性营销已经成为网络营销最为独特的手段，被越来越多的网站成功利用。病毒性营销不仅是一种实用的网站推广方法，也反映了一种充分利用各种资源传递信息的网络营销思想。

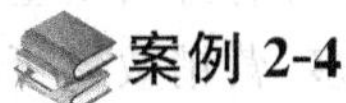案例 2-4

可口可乐病毒性营销案例

2008 年 3 月 24 日，可口可乐公司推出了火炬在线传递活动。而这个活动堪称经典的病毒性营销案例：

如果你争取到了火炬在线传递的资格，将获得“火炬大使”的称号，QQ 头像处将出现一枚未点亮的图标，之后就可以向你的一个好友发送邀请。如果 10 分钟内可以成功邀请其他用户参加活动，你的图标将被成功点亮，同时将获取“可口可乐”火炬在线传递活动专属 QQ 皮肤的使用权——火炬在线传递活动的 QQ 面板皮肤。而这个好友就可以继续邀请下一个好友进行火炬在线传递。以此类推。

网民以成为在线火炬传递手为荣,"病毒式"的链式反应一发不可收拾,"犹如滔滔江水,绵延不绝"。这个活动在短短 40 天之内就"拉拢"了 4000 万人(41169237 人)参与其中。平均起来,每秒钟就有 12 万多人参与。一个多月的时间内,在大家不知不觉中,身边很多朋友的 QQ 头像旁都多了一个火红的圣火图标(同时包含可口可乐的元素)。

(资料来源:http://fengzhongzhiyuer.blog.163.com/)

2.5.1 病毒性营销的起源和基本原理

先看一组有趣的的数字:经历了 40 年,收音机用户数量才达到 1000 万;用了 15 年时间,电视机用户也达到了 1000 万;Netscape 在三年内拥有了 1000 万用户;然而,到了互联网时代,Hotmail.com 和 Napster.com 用了不到一年的时间就拥有了 1000 万用户,可以说这是互联网造就的奇迹。

在这些神奇数字的背后,隐藏着病毒性营销的巨大威力。这种威力的根本原因在于:在互联网上,每个人都可以是信息的发布者和传播者,而且网上的信息传播比传统渠道要方便得多。病毒性营销充分利用了互联网的信息发布和传播功能,这种方法其实并不神秘,在传统营销中也有类似的方法,不过被称为"口碑传播""媒体杠杆"等,而不是使用这一名词罢了。

病毒性营销是一种常用的网络营销方法,常用于进行网站推广、品牌推广等。病毒性营销利用的是用户口碑传播的原理,在互联网上,这种口碑传播更为方便,可以像病毒一样迅速蔓延,因此病毒性营销成为一种高效的信息传播方式。而且,由于这种传播是用户之间自发进行的,因此几乎是不需要费用的网络营销手段。

病毒性营销是一种营销思想和策略,并没有什么固定模式。对于一些小企业或小型网站来说,病毒性营销不一定要很大规模,力争在小范围内获得有效传播是完全可以做到的。很多病毒性营销的创意适合于小企业,比如提供一篇有价值的文章、一部电子书、一张优惠券、一个祝福卡、一则幽默故事、一个免费下载的游戏程序等,只要能恰到好处地在其中表达出自己希望传播的信息,都可以在一定程度上发挥病毒性营销的作用。

2.5.2 病毒性营销的六项基本要素

美国著名的电子商务顾问 Wilson 博士将一个有效的病毒性营销战略归纳为六项基本要素,一个病毒性营销战略不一定要包含所有要素,但是,包含的要素越多,营销效果可能越好。

一个有效的病毒性营销战略的六项基本要素是:

(1) 提供有价值的产品或服务

在市场营销人员的词汇中,"免费"一直是最有效的词语,大多数病毒性营销计划提供有价值的免费产品或服务来引起注意。例如,免费的 E-mail 服务、免费信息、免费"酷"按钮、具有强大功能的免费软件(可能不如"正版"强大,但足以满足一般初级用户或者学习者的需求)。病毒性营销方法并不能马上从所提供的服务中盈利,但是这种方式获得了大量的潜在用户,这些用户成为有价值的营销资源,尽管免费服务无法盈利,但是可以通过这些免费服务获得用户对其他服务的需求。

(2) 提供无须努力的向他人传递信息的方式

病毒只在易于传染的情况下才会传播，因此，携带营销信息的媒体必须易于传递和复制，如E-mail网站、图表、软件下载等。病毒性营销在互联网上得以极好地发挥作用是因为即时通信变得容易而且廉价，数字格式使得复制更加简单，从营销的观点来看，必须把营销信息简单化，使信息容易传输，越简短越好。

(3) 信息传递范围很容易从小向很大规模扩散

为了让信息可以在用户之间不断扩散，传递信息方法必须从小到大迅速改变。Hotmail模式的弱点在于免费E-mail服务需要有自己的邮件服务器来传送信息，如果这种战略非常成功，就必须迅速增加邮件服务器，否则将抑制需求的快速增加。如果病毒的复制在扩散之前就扼杀了主体，就无法实现营销的目的了。因此在提供免费邮箱的案例中，需要提前对增加邮件服务器做好计划，这种状况说明，病毒性营销模型必须是可扩充的。

(4) 利用公众的积极性和行为

巧妙的病毒性营销计划利用公众的积极性。是什么原因在网络的早期使得“Netscape Now”按钮需求数目激增？是由于人们渴望在自己的网站上也能够“酷”的原因。通信需求的驱动产生了数以百万计的网站和数以10亿计的E-mail信息。为了传输而建立在公众积极性和行为基础之上的营销战略将会取得成功。

(5) 利用现有的通信网络

社会科学家告诉我们，每个人都生活在一个8～12人的亲密网络之中，网络之中可能是朋友、家庭成员和同事，根据在社会中的位置不同，一个人的宽阔的网络中可能包括二十、几百或者数千人。例如，一个服务员在一星期里可能定时与数百位顾客联系。网络营销人员早已认识到这些人际网络的重要作用，无论是坚固的、亲密的网络还是松散的网络关系。互联网上的人们同样也发展关系网络，他们收集电子邮件地址以及喜欢的网站地址作为建立允许的邮件列表。学会把自己的信息置于人们现有的通信网络之中，将会迅速地把信息扩散出去。

(6) 利用别人的资源

最具创造性的病毒性营销计划利用别人的资源达到自己的目的。例如，会员制计划，在别人的网站设立自己的文本或图片链接，提供免费文章的作者，试图确定他们的文章在别人网页上的位置，一则发表的新闻可能被数以百计的期刊引用，成为数十万读者阅读的文章的基础。别的印刷新闻或网页转发你的营销信息，耗用的是别人的而不是你自己的资源。

2.5.3 实施病毒性营销的步骤

病毒性营销是一种网络营销方法，常用作网站推广的手段，病毒性营销同时也是一种网络营销思想，其背后的含义是如何充分利用外部网络资源（尤其是免费资源）扩大网络营销信息传递渠道。病毒性营销的价值是巨大的，一个随便可以做好的，有些看起来很好的创意，或者很有吸引力的服务，最终并不一定能获得预期的效果。如何才能取得病毒性营销的成功呢？尽管每个网站具体的病毒性营销方案可能千差万别，但在实施病毒性营销的过程中,一般都需要经过方案的规划和设计、信息源和传递渠道的设计、原始信息发布、效果跟踪管理等基本步骤。认真对待每个步骤,病毒性营销才能最终取得成功。

第一,应该进行病毒性营销方案的整体规划,确认病毒性营销方案符合病毒性营销的基本思想,即传播的信息和服务对用户是有价值的,并且这种信息易于被用户自行传播。

第二,病毒性营销需要独特的创意,并且精心设计病毒性营销方案(无论是提供某项服务,还是提供某种信息)。最有效的病毒性营销往往是独创的。同样一件事情,同样的表达方式,第一个是创意,第二个是跟风,第三个做同样事情的则可以说是无聊了,甚至会遭人反感。因此,病毒性营销之所以吸引人就在于其创新性。在设计方案时,一个特别需要注意的问题是,如何将信息传播与营销目的结合起来?如果仅仅是为用户带来了娱乐价值(如一些个人兴趣类的创意)或者实用功能、优惠服务而没有达到营销的目的,这样的病毒性营销计划对企业的价值就不大了。反之,如果广告气息太重,可能会引起用户反感而影响信息的传播。

第三,信息源和信息传播渠道的设计。虽然说病毒性营销信息是用户自行传播的,但是这些信息源和信息传递渠道需要进行精心的设计。例如,要发布一个节日祝福的FLASH,首先要对这个FLASH进行精心策划和设计,使其看起来更加吸引人,并且让人们自愿传播。仅仅做到这一步还是不够的,还需要考虑这种信息的传递渠道,是在某个网站下载(相应地在信息传播方式上主要是让更多的用户传递网址信息)还是用户之间直接传递文件(通过电子邮件、IM等),或者是这两种形式的结合。这就需要对信息源进行相应的配置。

第四,原始信息的发布和推广。最终的大范围信息传播是从比较小的范围内开始的,如果希望病毒性营销方法可以很快传播,那么对于原始信息的发布也需要经过认真筹划,原始信息应该发布在用户容易发现,并且用户乐于传递这些信息的地方(比如活跃的网络社区),如果必要,还可以在较大的范围内去主动传播这些信息,等到自愿参与传播的用户数量比较大之后,才让其自然传播。

第五,对病毒性营销的效果也需要进行跟踪和管理。当病毒性营销方案设计完成并开始实施之后(包括信息传递的形式、信息源、信息渠道、原始信息发布),对于病毒性营销的最终效果实际上自己是无法控制的,但并不是说就不需要进行这种营销效果的跟踪和管理。实际上,对于病毒性营销的效果分析是非常重要的,不仅可以及时掌握营销信息传播所带来的反应(如对于网站访问量的增长),也可以从中发现这项病毒性营销计划可能存在的问题及可能的思路改进,将这些经验积累,为下一次病毒性营销计划提供参考。

2.6 微博营销

2.6.1 微博

微博是一种非正式的迷你型博客,是近几年兴起的一个Web2.0表现形式,是一种可以即时发布消息的系统;最大的特点就是集成化和API开放化,用户可以通过移动设备、IM软件(gtalk、MSN、QQ、skype)和外部API接口等途径向你的微博发布消息。

1. 微博现状

三言两语，现场记录，发发感慨，晒晒心情，Twitter 网站打通了移动通信网与互联网的界限。相比传统博客中的长篇大论，微博的字数限制恰恰使用户更易于成为一个多产的博客发布者。著名流量统计网站 ALEXA 的数据显示，Twitter 日均访问量已近 2000 万人次，在美国、英国、加拿大等地的网站排名中均列前 15 位。国内主要微博兴起情况如图 2-14 所示。

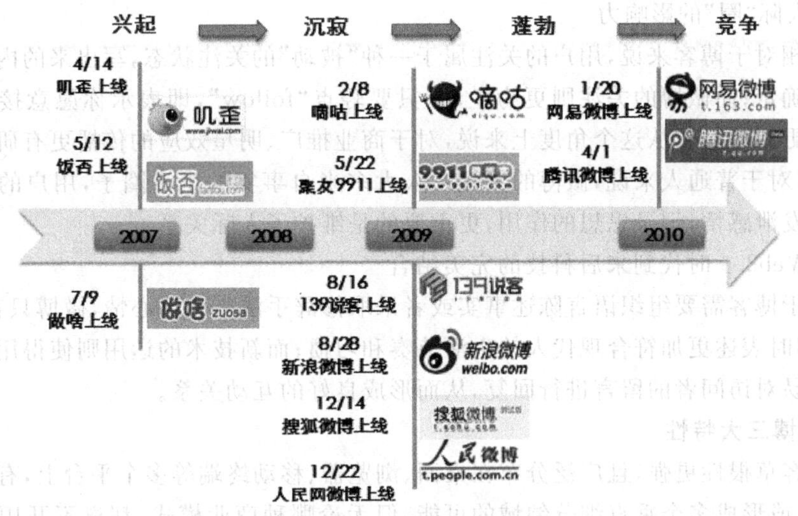

图 2-14　国内主要微博兴起情况

2006 年 Twitter 的出现把世人的眼光引入了一个叫微博的小小世界里。国外 Twitter 的“大红大紫”，令国内有些人终于坐不住了，2005 年从校内网起家的王兴，在 2006 年把企业卖给千橡互动后，于第二年建立了饭否网；而腾讯作为一个拥有 4.1 亿 QQ 用户的企业，看着用户对随时随地发布自己状态的强烈需求后，也忍不住尝试了一把，2007 年 8 月 13 日腾讯滔滔上线。

2009 年 7 月中旬开始，国内大批老牌微博产品(饭否、腾讯滔滔等)停止运营，一些新产品开始进入人们的视野。Follow5 于 2009 年 6 月上线，同年 8 月开始正式测试。Follow5 是专注于分享的微博客，致力于使分享变得更轻松、更方便、更自由。把此时此刻，你正在做什么、想什么、看到什么记录下来，分享给其他人。新浪微博，是中国门户网站新浪网推出的微博服务，于 2009 年 8 月 14 日开始内测，目前是中国用户数最大的微博产品，公众人物用户众多是新浪微博的一大特色。随心微博于 2009 年面世，依靠自身清新、简约、时尚的界面、简单易用的微博功能和极佳的浏览速度，赢得不少微博玩家的追捧，也从侧面反映了微博真正的内涵在于博，而不是淹没于明星和粉丝的口水中，成为 2009 年微博阵营中的一道亮丽风景线。

截至 2016 年 6 月，微博用户规模为 2.42 亿，逐渐回升，使用率为 34%，与 2015 年年底相比略有上涨。微博主打陌生人社交，通过人与人之间的“关注”“被关注”网络来传播信息。在内容维度上，微博正在从早期关注的时政话题、社会信息，更多地向基于兴趣的垂直细分领域转型。

2. 微博的优势

(1) 简单易用

这里有两方面的含义,第一,相对于强调版面布置的博客来说,微博的内容只是由简单的只言片语组成,从这个角度来说,对用户的技术要求门槛很低,而且在语言的编排组织上,没有博客那么高;第二,微博开通的多种API使大量的用户可以通过手机、网络等方式来即时更新自己的个人信息。

(2) 人际"圈"的影响力

还是相对于博客来说,用户的关注属于一种"被动"的关注状态,写出来的内容其传播受众并不确定;而微博的关注则更为主动,只要轻点"follow",即表示你愿意接受某位用户的即时更新信息。从这个角度上来说,对于商业推广、明星效应的传播更有研究价值。

同时,对于普通人来说,微博的关注友人大多来自事实的生活圈子,用户的一言一行不但起到发泄感情,记录思想的作用,更重要的是维护了人际关系。

(3) Web2.0时代到来后科技的完美结合

相对于博客需要组织语言陈述事实或者采取修辞手法来表达心情,微博只言片语"语录体"的即时表述更加符合现代人的生活节奏和习惯;而新技术的运用则使得用户(作者)也更加容易对访问者的留言进行回复,从而形成良好的互动关系。

3. 微博三大特性

微博客草根性更强,且广泛分布在桌面、浏览器、移动终端等多个平台上,有多种商业模式并存,或形成多个垂直细分领域的可能,但无论哪种商业模式,都离不开用户体验的特性和基本功能。

(1) 便捷性

在微博客上,140字的限制将平民和莎士比亚拉到了同一水平线上,这一点导致大量原创内容爆发性地被生产出来。微型博客的出现具有划时代的意义,真正标志着个人互联网时代的到来。博客的出现,已经将互联网上的社会化媒体推进了一大步,公众人物纷纷开始建立自己的网上形象。然而,博客上的形象仍然是化妆后的表演,博文的创作需要考虑完整的逻辑,这样大的工作量对于博客作者成为很重的负担。"沉默的大多数"在微博上找到了展示自己的舞台。

(2) 创新交互方式

与博客上面对面的表演不同,微博上是背对脸的follow(跟随),就好比你在电脑前打游戏,路过的人从你背后看着你怎么玩,而你并不需要主动和背后的人交流。可以一点对多点,也可以点对点。当你follow一个自己感兴趣的人时,两三天就会上瘾。移动终端提供的便利性和多媒体化,使得微博用户体验的黏性越来越强。

(3) 原创性

微博网站现在的即时通信功能非常强大,通过QQ和MSN直接书写,在没有网络的地方,只要有手机也可即时更新自己的内容,哪怕你就在事发现场。比如,最近爱上随心微博的李小姐在中央大街咖啡厅看书,忽然看到大街对面是自己认识的一对"地下情侣"。于是她马上用手机拍摄下来,发到自己的微博上,在第一时间引起朋友圈子内的一片轰动。她非常为自己超具现场感的狗仔精神而欢喜,也因此更爱微博。

2.6.2 微博营销

利用微博开展网络营销的这种方式就叫微博营销。公司、企业或者个人利用微博的交互性平台，发布更新企业、公司或个人的相关信息，并且积极参与相互间的关注和交流，通过较强的微博平台帮助企业、公司或个人零成本获得搜索引擎的较前排位，以达到宣传目的的营销手段。

1. 微博营销的特点

① 微博目标更为精确，能够针对目标客户进行精准的粉丝营销。

② 微博营销与传统营销方式相比营销成本较低，通过网络媒介可以节省更多的人力、物力、才力资源。

③ 微博广告具有交互性，可以通过粉丝进行互动交流，并能得到即时的问题回馈。

④ 微博是一个信息发布和传递的工具，能够更快更便捷地发布你的最新动态、产品信息。

⑤ 与供求信息平台的信息发布方式相比，微博的信息量更大，并更及时地进行更新。

⑥ 与论坛营销的信息发布方式相比，微博文章更简单方便，可以随手拍，随心去写，实效快。

2. 微博营销的优势

① 细分程度高，定向准确。

② 互动传播性强，信任程度高，口碑效应好。

③ 影响力大，引导网络舆论潮流有利于长远利益和培育忠实用户。

④ 成本低。

3. 开展微博营销的方法

(1) 微博平台的选择

目前的微博平台有很多，主要人气最高的还是新浪微博和腾讯微博。根据企业的需要来选择适合自己的平台：新浪微博的用户学历较高，大部分是“80 后”或“90 后”；腾讯微博的用户比较多，其中以“90 后”居多。微博平台的选择首先看影响力及用户的活跃度，再根据企业发展的方向来选择最适合自己企业的微博平台。

(2) 微博的定位

对自己微博定位是一个重要的环节，微博营销最忌讳急功近利，微博营销就是企业建立一个让自己扩大影响力的平台，所以企业要对自己有个准确的定位。定位好才能根据企业的定位来选择目标用户群去发布内容，吸引你的用户群体。当你的用户群体积累到一定程度，金字塔式的发散式的传播效应只是一个时间过程的问题。

(3) 危机公关处理

一件坏事的传播速度是好事的 3 倍，微博传播速度快这个特点就更该注意。要正确对待处理粉丝的正面、负面提问，及时积极、愉快地沟通。尤其在活动的时候，活动结果要客观公正，不要引起粉丝质疑与反感。建立一个品牌也许要很久，但要毁掉一个品牌只是几天的事情，例如西门子的“冰箱门事件”让西门子的信誉大大受损，这种微博案例并不少见。因此在处理公关危机要时刻保持清醒的头脑，尽量用诚恳的态度来与粉丝交流。

(4) 举办活动与利用名人效应

有奖活动是提高粉丝活跃性的最好办法,也是增加粉丝的助推器,适当的活动能增加粉丝对企业的黏性与忠诚度,要注意的就是活动不能过度,过量的有奖活动只会带来大量的领奖专业户。名人效应是提高自己品牌知名度的最好办法,例如微博女王姚晨代言的赶集网。企业借名人之手来提高自己的知名度,名人的粉丝可以帮你的企业做转播,带来的二次转播的数量是非常可观的。所以在资金允许的情况下,利用有奖活动与名人代言可以产生非常好的品牌效果。

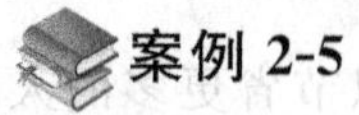

案例 2-5

@可口可乐

2013 年夏天是热闹的,因为可口可乐在全国掀起了一场“换装”热潮。可口可乐利用互联网上的热门词汇推出了一系列“昵称瓶”新装,诸如“文艺青年”“小清新”“学霸”“闺蜜”“喵星人”等几十个极具个性、又符合特定人群定位的有趣昵称被印在可口可乐的瓶身上。

在新浪微博上,可口可乐最初借助媒体明星、草根大号等意见领袖进行内容的预热阶段,赠送了印有他们名字的昵称瓶,于是他们都纷纷在社交网络上晒出自己独一无二的可口可乐定制昵称瓶,一时之间,各个明星粉丝和普通消费者纷纷在微博上求可口可乐定制昵称瓶,表示要过一下“明星瘾”或自己留作收藏等,更有部分网民表示希望用来向自己的暗恋对象表白用。

继第一波社交平台悬念预热,第二波官方活动正式启动,由五月天深圳演唱会为标志。第三波高潮就是利用社交商务(social commerce)在微博上维持活动的热度。可口可乐与新浪微博微钱包一起合作推广可口可乐昵称瓶定制版,让更多普通的消费者也可以定制属于自己的可口可乐昵称瓶。

第一天,300 瓶可口可乐,1 小时被抢光。

第二天,500 瓶可口可乐,30 分钟被抢光。

第三天,500 瓶可口可乐,5 分钟被抢光。

接下来几天,都是在 1 分钟内秒杀完毕。

这是让人震惊的数字,而且呈现出越来越快的趋势。前三天一千多的销量,已经产生新浪微博五千多的分享与讨论。于是有更多的网友知晓并且参与到活动中来,如同滚雪球一样，知道和参与的人越来越多，抢购一空的时间也越来越短。这也正是社交网络的吸引人之处，依靠口碑带动品牌与产品影响力的几何级的递增。

在微博上定制一瓶属于你的可口可乐，从“线上”微博定制瓶子到“线下”消费者收到定制瓶，继而透过消费者拍照分享又回到“线上”，O2O 模式让社交推广活动形成一种长尾效应。

（资料来源：http://www.100ec.cn/detail--6149091.html）

案例思考题

(1) 可口可乐如何开展微博营销？

(2) 结合案例谈谈你对微博营销的了解和认识。

2.7　微信营销

微信已经走过五年的发展历程，从最初的社交通信工具，成长为连接人与人、人与服务、人与商业的平台。截至 2016 年 2 月，微信月活跃用户 6.5 亿，微信支付累计绑卡数量用户数超过 2 亿。汇聚公众账号超过 1000 万。

微信营销是网络经济时代企业营销模式的一种创新，是伴随着微信的火热而兴起的一种网络营销方式。微信不存在距离的限制，用户注册微信后，可与周围同样注册的“朋友”形成一种联系，用户订阅自己所需的信息，商家通过提供用户需要的信息，推广自己的产品，从而实现点对点的营销。

微信营销主要体现在以安卓系统、苹果系统的手机或者平板电脑中的移动客户端进行的区域定位营销，商家通过微信公众平台，结合转介率微信会员卡管理系统展示商家微官网、微会员、微推送、微支付、微活动，已经形成了一种主流的线上线下微信互动营销方式。

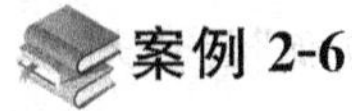**案例 2-6**

2013 年微信营销典型案例

案例一：杜蕾斯微信——活动营销

对于杜蕾斯大家都不陌生，每每提及微博营销案例，总能看到杜杜的身影，似乎他已经是微博营销中一块不可逾越的丰碑。这个在微博上独树一帜的“杜杜”也在微信上开启了杜杜小讲堂、一周问题集锦。

广大订阅者所熟知的还是杜杜那免费的福利，2012 年 12 月 11 日，杜蕾斯微信推送了这样一条微信活动消息：

“杜杜已经在后台随机抽中了十位幸运儿，每人将获得新上市的魔法装一份。今晚十点之前，还会送出十份魔法装！如果你是杜杜的老朋友，请回复‘我要福利’，杜杜将会继续选出十位幸运儿，敬请期待明天的中奖名单！悄悄告诉你一声，假如世界末日没有到来，在临近圣诞和新年的时候，还会有更多的礼物等你来拿哦。”

活动一出，短短两个小时，杜杜就收到几万条“我要福利”，10 盒套装换来几万粉丝，怎么算怎么划算。微信活动营销的魅力在杜杜这里被演绎得淋漓尽致,毕竟免费的福利谁都会忍不住看两眼。

案例二:星巴克——音乐推送微信

把微信做得有创意,微信就会有生命力!微信的功能已经强大到我们目不忍视,除了回复关键词还有回复表情的。

这就是星巴克音乐营销,直觉刺激你的听觉!通过搜索星巴克微信账号或者扫描二维码,用户可以发送表情图片来表达此时的心情,星巴克微信则根据不同的表情图片选择《自然醒》专辑中的相关音乐给予回应。

这种用表情说话正是星巴克的卖点所在。只是笔者一直不明白表情区分是全智能的,还是人工服务呢?

案例三:小米——客服营销9:100万

新媒体营销怎么会少了小米的身影?据了解,小米手机的微信账号后台客服人员有9名,这9名员工每天的工作就是回复100万粉丝的留言。每天早上,当9名小米微信运营工作人员在电脑上打开小米手机的微信账号后台,看到前天用户的留言,他们一天的工作也就开始了。

其实小米自己开发的微信后台可以自动抓取关键词回复,但小米微信的客服人员还是会进行一对一的回复,小米也是通过这样的方式大大提升了用户的品牌忠诚度。相较于在微信上开个淘宝店,对于类似小米这样的品牌微信用户来说,做客服显然比卖掉一两部手机更让人期待。

当然,除了提升用户的忠诚度,微信做客服也给小米带来了实实在在的益处。黎万强表示,微信同样使得小米的营销、CRM成本开始降低,过去小米做活动通常会群发短信,100万条短信发出去,就是4万块钱的成本,微信做客服的作用可见一斑。

案例四:招商银行——爱心漂流瓶

微信官方对于漂流瓶的设置,也让很多商家看漂流瓶的商机,微信商家开始通过"扔瓶子"做活动推广。使得合作商家推广的活动在某一时间段内抛出的"漂流瓶"数量大增,普通用户"捞"到的频率也会增加。招商银行就是其中一个。

日前,招商银行发起了一个微信"爱心漂流瓶的活动":微信用户用"漂流瓶"功能捡到招商银行漂流瓶,回复之后招商银行便会通过"小积分,微慈善"平台为自闭症儿童提供帮助。在此活动期间,有媒体统计,基本上用户每捡十次漂流瓶便就有一次会捡到招行的爱心漂流瓶。

案例五:1号店——游戏式营销

1号店在微信当中推出了"你画我猜"活动,活动方式是用户关注1号店的微信账号,每天1号店就会推送一张图片给订阅用户,然后,用户可以发答案来参与这个游戏。如果猜中图片答案并且在所规定的名额范围内的就可以获得奖品。

其实"你画我猜"的概念是来自于火爆的App游戏Draw Something,并非1号店自主研发,只是1号店首次把游戏的形式结合到微信活动推广中来。

案例六:南航——服务式营销

中国南方航空公司总信息师胡臣杰曾表示:"对今天的南航而言,微信的重要程度等同于 15 年前南航做网站!”也正是由于对微信的重视,如今微信已经跟网站、短信、手机 APP、呼叫中心,一并成为南航五大服务平台。

对于微信的看法,胡臣杰表示,“在南航看来,微信承载着沟通的使命,而非营销”。早在 2013 年 1 月 30 日,南航微信发布第一个版本,就在国内首创推出微信值机服务。随着功能的不断开发完善,机票预订、办理登机牌、航班动态查询、里程查询与兑换、出行指南、城市天气查询、机票验真,等等,这些通过其他渠道能够享受到的服务,用户都可通过与南航微信公众平台互动来实现。

(资料来源:http://a.iresearch.cn/wmarketing/20130709/204332.shtml)

2.7.1　微信营销的特点

(1) 点对点精准营销。微信拥有庞大的用户群,借助移动终端、天然的社交和位置定位等优势,每个信息都是可以推送的,能够让每个个体都有机会接收到这个信息,继而帮助商家实现点对点精准化营销。

(2) 形式灵活多样。微信营销形式灵活多样,典型的见表 2-1。

表 2-1　微信营销的形式

形式	方　式	实　质
漂流瓶	把信息放进瓶子,用户捞起来得到信息并传播出去	随机方式推送信息
位置签名	在签名档上放广告信息,用户查找的附近或者摇一摇的时候会看到	路牌广告,强制收看
二维码	用户扫描二维码,添加好友,进行“互动”	表面是用户添加,实际是得到用户关系
开放平台	把网站内容分享到微信,或者微信内容分享到网站	和各种分享一样
语音信息	通过语音推送和收集信息,类似带下行内容的微信热线	PodCast
公众平台	微博认证账号,品牌主页	专属的推送渠道

(3) 强关系的机遇。微信的点对点产品形态注定了其能够通过互动的形式将普通关系发展成强关系,从而产生更大的价值。通过互动的形式与用户建立联系,互动就是聊天,可以解答疑惑、可以讲故事,甚至可以“卖萌”,用一切形式让企业与消费者形成朋友的关系,你不会相信陌生人,但是会信任你的“朋友”。

2.7.2　微信营销的优势

(1) 高到达率

营销效果很大程度上取决于信息的到达率,这也是所有营销工具最关注的地方。与手机短信群发和邮件群发被大量过滤不同,微信公众账号所群发的每一条信息都能完整无误地发送到终端手机,到达率高达 100%。

(2) 高曝光率

曝光率是衡量信息发布效果的另外一个指标。信息曝光率和到达率完全是两码事。与微博相比,微信信息拥有更高的曝光率。在微博营销过程中,除了少数一些技巧性非常强的文案和关注度比较高的事件被大量转发后获得较高曝光率之外,直接发布的广告微博很快就淹没在微博滚动的动态中了,除非你是刷屏发广告或者用户刷屏看微博。

而微信是由移动即时通信工具衍生而来,天生具有很强的提醒力度,比如铃声、通知中心消息停驻、角标等,随时提醒用户有未阅读的信息,曝光率高达100%。

(3) 高接受率

微信用户已达3亿之众,微信已经成为或者超过类似手机短信和电子邮件的主流信息接收工具,其广泛和普及性成为营销的基础。除此之外,由于公众账号的粉丝都是主动订阅而来,信息也是主动获取,完全不存在垃圾信息招致抵触的情况。

(4) 高精准度

事实上,那些拥有粉丝数量庞大且用户群体高度集中的垂直行业微信账号,才是真正炙手可热的营销资源和推广渠道。比如酒类行业知名媒体佳酿网旗下的酒水招商公众账号,拥有近万名由酒厂、酒类营销机构和酒类经销商构成的粉丝,这些精准用户粉丝相当于一个盛大的在线糖酒会,每一个粉丝都是潜在客户。

(5) 高便利性

移动终端的便利性再次增加了微信营销的高效性。相对于PC电脑而言,未来的智能手机不仅能够拥有PC电脑所拥有的任何功能,而且携带方便,用户可以随时随地获取信息,而这会给商家的营销带来极大的方便。

2.7.3 微信营销的模式

(1) 草根广告式——查看附近的人

产品描述:微信中基于LBS的功能插件“查看附近的人”便可以使更多陌生人看到这种强制性广告。

功能模式:用户点击“查看附近的人”后,可以根据自己的地理位置查找到周围的微信用户。在这些附近的微信用户中,除了显示用户姓名等基本信息外,还会显示用户签名档的内容。所以用户可以利用这个免费的广告位为自己的产品打广告。

营销方式:营销人员在人流最旺盛的地方后台24小时运行微信,如果“查看附近的人”使用者足够多,这个广告效果也会随着微信用户数量的上升而加大,这个简单的签名栏也许会变成移动的“黄金广告位”。

(2) 品牌活动式——“漂流瓶”

产品描述:移植到微信上后,“漂流瓶”的功能基本保留了原始简单易上手的风格。

功能模式:“漂流瓶”有两个简单功能:①“扔一个”,用户可以选择发布语音或者文字然后投入“大海”中;②“捡一个”,“捞”“大海”中无数个用户投放的“漂流瓶”,“捞”到后也可以和对方展开对话,但每个用户每天只有20次机会。

营销方式:微信官方可以对“漂流瓶”的参数进行更改,使得合作商家推广的活动在某一时间段内抛出的“漂流瓶”数量大增,普通用户“捞”到的频率也会增加。加上“漂流瓶”模式本身可以发送不同的文字内容甚至语音小游戏等，如果营销得当，也能产生不错的营销效果。而这种语音的模式，也让用户觉得更加真实。但是如果只是纯粹的广告语，是会引起用户反感的。

(3) O2O 折扣式——扫一扫

产品描述：二维码发展至今其商业用途越来越多，所以微信也就顺应潮流结合 O2O 展开商业活动。

功能模式：将二维码图案置于取景框内，然后你将可以获得成员折扣、商家优惠抑或是一些新闻资讯。

营销方式：移动应用中加入二维码扫描这种 O2O 方式早已普及开来，坐拥上亿用户且活跃度足够高的微信，价值不言而喻。

(4) 互动营销式——微信公众平台

产品描述：对于大众化媒体、明星以及企业而言，如果微信开放平台+朋友圈的社交分享功能的开放，已经使微信成为一种移动互联网上不可忽视的营销渠道，那么微信公众平台的上线，则使这种营销渠道更加细化和直接。

(5) 微信开店

这里的微信开店(微信商城)并非微信“精选商品”频道升级后的腾讯自营平台，而是由商户申请获得微信支付权限并开设微信店铺的平台。截至 2013 年年底，公众号要申请微信支付权限需要具备两个条件：第一，必须是服务号；第二，需要申请微信认证，以获得微信高级接口权限。商户申请了微信支付后，才能进一步利用微信的开放资源搭建微信店铺。

2.8 网站资源合作

每个企业网站均可以拥有自己的资源，这种资源可以表现为一定的访问量、注册用户信息、有价值的内容和功能、网络广告空间等，利用网站的资源与合作伙伴开展合作，实现资源共享，共同扩大收益的目的。网站之间的资源合作是互相推广的一种重要方法，其中常见的形式有互换链接、互换广告、内容共享、用户资源共享、合作伙伴注册等。无论哪种形式的合作，其基本思想是一样的，即通过共享各自的营销资源达到共同发展的目的。本节只介绍最简单的网络资源合作形式——交换链接，也是新网站推广的有效方式之一。下一节介绍的“网络会员制营销”也是一种网络资源合作形式，主要用于大型电子商务企业的业务推广。

2.8.1 交换链接的一般方法

1. 交换链接的作用

交换链接或称互惠链接、友情链接、互换链接等，是具有一定互补优势的网站之间的简单合作形式，即分别在自己的网站上放置对方网站的名称并设置对方网站的超级链接，使用户可以从合作网站中发现自己的网站，达到互相推广的目的。对于大多数中小网站来说，这种免费的推广手段由于其简单、有效而成为常用的网站推广方法之一。

交换链接的作用主要表现在几个方面：增加网站在搜索引擎排名中的优势、通过链接推广获得直接的访问量、增加网站的可信度、获得合作伙伴的认可和为用户提供延伸服务等。

2. 建立交换链接的一般方法

建立交换链接的过程，也就是向同行或相关网站推广自己网站的过程，你的网站能够得到对方的注意和认可，交换链接才可以实现。

一般来说，在对方网站拥有一定访问量的前提条件下，相关性或互补性越强的网站之间的链接，越容易吸引访问者的注意，交换链接产生的效果就越明显。因此，建立交换链接的首要任务就是寻找那些比较理想的目标对象，然后与对方联系，请求将自己的网站作为链接伙伴。交换链接的整个过程可以划分为三个阶段，即分析寻找合作对象、合作联系与协商、交换链接的实施与管理。

(1) 分析潜在的合作对象

如果希望从所链接的网站获得一定的访问量或者给潜在用户留下好的印象，那么合作网站的用户应该对你的网站内容有类似的兴趣或需求特征。如何才能找到这样的网站呢？最简单的方法之一是到几个先于自己发布的，和自己实力、规模、经营领域最接近的网站去看看，逐个分析它们的交换链接对象，发现合适的，先作为备选对象，留待以后主动发出合作邀请。不过，随着新网站的不断涌现，这些早期网站链接的对象很可能不够全面，那么就需要做更多的调研。

(2) 向目标网站发出合作邀请

起草一份简短的有关交换链接的建议，发给目标网站的联系人，然后静候对方的回应，如果几天后仍然没有回复，不妨再发送一次邮件询问，如果仍然没有结果，基本可以理解为对方没有兴趣。在你向目标网站发出合作邀请时，如果能在下列方面注意的话，成功率可能会更高一些：

① 注意信件的主题。要明确告诉对方你的目的和诚意，如"某某网站期待与贵站的合作"。

② 信件的内容要礼貌。如果你看到这样的邮件"如果你愿意和我们做链接，请你先做好后通知我们"恐怕连是否能访问那个网站都不一定，还谈什么合作呢？正确的写法是先简单介绍一下自己的网站，这样可以让对方对你的网站先有个大概的了解，让人感到你的诚意，很可能在看你的简介的同时就已经决定同意互换链接的请求。如果你事先已经为对方做了链接，就礼貌地告诉对方，这样效果可能会更理想。

实际上很多网站都会出现这种比较低级的问题，在细节上不注意，就会引起对方的反感，或者两个网站之间差别太大，无论是规模还是共性方面都不存在合作的基础，那么，无论你多么有诚意也很难得到对方的重视和认可。

(3) 交换链接的实施

得到对方的确认之后，应尽快为对方做好链接，回一封邮件告诉对方链接已经完成，并邀请对方检查链接是否正确，位置是否合理，同时也暗示对方：希望尽快将自己的链接也做好。

为合作网站建立链接之后，访问已建立友情链接的网站，看看自己的网站是不是已经被链接,有没有什么错误。当有多个合作伙伴时,需要重复上述过程。

当上述步骤都完成之后,大规模交换链接的工作就可以暂时告一段落了,以后随着新网站的出现再逐步增加,并剔除那些已关闭的网站。

2.8.2 建立交换链接的常见问题

在网站链接的问题上,我们经常会看到一些极为不同的结果,有的网站不加区分地罗列着许许多多似乎毫无关联的网站,从化工建材到个人写真,以及形形色色的个人主页;也有不少网站,根本没有相关网站的链接。这两种情况都有些极端,即使对于比较正常的网站链接,也有一些问题需要引起注意。

(1) 链接数量有没有标准

做多少个链接才算足够?这往往是一些网络营销人员比较关心的问题。不过,这个标准恐怕很难确定,主要与网站所在领域的状况有关。一个专业性特别强的网站,内容相关或者有互补性的网站可能非常少,那么有可能做到的交换链接的数量自然也比较少。反之,大众型的网站可以选择的链接对象就要广泛得多。

一般来说,可以参考一下和自己内容和规模都差不多的网站,看看别人的情况,如果那些网站中你认为有必要做链接的网站都已经出现在自己的友情链接名单中,而且还有一些别人所没有的,但又是有价值的合作网站,那么就应该认为是工作很有成效了。不过,新的网站在不断出现,交换链接的工作也就没有结束的时候,你的合作者名单也会越来越长,这是好的现象。总之,没有绝对的数量标准,合作者的质量(访问量、相关度等)也是评价互换链接的重要参数。

(2) 不同网站LOGO的风格及下载速度

交换链接有图片链接和文字链接两种主要方式。如果采用图片链接(通常为网站的LOGO),由于各网站的标志千差万别,即使规格可以统一,但是图片的格式、色彩等与自己网站风格很难协调,影响网站的整体视觉效果。例如,有些图标是动画格式,有些是静态图片,有些画面跳动速度很快。将大量的图片放置在一起,往往给人眼花缭乱的感觉,而且并不是每个网站的LOGO都可以让访问者明白它所要表达的意思,这样不仅不能为被链接方带来预期的访问量,对自己的网站也产生了不良影响。

另外,首页放置过多的图片会影响下载速度,尤其是当这些图片分别来自于不同的网站服务器时。因此,建议不要在网站首页放过多的图片链接,具体多少合适,与网站的布局有关,5幅以下应该不算太多,但无论什么情形,10幅以上不同风格的图片摆在一起,一定会让浏览者的眼睛感觉不舒服。

(3) 回访友情链接伙伴的网站

同搜索引擎注册一样,交换链接一旦完成,也具有一定的相对稳定性。不过,还是需要做不定期检查,也就是回访友情链接伙伴的网站,看对方的网站是否正常运行,自己的网站是否被取消或出现错误链接。或者,因为对方网页改版、uRL指向转移等原因,是否会将自己的网址链接错误。由于交换链接通常出现在网站的首页上,错误的或者无效的链接对自己网站的访问有较大的负面影响。

如果发现对方遗漏链接或其他情况,应该及时与对方联系,如果某些网站因为关闭等原因无法打开,在一段时间内仍然不能恢复,应考虑暂时取消那些失效的链接。不过,可以备份相关资料,也许对方的问题解决后会和你联系,要求恢复友情链接。

同样的道理,为了合作伙伴的利益着想,当自己的网站有什么重大改变,或者认为不再合适作为交换链接时,也应该及时通知对方。

(4) 不要链接无关的网站

也许你会收到一些不相干的网站要求交换链接的信件,不要以为链接的网站数量越多越好,无关的链接对自己的网站没有什么正面效果。相反,大量无关的或者低水平网站的链接,将降低那些高质量网站对你的信任。同时,访问者也会将你的网站视为素质低下或者不够专业,严重影响网站的声誉。

(5) 无效的链接

谁也不喜欢自己的网站存在很多无效的链接,但是,实际上很多网站都不同程度地存在这种问题。即使网站内部链接都没有问题,但很难保证链接到外部的也同样没有问题。因为链接网站也许经过改版、关闭等原因,原来的路径已经不再有效,而对于访问者来说,所有的问题都是网站的问题,他们并不去分析是否对方的网站已经关闭或者发生了其他问题。因此,周期性地对网站链接进行系统性的检查是很必要的。

此外,新网站每天都在诞生,交换链接的任务也就没有终止的时候。当然,在很多情况下,都是新网站主动提出合作的请求,对这些网站进行严格的考察,从中选择适合自己的网站,将合作伙伴的队伍不断壮大和丰富,对绝大多数网站来说,都是一笔巨大的财富。

2.9 网络会员制营销

网络会员制营销的英文是 Affiliate Program,国内也有文章翻译为其他名词,如联署网络营销、会员制计划等。

最初的网络会员制营销是拓展网上销售渠道的一种方式,主要适用于有一定实力和品牌知名度的电子商务公司。会员制营销已经被证实为电子商务网站的有效营销手段,网络会员制营销已经成为电子商务网站重要的收入来源之一。在应用范围上,也不仅仅局限于网上零售,在域名注册、网上拍卖、内容销售、网络广告等多个领域都普遍采用。在美国,现在实施了会员制计划的企业数量众多,几乎已经覆盖了所有行业。2000 年年底前后国内部分网站开始应用网络会员制营销方法,到 2003 年,网络会员制营销才真正开始在国内大型网络公司广泛应用,不仅受到大型电子商务网站的重视,也扩展到其他网络服务领域,如百度搜索联盟、竞价广告联盟、关键词广告联盟、263 邮件联盟等。如 Google Adsense (基于内容定位的关键词广告)是一种利用网络会员制模式拓展广告空间,将关键词广告投放在内容相关的加盟会员网站上。eBay 易趣的创业联盟则是一种新型高效的多网站广告投放方式,即同一个广告主同时在众多加盟网站上投放广告,根据用户通过加盟网站广告浏览后的某种效果支付费用,这样为广告主投放和管理网络广告提供了极大的便利。

但由于对网络会员制营销模式还缺乏足够的认识,因此在实际操作中还存在一些问题。尤其在 2003 年上半年,以"短信联盟"为代表的网络会员制营销模式几乎到了过热和失控的状态，最终这种短信联盟被有关部门所取缔。而在其他正常的业务领域中，网络会员制营销模式更多地表现为效果不如预期的理想。

2.9.1 网络会员制营销的基本原理与价值

1. **网络会员制营销的基本原理**

如果说互联网是通过电缆或电话线将所有的计算机连接起来，因而实现了资源共享和物理距离的缩短，那么，会员制计划则是通过利益关系和电脑程序将无数个网站连接起来，将商家的分销渠道扩展到地球的各个角落，同时为会员网站提供了一个简易的赚钱途径。

亚马逊于 1996 年 7 月发起了一个“联合”行动，其基本形式是这样的：一个网站注册为亚马逊的会员(加入会员程序)，然后在自己的网站放置各类产品或标志广告的链接以及亚马逊提供的商品检索功能，当该网站的访问者点击这些链接进入亚马逊网站并购买这些商品之后，根据销售额的多少，亚马逊会付给这些网站一定比例的佣金。从此，这种网络营销方式开始广为流行，并吸引了大量网站参与。这个计划现在称为“会员制营销”。会员制营销听起来似乎很简单，但是在实际操作中却很复杂。因为，一个成功的会员制计划涉及网站的技术支持、会员招募和资格审查、会员培训、佣金支付、会员服务、发生争议时的解决方法等多项内容。

从会员制营销的基本思路也可以看出，一个会员制营销程序应该包含一个提供这种程序的商业网站和若干个会员网站，商业网站通过各种协议和电脑程序与各会员网站联系起来。因此，在采取会员制营销中存在一个双向选择的问题，即选择什么样的网站作为会员及会员如何选择商业网站的问题。因此，网络会员制营销并不是轻而易举就可以获得成功的。

2. **网络会员制营销的价值**

开展会员制计划的目的是什么？主要表现在以下四个方面。

第一，提高销售。对于提供这种营销方式的商业网站来说，通过拓展销售渠道达到销售量的增加，从而获得利润。

第二，网络品牌的推广。网络会员制营销对品牌推广的价值也是显而易见的，拥有大量的会员，实际上也相当于把网络广告投放到所有的会员网站上，也是一种节约在线广告支出的重要途径。

第三，佣金收入。对于加盟的会员网站来说，可能拥有大量的访问者，但自身不具备直接开展电子商务的条件，或者不希望自行开展商品买卖或者提供具体的服务，通过参与会员制计划，可以依附于一个或多个大型网站，将网站流量转化为收益，虽然获得的不是全部销售利润，而只是一定比例的佣金，但相对于自行建设一个电子商务网站的巨大投入和复杂的管理而言，它无须面临很大的风险，因而这样的收入也是合理的。

第四，扩充商品种类，获得额外收入。加盟会员制的网站实际上并不限于小型网站或不具备自行开展电子商务的网站，即使正在开展电子商务的网站，甚至自己已开展会员制计划的网站，也可以通过加入会员计划来扩充商品的种类，并获得额外的收入。实际上，电子商务网站加盟会员制计划获得成功的可能性会更大一些，因为相对于个人网站或没有电子商务经验的小型网站而言,商业网站具有更多的销售经验,更大的访问量和更合理的产品组合。

2.9.2 会员网站如何获得更多的收益

如果站在参与会员制营销的会员的角度,应该如何更好地利用会员制营销获得更多收益呢?根据 affiliatemetrix.com 提供的资料,绝大多数会员网站都没有积极性,尤其当所参与的会员制计划比较僵化时,有高达 95%的会员网站不仅没有带来任何收益,甚至连广告价值都没有体现出来。这种状况的改变需要从对会员制营销的认识上和操作方式等几个方面入手。

(1) 正确认识会员制营销

很多人都错误地认为,利用会员制营销方式赚钱非常容易,表面看起来无非是在会员网站上放置一些 Banner、Button 或其他形式的链接,其实隐藏在这种表面现象的背后还有大量烦琐甚至艰苦的工作,同时还需要足够的耐心。

为了吸引新的用户注意并让这些用户成为你的长期固定用户,必须想办法让你的网站成为他们的目的站,这就需要经常更新自己的网站和会员链接。必须清楚,访问者来到你的网站不是为了点击会员程序的链接,他们甚至也不会对你的链接给予特别的注意。因此需要时时提供新鲜的、有价值的内容。同时,也不要指望马上就可以赚钱,最重要的是做好基本工作,赚取佣金是可遇而不可求的事情,要有耐心,你的努力迟早会有回报。

(2) 注意会员制计划的选择

开展会员制营销计划的网站可能很多,也许有不少看起来都适合你的网站。但是,同时参与太多的会员计划可能并不是好事,太多的链接会把你的网站淹没,使得访问者感到厌烦,再也不想访问你的网站,这样只能适得其反。因此,认真挑选那些具有高点击率和转化率的商业网站,争取总的收益最好,而不是追求参与数量。

在选择要参与哪些会员制计划时,首先要考虑与自己网站的内容是否有关,例如,你的网站是有关汽车维修的,那么参与一个信用卡销售或者生日礼品网站的会员制计划也许不会有什么好的效果,不管有多高比例的佣金。访问者到一个网站往往是为了获取某些特定方面的信息,可以利用这些目标用户的特点和兴趣向他们推荐与自己网站内容相关的产品、信息和服务。

(3) 会员网站是基础

首先,要尽量提高网站访问量。网站访问量是参与会员制营销取得成功的最基本因素,因此,需要不断吸引新的访问者,这又回到了网站推广的基本问题上来了,当然有很多常规方法,例如搜索引擎注册、与其他网站建立广泛的链接或者发布网络广告等。

其次,不要出现链接错误。如果在自己网站很好的位置放置会员制网站的链接,但是就是没有获得收入,可能有几种原因,也许是链接图标不够醒目因而没有引起人的注意,或者有可能链接本身有问题,经常不能正常到达所链接的网页。为所有的链接进行测试是必不可少的工作,一些网页设计人员为了将链接效果与网页整体协调等考虑,有时会改变部分代码,这样有时也许会出现一些小差错,从而使 URL 失效。另外,经常检查有关会员程序的链接也很有必要。

(4) 除了链接,还需要推广

会员制营销不仅仅是在会员的网站放置 Banner 链接。会员制营销的实现是通过一些 Banner 或其他链接实现的,但是如果仅仅放置几个链接恐怕很难取得效果,Banner 点击率非常低,很多访问者根本对各种 Banner 视而不见,怎样才能增加会员程序链接的点击率呢?写一段推荐和评论也许有一些帮助,为每一个会员制营销的网站开设一个专门的网页,简要描述网站的优点,或者某些产品的特殊价值(比如为一本新书写一篇书评),这种方式的推荐非常有效,因为访问者会对网站的观点产生信任感。

网络会员制营销在国内应用的历史还比较短,无论是商家还是会员,都在摸索当中,还没有成熟的经营管理模式,一些纯粹照搬国外的方法不一定都有效,那些似是而非或者无法做到的所谓"经验"也不一定有多大帮助。因此,对别人的做法和建议只能在一定程度上作为参考。

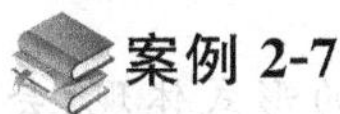

案例 2-7

eBay 的网络会员制营销

现在几乎所有的大型电子商务网站都采取了网络会员制营销模式(合作行销),亚马逊早在 1996 年 7 月就成功开始了网络会员制营销,eBay 的网络会员制营销案例开始于 2000 年 4 月,当时是与 ClickTrade 网站合作开展的(会员制营销与第三方解决方案),后来又与第三方网络会员制营销方案提供商 Commission Junction 进行合作。现在 eBay 是美国 5 大广告主之一,他们也非常重视发展自己的网络会员制联盟体系,通过联盟会员网站为自己带来大量访问量和销售。

eBay 的网络联盟高级经理在接受网络会员制营销案例美国市场调研公司 MarketingSherpa 独家专访时,对 eBay 成功实施网络会员制的经验进行了一些总结。eBay 的网络会员制营销成功经验要点包括:招募和管理最佳网络联盟经理;制定合理的广告投放规范;基于最佳转化类型改进佣金制度;针对全球各地的不同情况制定相应的市场拓展。

1. 招募和管理最佳网络联盟经理

eBay 拥有 5 个全职的管理网络联盟的经理,负责美国 eBay 的网络会员制联盟,他们各自的职责是:

(1) 与最大的 100 家联盟网站发展个人关系,如 Earthlink 等。包括工作以外的时间进行私人接触,尤其在贸易展会等重要场合。

(2) 对部分细分行业的联盟会员网站进行不断改进和跟踪,以获得改进会员制体系的新的思路,将会员联盟制度提升到一个新的水平。

(3) 与技术开发团队一起工作,保障系统正常运作,完成系统升级,解决技术 bug,并研究开发会员制系统的新工具、新应用。

(4) 面向所有联盟会员每月发送一次会员通信邮件。

(5) 鼓励新老会员发掘那些被 eBay 忽略的细分商品类目。为此,如果 eBay 发现哪些特殊细分领域有很成功的联盟网站,他们会积极跟进。

2. 广告投放的限制与规范

eBay对于联盟会员如何促销没有任何限制。不过eBay对使用eBay商标进行搜索引擎营销制定了一些规范。eBay还积极推行反垃圾邮件法案。

eBay会员制之所以赢得广大联盟会员的支持,在于它高质量的广告源输出系统。MarketingSherpa调查显示,17.78%的提供网络联盟的网站不会经常更新他们的广告输出源。

但eBay是少数几个经常更新广告数据源并且广告源很容易整合到联盟网站的商家之一。他们采取的措施包括:

(1) 开放系统API(应用程序编程入口)。eBay意识到人们可能首先通过搜索引擎作为购物入口而不是直接进入eBay平台进行购物,因此对开放数据持一种开放态度。联盟网站可以进入API,因此,几乎所有的eBay信息,包括价格都能及时发布在联盟网站上。

(2) 提供API编辑工具包,会员可以将它嵌入自己的网站,将以目录的形式体现,会员可以定制自己网站的商品目录。

(3) AdContext产品可以根据会员网站上的不同内容展示相应的eBay广告。

3. 改进佣金制度

eBay团队开发了一套等级佣金制度。一般会员制等级佣金是基于总收入提成,而eBay是基于最佳转化类型进行提成,这就鼓励联盟网站针对最佳转化类型来优化他们提供的商品和内容,以吸引更多高质量转化类型用户。这种特殊的佣金等级层次包括:

(1) 最新注册用户。

(2) 某段时间内实施了购买或销售的最新注册用户。

(3) 基于交易量的等级。

4. 全球拓展经验

eBay在全球都拥有网站联盟会员。网络会员制营销案例其全球化市场拓展措施包括:

(1) 从不使用翻译软件来翻译广告或站点内容,而寻找本地专业人士进行本地化翻译。

(2) 在每个国家都鼓励当地的顶级会员网站将业务拓展到其他国家。比如德国的联盟网站可能将业务拓展到美国,而很多美国的联盟站点都向全世界拓展。

(3) 灵活的佣金政策。在一些新开发的市场上,eBay为了发展更多注册用户,采取注册获取佣金的政策,而在一些更加成熟的市场上,eBay采用交易后提取佣金的政策。

(4) 管理的集中与放权。eBay授权每个国家的本地化团队管理当地的会员联盟,eBay总部每个月召开远程电话会议,半年进行一次小组见面会议。

(资料来源:http://www.netdigedu.com/yingxiaobaike/532.html)

案例思考题

(1) eBay如何开展网络会员制营销?

(2) 如何加入eBay的网络会员制联盟?

本 章 小 结

企业在开展网络营销过程中,有一些工具和方法是经常使用的,如 E-mail 营销、网络社区营销、网络口碑营销、病毒营销、微博营销、微信营销、网络会员制营销等。每一种工具、方法的使用,都有其自身的适用性。在具体的网络营销实践中,通常会将多种工具整合使用,以达到预期的效果。

复习思考题

1. 什么是网络社区?网络社区的形式和作用有哪些?
2. 什么是网络口碑营销?网络口碑营销的优势和问题有哪些?
3. 微信营销的模式有哪些?
4. 网络会员制营销的基本原理是什么?

实　践　题

1. 登录自己感兴趣的一个社区,并在社区中了解社区营销的基本应用。
2. 建立自己的微博和微信,并对二者的使用进行比较。

第 3 章

网络市场与网络消费者

【学习目标】

了解我国网民与网络消费者的特征；了解我国网络市场的发展现状；了解网络消费者的购买动机和购买行为模型。

【关键词汇】

网络市场(network market)　网络消费者(online consumer)　购买行为(purchasing behavior)

企业开展网络营销活动的空间是网络市场，又称为虚拟市场。近年来，中国网络市场的不断扩张推动电子商务的飞速发展。

案例 3-1

QQ 团购上海站启动 腾讯正式进军团购

2010 年 9 月，腾讯 QQ 团购(tuan.qq.com)上海站正式启动，这也是继 7 月 9 日首发站深圳、7 月 28 日重庆站和 8 月 25 日成都站之后 QQ 团购开通服务的第四个城市。QQ 团购负责人表示，QQ 团购的目的是通过为用户提供优质、低价的本地生活服务，满足多元化的需求，从而最终完成腾讯的本地化在线生活服务布局。

据了解，2010 年年初，一股由美国团购网站 Groupon 掀起的团购风暴迅速席卷中国。短短几个月时间，各种团购网站纷纷上线，在全国大中城市猛然掀起团购风暴，目前国内的团购网站已激增超过一千家。不过，尽管目前团购网站数量庞大，团购商品的种类繁多，但是大都规模小、成立晚、组建临时，在市场营销、商家资源、服务保障方面没有突出优势和成熟经验，伴随而来的产品同质化、监管不健全、售后服务差等问题也越来越多为消费者所质疑。

对此，有分析人士指出，团购业务其实有着很高的门槛，服务商需要具备可信赖的品牌、丰富的资源、强大的整合能力、完善的服务体系等多种保障，才能持续做大做强团购服务。诸如腾讯、搜狐等互联网巨头的介入，将会为用户提供更有保障的团购服务，同时也有效地建立市场规范。8 月 24 日创新工场 CEO 李开复在其微博中对国内团购未来进行大胆预测，他认为团购大战后只会剩下约 10 家团购网站，其中就包括以腾讯为代表的公司，印证了业界对互联网巨头开展此项业务的乐观展望。

据了解，腾讯已经陆续推出了 QQ 电影票、订机票以及手机充值等线下会员特权服务，这些服务在为用户提供线上特权的同时，也为用户的现实生活提供了极大的便利。例如，用户只要登录 QQ 电影票，就能以极低的价格在当地观看电影。同时，QQ 返利和 QQ 商城也为用户的线下购物提供更多的折扣和优惠。7 月初，腾讯更是低调推出 QQ 团购，并陆续在深圳、重庆、成都、上海等地开展服务。对此，QQ 团购业务负责人表示，腾讯推出团购服务是一个尝试，目的是为用户提供优质、低价的本地化生活服务。由于产品还处于测试阶段，腾讯也是先期在几个城市进行试点。

该负责人也透露，后续我们会根据用户的需求以及产品的测试情况，逐步在更多城市开通服务，在 QQ 团购的布局蓝图里目前已经有 18 个国内主要城市在列。同时，我们也会根据每个城市的特点来挑选合作商家，力争把每一处的服务都做成精品。

有别于大部分团购网站每天团购一次、每次推出几款产品的快节奏营销模式，当前 QQ 团购多控制在每两天推一款产品，而每款产品的保留时限长达 48 小时；在团购的产品上，主要是餐饮和休闲娱乐这两大类，以 QQ 团购码作为消费凭证，尚未涉足实物类团购；而支付方式主要有网银和财付通两种，确保消费的安全性。QQ 团购相关负责人表示，QQ 团购的宗旨就是力求兼顾低价与精品，重在质量而非数量，每一款团购产品都经过千挑万选才能上线，从而确保客户体验的满意度。

［资料来源：华商晨报(沈阳)，2010.9，记者崔宇］

案例思考题

(1) 网络团购是什么形式的购物行为？

(2) 网络团购热潮的动因是什么？

3.1 网络市场

3.1.1 网络市场的内涵与分类

网络营销与传统营销的区别之一在于市场形态的变化。市场形态由传统的实体市场转变为以互联网平台为依托的虚拟市场。概括起来，网络市场是以现代信息技术为支撑，以互联网为媒介，以离散的、无中心的、多元网状的立体结构和运作模式为特征，信息瞬间形成、即时传播，实时互动，高度共享的人机界面构成的交易组织形式。网络市场的构成主体包括企业、政府组织和网络消费者。

基于网络交易主体的不同，网络市场可以分为生产者网络市场和消费者网络市场。其中，生产者网络市场指的是 B2B 网络交易市场，即企业使用互联网向供应商订货、签约、接受发票和付款(包括电子资金转移、信用卡、银行托收等)以及商贸中其他问题如索赔、商品发送管理和运输跟踪等；消费者网络市场指的是 B2C、C2C 网络交易市场，即通常所谓的网络购物市场。除了生产者网络市场和消费者网络市场，网络市场还包括以政府组织为主体的 G2B、G2C 网络交易市场。这里对于网络市场的分析，主要针对的是生产者网络市场和网络购物市场。

3.1.2 网络市场的特征

随着互联网络及万维网的盛行,利用无国界、无区域界限的互联网来销售商品或提供服务,成为买卖通路的新选择,互联网上的网络市场成为21世纪最有发展潜力的新兴市场。从市场运作的机制看,网络市场具有如下基本特征。

1. 无店铺的经营方式

运作于网络市场上的是虚拟商店,它不需要店面、装潢、摆放的货品和服务人员等,它使用的媒体为互联网络。如1995年10月"安全第一网络银行"(Security First Network Bank)在美国诞生,这家银行没有建筑物,没有地址,只有网址,营业厅就是首页画面,所有的交易都通过互联网络进行;员工只有10人,1996年存款金额达到1400万美元。

2. 无存货的经营形式

WWW上的商店可以在接到顾客订单后再向制造的厂家订货,而无须将商品陈列出来以供顾客选择,只需在网页上打出货物菜单以供选择。这样一来,店家不会因为存货而增加其成本,其售价比一般的商店要低,这有利于增加网络商家和"电子空间市场"的魅力和竞争力。

3. 成本低廉的竞争策略

网络市场上的虚拟商店,其成本主要涉及自设Web站成本、软硬件费用,网络使用费,以及以后的维持费用。它通常比普通商店的成本要低得多,这是因为普通商店需要昂贵的店面租金、装潢费用、水电费、营业税及人事管理费用等。Cisco在其互联网网站中建立了一套专用的电子商务订货系统,销售商与客户能够通过此系统直接向Cisco公司订货。此套订货系统的优点不仅能够提高订货的准确率,避免多次往返修改订单的麻烦,最重要的是缩短了出货时间,降低了销售成本。据统计,电子商务的成功应用使Cisco每年在内部管理上能够节省数亿美元的费用。EDI的广泛使用及其标准化使企业与企业之间的交易走向无纸贸易。在无纸贸易的情况下,企业可将购物订单过程的成本缩减80%以上。在美国,一个中等规模的企业一年要发出或接受订单在10万张以上,大企业则在40万张左右。因此,对企业,尤其是大企业,采用无纸交易就意味着节省少则数百万美元,多则上千万美元的成本。

4. 无时间限制的全天候经营

虚拟商店不需要雇用经营服务人员,可不受劳动法的限制,也可摆脱因员工疲倦或缺乏训练而引起顾客反感所带来的麻烦。而一天24小时,一年365天的持续营业,这对于平时工作繁忙、无暇购物的人来说有很大的吸引力。

5. 无国界、无区域界限的经营范围

联机网络创造了一个即时全球社区,它消除了同其他国家客户做生意的时间和地域障碍。面对提供无限商机的互联网,国内的企业可以加入网络行业,开展全球性营销活动。

6. 精简化的营销环节

顾客不必等经理回复电话,可以自行查询信息。客户所需资讯可及时更新,企业和买家可快速交换信息,网上营销使你在市场中快人一步,迅速传递出信息。今天的顾客需求不断增加，对欲购商品资料的了解，对产品本身要求有更多的发言权和售后服务。于是，精明的营销人员能够借助联机通信所固有的互动功能，鼓励顾客参与产品更新换代，让他们选择颜色、装运方式、自行下订单。在定制、销售产品的过程中，为满足顾客的特殊要求，让他们参与越多，售出产品的机会就越大。总之，网络市场具有传统的实体化市场所不具有的特点，这些特点正是网络市场的优势。

3.1.3 我国网络市场的发展现状

1. 我国B2B电子商务市场发展现状

(1) 我国B2B电子商务市场整体交易规模

中国电子商务研究中心(100EC.CN)监测数据显示，2015年，中国B2B电子商务市场交易额达13.9万亿元，同比增长39%，增幅上升17%。宏观层面，“供给侧改革”将成为B2B电商发展的新机遇。未来，以重点行业、特色产业为基础的B2B电商，将为中国高端制造业和现代服务业的发展赋予新动能。微观层面，2015年以来，资本涌入、政策鼓励等都让B2B行业站上了风口。典型企业也在不断地引领着行业向2.0时代转型。随着环境的成熟、企业意识的提升，B2B在线交易正不断推进，如图3-1所示。

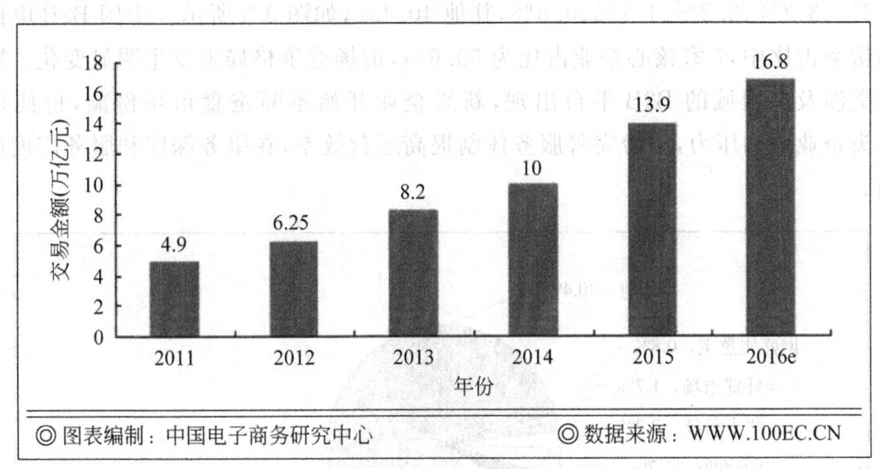

图3-1 2011—2016年中国B2B电子商务交易规模

(2) 我国B2B电子商务营收规模

2015年，中国B2B电子商务服务商营收规模220亿元，同比下降13.7%。营收规模下降的原因，一是由于宏观经济放缓等因素的影响，传统面向中小企业提供信息服务为主的B2B1.0的商业模式面临挑战。近年来，B2B企业开始面向以交易为核心的B2B2.0的商业布局。二是为了企业长远发展考虑，目前B2B主要服务商受新业务拓展、市场竞争加剧等因素影响，在营收/净利润方面均有不同程度的下滑，如图3-2所示。

(3) 我国B2B电子商务市场份额

2015年，B2B电子商务服务商市场份额中，阿里巴巴排名首位，市场份额为42%。环

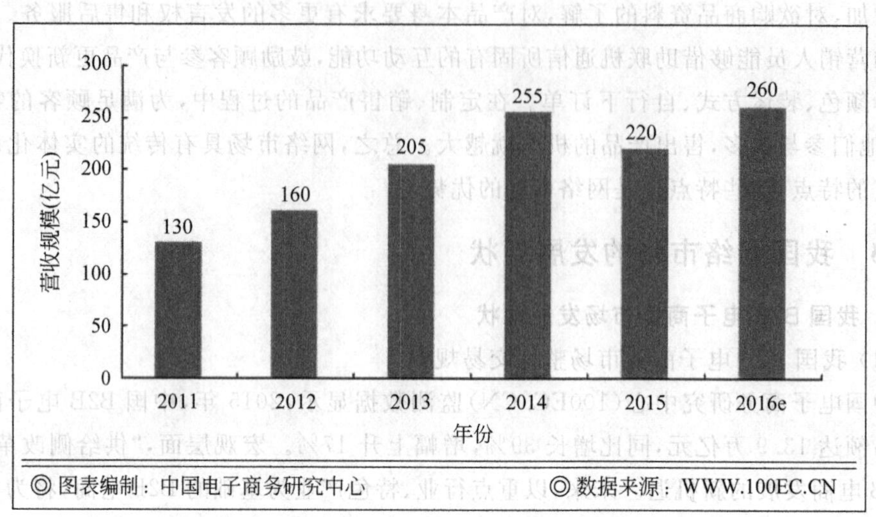

图 3-2 2011—2016 年中国 B2B 电子商务营收规模

球资源、慧聪网、上海钢联、焦点科技、环球市场、网盛生意宝分别位列 2～7 位，分别占比 5%、4.2%、3.7%、2.2%、1.7%、0.8%，其他 40.4%，如图 3-3 所示。中国 B2B 电商服务商市场份额占比中，7 家核心企业占比为 59.6%，市场竞争格局未发生明显变化。随着大量垂直类涉及多领域的 B2B 平台出现，新兴企业开始不断蚕食市场份额，也使得老牌 B2B 巨头企业增加压力，纷纷完善服务体制提高运营效率，在服务深度和服务广度层面均有加强。

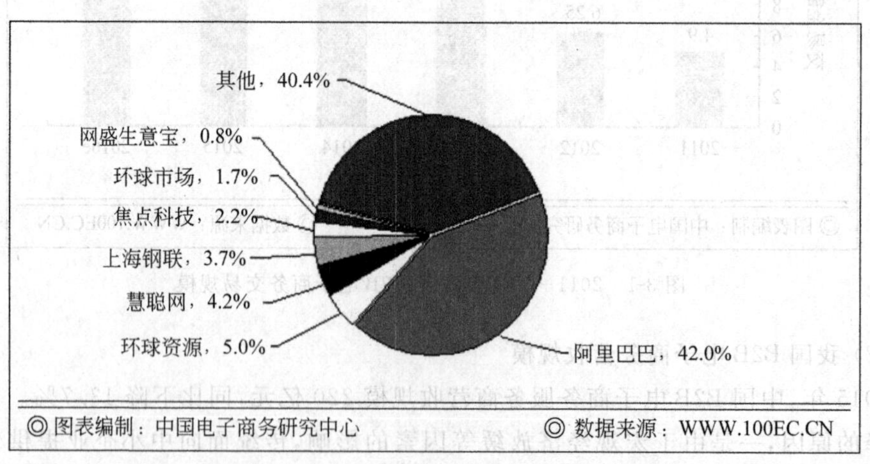

图 3-3 2015 年度中国 B2B 电子商务市场份额

2. 我国消费者网络市场发展现状

(1) 我国网络购物市场发展历程，如图 3-4 所示。

(2) 网络购物产业链

网络购物产业链如图 3-5 所示。

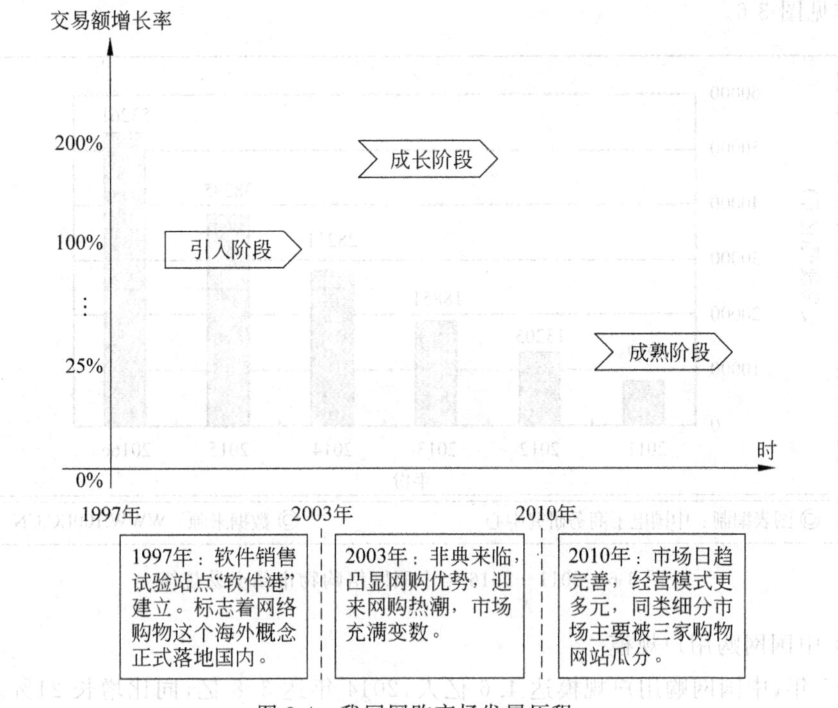

图 3-4 我国网购市场发展历程

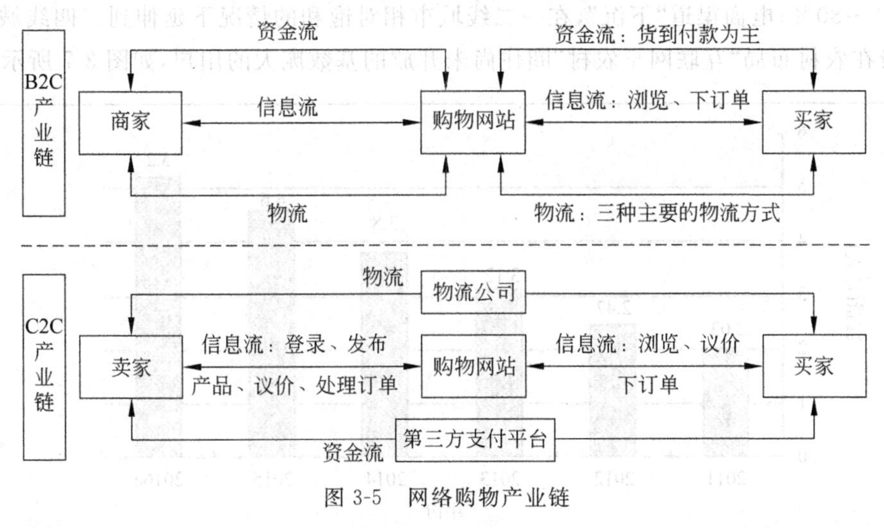

图 3-5 网络购物产业链

(3) 网购交易规模

2015 年，中国网络零售市场交易规模 38285 亿元，同比增长 35.7%。预计 2016 年中国网络零售市场交易规模有望达 53261 亿元。网络零售市场进入相对“成熟期”，行业已经脱离早前疯狂增长阶段，网络零售行业增速将回归平稳区间；电商企业的模式之间的界限逐渐模糊，各种商业模式互相融合发展，多种业态并存；各家电商不断扩充品类，完善和优化物流及售后服务，发力跨境进口电商、农村电商，并且在一些领域深耕细作如母婴、医疗等,详见图 3-6。

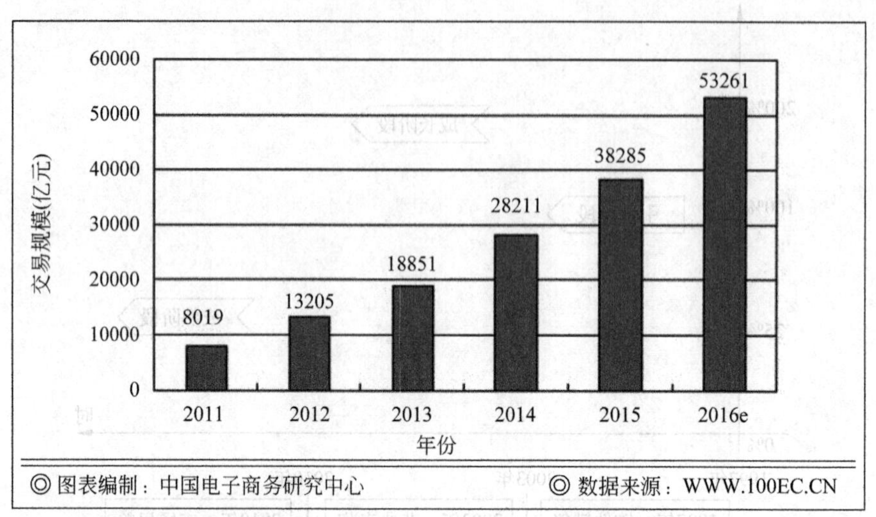

图 3-6 2011—2016 年中国网络购物市场交易规模

(4) 中国网购用户规模

2015 年,中国网购用户规模达 4.6 亿人,2014 年达 3.8 亿,同比增长 21%。电商发力移动端,用户购物习惯从 PC 端转移,充分利用碎片化时间进行购物,电商移动端占比达 60%～80%;电商渠道"下沉",在一二线城市相对饱和的情况下延伸到三四线城市,并且积极在农村布局"互联网＋农村"圈住尚未开放的基数庞大的用户,如图 3-7 所示。

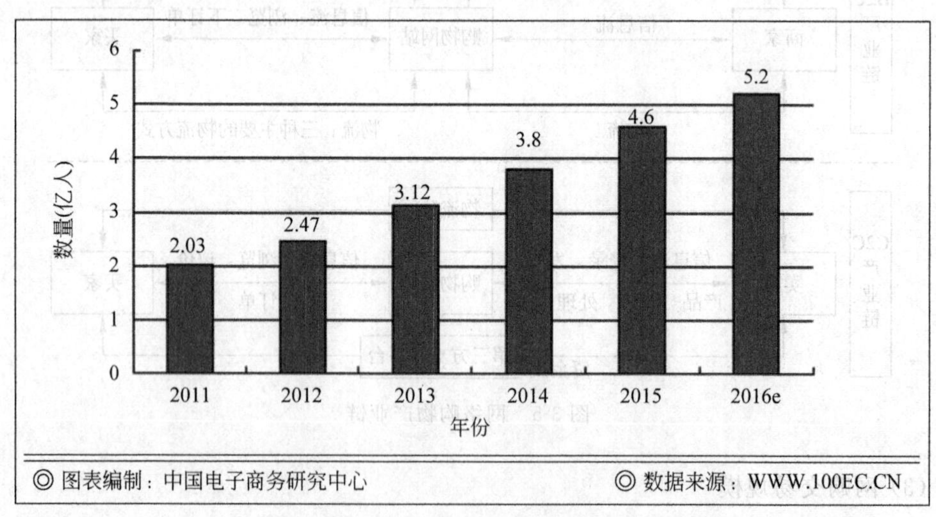

图 3-7 2011—2016 年中国网络购物用户规模

(5) 网购零售市场销售额占比

2015 年,中国网络零售市场中 B2C 市场交易规模占 51.6%;C2C 市场交易规模占 48.4%,较 2014 年的 54.3%减少了 5.9%,如图 3-8 所示。网络零售市场出现"拐点",

B2C 份额首次超过 C2C 份额，成为市场主体；一系列监管、扶持政策的出台也倾向扶持 B2C 的发展；当网络零售市场发展到一定阶段，随着京东关闭拍拍网、淘宝监管力度的日益加强，C2C 的日子不再风光。

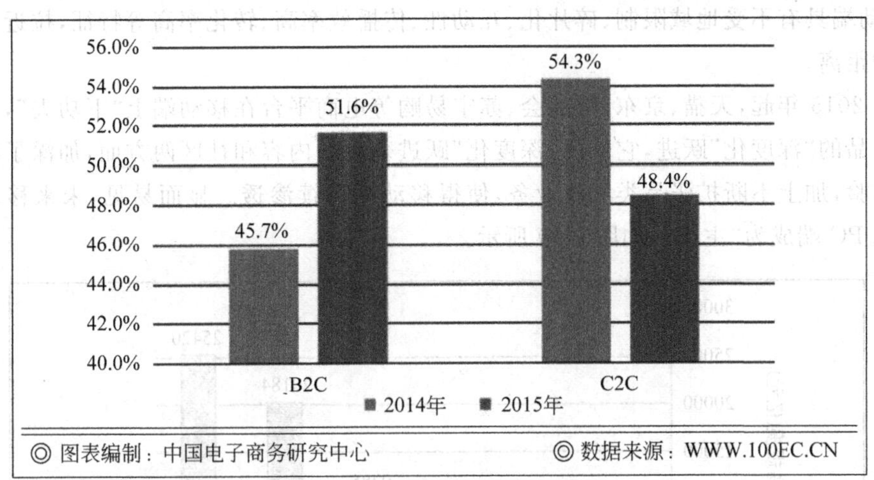

图 3-8　2014—2015 年中国网络零售市场销售额占比

(6) 网购市场份额

2015 年中国 B2C 网络零售市场（包括开放平台式与自营销售式，不含品牌电商），天猫排名第一，占 57.4%份额；京东名列第二，占据 23.4%份额；唯品会位于第三，占 3.2%份额；位于 4～10 名的电商依次为：苏宁易购(3.0%)、国美在线(1.6%)、1 号店(1.4%)、当当(1.3%)、亚马逊中国(1.2%)、聚美优品(0.8%)、易迅网(0.3%)，如图 3-9 所示。

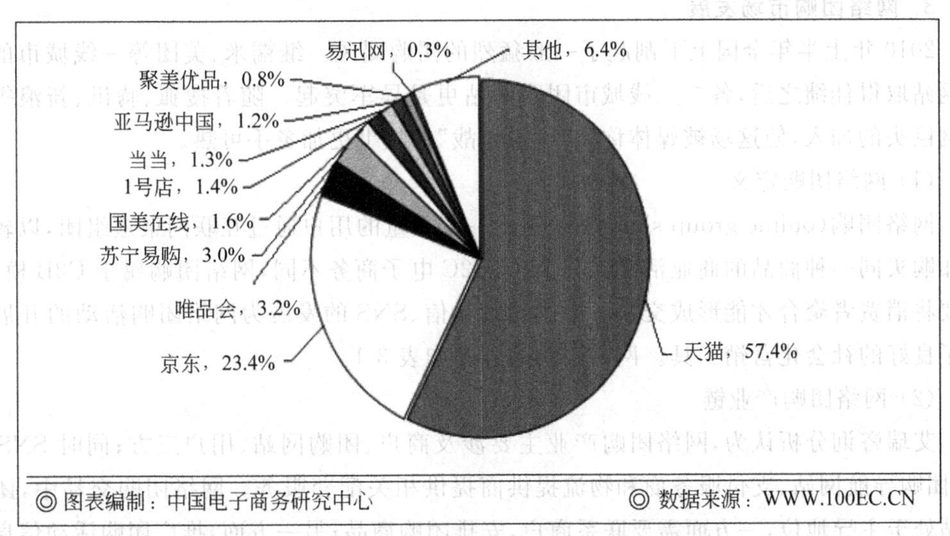

图 3-9　2015 年中国 B2C 网络购物交易额市场份额

(7) 移动网购交易规模

2015 年中国移动网购交易规模达到 20184 亿元，而 2014 年达 9285 亿元，同比增长 117.4%，增速远远超过网络购物整体增速。电商企业从 PC 端向移动端平移是大势所趋，移动端具有不受地域限制、碎片化、互动性、传播效率高、转化率高等特征，拉近与用户之间的距离。

自 2015 年起，天猫、京东、唯品会、苏宁易购等电商平台在移动端上“下功夫”，开始了自身产品的“深度化”跃进，它们的“深度化”跃进表现在内容和社区两方面，加深了购物之外的体验，加上不断扩张品类和新业务，使得移动端持续渗透。显而易见，未来移动电商将取代 PC 端成为“主角”，如图 3-10 所示。

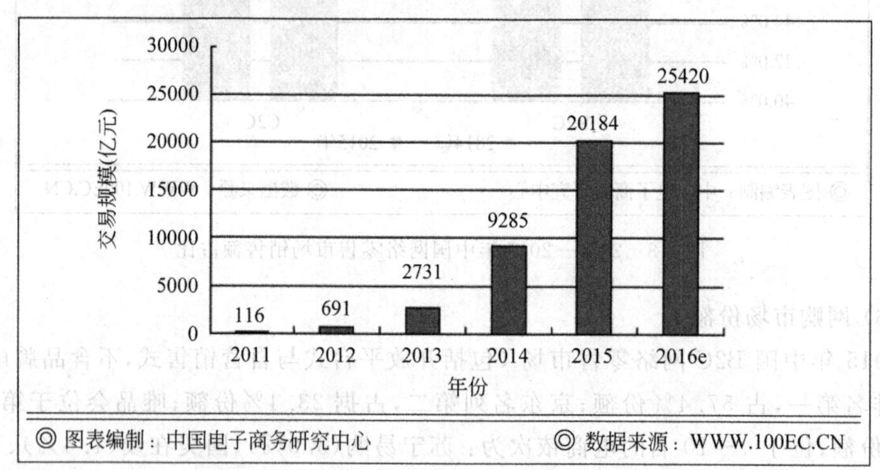

图 3-10 2011—2016 年中国移动网购交易规模

3. 网络团购市场发展

2010 年上半年全国上下刮起了一股猛烈的团购飓风。继糯米、美团等一线城市的团购网站取得佳绩之后，各二三线城市团购网站更是异军突起。随着搜狐、腾讯、新浪等互联网巨头的加入，使这场被媒体称为“百团大战”的战事更加炙手可热。

(1) 网络团购定义

网络团购(online group shopping)是指一定数量的用户通过互联网渠道组团，以较低折扣购买同一种商品的商业活动。与 B2C、C2C 电子商务不同，网络团购属于 C2B 模式，需要将消费者聚合才能形成交易。中国即时通信、SNS 的发展为网络团购活动的开展提供了良好的社会化营销工具。网络团购的分类如表 3-1。

(2) 网络团购产业链

艾瑞咨询分析认为，网络团购产业主要涉及商户、团购网站、用户三方；同时 SNS 网站、团购导航网站、支付服务商和物流提供商提供相关配套服务。网络团购交易中，团购网站处于主导地位，一方面需要联系商户，安排团购商品；另一方面，推广团购活动信息和网站，吸引用户关注和参与团购(见图 3-11)。

表 3-1 网络团购分类

分类标准	类别	特点	实例
团购商品种类	服务类	消费有地域性，无法批量生产	美团网、糯米网、拉手网、F团
	实务类	商品消费无地域性，可批量生产	淘宝网聚划算、优享团
团购网站与商户的关系	第三方独立团购网站	与商户合作组织团购活动，获得收入	美团网、糯米网、拉手网、F团
	商家自办团购网站	自行组织团购活动	淘宝网聚划算、当当网、京东商城

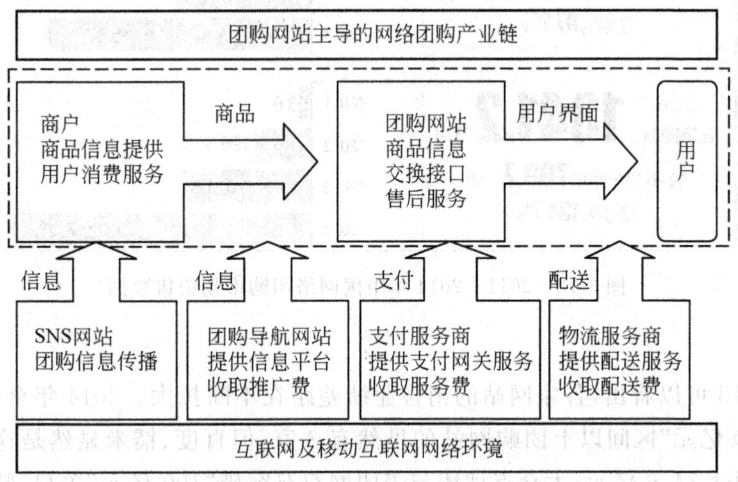

图 3-11 网络团购产业链

在整个团购交易过程中，SNS网站成为团购信息的传播渠道，团购导航网站集合多家团购信息，为用户提供集合信息平台，同时帮助团购网站，尤其是新出现的团购网站进行推广；支付宝、财付通、环迅等支付服务商，申通、圆通等物流服务商获取服务费收入。

(3) 中国网络团购交易规模

据团800统计，2014年中国团购市场总成交额为747.5亿元，较上年净增388.7亿元，增幅为108.3%；参团人数为11.91亿人次，较上年净增5.87亿人次，增幅为97.2%；在售团单1341.2万期，较上年净增769.7万期，增幅为134.7%，如图3-12所示。

(4) 中国团购网站销售数据

2014年以来，网络团购市场中的移动端业务突飞猛进，酒店团购的异军突起，在线订餐如火如荼，在团购业务发展更上层楼的同时，团购网站的平台价值被重新评估，获得了包括BAT(阿里巴巴、百度、腾讯)、电子商务巨头(苏宁云商)、传统企业集团(三胞集团)，以及资本市场在内的加持，主流网站之间迎来了深度整合，有嘀嗒团与高朋网相继选择了

图 3-12　2011—2014 年中国网络团购市场销售数据

退出。

由图 3-13 可以看出，各家网站的销售业绩差距在不断拉大。2014 年全年来看，体量规模位于"30 亿元"区间以上团购网站的虽然有 3 家，但百度、糯米显然是这一梯队的领先者，成交额达 74.6 亿元；大众点评团与美团网双双突破"100 亿元"关口，特别是美团已经突破了"400 亿元"大关。

TOP5团购网站销售数据
（2011—2014年）
©2014年团购数据报告
数据来源：Tuan800.com

排名	2011年		2012年		2013年		2014年	
	团购网站	成交额（亿元）	团购网站	成交额（亿元）	团购网站	成交额（亿元）	团购网站	成交额（亿元）
NO.1	拉手网	16.3	美团	51.5	美团网	151.2	美团网	400.6
NO.2	美团	14.5	点评团	30.4	点评团	82.9	点评团	181.6
NO.3	窝窝团	12.1	窝窝团	29.4	窝窝团	37	百度糯米	74.6
NO.4	点评团	10.1	拉手网	26.2	糯米网	35.7	窝窝团	48.8
NO.5	糯米网	8.8	糯米网	22.6	拉手网	33.2	拉手网	36.9

图 3-13　2011—2014 年团购网站销售数据对比

3.2　网络消费者特征分析

3.2.1　我国网民规模与结构特征

1. 总体网民规模

截至 2016 年 6 月，我国网民规模达到 7.10 亿，半年共计新增网民 2132 万人，半年增长率为 3.1%，较 2015 年下半年增长率有所提升。互联网普及率为 51.7%，较 2015 年年底提升 1.3 个百分点，如图 3-14 所示。

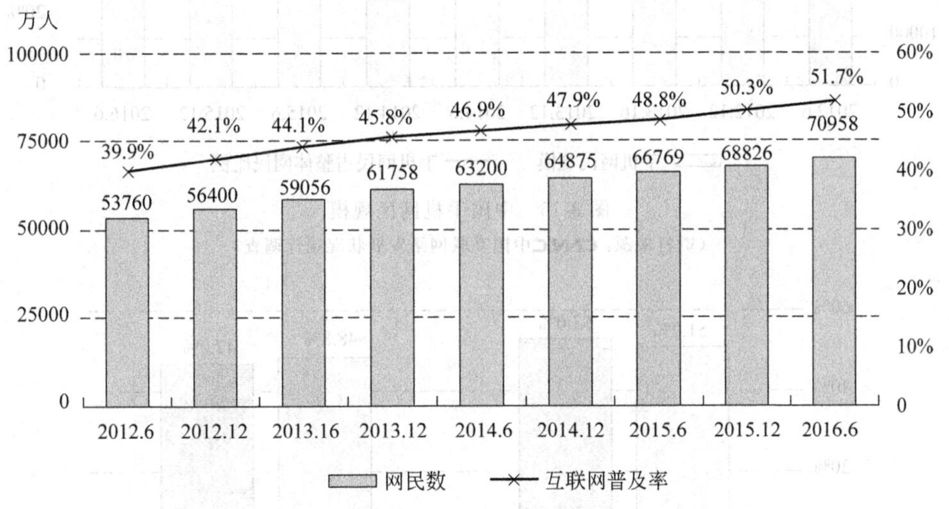

图 3-14　中国网民规模与互联网普及率

（资料来源：CNNIC中国互联网络发展状况统计调查）

2. 手机网民规模

截至 2016 年 6 月，我国手机网民规模达 6.56 亿，较 2015 年年底增加 3656 万人。网民中使用手机上网的比例由 2015 年年底的 90.1%提升至 92.5%，手机在上网设备中占据主导地位。同时，仅通过手机上网的网民达到 1.73 亿，占整体网民规模的 24.5%，如图 3-15 所示。

3. 网民结构特征

（1）性别

截至 2016 年 6 月，中国网民男女比例为 53∶47，同期全国人口男女比例为 51.2∶48.8，网民性别结构趋向均衡，且与人口性别比例基本一致，如图 3-16 所示。

（2）年龄

截至 2016 年 6 月，我国网民仍以 10～39 岁群体为主，占整体的 74.7%：其中 20～29 岁年龄段的网民占比最高，达 30.4%，10～19 岁、30～39 岁群体占比分别为 20.1%、24.2%。与 2015 年年底相比，10 岁以下儿童群体与 40 岁以上中高龄群体占比均有所增长，互联网继续向这两个年龄群体渗透，如图 3-17 所示。

（3）学历

截至 2016 年 6 月，我国网民依然以中等学历群体为主，初中、高中/中专/技校学历的

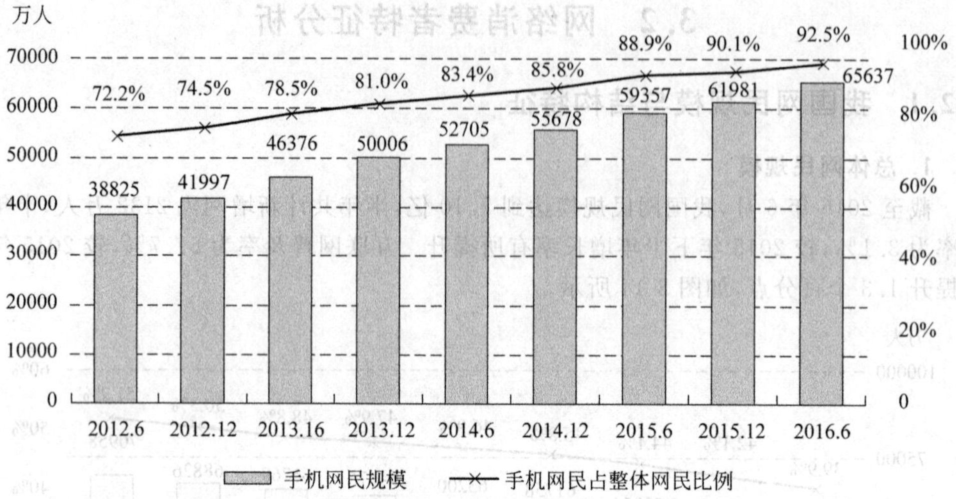

万人
70000
60000
50000
40000
30000
20000
10000
0
100%
80%
60%
40%
20%
0
72.2%
74.5%
78.5%
81.0%
83.4%
85.8%
88.9%
90.1%
92.5%
38825
41997
46376
50006
52705
55678
59357
61981
65637
2012.6
2012.12
2013.16
2013.12
2014.6
2014.12
2015.6
2015.12
2016.6
手机网民规模
手机网民占整体网民比例

图 3-15　中国手机网民规模

（资料来源：CNNIC中国互联网络发展状况统计调查）

60%
40%
20%
0%
51.2%
53.0%
48.8%
47.0%
男
女
全国人口男女比例
网民男女比例

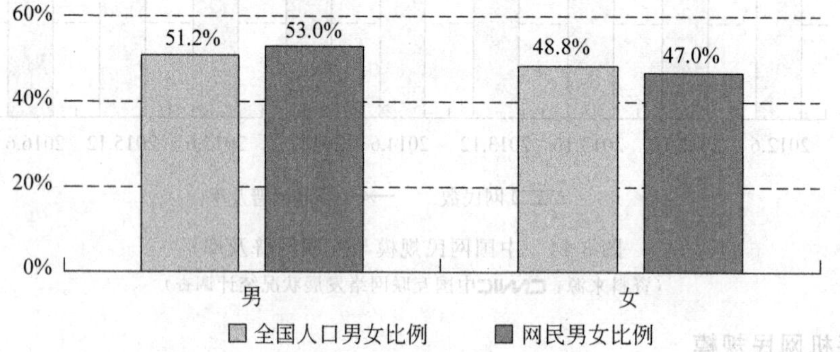

图 3-16　网民性别结构比例

（资料来源：CNNIC中国互联网络发展状况统计调查）

40%
30%
20%
10%
0%
2.7%
2.9%
21.4%
20.1%
29.9%
30.4%
23.8%
24.2%
13.1%
13.4%
5.3%
5.3%
3.9%
3.7%
10岁以下
10~19岁
20~29岁
30~39岁
40~49岁
50~59岁
60岁及以上
2015.12
2016.6

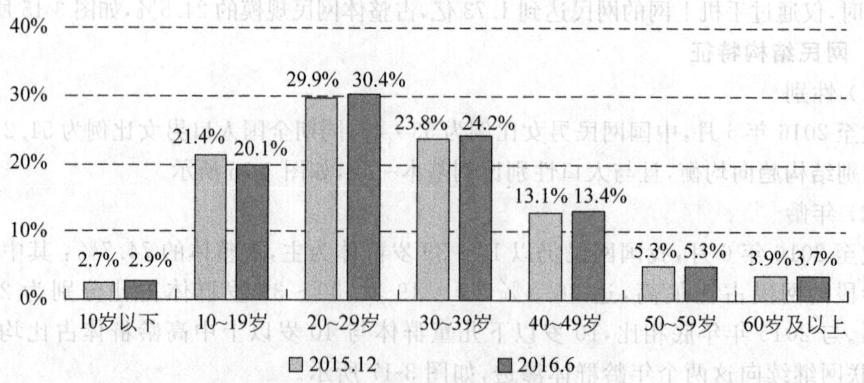

图 3-17　网民年龄结构对比

（资料来源：CNNIC中国互联网络发展状况统计调查）

网民占比分别为 37.0%、28.2%。与 2015 年年底相比，小学及以下、大专、大学本科及以上学历的网民占比均有所提升，如图 3-18 所示。

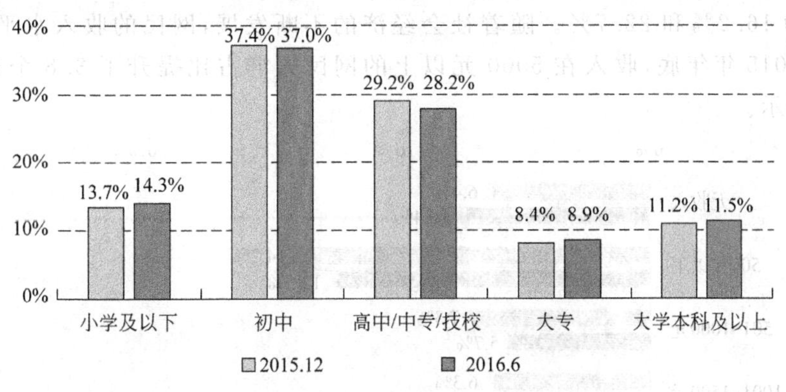

图 3-18 网民学历结构对比

（资料来源：CNNIC中国互联网络发展状况统计调查）

（4）职业结构

截至 2016 年 6 月，中国网民中学生群体占比仍然最高，为 25.1%；其次为个体户/自由职业者，比例为 21.1%；企业/公司的管理人员和一般职员占比合计达到 13.1%。对比 2015 年年底，这三类人群的占比保持相对稳定，如图 3-19 所示。

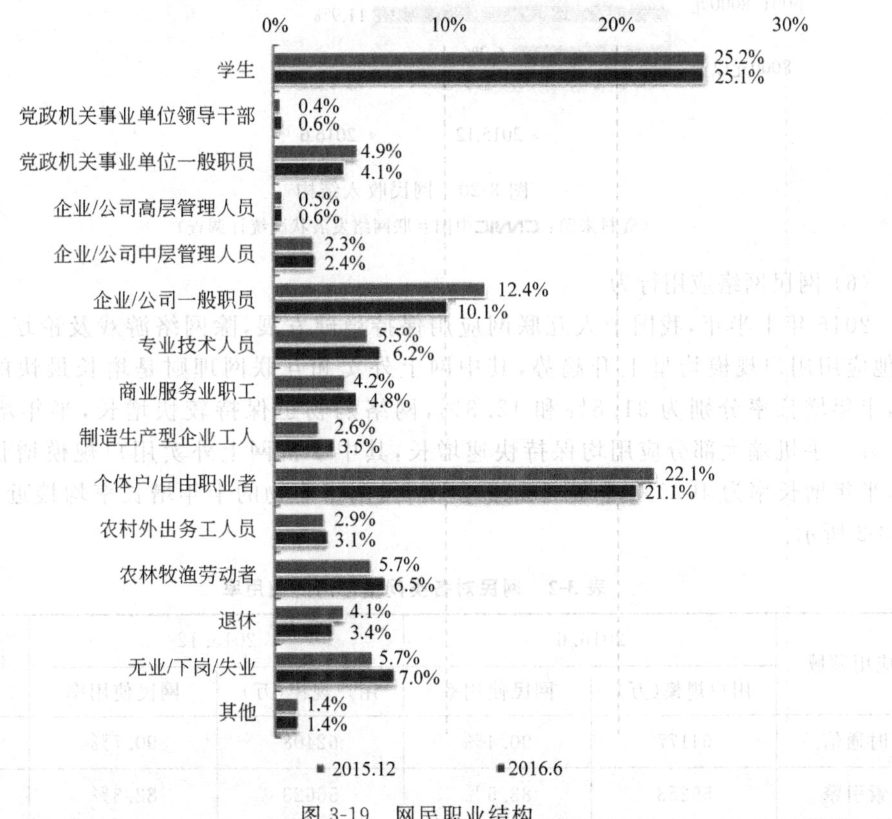

图 3-19 网民职业结构

（资料来源：CNNIC中国互联网络发展状况统计调查）

(5) 收入状况

截至2016年6月,网民中月收入在2001～3000元及3001～5000元的群体占比较高,分别为16.2%和22.7%。随着社会经济的不断发展,网民的收入水平也逐年增长,对比2015年年底,收入在5000元以上的网民人群占比提升了3.8个百分点,如图3-20所示。

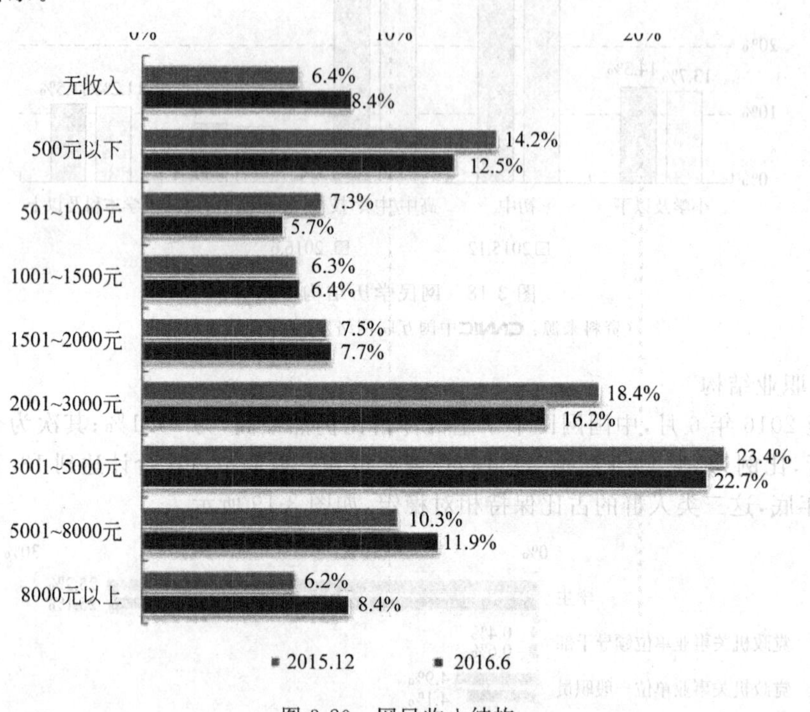

图 3-20 网民收入结构

(资料来源:CNNIC中国互联网络发展状况统计调查)

(6) 网民网络应用行为

2016年上半年,我国个人互联网应用保持稳健发展,除网络游戏及论坛/BBS外,其他应用用户规模均呈上升趋势,其中网上外卖和互联网理财是增长最快的两个应用,半年增长率分别为31.8%和12.3%,网络购物也保持较快增长,半年增长率为8.3%。手机端大部分应用均保持快速增长,其中手机网上外卖用户规模增长最为明显,半年增长率为40.5%,同时手机网上支付、网络购物的半年增长率均接近20%,如表3-2所示。

表 3-2 网民对各类网络应用的使用率

应用领域	2016.6		2015.12		年增长率
	用户规模(万)	网民使用率	用户规模(万)	网民使用率	
即时通信	64177	90.4%	62408	90.7%	2.8%
搜索引擎	59258	83.5%	56623	82.3%	4.7%

续表

应用领域	2016.6		2015.12		年增长率
	用户规模(万)	网民使用率	用户规模(万)	网民使用率	
网络新闻	57927	81.6%	56440	82.0%	2.6%
网络视频	51391	72.4%	50391	73.2%	2.0%
网络音乐	50214	70.8%	50137	72.8%	0.2%
网上支付	45476	64.1%	41618	60.5%	9.3%
网络购物	44772	63.1%	41325	60.0%	8.3%
网络游戏	39108	55.1%	39148	56.9%	−0.1%
网上银行	34057	48.0%	33639	48.9%	1.2%
网络文学	30759	43.3%	29674	43.1%	3.7%
旅行预订	26361	37.1%	25955	37.7%	1.6%
电子邮件	26143	36.8%	25847	37.6%	1.1%
网上外卖	14966	21.1%	11356	16.5%	31.8%
在线教育	11789	16.6%	11014	16.0%	7.0%
论坛/BBS	10812	15.2%	11901	17.3%	−9.1%
互联网理财	10140	14.3%	9026	13.1%	12.3%

3.2.2 网络消费特征

(1) 网购品类分布

2013—2015年,单个用户网购商品品类越来越多,从服装鞋帽、日用百货到珠宝配饰,各品类购买用户分布比例显著提升。单个用户网购品类从低价的日用百货、书籍音像制品向价格较高的电脑/通信数码产品及配件、家用电器扩散;从外用的服装鞋帽到入口食用的食品/保健品渗透。与此同时,网购品类不断丰富和细化,逐渐向全覆盖消费需求方向发展,详见图3-21。

(2) 网购次数

2015年,中国网络购物市场的交易活跃度进一步提升,全年交易总次数256亿次,年度人均交易次数62次。与2013年及2014年相比,全年交易总次数和人均交易次数均大幅提升。究其原因:一方面,随着用户体验的逐渐提升,网络购物已然成为大多数网民的消费习惯;另一方面,手机购物用户增长迅速。手机购物缩短了决策时间,拓展了支付场景,激发了更多消费增量,详见图3-22。

(3) 网购决策因素

随着菜鸟物流的社会化运营,以及其与京东物流快递服务水平的不断提升,较高的快

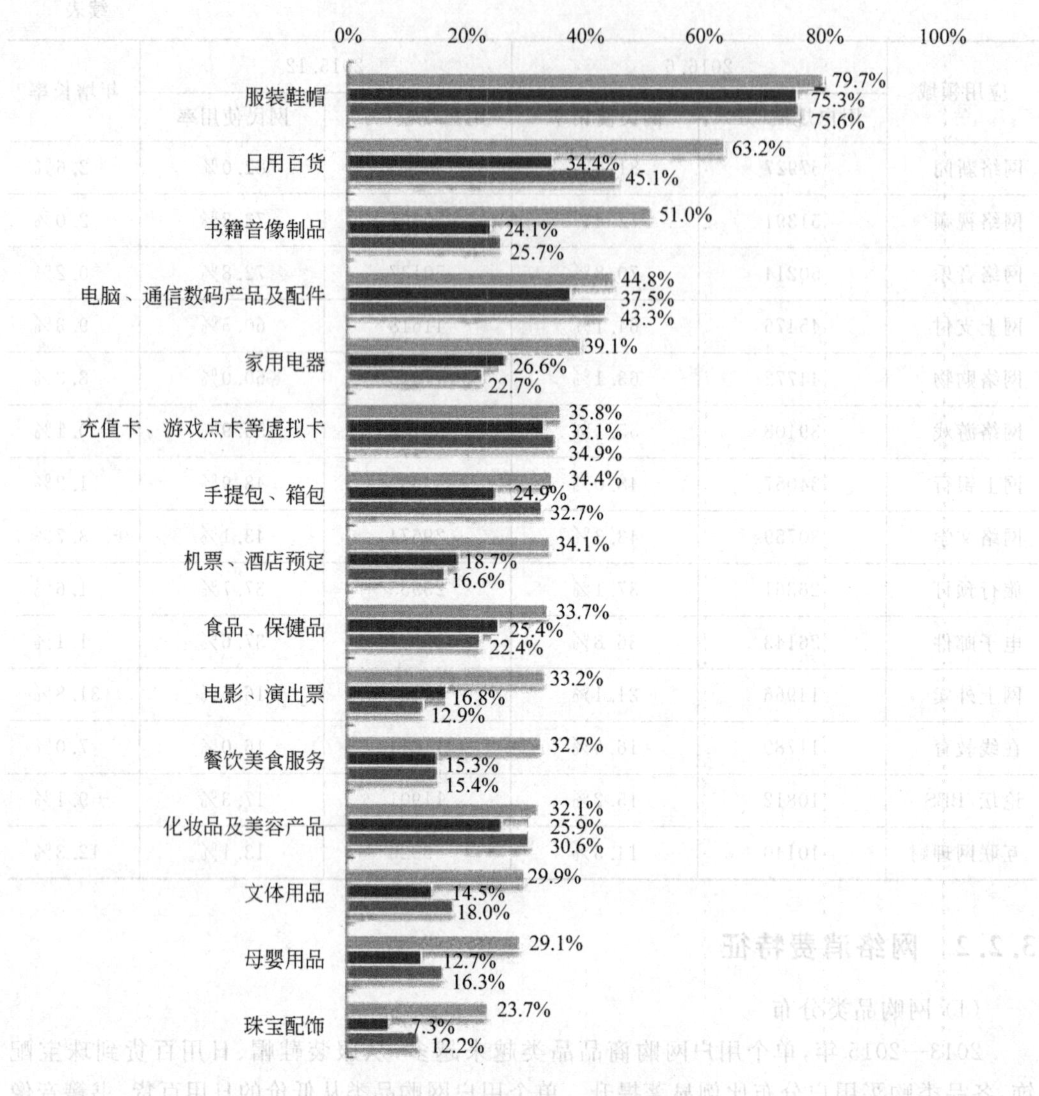

图 3-21 2013 年不同区域网络购物用户性别结构对比

(资料来源:CNNIC中国网络购物市场统计调查)

递服务品质已经成为网络购物中的标准配置。网站用户体验的提升和促销活动已经成为常态化的基本保障。网络口碑、价格、网站/商家信誉成为网购用户决策时最为关注的因素,关注度分别为 77.5%、72.2%和 68.7%,详见图 3-23。

(4) 网购支付占比

与 2014 年相比,网络购物金额占日常消费采购支出比例在 11%及以上区间的用户群体比例普遍增加。其中,31%~50%区间用户比例提升最多,为 5.5%,达到 15.2%;其次是 11%~20%区间,用户比例提升 4.8%,达到 17.5%;再次是 21%~30%区间,用户比例提升 3.3%,达到 12.3%,如图 3-24 所示。

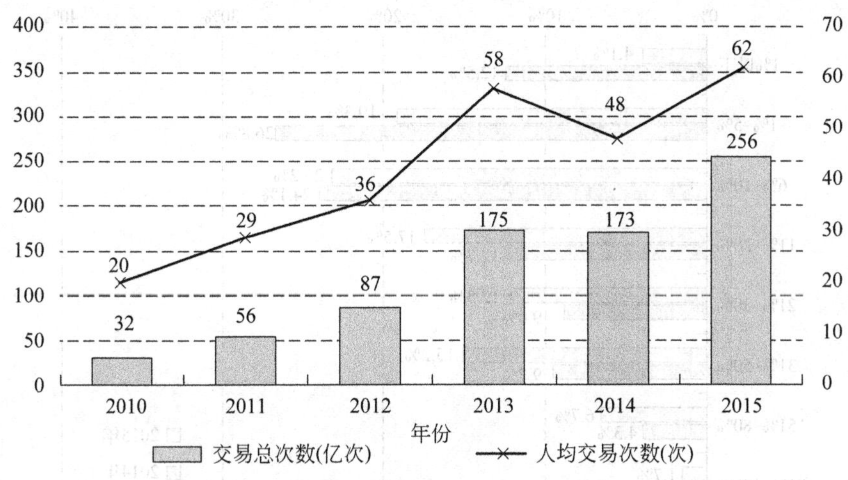

图 3-22 2010—2015 年中国网民网络购物次数

（资料来源：CNNIC中国网络发展状况统计调查）

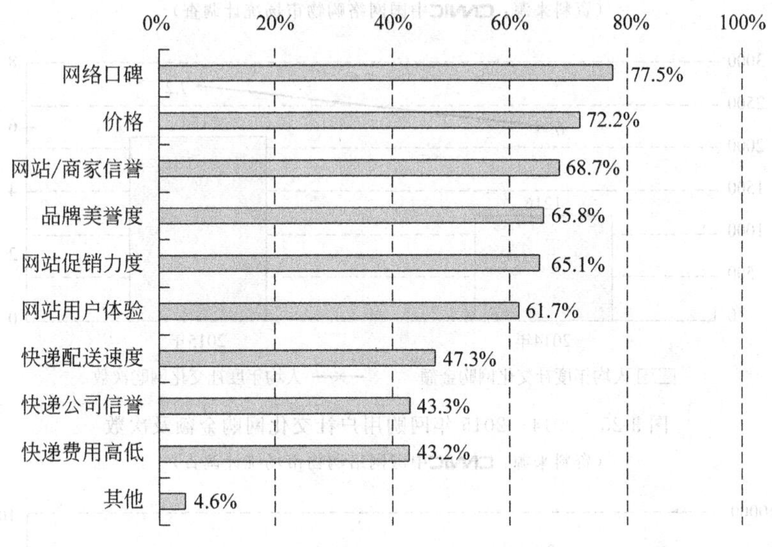

图 3-23 2015 年网络购物用户购买商品时主要考虑因素

（资料来源：CNNIC中国网络购物市场统计调查）

(5) 社交网购行为

随着微商的崛起，社交化网购迎来新的发展机遇，网民对社交化网购的认可度日益提升。数据显示，2015 年网购用户人均年度社交化网购金额为 2134 元，较 2014 年提升 918 元，增长幅度 75.5%；2015 年人均年度社交化网购次数为 7.2 次，较 2014 年提升 1.2 次，详见图 3-25。

(6) 海外网购行为

2015 年网购用户中海外网购人群人均消费金额为 5630 元，较 2014 年增加 682 元，年度增幅 13.8%；人均消费次数为 8.6 次，较 2014 年提升 0.6 次，详见图 3-26。

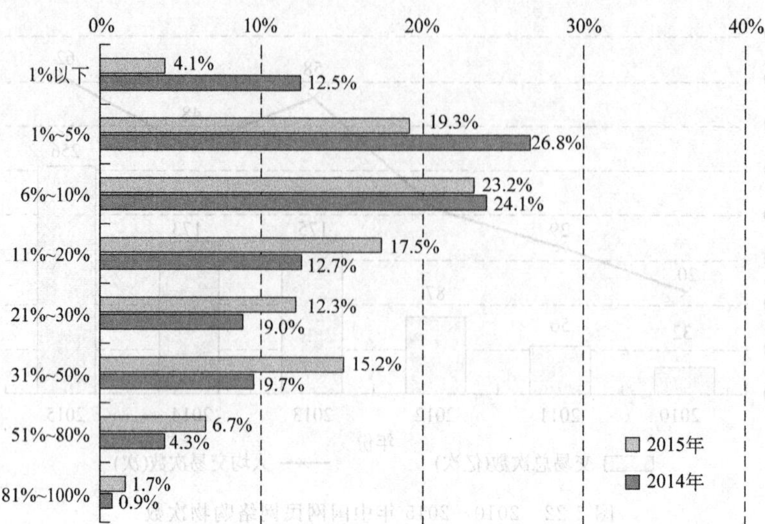

图 3-24 2014—2015 年网络购物金额占日常消费采购支付的比例

(资料来源:CNNIC中国网络购物市场统计调查)

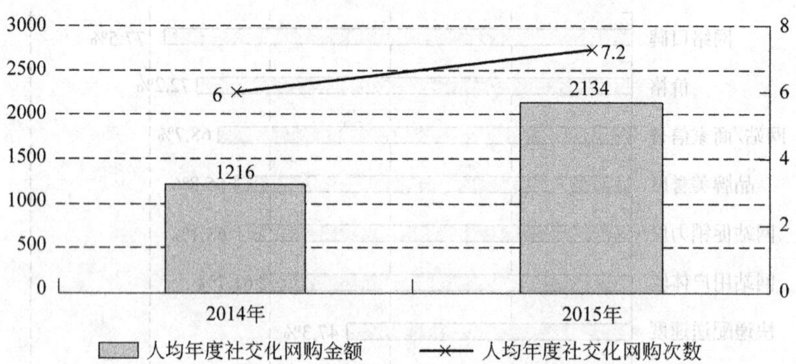

图 3-25 2014—2015 年网购用户社交化网购金额及次数

(资料来源:CNNIC中国网络购物市场统计调查)

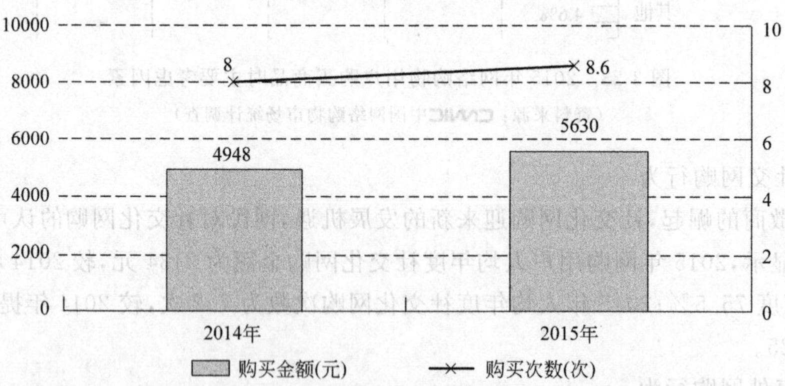

图 3-26 2014—2015 年网购用户海外网购人均消费金额及次数对比

(资料来源:CNNIC中国网络购物市场统计调查)

3.3 网络消费者购买行为分析

今天的公司正面临着日益增加的经营环境压力。主要的压力可以归纳为 3C：竞争(competition)、顾客(customer)和变化(change)。现在公司把顾客视为上帝，尽力诱使他们来购买自己的产品和服务。吸引和留住顾客已经成为大多数商业活动成功的最关键因素。

电子商务可以看成是与传统营销渠道相抗衡的新的营销渠道。而且，只要某个领域中的一家公司成功地实现了电子商务，就会有许多公司试图加入，亚马逊书店就面临这种情况。所以，将消费者吸引到在线公司的任务是很艰难的，因为首先要说服他们上网购物，然后还要让他们在众多在线竞争者中选中你的公司。另外，公司还必须努力建立新老顾客的忠诚度。

3.3.1 网络消费者的类型

网络消费者可以分成两类：个人消费者和机构买家。前者引起更多的媒体关注，而后者占了网上购买的大部分。机构买家包括政府、私人公司、转售商和公共组织。机构买家的购买行为不是为了个人消费。其购买的产品或服务一般是用来增加价值，创造其他产品(或服务)；当然也可能只是转售，不经任何改变。

消费者行为对在线 B2C 系统的开发方式有深远影响，它可以表述为两个问题：①消费者为什么购买？②消费者从在线购物中得到哪些好处？

市场调查者将在线购买体验总结为两个纬度：第一个是使用目的，即进行购买活动只是达到目标或完成任务；第二个是娱乐目的，即进行购买活动只是因为“它充满乐趣并且我喜欢它”。对使用目的和娱乐目的的理解能帮助我们更深入地了解许多电子商务消费行为，它们在电子市场的设计和实现过程中经常被忽略。

消费者也可以被分成 3 类：冲动型消费者，他们购买时行动迅速；耐心型消费者，他们会在进行一些比较后才购买；分析型消费者，他们在经过大量的研究后才做出购买决定。另外，还有一些“橱窗消费者”，他们以浏览为乐。

3.3.2 网络消费者的购买动机

所谓动机，是指推动人进行活动的内部原动力(内在的驱动力)，即激励人行动的原因。网络消费者的购买动机是指在网络购买活动中，能使网络消费者产生购买行为的某些内在的驱动力。

动机是一种内在的心理状态，不容易被直接观察到或被直接测量出来，但它可根据人们的长期的行为表现或自我陈述加以了解和归纳。对于企业促销部门来说，通过了解消费者的动机，就能有依据地说明和预测消费者的行为，采取相应的促销手段。而对于网络促销来说，动机研究更为重要。因为网络促销是一种不见面的销售，网络消费者复杂的、多层次的、交织的和多变的购买行为不能直接观察到，只能够通过文字或语言的交流加以想象和体会。

网络消费者的购买动机基本上可以分为两大类：需求动机和心理动机。前者是指人们由于各种需求，包括低级的和高级的需求而引起的购买动机；而后者则是由于人们的认识、感情、意志等心理过程而引起的购买动机。

1. 网络消费者的需求动机

研究人们的网络购买行为，首先要研究人们的网络购买需求。马斯洛的需求层次理论可以解释虚拟市场中消费者的许多购买行为，但是，虚拟社会与现实社会毕竟有很大的差别，马斯洛的需求层次理论也面临着不断补充的要求。而虚拟社会中人们联系的基础实质是人们希望满足虚拟环境下三种基本的需要：兴趣、聚集和交流。

(1) 兴趣

分析畅游在虚拟社会的网民，我们可以发现，每个网民之所以热衷于网络漫游，是因为对网络活动抱有极大的兴趣。这种兴趣的产生，主要出自两种内在驱动：一是探索的内在驱动力，人们出于好奇的心理探究秘密，驱动自己沿着网络提供的线索不断地向下查询，希望能够找出符合自己预想的结果，有时甚至到了不能自拔的境地；二是成功的内在驱动力，当人们在网络上找到自己需要的资料、软件、游戏，或者打入某个重要机关的信息库时，自然产生一种成功的满足感。

(2) 聚集

虚拟社会提供了具有相似经历的人们聚集的机会，这种聚集不受时间和空间的限制，并形成富有意义的个人关系。通过网络而聚集起来的群体是一个极为民主性的群体。在这样一个群体中，所有成员都是平等的，每个成员都有独立发表自己意见的权利，使得在现实社会中经常处于紧张状态的人们渴望在虚拟社会中寻求解脱。

(3) 交流

聚集起来的网民，自然产生一种交流的需求。随着这种信息交流的频率的增加，交流的范围也在不断扩大，从而产生示范效应，带动对某些种类的产品和服务有相同兴趣的成员聚集在一起，形成商品信息交易的网络，即网络商品交易市场。这不仅是一个虚拟社会，而且是高一级的虚拟社会。在这个虚拟社会中，参加者大都是有目的的，所谈论的问题集中在商品质量的好坏、价格的高低、库存量的多少、新产品的种类，等等。他们所交流的是买卖的信息和经验，以便最大限度地占领市场，降低生产成本，提高劳动生产率。对于这方面信息的需求，人们永远是无止境的。这就是电子商务出现之后迅速发展的根本原因。

2. 网络消费者的心理动机

(1) 理智动机

理智动机是指建立在人们对于在线商场推销的商品的客观认识基础上的。众多网络购物者大多是中青年，具有较高的分析判断能力。他们的购买动机是在反复比较各个在线商场的商品之后才作出的，对所要购买的商品的特点、性能和使用方法，早已心中有数。理智购买动机具有客观性、周密性和控制性的特点。在理智购买动机驱使下的网络消费购买动机，首先注意的是商品的先进性、科学性和质量高低，其次才注意商品的经济性。这种购买动机的形成，基本上受控于理智，而较少受到外界气氛的影响。

(2) 感情动机

感情动机是由于人的情绪和感情所引起的购买动机。这种购买动机还可以分为两种形态。一种是低级形态的感情购买动机,它是由于喜欢、满意、快乐、好奇而引起的。这种购买动机一般具有冲动性、不稳定性的特点。还有一种是高级形态的感情购买动机,它是由人们的道德感、美感、群体感所起的,具有较大的稳定性、深刻性的特点。而且,由于在线商场提供异地买卖送货的业务,大大促进了这类购买动机的形成。

(3) 惠顾动机

这是基于理智经验和感情之上的,对特定的网站、图标广告、商品产生特殊的信任与偏好而重复地、习惯性地前往访问并购买的一种动机。惠顾动机的形成,经历了人的意志过程。从它的产生来说,或者是由于搜索引擎的便利、图标广告的醒目、站点内容的吸引;或者是由于某一驰名商标具有相当的地位和权威性;或者是因为产品质量在网络消费者心目树立了可靠的信誉。这样,网络消费者在为自己作出购买决策时,心目中首先确立了购买目标,并在各次购买活动中克服和排除其他的同类水平产品的吸引和干扰,按照事先购买目标行动。具有惠顾动机的网络消费者,往往是某一站点的忠实浏览者。他们不仅自己经常光顾这一站点,而且对众多网民也具有较大的宣传和影响功能,甚至在企业的商品或服务一时出现某种过失的时候,也能予以谅解。

3.3.3 网络消费需求的特征

由于互联网商务的出现,消费观念、消费方式和消费者的地位正在发生着重要的变化,使当代消费者心理与以往相比呈现出新的特点和趋势。

(1) 个性消费的回归

在过去相当长的一个历史时期内,工商业都是将消费者作为单独个体进行服务的。在这一时期内,个性消费是主流。只是到了近代,工业化和标准化的生产方式才使消费者的个性被淹没于大量低成本、单一化的产品洪流之中。然而,没有一个消费者的心理是完全一样的,每一个消费者都是一个细分市场。心理上的认同感已成为消费者作出购买品牌和产品决策的先决条件,个性化消费正在也必将再度成为消费的主流。

(2) 消费需求的差异性

不仅仅是消费者的个性化消费使网络消费需求呈现出差异性。对于不同的网络消费者因所处的时代、环境不同而产生不同的需求,不同的网络消费者在同一需求层次上的需求也会有所不同。所以,从事网络营销的厂商要想取得成功,必须在整个生产过程中,从产品的构思、设计、制造,到产品的包装、运输、销售,认真思考这种差异性,并针对不同消费者的特点,采取有针对性的方法和措施。

(3) 消费主动性增强

消费主动性的增强来源于现代社会不确定性的增加和人类追求心理稳定和平衡的欲望。

(4) 对购买方便性的需求与购物乐趣的追求并存。

(5) 价格仍然是影响消费心理的重要因素。

(6) 网络消费仍然具有层次性

网络消费本身是一种高级的消费形式,但就其消费内容来说,仍然可以分为由低级到高级的不同层次。在网络消费的开始阶段,消费者侧重于精神产品的消费,到了网络消费的成熟阶段,消费者已完全掌握了网络消费的规律和操作,并且对网络购物有了一定的信任感后,消费者才会从侧重于精神消费品的购买转向日用消费品的购买。

(7) 网络消费者的需求具有交叉性

在网络消费中,各个层次的消费不是相互排斥的,而是具有紧密的联系,需求之间广泛存在着交叉的现象。

(8) 网络消费需求的超前性和可诱导性。

3.3.4 影响网络消费者购买的主要因素

1. 网页界面设计的影响

对于在网络从事经营的企业来说,网页界面是网络企业与网络客户交换信息和执行各种交互活动的媒介,因此网页界面设计的好坏会对网络客户的第一印象产生重要作用。如果网站界面设计混乱、不协调,则很难吸引网络客户的注意并进入浏览、购物。

2. 商品陈列的影响

在网络商店中,商店实体和商品的说明介绍以及其他相关资料是分离的,客户无法像在传统的商店中购物那样,通过与商品实体的直接接触来了解商品的质量和适用性。网络商店对单个商品的介绍只能依赖于文字说明和图片信息,这些资料是否详细将会极大影响网络客户的消费决策,一个文字说明太少而且图片模糊不清的商品是很难激发起客户的消费欲望的。

3. 产品的特性

首先,由于网上市场不同于传统市场,网上消费者有着区别于传统市场的消费需求特征,因此并不是所有的产品都适合在网上销售和开展网上营销活动的。根据网上消费者的特征,网上销售的产品一般要考虑产品的新颖性,即产品是新产品或者是时尚类产品,比较能吸引人的注意。追求商品的时尚和新颖是许多消费者,特别是青年消费者重要的购买动机。

其次,考虑产品的购买参与程度,一些产品要求消费者参与程度比较高,消费者一般需要现场购物体验,而且需要很多人提供参考意见,对于这些产品不太适合网上销售。对于消费者需要购买体验的产品,可以采用网络营销推广功能,辅助传统营销活动进行,或者将网络营销与传统营销进行整合。可以通过网络来宣传和展示产品,消费者在充分了解产品的性能后,可以到相关商场再进行选购。

4. 产品的价格

从消费者的角度说,价格不是决定消费者购买的唯一因素,但却是消费者购买商品时肯定要考虑的因素,而且是一个非常重要的因素。对一般商品来讲,价格与需求量之间经常表现为反比关系,同样的商品,价格越低,销售量越大。网上购物之所以具有生命力,重要的原因之一是网上销售的商品价格普遍低廉。

此外,消费者对于互联网有一个免费的价格心理预期,那就是即使网上商品是要花钱的,那价格也应该比传统渠道的价格要低。这一方面,是因为互联网的起步和发展都依托了免费策略，因此互联网的免费策略深入人心，而且免费策略也得到了成功的商业运作。另一方面，互联网作为新兴市场可以减少传统营销中中间费用和一些额外的信息费用，可以大大削减产品的成本和销售费用，这也是互联网商业应用的巨大增长潜力所在。

5. 购物的便捷性

购物便捷性是消费者选择购物的首要考虑因素之一。一般而言，消费者选择网上购物时考虑的便捷性，一是时间上的便捷性，可以不受时间的限制并节省时间；二是可以足不出户，在很大范围内选择商品。

6. 安全可靠性

网络购买另外一个必须考虑的是网上购买的安全性和可靠性问题。由于在网上消费，消费者一般需要先付款后送货，这时过去购物的一手交钱一手交货的现场购买方式发生了变化，网上购物中的时空发生了分离，消费者有失去控制的离心感。因此，为减低网上购物的这种失落感，在网上购物各个环节必须加强安全措施和控制措施，保护消费者购物过程的信息传输安全和个人隐私保护，以及树立消费者对网站的信心。

3.3.5 网络消费者消费过程

消费行为是消费者为满足某种需要而发生的消费商品的一切行为活动，是消费者心理的外在表现。网络个人消费者的消费过程，也就是网络个人消费行为形成和实现的过程。与传统的客户消费行为相类似，网络个人消费行为早在实际消费之前就已经开始，并且延长到消费后的一段时间，有时甚至是一个较长的时期。网络个人消费者的消费过程与传统消费行为不同之处是多了两个过程，一个是下订单过程；另一个是授权支付这一过程，如图3-27所示。

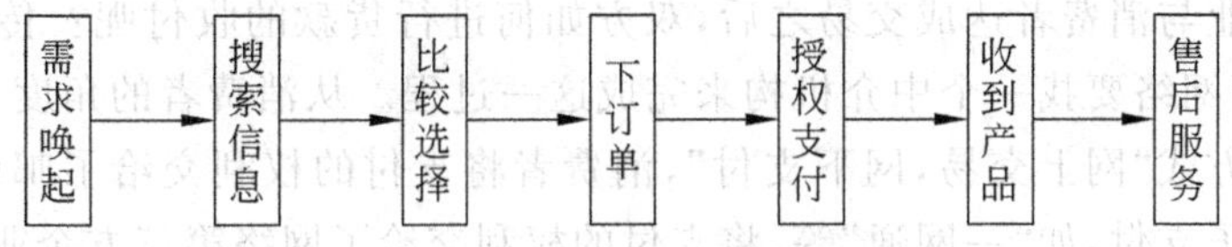

图3-27 网络消费者消费过程

(1) 需求唤起

网络消费过程的起点是唤起需求。消费者的需求是在内外因素的刺激下产生的。当消费者对市场中出现的某种商品或某种服务发生兴趣后，才可能产生消费欲望。对于网络营销来说，视觉和听觉文字的表述、图片的设计、声音的配置是诱发需求的直接动因。这要求从事网络营销的企业或中间商注意了解与自己产品有关的实际需求和潜在需求，了解这些需求在不同时间的不同程度，了解这些需求是由哪些刺激因素诱发的，进而巧妙地设计促销手段去吸引更多的消费者浏览网页，诱导他们的需求欲望。

(2) 搜索信息

在消费过程，收集信息的渠道主要有两个——内部渠道和外部渠道。内部渠道是指消费个人所储存、保留的市场信息，包括购买商品的实际经验、对市场的观察及个人购买活动的记忆等；外部渠道则是指消费者可以从外界收集信息的通道，包括个人渠道、商业渠道和公共渠道等。

与传统消费信息的收集不同,网络消费的信息收集带有较大主动性。在网络消费过程中,商品信息的收集主要是通过因特网进行的。一方面,上网消费者可以根据了解的信息,通过因特网跟踪查询;另一方面,上网消费者又不断地在网上浏览,寻找新的消费机会。

(3) 比较选择

为了使消费需求与自己的消费能力相匹配,比较选择是消费过程中必不可少的环节。消费者对各条渠道汇集而来的资料进行比较、分析、研究,了解各种商品的特点和性能,从中选择最为满意的一种。一般说来,消费者的综合评价主要考虑产品的功能、可靠性、性能、样式、价格和售后服务等。

网络购物不直接接触实物。消费者对网上商品的比较依赖于厂商对商品的描述,包括文字的描述和图片的描述。网络营销商对自己的产品描述不充分,就不能吸引众多的顾客。而如果对产品的描述过分夸张,甚至带有虚假的成分,则可能永久地失去顾客。

(4) 下订单

与传统购物相比较,下订单与授权支付是网络消费过程所独有的阶段。在传统购物中,消费者只要做出了选择,就会交钱拿到产品,但在网上由于是通过网络媒介,所以网络消费者在完成了对商品的比较选择之后,还要进入到下订单阶段。网络消费者在决定消费某种商品时,一般必须具备三个条件:第一,对厂商有信任感;第二,对支付有安全感;第三,对产品有好感。所以,树立企业形象,改进货款支付办法和商品邮寄办法,全面提高产品质量,是每一个参与网络营销的厂商必须重点抓好的三项工作。这三项工作抓好了,才能促使消费者毫不犹豫地做出消费决策。

(5) 授权支付

在网上企业与消费者达成交易之后,双方如何进行货款的收付呢?传统的购物是交钱获得产品,而网络要找一个中介机构来完成这一过程。从消费者的角度来说,一种是离线的传统支付方式"网上交易,网下支付",消费者将支付的权利交给了邮政、银行:另一种是在线的电子支付,如"一网通"等,将支付的权利交给了网络第三方企业。这两种支付方法各有利弊,由消费者自由选择。

(6) 收到产品

与传统购物一手交钱一手交货所不同的是,在网上购物,即使已支付了货款,也不能立刻拿到产品,这中间往往要经历一段产品邮寄时间,产品才能到达买者手中。方便、快捷、便宜的电子邮件紧紧连接着厂商和消费者。网络企业要尽量缩短这个时间,并确保产品完好无损,消除消费者的不安感。

(7) 售后服务

为了提高企业的竞争力,最大限度地占领市场,企业必须做好售后服务。因为售后服务是否方便、快速、周到等问题往往决定了消费者今后的消费动向。现在,越来越多的公司将网络服务整合到公司的营销计划之中,使网络营销界渐渐兴起了为顾客服务的浪潮。

消费者的整个购物过程都与企业的产品、价格、渠道、促销、信用相联系,他们当中的任何一个因素都会使潜在顾客做出是否购买的决定。因此,要把消费者的购买过程与网络企业的营销策略紧密联系,促成潜在消费者消费行为的发生。

3.3.6　网络消费者购买行为模型

图 3-28 给出了网络消费者行为模型，购买决策过程是由消费者对刺激的反应引发的。该过程受到购买者的特点、环境、技术、电子商务物流以及其他因素的影响。

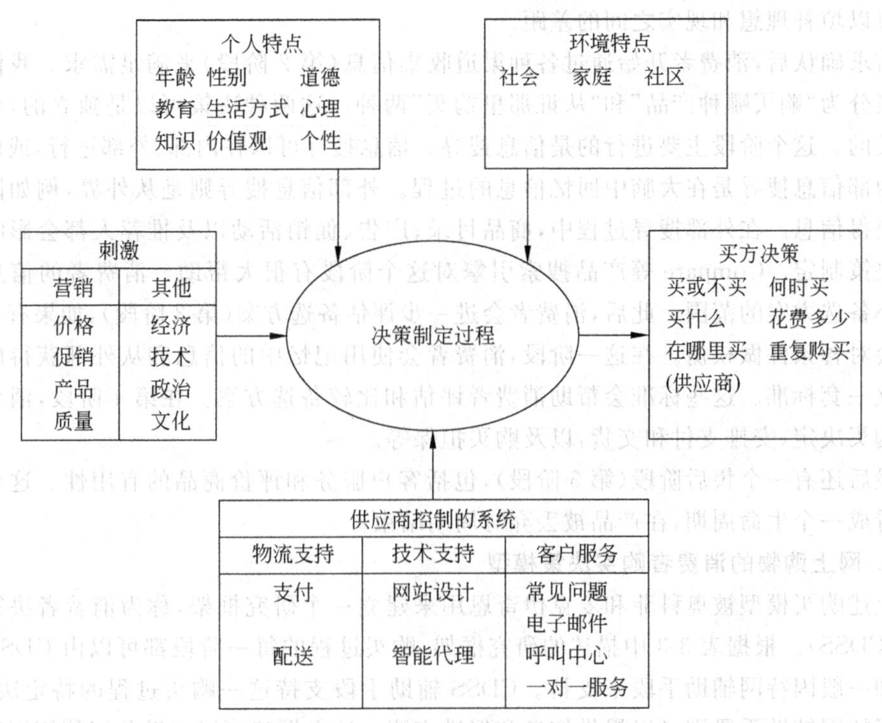

图 3-28　网络消费者行为模型

从图中可以看到，购买决策过程是消费者决策制定的核心。在讨论整个问题之前，有必要将决策制定过程中人们的角色进行分类。主要角色如下：

① 发起人。第一个提出或想到要去购买产品或服务的人。

② 影响人。其建议或观点对最终的购买决策造成影响的人。

③ 决策者。做出最终购买决定或部分决定的人，即决定是否买、买什么、怎么买和到哪里买。

④ 购买者。执行购买行为的人。

⑤ 用户。最终使用产品或服务的人。

当一个人担当多个角色时，广告和营销战略的制定将非常困难。

为了详细描述购买决策的制定过程，人们开发了多个模型。这些模型可以提供一个框架，帮助我们更好地预测、改进或影响消费者的决定。

1. 购买决策制定模型

一个通用的消费者购买决策制定模型包括 5 个主要阶段，每个阶段都包括各种行动，在部分阶段要进行一个或多个决策。这 5 个阶段是：需求确认、收集信息、备选方案评估、购买和交货，以及购买后的评估。尽管这些阶段提供了一个消费者决策制定的通用模型,但并不能保证消费者的决策一定是遵循这样的顺序。实际上,消费者可能在任何时候回到前面的阶段,或随时结束整个过程。

第1阶段是"需求确认",当消费者面临理想和现实之间的不平衡时即进入该阶段。营销人员的目标是让消费者意识到这种不平衡,并使消费者确信通过使用他们的产品或服务可以填补理想和现实之间的差距。

需求确认后,消费者开始通过各种渠道收集信息(第2阶段)来满足需求。我们可以把决策分为"购买哪种产品"和"从谁那里购买"两种。这两种决策可以是独立的,也可以是相关的。这个阶段主要进行的是信息搜寻。信息搜寻可以在内部、外部进行,或两者兼有。内部信息搜寻是在大脑中回忆信息的过程。外部信息搜寻则是从外界,例如网上数据库获得信息。在外部搜寻过程中,商品目录、广告、促销活动以及推荐人都会影响消费者的决策制定。Compare等产品搜索引擎对这个阶段有很大帮助。消费者的信息搜寻将缩小备选方案的范围。此后,消费者会进一步评估备选方案(第3阶段),如果有可能的话还会对各条件做权衡。在这一阶段,消费者会使用记忆中的信息和从外部获得的信息来建立一套标准。这些标准会帮助消费者评估和比较备选方案。在第4阶段,消费者会做出购买决定,安排支付和交货,以及购买担保等。

最后还有一个售后阶段(第5阶段),包括客户服务和评价商品的有用性。这个过程可以看成一个生命周期,在产品被丢弃时周期结束。

2. 网上购物的消费者购买决策模型

上述购买模型被奥科菲和麦克伊奇恩用来建立一个研究框架,称为消费者决策支持系统(CDSS)。根据表3-3中描述的研究框架,购买过程的每一阶段都可以由CDSS辅助手段和一般因特网辅助手段来支持。CDSS辅助手段支持这一购买过程的特定决策,而一般因特网辅助手段则可以提供信息和促进交流。这个框架可以帮助公司使用因特网技术来改进、影响和控制消费者决策过程。

表3-3 消费者决策支持系统

决策过程	CDSS辅助手段	一般因特网辅助手段
确认需求	代理和事件通告	网站上的横幅广告 实物上的网址广告 新闻组的讨论
信息搜寻(购买什么?从哪里购买)	虚拟目录 结构化的交流和提问/回答 到外部资源的链接和指南	网页目录和分类 网站内部的搜索 外部的搜索引擎 集中的商品目录和信息中介
评估、谈判和选择	常见问题解答和摘要 样品和试用品 提供现成的评估模型 帮助接触现有顾客	新闻组的讨论 跨网站比较 一般模型
购买、支付和送货	产品和服务的订购 交货安排	电子现金和虚拟银行 物流提供商和包裹跟踪
售后服务和评价	通过电子邮件和新闻组提供的顾客支持、电子邮件交流	新闻组的讨论

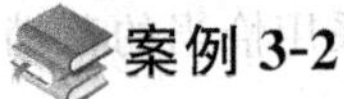

案例 3-2

网上零售商 Bulefly(http://www.bluefly.com)成功之道

营销人员必须了解顾客怎样才会对产品产生兴趣、怎样收集信息并最终决定购买，据此制定相应的营销策略。只有这样，他们才能准确地选择电子营销工具的使用时机与种类。

道理很简单，顾客在不同的时候出于不同的原因购买不同的产品。这种“具体分析”的方法看上去并无深奥之处。但是，很多网上营销人员完全不顾产品的类型，也不考虑顾客的类型、他们对产品的关注程度、兴趣以及购买过程，不加选择地滥用各种电子营销工具。这充分说明了营销人员对网上营销规律的无知。

以号称“使您足不出户的商店”的网上零售商 Bluefly 为例。由于准确把握了目标市场的购买动机和习惯，Bluefly 网站设计非常合理。虚拟的陈列货架导航简便，商品琳琅满目，使访问者浏览极为方便。除了一般的浏览者，还有一些顾客只专注某些特定的产品或品牌。Bluefly 为他们设计了一个预订登记系统，在特定产品到货时以电子邮件的形式通知顾客。

Bluefly 充分利用了互联网的优势，是因为它在确定顾客对象时没有依赖人口统计信息和过去的购物记录，而是通过预订登记直接掌握了顾客的需要。

当网友偶然逛到 Bluefly 的网站，会发现这个网站的浏览过程很流畅，商品也非常多样化。然而，如何找到自己需要的东西？Bluefly 为初次到访的新朋友提供一种贴心服务，依照不同的品位提供特别的品牌和产品，让网友选择相应的项目并留下电子邮件地址，当他们感兴趣的商品来了，就可以立即通知。

Bluefly 网站不依赖统计数字或以往的消费者行为分析来决定营销策略，而是善于使用互联网的便利，由顾客直接将自己的需求告知，而且通过电子邮件可以立即得到回应。

然而，还有一些企业不善于利用网络媒介。有许多企业都在“商品手册”式的站点上投资。如果建立合适的链接、正确的信息来源并且根据顾客的不同要求采取相应的商品促销形式，其回报应该非常可观。比如，许多商品递送公司站点的点击数达到了数百万人次，但是这些企业甚至没有为访问者提供优惠券等基本促销措施来回报顾客的光顾。

(资料来源：李蔚田.网络营销实务.北京：北京大学出版社，2009.)

案例思考题

(1) Bluefly 公司的成功秘诀在何处？

(2) Bluefly 网站不依赖统计数字或以往的消费者行为分析来决定营销策略，试分析这种做法的优缺点。

(3) 结合实际，阐述分析网络消费的购买动机、过程会给企业带来哪些好处？

本 章 小 结

网络市场是基于互联网平台的虚拟市场，近年来我国的网络市场发展迅猛，无论从网络购物的金额，还是网络购物用户的数量来看，都呈现出快速增长的趋势。了解网络消费者的购买动机和影响购买的主要因素,对于网络营销人员制定营销策略、采用恰当的营销方法是非常有帮助的。

复习思考题

1. 网络购物市场的发展经历了几个阶段?
2. 我国网络购物市场的发展现状如何?
3. 网络消费者的购买动机包括哪些方面?
4. 影响网络消费者购买的因素有哪些?

实 践 题

登录淘宝天猫商城,找出2015年十大热销商品,了解鞋类网络购物行业现状。

第 4 章

网络调研

【学习目标】

了解网络调研的内涵、特点，熟悉网络调研的流程，掌握网络调研的方法；掌握在线问卷设计的方法并学会在线问卷的投放和回收。

【关键词汇】

网络调研(online research)　网络消费者(online consumer)　在线问卷(online questionnaire)

市场调研是商务活动中的重要环节。Internet 作为 21 世纪新的信息传播媒体，它的高效、快速、开放等特征是无与伦比的，它加快了世界经济结构的调整与重组，形成了数字化、网络化、智能化、集成化的经济走向。为适应信息传播媒体的变革，一种崭新的调查方式——网络调研随之产生。网络调研就是利用互联网发掘和了解顾客需求、市场机会、竞争对手、行业潮流、分销渠道以及战略合作伙伴等方面的情况。在某种程度上说，全球互联网上的海量信息、数万个搜索引擎的免费使用已对传统市场调查的计划和策略产生了很大的影响，它大大丰富了市场调查的资料来源，扩展了传统的市场调查方法。

案例 4-1

普瑞纳公司的调研

雀巢普瑞纳公司是瑞士雀巢公司收购的一家经营猫、狗饲养用品的公司，旗下品牌有 Friskies、Aipo、Purina Dog Chow、Fancy Feast 等。雀巢公司如今经营着 30 多家品牌网站，服务对象有普通消费者、兽医、营养学家和食品科学家、饲养员和宠物爱好者等。雀巢公司需要知道企业网站和在线广告是否有助于增加离线的商品交易。具体来说需要解决以下三个问题：

1. 我们的消费者使用我们的品牌网站吗？

2. 除了这些品牌网站以外，我们是否还应该在其他网站上为在线广告投入资金？

3. 如果真的需要在其他网站上投放在线广告，那么哪些网站比较合适呢？

美国著名的数字媒体调研公司 comSore Media Metrix 开展调研的样本专题小组囊括了 150 万名网络消费者。Knowledge Networks 市场调研公司的样本专题小组则由 2000 万个经常购买日用品的家庭构成。结合这两个数据发现，其中有 5 万名消费者同时属于这两个不同的样本专题小组,于是这5万名消费者最终成为普瑞纳公司本次调查的研究对象。在调研过程中,工作人员将这些研究对象分为三个小组,其中两组受调查者将在日常网上冲浪时看到 Purina O. N. E. 品牌狗粮的旗帜广告。这三个小组分别为一个对照小组(无广告影响)、一个低广告影响率测试小组(1～5次广告影响)和一个高广告影响率测试小组(6～20次广告影响)。在两组受广告影响的受调查者随意浏览网页时,旗帜广告就会随机显现。接下来,公司对所有三个受调查小组的成员进行测评,判断他们对普瑞纳的品牌意识、购买意向和广告知晓度。最后,研究者把该网络调查的结果与对 Knowledge Networks 公司的样本专题小组实际离线购买行为的调查结果进行了比较。

雀巢公司的营销人员对这项研究的结果非常感兴趣。起初,旗帜广告的点击率很低(平均为0.06%),后来,当调查参与者被问到"在想到狗粮时,您第一个想到的品牌是什么"时,两个受广告影响的测试小组中有31%的成员提到普瑞纳。相比之下,未受到广告影响的对照小组中仅有22%的成员提供此品牌。这个结果明显地显示出广告的影响程度。此外,与低广告影响率的小组相比,在高广告影响率小组中提到此品牌的人多出7%。接下来,研究人员研究了购买普瑞纳产品的网络调研小组成员浏览网页的习惯,得出的结论是这些顾客平时访问最多的是有关家庭、健康和生活的网站。这些信息可以帮助该公司决定在哪些类型的网站放置旗帜广告。在所有此类网站中,petsmart. com 网站和 about. com 网站的点击率最高,因此应该是广告投放的首选。

[资料来源:朱迪·斯特劳斯等著. 网络营销(第5版). 时启亮等译,北京:中国人民大学出版社,2013.]

案例思考题

(1) 普瑞纳公司想通过调研解决什么问题?

(2) 普瑞纳公司应该采取了哪些措施解决这些问题?

4.1 网络调研概述

4.1.1 网络调研内涵

网络调研是指在互联网上针对特定营销环境进行简单调查设计、收集资料和初步分析的活动。利用互联网进行市场调研,相应有两种方式,一种是利用互联网直接进行问卷调查等方式收集一手资料,这种方式称为网上直接调研;另一种是利用互联网的媒体功能,从互联网收集二手资料。由于越来越多的传统报纸、杂志、电台等媒体,还有政府机构、企业等也纷纷上网,因此网上成为信息海洋,信息蕴藏量极其丰富,关键是如何发现和挖掘有价值信息,而不再是像过去苦于找不到信息。对于第二种方式一般称为网上间接调研。

4.1.2 网络调研的特点

网络调研的实施可以充分利用 Internet 作为信息沟通渠道的开放性、自由性、平等性、广泛性和直接性的特性,使得网络调研具有传统的市场调研手段和方法所不具备的特点和优势。

(1) 及时性和共享性。网络调研是开放的,任何网民都可以进行投票和查看结果,而且在投票信息经过统计分析软件初步自动处理后,可以马上查看到阶段性的调查结果。

(2) 便捷性和低费用。实施网络调研节省了传统调查中耗费的大量人力和物力。

(3) 交互性和充分性。网络的最大好处是交互性,因此在网络调研时,被调查对象可以及时就问卷相关问题提出自己更多的看法和建议,可减少因问卷设计不合理导致的调查结论偏差。

(4) 可靠性和客观性。实施网络调研,被调查者是在完全自愿的原则下参与调查,调查的针对性更强,因此问卷填写信息可靠、调查结论客观。

(5) 无时空、地域限制。网络调研是24小时全天候的调查,这就与受区域制约和时间制约的传统调研方式有很大不同。

(6) 可检验性和可控制性。利用互联网进行网络调研收集信息,可以有效地对采集信息的质量实施系统的检验和控制。

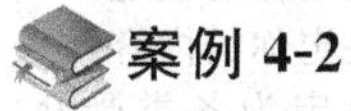
案例 4-2

互联网市场调研加快了宝洁公司的市场营销节奏

宝洁公司开发一个重要的新产品,从创意到进入市场,需要花费五年时间。首先要对创意进行检验:公司把产品照片和描述发送给潜在客户,询问他们是否会购买这个产品。如果反馈回来的是否定意见,公司会努力改进产品创意,然后重复前面所做的工作。一旦收到正面的反馈,公司就将样本产品寄送给客户,并且要求客户填写详细的问卷调查表。如果客户反馈和公司内部意见一致,公司将开始大规模进行电视广告宣传。

然而,公司要感谢互联网。由于互联网的帮助,宝洁公司只用了三年半时间就将白条增白牙膏产品投入市场,每天市场收入达2亿美元——比其他口腔护理产品开发速度快了很多。在2000年的9月,宝洁公司废除了旧的市场监测模式,通过互联网介绍白条牙膏,并且在公司网站提供产品销售。公司用了几个月的时间对登录网站并且购买产品的客户进行调研,收集用户反馈的在线问卷调查信息,这比以前发送邮件方式快了很多。

通过宝洁公司大规模对历史数据(存储在数据仓库中)和新的互联网进行数据挖掘,使在线调研更为便捷。在线调研发现了最热心的客户群。这些客户包括十几岁的女孩、准新娘和年轻的美籍西班牙人。公司立即启动了针对群体的广告宣传。在产品还没发送到任何商店之前,互联网就使产品知名度达到35%。产品上架时,人们纷纷打电话要求订购。

宝洁公司从这次经历认识到,灵活的、创造性的方法是产品和销售创新的重要途径。从产品创意、调研、市场分割到加速产品开发的整个过程都发生了革命性变化。

[资料来源:摘编自 Buckley(2002)和 pg.com.]

案例思考题

(1) 宝洁公司为何选择网络调研?

(2) 通过网络调研,宝洁的经营活动有了哪些改善?

4.2 网络调研过程与方法

4.2.1 网络调研的过程

因特网提供了一条有效渠道来更快、更便宜和更可靠地收集和处理市场信息,甚至是多媒体格式的信息。在网上使用的调查手段从与特定消费者进行一对一的交流,在聊天室里聚集消费者群,到在网站上进行调查。典型的网络调研的过程如表4-1所示。

表4-1 网络调研的过程

收集市场调查数据的步骤	调查的手段	调查的目标受众
1. 确定调查的目的和目标市场 2. 找出要调查的新群体和网上社区 3. 确定讨论的话题 4. 加入该群体,在社区注册 5. 搜索讨论组的话题和内容列表来找到目标市场 6. 搜索电子邮件讨论组的列表 7. 申请过滤服务来监视该群体 8. 阅读常见问题解答和其他指导 9. 一有可能就加入聊天室	1. 在讨论组有目的地张贴问题 2. 在自己的网站上张贴调查问卷,对参与者进行奖励 3. 在自己的网站上有目的的张贴问题 4. 在讨论组张贴有关文章,并留下到自己网站的链接 5. 以特别电子邮件的方式发送详细的调查问卷 6. 建立聊天室来培养消费者的网上社区	1. 比较你的受众和目标人群 2. 决定你的主题 3. 决定你的内容 4. 决定为各类受众提供哪些因特网服务

公司可以在网站上使用游戏、奖品、小测验或奖金等形式与顾客进行交流。顾客只有回答了调查问卷上的问题,才能玩游戏、赢得奖品或免费下载软件。网上调查可以结合单选按钮、输入框和复选框等,这些可以使被访问者进行多项选择和输入没有的选择。

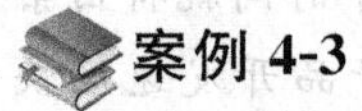案例4-3

Double Click的网络跟踪器

无论消费者浏览了哪些网页他们都会留下自己的许多相关信息,我们称为电子指纹,如当消费者访问某个网站的时候,可以检测出消费者所使用的操作系统以及浏览器类型、消费者浏览过的页面、以前浏览过的页面或者从哪个页面离开本网站的,等等。

Double Click是最大的在线广告网络,拥有将近11 500个网站。当用户访问其中任何一个网站,Double Click会在用户的计算机上放置一个Cookie文件。Cookie文件可以存储关于用户爱好、购买记录、浏览过的网站、浏览过的网页、经常浏览的网页和曾经点击过的旗帜广告等信息。

之后,Double Click又宣布它将在跟踪用户信息的基础上进一步将跟踪客户的在线数据与客户的个人信息联系起来,如地址、年龄、性别、收入、信用卡和购买信息,此举引起了轩然大波,因为一旦将这两种信息联系起来的话,也就说明Double Click不仅知道了用户的爱好和购物习惯,而且很清楚地知道这样的用户是谁,网络上的匿名性已经彻底消失。

(资料来源:宋文官.网络营销与案例分析.北京:高等教育出版社,2005.)

案例思考题

这个案例说明了网络调研的什么特征？

4.2.2 网络直接调研

1. 网络直接调研的方式

网络直接调研是为特定目的在互联网上收集一手资料或原始信息的过程。网络直接调研的方式包括：

(1) 利用自己的网站。网站本身就是宣传媒体，如果企业网站已经拥有固定的访问者，完全可以利用自己的网站开展网上调查。这种方式要求企业的网站必须有调查分析功能，对企业的技术要求比较高，但可以充分发挥网站的综合效益。

(2) 借用别人的网站。如果企业自己的网站还没有建好，可以利用别人的网站进行调查。这里包括访问者众多的网络媒体提供商(ICP)或直接查询需要的信息。这种方式比较简单，企业不需要建设网站和进行技术准备，但必须花费一定费用。

(3) 混合型。如果企业网站已经建设好但还没有固定的访问者，可以在自己的网站调查，但与其他一些著名的ISP/ICP网站建立广告链接，以吸引访问者参与调查。这种方式是目前常用的方式，根据调查研究表明，传统的优势品牌并不一定是网上的优势品牌，因此它需要在网上重新发布广告，吸引顾客访问网站。

(4) E-mail型。直接向你的潜在客户发送调查问卷，这种方式比较简单直接，而且费用非常低廉。但要求企业必须积累有效的客户E-mail地址，而且顾客的反馈率一般不会非常高。采取该方式时要注意是否会引起被调查对象的反感，最好是能提供一些奖品作为对被调查对象的补偿。

(5) 讨论组型。在相应的讨论组中发布问卷信息，或者发布调查题目，这种方式与E-mail型一样，成本费用比较低廉而且是主动型的。但在指向Web网站上的问卷在新闻组(usernet news)和公告栏(BBS)上发布信息时，要注意网上行为规范，调查的内容应与讨论组主题相关，否则可能会导致被调查对象的反感甚至是抗议。

2. 网络直接调研步骤

网上直接调研是企业主动利用Internet获取信息的重要手段。与传统调查类似，网上直接调研必须遵循一定的步骤进行。

(1) 确定网上直接调研目标

互联网作为企业与顾客有效的沟通渠道，企业可以充分利用该渠道直接与顾客进行沟通，了解企业的产品和服务是否满足顾客的需求，同时了解顾客对企业潜在的期望和改进的建议。在确定网上直接调研目标时，需要考虑的是被调查对象是否上网，网民中是否存在着被调查群体，规模有多大。只有网民中的有效调查对象足够多时，网上调查才可能得出有效结论。

(2) 确定调研方法和设计问卷

网上直接调查方法主要是问卷调查法，因此设计网上调查问卷是网上直接调查的关键。由于因特网交互机制的特点，网上调查可以采用调查问卷分层设计。这种方式适合过滤性的调查活动，因为有些特定问题只限于一部分调查者，所以可以借助层次的过滤寻找适合的回答者。

(3) 选择调研方式

网上直接调查时采取较多的方法是被动调查方法,将调查问卷放到网站等待被调查对象自行访问和接受调查。因此,吸引访问者参与调查是关键,为提高受众参与的积极性可提供免费礼品、调查报告等。另外,必须向被调查者承诺并且做到有关个人隐私的任何信息不会被泄露和传播。

(4) 分析调研结果

这一步骤是市场调查能否发挥作用的关键,可以说与传统调查的结果分析类似,也要尽量排除不合格的问卷,这就需要对大量回收的问卷进行综合分析和论证。

(5) 撰写调研报告

撰写调查报告是网上调查的最后一步,也是调查成果的体现。撰写调查报告主要是在分析调查结果基础上对调查的数据和结论进行系统的说明,并对有关结论进行探讨性的说明。

3. 网上直接调研注意问题

(1) 注意信息采集的质量检控

对采集信息实施质量检控,可以采用"IP+若干特征标志"的办法作为判断被调查者填表次数唯一性的检验条件。同时,在指标体系中所有可以肯定的逻辑关系和数量关系都应充分利用,列入质量检控程序。

(2) 答谢被调查者

给予被调查者适当的奖励和答谢对于网上调查来说是十分必要的,这既有利于调动网上用户参与网上调查的积极性,又可以弥补因接受调查而附加到被调查者身上的费用(如网络使用费、市内电话费等)。答谢的有效办法是以身份证编号为依据进行计算机自动抽奖,获奖面可以适当大一点,但奖品价值可以尽量小一些。

(3) 了解市场需求

设想您就是顾客,从他的角度来了解客户需求。您的调查对象可能是产品直接的购买者、提议者、使用者,对他们进行具体的角色分析。

(4) 网上直接调查的局限性

如果是有关具体产品时,往往采用详细调查的方式,详细调查针对小的客户群体,调查时需要面对面进行访谈,得到的信息更准确,调查结果包含的多是"为什么"的问题,因此目前还不适合用网上调查方法。

4. 网上直接调研的方法

直接调研的方法一般有四种:观察法、专题讨论法、问卷调查法和实验法,而使用最多的是专题讨论法和在线问卷法。

专题讨论法可通过 Usenet 新闻组、电子公告牌(BBS)或邮件列表讨论组进行。其中,使用较多的是电子公告牌,即通常说的论坛。在电子公告牌中,商家需要设定具有吸引力的论坛题目,然后吸引被调研对象登录论坛,发表意见,反馈信息。典型的戴尔社区论坛(BBS)见图 4-1。

最常见的在线问卷调查法,将会在下一节详细介绍。

图 4-1 戴尔社区

4.2.3 网络市场间接调研

网上市场间接调研指的是网上二手资料的收集。许多单位和机构都已在互联网上建立了自己的网站，各种各样的信息都可通过访问其网站获得，再加上众多综合型 ISP（互联网内容提供商）、专业型 ISP，以及成千上万个搜索引擎网站，使得互联网上的二手资料的收集非常方便。归纳起来，在互联网上查找资料主要通过三种方法：利用搜索引擎；访问相关网站，如各种专题性或综合性网站；利用相关的网上数据库。

1. 利用搜索引擎查找资料

搜索引擎是互联网上使用最普遍的网络信息检索工具。在互联网上，无论你想查找什么样的信息，都可以通过使用搜索引擎完成工作。

国内常用的综合类搜索引擎包括：百度（www. baidu. com）、谷歌（www. google. cn）和中国雅虎（cn. yahoo. com）。国外常用的综合类搜索引擎包括 AltaVista（www. altavista. com）、Excite（www. excite. com）等，如务图 4-2 所示。

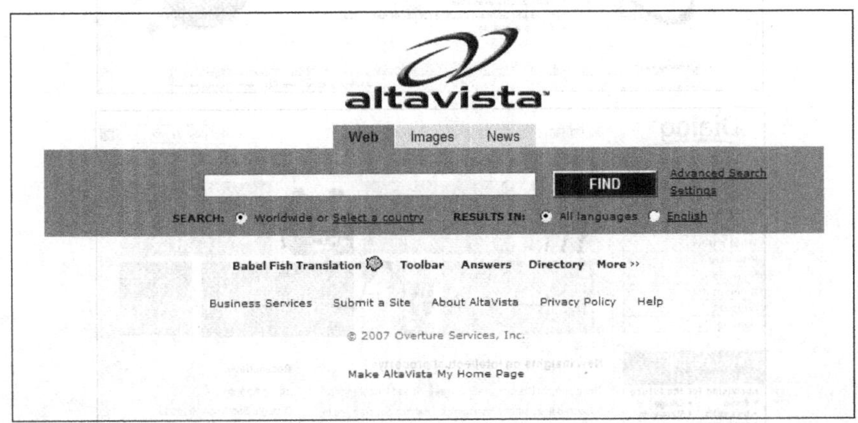

图 4-2 AltaVista 主页

2. 访问相关网站收集资料

很多专题性的网站，由于其信息专业性和针对性很强，因此登录此类网站可以直接获取想要查找的信息。如想了解中国互联网发展情况信息，可以登录中国互联网信息中心网站(www. cnnic. net)；想了解我国网络营销发展情况数据，可以登录艾瑞网(www. iresearch. com. cn)，如图 4-3 所示。

图 4-3 艾瑞网主页

3. 利用相关网上数据库查找资料

在互联网上，除了借助搜索引擎和直接访问有关网站收集市场二手资料外，第三种方法就是利用相关的网上数据库。互联网上有成千上万的免费数据库，当然还有更多的付费数据库。我国的数据库业近年来有了较大发展，但以文献信息型数据库为主，如中国期刊网。国外数据库发展很快，而且几乎所有数据库检索系统都推出 Web 版，用户可通过互联网直接查询。国际上影响较大的几个主要商情数据库检索系统，包括 ORBIT (www. questel. orbit. com)系统、DIALOG(www. dialog. com)系统等，如图 4-4 所示。

图 4-4 ORBIT 和 DIALOG 网上数据库

4.3 在线问卷调查与反馈

前文已经提到，在线问卷调查是网上收集一手资料的主要方式。在线问卷调查是一种便利而且费用低廉的调查研究形式，已经为企业市场调研及其他调查统计机构所普遍采用。网上问卷法是将问卷在网上发布，被调查对象通过 Internet 完成问卷调查。在线问卷调查一般有两种途径：一种是将问卷放置在 WWW 站点上，等待访问者访问时填写问卷，如 CNNIC 每半年进行一次的"中国互联网络发展状况调查"就是采用这种方式。这种方式的好处是填写者一般是自愿性的，缺点是无法核对问卷填写者真实情况。为达到一定问卷数量，站点还必须进行适当宣传，以吸引大量访问者。另一种是通过 E-mail 方式将问卷发送给被调查者，被调查者完成后将结果通过 E-mail 返回。这种方式的好处是，可以有选择性控制被调查者，缺点是容易遭到被访问者的反感，有侵犯个人隐私之嫌。因此，用该方式时首先应争取被访问者的同意，或者估计被访问者不会反感，并向被访问者提供一定补偿，如有奖回答或赠送小件东西，以降低被访问者的敌意。

4.3.1 在线调查问卷的分类

1. 答卷式问卷调查

答卷式问卷调查中最重要的是制定网上问卷调查提纲。调查题目是提出精练的要求，然后把这种要求具体化、条理化，这样就形成调查提纲。提纲是把调查者与被调查者沟通和交流的工具。提纲往往由企业较高级的管理人员起草，他要把调查的目的、调查对象、问题、框架、时间、格式要求、奖品激励、期望调查的样本数量等清楚详细地制定。网站上修改调查问卷上的内容是极容易的。因此，可用不同内容的组合进行调查。

答卷式问卷调查往往是在本企业的网页上发布的，客户在访问该站点时，邀请他进行填写。从网上调查实现的方便性、客户填写的简洁性、以后计算机处理的简便性考虑。

2. 动画式(多媒体)问卷调查

多媒体和动画的加入肯定会使问卷调查生动得多。从技术上已经没有障碍，主要是受限于网络的传输速度。但网络的传输速度是跳跃式的、不断发展提高的。使用多媒体和动画问卷调查即将成为可能。

3. 游戏式问卷调查

问卷调查时，特别希望能留住访客，但访客往往很吝啬自己的眼球，把注意力转向别处。而对于游戏或网络上的游戏，有许多访客很愿意对它专心致志。如果问卷调查能够设计成游戏式的，将是一种很好的创意。

4. 使用电子邮件进行调查

如果在目标市场中收集了客户和潜在客户的电子邮件地址，就可向他们发出有关产品和服务的询问。利用电子邮件的群发功能，可快速地调查到信息。当然，大量的反馈电子邮件必须用软件自动处理。也可在其他媒体上发出调查问卷，用电子邮件来收集回答。

4.3.2 在线调查问卷的设计

利用在线问卷调查收集信息,需要经过三个基本环节:调查问卷的设计、投放和回收。其中,设计高质量的问卷是在线调研获得有价值信息的基础。采用网上问卷调查时,问卷设计的质量直接影响到调查效果。设计不合理的网上调查问卷网民可能拒绝参与调查,更谈不上调查效果了。

1. 在线问卷的一般结构

在线问卷一般由卷首语、问题与回答方式、编码和其他资料四个部分组成。

(1) 卷首语

它是问卷调查的自我介绍,卷首语的内容应该包括:调查的目的、意义和主要内容,选择被调查者的途径和方法,对被调查者的希望和要求,填写问卷的说明,回复问卷的方式和时间,调查的匿名和保密原则,以及调查者的名称等。为了能引起被调查者的重视和兴趣,争取他们的合作与支持,卷首语的语气要谦虚、诚恳、平易近人,文字要简明、通俗、有可读性。卷首语一般放在问卷第一页的上面,也可单独作为一封信放在问卷的前面。

(2) 问题和回答方式

它是问卷的主要组成部分,一般包括调查询问的问题、回答问题的方式以及对回答方式的指导和说明等。

(3) 编码

就是把问卷中询问的问题和被调查者的回答,全部转变成为A,B,C…或a,b,c…代号和数字,以便运用电子计算机对调查问卷进行数据处理。

(4) 其他资料

包括问卷名称、被访问者的地址或单位(可以是编号)、访问员姓名、访问开始时间和结束时间、访问完成情况、审核员姓名和审核意见等。这些资料,是对问卷进行审核和分析的重要依据。

由上述描述可以看出,一个完整的在线调查问卷包括三个组成部分:关于调查的说明(卷首语)、调查内容(问题和回答方式)、被调查者的个人信息(其他资料)。其中调查内容是主体,调查说明是为了增加被调查者的信任,以及对调查问卷作必要的解释以免引起歧义。要求被调查者提供个人信息的目的,一方面在于了解被调查者的基本状况;另一方面也是为了向参与调查者提供奖励、感谢等,这部分内容通常为可选内容。

2. 在线问卷的特殊要求

因此,在设计问卷时除了遵循一般问卷设计中的一些要求外,还应该注意下面几点:

① 在网上调查问卷中附加多媒体背景资料。

② 注意特征标志的重要作用。

③ 进行选择性调查。

④ 注意问卷的合理性。在问卷中设置合理数量的问题和控制填写问卷时间,有助于提高问卷的完整性和有效性。

⑤ 注意保护调查对象的个人隐私。

3. 在线问卷中容易存在的问题

设计高质量的在线调查问卷不是一件轻而易举的事情，在实际中经常遇到一些在线问卷存在种种问题，主要表现有：

(1) 对调查的说明不够清晰。这种情况容易降低被调查者的信任和参与兴趣，结果是参与调查的人数减少，或者问卷回收率低。

(2) 调查问题描述不专业或者可能造成歧义。这种情况会造成被调查者难以决定最适合的选项，不仅影响调查结果的可信度，甚至可能使得参与者未完成全部选项即终止调查。

(3) 遗漏重要问题选项，没有包含全部可能的因素并且没有“其他选项”。调查选项不完整可能使得参与者无法从中选择自己认为最合适的条目，这样的调查很可能得到不真实的结果，会降低调查结果的可信度。

(4) 调查问题过多，影响被调查者参与的积极性。同一份问卷中设计过多的调查问题使得参与者没有耐心完成全部调查问卷，这是在线调查最容易出现的问题之一。如果一个在线调查在 10 分钟之内还无法完成，一般的调查者都难以忍受，除非这个调查对他非常重要，或者是为了获得的奖品的目的才参与调查。

(5) 调查目的不明确，数据没有实际价值。由于问卷设计得不尽合理，即使获得了足够数量的调查结果，但是有些数据对于最终的调查研究报告却没有价值，这样也失去了调查的意义。为了避免这种事情的发生，在实际应用中可以采用“预期结果导向法”设计在线调查表。

(6) 过多收集被调查者的个人信息。有些在线调查对参与者个人信息要求过多，从真实姓名、出生年月、学历、收入状况、地址、电话、电子邮箱甚至连身份证号码也要求填写。由于担心个人信息被滥用，甚至因此遭受损失，很多人会拒绝参与这样的调查，或者填写虚假信息，其结果是问卷的较低回收率，影响在线调查的效率，并且可能影响调查结果的可信度。

4.3.3 在线调查问卷的投放和回收

设计好了在线问卷，还需要通过一定的方式让被调查者看到调查问卷并参与调查，这样才能完成调查。在传统市场调查中，调查问卷发放和回收的工作量巨大，占用大量人力，而且效率比较低。网上市场调研则要方便得多，只要在网站上发布问卷即可，其前提是网站具有在线调查所需要的功能，如问卷的设置、发布、结果分析和输出等。

1. 在线调查问卷的投放途径

在线调查问卷的投放途径包括：在企业网站或其他合作调查网站上设置调查表，访问者在线填写并提交到网站服务器；向被调查者寄出调查表；向被调查者寄出包含链接的相关信息，并把链接指向放在企业网站上的问卷。在线调查法广泛应用于各种内容的调查活动中，实际上也就是传统市场调研中问卷调查方法在互联网上的延伸。

(1) 基于 Web 站点的在线问卷调查

基于 Web 站点的在线问卷调查，指的是在企业网站或其他合作调查网站上设置调查表，吸引被调查对象在线完成调查问卷，并提交。其流程如下：

① 进入在线调研网站主页(http://www.askform.cn),如图 4-5 所示。

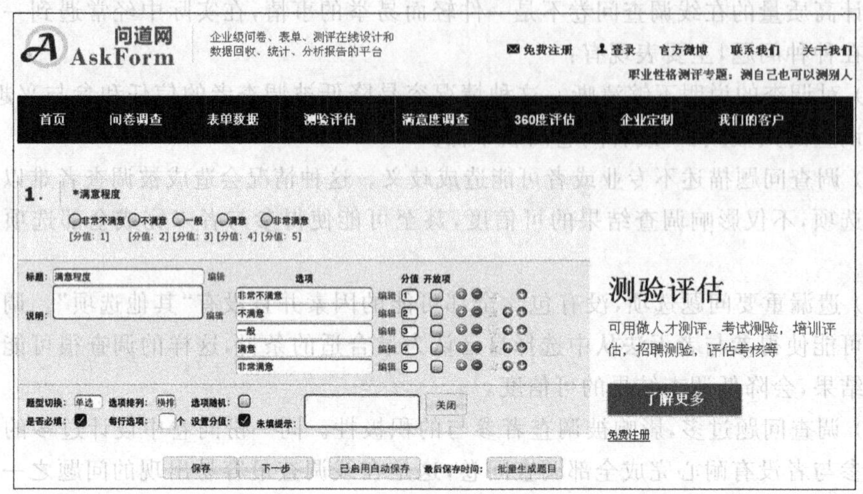

图 4-5 进入在线调研网站主页

② 参与在线问卷调研。选择感兴趣的调研题目,如网上购买书的市场调研,点击马上参与,如图 4-6 所示。

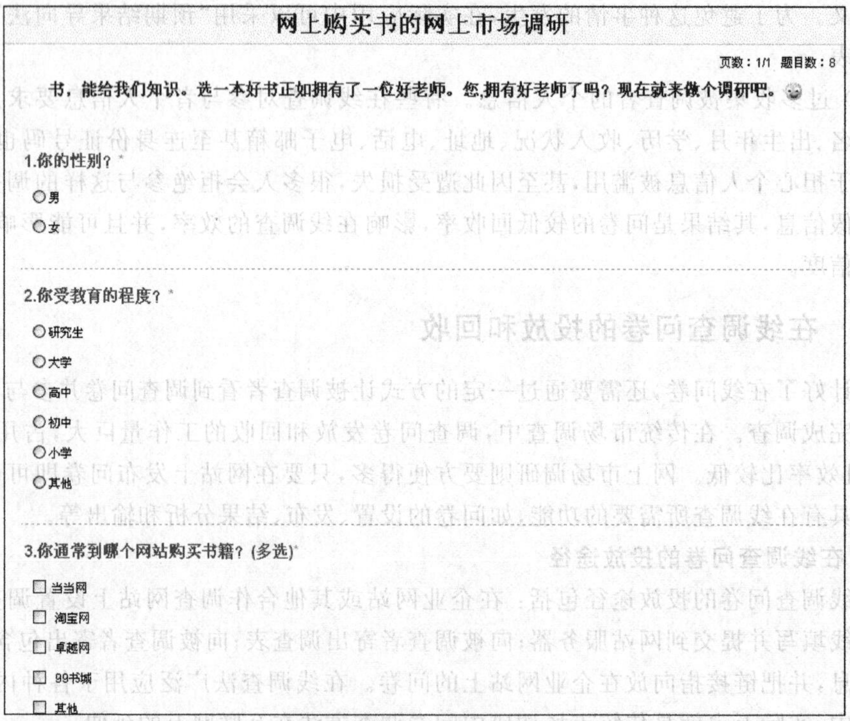

网上购买书的网上市场调研

页数：1/1 题目数：8

书，能给我们知识。选一本好书正如拥有了一位好老师。您拥有好老师了吗？现在就来做个调研吧。

1.你的性别？*

○男

○女

2.你受教育的程度？*

○研究生

○大学

○高中

○初中

○小学

○其他

3.你通常到哪个网站购买书籍？(多选)*

☐ 当当网

☐ 淘宝网

☐ 卓越网

☐ 99书城

☐ 其他

图 4-6 选择感兴趣的调研内容

③ 开始调研。调研说明中,对于调研活动的目的、意义等进行了简单阐述,点击进入调查。在调研问卷中,对每一个问题选择答案,如图 4-7 所示。

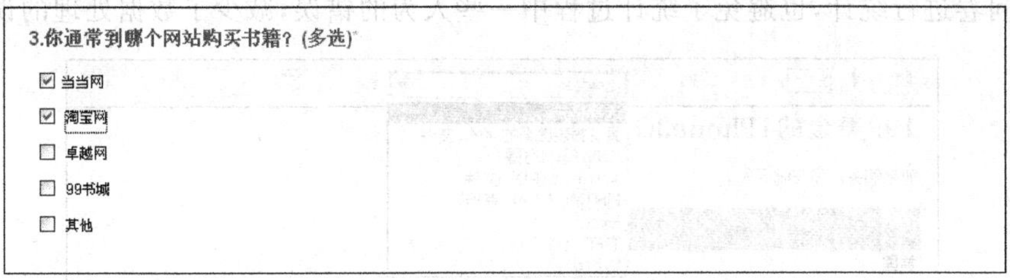

3.你通常到哪个网站购买书籍？(多选)

☑ 当当网

☑ 淘宝网

☐ 卓越网

☐ 99书城

☐ 其他

图 4-7　开始答题

④ 调研结束。当完成相关问题的解答后，最后进入到调研结束界面，如图 4-8 所示。

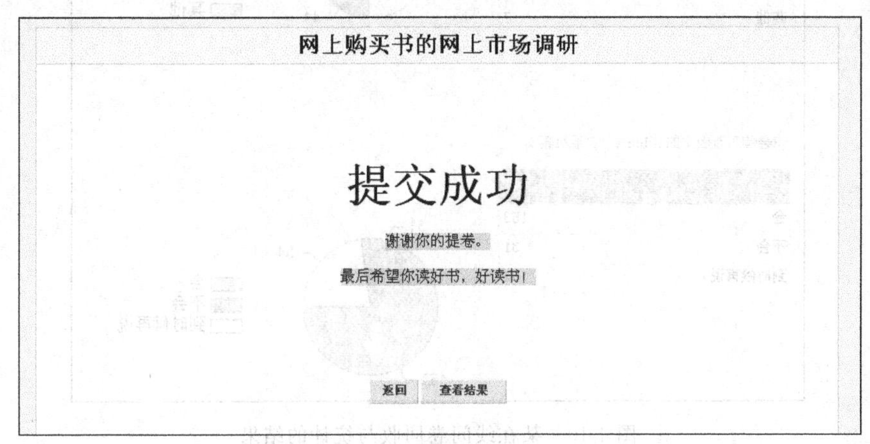

图 4-8　在线调研结束

(2) 通过 E-mail 进行在线问卷调查

通过 E-mail 向被调查对象发送调查问卷，或向被调查者发出含有调查信息的链接，如图 4-9 所示。

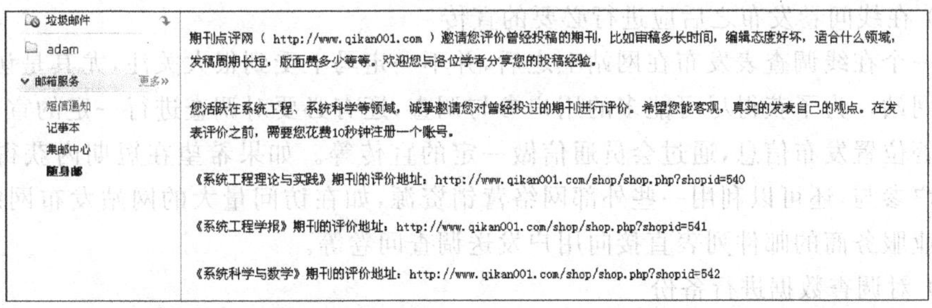

图 4-9　通过 E-mail 进行在线调研

2. 在线调查问卷的回收

在一个完善的在线调查系统中，在线问卷的回收则是自动完成的。参与调查者完成调查后，单击“提交”按钮，问卷就回收了。通过在线调查的后台管理功能，即可看到调查的结果，如图 4-10 所示。这也是在线调查的优越性之一，不需要等到调查和问卷统计结束即可了解调查中的动态结果。调查结束，全部的统计结果也随之完成，无须用人工方式对大量问卷进行统计，也避免了统计过程中一些人为的错误，减少了数据处理的误差。

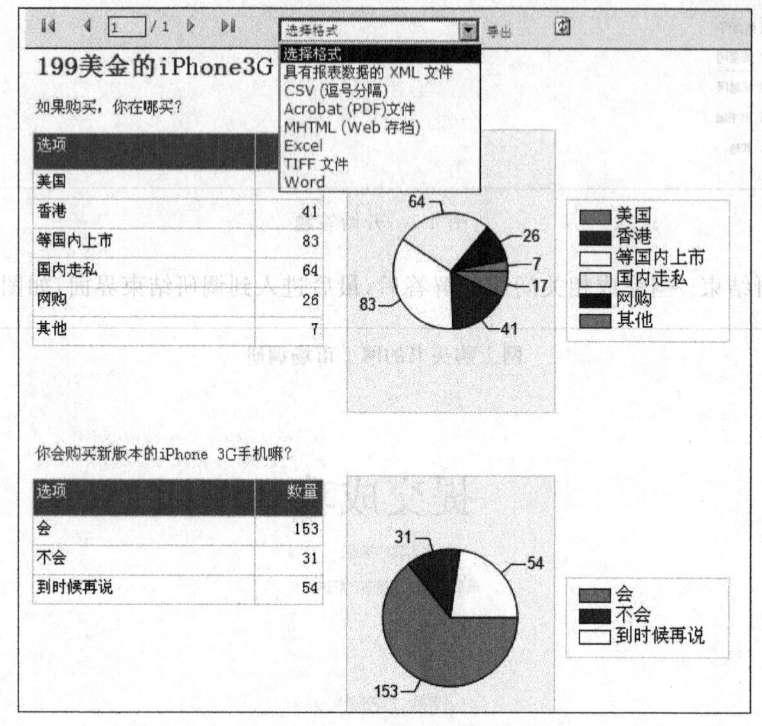

图 4-10 某在线问卷回收与统计的结果

3. 在线调查问卷投放和回收注意的问题

从功能上说，在线问卷的投放非常简单，在实际应用中，调查问卷的投放并不仅仅是发布在网站上，而是要考虑更多的因素。为了保证在线调查的质量，在问卷的投放和回收过程中应对下列几个方面给予必要的重视：

(1) 在线问卷发布之后应进行必要的宣传

将一个在线调查表发布在网站上之后，并不一定马上受到很大关注，尤其是访问量比较小的网站。为了获得尽可能多的用户参与调查，还有必要对调查进行一定的宣传，如在网站显著位置发布信息，通过会员通信做一定的宣传等。如果希望在短期内获得尽可能多的用户参与，还可以利用一些外部网络营销资源，如在访问量大的网站发布网络广告、利用专业服务商的邮件列表直接向用户发送调查问卷等。

(2) 对调查数据进行备份

在线调查一般需要几天甚至几个月的时间，随着在线调查的开展，获得的调查资料逐渐增加。在这个过程中，需要对这些资料给予备份，以免发生意外，出现数据丢失。可根据实际情况决定备份周期，如果参与人数较多，可以每天备份一次，否则可以适当放宽备份资料的周期。

(3) 跟踪调查进展，及时处理无效问卷

在调查过程中，可能会出现一些意外情况，如同一用户的多次提交、在线调查系统功能工作不正常造成无法提交调查表等。通过在线调查的后台管理系统，对调查进展进行跟踪分析，便于尽早发现问题，提高在线调查的质量。

4.3.4 在线问卷调查的注意事项

为了尽可能提高在线问卷调查的质量，下列几个问题需要给予足够重视：

(1) 认真设计在线调查表

前面已经分析过在线调查表本身可能存在的问题，综合起来，在线调查表应该主题明确、简洁明了、问题便于被调查者正确理解和回答，同时，调查表也应该方便调查人员的工作，且便于调查结果的处理，其实这也是所有问卷设计中应该遵循的基本原则。对于调查问句的设计仍然可以参考一般问卷的设计技巧。

(2) 吸引尽可能多的人参与调查

参与者的数量对调查结果的可信度至关重要，问卷设计水平对此也有一定影响，问卷内容中体现出"你的意见对我们很重要"，让被调查者感觉到填写调查表就好像帮助自己或所关心的人，这样往往有助于提高问卷回收率。当然，也离不开有力的宣传推广，网上调查与适当的激励措施相结合会有明显的作用，必要时还应该和访问量大的网站合作以增加参与者数量。

(3) 尽量减少无效问卷

除了问题易于回答之外，大部分在线调查都利用 Javascript 等电脑程序在问卷提交时给予检查，并提醒被调查者对遗漏的项目或者明显超出正常范围的内容进行完善。当然，这只能在一定程度上有效。

(4) 公布保护个人信息声明

无论哪个国家，对个人信息都有不同程度的自我保护意识，让用户了解调研目的并确信个人信息不会被公开或者用于其他任何场合。其实，这一点不仅在市场调研中很重要，在网站推广、电子商务等各个方面都是非常关键的。但好像国内的一些网上调查对此还没有足够的重视。

(5) 避免滥用市场调查功能

市场调研信息也向用户透露出企业的某些动向，使得市场调查具有一定的营销功能，但应该将市场调查与营销严格区别开来，如果以市场调查为名义收集用户个人信息开展所谓的数据库营销或者个性化营销，将严重损害企业在消费者心目中的形象。

(6) 样本分布不均衡的影响

网上调查结果不仅受样本数量较少的影响，样本分布不均衡同样可能造成调查结果误差大。样本分布不均衡表现在用户的年龄、职业、教育程度、用户地理分布以及不同网站的特定用户群体等方面。因此，在进行市场调研时要对网站用户结构有一定的了解，尤其是在样本数量不是很大的情况下。

(7) 奖项设置合理

作为补偿或者刺激参与者的积极性，问卷调查机构一般都会提供一定的奖励措施，有些用户参与调查的目的可能只是为了获取奖品，甚至可能用作弊的手段来增加中奖的机会。虽然在传统的问卷调查中也会出现类似的问题，但由于网上调查无纸化的特点，为了获得参与调查的奖品，同一个用户多次填写调查表的现象常有发生，即使在技术上给予一定的限制条件,也很难杜绝。合理设置奖项有助于减少不真实的问卷。

(8) 采用多种网上调研手段相结合

在网站上设置在线调查问卷是最基本的调研方式,但并不限于这种方式,常用的网上调研手段除了在线调查表之外,还有电子邮件调查、对访问者的随机抽样调查、固定样本调查,等等。根据调查目的和预算采取多种网上调查手段相结合,以最小的投入取得尽可能多的有价值的信息。

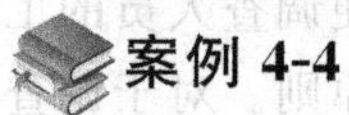**案例 4-4**

思科公司的网络调研

思科公司是美国最成功的公司之一。1984 年由斯坦福大学的一对教授夫妇创办,1986 年生产第一台路由器,让不同类型的网络可以可靠地互相连接,掀起了一场通信革命。思科公司每年投入 40 多亿美元进行技术研发。1990 年上市以来,思科公司的年收入已从 6900 万美元上升到 2007 财年的 349 亿美元。目前,思科公司在全球范围内的员工超过了 63 000 名。

思科于 1994 年进入中国市场,目前在中国拥有员工超过 2300 人,分别从事销售、客户支持和服务、研发、业务流程运营和 IT 服务外包、思科融资及制造等工作领域。思科在中国设立了 13 个业务分支机构,并在上海建立了一个大型研发中心。

通过上图(思科中国首页)可以看到思科公司对网络调研的重视程度,在首页最引人注意的图片播放位置邀请网站的访问者参与问卷的调查。

在思科的问卷中,思科公司主要向访问者询问了

1. 多长时间访问一次 Cisco. com(思科官网)?
2. 您是如何得知 Cisco. com 的?[比如 Internet 搜索引擎,思科合作伙伴,在线广告,报纸,社交网站(如 Facebook、Blogs、Twitter)]
3. 今天访问 Cisco. com 的主要目的是什么?(比如了解思科的产品或服务,购买思

科的产品或服务，查找思科合作伙伴，寻求客户支持，了解培训或活动，管理我的 Cisco.com 个人资料）

4. 客户如何描述其在 Cisco.com 上查找具体信息的体验。

5. 评价思考网站的设计和外观，内容的数量，内容的质量，信息的覆盖面，信息的条理性，导航的便利性，良好的访问者支持，内容的时效性等。

6. 同时思科还通过网络问卷向访客询问了访客通常通过哪种途径访问 Cisco.com，您是否出于休闲或工作目的使用一些社交网站，访问它们的频率，访客经常访问的其他高科技网站，以及喜欢那些网站的原因。

点评：

思科公司通过网络调研问卷的方式统计网站访问者，这是传统的纸质问卷几乎无法操作的工作，通过网络和问卷的结合，思科公司可以从中了解访问者的来源，访问者的需求和目的，访问者对网站（包括内容）的评价，访问者获取思科信息的途径，以及相关的社交网站和科技网站的调查。

通过对网站访问者回馈的问卷内容的分析，思科就更能把握信息的传播途径，网站的接受程度，网站内容是否有待提高或者是需要整理，以及社交网站的影响，访问者的其他科技爱好网站。这些信息对于思科公司了解访问者的信息，以及如何改善网站的质量，是否提供客户需要而原来网站上又缺少的信息，广告的最佳传播途径和建设网站方面的参考样板等都具有积极的作用。

（资料来源：http://blog.sina.com.cn/s/blog_6824d6f10100iltw.html.）

案例思考题

(1) 思科公司开展网络调研的目的是什么？

(2) 通过网络调研，思科公司的收获是什么？

本章小结

网络调研是基于互联网平台，充分利用各种信息技术手段有针对性、有目的性的收集、整理、分析网络市场、网络消费者等相关信息的过程。网络调研是开展电子商务的基础环节，更是网络行销成功开展的保证。根据收集资料的性质，网络调研分为网络直接调研和间接调研。在这两种类型的网络调研中，各种调研方法的恰当使用是调研成功的关键环节。尤其对于在线问卷调研来说，在线问卷的恰当设计、准确发放和有效回收是在线问卷调研成功与否的先决要件。

复习思考题

1. 什么是网络市场调研？网络市场调研有哪些特点？
2. 什么是网上直接调研？有哪些方法？
3. 什么是网上间接调研？有哪些方法？
4. 如何有效地设计在线调研问卷？

实 践 题

1. 登录 www.iresearch.com.cn,调查中国生鲜电商行业的发展状况。

2. 请开展一次大学生"双十一"网购行为的调研(要求:线上进行发放、回收问卷和结果分析等,并写出调研报告)。

3. 登录 www.cnnic.net,分别收集第 30 次、第 34 次和第 38 次中国互联网发展状况统计报告,分析中国互联网发展的趋势和特点。

第 5 章

网络营销 STP 战略

【学习目标】

掌握网络营销计划制定的步骤；掌握网络市场细分的要素和变量；掌握网络目标市场的进入战略和网络差异化策略。

【关键词汇】

网络营销计划(online marketing plan)　网络市场细分(online market segmentation)　网络差异化策略(online differentiation strategy)

企业必须对市场信息有深入的了解，基于此，有效地进行市场细分并制定目标市场战略，同时需要对其所提供的产品或服务进行准确的市场定位。在网络营销战略规划中，主要涉及两个紧密相关的层面，第一层面包括市场细分、确定目标市场、差异化以及市场定位。第二层面主要围绕网络营销组合策略。我们将市场细分(segmentation)、目标市场选择(targeting market)和市场定位(positioning)合称为 STP 战略。

案例 5-1

1-800-鲜花的故事

吉姆·麦卡恩是一个始终关注技术进步的年轻人。1976 年，他在纽约市拥有 14 家零售花店，现已发展成通过多种渠道进行销售、了解公司目标顾客的零售商。1986 年，他开通了免费的订购电话 1-800-鲜花。消费者在任何地方都可以通过电话进行订购，花店提供纽约市内的递送服务。1995 年，麦卡恩迅速进入电子商务领域，捷足先登地用网站 1-800-flower. com(图 5-1)来延伸品牌价值。网站提供全天候、全年无休式全球递送服务。在此之前，公司早已扩大了商品种类，提供盆栽、美食、礼品篮和其他相关的商品。

网站运营情况良好，许多消费者在线注册并在线购物，因此公司获得了大量潜在客户和实际客户的信息。如何对这些客户信息整理、分析并加以利用以增加利润呢？麦卡恩使用数据挖掘软件，识别各个消费者细分市场，以便更准确地定位目标市场。公司拥有 2100 万条客户信息，数据挖掘软件根据点击流量和购买方式进行整理分析后，得出了一些有趣的信息。麦卡恩认为："不同的消费者需要不同的客户关系。有些客户希望你能多与他们沟通；有些客户则限定了与其接触的方式。每天工作结束，你都会增加许多消费者信息，他们是谁，他们希望如何沟通，等等。"有些细分市场里，消费者只在每年的情人节

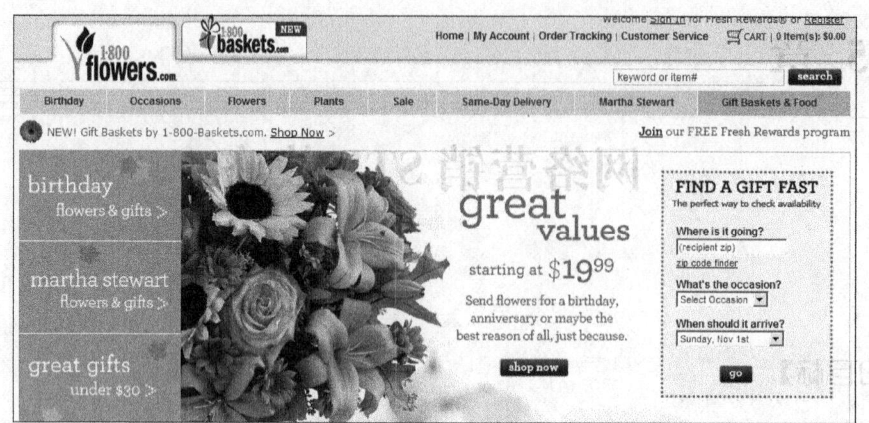

图 5-1 1-800-鲜花公司网站

进行购买;在另外的细分市场,消费者每年需要一些重要的生日提醒,这样他们就不会忘记朋友和家人的生日。对于不同的客户需求,1-800-鲜花网都会满足。对于麦卡恩,所有个性化服务都有可能提供。

由于公司按照不同的消费习惯对市场进行细分,2003 年网站客户保持率上升了 15%,销售额达到 4090 万美元,增长 13.8%。公司的网站吸引了 1310 万名新客户,每年的重复订购率增长了 43%。面对这样的增长数据,公司得到了什么?由于与消费者在电话上的沟通时间减少,因此降低了成本。

(资料来源:朱迪·斯特劳斯等著.网络营销.时启亮等译,北京:中国人民大学出版社,2007.)

5.1 网络营销计划

5.1.1 网络营销计划的内涵

信息技术将如何帮助厂商增加收入,降低成本,并扩大市场占有率呢?市场环境变化多端,企业该怎样利用互联网来保持可持续的竞争优势?答案在于企业如何有效地运用数字信息及信息技术。优秀的企业都有明确的长远目标,然后通过各种营销手段,把电子业务的目标、战略转变为网络营销的目标以及为实现这些目标而实施的战略。

所谓网络营销计划(图 5-2),是网络营销战略形成和实施的一个蓝图。网络营销计划是一个指导性的、可变的文件,通过营销管理,将公司的电子商务战略(电子商务模式)与技术驱动的营销战略结合在一起,为计划的实施列出工作细则。制订网络营销计划的目的是:确定营销目标,然后用电子商务模式的具体内容来进行绩效考核。

5.1.2 网络营销计划的步骤

1. 形势分析

制定网络营销计划是网络营销开展的第一步。如果企业还没有一个完整、合适的经营计划,营销人员都要对公司进行形势分析及 SWOT 分析。

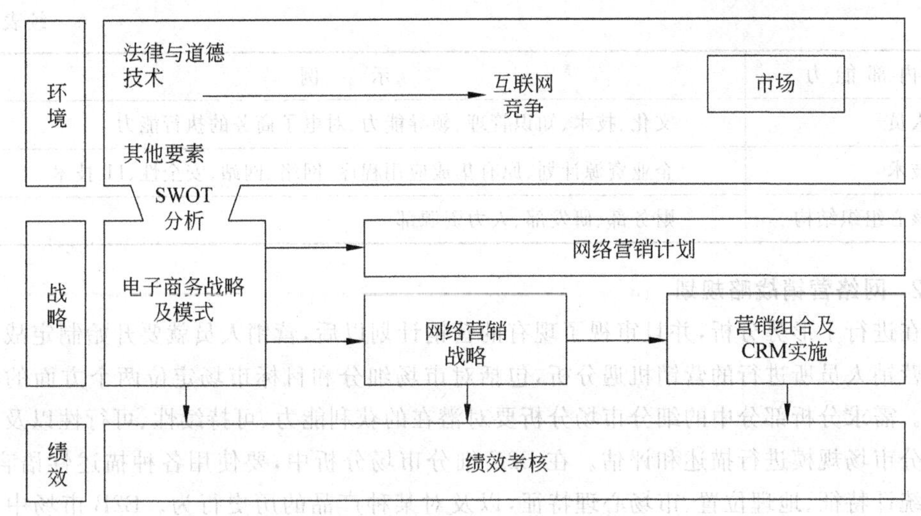

图 5-2　网络营销计划——战略制定与实施

营销环境是千变万化的，这为企业提供了大量的机遇。但与此同时，企业也面临着许多来自竞争对手的、经济上的以及其他一些威胁。涉及网络营销环境分析的因素主要有法律因素、技术因素以及市场因素。

SWOT 分析指的是在环境和竞争力分析时，对公司内部的优势与劣势，以及公司外部存在的机遇和挑战进行分析。分析机遇可以帮助公司确定目标市场或者开发新产品的机会。而挑战则是指企业面临的风险。例如，当初亚马逊公司抓住在线销售的机遇时，市场上的竞争还不是很激烈。公司面临的最大的风险是，一家大型连锁书店声称要全面进入在线市场。公司最大的劣势是没有销售书籍的经验，甚至没有利用信用卡交易的经验。此外，公司也不了解如何把书装箱托运。最初他们是把书放在地上打包的，后来一位木匠建议他们制作一个打包台，才解决了问题。公司最大的优势是具有一个精明的团队，他们肯钻研，善学习。对于亚马逊公司来说，幸运的是，那些大书店动作迟缓。正是它们的延迟进入，给了亚马逊一个创建网上品牌的机会。直到亚马逊公司的股票上市前夕，巴诺书店才开始反击，但为时已晚。

需要注意的是，一家企业在网络市场的优势或劣势与其实体市场中的优势或劣势是不一样的。

表 5-1 显示的是电子商务企业所需要的一些关键的能力。巴诺书店在实体市场中具有强大的优势，但是它并不能将其转化为网络市场上的优势。该公司很快发现自己处在渠道冲突的不幸位置上。它不得不向销售渠道的合作伙伴解释，为什么客户在线购物比在商店购物少。亚马逊公司仅进行网上销售，所以就不存在潜在的渠道冲突。

表 5-1　电子商务公司所需要的关键内部能力

内部能力	示　例
与客户沟通	电子商务、客户服务、分销渠道
生产与执行	供应链管理、生产计划、存货管理

续表

内部能力	示例
人员	文化、技术、知识管理、领导能力、对电子商务的执行能力
技术	企业资源计划、原有集成应用程序、网络、网站、安全性、IT技术
核心组织结构	财务部、研发部、人力资源部

2. 网络营销战略规划

在进行了形势分析，并且审视了现有的营销计划以后，营销人员就要开始制定战略规划。营销人员所进行的营销机遇分析，包括对市场细分和目标市场定位两个方面的供求分析。需求分析部分中的细分市场分析要对潜在的获利能力、可持续性、可行性以及潜在的细分市场规模进行描述和评估。在B2C细分市场分析中，要使用各种描述性语言，如人口统计特征、地理位置、市场心理特征，以及对某种产品的历史行为。B2B市场中的描述性语言包括企业的位置、规模、所属行业、需求类型，等等。这些描述性语言可以帮助企业识别潜在的有吸引力的市场。企业还必须了解细分市场的发展趋势，比如，某细分市场规模会扩大还是收缩，对产品的需求是增加还是减少，等等。

企业如果通过网络渠道进入一个新的市场，就应该使用传统的细分市场分析方法。然而，如果计划为目前的市场进行在线服务，就应该对现有的客户需求进行更深入的研究。例如，企业的哪些客户将会使用互联网？使用企业网站的客户的需求与其他客户的需求又有怎样的区别？另外，企业往往因为客户发现了网站而开拓出一片新的市场。营销人员可以通过网络跟踪器、数据库分析以及其他各种技术来判断如何更好地为这些新市场提供服务。

企业进行供给分析的目的，一是帮助预测细分市场收益率，二是找到开拓在线市场的竞争优势。只有在对自身的竞争优势和劣势进行分析之后，企业才能找到其自身的经营优势。因此，企业在启动网络营销计划之前，首先应该仔细研究竞争环境、网络营销创新计划以及自身的优势、劣势。同时，企业必须尽量去判断未来的行业变化情况，即哪些新的企业将可能出现在互联网上，哪些将会退出。

进行了全面的营销机遇分析之后，企业就可以选择目标市场，并且清楚地了解其特点、消费行为以及对企业产品的需求情况。此外，企业还应该了解一个市场的价值诉求。网络营销战略规划中的第一层次策略还包括品牌差异化及品牌定位策略。在了解竞争环境和目标市场以后，厂商就需要判断如何将本企业的产品与竞争对手的产品区分开来，而且要让目标市场的客户明显地感知这种差异。进行差异化分析之后，应该制定一份品牌定位报告，说明企业的品牌形象以及本企业的品牌与竞争对手的差异。即使在传统营销计划中已经明确了定位策略，开展网络营销的企业还必须判断这一战略在网络经营中是否同样有效。如果是为一个新的品牌或市场做计划，企业就应该在这一环节制定品牌的差异化策略和品牌定位策略。

3. 明确网络营销目标

一般情况下，一份网络营销计划的目标包括以下三个方面：

① 任务(需要完成什么)；

② 可量化的工作指标(工作量是多少);

③ 时间范围(什么时候完成)。

假如亚马逊公司的伙伴扩展计划是一年内将其合伙人数量从80万人增加到90万人。这一类型的目标是很容易评估的,而且是网络营销计划中的一个关键的部分。这些计划一般要说明为什么设定这样的目标,即在一定的外部环境下,利用电子商务的策略和网络营销的手段,为什么这样的目标是可以达到的。

网络交易是电子商务经营中非常重要的一个方面,但是,其他方面同样值得重视,特别是企业仅仅依靠技术来提高内部工作效率的时候更是如此。事实上,大部分的网络营销计划旨在完成如下的多个目标:

① 增加市场占有率;

② 增加销售收入;

③ 降低成本(分销成本或促销成本);

④ 完成品牌目标(增强品牌知名度);

⑤ 完善数据库;

⑥ 完成客户关系管理目标(提高客户满意度,提高购物频率或维系老客户的比例);

⑦ 改进供应链管理(如提高渠道成员的协作能力,增加合作伙伴数量,优化存货水平)。

4. 制定网络营销战略

接下来,营销人员按照4P的内容和关系管理制定营销战略,以实现既定的目标,即关于产品、定价、分销及促销的计划目标。此外,营销人员还要设计客户关系管理及伙伴关系管理战略。为叙述方便,这些任务被列为第二层次的策略(如图5-3)。在实践中,第

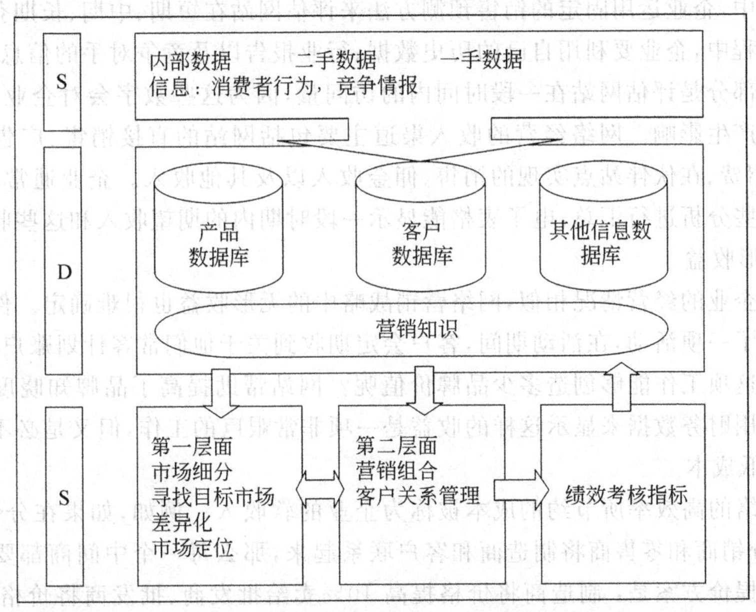

图5-3 网络营销STP战略

一层次的策略与第二层次的策略是互相关联的。例如,营销人员选择最好的目标市场,确定具有竞争性的产品定位,这要求广告、定价等工作进行配合。

5. **实施计划**

怎样通过有创意、有效率的策略来完成目标,是网络营销战略规划中重要的一个环节。厂商为了实现计划目标选择营销组合、关系管理以及其他策略,制订出详细的实施计划。此外,它们还要判断是否有一支合适的营销队伍去执行计划。只要战术组合得当,企业就有可能有效地完成目标。

网络企业格外关注信息收集的策略,因为信息技术对自动化信息收集有很大的优势。企业可以运用网站表格、电子邮件反馈、在线市场调研等形式,来搜集关于现有客户、潜在客户及其他利益相关者的信息。其他重要的策略包括:

① 网站日志分析软件帮助企业了解用户在网站上的行为,以便更好地满足客户需求。

② 商业智能利用互联网进行二手调查,帮助企业了解竞争对手及其他市场力量的信息。

6. **确定预算**

任何一个战略规划的关键部分都是确定预期的投资回报。企业可以将收益与成本比较,进行成本—收益分析,计算投资回报率或内部收益率。管理层利用这些数据来判断他们所做的投入是否值得。如今,企业格外关注营销投资回报率。在计划执行阶段,营销人员会密切关注实际发生的收入和成本,以判断企业是否在按既定目标执行。网络营销活动相关的一些收入和成本如下:

(1) 收入预测

在预测中,企业运用固定的销售预测方法来评估网站在短期、中期、长期获取的收入。在计算的过程中,企业要利用自己的历史数据、行业报告以及竞争对手的信息。收入预测的一个重要部分是评估网站在一段时间内的访问量,因为这些数字会对企业期望从网站获取的收入产生影响。网络经营的收入渠道主要包括网站的直接销售、广告销售、订阅费、会员介绍费、在伙伴站点实现的销售、佣金收入以及其他收入。企业通常以电子表格的形式对这些分析进行汇总,电子表格能显示一段时期内的期望收入和这些收入的来源。

(2) 无形收益

与实体企业的经营情况相似,网络营销战略中的无形收益也很难确定。例如,美国航空公司开展了一项活动,在活动期间,客户会定期收到关于他们常客计划账户余额信息的电子邮件。这项工作能够创造多少品牌价值呢?网站帮助提高了品牌知晓度,它的价值又有多大?用财务数据来显示这样的收益是一项非常艰巨的工作,但又是必不可少的。

(3) 降低成本

通过网络的高效率所节约的成本被称为企业的软收入。例如,如果在分销渠道中通过批发商、分销商和零售商将制造商和客户联系起来,那么每一个中间商都要从中获益。一个典型的提价方案是:制造商将价格提高10%卖给批发商、批发商将价格提高100%卖给零售商,零售商将价格提高50%卖给消费者。因此,如果一个制造商原来以50美元的价格将其产品卖给批发商,那么经过层层提价后,终端消费者需要支付165美元才能购买到此产品。如果制造商跳过那些中间商而在网上直接将产品卖给消费者,就可以将产品定价为 85 美元,增加 30 美元的收入。这种方法能否为厂商带来利润,取决于将产品递送给消费者所花费的成本。

(4) 网络营销成本

开展网络营销会产生各种成本,例如,人员工资,购置硬件、软件等设备的开支,项目设计费用等。此外,一些传统的营销成本也可能会出现在网络营销预算中,例如,为增加网站访问量而支付的离线广告成本。以下列出的是网站开发可能发生的一些费用:

① 技术费用:包括软件、硬件购置费用,互联网费用,服务器购置费用,教育方面的资料及培训费用,以及站点的运营及维护费用。

② 站点设计:网站需要平面设计师来创建具有吸引力的页面,包括图片和照片。

③ 人员工资:所有参与网站开发与维护的工作人员的工资都要列入预算项目。

④ 其他网站开发费用:除去技术费用和人员工资,其他的费用都在这一项中列出。比如,域名注册、雇用专家编写内容或进行其他开发和设计活动所需的费用。

⑤ 营销沟通费用:凡是与增加网站访问量、吸引回头客消费直接相关的费用都列入营销沟通费用。其他费用包括搜索引擎注册、在线咨询费用、邮件列表租金、竞赛奖励,等等。

⑥ 杂项费用:其他项目费用可能包括差旅费、电话费、网站建设初期发生的文具用品费用,等等。

7. 计划评估

一旦网络营销计划开始实施,企业就应该经常地对其进行评估,以保证计划的成功实施。这意味着网络营销人员必须在网站开通前建立合适的跟踪系统。应该对哪些内容进行评估呢?这要看营销计划有哪些目标。

5.2 网络营销 STP 战略

根据内部的数据、一手数据和二手数据,厂商制定市场细分策略并确定目标市场。所谓市场细分,是指将具有相似特征的个人或企业整合在一起的过程。市场细分的结果是形成若干个消费者群落,称为"细分市场"。寻找目标市场是指选择对企业最具吸引力的细分市场并制定相应的细分市场战略的过程。企业确定目标市场的标准包括:便捷性、盈利性、成长性。

5.2.1 网络市场细分的要素和变量

在对消费者市场进行细分时,营销人员一般考虑四个要素,即人口统计特征、地理位置、消费者心理特征以及产品购买和消费行为特征。网络市场细分,同样考虑上述四个要素。

1. 地理细分市场

虽然计算机在虚拟空间中的地理位置对网络用户而言并不重要,但是对开展网络经营的组织是很重要的。在网络地理细分市场中,可以根据不同国家、不同区域互联网的普及率来作为市场细分的标准,如基于互联网普及率。

资料

我国手机浏览器用户地域分布

城镇用户是我国手机浏览器的核心使用群体,分布比例为74.7%,远高于手机浏览器中乡村用户的占比,仅为25.3%。可见,乡村用户对于手机资讯的需求没有城镇用户强烈,更偏基础的娱乐应用功能。随着智能手机价格的下降和移动互联网的普及,手机浏览器在乡村用户中的占比也有了一定的上升,由2012年6月的23.6%上升至2013年6月的25.3%。

在地域分布上,手机浏览器和手机网民的分布基本类似。广东是移动互联网发展最快的地区,其手机网民比例显著高于其他地区,手机浏览器的用户比例也显著高于其他地区,在整体手机浏览器用户中占比为12.7%。江苏、浙江和上海等华东地区,2013年6月手机浏览器用户规模相比2012年6月有一定幅度的上升。

(资料来源:http://www.cnnic.net/hlwfzyj/hlwxzbg/ydhlwbg/201310/P020131016356661940876.pdf.)

2. 人口细分市场

在互联网发展初期,典型的网络用户具有这样一些特征:年轻,大学毕业,拥有高收入,这是一个典型的创新者的形象。这一现象在互联网普及率低的国家依然普遍存在。在发达国家,互联网用户看起来更像是主流人群。然后,从人口统计特征来看,互联网最大的用户群是典型的高学历和高收入消费群。

资料

我国手机浏览器用户特征

我国手机浏览器用户依然以男性为主,但男女占比差距有所减少。根据调查,2013年6月,我国手机浏览器中男性占比为59.6%,女性占比为40.4%,男女差距由2012年6月的21.1%减少至19.2%。可见,随着智能手机的不断普及和手机浏览器的功能丰富,手机浏览器在女性中的使用比例逐渐增加。

青少年、青年和中年用户是手机浏览器的主要用户群,10～39岁用户合计占比86.0%。其中,20～29岁用户比例最高,为36.8%。20～29岁用户是手机浏览器的核心用户群,是伴随着移动互联网成长的一代,对各类手机应用的需求直接带动对手机浏览器的使用。

与整体手机网民在学历结构上的分布相似,手机浏览器用户在初中和高中学历群体上分布的用户比例较多,共计65.0%。初中和高中学历人群是各类手机游戏的爱好者,因此未来在手机浏览器上开发游戏平台不仅能为自身带来新的业务增长点,还能进一步增加用户黏度。

在收入结构上,2001～3000元和3001～5000元收入段人群为手机浏览器的主要用户群体,占比分别为17.4%和20.9%。

学生和个体户/自由职业者是手机浏览器中规模最大的两个群体,比例分别为

28.4%和18.5%。企业/公司一般职员占比为11.3%，专业技术人员占比为8.0%，党政机关事业单位一般职员为4.6%。

（资料来源：http://www.cnnic.net/hlwfzyj/hlwxzbg/ydhlwbg/201310/P020131016356661940876.pdf.）

3．心理细分市场

用户心理特征包括个性、价值观、生活方式、活动、兴趣以及观念。以兴趣为例，不同的网民往往是缘于不同的兴趣登录互联网，因而出现不同的网络社区。网络社区是指具有相同兴趣和目的的人聚集到一起的场所。常见的有 10 种重要的网络社区形式，如表5-2所示。

表 5-2　网络社区类型

社区类型	解释与实例
1．娱乐社区	人们加入这类社区的目的在于多人在线游戏，如在中国娱乐社区（Yulesheq u.com）可以在线玩游戏
2．搜索社区	用户加入和访问这类社区不仅为了聊天，更是为了寻找他们想要的东西，例如约会交友（360quan.com）、工作（51job.com）、老同学（Chinaren.com）。用户愿意为加入这些社区支付费用，特别是大规模的社区
3．贸易社区	这类社区为用户交换产品和服务提供场所，例如，消费者市场（Taobao.com）、企业市场（Alibaba.com）
4．教育社区	按照教学领域形成的社区，如 e 度教育社区（bbs.eduu.com）
5．品牌社区	公司在网站上根据公司品牌创建的客户关系管理社区，允许消费者发布信息，例如，关于产品的评价（Amazon.com）、旅游经历
6．消费者社区	消费者在网站上对产品进行评论，或在谷歌论坛组里讨论他们的产品使用经历。消费者社区与客户关系管理社区的区别在于，它们缺乏品牌号召力，因此基本上是一些未经修改的评价
7．员工社区	例如微软公司前雇工组建的巨大网络，他们使用电子邮件和电子公告板讨论微软公司的小道消息和工作
8．专题社区	有些网站纯粹为进行范围有限的用户聊天和电子公告板而存在，如谷歌论坛、雅虎论坛等

定位网络社区有三种方法：第一种，可通过聊天室、讨论组、电子公告板和其他在线活动等形式在公司网站上建立社区。有共同兴趣爱好的人聚集在虚拟世界里进行交流，他们所接纳的信息和社会纽带所产生的价值观会保证用户再次回到社区。第二种，公司可以在另一个公司社区网站进行广告宣传，或通过电子邮件告知社区成员。第三种，许多公司加入社区，以社区成员的身份发布信息。员工以消费者的身份发布有关公司产品的积极信息，这种方法称为“秘密营销”。

4．行为细分市场

在将消费行为作为要素来对市场进行细分时，人们一般会考虑两个变量，即追逐利益和使用产品。运用利益型市场细分的营销人员往往根据消费者希望从产品中获得的利益来划分消费者群体。例如 Harris 公司的一份报告显示，70%的网络购物者可以分为两个细分市场：淘宝者和图便利的购买者。淘宝者可以再细分为多个市场：按广告在线购物的单身一族和为收藏而寻觅者。图便利的购买者也可以再细分为多个市场,例如,时间敏感的实用主义者、品牌忠诚者、网络新手、在线离线两栖购物者。

根据活跃的网络用户的在线时间、浏览网页、登录网站和在每个网页上花费的时间,可以将网络市场分为六个用户细分市场。

(1) 简单者需要端对端的便利服务。他们希望生活更舒适,拥有快捷、高质量的服务。这些长期互联网用户的在线购买占所有在线交易量的50%。他们每个月的上网时间长达7小时。

(2) 冲浪者需要获得新东西。他们浏览网页的次数是普通用户的4倍。他们在网页之间快速地移动,总是在寻找新的体验。想赢得冲浪者的高忠诚度,网站需要在设计、特色、产品和服务分类等方面走在最前沿,并不断升级。最重要的是,网站必须拥有一个强大的在线品牌。

(3) 连接者寻找新奇的事物。他们是“相对而言的新手”。这类消费者仍在寻找使用互联网的理由,主要目的是通过聊天室和电子邮件与其他人进行联系。网站需要有强大的离线市场吸引这些新用户。

(4) 交易者寻找生意机会。他们在网络上花费的时间最少。吸引交易者的网站要满足他们的情感和理性要求,这样才能吸引他们回来寻找更多的交易机会。最好的一个例子就是 eBay.com 网站。

(5) 例行公事者需要一些特别的东西。他们仔细搜寻新闻和财经站点。他们也在网站浏览上花费很多时间,以期从高质量的内容中获得一些特别的信息。

(6) 运动者希望有大量的交互内容。他们的行为像例行公事者,但与例行公事者不同的是,他们访问色彩鲜艳的、刺激的体育和娱乐网站。一些提供免费信息的网站可能逐渐将运动者转变成付费用户。

资料

我国手机浏览器用户的行为特征

比达咨询报告显示,在2015年第三季度,浏览资讯成为了用户使用手机浏览器的最主要目的,63.1%的用户使用手机浏览器的主要目的就是浏览资讯。搜索以34.2%排名第二,查找网址导航以19.9%排名第三,其次是阅读小说、下载应用、看视频,用户占比分别是19.4%、13.1%、12.6%。相比而言,选择购物、上社交平台等目的的用户占比明显少很多。

而各大主流第三方手机浏览器也开始逐渐在资讯领域发展。这以UC浏览器在2015年8月推出的全新版本最为明显,其首页导航页面积减半,剩下的区域让位于信息流形式的资讯页面,UC头条以大数据为核心,根据每个用户的兴趣推荐个性化资讯内容,这一变更直接影响了浏览资讯成为用户使用浏览器主要目的。

此外,报告也指出,节省流量和上网速度是2015年第三季度用户选择浏览器最主要的两个因素,而基本性能仍是用户选择手机浏览器第一要素。在这方面,各大厂商在浏览器版本更迭中一方面突出资讯等新技术和特点,另一方面注重优化上网速度和流量节省

问题等基本功能仍很主要。

（资料来源：http://www.askci.com/news/chanye/2015/12/27/15455r1h6.shtml.）

上述这些细分市场很可能出现重叠，因为在不同的时候，人们使用互联网的目的有不同，比如搜索、电邮、聊天、工作等。尽管如此，营销人员需要根据企业的市场定位，关注细分市场的差异。

5.2.2 目标市场进入战略

在依据一定的标准对网络市场进行细分后，网上商家必须选择最佳的目标客户，并确定目标市场的进入战略。网络经营者可以从四种不同的细分市场战略中进行选择：

(1) 大众营销

大众营销也叫无差异定位。这里指企业为整个市场提供一个营销组合。在互联网上，许多企业运用无差异营销战略。例如，出现在门户网站主页上的旗帜广告的目标是吸引整个互联网市场。

(2) 多重细分市场营销

多重细分市场营销是指一个企业选择两个或两个以上的细分市场，分别针对每个细分市场设计营销组合战略。大多数企业采用这种营销方式。

(3) 单细分市场营销

单细分市场营销是指企业选择一个细分市场并开发一个或多个营销组合来迎合这个细分市场的需求。亚马逊采用这种战略对网站用户进行分别定位。

(4) 微型市场营销

微型市场营销也称为个性化市场定位，指企业为一小群人定制全部或部分的销售组合。

互联网的一个发展趋势就是个性化市场定位，这也是许多企业目前正在努力实现的目标。亚马逊网站为每一位在网站上浏览或购买图书的用户建立个人档案。网站追踪用户阅读的图书，根据他们过去的购买行为做出分析。亚马逊同时发送电子邮件，让消费者了解可能会引起个人兴趣的产品信息。这种方法充分体现了个性化市场定位的营销理念——在适当的时间和地点，准确地给予个人消费者想要的产品。

5.2.3 网络差异化策略

科特勒将差异化定义为：进行一系列有意义、有价值的创意，以使企业推出的东西有别于众多竞争对手。差异化是突出企业产品或服务的特征，进而获取竞争优势的重要基础之一。对于网络企业来说，有七种差异化策略（如表 5-3 所示）：

1. 网站环境和氛围

所谓氛围，就是指实体店铺零售商所创造的店内环境。同样，网站为顾客的访问、搜索和购物等活动提供了一种积极的环境，也能够对网站进行差异化运作。网站的访问者希望网站易于打开，描述准确，能清晰地展示所提供的产品和服务，并且易于操作。如果顾客浏览主页时就喜欢上这个网站，他们很可能浏览其他的网页，并且最终付款购买。

表 5-3 网络差异化策略

1. 网站环境和氛围 网站的外观和感觉 对用户的亲和力 对企业和产品的正确描述	2. 将无形变有形 形象 虚拟导购 真实的描述	3. 建立信任 清楚地说明隐私政策 使用安全交易加密技术
4. 高效、及时的订单处理 及时地递送客户订购的东西	5. 定价 了解竞争对手的定价 存储潜在顾客的信息	6. 客户关系管理 客户跟踪 无缝沟通 提高关系效率

2. 将无形变有形

纯粹网上销售的产品或服务只能通过照片或描述看到。网站可以使用虚拟导购、三维动画,或者放大产品图片,目的就是以真实的、顾客喜欢的方式向顾客提供触手可及的展示。

3. 建立信任

希望客户进行在线支付,或者为了提供个性化服务和供应链管理而需要对客户进行信息跟踪,网络经营就涉及一个十分关键的话题,那就是信任问题。正因为如此,信任建设应当成为网站营销策略的一个重要组成部分。信任是品牌知晓度的一个副产品,但是,如果企业的网站没有品牌认知度,或者认知度很低,就必须营造一个安全的环境。

除了制定隐私保护政策外,电子商务企业还可以在交易中使用安全的支付加密技术。当顾客在网站中遇到问题,或者需要寻求企业员工的帮助,或者需要退货、换货时,信任同样非常重要。如果顾客知道可以接触一个活生生的人,就很可能从你的网站上购物。

4. 高效、及时的订单处理

顾客到网上购物,非常重要的一个原因就是便捷的订购模式。企业必须在网站上明确告知自己的合作伙伴,及时递送是公司传递的价值之一。此外,如果网络企业始终兑现自己的承诺,就更有利于培养客户忠诚,感到满意的顾客也会推荐更多的人来光临网站。客户只要敲几下键盘,就能把自己的满意或不满意迅速扩散给他人。

5. 定价

定价也是一种差异化运作的手段。但是,人们一般都很谨慎地使用定价策略。对网络经营者,这一点尤为明显。产品刚在网上上市的时候,企业一般用打折来刺激销售。如今,网上商品的价格相对来说是比较低的,还有一些企业制定更低的销售价格。大多数的企业选择定价以外的方式来实现差异化,因为定价非常容易被模仿。除了以廉价吸引顾客的商品以外,其他的差异化措施更具有持久性。

6. 客户关系管理

由于越来越多的企业摒弃用低价来实现差异化,而且网络的出入门槛也越来越低,所以企业越来越多地使用客户关系管理来体现与其他企业的不同。例如，Netflix 公司与顾客缔结了良好、持久的关系，因为顾客可以通过邮件方便地收到 DVD 电影光碟。预定了 Netflix 公司月套餐的顾客可以列出一个他们想租的影片清单。通过这种预订方式，顾客可以一次租用 3 部以上的 DVD 影片，而无须担心最后期限和延期罚款的问题。看完影片后，顾客再把 DVD 放入已经付费的信封里寄回 Netflix 公司。几天以后，他们会收到他们单子上的一组 DVD 光碟。就这样，Netflix 公司通过顾客自己定制的个性化服务和顾客的积极评价，与顾客建立了关系。

7. 改善客户体验

2001 年，菲尼先生设计了一种网络营销机会模型，该模型提出了新的差异化策略。按照这种模式，企业可以通过三种网络营销方式实现差异化，即改善企业销售流程、改善客户购买流程、改善客户使用体验。在这种模式下，企业利用客户感知到的产品特异性，提高购买频率，形成最佳的营销模式。

总的来说，差异化是企业对产品的量身定制。差异化策略是因为互联网的商业化形成的。网络企业要显示自己的差异性，关键是要创造独特的、一流的客户体验，建立与客户一对一的关系。互联网所带来的价值就是根据客户关系创造自己的特异性，为每一位客户提供独特的客户体验。

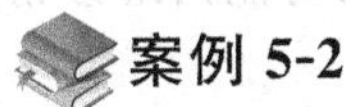**案例 5-2**

熊猫王国的网络营销规划及其 STP 战略

我们所指的网络熊猫王国，狭义上讲是基于网络技术的熊猫王国，或者说是熊猫王国内容的网络表现形式。但是广义上讲，是指通过 e(电子)、online and cyber(联机网络)、Internet(互联网络)等形式来推广和销售熊猫王国的过程。

所以我们所讨论的网络熊猫王国至少基于内联网、外联网和互联网(Internet)三方面的基础技术，或者是三方面基础组成部分。

1. 市场环境分析

涉及的产品系 IT 行业，特别是与文化、旅游产品的网络应用有关，其比较基础和比较核心的是网络展示和网上交易，现已成型的产品是大熊猫栖息地科考、大熊猫文化纪念品、大熊猫及栖息地信息。现就熊猫王国的网络营销环境进行概要分析，以切实把握住机会点、抓住契机。

2. 目标市场的确定

(1) 细分市场

由于营销方案的区域化，可以将产品、广告促销活动和销售力量地方化，并符合各个区域，因此以区域来细分市场。例如可以将全球市场细分为亚太地区、东欧地区、北美地区等。

(2) 确定目标市场

从上述细分市场的规模及增长率、细分市场的结构吸引力、公司目标及资源状况，可以得出确立西欧、北美、亚太地区作为细分市场目标较为适合网络熊猫王国。再采取市场覆盖策略的集中营销策略,拟确定我们的目标市场降序依次为:西欧、北美、亚太、中国珠江三角洲地区。

3. 熊猫王国网络营销目标定位

结合我们公司的实际情况,熊猫王国产业的网络营销战略目标需要实现包括:销售型网络营销目标、服务型网络营销目标、品牌型网络营销目标三大目标。这三大目标具体表现为:网络品牌、信息发布、销售促进、销售渠道、顾客服务、顾客关系、网上调研七大作用/职能,包括卧龙景区科考、文化产业、网络线上产品三大产业。

4. 熊猫王国网络营销的市场推广定位

根据前面大量市场、环境、消费习惯分析,我们将从项目卖点、市场形象定位、产品定位、品牌定位四个方面层层对本项目进行精确定位,在此基础上,一切推广手段都围绕着这一定位展开。

项目卖点定位——项目卖点实际上就是项目能提供给客户的利益。网络活动最大的卖点就是节约成本和时间。根据项目自身的特点,大熊猫及栖息地的垄断性资源、网络本身的方便快捷共同构筑了我们产品的卖点。也就是说,我们一方面要强调产品本身的稀缺性,另一方面还得强调消费的方便和快捷性。

市场形象定位——给大熊猫打造一个网络的世界(或网络熊猫王国、给大熊猫一个宁静的世界)〈强调品牌功能〉;给热爱大熊猫/环保的人们一个惊奇(强调产品功能);给经销商(旅游中间商、文化纪念品经销商等)一个商机(强调电子商务功能)。

产品定位——大熊猫及栖息地品牌推广,旅游产品、文化产品的网络销售,以及相关信息的提供。

品牌定位——打造以卧龙为核心的,整合世界上所有大熊猫及其相关资源的网络熊猫王国!建设大熊猫美好的网络家园!

(资料来源:http://www.boraid.com/darticle3/list1.asp?id=66673&pid=1765,对原文进行了删减.)

案例思考题

(1) 网络营销规划应包含哪些内容?

(2) 请你评价一下熊猫王国的网络营销 STP 策略?

本章小结

无论是对于想要开展网络营销的企业或个人,制订科学、合理的网络营销计划都是行动的关键。在网络营销计划中,围绕网络市场细分、目标市场选择和定位而制定的网络营销 STP 战略是其核心部分,网络营销各种策略的制定与实施都是基于此战略而进行的。

复习思考题

1. 什么是网络营销计划?
2. 网络营销计划制定的步骤包括哪些方面?

3. 网络市场细分的要素包括什么?

4. 目标市场进入策略包括哪些方面?

5. 网络差异化策略包括哪些方面?

实 践 题

一个传统的生产休闲鞋类的中小企业,想要开拓网络市场,请为该企业制订一份网络营销计划书。

第 6 章

网络产品与价格策略

【学习目标】

掌握产品、网络产品的整体概念;掌握网上销售产品的分类,网上销售产品的种类;掌握网络新产品开发的思路和策略、步骤过程;掌握网络品牌的概念、价值构成和网络品牌塑造的策略;掌握网络营销定价的内涵,了解网络特性对网上定价策略的影响,掌握网络营销定价特点和原理。

【关键词汇】

网络产品(networking product)　网络新产品开发(networking product development)　定价(pricing)　动态定价(dynamic pricing)

网络营销强调以顾客为中心,致力于从各方面满足顾客的需求。网上销售的产品有其自身的特征,并不是所有产品都适合于在网上销售。同时,相比于传统营销,网络营销的定价手段也更加灵活。

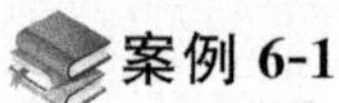

案例 6-1

eBay 的产品和定价策略

eBay 的成功归因于它提供了一连串吸引广泛客户基础的服务产品和服务产品创新。从最初的提供物到现在的多 eBay 平台和延伸,eBay 在不断地演化。eBay 不断开发核心服务产品,提供创新的服务,给公司带来了数十亿美元的增长。eBay 的核心利益在其注册商标里简洁地概括为:"世界上最大的市场",围绕这个核心利益构建自身,开始于基本的服务而后随着时间推移不断演化。

1. 基本产品服务

eBay 的基本产品非常类似于皮埃尔·奥米迪亚(Pierre Omidyar)最初于 1995 年投放市场的 Web 站点,帮助人们出售收藏品。最初和当前的 Web 站点服务在许多特色和功能上有共同点,包括如下功能:

- 注册实物的买主或卖主;
- 在多种拍卖形式间选择;
- 向 eBay 发送有关客户和站点自身的反馈;
- 物品清单的浏览简单易行。

这些主要特色(以及无数其他特色)形成了交付 eBay 核心利益的基准提供物。然而,为了实现从一个通用的商务平台到世界最大市场的跃迁,eBay 还须提供附加服务并开发新的和改进的产品。

2. 增强产品

eBay 增强其核心服务以满足更大范围客户的需求和期望的努力基本上获得了成功。一般来说,eBay 的产品增强可分成两类:附加的特色和附加的平台。

附加特色:

自从 eBay 开张以来,它就推出了无数的特色以强化在其 Web 站点上出售和购买的体验并将自己与竞争对手差异化。这些特色包括:

- 现在就买(Buy It Now)。这个特色吸引那些不愿为拍卖结果的不确定性费心的人。对强势卖主,该特色的结果是加速拍卖,这使得卖主更快地周转库存。
- 安全港(Safe Harbor)。这实际上是为确保 eBay 商务有一个安全和受保护的环境而开发的许多特色的总称。安全港中的部分特色有欺诈防护、物品认证和争议解决。
- 托管契约(Escrow)。该特色允许买主将资金交由一个值得信赖的第三方保管,而且只要特定条件满足才由后者向卖主支付。托管契约对于出售和购买高价位物品如小汽车和古董是一种非常有用的特色。
- eBay 直接支付(eBay Direct Pay)。不用离开 Web 站点就能为拍卖物品支付的能力可增加 eBay 的效率。它也能使 eBay 收取交易的后端费用。

附加平台:

平台扩展对于 eBay 成长起到非常重要的作用。如果没有以下平台延伸的话,eBay 就不可能如此快地达到今天的销售水平。

- eBay 汽车(eBay Motors)。eBay 正式扩展到小汽车销售领域,使其成为全美最大的小汽车经销商;仅 2001 年在 eBay 上拍卖的小汽车及零配件的价值就达 10 亿美元。
- eBay 显贵(eBay Premier)。这个扩展使得 eBay 进入了高价位收藏品市场。2001 年 5 月,利维斯为世界上最早的 Levi 牛仔裤支付了 46 532 美元。
- eBay 商店(eBay Stores)。自从开张以来,eBay 先后创建了超过 27 000 家商店,使得成千上万的企业家和企业在线开展业务而无须建立自己的在线基础设施。
- Half.com。这个固定价格交易平台很快扩大了 eBay 的范围。
- eBay 现场拍卖(eBay Live Auctions)。这项专有性的技术允许在线竞标人参与传统的离线拍卖。

3. 定价策略

eBay 的定价可以从三个不同角度来审视:买主角度、卖主角度以及 eBay 角度。eBay 上的买主面临两类定价:固定价格拍卖和动态定价拍卖。eBay 拍卖的主要部分是动态定价拍卖,无论是英式拍卖还是新经济荷兰式的衍生形式。在这些拍卖中,不是 eBay 自己,而是卖主确定其定价策略。有些人(例如清理阁楼上的废旧物品的人)可能不会在确定其定价策略上花费很多精力;包括小业主在内的另一些人,越来越依赖于 eBay

拍卖获取其部分或大部分收入。对他们来说,定价决策意味着企业的成败。

eBay对浏览、出价或购买商品的个人不收费。相反,eBay的收入来自列表费以及越来越多的最终交易费。eBay模式非常简单:卖主注册自己想出售的商品,或者在eBay的平台或者固定价格平台一律收取最终销售价格的15%的佣金,但是没有介入费。然而,eBay上的所有商品被收取一笔小额介入费,它因卖主索要的最低出价、拍卖商品的类型,以及拍卖的时间长短和形式而异。标准:拍卖商品的介入费从0.30美元到3.30美元不等。

只有当商品在eBay上出售时才需交纳最终价值费。对于成功的机动车辆拍卖,这个费用是固定的:摩托车为25美元、客车和其他机动车辆为40美元。对于房地产,即使是对于成功的销售也没有最终价值费。对其他普通和有保留价格的拍卖,这个费用基于成交价格。在荷兰式拍卖中,这项费用所基于的最终价值等于最低的成功出价乘以出售商品的数量。

(资料来源:Rafi A. Mahammed等著.网络营销(第2版).王刊良译.北京:中国财经出版社,2004.)

案例思考题

(1) 请分析eBay的基本服务产品和延伸服务产品有哪些?

(2) 分析eBay的产品策略,请分析其是如何细化客户对象,进行新服务产品开发来满足不同客户需求的?

(3) 分析eBay的产品定价和服务定价策略。

6.1 网络产品概述

6.1.1 网络产品概述

1. 传统营销方式下的产品概念

(1) 狭义的产品概念与广义的产品概念

产品的概念有狭义与广义之分。狭义的产品概念是指具有特定物质形态和具体用途的,由企业向市场提供的,并能够满足顾客某种需求的、人类劳动的产物,如机器设备、化妆品、家电等。这类产品的特点是有形的。

广义的产品概念是指由企业向市场提供的、可以满足顾客某种需求的物质形态的产品和非物质形态的服务。物质形态的产品包括产品实体、质量、式样、商标、包装等;非物质形态的服务包括安装、送货、信贷、保证等,可以给顾客带来心理满足与附加利益。广义的产品概念从现代营销观出发,界定的是产品的整体观念。

(2) 产品的整体概念

从现代营销学观点来看,市场营销过程是一个发现顾客需求,并满足顾客需求的过程。一般而言,顾客的需求是多方面的,包括物质方面的需求和精神方面的需求。因此,产品的含义也是十分丰富的,绝不仅仅包含产品本身。作为一个整体,产品的含义有3层:核心产品、形式产品和附加产品。核心产品主要指的是产品能提供给顾客的最核心的使用价值;形式产品指的是产品的外观式样、包装、商标、质量等;附加产品指的是产品的安装、送货、信贷、保证等，如图 6-1 所示。

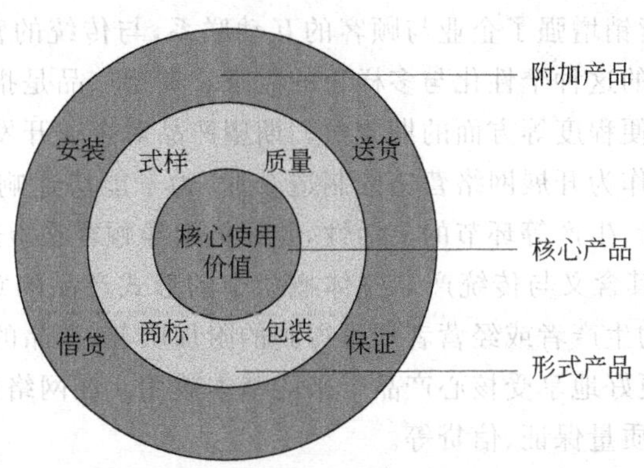

图 6-1　传统营销产品整体概念图

2. 网络营销产品的整体概念

网络营销与传统的市场营销之间存在着差异：从事网络营销的企业，主要通过基于互联网的虚拟市场进行营销活动，与传统营销方式下的市场相比，在这种网络虚拟市场中，企业与顾客之间的互动性大大增强了，顾客的多样化与个性化的需求得到了更好的满足。因此，传统营销环境下的产品，在网络营销中对应的是顾客的需求与欲望。为了体现网络营销环境下顾客在产品营销运作上的作用，网络产品的层次在传统营销产品的基础上进一步扩展，在保留了传统市场营销产品整体概念中已有的 3 个层次（核心产品、形式产品、附加产品）的前提下，又扩展出期望产品与潜在产品两个层次。如图 6-2 所示。

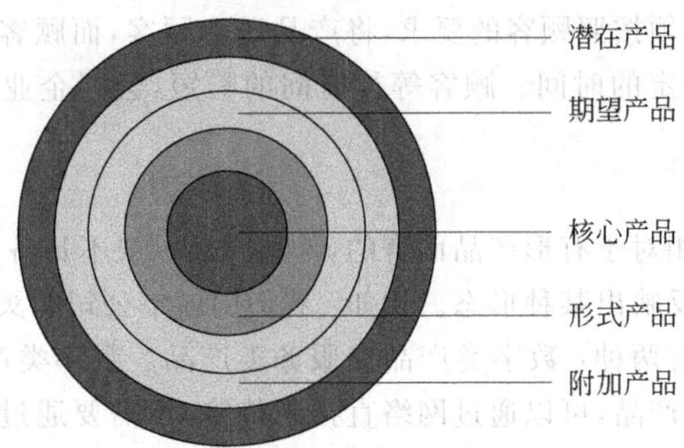

图 6-2　网络营销产品整体图示

(1) 核心产品。其含义与传统产品整体概念中的核心产品的意义相同，是指产品或服务所能提供给顾客的最基本的效用。如顾客购买空调是为了调节室内气温，购买游戏软件是为了娱乐等。网络营销的突出特点是互动性，通过网络能充分地了解顾客的需求，更好地为顾客服务是网络营销的一大优势。因此，从事网络营销的企业，在进行新产品的开发与设计时，要以顾客为中心，使自己产品提供的基本效用符合顾客的需求。

(2) 形式产品。与传统产品整体概念中的形式产品的意义相同，包括品牌、包装、质量、外观式样等。形式产品是核心产品的物质载体，产品的基本效用通过形式产品的物质形态反应与体现出来。

(3) 期望产品。网络营销产品的整体概念中特有的层次。随着顾客需求的多样化与个性化发展,而网络营销增强了企业与顾客的互动联系,与传统的营销方式相比,网络营销能更好地满足顾客的这种个性化与多样化的需求。期望产品是指顾客在购买前对产品的质量、特点、使用方便程度等方面的期望值。期望产品对企业开发与设计核心产品和形式产品有指导作用。作为开展网络营销的制造企业,为了能快速响应顾客提出的期望产品,要提高自身在设计、生产等环节的灵活性,并积极引导顾客在上述环节中的参与程度。

(4) 附加产品。其含义与传统产品整体概念中的形式产品的意义相同,是指顾客在购买产品时,从产品的生产者或经营者那里得到的附加服务,产品的这一层次的主要作用是协助顾客更充分、更好地享受核心产品带来的基本效用。在网络营销中,延伸产品层次包括售后服务、送货、质量保证、信贷等。

(5) 潜在产品。网络营销产品的整体概念所特有的层次位于附加产品之外,是指企业向顾客提供的能满足其潜在需求的产品。与附加产品不同,潜在产品对顾客更好地使用核心产品而言,并不是必不可少的,它属于一种增值服务。

6.1.2 网络营销产品分类

通过网络销售的产品,按照其形态的不同,可以分为两大类,即有形产品和无形产品。

1. 有形产品

所谓有形产品是指具有具体物理形状的物质产品。与传统的销售渠道不同,通过网络销售有形产品,没有顾客和销售人员的直接接触,网络是顾客了解产品与订购产品的媒介。顾客可以浏览企业的网页,了解所感兴趣的相关产品信息,在网上直接下订单,在达成交易之后,企业还必须按照顾客的要求,将产品送达顾客,而顾客也不可能在当时立即得到产品,必须等待一定的时间。顾客等待时间的长短,会因企业的配送能力的不同而不同。

2. 无形产品

所谓无形产品是相对于有形产品而言的,这种产品一般不具备具体的产品形态,有时也会通过某些介质而反映出某种形态。比如:我们向航空公司购买电子客票。通过网络进行销售的无形产品有两种:数字类产品和服务类产品。数字类产品,主要是指计算机软件、电子图书等数字产品,可以通过网络直接来传输,不需要通过中间物流配送就可以完成。服务类产品一般按照服务产品的性质可以划分为一般服务产品和信息服务产品。一般服务产品是指一些传统的服务,如医疗服务(远程门诊、挂号预定)、旅行服务、音乐会、体育比赛等的门票预定、远程教育等;信息服务产品是指专门提供有关信息、进行咨询的服务,如股市行情分析、金融信息、电子新闻等。

6.1.3 适合网络销售的商品

网络销售商家众多,商品种类也成千上万,现在公认的最适合网络销售的商品包括以下几种:

(1) 计算机硬件和软件。戴尔(Dell)公司、阿里软件是计算机硬件和软件的在线销售商,如 2007 年戴尔上半年每天仅网上的销售额就达 600 万美元。

(2) 电子消费品。数码相机、打印机、扫描仪和无线设备(包括个人数字助理和手机)都是一些可在网上买到的电子消费品。

(3) 图书和音乐。当当网上书城是中国主要图书网络销售商(2007 年中国 B2C 市场销售额约为 12.97 亿元,其中当当占 17%)。

(4) 保健美容品。大型零售商和特许销售商在线销售维生素、化妆品等种类繁多的保健美容商品。

(5) 文化娱乐品。文化娱乐是电子零售业的另一个领域,拥有数百万全球客户。销售的产品也非常多,范围包括竞技比赛门票、付费虚拟游戏等。

(6) 服装和纺织品。服装和纺织品在线销售量也在不断增长,与此同时,消费者可以在互联网上定制购买衬衫、裤子,甚至鞋。

(7) 珠宝。一些公司在通过电视频道售卖珠宝饰品取得成功之后,现在又通过互联网销售珠宝商品。2004 年,珠宝业一年的销售额为 450 亿美元,其中通过互联网销售的金额超过 20 亿美元。BlueNile、Diamond. com 是在线珠宝销售商的先行者,紧随其后的有亚马逊和 eBay。

(8) 汽车。提供汽车销售服务的制造商、零售商和中介商,无论是网络公司还是非网络公司,都正在加入到互联网汽车销售行列。涵盖 B2B、B2C 和 G2B 汽车交易市场的交易量达到数万亿美元,涉及新车和二手车交易、汽车运输公司和汽车出租公司。有一些公司还提供在线汽车销售服务支持,消费者可以在线办理融资、担保和保险。

(9) 服务业。一些例如旅游、股票交易、电子银行、房地产和保险在线服务业正在持续增长。

根据艾瑞咨询用户调研数据显示,服装鞋帽类商品自 2007 年开始,已超过手机、笔记本等数码类商品,成为网购交易量最大的商品品类。从 2009 年淘宝网销量排名看,服饰类商品仍然稳居第一,为淘宝贡献了接近 16%的交易量,成为网购第一大类商品;除此之外,化妆品、家居类用品、珠宝首饰和小家电等商品也成为网购热销商品。各类数据显示,网购商品正不断丰富,已经囊括了人们日常生活衣食住行各个方面的需求。

6.2 网络新产品开发

6.2.1 网络营销新产品开发面临的挑战

新产品开发是许多企业的市场取胜的法宝。在网络时代,由于信息和知识的共享,科学技术扩散速度加快,企业的竞争从原来简单依靠产品的竞争转为拥有不断开发新产品能力的竞争。而且互联网的发展,使得在今后获得新产品开发成功的难度增大,其原因如下:

(1) 在某些领域内缺乏重要的新产品构思。目前许多的传统优势企业正面临着严重挑战,Cisco 公司在短短的 15 年就成为美国市场价值第三大公司,超过了 Intel 公司;Intel 公司正准备从“计算机产业的建筑模块供应商”向“互联网建筑模块供应商”转移。未来的产品构思开发必须适应网络时代的需要。

(2) 不断分裂的市场。激烈的竞争正在导致市场不断分裂。各个公司不得不将新产品的目标对准较小的细分市场,而不是整个市场,这就意味着每一个产品只能获得较低的销售额和利润额。互联网的发展加剧了这种趋势,市场主导地位正从企业主导转为消费者主导,个性化消费成为主流,未来的细分市场必将是以个体为基准的。

(3) 社会和政府的限制。网络时代强调的是绿色发展,新产品必须以满足公众利益为准则,诸如消费者安全和生态平衡。政府的一些要求已使得医药行业的创新进度减慢,并使工业设备、化工产品、汽车和玩具等行业的产品设计和广告决策工作难以开展。

(4) 新产品开发过程中的昂贵代价。网络时代竞争加剧,公司为了最终找出少数几个良好的构思,通常需要形成许多新产品构思。因此,公司就得面对日益上升的研究开发费用、生产费用和市场营销费用。

(5) 新产品开发完成的时限缩短。许多公司很可能同时得到同样的新产品构思,而最终胜利往往属于行动迅速的人。反应灵敏的公司必须压缩产品开发的时间,其方法可采用:计算机辅助的设计和生产技术,合伙开发,提早产品概念试验及先进的市场营销规划等。

(6) 成功产品的生命周期缩短。当一种新产品成功后,竞争对手立即就会对之进行模仿,从而使新产品的生命周期大为缩短。网络时代,特别是互联网的发展带来的新产品开发的困难,对企业来说既是机遇也是挑战。企业开发的新产品如果能适应市场需要,可以在很短时间内占领市场,打败其他竞争对手。

6.2.2 网络营销新产品开发过程

1. 网络营销新产品的开发过程

为保持企业可持续盈利的能力,每一家公司都需要去寻找和开发现有产品的替代品或补充品。所以一个企业能否适时地开发出新产品以适应不断变化的市场需求,对于企业在行业中的地位和前途至关重要。所谓新产品开发,根据其创新程度主要指两方面:公司通过自主研发开发出具有突破性的创新产品或者公司利用现有品牌对目前产品的属性进行改善和调整。突破创新可以给企业带来巨大利润,提升市场地位,改变竞争基础,同时它又意味着企业需要承担由此而产生的高风险和高成本;而对现有产品的派生和增强固然可以节省在新产品导入期的促销成本,但是若新产品在市场上失败的话,也可能给现有品牌的形象带来负面影响,动摇现有的客户基础。所以产品开发要求公司在突破性创新和对现有产品的改良和调整之间进行权衡,并进行许多不确定性的决断。

新产品的开发过程是一个从创意生成、创意筛选、概念发展、产品设计、原型开发、测试营销一直到商品化的过程,传统上的做法是在此过程中的每一步骤结束时,都要进行是否继续进入下一步骤、返回前一步骤或停止项目的决策,目的在于最大限度地挖掘未被满足的市场需求,在投入大量的资源前将任何可能的决策失误降到最低点。在新的在线营销环境中,传统的新产品开发过程与方法显得不够快速。面对变化快速的市场环境,循序渐进的产品开发过程往往已无法对市场变化给予及时的回应,网络技术的应用,特别是在创意生成、产品设计、原型开发、测试营销阶段的作用,进一步挖掘了消费者的需求,并缩短了新产品的推出过程。

(1) 创意生成。创意产生阶段的目标是积聚许多关于新产品或产品改进的想法或创意。创意生成可能来自研发、制造、营销等内部群体或个人,也可能来自外部的客户、供应商、销售商,甚至可能从同类竞争产品中获得启发。创意生成阶段的目标是如何采用一个有效的方法来鼓励群体产生关于新产品或产品改进的想法,并尽可能多地聚集这些创意,而不进行过滤。顾客的需求是新产品构思的重要来源,营销人员可以通过网站的公告栏和社区群体讨论等发现流露出来的顾客创意、了解市场的个性化需求和总体特征。

(2) 创意筛选。一旦新成品创意头脑风暴形成后,就需要分组和筛选创意了。这时参与产品开发过程的所有人参加,对聚集的创意进行分类和识别,从中筛选出有价值的创意。创立一个高效的创意评分系统,可使最好的创意继续前进。

(3) 概念发展。富有吸引力的新产品创意需要提炼后才能发展成产品概念。产品创意指的是公司希望为市场提供的可行的产品构思,而产品概念指用有意义的顾客术语来表述的产品构思,具体包括满足顾客需求的描述、产品解决方案的形式、初步的产品规范和设计、产品定位和经济可行性。创意通过概念发展阶段需达到一系列的特定指标。一旦创意通过了概念发展阶段,风险和产品开发过程的资源需求就增加,开始需要考虑初始的市场预测、制造的可行性、供应链以及财务标杆等。

(4) 产品设计。面对市场的激烈竞争,产品以更快的速度进入市场才能获取竞争优势。因此企业处于缩短产品设计时间的压力之下。缩短产品设计时间的模块化就是将新产品分成几个子系统来独立设计和测试,负责各个子系统的工作小组可以平行地进行工作,不必等到前一个工作结束后再开始下一道工序,这样可大幅度缩短开发时间并降低新产品的开发成本。模块化的设计需要有研发团队间持续、通畅的沟通作保证。CAD 和视频会议等网络工具为跨职能、跨地域开发团队间的高效沟通与协作提供了便利。

(5) 原型开发。原型开发指将产品从概念变成模型的过程。在此过程中,可能要造出一个从设计图纸到标准尺寸的三维实验模型的完整系列原型。在本阶段通常需要投入相当多的时间和资源来制作一个更完整、更精确的模型。原型开发方法可使产品相关数据完全以数字形式被生成、测试、细化和制造,在产品的实物原型推出之前先经历虚拟产品的开发阶段,这可以将资源密集深入阶段推移到产品开发的后期。

(6) 测试营销。测试营销是一种小规模的营销实验,它的目的是通过对小规模实验中采用的一些营销变量进行观察、测试和识别,制定出一个适宜于产品大量导入市场阶段的营销支持模式:广告、分销、包装、定价和促销等。利用在线营销实验可对新产品进行评估,如公司服务器可以随机向不同的来访者展现不同的产品,然后通过跟踪其点击率来测量来访者对不同产品的反应,了解被测试的各营销变量间的因果关系,预测它们在市场的潜在性。

(7) 商品化。产品的商品化涉及产品的市场导入计划,要求一个高度复杂的实施计划,其中产品导入时机、要求的资源、营销、供应分销,与产品定位相配套的营销支持模式,以确保新产品一上市就能在市场上取得成功。

2. 网络如何影响产品开发过程

网络向产品开发过程引入了新的柔性标准。"边走边学"和"察觉并响应"在网络环境下得到了全面贯彻和应用。在一个动态产品开发过程中,产品设计的顺序方式不仅缺乏效率而且有产品过时的风险,它没有利用新技术或未能反映新兴的客户需求。

网络使产品开发过程得以简化,只包括五个步骤:构思、概念发展、开发计划、反复研发和测试,以及投放市场。从一个步骤到下一个步骤的迁移没有传统的开发过程模型那么正式和结构化。每个步骤分析的严格程度应当与公司所面临的风险水平、管理团队的风险承受能力以及市场需求相称。换句话说,没有品牌资产、没有现有客户基础而且对收入需求极为强烈的网络公司可导入一个非常早期的版本,并追求一个察觉并响应的开发方式。

网络在以下领域影响了产品开发过程:持续的客户输入、产品设计和沟通工具,以及产品的实验和测试。

(1) 持续的客户输入。弹性开发方法要想获得成功,公司必须采用巧妙的市场信息的产生方法并将该信息整合到开发过程之中。所有产品必须建立在对客户当前和未来需求以及持续可靠的客户反馈深入理解的基础之上。在产品开发的早期阶段制订一个详尽的鼓励客户反馈的计划通常对公司十分有益。网络是一个激发这类沟通的理想工具,因为它相对及时、成本低廉而且交互程度很高。公司用于了解客户需求的越来越普遍的过程是客制化。客制化要求产品、这些产品的营销以及全面的客户体验为每个客户进行定制。这个过程是客户发起和客户控制的,客户介入整个设计过程,而实际产品在客户购买之后进行制造。然而,将客制化投入实际应用往往要求高度复杂的营销 IT 系统。

(2) 产品设计和沟通工具。网络技术的不断发展可能会增强网络在快速产品开发中的作用。新的网络工具如 3D 显示和视频会议有助于打破研发、营销和销售间的一些传统壁垒,并能够激发产品开发过程中的真正合作。这些工具的一个强大优势在于,它们促进了分散在多个国家的开发团队间的沟通和协作。国际时间的差异能够使团队昼夜不停地进行产品设计。这些跨职能团队利用企业内部网(Intranet)和企业间网络(extranet)整合任务、同步变更,并将客户和市场反馈纳入其设计过程之中。事实上,许多组织利用这些类似的工具和技术来管理基于服务的产品。

(3) 产品的实验和测试。计算机辅助设计(CAD)、计算机仿真和其他先进技术允许公司迅速地利用实时市场数据。这些技术为潜在客户创造了虚拟产品和虚拟观光,降低了设计过程早期的开发成本,实物原型的制作可以推迟到这个过程的后期,此时产品已接近完成而且不会有变化,这进一步降低了产品开发的成本。

6.2.3 网络营销的新产品战略

许多新产品(如 YouTube、雅虎、微博等)是由一些独家经营的企业推出来的,公司在最初成功的产品基础上推出新产品。另外一些企业(比如微软公司)则是将互联网产品捆绑到一个已经很成功的产品组合中。厂商应该如何将新颖的产品构思融入当前的产品组合中去呢?按照美国学者兰姆·海尔和迈克·丹尼尔的观点,企业可以采用的新产品战略主要包括以下六种。其中新产品战略所具有的风险是最高的,而低价格的相同产品战略则是风险最小的。企业可以根据营销目标和其他的各种因素(如风险偏好、品牌价值、可利用的资源、竞争优势等)选择一种或几种产品战略。

(1) 非连续创新产品战略

这种战略是指开发一种以前从来没有见过的新产品,或者新问世的产品即开创了一个全新市场的产品。这种策略一般是创新公司采用策略。网络时代使得市场需求发生根本性变化,消费者的需求和消费心理也发生重大变化。因此,如果有很好的产品构思和服务概念,即使没有资本也可以凭借这些产品构思和服务概念获得成功,因为许多风险投资资金愿意投入互联网上市场。苹果公司通过"软件+硬件+服务"为一体的新产品 iPhone、iPad 新产品的入市,公司市值超过微软,一跃成为全球市值最大的公司。音乐 CD 和电视机在刚刚问地时就属于非连续创新产品。在互联网上,第一个网页制作软件、购物代理、搜索引擎等都属于这一类。一个最近的例子是有关身体扫描的硬件和软件产品,它是李维斯公司开发的个性化裤型服务系统,这对那些不能找到合适的衣服或者希望在衣服设计方面有更多个性化的客户来说是一个很好的主意,此外,它还有利于制造商和零售商提高客户忠诚度,降低库存成本,避免季节性折扣。另一个非连续创新产品的例子是社交网络,社交网络使网络用户拥有大量的沟通对象,既可以是为了娱乐,也可以是为了获得经济利益。尽管这种战略的风险极大,但是成功的回报也很丰厚。采用非连续创新产品战略的网络经营企业必须懂得客户了解和接受新产品要有一个过程,因为这是他们从未做过的事。企业面临风险是因为客户需要在充分熟悉产品,到能够驾轻就熟,到他们感觉物有所值以后才会转变他们的消费行为。如果目标客户是 35 岁以下的年轻人,风险就会小得多,因为这一人群对新技术有一种天然的亲和力。

(2) 新产品线战略

新产品线战略,即公司首次进入现有市场的新产品。互联网的技术扩散速度非常快,利用互联网迅速模仿和研制开发出已有产品是一条捷径,但在互联网竞争中一招领先招招领先,因为新产品开发速度非常快。这种策略只能作为一种对抗的防御性策略。如果企业用一种现有的品牌,为完全不同的新产品命名,就形成新产品线。例如,微软公司介绍和推广 IE 浏览器时,就创造了一种新的产品线。因为网景公司已经开发出了浏览器,所以微软的浏览器并不能算是非连续的创新产品。

(3) 产品线的延伸战略

产品线的延伸战略即补充公司现有产品线的新产品。由于市场不断细分,市场需求差异性增大,这种新产品策略是一种比较有效的策略。首先,它能满足不同层次的差异性需求;其次,它能以较低风险进行新产品开发,因为它是在已经成功的产品上再进行开发。如果企业只是增加现有产品的花色品种,那只能算是产品线的延伸(additional to existing product lines)。例如,《今日美国》(网络版)(www. usatoday. com)只不过是纸质的《今日美国》的在线延伸。比如谷歌公司有 5 条产品线(搜索引擎、广告、网络应用、企业版产品、移动通信产品),总计 47 种产品,所有这些产品都提升了品牌的知名度,也增加了品牌价值。

(4) 对现有产品的改进或调整战略

在网络营销市场中,由于消费者个性化需求导致消费者越来越挑剔,企业在面对消费者需求品质日益提高的驱动下,必须不断改进现有产品和进行升级换代,否则很容易被市场抛弃。在互联网上,企业不断地促进品牌发展以增加客户价值,并且保持竞争力。现有产品的改良品或更新,即提供改善了的功能或较大感知价值并且替换现有产品的新产品,对现有产品的改进或调整(improvements or revisions products)会形成一种新产品,它也可以替代旧产品。例如,以网站为基础的电子邮件系统是对基于客户端的电子邮件系统(Eudora 和 Outlook)的发展,用户可以从任何联网的计算机上收发电子邮件。像 Web2Mail.com 网站这样的网站服务提供商允许用户不经过注册就能使用现有的电子邮箱账户收发电子邮件,这与 Hotmail 公司和雅虎公司的服务大不相同。

(5) 重新定位的产品战略

这种战略是将现有产品定位于不同的目标市场,或者提供新的用途。上面提到的雅虎公司开始定位于网络搜索引擎,后来又将自己定位为门户网站(提供多种服务)。由此看来,雅虎公司开始是与行业领军者美国在线公司抗衡,避免与主要的竞争对手谷歌公司正面冲突。MSNBC 公司也对自己进行重新定位,把目标市场定位为年轻的网络用户,即以新的市场或细分市场为目标市场的现有产品。这种策略是网络营销初期可以考虑的,因为网络营销面对的是更加广泛的市场空间,企业可以突破时空限制以有限的营销费用去占领更多的市场。在全球的广大市场上,企业重新定位产品,可以取得更多的市场机会。如在国内的中档家电产品通过互联网进入国际其他发展地区市场,可以将产品重新定位为高档产品。

(6) 低价格的相同产品战略

这种战略用低价与现存的品牌展开竞争,赢得价格上的优势,即提供同样功能但成本较低的新产品。网络时代的消费者虽然注重个性化消费,但个性化消费不等于是高档次消费。个性化消费意味着消费者根据自己的个人情况包括收入、地位、家庭以及爱好等来确定自己的需要。因此消费者的消费意识更趋向于理性化,消费者更强调产品给消费者带来的价值,同时包括所花费的代价。在网络营销中,产品的价格总的是呈下降趋势,因此提供相同功能的但成本更低的产品更能满足日益成熟的市场需求。例如,eFax 公司向客户提供免费的传真接收服务,客户可以把传真当作电子邮件的附件来接收。互联网在发展的过程中产生过许多免费的产品,这是因为企业希望先抢占市场,赢得客户群,然后再推出其他产品。例如,Eudora 电子邮件程序软件都是依靠这种战略很早进入市场的。

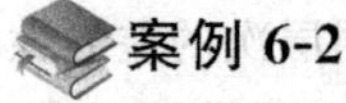

案例 6-2

谷歌的产品策略

Google 公司(中文官方译名谷歌),是一家致力于互联网搜索、云计算、广告技术等领域,开发并提供大量基于互联网的产品与服务,其主要利润来自 AdWords 等广告服务。Google 由当时在斯坦福大学攻读理工博士的拉里·佩奇和谢尔盖·布卢姆共同创建,因此两人也被称为"Google Guys"。1998 年 9 月 4 日,Google 以私营公司的形式创立,设计并管理一个互联网搜索引擎"Google 搜索";Google 网站则于 1999 年下半年启用。Google 的使命是整合全球信息,使人人皆可访问并从中受益。Google 被公认为全球最大的搜索引擎,也是互联网上五大最受欢迎的网站之一,在全球范围内拥有无数的用户。

谷歌创建于 1998 年。那时候,网络上已经有很多家搜索引擎网站,各自有一定忠实的客户。那么谷歌是怎么做到后来者居上的呢?首先,得益于一项低成本的专利技术。创始人拉里·佩奇和谢尔盖·布卢姆构想出一种方式,他们能够用普通的硬件设备提高服务器的数据存储能力,比同行高出8倍。其次,他们创造了一种新的搜索方法,那就是不仅按照与关键词的接近度来对搜索结果的网页排序,而且考虑网页受关注程度,也就是有多少网站键接到该网页。利用这种搜索方法,使得网络用户能够通过搜索找到相关的网站。最后,谷歌的创始人十分关注提高客户满意度,他们采用简单的网页设计,不在主页上放置广告,只允许在搜索页面放置没有图片的文本广告,这种策略使搜索页面下载速度更快,阅读更方便。

在产品创新方面,谷歌始终处于行业领先地位。参与创新的技术人员首先在实验室开发新产品,然后将开发出来的软件交给准用户进行测试,最后推向市场。整个流程一般持续一年时间。在此过程中,谷歌善于向客户学习,把客户的意见及时反馈到产品中。谷歌的产品组合主要包括15种搜索产品,利润网页、博客、地形、地图、资讯等,网站上还有3种广告产品(广告联盟、搜索引擎右侧广告、广告效果分析),21种网络应用产品(谷歌在线办公软件、网络相册、YouTube视频分享、博客等),5种企业产品(例如企业用谷歌地球、企业用谷歌地图、企业用3D绘图软件等),2种无线应用产品。所有的网络产品都符合谷歌公司的经营理念。谷歌的商务模式主要是媒体电子商务模式,它将用户和信息连接在一起,再把用户的关注销售给广告商。其收入来源主要包括:向企业的搜索引擎提供后台网页查询服务,这使得谷歌公司占据全球搜索引擎查询市场份额的54%;向企业提供服务;向网络广告商出售广告。通过"每次点击收费"模式来降低广告商的风险。

谷歌公司有15%的员工获得了博士学位,这使得公司能够在创新中不断发展。公司针对目标市场需求提供新的产品和服务,提升消费者对谷歌网站的喜爱和推崇。谷歌网站关注客户价值、保持低成本运作方式并为广告商提供极高的眼球效应。

(资料来源:Judy Strauss, Raymond Frost著.网络营销(第五版).时启亮等译.北京:中国人民大学出版社,2010.)

案例思考题

(1) 谷歌新产品开发成功的主要原因是什么?

(2) 谷歌的产品主要有哪些,请查阅相关文献,描述每种产品的业务模式?

6.3 网络营销品牌策略

6.3.1 网络市场品牌概述

1. 网络品牌的概念

品牌是一种信誉,由产品品质、商标、企业标志、广告口号、公共关系等混合交织形成。企业通常会用理性与感性兼具的营销活动,再配合公关造势,创建出价值无穷的品牌。与传统市场类似,网上品牌对网上市场也有着非常大的影响力。据调查,超过半数的被调查者首先会选择那些知名商家的网站去购物,网上销售受品牌影响颇大。

网上品牌与传统品牌有着很大不同,传统优势品牌不一定是网上优势品牌,网上优势品牌的创立需要重新进行规划和投资。尽管可口可乐、耐克等品牌仍然受到广大青少年的青睐,但是这些公司网站的访问量却并不高。既然知名品牌与网站访问量之间没有必然的联系,那么公司到底要不要建设网站就是一个值得考虑的问题。从另一角度看,这个结果也意味着公司要在网上取得成功,绝不能指望依赖传统的品牌优势。

20世纪90年代我国市场营销迎来了网络品牌时代。媒体分化使网络品牌应运而生,即基于互联网技术而推出的网络门户。虽然中国网络门户刚刚起步,远不像传统品牌那样历史长、知名度高,具有广泛的忠实客户,但它对中国品牌市场营销的进程具有里程碑的意义。某种程度上,网络品牌在网络上提供的服务几乎是免费的,用户使用和获得品牌的服务不再付费,这一点就从根本上区别于传统意义上的品牌存在的价值。网络品牌完全打破了传统品牌特别是产品品牌建立的模式。因此网络品牌的建立需要资产的投入。

2. 网络品牌的价值

网络品牌资产并不仅仅代表了股票市值或者被并购的价格筹码,而是代表了品牌的有效识别、顾客价值、社会意义等众多的因素,探讨网络品牌资产的意义即在于深入挖掘网络品牌的核心价值,以促使更多深具品牌价值的网络品牌的打造和产生。网络品牌资产由一系列要素构成,这些要素分别以各自的方式影响着网络品牌价值。这些要素包括网络品牌忠诚度、网络品牌价值、网络品牌认知度、网络品牌影响力、网络品牌联想等。

(1) 网络品牌忠诚度

一个品牌对企业的价值很大程度上是由其支配的客户忠诚度创造的,一个品牌从某种程度上代表了一组忠诚的顾客。当对一个将要出售或购并的品牌进行估价时,忠诚度是一个关键的考虑因素。因为高忠诚度的消费者,能够产生可预知的销售额和利润。另外,忠诚度还意味着品牌对客户的价值,并对营销成本的影响巨大,因为维系老顾客比吸引新顾客的成本低得多。因此,将品牌忠诚度列为品牌资产构成要素,将有助于创造和提高品牌资产价值。网络品牌忠诚度可以从品牌网站客户回访率、客户重复购买率等指标衡量。

(2) 网络品牌价值

网络品牌的价值是构成网络品牌资产的核心,它代表了企业网络品牌的终极目标。比如Google的理想是“整合全球网络资源为全球网民服务”,耐克满足了追求第一、不断挑战的生活态度,迪士尼则传播着快乐、童真的价值观。品牌的价值是比较复杂的概念,也是难以量化的指标。在实际操作中,网络品牌价值的衡量可以通过测评与消费者生活的关联性,消费者对网络品牌的价值评价和价值认可度,消费者生活对特定品牌的依赖程度,网络品牌的获利能力等指标衡量。

(3) 网络品牌认知度

消费者对品牌的认知程度在很大程度上影响着其购买和选择。可以说认知度是建立网络品牌识别的最终策略和目的,它代表了消费者对品牌总体质量感受和在品质认知上的整体印象和体验。将网络品牌的认知度作为品牌资产因素将有助于构建与消费者高度互动的网络品牌。当消费者对品牌的认知度提高时,消费者对品牌的感知会大大改善。网络品牌认知度的衡量可通过目标客户对网络品牌的认知程度,已有客户中有购买行为的客户所占的比率等指标来衡量。

(4) 网络品牌影响力

品牌影响力从某种程度上反映了品牌的市场份额，或者代表了品牌在某一市场中的知名度。消费者对品牌的了解和接触，会产生品牌的熟悉感。心理学研究表明，认知本身可引起对几乎所有事物更为积极的感受，无论这个事物是音乐、人、语言文字或品牌。消费者做品牌选择时——甚至在决策购买行为时，了解和熟悉的品牌就会占优势。使消费者识别和再现品牌，建立品牌影响力可以极大地增加品牌资产。不过，简单地再现、认知和熟悉只是建立品牌知名度挑战的一部分，不足以成为品牌建设战略。最强大的品牌不是为实现普遍的知名度，而是为实现战略知名度而战。网络品牌影响力可以从品牌网站的浏览量指标，网站访问者中目标客户的比率等指标来衡量。

(5) 网络品牌联想

网络品牌联想代表了网络品牌的基础识别，是构成网络品牌资产的重要部分。主要组成因素包括品牌网站名称、网站地址、网络形象设计、品牌网络行为识别等因素，代表了消费者认知、识别、记忆某品牌的能力。它的价值也可以通过其注册商标或专利等无形资产的价值体现出来，也可以通过有关品牌识别的调查或监测指标获得客观评价。

从上述的内容可以看出，网络品牌同传统的品牌一样，代表了一系列资产。因此，对网络品牌资产的管理就应包括创造并增加资产的投资。网络品牌资产的每个构成因素都以不同的形式影响并创造价值，为有效地管理这些资产，同时为网络品牌建设活动制定基于可靠消费的决策，认知网络品牌资产每个构成要素的作用很有必要。网络品牌资产同时为消费者和企业创造价值。网络品牌名称和品牌 URL 是网上消费者识别品牌的关键要素，对于网络品牌的塑造至关重要。

6.3.2 网络品牌的塑造

1. 企业网站中的网络品牌建设

企业网站必不可少的要素之一——域名与网络品牌之间也存在密切的关系。由于英文域名(或汉语拼音)与中文品牌之间并非是一一对应的关系，使得域名并不一定能完全反映网络品牌，这是中文网络品牌的特点。一个中文品牌可能并非只对应一个域名，如联想集团中文商标为“联想”，其英文商标却为“Lenovo”。联想的汉语拼音所对应的域名也将对联想的网络品牌有一定影响，但汉语拼音“Lianxiang”所对应的中文并不是唯一的。除了联想之外，还有“恋乡”等有一定意义的词汇，这也为网络品牌推广带来一定的麻烦，同时也出现了域名保护问题。尽管从用户网站访问的角度来看，一个域名就够了，但实际上，由于域名有不同的后缀(如.com、.net、.cn 等)，以及品牌谐音的问题，为了避免造成混乱，对于一些相关的域名采取保护性注册是必要的，尤其是知名企业。但过多的保护性注册也增加了企业的支出，这些网络品牌资产虽然也有其存在的价值，但却无法转化为收益。

2. 通过搜索引擎来提升网络品牌

搜索引擎常被作为网站推广和产品促销的主要手段，但搜索引擎的作用并非仅限于此，搜索引擎还有更多的网络营销价值。企业采用搜索引擎营销的首要目标是品牌推广。根据 SEMPO 的调查，在搜索引擎营销应用中，61%的企业认为采用搜索引擎营销的首要目标是品牌认知,尤其是大型企业,更加注重搜索引擎对品牌推广的价值。既然搜索引擎和网络品牌联系这么紧密,那么网站建设就应该被提升到很重要的位置上。但遗憾的是,许多企业并没有真正认识到网站建设和网络品牌建设之间的联系有多大。他们从网站策划、设计到网站建设完毕,始终没有和网络营销很好地联系起来。打开许多公司的网页,是一个很精美的图片或者是莫名其妙的 FLASH 动画,许多网络设计者强调这可以体现企业精神或企业文化。但实际上,这种做法却使得搜索引擎检索不到企业的信息而使其网络营销价值大打折扣。因此,网站的搜索引擎可见度对网络品牌产生直接影响,尤其对于大型企业和知名企业,有必要对网站在搜索引擎中的表现给予充分关注。

搜索引擎是用户发现新网站的主要方式之一,用户在某个关键词检索的结果中看到的信息,是一个企业/网站网络品牌的第一印象,这一印象的好坏则决定了这一品牌是否有机会进一步被认知。网站被搜索引擎收录并且在搜索结果中排名靠前,是利用搜索引擎营销手段推广网络品牌的基础。这也说明搜索引擎的品牌营销是基于企业网站的营销方法。

3. E-mail 营销对网络品牌的影响

作为市场工作的需要,每天都可能会发送大量的电子邮件,其中有一对一的顾客服务邮件,也有一对多的产品推广或顾客关系信息。通过电子邮件向用户传递信息,也就成为传递网络品牌的一种重要手段。

调查公司 Quris 的一项调查表明,56%的被调查者认为高质量的许可 E-mail 营销活动对于企业品牌有正面影响;67%的被调查者反映,他们对于自己信任的公司开展的 E-mail 营销活动有良好印象;58%的用户表示,经常打开这些公司发来的 E-mail;54%的用户对于这些公司的信任要高于其竞争者。该研究表明利用 E-mail 沟通顾客关系并让顾客保持满意,对增加销售有直接的促进作用。许可 E-mail 信息的长期接收者经常会点击邮件中的信息,并且实现在线购买,这说明邮件列表对于企业的品牌认知产生积极的效果。除了产品/服务促销邮件之外,顾客服务邮件、确认信息,以及顾客定制邮件都很重要,在一定的程度上对企业品牌产生着影响。在 E-mail 营销获得认可的同时,也应考虑到可能的负面效果。Quris 的调查表明,如果一个公司的 E-mail 营销或者 CRM 活动开展得不专业,可能会对品牌产生负面影响,尤其对于知名企业,更应该用专业的手段开展 E-mail 营销,因为 2/3 以上的被调查者对知名企业比一般企业有更高的期望。

4. 网络广告中的网络品牌推广

网络广告的作用主要表现在两个方面:品牌推广和产品促销。相对于其他网络品牌推广方法,网络广告在网络品牌推广方面具有针对性和灵活性,可以根据营销策略需要设计和投放相应的网络广告,如根据不同节日设计相关的形象广告,并采用多种表现形式投放于不同的网络媒体。

5. 用"病毒"性营销方法推广网络品牌

"病毒"性营销对于网络品牌推广同样有效。例如,Flash 幽默小品是很多上网的用户喜欢的内容之一。优秀的作品往往会在很多同事和网友中互相传播,在这种传播过程中,浏览者在欣赏画面内容的同时也会注意到该作品所在网站的信息和创作者的个人信息,这样就达到了品牌传播的目的。

6. 建立网络营销导向的网络社区

网络社区营销已经逐渐成为过时的网站推广方法，但网络社区的网络营销价值并没有消失，尤其是建立企业自己的网络社区，如论坛、聊天室等。企业网站建立网络社区，对网络营销的直接效果是有一定争议的，因为大多数企业网站访问量本来就很小，参与社区并且重复访问者更少，因此网络社区的价值便体现不出来。但对于大型企业，尤其是有较高品牌知名度并且用户具有相似爱好特征的企业来说就不一样了，如大型化妆品公司、房地产公司和汽车公司等，由于有大量的用户需要在企业网站获取产品知识，并且与同一品牌的消费者相互交流经验，这时网络社区对网络品牌的价值就表现出来了。这里需要指出的是，网络社区建设并不仅仅是一个技术问题，也就是说，建立网络社区的指导思想应明确，是为了建立网络品牌、提供顾客服务，以及增进顾客关系，同时更重要的是，对于网络社区要有合理的经营管理方式，一个吸引用户关注和参与的网络社区才具有网络营销价值。

除了上述几种建立和传播网络品牌的方法之外，还有多种对网络品牌传播有效的方法，如发布企业新闻、以企业为背景的成功案例、博客等。与网下的企业品牌建设一样，网络品牌不是一蹴而就的事情，重要的是充分认识网络品牌的价值，并在各种有效的网络营销活动中兼顾网络品牌的推广。

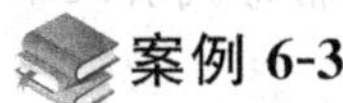案例 6-3

网络营销之 eBay 的网络品牌塑造之路

1997 年，eBay 的创始人为其在线拍卖公司求助于基准资本公司。虽然公司的毛利率达到 30%且每月以 40%的速度增长，但他需要一位职业经理掌舵该企业。Benchmark 发现梅格·惠特曼(Meg Whitman)是理想的候选人，并邀请她飞越美国来与其讨论加盟管理团队的可能。在她踏上旅程的前天晚上，她通过自己家里的计算机访问了该站点，并为其发现所震惊："站点(色彩)是黑白的，字体一律是基本的 courier。品牌混乱，eBay 出现在一页而 AuctionWeb 出现在另一页，公司名叫 eBay，而 Web 站点被称作 AuctionWeb，但是两个品牌同时出现在站点上。"惠特曼说："我简直难以相信飞越 3000 英里就为了这个。"

梅格·惠特曼加盟 eBay 之时，市场上至少有 150 家其他在线拍卖公司。与 eBay 不同的是，其他许多公司对登录不收费。但是，eBay 已经创立了强大的品牌资产。这也解释了 Bay 交易量和利润急骤增长，同时人们有大量的选择——其中许多是低价位的商品。eBay 的品牌塑造按照以下步骤进行：

(1) 清晰界定品牌的目标受众(clearly define the brand audience)。eBay 将自己界定为"全世界的在线市场"。这个措辞范围之广令人难以置信。它将那些无论身在何处希望参与在线商务的买主和卖主联合起来。任何人不仅可访问 eBay 开展在线商务，他们也能访问 eBay 在全球的各种站点，这些专为单个市场的口味和规范而定制，同时保留 eBay 原始站点的许多品牌要素。

(2) 了解目标客户(understanding the target customer)。eBay 密切关注其买主和卖

主的需求。eBay体验和品牌的许多特色与要素都是eBay聆听客户意见并对站点实施变革的直接结果。eBay持续地监视留言板并请求来自客户的反馈。它甚至将其常客邀请到位于圣何塞的总部以请教他们的观点。最后,它将许多客户的建议纳入eBay的体验当中,并利用这些建议强化整个客户体验。

(3) 了解竞争态势(understanding the competition)。eBay不断监视竞争态势,并持续更新和调整战略以应对竞争对手。eBay常常处于定义在线拍卖体验的最前线,例如,它利用登录费过滤掉低价值而量大的卖主。

(4) 设计引人注目的品牌意图(design compelling brand intent)。eBay的广告"全世界的在线市场"加强了服务的广度。在该行业中,规模确实要紧。对于卖主来讲,更多的买主意味着更多的客户;对于买主来讲,更多的卖主意味着更多的选择。类似于Google.com,eBay的Web站点向两类客户加强了简洁性、易于使用和产品性能。eBay的品牌意图是个人化:浏览器可容易地进行橱窗购物,有目的的购物者能找到其所需的东西,而卖主几乎总能找到客户(如果其提供物、措辞和展示得当的话)。

(5) 识别客户体验的关键点(identify key leverage points in customer experience)。eBay结合了增强在线体验的许多服务,例如,站点个人化和易于浏览。不过,关注的焦点一直在将发展受众作为强化体验最重要方面(即销售)的一种方式。在最原始的拍卖形式中引入固定价格要素就是eBay清晰击中关键点的一个例子。在其固定价格形式引入不到一年,eBay所有销售收入的19%都来自固定价格形式。

(6) 实施品牌塑造战略(execute the branding strategy)。eBay实施了如下活动:

- 完整实施(execute with integrity)。eBay品牌的完整性体现在,它为买主和卖主创造了一个安全、简洁、引人注目的在线体验。随着它趋于成熟并扩展到互补产品种类和市场,eBay一直维持着这些质量。
- 一致实施(execute consistently)。在其所有的品牌延伸中,eBay保持着一个共同的感官和一个强烈的客户体验,包括政策和步骤。从eBay的一个平台移到另一个平台的人将会有相当类似的客户体验。主要的差别在内容上。
- 耐心实施(execute patiently)。强势品牌的形成需要时日。eBay以AuctionWeb开始生命之旅,并逐渐演化成eBay。类似地,eBay Premier可能转变成一个提供强大苏富比(Sotheby's)实况拍卖的联合品牌站点,赋予eBay比传统拍卖更高的可信性,同时让苏富比更深地涉足在线世界。
- 灵活实施(Execute flexibly)。eBay不会放弃浮现的机会,例如,其投运的Ebay Mtors.随着市场和客户需求的持续演化,eBay还在寻求并利用更多的机会。

(7) 建立反馈系统(establish feedback systems)。eBay通过多种渠道保持其同客户的密切联系。eBay监视其消息栏,不断把握其社区的脉搏。这样做,能迅速跟进敏感的变化,确保一个一致的品牌感知。eBay也通过其Voices会话甚至通过eBay大学维持一个反馈回路。通过在线和离线方式保持其与客户的联系,eBay完全控制着其品牌形象。

(资料来源:Rafi A. Mahammed等著.网络营销(第2版).王刊良译.北京:中国财经出版社,2004.)

案例思考题

(1) 分析eBay如何构建起网络品牌质量的?

(2) eBay 取得网络品牌成功的原因何在?

6.4 网络营销价格策略

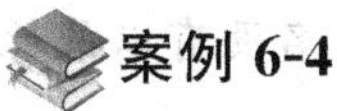
案例 6-4

亚马逊公司实施差别定价

一、背景

1994 年,当时在华尔街管理着一家对冲基金的杰夫·贝佐斯在西雅图创建了亚马逊公司,该公司从 1995 年 7 月开始正式营业,1997 年 5 月股票公开发行上市,从 1996 年夏天开始,亚马逊极其成功地实施了联属网络营销战略,在数十万家联属网站的支持下,亚马逊迅速崛起成为网上销售的第一品牌,到 1999 年 10 月,亚马逊的市值达到了 280 亿美元,超过了西尔斯和卡玛特两大零售巨人的市值之和。亚马逊的成功可以用以下数字来说明:

根据 Media Metrix 的统计资料,亚马逊在 2000 年 2 月在访问量最大的网站中排名第 8,共吸引了 1450 万名独立的访问者,亚马逊还是排名进入前 10 名的唯一一个纯粹的电子商务网站。在 2000 年,亚马逊已经成为互联网上最大的图书、唱片和影视碟片的零售商,亚马逊经营的其他商品类别还包括玩具、电器、家居用品、软件、游戏等,品种达 1800 万种之多,此外,亚马逊还提供在线拍卖业务和免费的电子贺卡服务。

二、亚马逊公司的差别定价策略

作为一个缺少行业背景的新兴的网络零售商,亚马逊不具有巴诺公司那样卓越的物流能力,也不具备像雅虎等门户网站那样大的访问流量,亚马逊最有价值的资产就是它拥有的 2300 万注册用户,亚马逊必须设法从这些注册用户身上实现尽可能多的利润。因为网上销售并不能增加市场对产品的总的需求量,为提高在主营产品上的盈利,亚马逊在 2000 年 9 月中旬开始了著名的差别定价实验。亚马逊选择了 68 种 DVD 碟片进行动态定价试验,试验当中,亚马逊根据潜在客户的人口统计资料、在亚马逊的购物历史、上网行为以及上网使用的软件系统确定对这 68 种碟片的报价水平。例如,名为《泰特斯》的碟片对新顾客的报价为 22.74 美元,而对那些对该碟片表现出兴趣的老顾客的报价则为 26.24 美元。通过这一定价策略,部分顾客付出了比其他顾客更高的价格,亚马逊因此提高了销售的毛利率,但是好景不长,这一差别定价策略实施不到一个月,就有细心的消费者发现了这一秘密,通过在名为 DVDTalk (www.dvdtalk.com)的音乐爱好者社区的交流,成百上千的 DVD 消费者知道了此事,那些付出高价的顾客当然怨声载道,纷纷在网上以激烈的言辞对亚马逊的做法进行口诛笔伐,有人甚至公开表示以后绝不会在亚马逊购买任何东西。更不巧的是,由于亚马逊前不久才公布了它对消费者在网站上的购物习惯和行为进行了跟踪和记录,因此,这次事件曝光后,消费者和媒体开始怀疑亚马逊是否利用其收集的消费者资料作为价格调整的依据,这样的猜测让亚马逊的价格事件与敏感的网络隐私问题联系在了一起。

为挽回日益凸显的不利影响,亚马逊的首席执行官贝佐斯只好亲自出马做危机公关,他指出亚马逊的价格调整是随机进行的,与消费者是谁没有关系,价格试验的目的仅仅是为测试消费者对不同折扣的反应,亚马逊"无论是过去、现在或未来,都不会利用消费者的人口资料进行动态定价"。贝佐斯为这次的事件给消费者造成的困扰向消费者公开表示了道歉。不仅如此,亚马逊还试图用实际行动挽回人心,亚马逊答应给所有在价格测试期间购买这68部DVD的消费者以最大的折扣,据不完全统计,至少有6896名没有以最低折扣价购得DVD的顾客获得了亚马逊退还的差价。

至此,亚马逊价格试验以完全失败而告终,亚马逊不仅在经济上蒙受了损失,而且它的声誉也受到了严重的损害。

(资料来源:http://www.1mkt.net/html/netanli/130958580.htm.)

案例思考题

(1) 亚马逊是如何实施差别定价策略的?

(2) 你认为亚马逊差别定价策略失败的原因是什么?

(3) 亚马逊差别定价策略的失败给我们什么启示?

6.4.1 网上商业价格特征分析

麻省理工学院和马里兰大学的一份研究报告表明网上商业的现实并非如人们的想象。这份研究报告对网上商业的四个特征进行了分析,即价格水平、价格弹性、标价成本和价格差异。

1. 价格水平

随着网上商业的发展,网上的价格经历了一个由比传统市场价格高到低9%～16%的过程。市场会因为竞争而成熟。1997年5月19日,当Barnes&Nobel(美国最大的书刊零售商)也上网卖书后,Amazon网上商城就降价近10%以对付竞争对手。

2. 价格弹性

价格弹性是指价格的上下波动能引起需求量相反变动的幅度。在一个竞争充分、消费者对价格信息全面了解的市场上,价格弹性比较大,即谁便宜(价格低),消费者就向谁购买(销量大)。但价格弹性对于不可比的商品就不太适用。他们发现就不可比较的商品而言,如果相关产品信息较少时,顾客会很关注价格,而当向消费者提供较多的产品信息时,价格竞争就变得不太明显,而且更容易成交,也就是说价格的高低对销量的影响减小了。

3. 标价成本

标价成本是指商家改变定价时产生的费用。在传统市场上标价成本主要是对货品重贴标签的材料成本、印刷成本和人工。而在网上的标价成本则很低,仅仅是在数据库中做一下修改。较高的标价成本会使价格比较稳定,因为每一次价格变动所带来的利润至少要超过价格变动所产生的费用,所以传统商家就不太愿意做小的价格变动。而网上商家做价格变动的次数要远远大于传统商家,愿意做调价的幅度只是传统商家的1%。

4. 价格差异

价格差异,即在同一时间对同一商品市场上有不同的价格。和传统市场相比,网上的价差并没有缩小。网上的书籍和CD的价差最多可达50%,书籍和CD的平均价差分别为 33%及 25%。导致价差大的原因包括市场不够成熟以及网上零售商本身的一些不同，如它们在公众中的知名度及公众对它们的信任程度。有人研究了网上旅行社出售的机票的价差，尽管剔除了不可比性，但价差还是达 20%。他们没有拿这个价差和传统市场的作比较，但认为这个价差还是超出他们的预料。他们认为这是商家的市场分化策略及价格歧视所致。

迄今为止，关于价格水平、价格弹性和标价成本的研究都证实了互联网可以提高市场效率的假设，唯独网上零售市场上巨大且持久的价格差异为网上零售市场未来的竞争提出了一些有趣的问题。导致网上价差的产生原因有以下几点：

(1) 产品的不可比较性。如果比较的商品有一些不同，它们的价格有些不同也就不足为奇。还可以认为即使是同一种商品，它们也不是完全可替代的，因为它们可能出现在不同的场合与时段。同样一瓶酒，在超市和在饭店具有不可比性。还可以进一步认为，同一种商品，如果对它们的客户服务、广告，甚至公众对它的认知程度不同，它们的价格也会不同。也就是说，商品的不可比性不仅表现在它的物理性质上的不同，还可以是附加在它身上的商业服务，如商品的退货政策等的不同。经济学中有个数学模型可以量化商品的不可比性，以使商品可以比较。他们利用这个模型调整了商品的可比性后发现还是存在价格差异。经过研究，他们发现产生价差的另外一个重要原因是商家本身的一些差异，如它们在消费者中的知名度以及公众对它们的信任度。

(2) 购物的便利程度及购物经验。较易浏览的网页、好用的搜索工具、客观的购物建议、详细的商品信息尤其是样本、方便的结算手续和快捷的交货，这些都会使商家在定价时有优势。研究还发现有些背景颜色能使顾客产生愉悦感从而影响他们的购物行为。同样，消费者在浏览过程中看到的商品的先后顺序也会影响他们的购买行为。

(3) 商家的知名度。为了提高知名度，网上零售商都会或想在各大门户网站上占据显要位置以吸引人们的注意力。网上零售商越多，这种注意力的价值就越大。他们发现 Amazon 和 CDNow 的定价要比 Books 和 CDUniverse 的高 7%～12%。

(4) 品牌和公众对商家的信任度。现在网上有不少价格比较、价格搜寻或购物蠕虫的软件专门替消费者在网上寻找最低价，但出人意料的是，并不是每个找到最低价的人都会以最低价成交。尤其是在购买小额商品时，如果价差不大，他们宁可选择自己较信任的网站成交。因为不同于在传统市场上钱货两清的交易方式，网上交易的风险较大，不少人不愿意冒这种风险。可以通过主办网上社区、和著名的网站链接、提供客观的商品信息、和传统的知名品牌合作方式提高网站的信任度。

(5) 锁定顾客。航空公司常常用“奖励飞行”的方法来锁定顾客，使他们在调换航空公司时会有一定的损失。网上商家也有一些锁定顾客的手段。消费者一般愿意在熟悉的购物环境中购物，如果他已熟悉了一个设计独特而又便于浏览的网页，他再去其他网站时就会有些不适应。有些网站实行“一键成交”制，即客户预先在商家都登记好所有的个人信息及财务信息，在正式成交时就很方便了。由于网上交易存在风险，客户不可能在每个网上商家都预先登记，能够得到这些资料的商家在某种意义上锁定了顾客。但如果商家不讲策略，强迫客户登记的话，则会适得其反。商家还可以用特殊的软件，对消费者的浏览和购物行为进行分析，然后投其所好，向该客户推荐度身定做的商品信息。这种个人网页是需要时间积累的,如果客户转到一个新的网站,就要从头来过。

(6) 价格歧视。价格差异是指不同的商家对同一商品制定不同的价格,而价格歧视则是同一商家在同一时间对同一商品制定不同的价格。这是商家的价格利器。原因是互联网可以让商家方便地搜集消费者的信息,并且在网上改变价格的成本很低。商家可以根据消费者的支付意愿制定价格和便利程度的组合表,即让消费者在省钱但麻烦和不省钱但方便中间做选择。商家的手段一般是:让选择不同价格的消费者浏览不同的界面。出价高的消费者能看到比较明了方便的界面,而出价低的看到的界面往往浏览起来比较麻烦费时。另一种比较隐蔽的手段是价格比较机制,即某个网站保证它的定价最低。在它的标价旁边有一个价格比较的按钮,消费者按下按钮后就能自动比较价格,如果找到更低的价格,商家会自动调低价格。网上拍卖则提供了另一个根据消费者支付意愿对消费者进行分类的例子。一般来说,从网上拍卖来的东西会比较便宜,但整个过程很耗时,它需要顾客花费时间去竞标,并关注整个拍卖过程。根据这点,商家可以判定这个消费者的支付意愿和消费习惯。就像互联网向消费者提供了强有力的价格搜寻工具,它也向网上商家提供了细分客户群的工具,甚至可以做到个别推销并因人定价。

6.4.2 网络营销定价策略

网络营销定价策略根据动态特性差异可以分为固定价格和动态定价。固定价格机制中,价格不经常发生变化,不能实时反映供求信息,价格的调整落后于市场条件的变化。动态定价就是根据顾客认可的产品、服务的价值或者根据供给和需求的状况动态调整价格,是买卖双方在交易时进行价格确定的一种定价机制,包括拍卖、逆向拍卖、谈判、团购等。动态定价允许同样的货品或服务因为顾客、时间、空间或供应需求的不同而确定不同的价格。固定价格机制适合于确定的市场环境,动态定价机制则有助于在不确定的环境下找到价格,通过价格和当前市场条件的匹配,买者和卖者之间能产生一个最优的结果,从而达到更高的市场效率。

目前网络营销定价模式主要包括:卖方主导的定价模式和买方主导的定价模式。其中,卖方主导的定价模式包括免费定价策略、静态定价策略;而以买方主导的定价模式包括动态定价策略、定制生产定价策略和使用定价策略三种。

1. 免费定价策略

(1) 免费价格策略的内涵

免费定价策略是市场营销中常用的营销策略,它主要用于促销和推广产品,这种策略一般是短期和临时性的。但在电子商务环境下,免费价格不仅仅是一种促销策略,更重要的是一种有效的产品和服务定价策略。

目前,电子商务采用免费定价策略,一个目的是让用户免费使用习惯后,再开始收费,如金山公司允许消费者下载限次使用的 WPS2000 软件,待消费者使用习惯后,掏钱购买正式软件。这种免费策略主要是一种促销策略,与传统营销策略类似。另一个目的是想发掘后续商业价值,是从战略发展需要来制定定价策略的,主要是先占领市场,然后再在市场获取收益。

免费价格策略就是将企业的产品和服务以零价格形式提供给顾客使用,满足顾客的需求。免费价格形式主要包括：

① 产品和服务完全免费，即产品（服务）从购买、使用和售后服务所有环节都实行免费服务，如《人民日报》的电子版在网上可以免费使用。

② 对产品和服务实行限制免费，即产品（服务）可以被有限次使用，超过一定期限或者次数后，取消这种免费服务，如金山软件公司免费赠送可以使用 99 次的 WPS2000 软件，使用次数用完后，需要付款申请继续使用。

③ 对产品（服务）实行部分免费，如一些著名研究公司的网站公布部分研究成果，如果要获取全部成果则必须付款购买，比如艾瑞咨询网。

④ 第四类是对产品（服务）实行捆绑式免费，即购买某产品或者服务时赠送其他产品和服务。如国内的一些 ISP 为了吸引接入用户，推出了上网免费送 PC 的市场活动。实际上从另一面来看，这个商业模型就相当于分期付款买 PC，赠送上网账号的传统营销模式，只不过市场操作从 PC 制造商转向了 ISP。

(2) 实施免费定价策略适用领域

网络营销中产品实行免费策略要受一定环境制约，并不是所有的产品都适合于免费策略。互联网作为全球性开放网络，它可以快速实现全球信息交换，只有那些符合互联网这一特性的产品才适合采用免费价格策略。一般说来，免费产品具有以下特性：

① 易于数字化。数字化产品用户可以通过互联网自由下载使用，企业通过较小成本就能实现产品推广，节省大量产品推广费用。如 Cisco 公司将产品升级的一些软件放到网站，公司客户可以随意下载，免费使用，大大减轻了原来免费升级服务的费用。

② 无形化特点。通常采用免费策略的大多是一些无形产品，它们通过一定载体表现出一定形态，如软件、信息服务（报纸、杂志、电台、电视台等媒体）、音乐制品、图书等。这些无形产品可以通过数字化技术实现网上传输。

③ 零制造成本。零制造成本主要是产品开发成功后，只需要通过简单复制就可以实现无限制的产品生产，这与传统实物产品高变动成本有巨大区别。上面介绍的软件等无形产品都易于数字化，也可以通过软件和网络技术实现无限制自动复制生产。对这些产品实行免费策略，企业只需要投入研制费用即可，至于产品生产、推广和销售则完全可以通过互联网实现零成本运作。

④ 成长性。采用免费策略产品一般都是利用产品成长推动占领市场，为未来市场发展打下坚实基础。如微软为抢占日益重要的浏览器市场，采用免费策略发放其浏览器探险者 IE，用以对抗先行一步的网景公司的航海者 Navigator，结果在短短两年之内，网景公司的浏览器市场丢失半壁江山，最后只有被出售兼并以求发展。

(3) 从免费到收费的转变

定价是电子商务面临的最大策略挑战之一。在对在线客户的竞争展开之时，电子商务企业总是将重点集中在免费分发产品或者以很高的折扣出售，以便击败竞争对手并抓住忠诚客户基础，期望能将客户基础货币化。对于像 Amazon. com、eBay 这样的公司，这个策略是可行的，但对于大多数公司来说，这个策略会适得其反。采用这个策略的大多数网络公司仍然在琢磨如何让客户为其服务付费，比如淘宝。

对于大多数公司来说，这个策略一直是保持某种程度的免费服务，同时希望一些消费者会为升级的产品或服务包付费。例如,Yahoo! 因其提供的免费 E-mail 服务而闻名,但是现已开始为增强的 E-mail 服务收费。

2. **静态定价策略**

静态定价策略,即明码标价,也称作固定定价策略,即销售者设定一个价格,购买者可以接受或拒绝这个价格。这是定价最一般的形式,几乎在全球所有的零售商店中都可以看到明码标价的使用。

固定价格策略通常适合于确定的市场环境。由于明码标价几乎不能体现消费者的偏好,因此要发现并顺应消费者偏好,并迅速、及时地调整价格并不那么容易。尽管静态定价机制在许多行业中被成功地使用,但在不确定性的市场环境中却很少使用。固定价格策略主要有两个缺点:第一,购买者有可能愿意付出比销售者标价还要高的价钱。在这种情况下,销售者就损失掉了原本可以到手的钱。第二,可能标价太高,吓跑了很多只愿意付出较低价格购买产品的买者。同样,卖者丧失了这些额外的收入。这种价格还有一种黏性,因为一旦设定,它很难改变。

固定价格通常由卖方来确定,并保持在一定时间范围内不变。价格一般按照传统营销商品的定价策略来确定,可以采取多种形式:①成本导向,成本利润加成定价。②需求导向,根据顾客需求的价格弹性定价。凡是价格弹性较大的产品,宜采用低价,实行薄利多销;反之,价格弹性较小的产品,宜采用较高的价格,以获取厚利。③价值导向,根据客户对公司产品的价值认知确定价格。④竞争导向的随行就市定价法,价格的调整可以依据需求、地区、促销政策来进行调整。

而在网络环境下,为吸引客户,商家经常使用低价定价策略。借助互联网进行销售,比传统销售渠道的费用低廉,因此网上销售价格一般来说比流行的市场价格要低。由于网上的信息是公开和易于搜索比较的,因此网上的价格信息对消费者的购买起着重要作用。根据研究,消费者选择网上购物,一方面是因为网上购物比较方便,另一方面是因为从网上可以获取更多产品信息,从而以最优惠价格购买商品。低价定价策略主要包括以下几点:

(1) 直接低价定价策略。这种定价在公开价格时就比同类产品要低。它一般由制造业企业在网上进行直销时采用,如 Dell 公司电脑定价比同性能的其他公司产品低 10%~15%。

(2) 折扣定价策略。另外一种低价定价策略是折扣策略,它是以在原价基础上进行折扣来定价的。这种定价方式可以让顾客直接了解产品的降价幅度,以促进顾客的购买。这类价格策略主要用在一些网上商店。如 Amazon 的图书价格一般都要进行折扣,而且折扣价格达到 3~5 折。

(3) 促销定价策略。如果企业是为拓展网上市场,但产品价格又不具有竞争优势时,则可以采用网上促销定价策略。许多企业为打开网上销售局面和推广新产品采用临时促销定价策略。促销定价除了前面提到的折扣策略外,比较常用的是有奖销售和附带赠品销售。

3. **动态定价策略**

动态定价机制由来已久,通过谈判和拍卖来动态确定价格的机制至少可以追溯到两千多年前。网络环境下，将在线技术引入动态定价机制，模拟传统动态定价流程，实现了在线动态定价。最早基于 Web 的在线拍卖网站 OnSale 和 eBay 分别于 1995 年的 5 月和 9 月开始运行。国内成立最早、最著名的两家拍卖网站雅宝、易趣相继于 1999 年的 6 月和 8 月成立。拍卖的主要特征在于它是基于动态定价的，当动态定价和拍卖等方法一起使用时，就形成动态交易过程。最近的几年里，具有部分谈判功能的购物助手或购物代理也开始运行于各种电子商务网站。

电子商务发展促进了拍卖，而拍卖最主要的特征就是动态定价。动态定价有多种表现形式，主要策略包括一对一议价、正向拍卖、逆向拍卖、双向拍卖四种方式。而谈判和讨价还价是最早采用的动态定价策略模式。按照参与拍卖的买卖双方数量的多少，动态定价可以分为四类，见图 6-3。

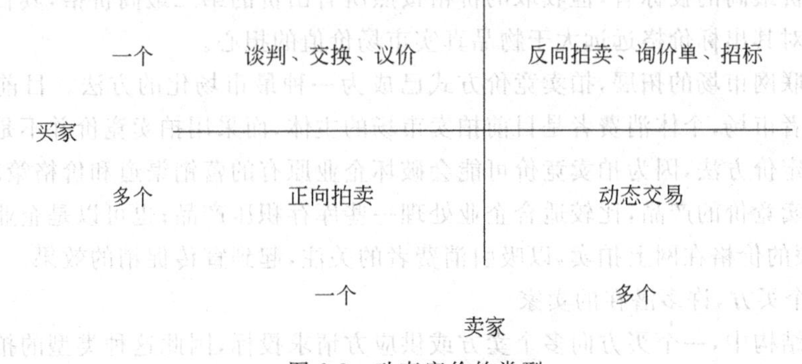

图 6-3 动态定价的类型

(1) 一对一在线谈判议价

在第一种结构中(图左上角)，一个买家和一个卖家就交易价格展开谈判、议价和交换。一对一议价定价策略中，卖者和买者互相协商来决定买者对所获得的商品所出的价格是否合适，克服了明码标价导致顾客因价格超过自己意愿的出价而走开的缺点，同时也避免卖主损失顾客愿意比标价多付出价钱可能情况的发生。其缺点是卖者不能确认买者究竟认为他要购买的产品价值是多少，买者也不能确认卖者销售产品的底价是多少。最后的价格由双方讨价还价的能力、谈判的力量、该产品在市场上的供求关系以及市场商业环境因素等来决定。当然最终价格也与送货方式、包装、批量等有直接关系。这些因素是在双方讨价还价时经常被考虑的因素。在现实世界中，谈判也是一种众所周知的方法，特别是对于某些昂贵的或者是特殊的产品，如不动产、汽车以及珠宝等。当大量采购的时候，这种方法也被经常使用。谈判与拍卖很相像，谈判价格取决于买卖双方的交互和讨价还价。但和拍卖相比，谈判还涉及一些非价格因素，如运输、担保、支付方式以及信用等。电子市场的出现，使得谈判可以涵盖几乎所有的产品和服务。

在线电子谈判比离线谈判更容易实现。由于客户化定制的产品和服务的绑定，常常有必要对在线销售的价格和条款进行谈判。电子市场允许虚拟地对各类产品和服务进行在线谈判。通过电子市场，利用智能代理或者电子竞价技术可以实现在线谈判过程。在这个过程中，买卖双方轮回议价，最终达到一个共同的可接受价格。谈判代理是一些软件程序，它们可以在预定的限制条件下独立做出投标决策，接受或拒绝报价。这些代理受谈判规则或谈判协议的制约,从而可以控制买卖双方的相互作用。例如,价格谈判的起始点可能是卖方的初始报价,或者是按规定而做出的投标或报价。同时智能代理还可以进行价格因素和非价格因素的谈判,如交货期、退换货策略以及其他的增值交易。

(2) 正向拍卖,一个卖家,许多潜在买家

在此种结构中(图的左下方),卖方采用正向拍卖机制向很多潜在的买方提供一个产品。因为正向拍卖是最普遍和传统的拍卖形式,所以经常被简称为拍卖。采取正向拍卖定价的方式主要有四种:英式拍卖、荷兰式拍卖、一级密封拍卖和二级密封拍卖。英式拍卖中,出价随着拍卖进程的进行而升高;荷兰式拍卖随着拍卖进程的进行而降低;一级密封拍卖中,投标者只有一次投标机会,这是一种无声拍卖,投标者不知道有谁在投标,也不知道他们为什么物品而投标,最终物品分配给价格最高的投标者;二级密封拍卖中,物品被分配给出价最高的投标者,但收取的价格按照所有出价的第二最高价格,其目的是为了减轻投标者对其出标价格远远大于物品真实市场价值的担心。

随着互联网市场的拓展,拍卖竞价方式已成为一种最市场化的方法。目前购买群体主要是消费者市场,个体消费者是目前拍卖市场的主体,而采用拍卖竞价并不是企业目前首要选择的定价方法,因为拍卖竞价可能会破坏企业原有的营销渠道和价格策略的制定。采用网上拍卖竞价的产品,比较适合企业处理一些库存积压产品;也可以是企业的一些新产品,以低廉的价格在网上拍卖,以吸引消费者的关注,起到宣传促销的效果。

(3) 一个买方,许多潜在的卖家

在这种结构中,一个买方向多个卖方或供应方请求投标,因此这种类型的拍卖叫作投标(招标)。主要采取的拍卖类型有逆向拍卖和买方定价拍卖两种类型。

① 逆向拍卖

逆向拍卖系统也被称为竞标或招标系统。逆向拍卖中,买方将所需要的物品列在需求说明书(RFQ)中,或者提交一个招标书(RFP),潜在的卖方对这些物品进行投标,不断降低价格。由于卖方根据买方的需求为提供产品或服务而报价,因此这种拍卖被称为逆向拍卖。在逆向拍卖中,价格是递减的,往往要经历几个回合,直到竞标人不再降低价格为止。如果只考虑价格因素,那么最低价格投标者中标。这种拍卖主要应用于B2B和G2B中。B2B逆向拍卖作为一种在线采购产品和服务的机制越来越受到青睐。大部分C2C拍卖采取正向拍卖,目前eBay也提供了逆向拍卖服务,比如需要购买二手车的人可以根据自己的期望给出一个针对个人的招标需求说明,而让那些能够满足这种需求的投标者联系。

② 买方定价模式

买方定价模式(name-your-own-price)首先由Priceline.com倡导。在这种模式中,潜在的买方向有任何意愿且可能成为自己的卖主方报出他所愿意支付的价格(或其他要求),即通过让消费者自定义产品和服务的价格,使消费者节约大量的成本。尽管这种模式经常被一些企业所应用,但基本上算是一种C2B的模式。这种网络动态定价战略已经被Priceline.com申请了专利。这种定价模式是指针对不同个体客户需求"量身定制"的产品价格,它是通过卖方主导的服务价值定价方案。供应方对给定的需求产品或服务进行报价,出价最低或者满足需求方要求的供应方会中标,定价的主动权在买方手中而不是

卖方手中。

在需求相对稳定或已知的市场中,这种定价模式非常适用,但是在需求未知或持续波动的市场中,这一模式就有些问题,尤其是易腐烂物品或服务。航空公司所提供的服务是飞机座位,可是这种服务不能像耐用物品(如新汽车)那样库存起来。飞机一起飞,服务就已经提供了,不管座位上是否有乘客,空座就意味着永久的收入损失。而且该潜在空座上坐上乘客的边际成本微乎其微,接近于零。因此,在飞机起飞前,座位上都坐满乘客是对航空公司最有利的。然而,在空座数量已知的情况下,如果航空公司在起飞前降价销售,就会扰乱市场。购票者就会坚持熬到购票结束之时获取最后一分钟折扣,这种买方策略会加重航空公司的空座问题。因此,为了解决空座问题,航空公司通常会向要约锁定购票者提供选择性保密价格让步,交易价格是双方直接议定的,其他潜在购票者也不得而知。这种不透明的情况也只限于针对那些对价格敏感,但是对时间和路线却不敏感的客户群使用。商务旅行者、有老人和孩子的家庭一般不会愿意把自己的旅行托付给一个多变的、不透明的信息和预订系统。

(4) 许多卖家,许多买家

在此种结构中,同时存在多个买家和多个卖家进行投标和报价。股票交易就是一个双向拍卖的例子。买卖双方可以是个人,也可以是企业,这种拍卖也被称为双向拍卖。

纵向和横向交易所的做市商都将交易所内的供应和需求进行匹配,利用这种匹配确定价格。在实时采购中,价格根据需求的变化而变化,是动态的,且价格随着时间快速变化,并有可能越过消费者。股票交易所是动态定价的最好例子。股票交易的价格有时每秒都在变化,这取决于在某时刻有多少买方愿意购买这支股票,以及此时有多少以不同价格愿意销售这支股票的卖方。

一般来说,双向拍卖能够产生竞争性的结果。双向拍卖是一种交互的市场,在这种市场中,买方和卖方之间存在竞争行为。因此理论上讲,要想促进竞争,就要扩展在线双向拍卖,因为与传统的市场组织相比,通过这种机制可以提高经济效率。然而对于拍卖商而言,单向拍卖比双向拍卖能够产生更多的收益。

4. 定制生产定价策略

(1) 定制生产内涵

随着消费者需求的个性化和多样化,对消费者实行一对一的精准营销是众多商家面临的全新挑战。随着电子商务技术的发展,按照顾客需求进行定制生产成为网络时代满足顾客个性化需求的实现形式。定制产品和服务是按照购买者所要求的标准规格来生产产品和服务。定制化生产根据顾客对象可以分为两类:一类是面对工业组织市场的定制生产,这部分市场属于供应商与订货商的协作问题,如波音公司在设计和生产新型飞机时,要求其供应商按照飞机总体设计标准和成本要求来组织生产。这类属于工业组织市场的定制生产主要通过产业价值链,从下游企业向上游企业提出需求和成本控制要求,上游企业通过与下游企业进行协作设计、开发并生产满足下游企业的零配件产品。另一类是面对大众消费者市场,实现满足顾客个性化需求的定制生产以及按定制定价的。由于消费者的个性化需求差异性大,加上消费者的需求量又少,因此企业实行定制生产必须在管理、供应、生产和配送各个环节上适应这种小批量、多式样、多规格和多品种的生产和销售的变化。为适应这种变化,现在企业在管理上采用 ERP(企业资源计划系统)来实现自动化、数字化管理,在生产上采用 CIMS(计算机集成制造系统),在供应和配送上采用 SCM(供应链管理)。

(2) 定制定价策略

定制定价策略是在企业能实行定制生产的基础上,利用网络技术和辅助设计软件,帮助消费者选择配置或者自行设计能满足自己需求的个性化产品,同时承担自己愿意付出的价格成本。为顾客定制 PC 机的 Dell 公司就是这方面的典范。客户可以登录专门针对中国市场设计的可进行定制定购的主页,用户可以了解本型号产品的基本配置和基本功能。如果用户对配置还不满意,想增加功能或者提高产品性能,比如想将硬盘容量从 40GB 扩充到 160GB,订货时只需要在网站定制定购主页右下角的方框中打钩,在页面上方的框内就会显示出当前配置的电脑价格。通过这些对电脑配件的选择,消费者可以根据自己的实际需要和能承担的价格配置出自己最满意的产品,实现定制化产品。在配置电脑的同时,消费者也相应地选择了自己认为合适的价格产品,因此对产品价格有比较透明的认识,增加了企业的信用。目前这种允许消费者定制定价订货还只在初步阶段,消费者只能在有限的范围内进行挑选,还不能要求企业完全满足消费者所有的个性化需求。

5. 使用定价策略

传统交易关系中,产品买卖是完全产权式的,顾客购买产品后即拥有对产品的完全产权。但随着经济发展,人民生活水平提高,人们对产品需求越来越多,而且产品的使用周期也越来越短,许多产品购买后使用几次就不再使用,非常浪费,因此制约许多顾客对这些产品的需求。为改变这种情况,可以在网上采用类似租赁的按使用次数定价方式,即使用定价。

所谓使用定价,就是顾客通过互联网注册后可以直接使用某公司产品,顾客只需要根据使用次数进行付费,而不需要将产品完全购买。这一方面减少了企业为完全出售产品进行不必要的大量生产和包装浪费,同时还可以吸引那些有顾虑的顾客使用产品,扩大市场份额。顾客每次只是根据使用次数付款,节省了购买产品、安装产品、处置产品的麻烦,还可以节省不必要的开销。

采取使用定价策略,一般要考虑产品是否适合通过互联网传输,能否可以实现远程调用。目前,比较适合的产品有软件、音乐、电影等产品。对于软件,如我国的用友软件公司推出网络财务软件,用户在网上注册后在网上直接处理账务,而无须购买软件和担心软件的升级、维护等非常麻烦的维护事务;对于音乐产品,也可以通过网上下载使用专用软件点播;对于电影产品,则可以通过现在的视频点播系统 VOD 来实现远程点播,无须购买影带。另外,采取使用定价策略对互联网的带宽提出很高要求,因为许多信息都要通过互联网进行传输,如果互联网带宽不够将影响数据传输,势必会影响顾客租赁使用和观看。

本章小结

本章介绍了传统产品的基本概念,进一步阐述了网络产品的整体概念,提出了网络产品的基本类型。介绍了网络新产品开发的思路、策略和过程,分析了网络对新产品开发过程的影响，提出了网络新产品开发的基本战略。进一步分析了网络品牌的概念、价值构成，提出了网络品牌塑造的策略。在全面阐述网络营销定价的内涵的基础之上，分析了网络特性对网上价格策略的影响，全面介绍了网络营销固定定价和动态定价方法的特点和原理。

复习思考题

1. 介绍网络营销产品的整体概念。

2. 网络新产品开发面临的挑战有哪些？网络新产品开发的策略有哪些？

3. 描述网络新产品开发的过程，同时分析网络是如何影响新产品开发过程的。

4. 网络品牌的概念是什么，网络品牌价值由哪些内容构成，分析网络品牌价值的塑造策略。

5. 网络营销产品定价策略有哪些？各有什么特点？

6. 动态定价主要有哪几种类型？简要分析每种类型的特点。

实　践　题

1. 登录京东(www. jd. com)，搜索五种产品(选择一种型号小家电产品、书籍、电子产品)，了解其价格后，登录天猫网上商城(www. tmall. com)、当当书店或借助搜索引擎工具，搜索同一品牌与规格型号产品，比较各网上商店同一产品定价的高低，分析其价格差异存在的原因。

2. 收集网络游戏“愤怒的小鸟”相关资料，分析该网络游戏产品在开发过程中的动因、面临的挑战，并分析该类产品应如何有效地推广。

第 7 章

网络营销渠道策略

【学习目标】

了解网络营销渠道与传统营销渠道的区别；掌握网络营销渠道的功能、类型；了解影响网上直销实现的因素；了解网络中间商与传统中间商的区别；掌握网络中间商的类型、特点；了解网络中间商的发展趋势及其定价策略；掌握比较购物的概念、特点和分类；了解比较购物代理的现状及其对竞争和价格的影响。

【关键词汇】

网络营销渠道(network marketing channel)　网上直销(network direct marketing)　网络中间商(network intermediary)　比较购物(comparative shopping)

营销渠道是指与为提供产品或服务以供使用或消费这一过程有关的一整套相互依存的机构，它涉及信息沟通、资金转移和实物转移等。网络销售渠道就是借助互联网络将产品从生产者转移到消费者的中间环节。与传统营销渠道一样，以互联网作为支撑的网络营销渠道除了应具备传统营销渠道的功能外，还应当具备传统营销渠道所不具备的特点和优势。通过对网络营销渠道的特点、功能和方式，网络营销中间商以及网上比较购物代理的研究，可以帮助企业更好地拓展网络营销渠道，开展网上业务。

7.1　网络营销渠道概述

营销渠道是促使商品或服务顺利地被使用或消费的一整套相互依存的组织和个人。它所涉及的是商品实体和所有权或者服务从生产向消费转移的整个过程，在这个过程中，起点是生产者出售商品，终点是消费者或用户购买商品，位于起点和终点之间的是中间环节，包括一些独立中间商和代理中间商，它们帮助商品或服务的转移。

7.1.1　网络营销渠道与传统营销渠道的比较

网络营销渠道与传统营销渠道在功能、结构和费用等方面都有较大的区别。

1. 功能比较

传统营销渠道的功能是单一的，它只是商品从生产者向消费者转移的一个通道。消费者从广告或其他媒体获得商品信息,并通过直接或间接的营销渠道购买自己所需的商品,除此之外,他们没有从渠道中获得任何其他的东西。这种营销渠道的畅通,一方面取决于产品自身的品质;另一方面则主要依赖于广告的宣传和资金流转的情况。

网络营销渠道的功能则是多方面的。首先,网络营销渠道是信息发布的渠道。企业的概况和产品的质量、种类、价格等都可以通过这一渠道告诉用户。其次,网络营销渠道是销售产品、提供服务的便捷途径。用户可从网上直接选购自己所需的商品,并通过网络支付款项。最后,网络营销渠道是企业间洽谈业务、开展商务活动的场所,也是进行客户技术培训和售后服务的途径,并且还是与用户进行交流的通道。

2. 结构比较

根据有无中间环节,营销渠道可分为直接分销渠道和间接分销渠道。由生产者直接将商品卖给消费者的营销渠道叫作直接分销渠道;而至少包括一个中间商的营销渠道则叫作间接分销渠道。

传统营销渠道根据中间商数目的多少,将营销渠道分为若干级别。直接分销渠道没有中间商,因而叫作零级分销渠道;间接分销渠道则包括一级、二级、三级乃至级数更高的渠道。

图 7-1 是网络营销渠道的结构示意图,可以看出直接分销渠道和传统的直接分销渠道一样,都是零级分销渠道;而间接分销渠道结构要比传统营销渠道简单得多,网络营销中只有一级分销渠道,即只存在一个电子中间商沟通买卖双方的信息,而不存在多个批发商和零售商的情况,因此也就不存在多级分销渠道。

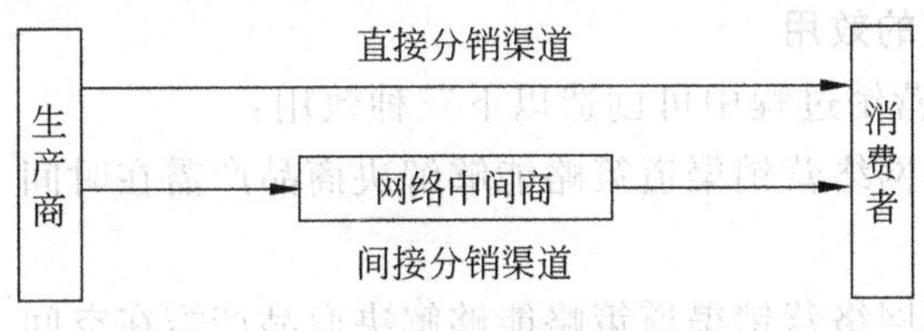

图 7-1　网络营销渠道

3. 费用比较

在网络营销中,无论是直接分销渠道还是间接分销渠道,较之传统营销的渠道结构都大大减少了流通环节,有效地降低了交易成本。

企业通过传统的直接分销渠道销售产品,通常采用两种具体实施方法:第一种方法是直接销售,不设仓库。例如,企业在外地派驻推销人员,但在当地不设仓库。推销人员在当地卖出产品后,将订单发回企业,由企业直接把货物发送给购物者。这种方法,企业需支付推销员的工资和日常推销开支。第二种方法是直接销售,但设立仓库。在这种方法中,企业一方面要支付推销员的工资和费用,另一方面还需要支付仓库的租赁费。

通过网络的直接分销渠道销售产品,企业可从网上直接受理来自全球各地的订货单,然后直接将货物寄给购物者。这种方法所需的费用仅仅是网络管理人员的工资和低廉的网络费用,驻外人员的差旅费及仓库的租赁费用等都不需要了。

通过传统的间接分销渠道销售产品,必须依靠中介机构。而且产品由生产单位流转到最终用户手中,中介机构往往不止一个。中介机构越多,流通费用就越高,产品的竞争能力也就在这种流转过程中逐渐丧失了。

网络的间接分销渠道完全克服了传统间接分销渠道的上述弱点。网上商品交易中心之类的中介型电子商务网站完全承担起信息中介机构的作用,同时也利用其在各地的分支机构承担起批发商和零售商这类传统中间商的作用。网上商品交易中心合并了众多的中介机构,使其数目减少到一个,从而使商品流通的费用降低到最低限度。

合理的分销渠道,一方面可以最有效地把产品及时提供给消费者,满足用户的需要;另一方面也有利于扩大销售,加速商品和资金的流转速度,降低营销费用。有些企业的产品尽管有质量和价格上的优势,但缺乏分销渠道或分销渠道不畅,无法扩大销售,这样的例子屡见不鲜。在市场经济条件下,无论是哪一个国家或生产者生产出来的符合市场需要的产品,只有通过一定的分销渠道,才能在适当的时间、地点,以适当的价格销售给广大用户和消费者,满足他们的需要,从而实现企业的营销目标。在网络营销组合策略中,销售渠道策略与产品策略、定价策略等一样,是关系企业能否成功地通过网络将产品打入市场、扩大销售的重要策略。

7.1.2 网络营销渠道功能

网络营销渠道一方面要为消费者提供产品信息,方便消费者进行选择;另一方面,在消费者选择产品后,要能完成一手交钱一手交货的交易手续,当然交钱和交货不一定要同时进行。因此,一个完善的网络销售渠道应具备三大功能:订货功能、结算功能和配送功能。

1. 网络营销渠道的效用

网络营销渠道在营销过程中可创造以下三种效用:

(1) 时间效用,即网络营销渠道策略能够解决商品产需在时间上不一致的矛盾,保证消费者的需求。

(2) 地点效用,即网络营销渠道策略能够解决商品产需在空间上不一致的矛盾。

(3) 所有权效用,即网络营销渠道策略能够实现商品所有权的转移。

网络市场使网络营销渠道创造的三种效用得到了进一步的加强。在时间和地点上,它使产需不一致的矛盾得到了较为有效的解决,消费者在家中能以最近的地点,以较快的时间获得所需的商品。商家也能在较短的时间内,根据消费者的个性化需要进行生产、进货,并在最近的地点、以最小的费用将货物送到消费者手中。

2. 订货功能

(1) 订货系统。它为消费者提供产品信息,同时方便厂家获取消费者的需求信息,以求达到供求平衡。一个完善的订货系统,可以最大限度降低库存,减少销售费用。因此许多企业,特别是与计算机行业相关的企业发展最快,如美国的 PC 厂家 Dell 公司(http://www.dell.com)提供的网上订货系统,通过它的销售额就达到每天 3000 万美元,占公司总收入的 60%以上;我国的联想电脑公司(http://www.lenovo.com.cn/)在其开通网上订货系统当天,订货额高达 8500 万元。可见,网上订货系统发展潜力巨大。

(2) 结算功能。消费者在购买产品后,可以有多种方式方便地进行付款,因此厂家(商家)应为客户提供多种结算方式。目前国外流行的几种方式有:信用卡、电子货币、网上划款等。我国从全国范围来看，银行信用卡还不普及，没有使用信用卡的意识和习惯，特别是我国信用制度尚不健全，一般消费者都没有建立信用记录，因此使用信用卡进行网络支付的消费者比例较低。目前国内付款结算方式有：邮局汇款、货到付款、信用卡等。目前，在全国范围内营业的银行基本都已经开通了网上银行，可以使用网上支付手段，如招商银行的与"一卡通"配套的"一网通"，中国银行的以信用卡为基础的"电子钱包"和中国建设银行、中国农业银行、交通银行等众多银行提供的"网上银行"，都可以支持网络支付业务。

在我国电子商务交易金额快速增长的过程中，不乏缺少诚信的网络商家或网络购物者，使得网络市场上的买卖双方都对对方的信用产生质疑。为了保障交易双方的利益，规范双方交易行为，除了制定相关法律法规外，近年来开始出现独立的第三方支付。相对于传统的资金划拨交易方式，第三方支付可以比较有效地保障货物质量、交易诚信、退换要求等环节，在整个交易过程中，都可以对交易双方进行约束和监督。在不需要面对面进行交易的电子商务形式中，第三方支付为保证交易成功提供了必要的支持。

所谓第三方支付，就是一些和国内外各大银行签约，并具备一定实力和信誉保障的第三方独立机构提供的交易支持平台。在通过第三方支付平台的交易中，买方选购商品后，使用第三方平台提供的账户进行货款支付，由第三方通知卖家货款到达、进行发货；买方检验物品后，就可以通知付款给卖家，第三方再将款项转至卖家账户。目前我国最大的第三方支付平台非支付宝(AliPay)莫属。

支付宝(中国)网络技术有限公司是国内领先的独立第三方支付平台，由阿里巴巴集团于2004年创建。支付宝(www.alipay.com)致力于为中国电子商务提供"简单、安全、快速"的在线支付解决方案。支付宝公司从2004年建立开始，始终以"信任"作为产品和服务的核心。不仅从产品上确保用户在线支付的安全，同时让用户通过支付宝在网络间建立起相互的信任，为建立纯净的互联网环境迈出了非常有意义的一步。支付宝提出的建立信任，化繁为简，以技术的创新带动信用体系完善的理念，深得人心。短短三年时间，用户覆盖了整个C2C、B2C以及B2B领域。2009年7月6日，支付宝(中国)网络技术有限公司宣布其用户数正式突破2亿大关，这不仅是国内第三方支付公司用户数首次达到2亿规模，也宣告支付宝已经超越paypal成为全球最大的电子支付平台。到2010年3月14日，支付宝的注册用户突破3亿大关，日交易额超过12亿元，日交易笔数达到500万笔。2012年12月，支付宝注册用户数突破8亿。支付宝的数据显示，截至2013年，用户通过支付宝完成了超过27.8亿笔、金额超过9000亿元的移动支付。从2013年第二季度开始，支付宝手机支付活跃用户数超过了Paypal，位居全球第一。目前，支付宝快捷支付用户数是2.4亿，手机支付用户超过1亿。2013年年底，支付宝实名制用户已近3亿，其中有1亿用户将主要支付场景转向支付宝钱包，已超过硅谷两大移动支付巨头PayPal和square移动支付3000亿元的总和，成为全球最大的移动支付公司。2014年10月，以支付宝为主体成立了蚂蚁金融服务集团，旗下包含了支付宝、余额宝、招财宝、蚂蚁聚宝、网商银行、蚂蚁花呗、芝麻信用、蚂蚁金融云、蚂蚁达客等子业务板块。截至2015年年底，支付宝公布的注册用户数超过8亿，其中实名制账户超过3亿户，国内活跃用户达到空前的4亿每天，在全球范围内的活跃度达到了9亿每天。支付宝主要提供支付及理财服务。

支付宝可用于包括网购担保交易、网络支付、转账、信用卡还款、手机充值、水电煤缴费、个人理财等多个领域。在进入移动支付领域后,为零售百货、电影院线、连锁商超和出租车等多个行业提供服务,截至 2016 年 8 月 1 日,已经有超过 100 万的线下商家支持支付宝支付,此外还有数量众多的线上天猫商家和淘宝小店卖家。这些商家在享受支付宝服务的同时,更是拥有了一个极具潜力的消费市场。

除了全球最大的第三方支付平台——支付宝之外,国内目前市场份额排前的第三方支付平台还有腾讯公司旗下的"财付通"(https://www.tenpay.com)、银联电子支付服务有限公司的"ChinaPay"(https://www.chinapay.com/)、快钱公司的"快钱"(https://www.99bill.com)、汇付天下有限公司的"汇付天下"(http://www.chinapnr.com/)、北京通融通信息技术有限公司的"易宝支付"(http://www.yeepay.com/)、上海环迅电子商务有限公司的"环讯"(http://www.ips.com.cn)、上海漫道金融信息服务股份有限公司的"宝付"等。艾瑞咨询统计数据显示,2015 年,第三方支付平台占据的网上支付份额分别为:支付宝 47.5%、财付通 20%、银商 10.9%、快钱 6.9%、汇付天下5.0%、易宝支付 3.4%、京东支付 2.0%、易付宝 1.2%、环讯 1.2%、宝付 1.1%、其他 0.8%。

(3) 配送功能。一般来说,产品分为有形产品和无形产品,对于无形产品如服务、软件、音乐等产品可以直接通过网上进行配送,如现在许多软件都可以直接从网上购买和下载,再如现在流行的 MP3 格式音乐也可以直接从网上下载使用,通过网上提供服务也是如此,因此配送系统一般讨论的是有形产品的配送问题。对于有形产品的配送,要涉及运输和仓储问题。国外已经形成了专业的配送公司,如著名的美国联邦快递公司(http://www.FedEx.com),它的业务覆盖全球,实现全球快速的专递服务,以至于从事网上直销的 Dell 公司将美国货物的配送业务都交给它完成。拥有发达、完善的快递行业是国外的网上商店发展较为迅速的一个原因,而我国目前虽然有不少快递配送企业,但它们的业务大都只在大中城市开展,无法达到一些小城市、小城镇和广大农村地区。所以绝大多数网络商店目前只能依赖处于垄断地位的低效率的邮政系统。如当当网上书店是国内配送范围最为广泛的网上书店之一,但也就只能向全国 800 多个城市的城区提供快递送货,对于小城市、城镇和广大农村地区,就只能通过邮局邮寄,这既影响了消费者的购书效率,又制约了网上书店的销售覆盖范围。

7.1.3 网络营销渠道类型

在传统营销渠道中(如图 7-2),中间商是其重要的组成部分。中间商之所以在营销渠道中占有重要地位,是因为利用中间商能够在广泛提供产品和进入目标市场方面发挥最高的效率。营销中间商凭借其业务往来关系、经验、专业化和规模经营,提供给公司的利润通常高于自营商店所能获取的利润。但互联网的发展和商业应用,使得传统营销中间商凭借地缘原因获取的优势被互联网的虚拟性所取代,同时互联网的高效率的信息交换,改变着过去传统营销渠道的诸多环节,将错综复杂的关系简化为单一关系。互联网的发展改变了营销渠道的结构。传统的直销市场在互联网上被大力发展,并对传统中间商产生了巨大冲击。

利用互联网的信息交互特点,网上直销市场得到大力发展。因此,网络营销渠道可以

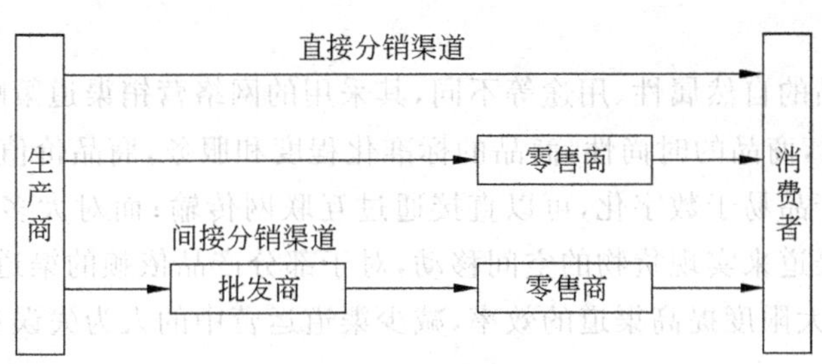

图 7-2 传统营销渠道

分为两大类：一类是通过互联网实现的从生产者到消费(使用)者的网络直接营销渠道(简称网上直销)，这时传统中间商的职能发生了改变，由过去的环节的中间力量变为直销渠道提供服务的中介机构，如提供货物运输配送服务的专业配送公司，提供货款网上结算服务的网上银行，以及提供产品信息发布和网站建设的 ISP 和电子商务服务商。网上直销渠道的建立，使生产者和最终消费者直接连接和沟通。关于网上直销渠道内容将在下面一节详细分析。另一类，是通过融入互联网技术后的中间商机构提供网络间接营销渠道。传统中间商由于融合了互联网技术，大大提高了中间商的交易效率、专门化程度和规模经济效益，相比较而言，比某些企业仅仅通过网上直销渠道更有效。同时，新兴的中间商也对传统中间商产生了冲击，如美国零售业巨头沃尔玛为抵抗互联网对其零售市场的侵蚀，在 2000 年 1 月开始在互联网上开设网上商店。基于互联网的新型网络间接营销渠道与传统间接分销渠道有着很大不同，传统间接分销渠道可能有多个中间环节，如一级批发商、二级批发商、零售商，而网络间接营销渠道只需要一个中间环节。有关中间环节的新型电子中间商将在以后内容进行介绍。

7.1.4 网络营销渠道建设

由于网上销售对象不同，因此网上销售渠道是有很大区别的。一般来说网上销售主要有两种方式，一种是 B-B，即企业对企业的模式，这种模式每次交易量很大、交易次数较少，并且购买方比较集中，因此网上销售渠道的建设关键是建设好订货系统，方便购买企业进行选择。由于企业一般信用较好，通过网上结算实现付款比较简单。另一方面，由于量大次数少，因此配送时可以进行专门运送，既可以保证速度也可以保证质量，减少中间环节造成损伤。第二种方式是 B-C，即企业对消费者模式，这种模式的每次交易量小、交易次数多，而且购买者非常分散，因此网上渠道建设的关键是结算系统和配送系统，这也是目前网上购物必须面对的门槛。由于国内的消费者信用机制还没有建立起来，加之缺少专业配送系统，因此开展网上购物活动时，特别是面对大众购物时必须解决好这两个环节才有可能获得成功。

影响网络营销渠道选择的因素主要有以下几点。

1. 目标市场

目标市场的状况如何，是影响企业营销渠道选择的重要因素，是企业营销渠道决策的主要依据之一。市场因素主要包括：目标市场范围的大小及潜在需求量，市场的集中与分散程度，顾客的购买特点，市场竞争状况等。

2. 商品因素

由于各种商品的自然属性、用途等不同,其采用的网络营销渠道策略也不相同。主要包括:商品的性质,商品的时尚性,商品的标准化程度和服务,商品价值大小,商品市场寿命周期等。有些产品易于数字化,可以直接通过互联网传输;而对大多数有形产品,还必须依靠传统配送渠道来实现货物的空间移动,对于部分产品依赖的渠道,可以通过对互联网进行改造,以最大限度提高渠道的效率,减少渠道运营中的人为失误和时间耽误造成的损失。

3. 生产企业本身的条件

主要包括:企业的生产、经营规模,企业的声誉和形象,企业经营能力和管理经验,企业控制渠道的程度等。

4. 环境因素

在具体建设网络营销渠道时,还要考虑到以下几个方面。

首先,从消费者角度设计渠道。只有采用消费者比较放心,容易接受的方式才有可能吸引消费者使用网上购物,以克服网上购物的"虚"的感觉。如在中国,目前采用货到付款方式比较让人认可。

其次,设计订货系统时,要简单明了,不要让消费者填写太多信息,而应该采用现在流行的"购物车"方式模拟超市,让消费者一边看物品比较选择,一边进行选购。在购物结束后,一次性进行结算。另外,订货系统还应该提供商品搜索和分类查找功能,以便于消费者在最短时间内找到需要的商品,同时还应对商品提供消费者想了解的信息,如性能、外形、品牌等重要信息。

再次,在选择结算方式时,应考虑到目前实际发展的状况,尽量提供多种方式方便消费者选择,同时还要考虑网上结算的安全性,对于不安全的直接结算方式,应换成间接的安全方式,如有的网站将其信用卡号和账号公开,消费者可以自己通过信用卡终端自行转账,避免了网上输入账号和密码被丢失的风险。目前在国内流行的支付宝是众多网上企业选择的一种比较安全可靠、操作也较为简便的支付结算方式。

最后,是建立完善的配送系统。消费者只有看到购买的商品到家后,才真正感到踏实,因此建设快速有效的配送服务系统是非常重要的。在现阶段我国配送体系还不成熟的时候,在进行网上销售时要考虑到该产品是否适合于目前的配送体系,正因如此,目前网上销售的商品大多是价值较少的不易损坏的商品,如图书、小件电子类产品等。

7.2 网上直销

7.2.1 网上直销概述

网上直销与传统直接分销渠道一样,都是没有营销中间商。网上直销渠道同样也要具有上面营销渠道中的订货功能、支付功能和配送功能。网上直销与传统直接分销渠道不一样的是,生产企业可以通过建设网络营销站点,让顾客直接从网站进行订货。通过与一些电子商务服务机构如网上银行合作,可以通过网站直接提供支付结算功能,简化了过去资金流转的问题。对于配送方面，网上直销渠道可以利用互联网技术来构造有效的物流系统，也可以通过互联网与一些专业物流公司进行合作，建立有效的物流体系。

与传统分销渠道相比，不管是网上直接营销渠道还是间接营销渠道，网上营销渠道有许多更具竞争优势的地方。

首先，利用互联网的交互特性，网上营销渠道从过去单向信息沟通变成双向直接信息沟通，增强了生产者与消费者的直接连接。

其次，网上营销渠道可以提供更加便捷的相关服务。一是生产者可以通过互联网提供支付服务，顾客可以直接在网上订货和付款，然后就等着送货上门，这大大方便了顾客的需要。二是生产者可以通过网上营销渠道为客户提供售后服务和技术支持，特别是对于一些技术性比较强的行业，如IT业，提供网上远程技术支持和培训服务，既方便顾客，同时生产者可以以最小成本为顾客服务。

再次，网上营销渠道的高效性，可以大大减少过去传统分销渠道中的流通环节，有效降低成本。对于网上直接营销渠道，生产者可以根据顾客的订单按需生产，做到实现零库存管理。同时网上直接销售还可以减少过去依靠推销员上门推销的昂贵的销售费用，最大限度控制营销成本。对于网上间接营销渠道，通过信息化的网络营销中间商，它可以进一步扩大规模实现更大的规模经济，提高专业化水平；通过与生产者的网络连接，可以提高信息透明度，最大限度控制库存，实现高效物流运转，降低物流运转成本。订货功能的设计与实现在前面已经详细分析了，在后面将着重分析完成交易关键环节——网上支付和实现配送的物流管理与控制。

案例 7-1

网络渠道策略案例：凡客诚品的二合一网络渠道策略

凡客诚品成立不到一年，但是每天接到的订单高达6000多单，每天的服装销售更是高达1.5万件，2012年销售额达到65.4亿。

目前在新浪、腾讯、网易、搜狐等各大网站，以及迅雷等网络常用工具资讯条上，无处不见凡客诚品的销售踪影，其接触点之多超乎想象。

如果这些接触点全部需要支付广告费，一定是一笔庞大的开支。凡客真的需要支付这么多的广告？他们的网络销售又是怎么开展的呢？

在传统的营销传播环境下，品牌营销传播活动仅仅作为4P营销组合中的一个环节，因此品牌消费行为的达成还受渠道、价格、包装、促销等多重因素的影响。而通过网络平台的运用，能实现品牌传播和销售渠道的完美整合。

网络平台在4C营销组合中的消费者(consumer)、成本(cost)、便利(convenience)和沟通(communication)四个环节全面发力。通过网络平台不仅能有效降低营销传播成本，而且便利于消费者卷入品牌互动，实现消费者与品牌之间的沟通，以及达成品牌购买行为。

今天我们来看看网络渠道部分。渠道的作用就在于产品的接触和产品销售。如果只有接触而没有销售，就是广告，广告效果会因为时间延迟而不能及时转化。如果能做到完整接触并且及时销售,这就是一条完美的渠道。

按照这个标准,传统渠道中的电视直销起到了这样的作用,问题的关键在于电视时间长度的限制、高昂的费用、过高的折扣率使得能利用电视广告的企业非常有限。

凡客诚品的负责人陈年说:凡客注重互联网上的推广,在网络投放的广告占所有广告投放的60%以上。

同时,凡客诚品利用网络的展示、接触和直接销售能力,实现了超过PPG(成立于2005年10月的另一家中国服装网络直销公司)的销售。陈年说:"发展到目前的规模,凡客诚品在广告方面的投入不及PPG的1/10,互联网推广以最佳的性价比让凡客诚品取胜,PPG有95%的销售来自平面广告,这些平面媒体的店租太贵,而凡客诚品是一家24小时不打烊的商店,店租很便宜。"

更重要的是广告的"卖点明确、制作精美"抓住了消费者的眼球,让其产品销售与品牌同步得到提升,如有一款制作清新自然的广告,符合了服装夏季季节特性。

隐藏在凡客诚品网络营销深层次的推广策略则是"以ROI为核心",即广告与销售投入产出比要合理。假如巨额广告投入没有得到应有的销售收入回报,凡客诚品就会沦为第二个"PPG"。

PPG花费了巨额的广告费,作为一家电子商务网站却过多地依靠高昂的平面媒体推广,广告并没有带来应有的销售收入,最终因广告资金链断裂而失败。因此电子商务网站的网络广告推广,必须要坚持广告与销售投入产出比(ROI)为基本评估标准。

凡客诚品在多家网络广告联盟上投放CPS广告,CPS是指按销售提成广告费用。成立了自己的网站联盟,让广大站长和店长加入,根据销售额进行提成费用,这个形式也是属于CPS。

在媒体选择上不仅注重带来的流量,更要注重广告与销售的投入产出比。凡客发展出一套以ROI为考核标准,对门户、社区、CPS联盟等优胜劣汰,量身定制出一套完全符合凡客诚品的整体营销策略,保证了凡客诚品平稳快速成长。

而且用销售的回报来支付广告的投入,这种方式在网络的平台上,把产品的输出和广告完美地结合起来,使得把每一家网站的接触点都作为自己的渠道去看待,这就是凡客成功之道,这就是借助于网络进行渠道建设的非常有用的借鉴。

(资料来源:http://hi.baidu.com/cehuashi/blog/item/d2d65e545ce6d753d00906cd.html.)

案例思考题

(1) 凡客诚品采取了什么样的网络营销渠道策略?

(2) 凡客诚品是怎样利用所采取的网络营销渠道获得成功的?

7.2.2 网上支付

网上支付是实现在线交易的关键环节,主要包括网上支付系统、网上支付方式和网上支付安全控制三个方面的内容。

1. 网上支付系统

传统交易中个人购物时的支付手段主要是现金,即一手交钱一手交货的交易方式,双方在交易过程中可以面对面地进行沟通和完成交易。网上商店的交易是在网上完成的,交易时交货和付款在空间和时间上是分割的，消费者购买时一般必须先付款后收货，付款时可以用网上支付系统完成网上支付。

网上支付系统包括四个主要部分：①电子钱包(E-wallet)，负责客户端数据处理，包括客户开户信息、货币信息以及购买交易的历史记录。②电子通道(E-POS)，这里主要指从客户端电子钱包到收款银行网关之间的交易部分，包括商家业务操作处理（负责商家与客户的交流及订购信息的发出）、银行业务操作处理(负责把交易信息直接发给银行)、来往信息的保密。③电子银行(E-bank)，这里电子银行不是完整意义上的电子银行，而是在网上交易过程中完成银行业务的银行网关，包括接受转账卡、信用卡、电子现金、微电子支付等支付方式；保护银行内部主机系统；实现银行内部统计管理功能。④认证机构(certificate authority)，负责对网上商家、客户、收款银行和发卡银行进行身份的证明，以保证交易的合法性。

网上支付系统是一个系统工程，它需要银行、商家、消费者和信息技术企业的共同参与，系统中缺少任何一个环节都无法正常运行。由于网上商店面对的是千千万万的个体消费者，要将这些消费者纳入电子支付系统是比较困难的，一方面它要求个体消费者必须有良好的信用，另一方面消费者对网上支付的隐私安全存在顾虑。因此，目前电子支付面临的最大问题是引导和教育消费者了解和认同电子支付。

2. 网上支付方式

网上支付是指电子交易的当事人，包括消费者、厂商和金融机构，使用安全电子支付手段通过网络进行的货币支付或资金流转。主要有三类：一类是电子货币类，如电子现金、电子钱包等。其中，电子现金是一种以数据形式流通的货币，它把现金数值转换成一系列的加密数据序列，通过这些序列数来表示现实中各种交易金额的币值。用户在开展现金业务的银行设立账户并在账户内存钱，就可以接受电子现金进行购物。电子现金交易时类似实物现金，交易具有匿名性。

另一类是电子信用卡类，包括智能卡、借记卡、电话卡等。其中，智能卡在卡片内安装了嵌入式微型控制芯片，可以存储数据，卡上的价值受个人识别码(PIN)保护，只有用户能够访问。在电子商务交易中，智能卡的应用类似于实际交易过程，网上交易时通过发卡银行完成。

还有一类是电子支票类，如电子支票、电子汇款(EFT)、电子划款等。其中，电子支票是一种借鉴纸张支票转移支付的，利用数字传递将钱款从一个账户转移到另一个账户的电子付款形式。电子支票的支付是在商户与银行相连的网络上以密文的方式传递的，多数使用公用关键字加密签名或个人身份证号码(PIN)代替手写签名。

3. 网上支付的安全控制

在网上商店进行网上购物时，消费者面对的是虚拟商店，对产品的了解只能通过网上介绍完成，交易时消费者需要将个人重要信息如信用卡号、密码和个人身份信息通过网上传送。由于因特网的开放性，网上信息存在被非法截取和非法利用的可能，存在一定的安全隐患。同时，在购买时消费者将个人身份信息传送给商家，可能被商家掌握消费者的个人隐私，有时这些隐私信息被商家非法利用，因此网上交易还存在个人隐私被侵犯的危险。

随着技术的发展和网上交易的规范,现在出台了一系列的网上交易安全规范如 SSL 和 SET 协议,它通过加密技术和个人数字签字技术,保证交易过程信息传递的安全与合法,可以有效防止信息被第三方非法截取和利用。为防止个人隐私受到侵犯,避免交易中泄露个人身份信息,电子现金的出现是一种有效的匿名电子支付手段。它的原理很简单,就是用银行加密签字后的序列数字作为现金符号,这种电子现金使用时无须消费者签名,因此在交易过程中消费者的个人身份信息可以不被泄露,从而保护个人隐私。

7.2.3 物流管理与控制

著名的营销学家菲利浦·科特勒在《市场营销管理》(亚洲版)中对物流的定义为:"物流是指计划、执行与控制原材料和最终产品从产地到使用地点的实际流程,并在盈利的基础上满足顾客的需求。"物流的作用是管理供应链,即从供应商到最终用户的价值增加的流程。因此,物流管理者的任务是协调供应商、采购代理、市场营销人员、渠道成员和顾客之间的关系。

在网络营销环境下,开展网络营销的企业在组织架构、业务流程、分销渠道等诸多方面已经发生了深刻的变化。从事网络营销的企业必须从整体利益出发,突破按部分分管的体制,从整体上进行规划和管理,建立起具有信息化、网络化、自动化、智能化、整体化和社会化的物流配送体系,满足网络营销对物流提出的新要求,使网络营销这一新的营销方式得以顺利发展。物流对于网络营销而言是一项不可或缺的要素,具体作用体现在以下几个方面。

(1) 物流是网络营销发展的必备条件。网络营销是参与各方之间以电子的方式借助网络这一媒介完成各种业务的交易行为。每笔成功的交易必须具备三个基本要素,即物流、信息流和资金流。物流是基础,信息是纽带,资金是目的。每天在全球发生着数以千万计的商业交易,每笔交易都伴随着信息流和物流,交易伙伴需要这些信息进行货物的发送、跟踪、分拣、接收、储存、提货以及包装等。信息化高度发展的网络营销时代,物流和信息流的相互配合变得越来越重要,供应链管理中必然要用到越来越多的现代物流技术。

(2) 物流是网络营销概念模型的基本要素。网络营销概念模型中包括信息流、商流、资金流和物流,其中商流是商品所有权转移的过程,而物流决定了交易是否最终完成。每笔交易必须通过物流这一环节才能实现商品所有权的转移,即将产品或服务转移到购物者手中,只有商品所有权转移得以实现,才能确定一笔交易得以完成。

(3) 物流是实现网络营销的保证。消费者通过网上购物,网络营销交易过程中,物流实际上是以商流的后继者和服务者的姿态呈现的实现网络营销的保证。没有现代化的物流技术,无论网络营销采取多么便利的形式,商品生产和交换都难以顺利进行。

对于开展网上直销的生产企业而言,可以有两种途径管理和控制物流。一种是利用自己的力量建设自己的物流系统,如 IBM 公司的蓝色快车拥有自己的"e 物流"。在物流方面全部准备好,靠的是严密的管理和组织,包括新的运作方法、新的经营观念。从货物的管理、货物的分发、货物的跟踪,蓝色快车有一套完整的信息系统,可以确定货物上的是第几次列车,什么时候可以到达这个城市,谁可以签收,是否签收,等等。IBM 之所以重视货物的派送,是为在未来网上营销的竞争打下基础,因为物流方面的服务已经成为竞争的“瓶颈”。另一种方式是通过选择合作伙伴,利用专业的物流公司为网上直销提供物流服务。这是大多数企业的发展趋势。美国的Dell公司就与美国的联邦快递公司合作,利用联邦快递的物流系统为Dell公司配送电脑给客户,Dell公司只需将收货的客户地址和电脑的装备厂址通过互联网传输给联邦快递,联邦快递直接根据送货单将货物从生产地送到客户家里。作为专业化的物流服务公司,联邦快递拥有最先进的InternetShip物流管理系统,客户可以通过互联网直接送货、查货、收货,客户足不出户就可以完成一切货物配送。

为配合网上直销的顺利实施,不管是依靠自己的物流系统,还是利用外部的专业物流服务公司,基于互联网技术的现代物流系统一般具有以下几个特点:

(1) 顾客直接驱动。对于专业性公司,物流系统中的物流启动和运转都是围绕服务顾客而进行的。物流的启动是顾客的送货订单,顾客的需求是货物的及时送货上门。所以,现在的物流系统,都采用现代化的信息系统技术来保证物流中信息畅通,提高物流效率。

(2) 全面服务性。随着产品的复杂和使用的专业性,需要在物流服务内涵上进行扩展。以前货物送递只送到门口,现在要延展到桌面。特别是对于电子产品,很多客户需要安装。此外,还有代收款服务。

(3) 可跟踪性。顾客控制货物送货进度,需要了解货物最近送达的地方,以及什么时候送到目的地。因此,现在的物流系统通过互联网技术,允许顾客直接通过互联网了解产品的送货过程。如前面网络营销服务策略中介绍的,联邦快递公司允许顾客在互联网上输入货物编号就可以查询货物最近到达的地方,以及在什么时候收货人能收到货物。

7.3 网络中间商

与传统商务相比,电子商务的显著特点和优越之处就是可以在网上进行直销,通过“一对一销售”“柔性销售”和“直接对话”等方式,企业和客户的直接联系跳过了中间商的作用。生产者与消费者之间的直接交易,减少了商品流通的环节,降低了交易成本,使交易的双方均可以获得更大的效益。

随着电子商务在全球范围内的蓬勃发展,市场交易关系和交易行为正在发生重大的变化,研究和应用电子商务的人们普遍认为:互联网将重新设定生产者和消费者之间的关系,使生产者与消费者之间的直接交互沟通成为可能。生产者可以利用互联网直接向消费者提供商品和服务,消费者则可以通过互联网直接向生产者订购商品和服务,或者直接向生产者提出个人需求和建议以定制个人化的商品或服务。其结果将使传统价值链中的中间商的作用面临消失的威胁,很多学者对电子商务环境下中间商是否还有存在的必要提出了质疑。

然而,电子商务实际的发展情况却与上述预测和分析恰恰相反,互联网上正涌现出越来越多的网络中间商。并且,网络市场中的这些网络中间商被赋予了新的形式和功能。适应网络市场的新型中间商与传统市场中的中间商有区别,所发挥的功能使它们在电子商务的价值链中具有重要的作用和地位。电子商务的发展并没有使中间商消亡,反而使中间商越出了传统的范畴而获得了新的发展,这些新型中间商在网络市场中发挥出独一无二的优势,其结果是在网络市场上仍存在着一种新型的中间商——网络中间商。

7.3.1 网络中间商与传统的中间商的区别

传统中间商为消费者提供的各种信息和服务包括帮助消费者搜索和评价、帮助定位需求和选择适当产品、降低消费者风险以及提供产品包装运送服务。对于生产者,中间商可以帮助他们获取和传播产品信息,影响顾客购买行为。还可协调消费者和生产者需求,降低交易费用,并提供其他诸多附加服务和社会功能。这是因为中间商的业务存在经济性:中间商专门与消费者进行交易,拥有有关产品购买行为和需求的大量有用信息,这恰好是生产者所缺乏和需要的。此外,由于消费者千差万别,难免出现欺诈和偷盗行为,中间商作为专业机构替生产者承担了此类风险;生产者与中间商交易比较规范化、规模化,风险较低,也可以获得规模经济效益,降低销售成本。

网络中间商是指在电子信息网络上建立的起着连接生产者和消费者的桥梁作用的一个系统,由服务器、工作站和各种网络设备作为技术支持。与传统中间商一样,网络中间商是连接生产者和消费者的桥梁,同样发挥着帮助消费者做出购买决策和满足需求,帮助生产者掌握产品销售状况,降低生产者为达成与消费者交易的成本费用等诸多功能。但是网络中间商与传统中间商也存在明显的区别:

(1) 存在前提不同。传统中间商是因为生产者和消费者直接达成交易成本较高;而网络中间商是对传统直销的替代,是中间商职能和功效在新的领域的发展和延伸。

(2) 交易主体不同。传统中间商是要直接参加生产者和消费者交易活动的,而且是交易的轴心和驱动力;而网络中间商作为一个独立主体存在,它不直接参与生产者和消费者的交易活动,但它提供一个媒体和场所,同时为消费者提供大量的产品和服务信息,为生产者传递产品服务信息和需求购买信息,高效促成生产者和消费者的具体交易实现。

(3) 交易内容不同。传统中间商参与交易活动,需要承担物质、信息、资金等交换活动,而且这些交换活动是伴随交易同时发生的;而网络中间商作为交易的一种媒体,它主要提供的是信息交换场所,具体的物质、资金交换等实体交易活动则由生产者和消费者直接进行,因此交易中间的信息交换与实体交换是分离的。

(4) 交易方式不同,传统中间商承担的是具体实体交换,包括实物、资金等;而网络中间商主要是进行信息交换,属于虚拟交换,它可以代替部分不必要的实体交换。

(5) 交易效率不同,通过传统中间商达成生产者和消费者之间的交易需要两次,而中间的信息交换特别不畅通,造成生产者和消费者之间缺乏直接沟通;而网络中间商提供信息交换可以帮助消除生产者和消费者之间的信息不对称,在有交易意愿的前提下才实现具体实体交换,可以极大减少中间因信息不对称造成的无效交换和破坏性交换,最大限度降低交易成本,提高交易效率和质量。

网络中间商通过因特网站点来实现传统中间商的所有功能,同时还具备一些传统中间商所不具备的新功能:

(1) 网络中间商可以实现更高效率的信息流。信息网络是电子商务产生和发展的重要基础,电子商务中的各主体之间可以进行实时信息交流。中间商要成为连接生产者和消费者的经济中介,关键是要借助电子信息网络,进行信息的收集和整理,并将信息在生产者和消费者之间进行传递。

(2) 网络中间商可以通过电子支付系统实现更高效率的资金流。随着网络信息技术的发展,消费者、商家和金融机构之间可以使用安全手段完成电子支付,从而实现网上资金流动,使买卖双方节约交易费用,并加速资金的周转效率。

(3) 网络中间商可以实现更高效率的商流和物流。网络中间商通过为整个交易提供信息、媒体和交易平台,可以有效地促成生产者和消费者的具体交易活动。而且一些可数字化的商品和服务的供货、结算和收货等完整交易过程,可完全在电子信息网络上完成。这时商流和物流也可能同时发生。

综上所述,网络中间商应该在完成传统中间商功能的基础上,在交易效率上有新的飞跃,使传统中间商的职能和功效在新领域得到延伸。

7.3.2 网络中间商的特点

网络中间商是在传统中间商的基础上进行创新发展的,在交易效率上有了质的飞跃,其特点主要包括:

(1) 信息本身并不是重点。关于信息的信息才是重点。在因特网上,信息的生成和复制非常容易,传递成本也低;信息发布者主动制造信息,并将信息在因特网上公开,信息成本趋于零。中间商要做到收集、过滤、整理,为生产者和消费者提供更深入的信息服务,创造信息增值。这些"关于信息的信息"的价值便成为新中间商存在的利益基点。

(2) 网络营销环境下的中间商可以提供跨越空间和时间限制的信息联系服务,从而有效增强新中间商的竞争能力。它们可根据自身的需要,在因特网上开展广告宣传,发布信息。从这个意义上讲,网络时代下的中间商从此拥有了自己的广告媒体和信息发布媒体。网络营销的直观性和透明性将大大增强新中间商的诚信度,有利于新中间商利用电子信息网络树立良好的形象。生产者和消费者可以通过访问新中间商的因特网站点了解更多新中间商的有关情况。

(3) 网络中间商可以通过电子信息网络广泛、方便地开展商务活动,实现网上交易。电子商务中的网上咨询和洽谈,突破了人们面对面洽谈的时空限制,提供了多种方便的异地商谈形式。电子商务将使中间商能为全世界范围内的生产者和消费者提供服务,从而创造大量的商业机会。

(4) 服务决定中间商企业的发展。作为供应链中上下通达的一个环节,网络中间商企业的服务既面对上游,又面对下游,具备很好的协调性。

有些学者从交易成本理论的角度分析了中间商在网络市场中仍然存在并且获得新的发展的原因。这种分析表明在网络市场环境下,中间商面临四种情况:

(1) 传统的直销企业向网络直销企业转型,比如一些传统的邮购公司开始利用互联网络进行直复营销(direct marketing)活动,因为网络直销不仅使它们的交易成本大幅度降低,而且使它们可以实现对每一位消费者进行一对一的营销(1-1. marketing),提高了客户服务质量和效率。

(2) 网络直销威胁传统中间商。由于网络直销的费用要低于通过传统中间商间接销售的费用,因而厂商就会抛弃传统的中间商,转而采用网络直销方式销售自己的产品。

(3) 传统直销向网络间接销售转型。在网络市场中出现的新型电子中间商,使网络间接销售方式的交易成本显著低于采用网络直销方式产生的成本,作为生产者和消费者在网络市场中进行交易的中介组织,互联网上的中间商具有集中网上交易的功能,从而提高了交易效率、降低了交易费用,在这种情况下,传统直销商就会采用依赖于互联网中间商的网络间接销售方式销售其产品。

(4) 传统间接销售向网络间接销售转型。随着信息通信技术的发展,传统中间商可以利用互联网拓展其经营范围以获取规模经济、降低经营风险、提高工作效率、降低销售成本,并向互联网中间商转型。

从交易成本角度进行的分析,说明了中间商在网络市场中仍将继续存在,并且会得到新的发展。实际上其他的因素也会对企业是否抛弃中间商的决策产生重要影响。比如对于一些已经与最终用户建立了稳定协调关系,因而拥有强大的市场垄断力量的中间商来说,它可以胁迫厂商放弃通过互联网直接销售的计划。另外,由于目前通过网络市场达成的交易额仍非常有限,绝大部分消费者还是习惯于通过传统渠道购物,因此厂商在决策时会进行综合比较,以免失去传统市场中由代理商所开拓的市场份额,从而造成得不偿失的后果,例如当康柏公司决定是否采用德尔公司的直销模式时,考虑到其目前的销售过分依赖于代理渠道,为了避免影响其目前的销售额,最终还是放弃了这一计划。

7.3.3 网络中间商类型

由于网络的信息资源丰富、信息处理速度快,基于网络的服务可以便于搜索产品,但在产品(信息、软件产品除外)实体分销方面却难以胜任。目前出现许多基于网络(现阶段为 Internet)的提供信息服务中介功能的新型中间商,可称之为网络中间商(cybermediaries)。下面分类介绍这种以信息服务为核心的电子中间商。

(1) 目录服务商。利用 Internet 上的目录化的 Web 站点提供菜单驱动进行搜索,现在这种服务是免费的,将来可能收取一定的费用。现在有三种目录服务,一种是通用目录(如 Yahoo!),可以对各种不同站点进行检索,所包含的站点分类按层次组织在一起;另一种是商业目录(如 Internet 商店目录),提供各种商业 Web 站点的索引,类似于印刷出版的工业指南手册;最后一种是专业目录,针对某个领域或主题建立 Web 站点。目录服务的收入主要来源于为客户提供 Internet 广告服务。

(2) 搜索引擎服务商。与目录不同,搜索站点(如 Lycos、Infoseek)为用户提供基于关键词的检索服务,站点利用大型数据库分类存储各种站点介绍和页面内容。搜索站点不允许用户直接浏览数据库,但允许用户向数据库添加条目。

(3) 虚拟商业街。虚拟商业街(virtual malls)是指在一个站点内连接两个或以上的商业站点。虚拟商业街与目录服务的区别是,虚拟商业街定位某一地理位置和某一特定类型的生产者和零售商,在虚拟商业街销售各种商品、提供不同服务。站点的主要收入来源依靠其他商业站点对其的租用。如我国的新浪网开设的电子商务服务中,就提供网上专卖店店面出租。

(4) 网上出版。由于网络信息传输及时而且具有交互性,网络出版 Web 站点可以提供大量有趣和有用的信息给消费者，目前出现的联机报纸、联机杂志属于此类型。由于内容丰富而且基本免费，此类站点访问量特别大，因此出版商利用站点做 Internet 广告或提供产品目录，并以广告访问次数进行收费，如 ICP 属于此类型。

(5) 虚拟零售店(网上商店)。虚拟零售店不同于虚拟商业街，虚拟零售店拥有自己的货物清单并直接销售产品给消费者。通常这些虚拟零售店是专业性的，定位于某类产品，它们直接从生产者进货，然后折扣销售给消费者(如 Amazon 网上书店)。目前网上商店主要有三种类型：第一种是电子零售型(e-tailers)，这种网上商店直接在网上设立网站，网站中提供一类或几类产品的信息供消费者选择购买；第二种是电子拍卖型(e-auction)，网上商店提供商品信息，但不确定商品的价格，商品价格通过拍卖形式由会员在网上相互叫价确定，价高者就可以购买该商品；第三种是电子直销型(e-sale)，这类站点是由生产型企业开通的网上直销站点，它绕过传统的中间商环节，直接让最终消费者从网上选择购买。

(6) 站点评估。消费者在访问生产者站点时，由于内容繁多、站点庞杂，往往显得束手无策，不知该访问哪一个站点。提供站点评估的站点，可以帮助消费者根据以往数据和评估等级，选择合适的站点访问。通常一些目录和搜索站点也提供一些站点评估服务。

(7) 网络金融机构。电子商务要求能在网络上交易的同时，还能实现买方和卖方之间的授权支付。现在授权支付系统主要是信用卡，如 Visa、Mastercard，电子等价物如填写的支票，现金支付如数字现金，或通过安全电子邮件授权支付。这些电子支付手段通常对每笔交易收取一定佣金以减少现金流动风险和维持运转。目前，我国的商业银行也纷纷上网提供电子支付服务。

(8) 虚拟市场和交换网络。虚拟市场提供一虚拟场所，任何只要符合条件的产品都可以在虚拟市场站点内进行展示和销售，消费者可以在站点中任意选择和购买，站点主持者收取一定的管理费用。如我国对外贸易与经济合作部主持的网上市场站点——中国商品交易市场就属于此类型。当人们交换产品或服务时，实行等价交换而不用现金，交换网络就可以提供此以货易货的虚拟市场。

(9) 智能代理。随着 Internet 的飞速发展，用户在纷繁复杂的 Internet 站点中难以选择。智能代理是这样一种软件，它根据消费者偏好和要求预先为用户自动进行初次搜索，软件在搜索时还可以根据用户自己的喜好和别人的搜索经验自动学习优化搜索标准。用户可以根据自己的需要选择合适的智能代理站点为自己提供服务，同时支付一定的费用。

(10) 网络调查统计机构。电子商务的发展也需要其他辅助性的服务，比如网络运营商需要了解有关网站访问者的特征、不同的网络广告手段的使用率等信息，网络调查统计机构就是为用户提供互联网统计数据的服务商，例如 Forrester、AC. Nielsen 以及我国的 CNNIC 等。

综上所述，电子商务的发展对中间商提出了更高的要求，传统意义上的中间商必须向网络中间商转型，以适应电子商务环境的要求。网络中间商使厂商和消费者之间的信息不对称程度显著降低，提高了网络交易的效率和质量，增加了网络市场的透明度，在电子商务的价值链中扮演着重要的角色，具有不可替代的作用和功能，网络中间商的存在促进了电子商务的应用和发展。

7.3.4 网络中间商的发展趋势

网络时代的到来对于中间商的影响是双面的。信息技术特别是网络技术的发展,给中间商带来威胁和挑战,也带来发展的机遇。面对新的时代,中间商可能会有形式上、功能上的多种调整和衍生。通过主动、正确地调整定位,积极发挥服务与物流方面的优势,打造优秀品牌,融入网络营销,中间商在网络时代还会有更广阔的发展前景,呈现出以下几个方面的发展趋势。

(1) 重新进行自我定位。中间商要将自身在网络运营环境中相对于生产厂商的竞争优势进行定位。这种竞争优势在于,厂商往往更长于技术的研究和开发,而中间商则长于营销的组织和服务。在网络条件下,中间商应加强自己在这方面的优势。

(2) 以服务促效益。根据以上的定位,对于中间商来说,加强服务就意味着效益。由于其本身就处于直接面向客户的地位,客户使用过程中的问题,以及企业产品的市场定位等方面的问题都通过他们反馈给渠道上游企业,售后服务的大部分也可由其来完成,中间商在这方面的价值不可低估。随着社会分工向着更深、更细的方向发展,在营销的组织和服务上,中间商应向着更为专业化的方向发展。

(3) 建立或依托物流配送中心。物流业的滞后是国内发展电子商务的"瓶颈"所在,有"瓶颈"就意味着有商机。作为中间商,原先拥有的仓储、运输设施成为竞争优势,便于建立物流中心。越来越多的企业开始意识到物流过程中蕴含的巨大的利润空间。中间商可以立足已有基础吸引投资,结合科研积极组建物流配送中心。

(4) 提高物流敏捷度。通过加强在配送手段、物流管理、经营理念等方面的建设,中间商企业应当谋求在现代物流中的一席之地。西方国家的物流发展经验表明:当独立的第三方物流占社会物流的50%时,物流产业才能形成。中间商在传统渠道销售模式中处于渠道的中下游,他们真正促进了产品与用户之间的直接接触,能比较容易地介入物流配送体系。而如何提高敏捷度,是中间商应该考虑的问题。

(5) 推进代理制,尤其争取国外产品的总代理。在开展代理过程中,双方在观念和行为上要协调一致,平衡利益、规范行为、遵守合同,做到利益共享、风险共担、联合开拓市场。

(6) 网络直销与店面销售结合。中间商经营的是实体店面的销售,但网络营销对其而言也是可以运用的方式。依托自身的传统优势,自建网站,将实体店面销售和虚拟店销售结合起来将更具实力。

(7) 与网络公司联手实现双赢。中间商不应把网络公司视为威胁,而应"化敌为友",网上网下大和解,未尝不是个事半功倍的成功之道。

(8) 创立中间商品牌。重塑中间商的市场定位,注入专业的经营理念和营销技巧,在激烈渠道竞争中找出最适应市场需求的切入点。创立中间商品牌,进行品牌经营是我国商品流通环节发展的关键。

7.4 比较购物代理

现在，在我们日常生活中，随处可见一些人准备买东西前会选择在网上查询下价格、对比一些参数，再决定是否购物，这已经成为现代人网络购物习惯的一部分。但是，随着供求信息的数量和来源的急速增长，顾客面对大量的商品信息，而通用的搜索引擎搜索结果不够准确，无法满足用户找到想要的商品的需求，用户需要一种全新的购物体验。于是，一种在网络环境下的新型购物模式——比较购物随着网上购物的兴起而兴起并且快速成长起来，形成了网络营销渠道中的一种新型网络中间商——比较购物代理。

7.4.1 比较购物概述

比较购物是指通过对商品、商家进行比较，然后做出购买决策和购买行为的购物方式。在西方国家，比较购物已经成为消费者非常喜欢的一种购物方式，据资料显示，美国网上零售额的35%来自于比较购物网站。

网络营销环境下的比较购物，主要是通过比较购物搜索引擎对网上提供的商品和商家信息从各方面进行综合比较和筛选，然后选择出最符合自己需求，符合自己利益最大化即自己最满意的网上商家，进行网上交易的购物模式。比较购物的出现和发展依附于网上零售业(B2C)的发展。比较购物这种商业模式成功的关键在于其合理的定位，并根据其定位在网络上充分开展相关可行性业务。该模式既能吸引商家，又服务于消费者，具有以下特点：

(1) 信息结构清晰。比较购物搜索按照区域、行业、消费地点、消费优惠、消费活动提供丰富的信息资源，这种结构完全能够满足消费者个性化的消费需要，有利于促进消费者做出决策。

(2) 内容时效。比较购物网站及时的维护和管理，使得商品信息的更新时间、频率和幅度能保证对搜索引擎的支持，从而保证商家的信息发布是即时的。它可以帮消费者实现实时的互动和信息传递。

(3) 提供服务支持。网站提供的分类信息都与相关服务、内容、优惠、活动相链接，提高了信息增值服务的含量。

(4) 会员服务个性化。按照会员制消费系统的特点，比较购物网站提供的分类信息都与各种细分的消费会员产生紧密的联系，完全按照消费者的分类、消费特点的个性化要求、消费权限的兑现和会员制消费活动的安排提供信息。

(5) 分类比较功能强大。网络信息的结构可以提供同类型的各种比较信息，比如价格、性能、地区、品牌、时间，等等，以满足消费者所需的相关信息；同时，对消费者的消费欲望进行有效的消费指导，也能够提供相关内容的一系列消费场所、价格、质量、服务方法的比较，为消费者最终做出决定提供帮助。

比较购物搜索引擎最早在20世纪90年代末就在美国出现了。1999年Deja改变了原有的经营模式，开始提供比较购物模式，这是世界上最早出现的比较购物网站。随后一年，比较购物被引入中国并逐渐发展起来，但是直到最近几年，随着中国电子商务快速发展才受到广泛关注和全面使用。

比较购物搜索引擎的检索结果来自于被收录的网上购物网站,这样当用户检索某个商品时,所有销售该商品的网站上的产品记录都会被检索出来,用户可以根据产品价格、对网站的信任和偏好等因素进入所选择的网上购物网站购买产品。一般来说,购物搜索引擎本身并不出售这些商品,仅仅是通过自己的网站——比较购物网站,代理消费者对商家和商品进行比较和选择,从而产生了比较购物代理这一新型网络中间商。

比较购物网站的理念来源于"货比三家"这一亘古不变的商业操作法则,这几乎是伴随商品社会同时产生的商业智慧,被灵活运用到网络中。所谓比较购物网站,就是一个专业的垂直购物信息搜索引擎,通过对大量的商家和商品信息进行采集和整理,向消费者提供全面准确的资讯,同时提供同一商品在不同商家的价格等出售信息,帮助购物者进一步掌握购物的主动权;同时有效地节约了用户挑选商品的时间,节约更多的购物成本,促使商品的流通效率得到进一步提高。

比较购物网站从众多网站中获得商品、商家相关数据。另外,还有其他渠道如与厂商合作(如手机生产商摩托罗拉,电脑生产商 DELL,汽车生产商宝马,日用消费品公司生产商范思哲等);同经销商建立关系(电器专业经销商国美,综合经销商沃尔玛,B2C 网站卓越、当当,C2C 在线购物网站淘宝等);和行业网站共享资源(如搜狐亲子、新浪汽车频道、网易家居、中国家电网等),甚至包括自主研发软件开展自动抓取。

目前,比较购物网站的发展方向是基于搜索引擎技术,通过对商品信息相关网站进行采集、分析,提供集中的展示和搜索功能。向网民提供精准的商品和商家资讯,帮助网民省时、省钱、省心地进行网络购物。

然而随着购物网站的发展和相互之间的竞争,许多购物网站都具备了对所售商品的站内比较。此外基于浏览器的搜索比较功能也已经出现了,比如通过 360 浏览器在网上搜索关注商品后,就会在浏览器底部弹出各个购物网站上的同种商品的价格等信息比较的 360 小蜜蜂。原来那些业务比较单一的专业比较购物网站已经逐渐被淘汰出局了。以下对比较购物网站的介绍只是为了让大家对曾经风靡一时的比较购物网站这种网络中间商的历史有所了解和把握。

7.4.2 比较购物代理的分类

比较购物代理是网络中间商中的一种,就是以万维网站的形式存在于互联网上,使用专门设计的比较购物代理程序(软件),为消费者提供网络导购、商品价格比较、销售商信誉评估等服务的网络虚拟中介组织。比较电子商务(comparison-shopping e-commerce)是在此基础上产生的一种新的电子商务模式,采用该模式的公司以比较购物代理的形式为用户提供在互联网上的比较购物以及其他相关服务。

比较购物代理的作用就是辅助消费者做出购买决策,按其在消费者购买决策过程中的作用不同,比较购物代理可以分为价格比较购物代理和议价代理两种类型。

1. 价格比较购物代理

在信息收集阶段,消费者收集的信息分为两类:一类是产品特征的信息,另一类是销售商特征的信息。

(1) 产品信息的搜寻和比较。购物代理可以帮助消费者搜寻符合要求的商品,通过引导消费者设定商品属性特征的限定条件,并根据这些限定条件进行搜索,自动地排除掉不符合要求的商品,缩小了商品选择品牌组的范围,有助于消费者迅速挑选出最符合其需要的商品。由于一些复杂商品的属性特征难以精确描述,还有一些经验商品其关键特征必须依靠感觉才能加以区分,因此要实现对商品属性特征的比较是相当困难的。目前互联网上具备这一功能的购物代理屈指可数,所比较的也仅仅是一些高度标准化的商品。

(2) 销售商信息的搜寻和比较。购物代理还可以根据消费者设定的条件,搜索符合要求的网络销售商,缩小了销售商选择组的范围,有助于消费者迅速找到价格最优惠或信誉、服务质量等最好的销售商。相对于商品比较来说,销售商之间的比较显得更简单和容易一些,一般以价格比较为主,有时还会附带简单地比较销售商的信誉及其所提供的服务的功能,这类购物代理就被称为价格比较购物代理。安达信咨询公司设计的便宜货搜寻器(Bargain Finder)是第一家提供网上价格比较服务的价格比较购物代理。使用该购物代理时,消费者必须明确指定一种产品(包括产品名称、型号等)以及可接受的价格范围,然后便宜货搜寻器就会对不同的网络商店发出请求,并对其数据库进行查询,最后将查询结果按从低到高的顺序反馈给消费者。

由于价格竞争并非是销售商竞争的唯一手段,很多销售商通过提供增值服务以使自己与其他销售商区别开来。但是购物代理的使用在提高了消费者商品价格比较能力的同时,忽略了不同销售商的增值服务的差别,使消费者的购买决策没有把这些因素考虑进去,因而一些规模较大的网络销售商对便宜货搜寻器的查询请求实行封锁,不让其查询他们的数据库。然而很多规模较小的网络销售商却非常乐意被包含进便宜货搜寻器的比较体系中,因为这样可以使他们迅速脱颖而出。另一家比较购物代理Excite网站的Jango,通过技术手段使查询请求从消费者的浏览器上而不是网站的服务器上发出,从而避免了查询请求被网络销售商禁止的问题。

总之,价格比较购物代理使消费者可以方便地对多家网络销售商的商品价格进行比较,而不再需要逐一访问各个网络销售商的网站了。尽管这种访问也仅仅是通过鼠标的点击完成,但在众多的网络商店间搜索依然要花费不少时间和精力,购物代理的优越性之一就在于使消费者对产品和销售商信息的搜寻和评价比较过程高度自动化,既显著降低了消费者的搜寻成本,又提高了消费者决策的速度和精度。

2. 议价代理

在购买过程中,有时还会发生磋商成交价格或其他交易条件的行为。尽管在网络零售业中一般都采用固定定价法(fixed pricing),但是在企业间的交易中磋商行为是常见的,另外在拍卖中商品的价格也是动态的,所以一个好的比较购物代理还应该包括议价功能。

所谓议价代理,是指网络消费者指定的代表其与销售商进行交易磋商的网络中间商。例如,互联网上的拍卖网站使人们摆脱了地理空间的限制直接在网上参与拍卖,但是由于拍卖的过程一般都比较长,竞标者不得不花费大量时间和精力了解拍卖的进展直至拍卖结束。议价代理使竞标者的竞标过程自动化,根据用户设定的限制条件,比如可接受的价格范围、技术规格、期限,等等,在网络商店中与交易对象进行智能化的实时议价,节省了竞标者的时间和精力,降低了交易的谈判成本。很多拍卖网站已经推出了类似的代理服务,如易趣网(eachnet. com)等。

在价格比较或议价过程结束后,购物代理会将比较或磋商的结果或建议提供给消费者参考,购买决策和购买行为仍由消费者自己作出和实施,因为购物代理毕竟只是对购物决策过程的模仿,还不能像消费者那样进行思考,因而无法完全取代消费者的作用。

3. 比较购物代理的其他功能

除了价格比较和交易磋商之外,比较购物代理还具有其他一些对消费者非常有用的功能。很多购物代理还包含了信誉评价机制,消费者在交易结束后可对销售商的信誉进行评价,购物代理会综合所有消费者的评价对销售商的信誉进行评级,销售商在其中的排名将会影响以后消费者的决策,因而购物代理对网络销售商的经营行为起到了间接的监督作用。

购物代理还可以替消费者执行重复性的或习惯性的购买行为,为消费者节省大量的时间和精力。消费者可以对购物代理程序预先设置一些条件,代理程序会在后台自动运行,并对指定对象进行实时监控,一旦条件满足就会提醒消费者。例如,亚马逊书店就为其注册用户提供一种"通知代理"的服务,当有符合用户兴趣的新书到货时就会自动通知用户。

购物代理可以帮助消费者寻找和收集目标商品的说明和评论。例如,当消费者在比较购物代理程序中指定让其寻找某一本确定的书后,代理程序不仅搜索所有的网络书店并进行价格比较,而且在反馈给消费者的搜寻结果中包含了该书的说明和评论信息,为消费者的决策提供了更多相关的有用信息。

积累网络消费者需求信息的原始数据有利于网络商家更好地了解网络消费者的需求偏好,并制定合适的营销战略决策。

7.4.3 比较购物代理的应用现状

比较购物代理程序的技术基础是人工智能(AI)技术,它是人工智能技术应用于电子商务领域的产物,而且在此基础上还产生了一种新的电子商务应用模式——比较电子商务。由于这种商业模式的先进性,使一些采用这一模式的网站迅速脱颖而出,成为众多网络消费者经常访问的站点,从一个侧面反映了这种服务对消费者的价值。比较电子商务代表了电子商务未来的发展方向之一,比较购物代理的实际应用也得到了消费者广泛的欢迎,以下将选择国内外一些具有代表性的比较购物代理和采用比较电子商务模式的网站进行详细阐述。

1. 比较电子商务网站

比较电子商务网站与其他电子商务模式的主要区别在于,除了搜索产品、了解商品说明等基本信息之外,通常还可以进行商品价格价格比较,并且可以对产品和在线商店进行点评,这些点评结果对于用户购买决策有一定的影响,尤其对于知名度不是很高的网上零售商,通过购物搜索引擎,不仅增加了被用户发现的机会,如果在点评上有较好的声誉,也有助于增加顾客的信任。

目前中国出现的比较购物网站纷繁众多，在同类中做得比较成功、规模较大的大概有四五家左右。尤其是近两年来，一些传统零售商纷纷进入电子商务领域，纷纷推出各自的电商平台，电商竞争日趋激烈。各大比较购物网站的发展也出现了分化，有的逐渐没落，有的转型，有的不断提高自己的服务质量，改进服务内容，使网站得到了良好发展，已经有了全新的面貌。目前我国最具有代表性的比较购物网站分别是聪明点、丫丫网、一兜网、比购网、价格比较网等。

2. 比较购物代理对竞争的影响

比较购物代理使消费者能够方便地在众多的网络零售商之间进行比较，而不再需要逐一访问各个网络零售商的网站，显著降低了网络消费者的搜寻成本，使搜寻成本近似于零而可以忽略不计。这些因素似乎会使网络市场的竞争更加激烈，尤其是对那些无差异的或替代性较强的商品，竞争将使商品价格下降并趋向于一致，网络零售商的利润也将因此而大幅度减少。但现实情况却并不如想象中那样简单，例如，对于在线书籍零售市场，尽管亚马逊的书价要比其他一些在线书籍零售商略贵，仍然有很多消费者选择在亚马逊网站购书，显然与一般的预期不同。由此可见，比较购物代理对网络消费者的购买行为，以及对网络市场的竞争状况的影响是非常复杂的。

首先，比较购物代理的应用具有很强的连带外部性。也就是说，使用比较购物代理购物的网络消费者的数量，取决于允许比较购物代理查询的网络零售商的数量。当网络市场中只有少数几家零售商允许查询时，这一服务对网络消费者并不具有多少价值，因为比较购物代理的优势在于能够快速、自动地完成对大量购物网站的搜索比较，但是如果比较的对象非常少，那么自动搜索与手工查询相差无几。另外即使比较购物代理在这数家购物网站上查询到符合限制条件的目标商品，但是可能在其他限制查询的购物网站上有更符合限制条件(比如价格更低)的目标商品。相反，当网络市场中有越多的网络零售商允许比较购物代理查询时，该服务对网络消费者的价值就越大，就会有越多的网络消费者愿意采用比较购物代理购物。网络零售商由于害怕价格竞争，通常会禁止比较购物代理的查询请求，因此愿意采用比较购物代理购物的消费者的数量就相当少，在这样的情况下，网络消费者的平均搜寻成本仍然比较高，使具有市场势力的网络零售商可以收取高于平均成本的价格。

其次，现有的比较购物代理的应用具有较大的局限性。为了方便用户的使用，比较购物代理的界面一般都设计得比较简单，可用的选项是在程序设计过程中预先设置的。但是消费者的需求却是非常复杂的，比如目标商品的价格、性能以及外观等特征在消费者的效用函数中可能具有不同的权重，消费者可以根据自己的不同偏好进行选择，但比较购物代理却只能进行机械的比较。尽管消费者的偏好不同，只要他们选择了相同的比较选项，搜寻结果的列表往往是一样的。

所以，在网络市场中总会存在一部分不使用比较购物代理的消费者，或者是由于不知道有这种服务，或者是由于对比较购物代理存有疑虑，或者可能是这部分消费者对价格差异的敏感性较小。

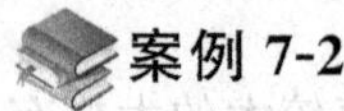

案例 7-2

网络渠道策略案例：丫丫比较购物网站的成功之道

近年来，国内的比较购物搜索网站一直处于不温不火的状态，业内有一定影响力的大约在十多家左右，但他们普遍的状态是商业模式尚不清晰，像拉拉手、买必得、打折啦、比三家等主要还是依靠单一的广告盈利，有的网站甚至没有坚持下来。

尽管如此，比较购物搜索领域的融资并没有停止。2009 年 8 月，买易通旗下的在线比较购物网站丫丫购物搜索（以下简称丫丫）获得来自日本 Venture Republic（简称 VR）的投资，一个很重要的原因就是：相比而言，丫丫的商业模式还是比较清晰的。丫丫购物搜索总经理虞洁表示，新获投资将用于市场拓展和团队建议方面，以保持丫丫在这个领域的领先位置。

丫丫购物搜索（www. askyaya. com）是国内领先的购物搜索网站，主要是为用户提供商品的查询、比较、导购等系列的一站式服务及专业购物向导。丫丫购物搜索实时采集全网的商品信息，把众多知名网上商店的商品汇集到丫丫购物搜索网站中。用户使用丫丫购物搜索，可以在数千个同类商品中比性能、比款式、比价位，在几十个提供同一商品的网上商店中比服务、比配送、比价格，通过网站上提供的商家链接，直接通达商家下订单购物，还可获得积分与入驻商家的优惠返利；一站式服务，简单，快捷和实惠。

点击收费＋销售分成

“在比较购物搜索领域，定位一定要清晰，即以信息服务为主，而有些比较购物搜索网站也开始涉足采购和物流，延伸到 B2C 网站的业务，最终因为资源消耗严重，经营越来越萎缩。尽管比较购物搜索网站目前都有一些收入，但能做到收支平衡的还没有，主要的问题就是收入还不够多。”虞洁向《中国经营报》记者坦承行业现状。

2005 年，丫丫比较购物搜索网站正式上线，当初是由东方网和蓝帆科技共同出资，由东方网诚数据科技公司具体运营的，在 2007 年被买易通收购。虞洁说，买易通是美国天使投资人投资的商品点评网站，其长处在于能有效整合网友原创的商品评论并指导购物，拥有丰富的用户原创生成的内容资源。买易通之所以要收购丫丫，正是由于前者缺乏比较购物这块内容。

“收购丫丫比较购物搜索网站后，买易通就可以把比较购物搜索的内容整合进来，两者的全面整合可以将比较购物中最有效的点评和搜索平台这两大细分模式合二为一，用户可以同时获得各种不同商品的价格比较信息和由网友自己撰写的产品使用评论。”虞洁说，目前，丫丫的注册用户已达 30 万，商品数超过 300 万，评论数 12 万多条，可以做到实时采集 5000 个网上商店，商品数近 200 万个，为网上购物用户提供商品检索、目录导购、商品性能、价格比较和查看消费者关于商品的评论等服务。

在中科院搜索引擎博士贾红阳看来，比较购物搜索领域的收费模式不外乎三种：展示收费、点击收费和销售分成。展示收费就是所谓的网络广告，目前并不是比较购物搜索的主要盈利来源，而点击收费（CPC）和销售分成（CPS）才是比较购物搜索的主要盈利来源。“我比较看好 CPS 的模式，这种模式有其合理性，越来越多的商家愿意接受这个模式，经过一个培育的过程，这个市场会成熟起来。”贾红阳说。

"目前,我们已经与200多个商家签约,把流量带到他们的网站,按照点击付费;另外,我们还会按照销售额提成的模式收取费用,一般收取3%～30%的提成。"虞洁说。所谓CPS模式,就是委托第三方的软件统计公司在双方的系统中嵌入统计代码,而当一个消费者通过比较购物网站在某电子商务网站上下订单时,这个软件就会记录下其"行踪",并为双方提供对账服务,一般比较购物网站与商家的结账期为一个月。

虞洁表示,目前有一些商家会同时选择CPC和CPS模式与丫丫比较购物搜索网站进行合作,当然也有一些网站会单独选择CPC或者CPS模式,这主要是根据其目标决定的。"看重销售的商家网站往往会跟我们签订CPS的合作方式,而看重知名度不太看重销售的则多选择CPC模式。"

弃综合化而选专业化

目前,很多比较购物网站都是做得大而全,但从另外一个角度看,这些网站无法做到十分专注。贾红阳认为,作为专业的购物搜索引擎,在数据采集和挖掘上下功夫,通过与购物网站的合作,为其提供有针对性的数据资源,做购物网站的技术支持,这方面的市场也是很可观的。在他看来,国外的比较购物网站已经向专业化、特色化发展。有些比较购物网站擅长评论信息的搜索比较;有些擅长返券打折信息的收集比较;有些比较购物网站替顾客收集相关商品的资料,待顾客对产品有充分了解之后再决定是否购买;有些比较购物网站专门收集具有担保的商品信息。依靠网站的特色,细分消费者人群,才能更有针对性地吸引顾客。

目前国内的比较购物搜索网站基本分为门户型、工具型和社区型,门户型的网站还是力图提供大而全的服务,而工具型的网站主要是依托技术优势提供比较单纯的比较搜索内容。事实上,这三种服务模式目前都处于探索之中。对于丫丫的发展方向,虞洁说:"我们的优势在于技术,肯定不会选择综合型的门户模式。"在他看来,丫丫要做的是:依托自己的技术,结合社区作为一种辅助的模式,追求更精准的数据信息,提供更好的用户体验,以不断增强网站的黏度。

投资方说

日本Venture Republic公司投资方代表认为,在中国的比较购物领域,还没有顶尖的公司,而买易通、丫丫购物搜索在第三方商品评论和比较购物搜索平台方面属于领先者,两者的强强整合,使丫丫购物搜索拥有了很多的优势:买易通的创始人不仅有着资本运作和创业的经验,也有着丰富的互联网技术和模式研究的经验,而丫丫购物搜索则拥有流量、用户和领先的技术。另外,丫丫还有一个很好的本土化团队,熟悉中国市场的运行,与投资人有很好的互动和沟通机制,这也是他们决定投资的原因之一。

第三只眼

中科院搜索引擎博士贾红阳认为,丫丫购物搜索的起步优势比较明显,在比较搜索的技术、处理商品的数量、数据的准确性等方面在业内都是比较领先的。而东方网作为其股东,推广作用也比较强。但客观地讲,目前靠点击收费和销售分成收费带来的收入还是比较有限的,这需要B2C市场规模的进一步扩大和商家对比较购物模式的进一步认可。同时,还需要加大推广的力度,让更多的网民接受比较购物搜索,形成对这种商业模式的黏性,才能在商家、消费者、比较购物搜索网站中形成一个良性的生态链。

我国电子商务增长迅猛,全国的 B2C 网上商店已经达到 10 万家,网上商品数超过 6000 万件。丫丫购物搜索将以信息流,牵手全网众多 B2C 网站的商品流、功能网站的用户消费流,达成三方携手,互惠共赢。

(根据 http://www.askyaya.com/aboutus.jsp,http://www.cbmedia.cn/html/26/n-50526.html 提供的资料整理.)

案例思考题

(1) 丫丫比较购物网站是如何取得成功的?

(2) 比较购物网站的主要作用是什么,主要通过什么方式盈利?

(3) 通过本案例,比较购物网站还需要在哪些方面进行加强和改进?

本章小结

营销渠道是促使商品或服务顺利地被使用或消费的一整套相互依存的组织和个人。它所涉及的是商品实体和所有权或者服务从生产向消费转移的整个过程。网络营销渠道与传统营销渠道在功能、结构和费用等方面都有较大的区别。网络营销渠道分为直接分销渠道和间接分销渠道。影响网上直销得以实现的主要因素有在线支付和物流控制与管理。而在间接分销渠道中,为了适应网络营销环境的需要,逐渐发展起来了新型的网络中间商,主要有目录服务商、搜索引擎服务商、虚拟商业街、网上出版等。随着网上信息的数量和来源急速增长,顾客需要面对大量的商品信息,而通用的搜索引擎搜索结果不够准确,无法满足用户找到想要的商品的需求,于是,一种在网络环境下的新型购物模式——比较购物随着网上购物的兴起而兴起并且快速成长起来,形成了网络营销渠道中的一种新型网络中间商——比较购物代理。比较购物代理既提高了消费者搜索和比较网上商品信息的效率,又促进了网络营销的发展。

复习思考题

1. 网络营销渠道与传统营销渠道有何区别?
2. 网络营销渠道有哪些功能?
3. 影响网络营销渠道建设的因素有哪些?
4. 影响网上直销得以实现的主要因素有哪些?
5. 网络中间商与传统中间商有何区别?
6. 网络中间商有什么特点?有哪些类型?
7. 什么是比较购物和比较购物代理?
8. 比较购物代理有哪几种类型?
9. 描述我国比较购物代理的现状。

实 践 题

1. 举出几个我国比较典型的网上直销案例，并对每个案例进行描述和分析。

2. 举出几个在我国有代表性的网络中间商，并对每个网络中间商的业务状况进行描述。

3. 浏览聪明点、丫丫网、价格比较网、顶九网、友买网、大拿网、特价王、一兜网、智购网和比购网，描述这些比较购物网站各自的特点和异同，并为其提出改进意见。

第 8 章 网站推广与网络广告

【学习目标】

了解商务网站诊断的方法；了解网站推广的阶段和特征；掌握网站推广的方法；掌握网络广告的形式、网络广告战略和网络广告效果的测定方法。

【关键词汇】

网站推广（website promotion） 网络广告（website advertisement） 搜索引擎（search engine）

一个企业要在互联网上开展营销活动，要想在网上取得成功，除产品和服务外，其网站本身的设计和定位合理与否也是一个十分重要的因素。

案例 8-1

网站推广案例：网站内容推广策略的成功应用

高质量的网站内容可以为网站带来客观的访问量，这早已不是什么秘密，高质量的网站内容加上合理的搜索引擎优化是网站推广成功的基础。BodyBuilding. com 是美国网络零售商 400 强中排名第 160 位的零售网站，其 2004 年的销售额是 3200 万美元，预计 2005 年的总销售额将达到 4800 万美元。美国网上零售业竞争激烈，大部分零售网站都会投入很大一部分甚至全部网络营销预算到搜索引擎营销中以推广网站。不过健美塑身产品零售网站 BodyBuilding. com 不投入分文搜索引擎营销费用，也一样能够在自然搜索结果获得很好的表现，从而获得大量访问者。

BodyBuilding. com 每天吸引约 16 万独立访问人数。而带来这一巨大访问量的主要原因是网站上接近 1 万篇关于健康、营养、体重、塑身及其他相关主题内容的文章。BodyBuilding 的 CEO Ryan DeLuca 说："我们没有做任何付费搜索引擎推广，不过我们拥有大约 400 个写手，他们很多都是各自主题领域内的专家，他们为网站贡献这些专业文章作为网站内容。目前网站文库大约有 1.6 万个网页，并且数目一直在增加。这些文章为我们赢得了良好的口碑广告效应。"

以前 BodyBuilding. com 网站推广的主要方法是依靠自然排名的搜索引擎优化和一些 E-mail 营销手段。目前网站访问者主要是那些对健身塑身感兴趣的人，他们来网站阅读文库中的专业文章，文章中提到的产品将激发起读者在该网站进行在线购买。由于这些内容的专业性,使得该网站的购物者忠诚度也很高,他们实施在线购买都是基于一种理智的决定。Ryan DeLuca 认为,BodyBuilding. com 网站建立在读者和购物者的忠诚度之上,这一点将不会改变,他们将继续采用口碑营销策略而不是付费搜索引擎广告来驱动网站访问量。

网站内容推广策略在获得用户访问的同时可以创建良好的品牌形象,在这个过程中搜索引擎发挥了重要作用,高质量的网站内容加上合理的搜索引擎优化是网站推广成功的保证。

"搜索引擎优化应该重视网站内部的基本要素:网站结构;网站内容;网站功能和网站服务,尤其以网站结构和网站内容优化最为重要。搜索引擎优化的最高境界是忘记搜索引擎优化。"

(资料来源:新竞争力网络营销管理顾问 www. jingzhengli. cn 2005-10-11.)

案例思考题

(1) BodyBuilding. com 网站是如何进行推广的?

(2) 网站推广的成功对 BodyBuilding. com 网站有何意义?

8.1 网站诊断与推广

商务网站推广的目的在于让尽可能多的潜在用户了解并访问网站,从而利用网站实现向用户传递营销信息的目的,用户通过网站获得有关产品和公司的信息,为最终形成购买决策提供支持。商务网站推广是电子商务的基本职能之一,是网络营销工作的基础。尤其对于中小型网站,用户了解企业的渠道比较少,网站推广的效果在很大程度上也就决定了电子商务的最终效果,因此网站推广在电子商务中的重要性尤为显著。为了有效地对网站进行推广,对商务网站进行详细、深入的诊断是必不可少的,其目的是促使网站不断完善,从而达到良好的推广效果。

8.1.1 网站诊断

网站诊断是针对网站是否利于搜索引擎搜索、是否利于浏览和给浏览者美好的交互体验以及是否利于网络营销的一种综合判断行为。网站诊断的细节包含:设计网站,策划网站,分析网站。网站诊断涵盖的内容有:网站结构,网站栏目,网站功能,网站布局,网站导航,网站目录,链接层次,点击次数,网站速度,推广形式,搜索引擎表现,目标用户,关键词密度,Alexa 排名,等等!

目前,有一些相关的网站专门提供网站诊断服务,如 www. chinaz. com(见图 8-1),www. sandaha. com 等。这些专业性的网站,提供的网站诊断服务包括:

1. 全面分析关注站点

提供详细的站点域名信息:网站年龄,域名注册时间,网站响应速度等;提供网站整体评分,并会对网站给出分析评价和建议;提供 Google PR 值,Alexa 排名,最近的 Google,Baidu,Yahoo 收录、链接数目,绘制网站发展图,关键字排位;进行首页页面信息分析,页面评分和首页的 SEO 信息。

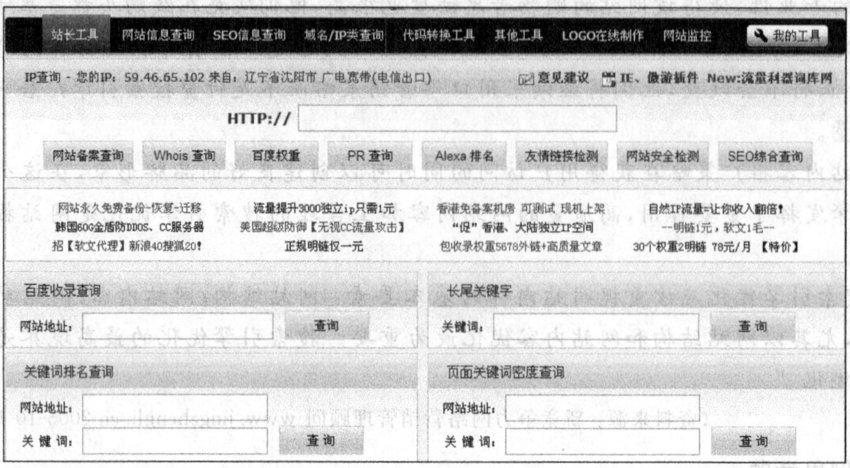

图 8-1　站长之家的网站诊断服务

2．为网站定制 Wlog 网站日志

可以像 Blog 一样将网站的事件一点一滴记录下来。不仅如此，还可以通过日常的 Wlog 记录，查看到对网站的改动及优化后的效果。

3．分析站点的收录数据

抓取并分析 Google 收录数据、反向链接，Baidu 收录数据、反向链接，Yahoo 收录数据、反向链接。并提供任一时间段内的 Google、Baidu、Yahoo 收录数据趋势图，Google、Baidu、Yahoo 链接数据趋势图。此趋势图直观显示任一时间段的 Google、Baidu、Yahoo 收录、链接数据的变化情况。

4．关注站点的关键字在 Google、Baidu 排位情况

对添加的关键字进行监控，可以查看关注站点和竞争站点的关键字是否在 Google 和 Baidu 的前 100 名排位及其排位情况。提供 Google 关键字排位趋势图，Baidu 关键字排位趋势图，生成排位趋势报表，从而可以清晰查看任一时间段内的 Google、Baidu 关键字排位变化。

5．记录目标网站每月得分

提供 Google 关键字排位图，图中直观显示总得分，Alexa 排名得分，Google 排名得分，Google 收录得分、链接得分，Baidu 收录得分、链接得分，Yahoo 收录得分、链接得分。可以看到网站在任一时间段内的历史得分变化情况。并以月为单位进行网站评分记录。

6．提供关注站点的 PageRank，Alexa 排名

对 Google PageRank，Alexa 网站排位进行数据监控。提供 Alexa 排名图，Google PR 排名图，并生成 Alexa 排位趋势报表，PageRank 排位趋势报表。可以查看到任一时间段的网站 PageRank 排名变化和 Alexa 排名变化。

7．竞争站点全面比较

对关注站点与竞争对手站点进行 Google PageRank 比较，Alexa 排名比较，Google 收录数与反向链接数量比较，Baidu 收录数与反向链接数量比较，Yahoo 收录数与反向链接数量比较，以图表显示，对比鲜明，可清晰直观地看到与竞争网站的比较结果。

在站长之家输入网址栏中，输入 www. sohu. com，可以看到关于网站服务器健康状况、网站 SEO 健康状况和用户体验健康状况的综合评分结果（见图 8-2）。

网站基本信息		SEO数据风向标
搜狐-中国最大的门户网站		
ALEXA排名	世界排名:-- 流量排名:-- 日均IP≈-- 日均PV≈--	网站排行榜 总排名：8 -最权威的网站排名-
SEO信息	百度权重 7 Google 8 反链数:78823 站外链接:362 站内链接:949	
域名IP	220.181.94.202[北京市 北京搜狐互联网信息服务有限公司电信节点] [同IP网站188个] [响应时间:212毫秒]	
域名年龄	15年8月23天（创建于1998年07月05日,过期时间为2014年07月04日）	
更多查询	ALEXA排名 友情链接检测 网站历史数据 Whois查询 备案查询 网站排名 百度异常提醒	
域名备案	备案号：京ICP证030367号-1 性质：企业 名称：北京搜狐互联网信息服务有限公司 审核时间：2014-03-03	

图 8-2　网站健康诊断

点击查看详细报告，可以看到网站诊断各方面的详细信息。如页面 SEO 诊断。在此基础上，可以对网站进行完善，从而全面提升网站的质量。

8.1.2　网站推广的阶段及其特征

在网站运营推广的不同阶段，网站推广策略的侧重点和所采用的推广方法也存在一定的区别，因此有必要对网站推广的阶段特征及相应的网站推广方法进行系统的分析。

1. 网站推广的四个阶段与访问量增长曲线

通过对大量网站推广运营的规律的研究，从网站推广的角度来看，一个网站从策划到稳定发展要经历四个基本阶段：网站策划与建设阶段、网站发展初期、网站增长期、网站稳定期。如图 8-3 所示是一个网站推广阶段的访问量增长曲线示意图。

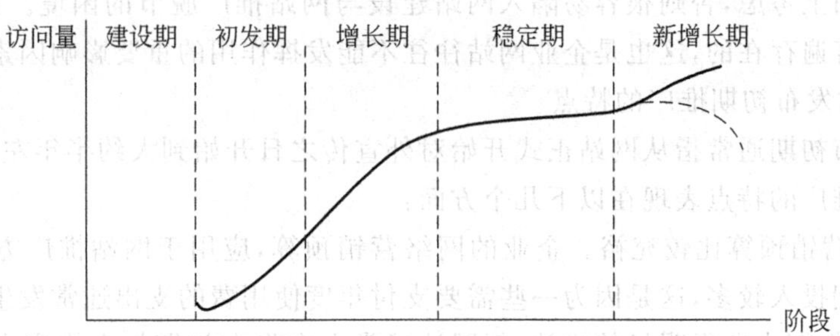

图 8-3　网站推广的四个阶段与访问量增长示意图

图 8-3 表现的是一般正常网络访问量的发展轨迹，或者说是对一个网站推广效果的期望轨迹，并不能代表所有网站的发展状况。例如，不能忽视一些网站由于推广不力等原因造成访问量长期没有明显增长的情况，有些网站则有可能在某个阶段出现意外原因造成访问量的突然下降，甚至无法访问的现象。

由图 8-3 可以看到，当网站进入稳定期之后的发展，由于不同的经营策略，网站访问量可能进入新一轮的增长期，也可能进入衰退期。对于一个长期运营的网站，自然希望当进入一个稳定阶段之后，通过有效的推广，再次进入成长期。之所以进入稳定期之后不同网站会出现迥异的表现，在很大程度上就是对网站运营所处阶段及其特点了解不深，没有采取针对性的推广策略。

2. 网站推广的阶段特征

(1) 网站策划与建设阶段网站推广的特点

真正意义上的网站推广并没有开始,网站没有建成发布,当然也就不存在访问量的问题,不过这个阶段的"网站推广"仍然具有非常重要的意义。其主要特点表现在以下几点:

① "网站推广"很可能被忽视。大多数网站在策划和设计中往往没有将推广的需要考虑进来,这个问题很可能是在网站发布之后才被认识到,然后再回过头来考虑网站的优化设计等问题,这样不仅浪费人力,也影响了网站推广的时机。

② 策划与建设阶段的"网站推广"实施与控制比较复杂。一般来说,无论是自行开发,还是外包给专业服务商,一个网站的设计开发都需要由技术、设计、市场等方面的人员共同完成,不同专业背景的人员对网站的理解会有比较大的差异。例如,技术开发人员往往只从功能实现方面考虑,设计人员则更为注重网站的视觉效果。如果没有一个具有网络营销意识的专业人员进行统筹协调,最终建成的网站很可能离网络营销导向有很大差别。因此在这个过程中对策划设计人员的网络营销专业水平有较高的要求,这也就是一些网站建成之后和最初的策划思想有差距的主要原因所在。

③ 策划与建设阶段的"网站推广"效果需要在网站发布之后得到验证。在网站建设阶段所采取的优化设计等"推广策略",只能凭借网站建设相关人员的主观经验来进行。是否真正能满足网站推广的需要,还有待于网站正式发布一段时间之后的实践来验证。如果与期望目标存在差异,还有必要做进一步的修正和完善。也正是因为这种滞后效应,更加容易让设计开发人员忽视网站建设对网站推广影响因素的考虑。

这些特点表明,网站推广策略的全面贯彻实施,设计多方面的因素,需要从网络营销策略整体层面上考虑,否则很容易陷入网站建设与网站推广脱节的困境。目前这种问题在企业中是普遍存在的,这也是企业网站往往不能发挥作用的重要影响因素之一。

(2) 网站发布初期推广的特点

网站发布初期通常指从网站正式开始对外宣传之日开始到大约半年左右的时间。网站发布初期推广的特点表现在以下几个方面:

① 网站营销预算比较充裕。企业的网络营销预算,应用于网站推广方面的,通常在网站发布初期投入较多,这是因为一些需要支付年度使用费的支出通常发生在这个阶段。另外,为了在短期内获得明显的成效,新网站通常会在发布初期加大推广力度,如发布广告、新闻等。

② 网络营销人员有较高的热情。这种情感因素对于网站推广会产生很大影响。在网站发布初期,网络营销人员非常注重尝试各种推广手段,对于网站访问量和用户注册数量的增长等指标非常关注。如果这个时期网站访问量增长较快,达到了预期目的,对于网络营销人员是很大的激励,可能会进一步激发工作热情。反之,如果情况不太理想,很可能会影响积极性,甚至对网站推广失去信心,此后很长一段时间可能不愿继续尝试其他推广方法,一些企业的网络营销工作也可能就此半途而废。所以工作人员的情感因素也是网站推广效果的重要影响因素之一。

③ 网站推广具有一定的盲目性。尽管营销人员有较高的热情,但由于缺乏足够的经验,缺乏必要的统计分析资料,加之网站推广的成效还没有表现出来,因此无论是网站推

广策略的实施还是网站推广效果方面都有一定的盲目性。因此宜采用多种网站推广方法,并对效果进行跟踪控制,逐渐发现适合于网站特有的有效方法。

④ 网站推广的主要目标是用户的认知程度。推广初期网站访问量快速增长,得到更多用户的了解是这个阶段的主要目标,也就是获得尽可能多用户的认知,产品推广和销售促进通常居于次要地位,因此更为注重引起用户对网站的注意。在采用的方法上,主要以新闻、提供免费服务和基础网站推广手段为主。

这些特点为制定网站发布初期的网站推广计划提供了思路:尽可能在这个阶段尝试应用各种常规的基础网络营销方法,同时注意合理利用营销预算。因为有些网络营销方法是否有效尚没有很大的把握,过多的投入可能导致后期推广资源的缺乏。在这个阶段所采用的每项具体网站推广方法中,有相应的规律和技巧,这些内容将在介绍网站推广的具体方法时详细介绍。

(3) 网站增长期推广的特点

经过网站发布初期的推广,网站拥有了一定的访问量,并且访问量仍在快速增长中。这个阶段需要继续保持网站推广的力度,并通过前一阶段的效果进行分析,发现最适合本网站的推广方法。

网站增长期推广的特点主要表现在下列几个方面:

① 网站推广方法具有一定的针对性。与网站发布初期的盲目性相比,由于尝试了多种网站推广方法,并取得了一定的效果,这个阶段对于哪些网站推广方法更为有效积累了一些实践经验,因此在做进一步推广时往往更有针对性。

② 网站推广方法的变化。与网站发布初期相比,增长期网站推广的常用方法会有少量变化,一方面是已经购买了年度服务费的推广服务如分类目录登录、付费会员费用等处于持续发挥效果的阶段,除非要继续增加付费推广项目,否则在这些方面无须更多的投资,不过这并不是说就不需要网站推广活动了。相反,为了继续获得网站访问量的稳定增长,需要采用更具有针对性的网站推广手段,有些甚至需要独创性才能达到效果。

③ 网站推广效果的管理应得到重视。网站推广的直接效果之一就是网站访问量的上升,网站访问量指标可以通过统计分析工具获得,对网站访问量进行统计分析可以发现哪些网站推广方法对访问量的增长更为显著,哪些方法可能存在问题,同时也可以发现更多有价值的信息,例如用户访问网站的行为特点等,跟踪分析网站访问量的增长情况。

④ 网站推广的目标将由用户认知向用户认可转变。网站发布初期阶段的推广获得了一定数量的新用户。如果用户肯定网站的价值,将会重复访问网站以继续获得信息和服务。因此网站增长期的访问用户中,既有新用户,也有重复访问者。网站推广要兼顾两种用户的不同需求特点。

网站增长期推广的特点反映了一些值得引起重视的问题:作为网络营销专业人员,仅靠对网站推广基础知识的了解和应用已经明显力不从心了。对网站推广的方法、目标和管理都提出了更高的要求,有时甚至需要借助于专业结构的帮助才能取得进一步的发展。这也就说明,这个阶段对于网站进入稳定发展阶段具有至关重要的影响。如果没有专业的手段而任其自然发展,网站很可能在较长时间内只能维持在较低的访问量水平上,最终限制了网络营销效果的发挥。

(4) 网站稳定期推广的特点

网站从发布到进入稳定发展阶段,一般需要一年甚至更长的时间,稳定期主要特点如下:

① 网站访问量增长速度减慢。网站进入稳定期的标志是访问量增长率明显减慢,采用一般的网站推广对于访问量的增长效果不明显,访问量可能在一定数量水平上下波动,有时甚至会出现一定的下降。但总体来说,正常情况下网站访问量应该处于历史上较高的水平,并保持相对稳定。如果网站访问量有较大的下滑,应该是一种信号,需要采取有效的措施。

② 访问量增长不再是网站推广的主要目标。网站拥有一定的访问量之后,网络营销的目标将注重用户资源的价值转化,而不仅仅是访问量的进一步提升,访问量只是获得收益的必要条件,但仅有访问量是不够的。从访问量到收益的转化是一个比较复杂的问题,这些通常并不是网站推广本身所能完全包含的,还取决于企业的经营策略和盈利模式。

③ 网站推广的工作重点将由外向内转变。也就是将面向吸引新用户为重点的网站推广工作逐步转向维持老用户,以及网站推广效果的管理等方面,这是网站推广周期中比较特殊的一个阶段。这种特点与网站建设阶段在某些方面有一定的类似。即主要将专业知识和资源面向网站运营的内部,而且这些工作往往没有非常通用的方法,对网络营销人员个人的专业水平提出了更高的要求。

网站稳定期推广的特点表明,网站发展到稳定阶段并不意味着推广工作的结束,网站推广是一项永无止境的工作,网站的稳定意味着初级的推广工作达到阶段目标,保持网站的稳定并谋求进入新的增长期仍然是一项艰巨的任务。表 8-1 描述了各个发展阶段网站推广的特点。

表 8-1 不同发展阶段的网站推广的特点总结

发展阶段	网站推广的阶段特点
网站建设策划阶段	对主要人员个人经验和知识要求比较高,建设过程控制较复杂;网站推广意识不明确,经常被忽视;效果需要后期验证,这种滞后效应容易导致忽视网站建设对网站推广影响因素的考虑
网站发布初期	有营销预算和人员热情的优势;可尝试多种常规网站推广方法;网站推广具有一定的盲目性,需要经过后期的逐步验证;尽快提升访问量是主要推广目标
网站增长期	对网站推广方法的有效性有一定认识,因而可采用更适用的推广方法;常规方法已经不能完全满足网站推广目标的要求;网站推广的目的除了访问量的提升,还应考虑与实际收益的结合;需要重视网站推广效果的管理
网站稳定期	访问量增长缓慢,可能有一定波动;注重访问量带来的实际收益而不仅仅是访问量指标;内部运营管理成为工作重点

在网站发展的不同阶段,每个阶段中网站推广具有各自的特点,这些特点也决定了该阶段网站推广的任务也会有所不同。为了制定有效的网站推广策略,还需要进一步明确这四个阶段网站推广的任务和目的。将网站推广四个阶段的主要工作任务总结如表 8-2。

表 8-2　网站推广四个阶段的主要任务

发展阶段	网站推广的主要任务
网站建设策划阶段	网站总体结构、功能、服务、内容、推广策略等方面的策划方案制定；网站开发设计及其管理控制；网站优化设计的贯彻实施；网站的测试和发布准备等
网站发布初期	常规网站推广方法的实施，尽快提升网站访问量，获得尽可能多的用户的了解
网站增长期	常规网站推广方法效果的分析；制定和实施更有效的、针对性更强的推广方法；重视网站推广效果的管理
网站稳定期	保持用户数量的相对稳定；加强内部运营管理和控制工作；提升品牌和综合竞争力；为网站进入下一轮增长做准备

8.1.3　网站推广常用方法概述

网站推广的策略，是对各种网站推广工具和资源的具体应用。制定网站推广策略是在分析用户获取网站信息的主要途径的基础上，发现网站推广的有效方法。根据网络营销实践经验，以及中国互联网信息中心近年来发布的《中国互联网络发展状况统计报告》等，用户获得网站信息的主要途径包括搜索引擎、网站链接、口碑传播、电子邮件、媒体宣传等方式。其中，搜索引擎是网民获取网站信息的主要途径。

每种网站推广方式都需要相应的网络工具，或者推广的资源，表 8-3 归纳出常用的网站推广方法及相关网络工具和资源。

表 8-3　常用网站推广方法及相关网络工具和资源

网站推广方法	相关推广工具和资源
搜索引擎推广方法	搜索引擎和分类目录
电子邮件推广方法	潜在用户的 E-mail 地址
资源合作推广方法	合作伙伴的访问量、内容、用户资源等
信息发布推广方法	行业信息网站、B2B 电子商务平台、论坛、博客网站、社区等
病毒性营销方法	电子书、电子邮箱、免费软件、免费贺卡、免费游戏、聊天工具等
快捷网址推广方法	网络实名、通用网址，以及其他具有类似功能的快捷寻址服务
网络广告推广方法	分类广告、在线黄页、网络广告媒体、无线通信工具等
综合网站推广方法	网上、网下各种有效方法的综合应用

通过表 8-3 可以看出，网站推广的基本工具和资源都是一些常规的互联网应用的内容，但由于每种工具在不同的应用环境中都会有多种表现形式，因此建立在这些工具基础上的网站推广方法相当繁多，这就大大增加了用户了解网站的渠道，也为网站推广提供了更多的机会。

除了这些常规网站推广方法之外，一些网站（通常是非传统企业网站，如软件下载、交友社区、电子商务等类别网站）也采用一些非常规的手段，如大量的弹出广告、浏览器插件、更改用户浏览器默认主页、强制性安装的软件、垃圾邮件、不规范的网站联盟等，这些方式对网站访问量的增长虽然具有明显的推动作用,但由于对用户正常上网造成一定的影响甚至危害,因此在正规的网络营销中并不提倡这些方法。

8.1.4 搜索引擎优化

搜索引擎是一个非常有效的网站推广工具,如著名的 Yahoo 每天的访问量已达到数亿页次。几乎每个网民的上网过程中,都会使用几个搜索引擎进行网站的查找。

1. 搜索引擎优化

SEO 是 Search Engine Optimization 的缩写,翻译成中文就是"搜索引擎优化",一般可简称为搜索优化。与之相关的搜索知识还有 Search Engine Positioning(搜索引擎定位)、Search Engine Ranking(搜索引擎排名)。

SEO 的主要工作是通过了解各类搜索引擎如何抓取互联网页面、如何进行索引以及如何确定其对某一特定关键词的搜索结果排名等技术,来对网页进行相关的优化,使其提高搜索引擎排名,从而提高网站访问量,最终提升网站的销售能力或宣传能力。

在国外,SEO 开展较早,那些专门从事 SEO 的技术人员被 Google 称为 Search Engine Optimizers,简称 SEOs。由于 Google 是目前世界最大搜索引擎提供商,所以 Google 也成为了全世界 SEOs 的主要研究对象,为此 Google 官方网站专门有一页介绍 SEO,并表明 Google 对 SEO 的态度。国内提供搜索引擎优化服务的网站,典型的如百度搜索引擎优化(见图 8-4)。

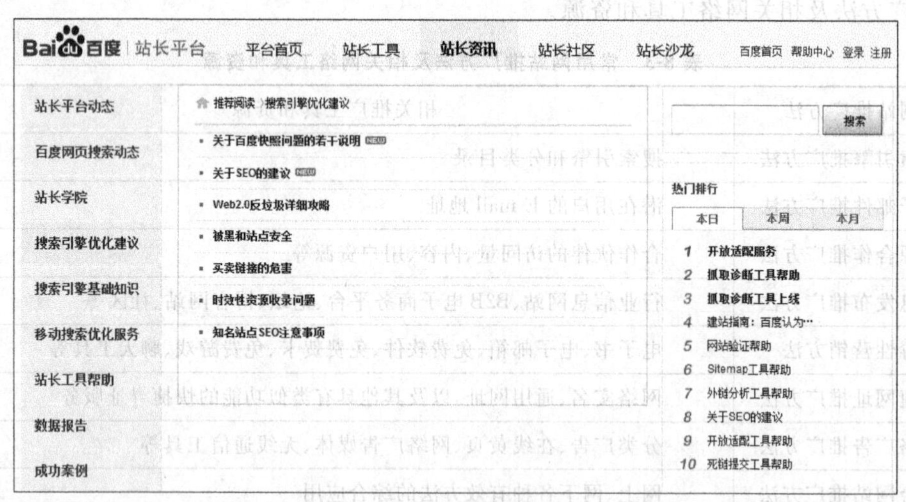

图 8-4 百度搜索引擎优化

一个搜索引擎友好的网站,应该方便搜索引擎检索信息,并且返回的检索信息让用户看起来有吸引力,这样才能达到搜索引擎营销的目的。为了说明什么是网站对搜索引擎友好,我们不妨看看对搜索引擎不友好的网站有哪些特征:

① 网页中大量采用图片或者 Flash 等 Rich Media 形式,没有可以检索的文本信息。

② 网页没有标题,或者标题中没有包含有效的关键词。

③ 网页正文中有效关键词比较少。

④ 网站导航系统让搜索引擎“看不见”。

⑤ 大量动态网页让搜索引擎无法检索。

⑥ 没有被搜索引擎收录的网站提供的链接。

⑦ 网站中充斥大量欺骗搜索引擎的垃圾信息。

⑧ 网站中含有许多错误的链接。

当然，搜索引擎友好的网站正好和上述特征相反，是依靠适合搜索引擎的方式来设计网站，注重每个细节问题的专业性，以真实的信息和有效的表达方式赢得搜索引擎的青睐，从而获得更好的搜索引擎营销效果。

2. 影响 SEO 的主要因素

网站如何才能做到搜索引擎优化呢？搜索引擎优化的着眼点不能只是考虑搜索引擎的排名规则如何，更重要的是要为用户获取信息和服务提供方便，搜索引擎优化的最高目标是为了用户，而不是为了搜索引擎。搜索引擎优化应该重视网站内部的基本要素，包括：网站结构；网站内容；网站功能和网站服务，尤其以网站结构和网站内容优化最为重要。搜索引擎优化的最高境界是忘记搜索引擎优化。只要把基础的网站优化工作做好了，搜索引擎优化的基本工作也就完成了，至少可以保证绝大多数网站在搜索引擎检索结果排名中比竞争者处于有利地位。可以肯定地说，一个网站的结构和网站内容优化做好了，那么至少完成了 70%的搜索引擎优化工作。

(1) 域名和主机对 SEO 的影响

域名与主机是网站的基础，商业网站选择域名与主机尤其应注重形象和质量，为网络营销开展打好坚实基础。同时，选择好域名与主机也是搜索引擎优化开始的第一步。

每一个网站的域名对应一个 IP 地址，IP 地址是在网络上分配给每台计算机或网络设备的数字标识。域名必须经过域名服务器(DNS)进行解析，转换成数字 IP，才能让计算机理解辨认。大部分中小企业网站都存放在由一台服务器划分出来的若干虚拟主机上，由多个网站共享一台服务器和 IP 地址，一些 Web 服务器中有成百上千个域名共享一个 IP 地址的情况。这样对站长来说成本较低，但对网站的搜索引擎排名带来了潜在风险。

主机对网站的搜索引擎排名影响很大。在寻找主机提供商的时候，千万不要只考虑价格因素。如果你多次向 Google 提交网站，但 Google 却一直没有对其进行索引，则有可能是网站所在的服务器出了问题。因此选择服务器时要特别注意以下几点：避免使用免费主机，选择有信誉的主机提供商。

(2) 搜索引擎优化的核心：关键字策略

根据潜在客户或目标用户在搜索引擎中找到你的网站时输入的语句，产生了关键字(Keywords)的概念，这不仅是搜索引擎优化的核心，也是整个搜索引擎营销都必须围绕的核心。

① 关键字的选择

首先确定核心关键字，再围绕核心关键字进行排列组合产生关键词组或短句。对企业、商家而言，核心关键字就是他们的经营范围，如产品/服务名称、行业定位，以及企业名称或品牌名称等。总结起来，选择关键字有以下技巧：

a. 站在客户的角度考虑

潜在客户在搜索你的产品时将使用什么关键词？这可以从众多资源中获得反馈，包括从你的客户、供应商、品牌经理和销售人员那里获知其想法。

b. 将关键词扩展成一系列词组/短语

毋用单一词汇，而是在单一词汇基础上进行扩展，如：营销→网络营销→网络营销管理。英文关键词可以采用搜索引擎 overture 的著名工具 Keyword Suggestion Tool 对这些关键词组进行检测，可查看你的关键词在过去 24 小时内被搜索的频率，最好的关键词是那些没有被广泛滥用而又很多人搜索的词。中文工具可以通过百度的“相关搜索”和 Google 提供的 KeywordSandbox 工具进行关键词匹配和扩展。

百度站长平台，具有关键词查询功能，见图 8-5。

http://zhanzhang.baidu.com/keywords/index

图 8-5　百度关键词查询

c. 毋用意义太泛的关键字

如果你从事包装机械制造，则选择“机械”作为你的核心关键字就无益于吸引到目标客户。实际上，为了准确找到需要的信息，搜索用户倾向使用具体词汇及组合寻找信息(尤其是二词组合)，而不是使用那些大而泛的概念。此外，使用意义太广的关键字，也意味着你的网站要跟更多的网站竞争排名，难以胜出。

d. 用自己的品牌做关键词

如果是知名企业，则别忘了在关键词中使用你的公司名或产品品牌名称。

e. 使用地理位置

地理位置对于服务于地方性的企业尤其重要。如果你的业务范围以本地为主，则在关键词组合中加上地区名称，如“深圳网站建设”。

f. 回顾竞争者使用的关键词

查寻竞争者的关键词可让你想到一些你可能漏掉的词组。但不要照抄任何人的关键词,因为你并不清楚他们要如何使用这些关键词——你得自己想关键词。寻找别人的关键词只是对你已经选好的关键词进行补充。

g. 不用与自己无关的关键字

总是会有人将热门的词汇列入自己的 META 关键字中——尽管这个热门关键字跟自己网站内容毫不相干。甚至有人把竞争对手的品牌也加入到自己的关键字中。这样不仅对排名无实质帮助,过多的虚假关键词还可能受到处罚降低排名。

h. 控制关键词数量

一页中的关键词以不超过 3 个为佳,所有内容都针对这几个核心关键词展开,才能保证关键词密度合理。搜索引擎也会认为该页主题明确。如果确实有大量关键词需要呈现,可以分散写在其它页面并针对性优化,让这些页面也具有"门页"(entry)的效果。这也是为什么首页和内页的关键词往往要有所区分的原因。最典型的情况是拥有不同的产品和服务的情况下,对每个产品进行单网页优化,而不是罗列在一个首页上。

② 关键字密度

在确定了自己的关键字之后,需要在网页文本中适当出现这些关键字。关键字在网页中出现的频次,即关键字密度(keyword density),就是在一个页面中,占所有该页面中总的文字的比例,该指标对搜索引擎的优化起到重要作用。关键字密度一般在 1%~7%较为合适,超过这一标准就有过高或过低之嫌。切记避免进行关键字堆砌,即一页中关键字的出现不是根据内容的需要而安排,而是为了讨好搜索引擎人为堆积关键字(stuffing)。这已经被搜索引擎归入恶意行为(spamming),有遭到惩罚的危险。

(3) 对搜索引擎友好的网页设计制作

一般的网页设计都由网页设计师完成。设计师设计网站往往仅从美观、创意和易用的角度考虑,这对于一个期望获得搜索引擎排名优秀的商业网站来说,还远远不够。网站策划人员至少应该为设计师递交一份需求备忘录,提醒在设计中需要配合和注意的环节。

① 目录结构和 URL

URL 是统一资源定位,即每个网页的网址、路径。网站文件的目录结构直接体现于 URL。清晰简短的目录结构和规范的命名不仅有利于用户体验和网址传播,更是搜索引擎友好的体现。

② 导航结构

网站导航是对引导用户访问网站的栏目、菜单、在线帮助、布局结构等形式的统称。其主要功能在于引导用户方便地访问网站内容,是评价网站专业度、可用度的重要指标。同时对搜索引擎也产生诸多提示作用。概括地讲,网站在导航方面应注意以下几点:主导航醒目清晰、首页突出重要内容、使用网站地图。

③ 框架结构

框架型网站的优越性体现在页面的整体一致性和更新方便上。尤其对于那些大型网站而言,框架结构的使用可以使网站的维护变得相对容易。但框架对搜索引擎来说是一个很大的问题,这是由于大多数搜索引擎都无法识别框架,也没有什么兴趣去抓取框架中的内容。此外,某些浏览器也不支持框架页面。

④ 图像优化

一般而言,搜索引擎只识读文本内容,对图像是不可见的。同时,图像文件直接延缓页面加载时间,如果超过 20 秒网站还不能加载,用户和搜索引擎极有可能离开你的网站。因此,除非你的网站内容是图片为主,比如游戏站点或者图片至关重要,否则尽量避免使用大图片,更不要采用纯图像制作网页(splash page)。

网站图片优化的核心有两点:增加搜索引擎可见的文本描述,以及在保持图像质量的情况下尽量压缩图像的文件大小。

8.1.5 网络竞价排名

有人做过统计,65%~70%的网民点击搜索结果的第一页即前 10 条;20%~25%的网民点击搜索结果的第二页即第 11~20 条;15%~5%的网民点击量被其余的成千上万的搜索结果分享。上述统计结果表明:如果某网站推广信息排在检索结果没有出现在第一、二页,其被点击浏览的可能性就非常小了。每一则网站推广信息总是希望被更多人点击和浏览,要达到这个目的,设法将自己的网站推广信息排在搜索结果的前列无疑是非常有利的。最常用和最直接的方法是通过竞价排名来实现。

竞价排名是一种按效果付费的网络推广方式。企业在购买该项服务后,通过注册一定数量的关键词,其推广信息就会率先出现在网民相应的搜索结果中。2003 年 7 月被雅虎收购的美国著名搜索引擎 Overture 早在 2000 年首先开始采用竞价排名,国内率先推出竞价排名的是百度。

1. 竞价排名的特点和作用

在搜索引擎营销中,竞价排名的特点和主要作用如下:

① 按效果付费,费用相对较低;

② 出现在搜索结果页面,与用户检索内容高度相关,增加了推广的定位程度;

③ 竞价结果出现在搜索结果靠前的位置,容易引起用户的关注和点击,因而效果比较显著;

④ 搜索引擎自然搜索结果排名的推广效果是有限的,尤其对于自然排名效果不好的网站,采用竞价排名可以很好弥补这种劣势;

⑤ 企业可以自己控制点击价格和推广费用;

⑥ 企业可以对用户点击情况进行统计分析。

2. 竞价排名的优点和缺点

竞价排名的优点体现在:

① 见效快:充值后设置关键词价格即刻就可以进入百度排名前十,位置可以自己控制。

② 关键词数量无限制:可以在后台设置无数的关键词进行推广,数量自己控制,没有任何限制。

③ 关键词不分难易程度:不论多么热门的关键词,只要你想做,你都可以进入前三甚至第一。

竞价排名的缺点体现在：

① 价格高昂：竞争激烈的词，单价可以达到数元甚至数十元，一个月就要消费数千元甚至数万元，如果是长期做，那就需要长期花费如此高昂的费用。

② 管理麻烦：如果要保证位置和控制成本，需要每天都进行价格查看，设置最合适的价格来进行竞价。

③ 人员管理：需要专人进行关键词的筛选，挑取适合的关键词，衡量价格，检查效果。

④ 引擎的各自独立性：每个引擎都是各自单独的，在百度做了竞价后，谷歌不会出现排名，雅虎那也不会出现排名，如果想要在所有引擎都出现排名，那就要重复花费数倍的推广费用。

⑤ 稳定性差：一旦别人出的价格比你的高，那你就会排名落后；一旦你的预算消费完了，那你的排名立刻就会消失。

⑥ 恶意点击：竞价排名的恶意点击非常多，你的一半的广告费都是被竞争对手、广告公司、闲着无聊的人给恶意点击消费掉了，这些人不会给你带来任何效益，而且你也无法预防。

3. 竞价排名的流程

各搜索引擎对客户要求竞价排名的具体工作流程不尽相同，以百度为例，其竞价排名的步骤主要包括(见图 8-6)：

图 8-6　百度推广

① 用户注册。使用百度竞价排名服务，首先要填写相关资料，成为注册用户。

② 确认注册信息。客户对所填写的注册信息进行确认，如全部正确点击“检查无误提交表单”按钮，客户提交的信息就被加入到百度的客户数据库中。

③ 提交关键字查询信息。客户可提交一个或多个关键字作为查询信息，并在每个条

目填写下列信息:

a. 关键字。即搜索引擎用户想要在网上查找某些内容时,所键入的相关关键字。用户搜索这个关键字时,客户针对这个关键字所填写的信息也会出现在搜索结果的前列。关键字不限语言种类和长短,可以是中文、英文、数字,也可以是不同文字的混合形式。

b. 每次点击的付费。每次点击的付费指在搜索结果列表中,浏览者每次点击客户的网站时将从该客户账户中扣除的相应费用,每次点击付费最低从人民币 0.3 元起,以 1 分为单位加价,无上限。

c. 标题。客户站点的标题,将出现在作为检索结果的站点列表中。

d. URL。即客户网站(或网页)的 URL 地址,浏览者直接点击此地址即可来到客户的网站(或网页),该地址将出现在作为检索结果的站点列表中。

e. 站点描述。客户网站或网页的一些简短描述,主要说明网站的主题、性质、内容等,也将出现在作为检索结果的站点列表中。描述内容须与客户的网站或网页内容相符合,夸大或无关的描述将无法通过审核。

8.2 网络广告

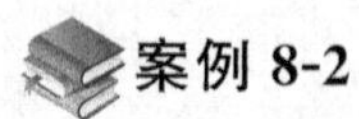

案例 8-2

网络广告策略提升宝洁公司竞争力

问题描述

消费品市场是一个竞争激烈的全球化市场。像宝洁公司、高露洁公司、联合利华、雀巢和可口可乐这类大型公司在上百种商品上存在竞争,范围从牙膏、婴儿尿布到饮料。为了生存,这些公司必须不断进行市场调研,开发新产品,然后就是广告、广告、再广告。市场调研和广告预算可能占公司总销售额的 20%,这必然会降低利润。但是如果广告做得不充分和不适当,将会造成的后果是收益降低,市场份额减少,甚至可能被挤出市场。因此,正确的广告策略,包括互联网广告,是消费行业任何公司的一项重要工作。

宝洁公司是美国最大的包装商品公司,有 300 多个品牌,年销售超过 550 亿美元。宝洁公司在广告上花的钱比任何公司都多,每年大约为 50 亿美元。宝洁公司的问题是如何用好公司的广告预算,获得最大市场效率。

解决方案

在 20 世纪 90 年代后期,宝洁公司开始在互联网做广告,既在门户网站做广告也在公司自己的网站做广告。到 2000 年,宝洁公司已经有 72 个活动网站,几乎每一个产品都有一个网站。现在,宝洁公司打算通过大量网络项目试验增强技术系统的运转能力,主要是和在线市场调研和在线广告有关。

宝洁公司的主要目标是为每一种主要产品建立一个用户社区。宝洁公司建立和维护这些网站是为达到下述目标:提高品牌的知名度和认知度(品牌需求)、收集客户有价值的信息、削减广告成本、实验日用品直接销售、向个人销售客户定制美容产品。

宝洁公司将干洗技巧类网站扩展到互动网站的主要原因是该网站具有网络数据挖掘功能。互动网站不仅能够建立品牌公众形象，而且能够对客户直销情况进行测试。网站也收集有价值的客户信息。这些信息能够使公司更准确、更经济地瞄准消费群体，有助于减少营销和广告费用。互动网站能够使公司获得很多的客户信息和产品信息，能够实施一对一广告策略。

（资料来源：http://wenku.baidu.com/view/6f7ff7aedd3383c4bb4cd21b.html.）

案例思考题

(1) 消费品市场的竞争有哪些特点？

(2) 宝洁采用何种网络广告策略？

8.2.1　网络广告概述

1. 网络广告概念

网络广告，就是指在因特网站点上发布的以数字代码为载体的经营性广告。广告界甚至认为互联网络广告将超越户外广告，成为传统四大媒体（电视、广播、报纸、杂志）之后的第五大媒体。网络广告发展于 1994 年的美国。当年 10 月 14 日，美国著名的 Wired 杂志推出了网络版的 Hotwired(www.Hotwired.com)，其主页上开始有 AT&T 等 14 个客户的广告 Banner，这是广告史上里程碑式的一个标志。网络广告因其品牌渗透率高、精准度高、受众庞大等优势，愈发受广告主青睐。2015 年全球广告投入约 5696.5 亿美元，其中数字广告增幅高达 18.0%，为 1701.7 亿美元，占整个广告市场总的 29.9%。移动互联网广告已成为数字广告市场的主要推动力，占数字广告总额的 29.4%，2016 年以后占比超过了一半。

2. 我国网络广告的发展

广告作为一种有偿的信息传播形式，它与媒体的发展紧密相关。一个拥有庞大广告和营销潜力的新兴媒体——网络媒体，正在茁壮成长。

我国的网络广告起步较晚，中国的第一个商业性的网络广告出现在 1997 年 3 月，传播网站是 chinabyte，广告主是 Intel，广告表现形式为 468×60 像素的动画旗帜广告。Intel 和 IBM 则是国内最早在互联网上投放广告的广告主。之后，网络广告就一直受到不少人的青睐。与传统的媒体广告相比，网络广告有着得天独厚的先天优势。我国的企业正逐步认识到网络广告的作用，许多 IT 类企业如联想、方正纷纷发布网络广告。目前网络广告主要表现形式是旗帜广告(Banner)和图标(Icon 或 Button)，而且以 15×2 厘米版面大小的动画旗帜广告居多。

根据艾瑞咨询发布的数据，2015 年度中国网络广告市场规模达到 2093.7 亿元（图 8-7），同比增长 36.0%，与去年保持相当的增长速度，整体保持平稳增长。在网络广告高速发展几年之后，网络媒体的营销价值已经得到广告主的较高认可。

在网络广告形式方面（图 8-8），2015 年电商广告增长明显，占比达 28.1%，越来越接近搜索广告，成为占比最大的网络广告形式；视频贴片广告占比进一步上升，占比达 8.2%。品牌图形广告与搜索关键字广告作为传统网络广告形式，占比进一步受到挤压。

图 8-7　2012—2018 年中国互联网广告市场规模及预测

(资料来源:http://wreport.iresearch.cn/uploadfiles/reports/635951329240533965.pdf.)

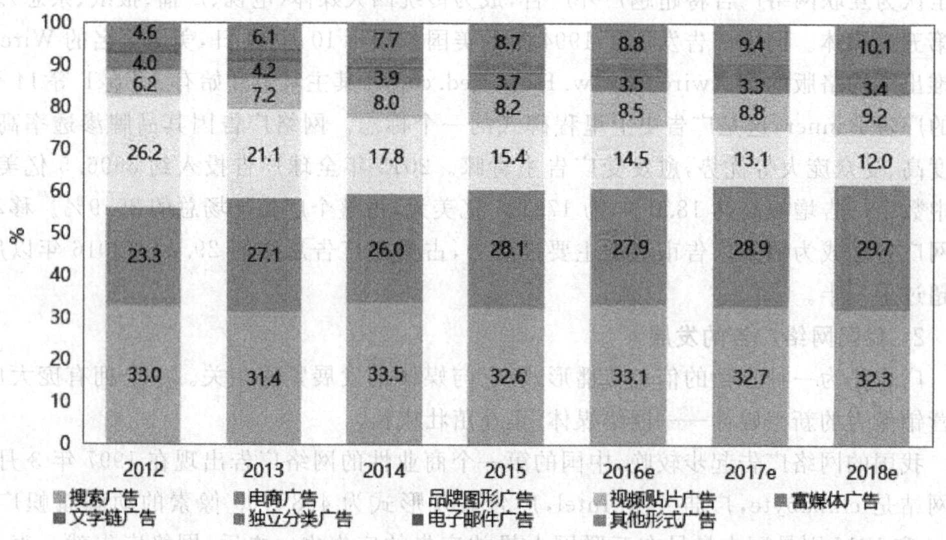

	2012	2013	2014	2015	2016e	2017e	2018e
	4.6	6.1	7.7	8.7	8.8	9.4	10.1
	4.0	4.2	3.9	3.7	3.5	3.3	3.4
	6.2	7.2	8.0	8.2	8.5	8.8	9.2
	26.2	21.1	17.8	15.4	14.5	13.1	12.0
	23.3	27.1	26.0	28.1	27.9	28.9	29.7
	33.0	31.4	33.5	32.6	33.1	32.7	32.3

图 8-8　2012—2018 年中国不同形式网络广告市场份额及预测

(资料来源:http://wreport.iresearch.cn/uploadfiles/reports/635951329240533965.pdf.)

3. 网络广告与传统广告

(1) 网络广告的特点

凭借互联网具有的不同于传统媒体的交互、多媒体和高效的独有特性,网络广告呈现出不同于传统媒体广告的特点:

① 网络广告传播的广泛性

网络广告可以通过网络把广告信息全天候、24 小时不间断地传播到世界各地,可以说是风雨无阻的传播。网民可以在任何地方的 Internet 上随时随意浏览广告信息,这些效果是传统媒体无法达到的。实际上这正是网络媒介区别于传统媒介的传播优势之一,体现在网络广告上就是可以面向全世界发布。不过,这个优势对于很多客户来说,似乎并不具有非常强烈的吸引力。

众所周知，企业都希望自己的广告针对特定区域的人群，而不是面向所有人，否则会导致吸引力以及广告效果下降。例如，保健药厂商希望广告的受众是需要保健药的人群。这样的要求也导致一些传统的行业对网络广告产生一种误会，比如房地产，因为房地产商的服务对象具有强烈的地域性，主要面向一个城市的居民和企业。因此，在当地的报纸、电视台、路边投放广告，效果无疑比"面向全世界"的网站要好。可以这么说，无论什么企业，其营销策略归根到底都要针对某一地区、某一部分人。中央电视台的广告收入虽然多，但同全国众多的地方媒体相比，也只是小头。由此可见，网络广告传播的广泛性还没有完全体现为网络广告的优势。

② 网络传播信息的非强迫性

报纸、杂志、电视、广播、户外等传统传媒在传播信息时，都具有很大的强迫性，强迫观众接受它们所传播的信息；而网络传播的过程则完全是开放的，非强迫性的，这点同传统传媒有本质的不同。从人性化的角度看，网络传播的开放性是一个非常得网民心的优点。不过，从广告效果上来说，传统媒介信息的强迫性传播固然会引起受众的反感，但这样的传播方式能够保证广告信息被受众接收到，实际上有利于广告的经营。多数的广告客户在考虑投放广告时所考虑的往往是该广告能否让更多的人接收到它，而不是让更多的人主动去选择它。

网络作为新的传播媒体，其开放性和自由性是前所未有的，借助网络传播优势的有力翅膀，在传播的空间自由地翱翔。

③ 广告受众数量的可统计性

我们随处可见的一种主流观点是：传统媒体做广告，很难准确地知道有多少人接受到广告信息。而在 Internet 上可通过权威公正的访客流量系统精确地统计出每个客户的广告被多少个用户看过，以及这些用户查阅的时间分布和地域分布，从而有助于客商正确评估广告效果，审定广告投放策略。

但是，实际上广告受众的数量是无法统计出绝对数量的，用点击率来衡量条幅广告的效果本身就是错误的，网络广告的作用并不只在于你是否点击。因此，根据这个所谓的统计数量来评估广告效果，其结论是荒谬的。

④ 网络信息传播的感官性

网络广告可以使消费者全方位亲身体验产品、服务与品牌，还可以在网上进行预定、交易和结算，这些是传统媒体无法实现的。相比之下，同样是在媒体上进行销售活动，无论是电视台的电视购物还是报纸杂志的邮购，都无法同网络竞争。从这一点来看，同传统媒体相比，网络广告确实体现出了其独有的优势。

⑤ 网络信息传播的交互性

对于网络广告，只要受众对该广告感兴趣，仅需轻按鼠标就能进一步了解更多、更详细、更生动的信息。最能够体现网络传播交互性的是电子商务网站，这类网站对商品分类详细，层次清楚，可以直接在网上进行交易。

不过，目前的网络带宽使得网络广告在发挥交互性时不得不面对种种限制，消费者其实并不能够全方位亲身体验产品。网络广告号称是多媒体，图、文、影、音并茂，可实际上无法做到这一点。目前的网络广告内容上虽然比报纸、电视多,但是在传播效果上,不如电视广告等传统媒体的广告有震撼力。可见,网络广告的互动性优势由于网络条件的限制被抵消掉了不少,网络广告要想有更大的发展,必须在网络技术上有新的突破性的进步。

⑥ 网络传播灵活的实时性

在传统媒体上发布广告后更改的难度比较大,即使可以改动也需要付出很大代价。例如,电视广告发出后,播出时间就已确定。因为电视是线性播放的,牵一发而动全身,播出时间改一下,往往全天的节目安排都要重新制作,代价很高,如果对安排不满意,也很难更改。这对于网络广告而言则容易多了,因为网站使用的是大量的超级链接,在一个地方进行修改对其他地方的影响很小。网络广告制作简便、成本低,容易进行修改。当然,随着网络技术的进步和网络带宽的改善,为了追求更好、更震撼的效果,网络广告的制作会越来越复杂、体积会越来越大,修改成本也会相应地提升,同电视媒体广告的差距会越来越接近。但是从目前来说,修改一个典型网络广告的成本和难度都比传统媒体要小得多,这就是网络广告相对于传统广告的一个很大的优势。

(2) 网络广告与传统广告的比较

既然网络广告有这么多好处,是否就意味着传统媒体应该抛弃了,绝对不是,至少现在不是。传统媒体仍然具有其自身的优势,比如在发行量上,网络媒体目前还无法比拟。网络媒体只是营销媒体的一环。最正确的态度应该是将传统媒体与网络媒体整合运用,根据不同的需要,选择不同的方式,从而将行销传播的效益发挥到极限。表 8-4 是互联网媒体发布广告与传统媒体发布广告的比较。

表 8-4 网络广告与传统广告的比较

	纸介媒体	广播	电视	网络广告
时间	制作周期长、播报时间限制大	制作周期长、播报时间限制大	制作周期长、播报时间限制大	制作周期短、24 小时无间断地接纳读者,突破时间限制
空间	版面限制大	空间限制大	画面限制大	突破时空限制,自由
反馈效果	及时反应能力弱	及时反应能力弱	及时反应能力弱	交互式服务,反馈手段便利及时,可提供细致的追踪报告
检索能力	差	无	无	独特的检索手段,保证资源多次利用
宣传形式	文字、画面	声音	画面、声音	多媒体技术,文字、画面、声音相结合,实现动态、有趣的宣传
读者群素质	一般	泛而杂	泛而杂	大专以上学历 80%
读者投入度	一般	一般	一般	高度集中
可统计性	不强	不	不强	强、统计结果及时、准确
价格	中	中	高	低

从上述的比较中可见,网络广告具有价格便宜、统计准确、互动交流、跨越时空、图像

生动等特点，网络广告已经成为一种趋势。但要将传播的效益发挥到最好还必须让互动式的网络媒体与传统大众媒体整合运用，相互补充。

4. 网络广告类型

网络广告分为品牌网络广告和付费搜索广告，其中品牌网络广告包括品牌图形广告、固定文字链广告、分类广告、富媒体广告和电子邮件广告等形式。富媒体广告是指以声音、图像、文字等多媒体组合的广告形式，富媒体广告包括插播式富媒体广告、扩展式富媒体广告和视频类富媒体广告等形式。品牌图形广告是最常见的网络广告形式，主要包括按钮广告、鼠标感应弹出框、浮动标识/流媒体广告、画中画、摩天柱广告、通栏广告、全屏广告、对联广告、视窗广告、导航条广告、焦点图广告、弹出窗口和背投广告等形式。

(1) 按钮型广告这是网络广告最早的和常见的形式。通常是一个链接着公司的主页或站点的公司标志(Logo)，并注明"Click me"字样，希望网络浏览者主动来点选。按钮广告的不足在于其被动性和有限性，它要求浏览者的主动点选，才能了解到有关企业或产品的更为详尽的信息。如图8-9所示。

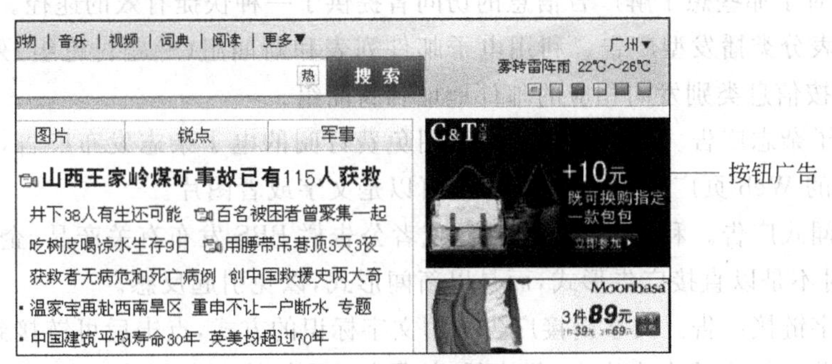

图8-9 按钮型广告

(2) 图标广告。图标广告是用于显示公司或产品的图标，点击后可直接链接到广告企业的站点，该方式价格低廉，效果非常好。

(3) 旗帜广告。网络媒体者在自己网站的页面中分割出一定大小的一个画面(视各媒体的版面规划而定)发布广告，因其像一面旗帜，故称为旗帜广告。旗帜广告是一个表现商家广告内容的图片，放置在广告商的页面上，通常大小为468×60像素或233×30像素。

旗帜广告允许客户用极简练的语言、图片介绍企业的产品或宣传企业形象。它又分为非链接型和链接型两种。非链接型旗帜广告不与广告主的主页或网站相链接，浏览者可以点选(clilk)，进而看到广告主想要传递的更详细信息。为了吸引更多的浏览者注意并点选，旗帜广告通常利用多种多样的艺术形式进行处理，往往做成动画形式，具有跳动效果和霓虹灯的闪烁效果等，非常具有吸引力。此种广告重在树立企业的形象，扩大企业的知名度。如图8-10所示。

(4) 主页型广告。将企业所要发布的信息内容分门别类制作成主页，置放在网络服务商的站点或企业自己建立的站点上。主页型广告可以详细地介绍企业的相关信息，如发展规划、主要产品与技术、产品订单、售后服务、战略联盟、年度经营报告、主要经营业绩、联系方法等，从而让用户全面地了解企业及企业的产品和服务。

旗帜广告

图标广告

图 8-10 旗帜广告和图标广告

(5) 分类广告。分类广告类似于报纸杂志中的分类广告，是一种专门提供广告信息服务的站点，在站点中提供按照产品或者企业等方法可以分类检索的深度广告信息。这种形式广告对于那些想了解广告信息的访问者提供了一种快捷有效的途径。

(6) 列表分类播发型广告。利用电子邮件列表和新闻组(专题讨论组)列表，将客户的广告信息按信息类别发向相应的邮件地址和新闻组。

(7) 电子杂志广告。电子杂志广告利用免费订阅的电子杂志发布广告，电子杂志的版面与一般的 Web 页广告类似，广告形式可以是文字或者图片。

(8) 新闻式广告。利用网上虚拟社区或者公告栏 BBS 发布有关产品、企业的广告信息，但发布时不是以直接广告形式，而是以新闻形式，以免引起反感。

(9) 文字链接广告。文字链接广告采用文字标识的方式，点击后可链接到相关网页，也称链接广告。该方式点中率高，价格低，效果好，通常用于分类栏目中。链接广告往往在热门站点的 Web 页上放置，可以直接访问其他站点的链接，通过热门站点的访问，吸引一部分流量到链接的站点。

(10) 移动广告。移动广告也是一种为改变旗帜广告比较呆板的新形式广告，该广告是一种可以在屏幕上移动的小型图片广告，用鼠标点击该小型图片时，该移动广告会自动扩大展示广告版面。移动广告目前在许多网站的主页上比较流行，广告随着页面的移动飘忽，影响上网者视觉而让人厌烦，有一定的负面效应(见图 8-11)。

移动广告

图 8-11 移动广告

(11) 巨型广告。巨型广告是用来解决旗帜广告过小,难以吸引网站访问者注意力的问题。巨型广告的版面一般要占屏幕显示的 1/3 空间,版面增大后,可以增加广告显示的信息,而且展现的内容主要采用的是 Flash 动画格式,因此显示的信息比原来旗帜广告要丰富,形式也要多样化。因此可以吸引访问者更多的注意力,应用时也应该注意与移动广告一样的负面效应(见图 8-12)。

图 8-12 搜狐网上的巨型广告

(12) 全屏广告等新的广告形式。新浪网于 2001 年 3 月向业界和广告客户推出了全屏广告、通栏广告、画中画广告、声音广告和全流量广告等多种形式。这些全新的广告形式完全打破了传统网络广告一成不变的模式,对网络广告的产品形式进行了突破性的革新。例如全屏广告在用户打开浏览页面时,广告将以全屏方式出现 3~5 秒。然后,全屏广告逐渐缩成 banner 尺寸,进入正常阅读页面。全屏广告等新的广告形式可以更加充分和有效地传递企业和品牌的信息,带来更高的点击率,引起更多人的关注,为企业产品推广起到更加积极的推进作用。

(13) 网上视频广告。网上视频广告是直接将广告客户提供的电视广告转成网络格式,实现在线播放的网络广告形式(见图 8-13)。

图 8-13 雪碧的网络视频广告

8.2.2 网络广告的发布

目前,随着网络广告的功能、作用和效果的日益增加和明显,在网上发布广告已被越来越多的企业和组织所认可。从目前来看,企业一般可以根据自身的需求,从以下几种方式中选择一种或几种方式发布企业的网络广告:

1. 主页形式

建立自己的主页,对于大公司来说,是一种必然的趋势。这不但是一种企业形象的树立,也是宣传产品的良好工具。实际上,在互联网上做广告,归根到底要设立公司自己的主页。其他的网络广告形式,无论是黄页、工业名录、免费的 Internet 服务广告,还是网上报纸、新闻组,都是提供了一种快速链接至公司主页的形式,所以说,在 Internet 上做广告,建立公司的 Web 主页是最根本的。按照今后的发展趋势,一个公司的主页地址也会像公司的地址、名称、标志、电话、传真一样,是独有的公司的标识,将成为公司的无形资产。

2. 通过网络内容服务商(ICP)

ICP 由于提供了大量的互联网用户需要的、感兴趣的免费信息服务,因此网站的访问量非常大。国内有许多这样的 ICP,如新浪、搜狐、网易、chinabyte 等都能提供大量的新闻、评论、生活、财经等内容的信息。目前这些网站是网络广告发布的主要阵地,但在这些网站上发布的网络广告主要形式是旗帜广告。

3. 利用专类销售网

这是一种专类产品直接在 Internet 以上进行销售的方式。现在有越来越多的这样的网络出现,著名的如 Automobile Buyer's Network、AutoBytel 等。以 Automobile Buyer's Network 为例,消费者只要在一张表中填上自己所需汽车的类型、价值、制造者、型号等信息,然后轻敲一下 search(搜索)键,计算机屏幕上就可以马上出现完全满足你所需要的汽车的各种细节,当然还包括何处可以购买到此种汽车的信息。

另外,消费者考虑购买汽车时,很有可能首先通过此类网络先进行查询。所以,对于汽车代理商和销售商来说,这是一种很有效的互联网广告发布地。汽车商只要在网上注册,那么他所销售的汽车细节就进入了网络的数据库中,也就有可能被消费者查询到。与汽车销售网类似,其他类别产品的代理商和销售商也可以接入相应的销售网络,从而无需付出太大的代价就可以将公司的产品及时地呈现在世界各地的用户面前。

4. 应用免费的互联网服务

在互联网上有许多免费的服务。如国外的 http://www.hotmail.com,国内的 http://www.163.com 等都提供免费的 E-mail 服务,很多用户都喜欢使用。由于 Internet 上广告内容繁多,即使公司建有自己的 Web 页面,但是需要用户主动通过大量的搜索查询工作才能看到广告的内容。而这些免费的 Internet 服务就不同,它能帮助公司将广告主动送至使用该免费 E-mail 服务,又想查询此方面内容的用户手中。

5. 采用黄页形式

在 Internet 上有一些专门用以查询检索服务的网络服务商的站点,如 Yaoo!、Infoseek、Excite 等。这些站点就如同电话黄页一样,按类别划分,便于用户进行站点的查询。比如在 Excite 上，你在 search 一栏中填入关键字 automobile，Excite 页面的中上部就会出现某汽车公司的广告图标。在这些页面上做广告的好处是：一是针对性好，在查询的过程中都是以关键字区分的，所以广告的针对性较好；二是醒目，处于页面的明显处，较易为正在查询相关问题的用户所注意，容易成为用户浏览的首选。

6. 列入企业名录

一些 Internet 服务提供者(ISP)或政府机构会将一些企业信息融入它们的主页中。如香港商业发展委员会的主页中就有汽车代理商、汽车配件商的名录。只要用户感兴趣，就可以直接通过链接进入相应行业代理商(或者配件商)的主页。

7. 借助网上报纸或杂志

在 Internet 日益发展的今天，新闻界也不落人后，一些世界著名的报纸和杂志，如美国的《华尔街日报》《商业周刊》，国内的如《人民日报》《文汇报》《中国日报》等，纷纷将触角伸向了 Internet，在 Internet 上建立自己的 Web 主页。而更有一些新兴的报纸与杂志，干脆脱离了传统的"纸"的媒体，完完全全地成为了一种"网上报纸或杂志"，反响非常好，每天访问的人数不断上升。可以预计，随着计算机的普及与网络的发展，网上报纸与杂志将如同今天的报纸与杂志一般，成为人们必不可少的生活伴侣。对于注重广告宣传的公司，在这些网上杂志或报纸上做广告也是一个较好的传播渠道。

8. 建立虚拟社区和公告栏(BBS)

虚拟社区和公告栏是网上比较流行的交流沟通渠道，任何用户只要遵循一定礼仪都可以成为其成员。任何成员都可以在上面发表自己的观点和看法，因此发表与公司产品相关的评论和建议，可以起到非常好的口碑宣传作用。这种方式的好处是免费宣传，但要注意遵循网络礼仪，否则适得其反。

9. 使用新闻组

新闻组(newsgroup)也是一种常见的互联网服务，它与公告牌相似。人人都可以订阅它，成为新闻组的一员。成员可以在其上阅读大量的公告，也可以发表自己的公告，或者回复他人的公告。新闻组是一种很好的讨论与分享信息的方式。对于一个公司来说，选择在与本公司产品相关的新闻组上发表自己的公告将是一种非常有效的传播自己信息的渠道。与 BBS 一样，新闻组发布信息也是免费的，同样也要遵守相应的网络礼仪。

在以上几种通过 Internet 做广告的方式中，以第一种即公司主页方式为主，其他皆为次要方式。但这并不意味着公司只应采取第一种方式而放弃其他方式。虽说建立公司主页是一种相对比较完备的 Internet 广告形式，但是如果将其他几种方式有效地进行组合，将是对公司主页的一个必要补充，并将获得比仅仅采用公司主页形式更好的效果。因此，公司在决定通过 Internet 做广告之前，必须认真分析自己的整体经营策略、企业文化以及广告需求，将其与公司从整体上进行融合，真正发挥 Internet 的优势。

8.2.3 网络广告战略

一些广告战略可以用在因特网上，下面是网络广告设计中要考虑的一些重要问题。

① 广告必须在视觉上吸引人。在大众传媒上，广告应该用鲜艳的色彩来吸引读者的注意。在因特网上，采用交互的、移动的网页内容可以吸引浏览者的注意力。

② 广告必须针对特定群体或个体消费者。广告必须定制化并与个人交流。

③ 广告内容必须对消费者有价值。网页必须提供有价值的信息,避免让无用的和过大的文件减慢下载速度。

④ 广告必须突出公司的品牌和形象。广告必须强调公司及其产品和服务与其他竞争者的区别何在。

⑤ 广告必须成为整体营销战略的一部分。公司应该积极地参与各种因特网活动,如新闻组、邮件列表和公告板。所有这些活动组成了一套战略。另外,在线广告应该和离线广告结合起来。

⑥ 广告应该和订单处理过程无缝集成。当顾客对广告的产品产生兴趣后,应该能方便地订购和付款,而且最好是以在线方式进行。

成功的网站设计既是一门艺术,也是一门科学。在许多情况下,设计网络广告时最好能获得专家或咨询人员的帮助。下列变量被认为是对网络广告具有重要影响的因素:

① 网页载入速度。图片和表格应该简单明了,并和标准显示器相配。缩略图对于缩短页面下载时间是很有用的。

② 广告内容。文字应该简明扼要,鼓动性的页面标题很有用,注册询问的信息越少越好。

③ 导航的效率。表述准确而有意义的链接必不可少。

④ 兼容性。网站必须与多种浏览器和软件兼容。

⑤ 安全和隐私。顾客必须能拒绝 cookie 的使用。

⑥ 营销以顾客为中心。广告必须清楚列出购买条款,包括交货信息和退货条款等。购买完成后需要有确认页面。

当按照上述准则设计好广告后,广告主就可以有效地把因特网广告应用到下列战略和战略组合中。

1. 拉动策略

通常,顾客会对内容丰富、界面美观的网站感兴趣。这种让网页静待顾客的战略称为拉动战略。当向遍布全球的未知顾客做广告时,这种被动的拉动战略是经济而有效的。但是,因为有如此多的网站向所有顾客开放,所以需要一个目录来帮助顾客找到想去的网站,许多门户网站都提供购物和经营类站点的目录。

一家网站可以是完全广告站点(这意味着它不能提供任何订购和支付服务),也可以是一家完全零售商店(亚马逊)。后者的广告可以直接和销售过程相连。还有一种选择是成为电子商城,顾客可以使用电子商城自己的目录和搜索引擎来找到合意的商品或服务。

2. 推动战略

如果顾客不愿意主动访问商家的网站,那么商家就要积极地向目标客户发送广告邮件。这种包括发送电子邮件、短信息或使用横幅的战略,被称为推动战略。另外,一些公司还使用大量的离线广告,特别是当供应商并不出名的时候。

3. 相关广告展示战略

有时候可以根据某网页的内容配上一条相关的广告。亚马逊书店和巴诺网上书店就经常这样做。假设你希望找到关于电子忠诚度的资料。当你使用雅虎搜索时,它会列出一串资源,并打出这样的横幅——“找书!巴诺书店,电子忠诚度”。当你点击列出的涉及电子忠诚度的网站时,会出现同样的横幅。我们把这叫作相关广告展示战略或文本链接。相关广告展示战略可以被认为是一种“及时制战略”。相关广告的费用可以以佣金的形式来支付,也有一些公司用会员制方式实施这一战略。

4. 作为商品的广告

根据这种战略,广告浏览时间可以像商品一样被出售,Cybergold 等公司就采用这种经营方式。消费者阅读广告后,广告主将付钱给他们作为交换。消费者首先填好关于个人兴趣的信息,然后 Cybergold 就根据这些个人特点给出针对性的横幅广告。每条横幅都标明了阅读之后将支付的价格。如果感兴趣,浏览者可以点击横幅并阅读内容,在通过了一些小测验后就可以得到付款。浏览者可以挑选阅读的内容,广告主可以根据浏览者的访问频度和需求程度改变付费水平。

5. 战略实施

(1) 定制广告

在因特网上顾客面对着太多的信息,所以通过消费者提供定制广告过滤掉不相关的信息是减轻信息过载的好办法。BroadVision 网站就提供了一个定制化广告服务的平台。借助其 One-to-One 软件,可以迅速建立和修改以浏览者为中心的、安全而稳定的网站。One-to-One 的核心是一个客户数据库,其中存放着注册用户的数据和从网站浏览者那里收集到的信息。营销人员可以在桌面电脑上使用 One-to-One 软件来建立和修改网站的行为规则。利用这一功能,营销经理可以根据用户的档案来定制所显示的广告。

另一种个性化的模式是网络广播,这是一种免费的因特网新闻服务,专门发送个性化的新闻和信息。用户可以对网络广播系统进行设置,选择需要的信息,如体育、新闻、新闻标题、股票报价等。

(2) 交互广告战略

因特网上的广告可以是被动的,也可以是互动的。要实现网上交互可以通过使用聊天室和呼叫中心服务,或者以异步方式使用 Web 页面。这些交互手段可以作为被动网页的补充。Web 的主要优势之一在于能以低廉的成本提供广泛的、交互式的选择。交互手段有许多种,从动画人物到在线小测验。

(3) 作为广告媒体的比较广告

顾客必须能对大量相互替代的产品和服务进行比较。假设一名消费者想购买一台电视机,并从网上商品目录或电子邮件中找到了一个特定的型号和品牌。然后,这名消费者希望找到一个能以最便宜价格买到这台电视机的地方。他不是去浏览许多网站,而是来到了一家比较网站。这家比较网站提供一个出售该产品的供应商的列表,以及各自的售价。列表上的任何一家供应商都得到了一定程度的宣传。问题是谁来为这种比较提供信息。一种可能的方案是由电子商城管理者来提供这类信息,作为对商场中各品牌的免费服务,另一种方案是将那些愿意付费的公司加入比较列表。

8.2.4 网络广告的效果及定价

论证网络广告的可行性要比论证传统广告难得多。主要原因之一是难以衡量在线广告的效果,以及在定价战略上的分歧。有一些方法可以用来衡量广告效果,进行成本效益分析,以及为广告定价,下面将讨论4种有代表性的方法。

1. 基于广告浏览的展示模型

传统广告定价是建立在展示或发布量的基础上的。迄今为止,这仍是网络广告定价的标准模式,并通常使用广告浏览数衡量广告发布量。

广告主是按"承诺"的广告浏览数乘以一个约定的系数付费的。所以在广告经营模型中必须精确地衡量广告浏览数。这使得网站在广告的传播方面义务有限,而广告收入仅仅取决于访问量乘以一个系数,也就是按CPM计价。不同的搜索引擎和其他热门网站之间的收费不同。

这种价格上的差异说明网站可以同时担当大众传媒和直销工具的角色,而且网页内容、观众、技术和预期结果等因素都会大大影响广告主愿意付费的水平。在各个领域内的一些知名网站将占据统治地位,并且它们的广告收费水平可以更高。

2. 点击次数

基于点击次数的广告收费,是为网络广告开发更容易计量的收费方式的一种尝试。对于横幅广告的收费是基于浏览者对广告的实际点击次数。然而,在看到广告的人中间,只有相对较少的一部分人实际点击了横幅。这样,基于点击次数的支付保证了访问者不仅看到了广告,还主动点击了横幅并实际接触了目标广告。但网站空间提供者反对这种方式,认为广告浏览本身也可能导致今后的购买或者离线购买行为,就像报纸和电视广告一样。另一方面,广告主不喜欢根据广告浏览数付费,而是倾向于按点击次数付费。

3. 互动性

互动性由霍夫曼和诺瓦克提出的一种衡量方法。虽然基于点击次数的付费方式保证了目标广告的展示程度,但它并不能保证访问者喜欢该广告并进一步花时间浏览它,所以他们建议根据访问者和目标广告的交互程度定价。这种交互程度可以用广告浏览的时间长度、目标广告的网页访问数、额外点击次数或者对目标广告的重复访问次数来衡量。显然,对管理员来说这种方式比前面的方式更复杂。

早在1996年,现代媒体这家交互式广告代理商就开发了一种定价模式,客户不是按点击次数,而是按在网站上的活动程度付费。这引发了围绕网络媒体展开的争论。网站发布商认为,基于活动的衡量方式的问题在于网站发布商不应该为和广告相关的行为负责。

4. 实际购买

销售商关心结果,而最终结果就是购买行为。显然,吸引1000个人访问一家网站确实有一定的价值,但如果某网站仅有5个人访问但都购了物,那带来的价值将高得多。而且,了解广告如何影响顾客实际购买额也很重要。

在基于结果的定价方式中,进行网络广告首先要做的是弄清销售商要求目标广告做什么。典型的目标包括影响消费者的看法、鼓励消费者提供自己的信息,或引导消费者进行实际购物等。例如,如果顾客看到美国在线网站上亚马逊书店的广告后,在亚马逊买了一本书,那么美国在线将收到一笔介绍费,譬如书价的5%。许多商家要求消费者将其标识放在自己的主页上。公司承诺如果有顾客点击了会员网站上的标识,并最终进入商家网站进行购买,则公司将向会员支付5%～15%的佣金。这种推荐费是亚马逊网站和其他许多零售商开展的会员计划的基础，但是这种方式只适用于发生实际购买行为的网站。

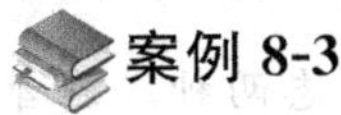

案例 8-3

红孩子网站推广方案(做家庭购物服务的持续领跑者)

推广目标：

通过互联网传播的诸多优势，宣传红孩子的产品，传导红孩子的服务理念和企业价值观，维持老顾客的品牌忠诚度及开发更多的新顾客。

在第四个月的推广宣传后，武汉地区的 IP 须增加 2000IP。利用 16～26 个月的时间，使红孩子网站成为武汉地区家庭网上购物的首选站。

推广理念：

结合网络营销的 4CS 理论以"准""快"为推广理念，抓住一切可利用的可行途径进行推广。

① 寻找准确访问者，一切从访问者出发，致力于将每个访问者变成客户和消费者；

② 推广不可求急求快，需要按时前进，更不能像完成任务似的急速完成；

③ 用户在我们的网上平台怎么方便怎么来，一切以用户的体验感为中心展开网络维护工作；

④ 网站推广过程中既要注重将我们的品牌、形象和服务及商品传递给访问者，也要注重收集反馈信息。

推广分析

一、企业优势及网站现状分析

红孩子网站 www.redbaby.com.cn 是全球排名第一的中文婴幼购物网站，最大的中文妈妈社区，面向家庭的网上购物平台，主要经营母婴用品，健康产品，化妆品，礼品等，全国规模最大的目录销售企业。

公司目前已拥有北京、上海、广州、沈阳、天津、大连、长春、武汉、南京、无锡、苏州、宁波、杭州、深圳、成都、西安 16 家分公司，销售网络遍布全国各地，国内第一家承诺 24 小时内免费送货上门的电子商务零售公司。

二、竞争对手现状简单分析

初步统计婴幼儿用品(33 家)和家庭用品网上零售企业共有 56 家，红孩子排名第一，为本行业最大零售企业。

潜在竞争者分析，潜在竞争者主要是和红孩子有相同或者部分相同用户群体的网站，如：丫丫网，摇篮网，好孩子育儿网，生活网等，其中丫丫网是全球最具影响力的中文家庭门户网站。

三、具体营销手段及策略

1. 社区 BBS 推广

红孩子网站的最大目标群体是家庭用户，如武汉地区共有小区 1294 个(初步的统计，来源 www.wsxq.com)。其中很多大型小区都有自己的社区网站平台，人气也比较高，如家住常青,南湖花园社区,家住光谷,百步亭家园网等,借助这些小区平台进行推广,不但效果佳而且成本低(零成本)。

2. 电子邮件推广

电子邮件是最有效的网络许可营销方法之一,分为广告邮件和电子杂志两种。前者通过广泛发布邮件信息获得第一注意力;后者通过用户许可,获得定期、定向宣传效果,起到事半功倍的效果。红孩子社区的在线注册会员 2 590 046 人,这说明有 2 590 046 个目标群体的 E-mail,自身的优势更能突出效果和零成本。

3. 搜索引擎加注

统计表明,60%以上的自发访问量来自于搜索引擎;有效加注搜索引擎是注意力推广的必备手段之一;加注搜索引擎既要注意措辞和选择好搜索引擎,也要注意定期跟踪加注效果,并做出合理的修正或补充。

4. 信息平台发布

将红孩子现有商业及商品信息直接登录各大信息发布平台,既可以提高红孩子的认知度,还可以直接寻找商机或传统业务客户和合作机会;在网站推广过程中扮演注意力营销和实际营销两个角色。

5. 网站之间建立合作关系

如前面介绍过的丫丫网、摇篮网都是目标群体和访问量大的网站,而且这些网站与红孩子之间并不存在直接的竞争关系,可以和它们建立广告互换、友情链接等合作。

6. 传统营销的结合

网下推广方式多样,除广告外还包括:确定网站 CI 形象,宣传标识,口碑传递,参加公益活动,活动赞助,派发小礼品、传单、作小型市场调查,相关单位机构合作等。

7. 雁过留声法

充分发挥红孩子的团队力量,红孩子人访问同类网站或者人气旺盛的网络平台,发布留言和论坛信息(可用技术手段实现)及 QQ 等即时聊天工具,如链接式的个性签名,吸引爱好者访问。

8. 联盟策略

首先实现同类网站互通有无,建立同盟,并做到唯我马首是瞻;其次,建立同行业(文化产业)同类型(互动社区)的网站联盟,做到互为宣传,互为推广。联盟策略是实现网络与网络横向合作、互利互惠、开发资源、打造市场、共同发展的重要手段,其目的就在于互利资源、制定行规、垄断利润,是竞争中的合作,合作中的竞争。

9. 开展有奖活动

坚持长期、有效、变化多端的有奖活动,并且切实履行承诺,在活动中宣传网站和公司形象,获取忠实访客和同行的口碑,是稳定有效地增网聚人气的直接办法。

10. 做专题策略

网站必须关注现实,做“利用突发事件,把握重大事件,组织活动”三大类的专题,作为网站的号外或者副刊,追求及时、全面、权威,争取轰动效应。

11. 媒体策略

利用网络媒体,制造新闻效应(包括各类“枪手”文章、有偿新闻等);针对某个专题与类型，发起媒体讨论和关注焦点，将自己塑造为一个典型，供大家研讨。

12. 社区策略

努力做好我们推出的服务项目是最好的推广，社区是网站的核心，全力经营红孩子妈妈社区，推陈出新，倡导文化与交流，得到用户首肯就是成功的标志，如YY网和摇篮网就是学习的榜样。

13. 网站维护方面的策略

网站不是推广出来后就“死”了，而是根据用户的体验感进行适当的变化，一切以用户为中心。维护方面要着重网络安全和网站优化，因为这对网站的推广影响重大，如红孩子社区里面存在很明显也很重要的死链接信息。

14. 数据库策略

注重网上调查、用户资料、访问统计等数据的收集整理，并进行客观分析，既对客户行为进行引导，又对网站建设维护提供现实权威的意见，是数据库策略的核心。

四、时间具体的安排

网站推广是一个持续而又需要坚持的过程，不同的时间段有不同的推广方法及相应的效果，推广过程应分为前、中、后期三个阶段。

1. 前期(1～3月)：这段时间应该以网站为中心，重点放在网站的美观、用户体验感、网站运行速度等方面，因为网站给人的第一印象至关重要。在这一阶段还需要做好人员的工作分配等问题。

2. 中期(4～26月)：这段时间以推广为中心，在推广的过程中需要注意相关事项，并且要不断地根据工作进程来进行总结以及收集相关反馈信息。在人员安排上要注意协调和组织好相关人员的工作，在规定的时间内达到相应的效果。

3. 后期(26个月以后)：即使网站推广好了，并不代表它就在那里不同了，互联网上的信息更新周期为0.000 000 1秒，不仅需要随时把握竞争对手的进展度，更需要稳固自己在前面的地位以及谋求更好的发展，真心、用心为广大客户带来更多的实惠。

(资料来源：http://blog.wuhanjc.com/xgz/redbabycomcnyy.html.)

案例思考题

(1) 红孩子采用何种手段和策略进行网站推广？

(2) 通过本案例，你认为网站推广成功的关键是什么？

本章小结

网络营销中，网站是商务交易活动发生的平台，是互联网世界的虚拟市场。为了吸引更多的商家和网络购物者登录网站开展各种交易活动，首要的工作是采用有效的方法对网站进行宣传和推动，借以提高网站的知名度。网站推广的常用方法包括搜索引擎、E-mail、病毒性营销等。网络广告是网站推广和网上促销的重要方法，了解网络广告并掌握网络广告的发布战略和形式，是有效的策划网络广告的基础。

复习思考题

1. 描述网站推广的阶段和特征。

2. 如何进行搜索引擎优化?

3. 网络广告与传统广告有哪些区别? 网络广告的主要形式有哪些?

4. 如何发布网络广告?

5. 网络广告的效果如何有效测定?

6. 假设已经建立一个二手书交易网站,如何针对该网站进行有效的推广?

实践题

1. 浏览阿里巴巴、搜狐、淘宝、雅虎等网站,分析各有哪些广告形式? 分析这些广告是如何制作的? 具体说明网络广告有哪些传统媒体广告不具备的优势以及相对的劣势?

2. 观察一个网络广告,对其进行分析(从创意、主题、设计等角度)并在课堂上进行展示说明。

3. 针对淘宝网站,归纳该网站采用的推广手段有哪些?

第 9 章

网络营销服务

【学习目标】

了解和掌握有关网络营销服务的概念；掌握网络营销服务的特点及其优势；掌握网络营销顾客服务的内容及其常用的服务工具；熟悉网络营销客户服务的基本策略，能够熟练应用网络营销服务的基本工具；掌握网络个性化服务的基本策略。

【关键词汇】

网络营销服务（on-line marketing service）　服务工具（service tools）　服务策略（service strategy）　个性化服务（personalized service）

案例 9-1

腾讯 QQ 的网络营销服务

腾讯 QQ 公司于 1998 年 11 月在深圳成立，是中国最早也是目前中国市场上最大的互联网即时通信软件开发商。1999 年 2 月，腾讯正式推出第一个即时通信软件——腾讯 QQ，并于 2004 年 6 月 16 日在香港联交所主板上市（股票代号 700）。腾讯已形成了互联网业务、无线和固网业务、广告业务、企业服务和品牌授权五大业务体系，并逐步向个人即时通信、企业实时通信和娱乐资讯三大战略方向发展。

腾讯客服被评为 2004—2005 年度"广东省最佳客服中心"。为了能给更多的用户提供全方位的高品质服务，腾讯邀请了权威机构和专家对客服中心进行评测和指导，站在更高的角度，了解行业内的趋势和更高的要求，努力成为行业内的标杆和领先者。在为期三个月的评选活动中，腾讯客服中心以极具腾讯特色的优质服务获得"广东省最佳客服中心"大奖。这次奖项的荣获，成为腾讯客服中心展示极具特色的多渠道服务方式，传播高品质的管理理念，提升公司品牌形象的重要里程碑。腾讯客服中心的工作主要包括：手机业务查询、热线服务、BBS 服务、邮件服务、在线客服和常见问答（FAQ）。

企业服务是以腾讯通 RTX 为核心，为企业用户提供的实时通信服务，它可以帮助企业提高员工办公效率，加速企业内部、企业与客户之间的信息流通，它是即时通信服务商用化的开始，标志着腾讯公司的业务从个人向企业的延伸。腾讯 RTX 的主要功能包括即时通信、多方网络会议、讨论、手机短信（群发）、与 QQ 通信等。

腾讯客户服务中心是公司所有业务的主要服务窗口,负责向客户提供各种业务咨询以及受理客户投诉。客服中心致力于不断完善服务体系,向广大客户提供全方位、及时周到的服务。

腾讯公司客户服务中心提供的各种服务如表9-1所示:

表 9-1 腾讯公司客户服务项目或内容

服务项目	服务项目或内容
QQ密码保护服务	申请保护,修改资料,重设密码,号码申诉,申诉处理公告
手机业务服务	QQ用户查询,手机用户查询
热线服务	提供7×24小时的服务
客服论坛	设立QQ会员、QQ秀、QQ空间、腾讯软件等几个论坛栏目
邮件服务	用户可以通过邮件和客户服务部、技术支持部、市场业务部、总公司及其分公司沟通
用户在线反馈	用户可以获得在线帮助
常见问题解答	按照以下类别为客户提供常见问题解答:会员增值服务类,娱乐交友类,腾讯软件类,号码服务类,支付中心类,语音服务类,QQ电话,开心宝典,手机游戏订阅类,手机聊天短信

腾讯公司的客户服务具有以下几个特点:①服务项目全,涵盖公司的所有业务;②服务方式多样,从普通的FAQ到邮件、论坛、在线服务以及普通电话咨询,可以满足不同类型客户的多层次、多方面要求。可以这样说,腾讯能取得引人注目的业绩和其近乎完美的客户服务是密不可分的。

(资料来源:www.qq.com.)

案例思考题

(1) 腾讯公司的网络营销服务项目有哪些?

(2) 通过本案例,你认为网络营销服务的重要性体现在哪些方面?

客户服务是市场营销环节中十分重要的一环,对网络营销来说也不例外。网络营销客户服务采用了许多有别于传统客户服务的手段和技术,如电子邮件、即时通信、BBS、新闻组、在线咨询,等等,但这并不妨碍企业采用传统的客户服务手段如热线电话。常见问题解答(FAQ)是几乎所有网站都采用的一种客户服务方式,恰当的设计能解决客户大部分的问题。

9.1 网络营销服务概述

从信息时代到网络经济时代,生产企业从社会利益和消费者长远利益出发,注重企业的生产经营与社会、市场和消费者的适应性,注意研究消费者(顾客)需求的多样性和变化。因此,生产企业为了更好地满足顾客的需求,都在不同程度研究如何做好个性化服务。

现代顾客需要的是个性化的服务，网络为顾客提供了全天候、即时、互动等全新概念的工具。这些性质迎合了现代顾客个性化的需求特征。所以，越来越多的公司将网络顾客服务整合到公司的营销计划之中，使网络营销界渐渐兴起了一轮顾客服务浪潮。企业和商家必须从“全球市场”这一视野出发来规划未来，从满足全球顾客的各种需求出发，突出个性化服务，搞好“全球营销”。

9.1.1 网络营销服务的概念及特点

1. 网络营销服务的概念

菲利普·科特勒认为：“服务是一方能够向另一方提供的基本上是无形的任何活动或利益，并且不导致任何所有权的产生。它的生产可能与某种有形产品联系在一起，也可能无关联。”弗雷德里克等人认为：“服务是为满足购买者某些需要而暂时提供的产品或从事的活动。”无论是产品服务营销，还是顾客服务营销，服务营销的核心理念都是顾客满意和顾客忠诚，通过取得顾客的满意和忠诚来促进相互有利的交换，最终实现营销绩效的改进。网络营销服务的本质也就是让顾客满意，顾客是否满意是网络营销服务质量的唯一标准。要让顾客满意就是要满足顾客的需求。顾客的需求一般是有层次性的，如果企业能够提供满足顾客更高层次需求的服务，顾客的满意程度就更高。网络营销服务也是同样内涵，只是网络营销服务是通过互联网来实现服务。网络营销服务利用互联网的特性可以更好地满足顾客不同层次的需求。

对于网络营销服务，一般可以简单划分为网上产品服务营销和服务产品营销。网上产品服务营销主要是指企业提供的传统服务中的第一、二类服务，服务是产品营销的一个有机组成部分；网上服务产品营销是指无形产品，可以直接通过互联网进行传输和消费的服务产品的营销活动。对于服务产品营销除了关注服务销售过程的服务外，还要针对服务产品的特点开展营销活动。另外根据网络营销交易的时间间隔，可以将服务划分成销售前的服务、销售中的服务和销售后的服务。

2. 网络营销服务的特点

网络营销顾客服务的特点主要体现在以下五个方面：

(1) 增强顾客对服务的感性认识。需要对服务进行有形化，通过一些有形方式表现出来，以增强顾客的体验和感受。

(2) 突破时空不可分离性。基于互联网的远程服务则可以突破服务的时空限制。如现在的远程医疗、远程教育、远程培训、远程订票等，这些服务通过互联网都可以实现消费方和供给方的空间分离。

(3) 提供更高层次的服务。传统服务的不可分离性使得顾客寻求服务受到限制，互联网出现突破传统服务的限制。顾客可以通过互联网得到更高层次的服务，顾客不仅可以了解信息，还可以直接参与整个过程，最大限度满足顾客的个人需求。

(4) 顾客寻求服务的主动性增强。顾客通过互联网可以直接向企业提出要求，企业必须针对顾客的要求提供特定的一对一服务。

(5) 服务成本效益提高。一方面，企业通过互联网实现远程服务，扩大服务市场范围，创造了新的市场机会；另一方面，企业通过互联网提供服务，可以增强企业与顾客之间的关系,培养顾客忠诚度,减少企业的营销成本。因此,许多企业将网络营销服务作为企业在市场竞争中的重要手段。

9.1.2 网络顾客服务的优势

1. 网络顾客服务能在低成本基础上充分满足现代顾客的服务需求

网络顾客服务可以低成本、实时全面地满足传统营销媒体难以满足的服务需求。首先,由于网络空间接近无限,企业可以将不同详细程度的有关产品、服务的信息以文本、图片、声音或录像等多媒体形式放在企业网站上,顾客可以随时从网上获取自己所需要的信息,而且在网上存储、发送信息的费用远低于印刷、邮寄或电话的费用;其次,企业可以在网站中设置FAQ(常见问题),帮助解决顾客的常见问题,减少顾客服务人员的重复劳动,以腾出时间和人手为顾客及时解决更复杂的问题;最后,网络的互动特性能使顾客直接与企业对话,询问一些特殊的信息,反馈他们的意见,并作为营销全过程中的一个积极主动的因素去参与产品的设计、制造、配送等。由此可见,借助网络,企业可以充分满足现代顾客的各种服务需求,可以与看不见的顾客建立"一对一"关系,并可不断巩固、强化这种关系,持续提高顾客对企业的满意度和忠诚度。

2. 网络顾客服务能大大提高服务质量

服务质量是顾客对服务的评价和其对服务期望的比较。服务质量与顾客的满意度和忠诚度紧密相连。在传统的顾客服务中,顾客无法对服务进行事先感知和评价,服务完毕后企业也很难全面了解顾客服务体验与其期望间的差距,这就决定了传统顾客服务难以持续地保持高质量。而利用网络进行顾客服务时,不仅企业与顾客间的沟通是完全互动的,而且顾客与顾客间的互动沟通也十分频繁(如兴趣相同的顾客在新闻组或专题讨论组交流彼此的服务体验等)。这种多向即时互动沟通可帮助企业深入了解顾客的服务需求与服务期望,可向顾客预先提供从整体到局部具有良好可视性和互动性的服务表现(服务剧本或服务蓝图),还可对服务表现进行适当的定制,以满足顾客个性化的服务需求和偏好。在服务过程中,可对服务进程和服务效果进行持续跟踪和检验,合理实时地改进服务或进行服务补救。服务结束后也能从顾客那里或网上其他渠道获知顾客对服务的真实体验,为进一步改进服务质量提供信息基础。可见,网络顾客服务有可能最小化顾客服务问题,大大提高服务质量。

3. 网络顾客服务能更好地实现企业对顾客的管理

管理顾客是传统顾客服务的一个难题。借助于网络对顾客进行服务,能更好地实现对顾客的管理,以留住老顾客,吸引新顾客,为企业增加利润。首先,网络交流的便利性与互动性使企业能与顾客不断进行对话,进而不断增加对顾客的了解,掌握顾客需求,进行个性化产品和服务满足顾客的需求。这种过程的重复,使得企业与顾客建立起一种动态的学习型关系,这种动态的学习型关系能形成顾客的转换壁垒,使之不会轻易地转向竞争者,从而培养出企业的忠诚顾客。其次,企业与顾客之间所有的互动都是有关顾客需求的宝贵信息资源,Web顾客数据库将实时记录有关顾客的各种信息。顾客与企业交易前,顾客数据库就能及时识别顾客的特殊身份,交易后,顾客数据库能自动补充新信息。企业可以将顾客划分为不同等级,从而提供不同标准的产品和服务,实现顾客的分级管理。另外，通过建立在线顾客数据分析系统，企业能及时进行顾客价值区分，发现新的市场机会，锁定目标顾客群，提高企业网络营销的效果。总之，网络顾客服务与传统顾客服务相比，能更有效、更精细地实现对顾客的动态管理。

4. 网络顾客服务能实现服务的全球化

依照传统的运作方式，企业顾客服务要想进军全球市场，需要相当数量的资源，而利用网络，即使资源非常有限的微型企业，也可建立柔性虚拟组织，使顾客服务在全球全天候 24 小时运作，同时保障企业与顾客的紧密接触，对顾客服务需求做出快速反应。网络为企业顾客服务在地域上的延伸提供了良好的支撑。网络用于现代顾客个性化服务具有独特优势。可以预见，网络顾客服务在不久的将来一定会得到更长远的发展。

9.2 网络营销客户服务内容及工具

9.2.1 网络营销客户服务内容

网络营销的过程服务大致可以分为交易前、交易中和交易后三个阶段。

1. 交易前的网络营销服务

这一阶段主要是指买卖双方和参与交易各方在签约前的准备活动，包括在各种商务网络和因特网上寻找交易机会，通过交换信息来比较价格和条件，了解各方的贸易政策，选择交易对象等。

从交易双方的需求可以看出，企业网络营销售前服务主要是提供信息服务。企业提供售前服务的方式主要有两种：一种是通过自己网站宣传和介绍产品信息，这种方式要求企业的网站必须有一定的知名度，否则很难吸引顾客注意。另一种方式通过网上虚拟市场提供商品信息。企业可以免费在上面发布产品信息广告，提供产品样品。除了提供产品信息外，还应该提供产品相关信息，包括产品性能介绍和同类产品的比较信息。为方便顾客购买，还应该介绍产品如何购买的信息，产品包含哪些服务，产品使用说明等。

2. 交易中的网络营销服务

交易中的服务主要是指销售过程中的服务。这类服务是指产品的买卖关系已经确定，等待产品送到指定地点的过程中的服务，如了解订单执行情况、产品运输情况等。在传统营销部门中，有 30%～40%的资源用于应对顾客对销售执行情况的查询和询问，这些服务不但浪费时间，非常琐碎，而且难以给用户满意的回答。而网上销售的一个特点是突破传统市场对地理位置的依赖和分割，因此网上销售的售中服务非常重要。交易中包括交易谈判和签订合同、办理交易进行前的手续等。

(1) 交易谈判和签订合同。主要是明确在交易中的权利、所承担的义务、对所购买商品的种类、数量、价格、交货地点、交货期、交易方式和运输方式、违约和索赔等合同条款。

(2) 办理交易进行前的手续。主要是指买卖双方签订合同后到合同开始履行之前办理各种手续的过程，也是双方贸易前交易准备过程。

3. 交易后的网络营销服务

交易后服务就是借助互联网的直接沟通的优势，以便捷方式满足顾客对产品安装、技术支持和使用指导以及使用维护需求的客户服务方式。网上售后服务有两类：一类是基本的网上产品支持和技术服务，另一类是企业为满足顾客的附加需求提供的增值服务。

交易后客户服务主要包括交易合同的履行、服务和索赔等活动。这一阶段是在买卖双方办完所有手续之后开始，卖方要备货、组货、发货，买卖双方可以通过网络营销服务器跟踪发出的货物，银行和金融机构按照合同处理双方收付款、进行结算，出具相应的银行单据等，直到买方收到自己所购商品，完成了整个交易过程。索赔是在买卖双方交易过程中出现违约时，需要进行违约处理的工作，受损方要向违约方索赔。

9.2.2 网络营销服务工具

在使用计算机处理文件时，稍微留意就会发现，微软各版本 windows 操作系统以及应用软件都少不了一个"帮助"菜单，其中详细列举了一些常见问题及解答，为用户使用软件提供了很大的方便，这种服务特色在其他应用软件中也有类似的表现形式。这种形式的用户帮助就是一种顾客服务手段。在利用各个网站的信息和服务时也可以看到。许多网站也设有"帮助"菜单，而且在线帮助的形式更加灵活，不仅限于常见问题解答，还可以根据网站的性质和需要，利用电子邮件、论坛、即时聊天工具、网络会议等方式开展在线顾客服务。

从表现形式和所采用的手段来看，在线服务包括用户自助服务和人工服务两种基本形式。自助服务是用户通过网站上的说明信息寻找相应的解答，或者通过加入网络社区等方式获取自己感兴趣的信息。自助服务常见的方式有 FAQ、会员通信等；人工服务则是需要根据顾客提出的问题，通过人工回复的方式当时给予回答，如通过电子邮件或者各种即时聊天工具等。归纳起来，在线顾客服务常用的手段有：FAQ、电子邮件、在线表单、即时信息、论坛等，下面分别给予介绍。

1. 常见问题解答(FAQ)

FAQ 页面(frequently asked questions)，即常见问题解答页面。这个页面主要为顾客提供有关产品、公司问题等常见问题的现成答案，如图 9-1 所示。FAQ 最初产生在 Usenet 的新闻组中，对某个议题经过一段时间的争论与研究，一些基本问题大家都形成了共同的认识，把这些问题和答案列在一起就形成 FAQ。Usenet 新闻组中大多数议题都有 FAQ，并定期更新。所以，每个新进入新闻组参加讨论的人都应首先阅读 FAQ，弄清基本问题后，再参加讨论、提出问题。企业把这种方法借鉴到营销管理中，就形成了企业的 FAQ。网站上的常见问题解答(FAQ)是一种常用的在线帮助形式。一个好的 FAQ 系统，应该至少可以回答用户 80%的一般问题。这样不仅方便了用户，也大大减轻了网站工作人员的压力，节省了大量的顾客服务成本，并且增加了顾客的满意度。

FAQ之所以很重要，是基于两个基本事实：一是当用户到一个新网站时，难免会遇到很多不熟悉的问题，有时可能是非常简单的问题，但可能导致用户使用过程出现困难；二是绝大多数用户在遇到问题时，宁可自己在网站上找答案，或者自己不断试验，而不是马上发邮件给网站管理员，何况即使发了邮件也不一定能很快得到回复。

网站的 FAQ 一般包括两个部分：一部分是在网站正式发布前就准备好的内容，这些并不是等用户经常问到才回答的问题，而是一种"模拟用户"提出的问题，或者说，是站在

图 9-1 微软 FAQ

用户的角度，对于在不同的场合可能遇到的问题给出的解答。另一部分是在网站运营过程中用户不断提出的问题，这才是真正意义上的用户问题解答。不过，通常并不需要对这两部分的内容做严格的区分，都通称为 FAQ。如果网站发布前的 FAQ 设计比较完善，那么在运营过程中遇到的问题就会大大减少。

在调查中发现，目前国内多数网站根本没有这样的信息(只有 15.3%的网站有 FAQ)，有效利用 FAQ 的网站就更少了，部分开设了 FAQ 栏目的网站信息也不能满足顾客服务的需求。主要表现在，要么信息数量很少，要么是一些通用性的网络营销基础知识，用户可以从专业的信息网站获取更多的此类信息，因此一般不需要以学习的目的来到某个服务商的网站。顾客真正关心的是有关本企业产品和服务的常见问题，其中的信息不仅对现有顾客具有指导作用，对潜在顾客的购买决策也具有一定的影响。

2. 电子邮件和在线表单

在通过 FAQ 无法得到满意的解答时，就需要一对一的在线顾客服务方式。电子邮件和在线表单都是在线联系工具，通过电子邮件和在线表单，可以将顾客咨询的信息发送给企业/网站相关人员。但由于两者发送信息的方式不同，其效果也存在一定的差异。

作为一种主要的在线交流手段，电子邮件在顾客服务中的作用非常重要，担负着主要的在线顾客服务功能，不仅表现在一对一的顾客咨询，更多情况下是作为长期维持顾客关系的工具，如各种邮件列表等。随着顾客对服务的要求越来越高，回复顾客 E-mail 咨询的时间已经成为衡量一个公司的整体顾客服务水平的标准。在线表单的作用与 E-mail 类似，顾客无需利用自己的 E-mail 发送信息，而是通过浏览器界面上的表单填写咨询内容,提交到网站,由相应的顾客服务人员处理。由于可以事先设定一些格式化的内容,如顾客姓名、单位、地址、问题类别等,通过在线表单提交的信息比一般的电子邮件更容易处理,因此有不少网站采用这种方式,如图 9-2 所示。

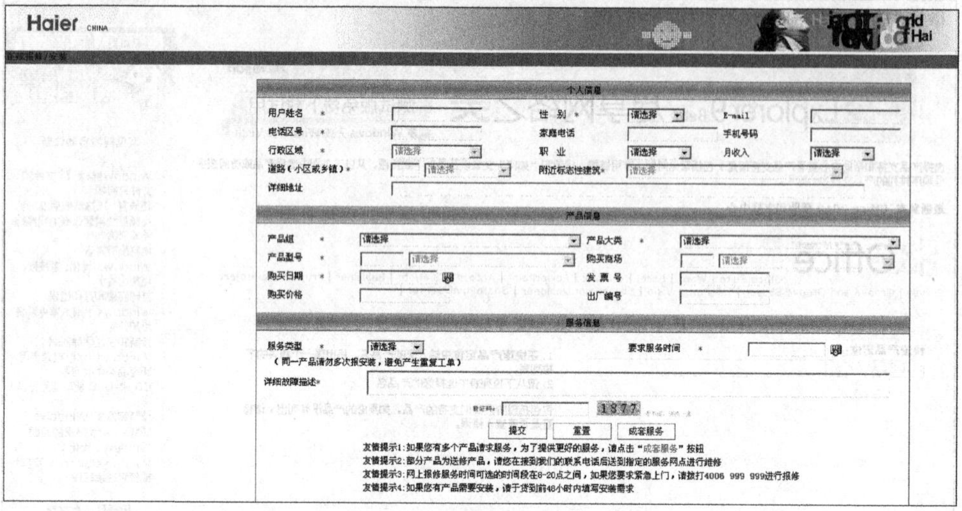

图 9-2 海尔售后服务之在线表单

从功能上说,在线表单和电子邮件这两种常用的在线联系方式都可以实现用户信息传递的目的,但从效果上来说却有着很大的区别。如果处理不当,在线表单可能会存在很大的潜在问题,因此应该对此给予必要的重视。

首先,由于在线表单限制了用户的个性化要求,有些信息可能无法正常表达。其次,当表单提交成功之后,用户并不了解信息提交到什么地方,多长时间可以得到回复,并且自己无法保留邮件副本,不便于日后查询。因此,有时会对采用在线表单的联系方式产生不信任感。另外,顾客填写的 E-mail 联系地址也有错误的可能,这样将无法通过 E-mail 回复用户的问题,甚至会造成用户不满。因此必须站在用户的角度,在应用中注意对一些细节问题的处理。比如,在联系信息的表单页面同时给出其他联系方式,如 E-mail 地址、电话号码,并且给出一个服务承诺,在提交后多久会回复用户的问题,同时也有必要提醒用户对有关咨询的问题自行用其他方式保留副本。如果增加了这些细节处理,相信对于用户来说会感到自己受到高度重视,可以大大增加对企业的信任感,也会有更多用户愿意和企业交流,因而也会在一定程度上增进客户关系。

如果顾客采用 E-mail 方式提出问题,企业客服人员的回复过程可能会稍微麻烦一些。因为问题没有经过事先分类,个性的内容要多一些,有时甚至不容易判断应该转交给哪个部门的人员来处理。但对于用户来说会产生一定程度的安全感,因为他"知道"自己的 E-mail 发给了谁,也可以由发出邮件的备份查询自己的联系记录,因而电子邮件作为在线顾客服务手段应用更为广泛。

3. 即时信息

由于部分用户对于电子邮件咨询的回复需要几个小时甚至几天的时间感到不满,因此越来越多的顾客希望得到即时顾客服务。即时信息具有多种表现形式,从简单的聊天室及各种个人在线聊天工具(如 QQ、MSN、微博、微信等),到具有各种管理功能的专业在线服务系统,即时信息是提供用户在线服务质量的一种重要工具。以聊天工具(包括各种聊天工具如 QQ、微信等)为代表的即时信息(IM)已经成为继 E-mail 和 FAQ 之外的另一种常用的在线顾客服务方式。但由于这种方式对服务人员要求很高,占用人工也比较多,顾客服务成本会增高,因此并没有被广泛采用,但这种即时服务已经成为一种不可忽视而且是最受欢迎的在线顾客服务手段。除了顾客服务成本因素之外,由于常见的即时聊天工具主要为个人之间的沟通,并且只有顾客与在线服务人员同时使用同样的聊天软件时这种服务才有实现的可能,因此在实用中有一定的限制。目前一些网站服务工具可以实时跟踪用户的访问,并主动发出与浏览者对话的邀请,如图 9-3 所示。

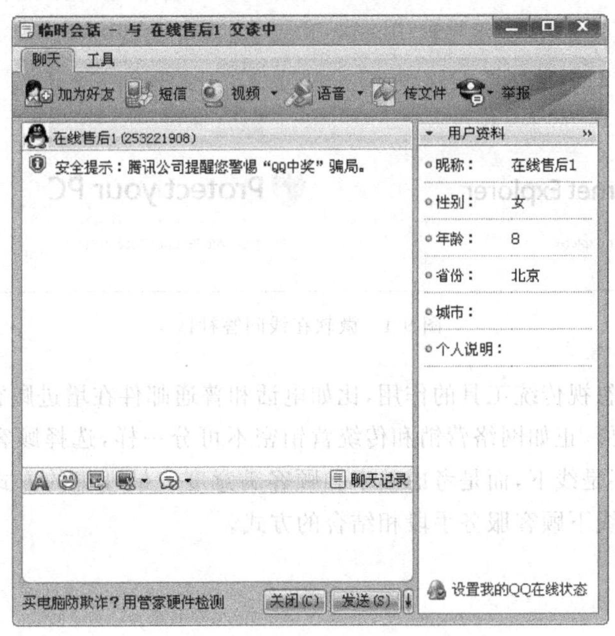

图 9-3 某公司即时信息交流

4. 在线论坛

在线论坛是网络社区的常见形式之一。企业网站上的论坛除了可以了解顾客的意见和各种反馈信息之外,也可以作为一种顾客服务工具。顾客可以将自己的问题发表在论坛上,网站服务人员或者其他顾客可以通过论坛回答顾客的问题。一个顾客的问题可能代表多个用户的心声,所以通过论坛开展顾客服务也是对 FAQ 的一种有效补充,并且可以将论坛上的常见问题及解答补充到 FAQ 中去,或者通过邮件列表向所有注册用户发送,从而使得更多的人了解有关问题,如图 9-4 所示。

除了上述常见在线顾客服务形式之外,电子书对顾客服务也有一定的价值。例如,可以将产品和服务使用说明、常见问题、产品使用和选购常识等内容制作在一本电子书中,供用户下载后在需要时查询。同样,博客在一定程度上也具有在线服务的作用,不过这些方式目前都没有成为在线服务的主流应用。

尽管在线服务手段很多,并且新的在线服务工具还在不断发展中,但在强调在线顾客

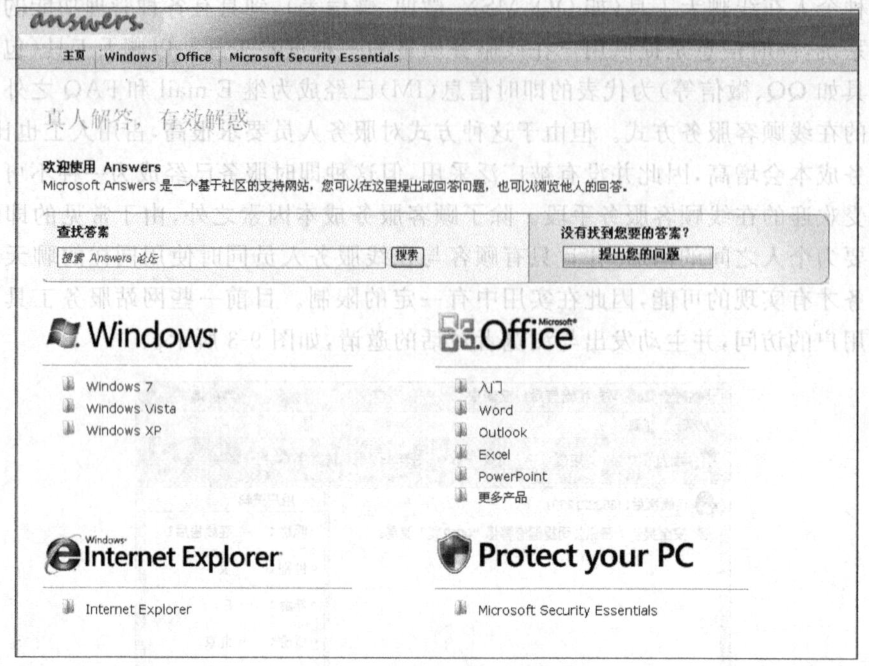

图 9-4 微软在线问答社区

服务的同时，不应忽视传统工具的作用，比如电话和普通邮件在增进顾客关系和实现顾客服务方面同样重要。正如网络营销和传统营销密不可分一样，选择顾客服务手段最重要的不是区分线上还是线下，而是考虑效率和顾客满意度。最理想的方式是根据顾客需求特点，采取线上与线下顾客服务手段相结合的方式。

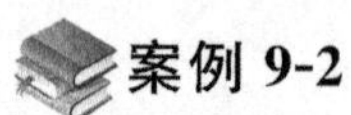

案例 9-2

亚马逊的售前售后服务

电子商务并不是为客户服务的终结，在网络空间里，企业通过网络化的彬彬有礼的信息化规范服务，比传统使用门面设铺接待顾客更为重要。因此，良好的客户服务是扩大网上销售的关键，亚马逊为此提供了多种特殊服务，使客户犹如回到家里一样。亚马逊提供的具有代表性的售前售后服务包括：

1. 搜索引擎

如果一家书店将其所有书籍和音像产品都逐一列出，不仅没有必要，而且还给用户购物带来不便。因此，设置搜索引擎和导航器方便用户购买就成为一项必不可少的技术措施。在这方面，亚马逊书店做得相当到位。它的主页设计得令人赏心悦目，使人一目了然，还提供了多种可供客户自由选择的全方位搜索方法，包括对书名、主题、关键字和作者的书籍搜索，同时还提供了一系列的如畅销书目、得奖音乐、最上座的影片等的导航器服务。在书店的任何一个页面中都提供了这种搜索设置，用户可以方便地进行搜索，引导用户选购。这实际上也是一种技术服务，应该归结为售前服务中的一种形式。

2. 技术支持

为客户提供全方位技术问题的解答，是技术支持的一项重要工作。除了搜索服务之外，书店还提供了对顾客常见技术问题的解答服务。例如，专门提供一个FAQ页面，回答用户经常提出的一些问题。例如，如何进行网上的电子支付，对于运输费用顾客需要支付多少，如何订购脱销书，等等一些常见的问题。如果有特殊问题需要公司解答，公司还会安排人专门为你解答。

3. 用户反馈

亚马逊书店还提供了电子邮件、各类调查表以获取用户对其商务站点的运作情况的反馈意见。用户的反馈信息既是售后服务的具体实施，也是经营销售中市场分析和预测的客观依据。通过电子邮件往往可以获得顾客对商品的意见和建议，一方面可以及时解决用户提出的问题，这实际上是一种售后服务活动的延续；另一方面，也可以从电子邮件中获取大量有用的市场信息，为指导公司今后制定各项经营策略提供基础，这实际上也是一种市场分析和预测活动。它经常邀请用户在网上填写调查表，并用一些免费软件、礼品或是某项服务来鼓励用户给公司发来反馈的电子邮件，获取真实的采样样本。

4. 读者论坛

亚马逊书店还在网上提供了一个类似于BBS的读者论坛，这个服务项目的作用是很大的。在企业商务网站中开设读者论坛的不少，其主要目的都是吸引客户了解市场动态和引导消费市场。在读者论坛上，读者可以畅所欲言，对热门话题展开讨论。公司也可以用一些热门话题，甚至是极端话题挑起公众的兴趣，引导和刺激消费市场。此外，还可以开办网上俱乐部，通过俱乐部稳定原有的客户群体，积极吸纳新的客户群。通过对公众话题和兴趣的分析把握市场的需求动向，从而经销用户感兴趣的书籍和音像制品。

（资料来源：http://www.amazon.com/.）

案例思考题

（1）亚马逊提供的客户服务中，哪些属于售前服务，哪些属于售后服务？

（2）客户服务对于亚马逊来说意味着什么？

9.3　网络营销顾客服务策略

随着时代的发展，信息和知识已成为社会发展的决定性因素，市场由大规模市场转变为细分市场、个性化市场。在这种情况下，生产企业从社会利益和消费者长远利益出发，注重企业的生产经营与社会、市场和消费者的适应性，注意研究消费者（顾客）需求的多样性和变化，据此提供个性化服务来更好地满足顾客的需求。

现代顾客需要的是个性化的服务，互联网为顾客提供了全天候、即时、互动等全新概念的工具。这些性质迎合了现代顾客个性化的需求特征。所以，越来越多的公司将网络顾客服务整合到公司的营销计划之中。实际上，互联网是建立"一对一"顾客服务关系的优秀工具，这种"一对一"的服务关系产生于网络服务的即时、互动特性。因此，可以说网络顾客服务与传统销售服务是有区别的。网络顾客服务策略的思路是：利用网上服务工具FAQ页面向顾客提供有关产品、公司情况等信息；运用E-mail工具使网上企业与顾客进行双向互动;有条件的企业运用客户关系管理系统等先进方法,将顾客整合到公司的营销管理中来,实现与顾客的对话与交流。这种思路不是单向的,而是提供信息、反馈、互动、顾客整合的循环回路。

9.3.1 FAQ页面的设计与适用

通常情况下,一个网站从规划、设计,到功能开发、测试,这些工作一般不可能由一个人完成,各个环节的人员对一个网站各项功能和要素的理解不可能都从顾客的角度考虑,也不可能都按照网络营销的观点来处理问题。当各个部分的工作基本完成之后,还需要对网站进行总体的"调试",对于用户(尤其是新用户)在各个环节可能产生的疑问分别给予解答,这是一项很重要的工作内容。相对而言,国内一些知名网上零售网站的FAQ体系设计比较完善,针对用户在购物流程、商品选择、购物车、支付、配送、售后服务等方面分别给出一些常见问题解答。

1. 企业FAQ的设计

(1) 列出哪些是常问问题。从一些成功企业的经验看,一般常见问题分为两个层次:第一,是面向新顾客和潜在顾客的。在这个层次上主要提供的是关于公司及产品的最基本的问题。第二,是面向老顾客的。一般来讲,老顾客对公司及产品已有了一定程度的了解,因此可提供一些更深层次的详细的技术细节、技术改进等方面的信息。这样做的结果是,新顾客感到公司是真心实意地对待他们的,老顾客则从中获得公司对他们特别关注的感受。

(2) 问题的组织。创建常问问题页面应有一定的深度和广度,尽可能提供足够详细的信息,使至少对80%的阅读它的顾客有实质性的帮助。提供信息的详细程度应从顾客的角度出发,以顾客的需要为标准,还要注意不被竞争对手所利用。

(3) FAQs的导航。FAQs的布局和组织要尽量清晰、简单、明确,易于导航,方便客户快速找到答案。如果企业FAQs的内容繁多,那么就算FAQs的布局设计再合理,顾客可能还是难以迅速找到所需答案。所以,站点还应为顾客提供搜索工具,以方便顾客快速找到所需答案。

(4) FAQs的帮助。一些顾客还是不能解决自己的问题,因为他们并不确切地知道自己的问题究竟属于哪一类,结果导致寻找方向错误。此时,应该有人帮助他们发现自己碰到的问题是什么,并为他们指出正确的查找方向。可以考虑设计一种软件,该软件能够自动监视顾客搜索情况。当某一顾客的搜索次数大大超过了正常水平时,就可以通过电子邮件或电话告诉他可能没有掌握正确的搜索方法和路径,告诉他如何通过最短的路径到达目的地。

2. FAQ的搜索

布局设计合理的FAQ能让顾客在急需帮助的时候很快地找到问题的答案,但设计得再好的FAQ也不能使每一位顾客都能快速地寻找到问题的答案,所以还是要为顾客提供搜索的方法。搜索工具不仅要具有较强的搜索功能,而且还要易于使用。

(1) 搜索功能应与站点规模相适应。对小站点来说,如果其规模非常小,那么只要用一个设计得较好的目录表就能解决问题了;对稍大一点的站点,用一个稍微复杂一点的索引或者可采用字符串直接匹配的文档回取系统帮助搜索。如果站点中有许多很长的文本文件,可使用文本索引软件。对内容复杂的大型站点来说,就需要功能较强的搜索引擎。

(2) 搜索工具的设计应从顾客的角度出发。顾客在使用搜索引擎搜索相关信息时,企业必须清楚顾客需要了解的是什么信息,搜索引擎应尽可能列出相匹配的信息。这就要求企业能站在顾客的角度考虑问题,顺着顾客的思路提供有针对性的帮助,让顾客能迅速找到所需的正确信息。

(3) 信息量的适度问题。如何把握公司信息公开程度,这是一个两难的问题:公开信息太粗略、稀少,对顾客不能产生真正价值;公开的太多,一是对顾客没有太多的用途,二是给了竞争对手窥探公司核心技术及产品缺点的机会。一般可以对涉及产品技术核心的 FAQ 部分设置密码,顾客若需要这些信息,必须先购买密码或者购买产品注册会员后索取密码。

9.3.2 电子邮件的运用

利用电子邮件做顾客服务,必须做好电子邮件管理。顾客电子邮件管理的基本目标是:企业必须通过一定的组织与管理以确保每一位顾客的电子邮件都能得到认真而及时的答复。

1. E-mail 的分类管理

E-mail 的分类管理有两个层次的含义:一是将 E-mail 按部门分类,让对口部门回答相关问题;二是将 E-mail 按紧急程度分类。根据以上分类,大部分的 E-mail 都可归入普通紧急程度中。归入紧急情况的问题需要其他部门的专门人员解决,如产品经理、货运人员等。他们对问题的解决须给顾客服务部门一份复制件。关键问题是指需要公司决策层解决的 E-mail,红色警戒线以上的问题常常是指涉及公司根本利益的灾难性的问题,对这类问题需要公司领导召集各部门负责人共同解决。

所有的 E-mail 都发送到同一个地址的情况下,对 E-mail 的分类管理需要专人负责;另一类管理方法是提供公司各部门的 E-mail 地址,顾客根据自己的问题将它发送至相应的部门来解答处理。

2. 邮件的收阅与答复

要确保每一位顾客的信件都能得到认真而及时答复的基本目标,首要的措施是安排好顾客邮件的传送通路,以使顾客邮件能够按照不同的类别有专人受理。

3. 自动为顾客服务

为了提高回复顾客电子邮件的速度,可以采用计算机自动应答器,实现对顾客电子邮件的自动答复。自动应答器给电子邮件发出者回复一封预先设置好的信件,这样做的目的是让发出电子邮件者放心,并说明邮件已经收悉,已引起企业的关注。

4. 利用 E-mail 与顾客建立主动的服务关系

传统的顾客服务常常是被动的,顾客向公司提出问题要求后,公司再给予解决。公司可实现主动的顾客服务,而不是被动地等待顾客要求服务。利用 E-mail 进行主动的顾客服务包括两个方面的内容:一是主动向顾客提供公司的最新信息;二是获得顾客需求的反馈,将其整合到设计、生产、销售的系统中。

9.3.3 网络虚拟社区的营销服务策略

网络虚拟社区是互联网在扩展人类交往方面的最主要贡献,在商业活动中充分挖掘和利用虚拟社区的作用是网络营销对市场营销的重要发展,它不但提供了一种前所未有的顾客服务工具,也是一种非常有力的公共关系手段。网络社区的创立和运用策略有以下几点:

1. 确定社区诉求点

网络社区是围绕一个成员共同感兴趣的话题而形成的,所以创建一个网络社区的关键是找到一个好的诉求点,也可以说是社区的定位,即区别于其他社区的特点是什么。企业选择社区诉求点应遵循如下原则:一是诉求与企业整体形象应保持一致,服务于企业战略使命和战略目标;二是诉求与企业产品或服务应相关,通过社区成员对产品使用中可能产生的技术、操作或更为广泛的问题的讨论,增加可信度,起到释疑解惑的作用,从这一点看,网络社区是一种非常有效的公共关系手段;三是诉求点应当对目标顾客有吸引力,没有吸引力的诉求点自然不能吸引顾客参加,也就不能形成社区,这就要求诉求是结合社会热点的,本来就受到关注或能够引起关注。

2. 提供起始页面和工具

提供起始页面和工具相当于企业为社区活动准备的基本条件,包括给出诉求点的基本含义,添加互动对话工具,如闲谈、会议(meeting)等。这一阶段的工作本质是使访客理解社区主题,并能够方便地参与社区讨论。通常,企业都会建立多个社区,以吸引具有不同兴趣的网民。所以,起始页面要能让访客很快找到他所感兴趣的社区,这和FAQ的页面布局相似,必要的话,同样需要提供搜索工具。

3. 吸引成员

吸引访客的过程也就是和网民进行沟通的过程,让网民知道社区的存在、社区的特点,其方法和原理既是市场营销要解决的问题,也是网络营销要解决的问题。所利用的手段不外乎是宣传、公关、广告,等等,如提供折扣、奖券、抽奖等额外价值促进网上交流,通过举办相关论题的竞赛制造轰动效应等。

4. 参与和维护

企业在建立了自己的社区之后,还必须参与、监测和维护自己的社区。参与的目的在于引导,不是让顾客自己在那里妄自猜疑,更不能让一些错误的东西泛滥,如果企业不能正确地告诉顾客如何识别和使用产品,顾客将在错误的道路上越走越远。监测和维护的目的在于及时发现社区中的各种动向,从而及时加以处理。

9.3.4 鼓励顾客对话

网络顾客服务不仅能实现由公司到顾客的双向服务,同时还能实现顾客与顾客之间交流和帮助。网络上顾客之间信息传播的范围和速度远非现实生活所能想象。这对企业来说又是一把双刃剑:顾客对产品的赞扬可得以传播,同时对公司不利的议论同样能够传播。不幸的是网上的抱怨甚于赞扬。顾客对话的主要场所是各种新闻组,网络论坛、邮件清单等。网络顾客服务部门一定要将网络论坛上的顾客议论监测作为一项重要的任务列入工作日程，发现对公司有不利影响的议论时应该采取措施积极解决，切勿漠视网络传播的速度和范围。

1. **在企业站点上设立论坛或新闻组**

这样做可以集中获取顾客对公司的反馈意见。在建立这类新闻组时，最好预先设好议题，顾客在反馈意见和评论时可按不同的议题归类；同时要保证每个议题有足够大的空间让顾客发表意见。公司如果设立了自己的新闻组，就必须安排专门的人员负责新闻组的管理和问题分类、派送及紧急情况处理，否则容易出现意想不到的困境。

2. **积极处理网络客户的抱怨**

如果你发现公司在处理一批顾客的相类似的抱怨，你可以使用 Listserver。Listserver 是一种软件，它能向公司 E-mail 清单的每一位成员发送相同的信息，或使清单成员之间互发信息，或只有管理员发送信息。它和新闻组的主要区别在于它的即时性。在新闻组中人们要到该新闻组的网址上阅读有关信息，而这种工具则是将信息直接发送到每个成员的 E-mail 信箱中。参加及退出这项服务很简单，只要向其发一个 E-mail 申请即可。Listserver 服务很容易实现，同时还能给顾客以一种获得特别关照的感觉，这也是建立顾客忠诚的一种有效手段。

9.4 网络营销个性化服务

9.4.1 网络营销个性化服务概述

1. **个性化服务的概念**

个性化服务(customized service)，也叫定制服务，就是按照顾客特别是一般消费者的要求提供特定服务。个性化服务包括有以下三个方面的内容，互联网可以在这三个方面给用户提供个性化的服务：

① 服务时空的个性化，在人们希望的时间和希望的地点得到服务；

② 服务方式的个性化，能根据个人爱好或特色来进行服务；

③ 服务内容个性化，不再是千篇一律，千人一面，而是各取所需，各得其所。

2. **网络营销个性化服务的意义**

按照营销的理论，目标市场是需要细分的，细分的目的是把握目标市场的需求特点，从而使按需提供的产品和服务能为客户广泛接受。因此，细分的程度越高，就越能够准确地掌握客户的需求。由于个性化的定制服务在满足网民需求方面可以达到相当的深度，所以，只要网站经营者对目标群体有准确的细分和定位，对他们的需求有全面准确的总结和概括，应用定制服务这一营销方式就可以有效地吸引网民。

另外，在网站个性化服务中，电脑系统可以跟踪记录用户的操作习惯、常去的站点和网页类型、选择倾向、需求信息以及需求与需求之间的隐性关联，据此更有针对性地提供用户所希望的信息，形成良性循环，使人们的生活离不开网络。而信息服务提供者也有利可图，系统在对用户信息进行分析综合后，可以抽象出一类特定的人，然后有针对性地发送个性化、目的性很强的广告；也可将这些信息进行提炼加工，用来指导生产商的生产；生产商据此可以将目标市场细化,生产出更多更具个性化的产品,并实现规模化生产和个人化产品/价格销售。这些信息还可卖给广告商,因为准确而具体的信息将为广告商节省一大笔市场调研费,从而使广告成本降低。总之,个性化服务对个人、对信息提供者都有益处。

9.4.2 网上个性化的信息服务方式

网站是一种影响面广、受众数量巨大的市场营销工具,伴随着受众范围和数量的"无限"增大,受众在语言、文化背景、消费水平、经济环境和意识形态,直至每个消费者具体的需求水平等方面存在的差异就变成一个非常突出的问题。于是,怎样充分发挥互联网在动态交互方面的优势,尽量满足不同消费者的不同需求,就成为定制服务产生的市场动因。

目前网上提供的定制服务,一般是网站经营者根据受众在需求上存在的差异,将信息或服务化整为零或提供定时定量服务,让受众根据自己的喜好去选择和组配,从而使网站在为大多数受众服务的同时,变成能够一对一地满足受众特殊需求的市场营销工具。个性化服务,改变了信息服务"我提供什么,用户接受什么"的传统方式,变成了"用户需要什么,我提供什么"的个性化方式。信息的个性化服务,主要有下面一些策略:

1. 页面定制

Web 定制使预订者获得自己选择的多媒体信息,只需标准的 Web 浏览器。许多网站都推出了个性化页面服务,如"雅虎"推出了"我的雅虎",可让用户定制个性化主页。用户根据自己的喜好定制显示结构和显示内容,定制的内容包括新闻、政治、财经、体育等多个栏目,还提供了搜索引擎、股市行情、天气预报、常去的网址导航等。用户定制以后,个人信息被服务器保存下来,以后访问"我的雅虎",用户看到的就是自己定制的内容。现在,国内"网易"已推出了类似的服务(http://my.163.com)。

2. 电子邮件定制方案

目前中报联与上海热线正在合作推出产业新闻邮件定制服务;专用客户机软件,如股票软件、天气软件等可以传送广泛的待售品、多媒体信息,客户机不需要保持与互联网的永久链接。但目前电子邮件定制信息只能定制文本方式的信息,但随着越来越多的用户安装了支持 MIME 的软件包,多媒体电子邮件越来越普遍了。

3. 需要客户端软件支持的定制服务

如 Quote.com 的股票报价服务,还可以结合 Micro Quest 公司的客户端软件包对投资组合进行评估,而 http://www.PointCast.com 则更为典型,它通过运行在读者计算机上特制的软件包来接收新闻信息,这种软件以类似屏幕保护的形式出现在计算机上,而接收哪些信息是需要读者事先选择和定制的。这种方式与上述方式最大的不同在于,信息并不是驻留在服务器端的,而是通过网络实时推送到客户端,传输速度更快,让您察觉不出下载的时间。但客户端软件方式对计算机配置有较高的要求,在信息流动过程中可以借用客户端计算机的空间和系统资源。

9.4.3 个性化顾客服务与个人信息保护

个性化服务并非因网络营销而产生的概念。可以说，自古以来就一直存在着个性化服务，比如裁缝量体裁衣就是一种典型的个性化服务。在互联网时代，从理论上说，个性化服务更能发挥得淋漓尽致，因而个性化营销被认为是一种理想的网络营销手段，甚至有不少人认为个性化服务是电子商务成功的关键所在。与个性化营销相关的另一个概念是一对一营销，实际上，这些概念都是市场细分原理的深入应用。

个性化服务的前提是获得尽可能详尽的用户个人信息，因此研究个性化服务首先应该了解个人信息对网络营销的作用，以及如何合理地收集用户的个人信息。

1. 个人信息在营销中的作用

网络营销的特点之一是可以有针对性地开展个性化营销，其前提是对用户信息有一定的了解，比如姓名、职业、爱好、电子邮件地址等。但是，并不是每个人都愿意提供详尽的个人信息，对用户信息了解得越少，个性化服务的效果就越低。为了制定有效的营销策略，营销人员期望掌握尽可能多的用户信息，但是，商家过多获取用户的个人隐私已经在某些方面影响到网络营销的正常开展。因为用户对个人信息保护一直比较关心，尤其是涉及家庭信息、身份证、银行账户、信用卡号码之类的资料。

2. 网站收集用户哪些信息

尽管用户对个人信息相当关注，但一些网站为了获得更准确的营销信息，或者作为网络营销工具，仍然在不断地收集用户的个人信息，其中有些是作为个性化营销所必不可少的，如向用户发送邮件列表必须收集用户的电子邮件地址资料。但也有一些用户信息可能只是作为商家的营销资源，将收集到的资料进行研究以获得更有价值的信息，或者向其他机构出售/出租用户的个人信息。根据调查公司调查资料显示，在302个随机选取的网站中，91%的美国网站收集用户个人信息（包括姓名、地址、电话号码和/或电子邮件、年龄、性别、职业、教育和/或收入、个人爱好和兴趣等），没有一个网站是仅仅收集非个人信息，而不收集个人身份信息的，可见个人身份信息是网站收集的必然内容。而这些信息属于顾客的个人隐私。

3. 个人隐私对网络营销的影响

我们登录网站注册会员的时候可能会遇到一些网站要求用户登记很详细的个人信息。除非对该项服务特别有兴趣，很多人可能会选择放弃注册。对商家来说，也就意味着失去了一个潜在用户。另一种情形是，为了获得某个网站提供的服务，用户不得不填写个人信息时，往往会提供一些不真实的信息，通常又难以验证，这样根据用户在线填写的信息来开展有针对性的网络营销服务往往会形成信息的错误传递，造成效果不佳或者资源浪费。这种现象值得引起重视，即根据信息适量原则来保证网络营销与个人隐私的和谐。

4. 个人信息适量原则

在网络营销活动中，为了研究用户的上网/购买习惯或者提供个性化的服务，往往需要用户注册。根据不同的需要，要求用户提供的信息也有所不同。最简单的如在论坛注册，可能只需要一个笔名和电子邮件地址，而在一些网上零售网站则可能要求填写详细的通信地址、电话、电子邮件等联系信息，甚至还会要求用户对个人兴趣、性别、职业、收入、家庭状况、是否愿意收到商品推广邮件等作出选择。在一些要求比较高的情况下,甚至不得不要求用户填写身份证号码。

但很明显的是,要求用户公开个人信息越多,或者是用户关注程度越高的信息,参与的用户将越少。为了获得必要的用户数量,同时又获取有价值的用户信息,需要对信息量和信息受关注程度进行权衡,尽可能降低涉及用户个人隐私的程度,同时尽量减少不必要的信息。这种原则称为"个人信息适量原则"。个人信息的适量原则可以从两个方面来理解:一方面是在用户可以接受的范围内获取尽可能多的用户信息,另一方面是指应当以尽可能少的、最有价值的用户信息来保证网络营销的需要。

个人信息的适量原则要求在各种注册程序中对于信息选项进行充分的论证,既要考虑到用户公开个人信息的心理承受能力,又要保证获得的用户信息都有切实的价值。对于可有可无的信息,坚决取消。而对于用户关心程度较高的信息,则应采取慎重的态度,只有在非常必要时才要求用户提供,同时不要忘记公开个人隐私保护条款,尽可能减少用户的顾虑。

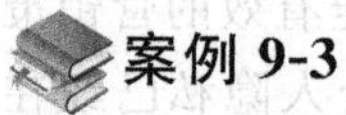
案例 9-3

亚马逊的神秘服务

就目前而言,绝大多数用户都知道我们可以通过亚马逊服务享受诸如网络购物、观看流媒体内容等常规服务,但许多人不知道的是,其实亚马逊还提供许多其他并不为人所知的隐形服务。

(1) 产品试用。如果你受邀成为亚马逊 Vine 评论员的话,你将可能从不同的公司免费收到产品进行试用。Vine 是亚马逊旗下的一个绿色产品购物网站,且每月仅仅针对很小一部分的顶尖产品试用者开放。据悉,如果用户受邀成为亚马逊 Vine 评论员的话可以在同一时段最多选择两件商品进行免费试用,只要评论员能够在 30 天的时间内提供试用反馈就可以免费获得这些产品。而且,亚马逊表示这些产品的试用评价并不需要全部都是正面评价。

(2) 亚马逊储物柜。如果你生活在纽约、西雅图或者伦敦的话,你就可以通过"亚马逊储物柜"(Amazon Locker)将包裹暂时寄存在一个选定的安全地点。而且,这些通常被设在 7-11 便利店内的亚马逊储物柜一般都 24 小时通宵营业,用户在取件的时候仅仅需要扫描亚马逊通过短信或者电子邮件发给你的条形码便可以完成。对于那些由于工作而抽不开身的企业白领来说,这绝对是一项非常贴心的电商服务。

(3) 微笑服务。亚马逊 2013 年在网站上推出了一个全新的购物服务类别"Amazon Smile",用户通过这一平台进行的购物中将有 0.5%的金额捐赠给用户选定的慈善机构。据悉,已经同亚马逊"Amazon Smile"建立合作关系的慈善平台包括了美国红十字会、圣犹大儿童研究医院、DoSomething.org 和肌肉萎缩症协会等。

(4) 购物体验。使用户的购物体验变得更加简单和轻松一直都是亚马逊的最主要任务,而亚马逊"Flow"服务便是这一理念下的产物。据悉,该功能能够让用户使用智能手机摄像头扫描商品并自动添加到亚马逊购物车内。而且在使用 Flow 时,用户无需特地为商品扫描条形码,因为该应用还能够通过商品的形状、大小、颜色、文本框和一般外观特征进行自动识别。

amazonlocker
order online, pick up here
99¢

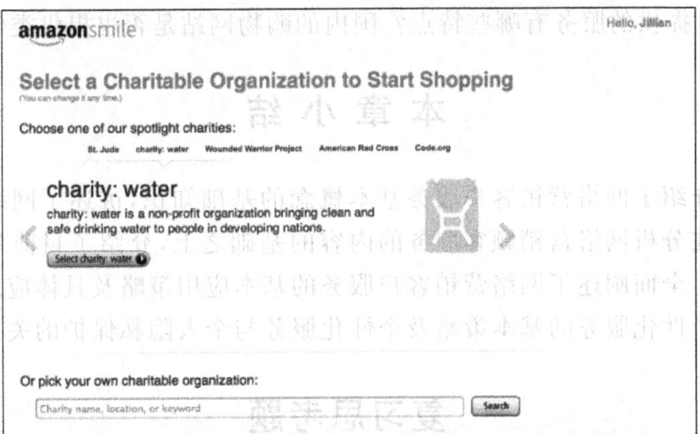
amazonsmile
Hello, Jillian
Select a Charitable Organization to Start Shopping
(You can change it any time.)
Choose one of our spotlight charities:
St. Jude
charity: water
Wounded Warrior Project
American Red Cross
Code.org
charity: water
charity: water is a non-profit organization bringing clean and safe drinking water to people in developing nations.
Select charity: water
Or pick your own charitable organization:
Charity name, location, or keyword
Search

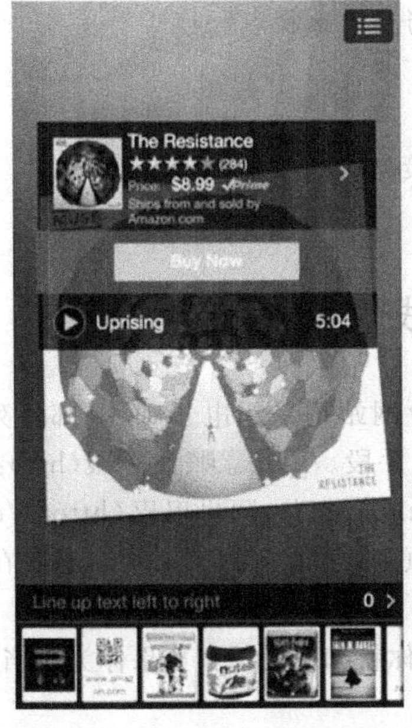
The Resistance
(284)
Price: $8.99
Ships from and sold by Amazon.com
Buy Now
Uprising
5:04
Line up text left to right

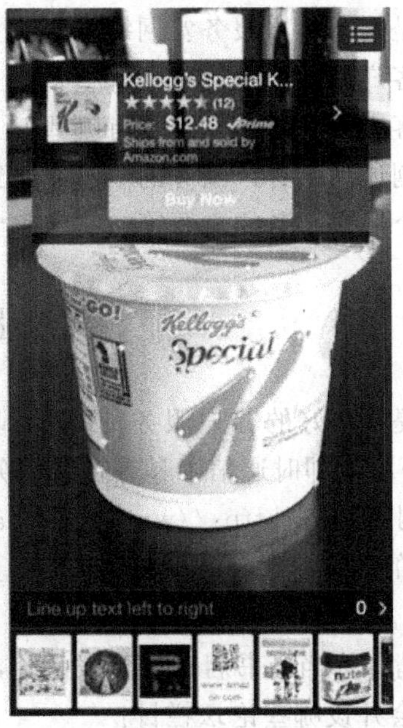
Kellogg's Special K...
(12)
Price: $12.48
Ships from and sold by Amazon.com
Buy Now
Kellogg's
Special K
Line up text left to right

(5) 帮你出版。如果你是一名只知道写作,而不知道该如何进行出版的作家的话,亚马逊 Kindle 自助数字出版(Kindle Direct Publishing)平台或将令你如获珍宝。通过这一平台,作家最快可以令自己的作品在 24 小时内免费上架销售,且定价权完全在作者手中。但是,亚马逊会从书籍的销售中抽取 30%的佣金。

(6) 定期购。对于诸如牙膏、狗粮和卫生纸等这类经常要用到的日常生活用品,亚马逊提供了一个名为“定期购”(subscribe save)的服务。该服务会为用户定期自动下单购买一些指定的产品,同时会提供小额优惠。当然,在每次定期购之前用户都可以自己设置自动购买的间隔,亚马逊在发货前会通过邮件的形式通知用户,如果用户暂时不需要这一商品的话也可以要求网站延迟这一商品的送货。

(资料来源:http://www.ithome.com/html/it/84859.htm.)

案例思考题

(1) 亚马逊提供这些服务的目的是什么?

(2) 亚马逊提供的服务有哪些特点?国内的购物网站是否也提供类似的服务?

本章小结

通过本章介绍了网络营销客户服务基本概念的基础知识,讲述了网络客户服务的特点及其优势。在分析网络营销顾客服务的内容的基础之上,介绍了目前常用的主要网络营销服务工具。全面阐述了网络营销客户服务的基本应用策略及具体应用方法。最后全面介绍了网络个性化服务的基本策略及个性化服务与个人隐私保护的关系。

复习思考题

1. 什么是网络客户服务?网络客户服务有什么特点?
2. 网络客户服务的内容包括哪些?
3. 网络客户服务的主要工具有哪些?
4. 简单阐述网络客户服务的基本应用策略。
5. 网络个性化服务的主要策略有哪些?

实践题

1. 为了提供良好的客户服务,许多企业网站均采用电子邮件(邮件列表)、BBS(论坛、留言簿)、FAQ、即时通信工具等在线服务手段。请登录腾讯客服(http://service.qq.com/)、当当网上书店(http://www.dangdang.com/)、阿里巴巴(http://china.alibaba.com/)等网站的帮助(客服中心、联系我们)页面,了解它们都采用了哪些在线服务手段,各有何优缺点。

2. 如果请你为当当书店设计客服系统,你将如何设计?如果你为当当书店设计一个读者论坛,你会开设哪些论坛栏目?

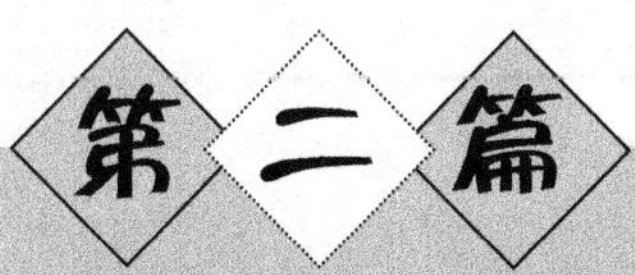

第二篇

网上创业实践

第 10 章

网上创业概述

【学习目标】

通过本章的学习，学生应了解网上创业环境和特点；掌握网上创业的盈利模式；掌握创业计划书的内容及编制方法；了解大学生网上创业的现状和优势。

【关键词汇】

网上创业(starting a business on internet)　盈利模式(profit model)　创业计划书(new venture creation plan)

虽然有关“创业”的理论研究已有 20 多年，但是“创业”这个概念至今仍未有一个清晰的定义。国外知名学者和机构对“创业”的定义主要包括四个方面的内容，即具有识别机会的能力，创业家的个性与心理特质，善于从变化中发现机会、能获取机会，创建新组织并开展独立的新业务活动。因此，有学者把创业定义为“商业行为者在一定的创业环境中如何识别机会并利用机会、协调资源、创建新组织和开展新业务的活动”。网络创业是一种基于互联网的创业方式，而互联网和网络技术渗透在创业定义的四个方面中，即创业家特征、创业过程、创业结果和创业环境。综上所述，本章把网络创业定义为“行为者在互联网环境中把握并利用市场机会、协调资源、创建组织以开展新业务的商业活动”。

10.1 网上创业环境分析

10.1.1 互联网的特殊性

互联网不仅是网民重要的信息渠道之一，而且已逐渐渗透到社会生活的各个角落，成为社会、经济、文化活动和个人生活的平台，极大地促进了整个社会经济的发展。互联网的三大功用包括：信息获取、沟通交流、电子商务。而电子商务在 21 世纪以来迅猛发展，迸发出巨大的能量。它的发展为创业者和各种人才提供了极大的发展空间。互联网环境与传统的现实环境相比有其特殊性，依托互联网创业的创业形态与传统的创业形态也有不同。互联网的主要特点主要表现在以下几个方面。

1. 互联网的网络效应

网络效应是指一个网络的价值与网络用户的数量成正比。互联网的网络效应体现在随着用户的增加，互联网的运营成本和每名用户承担的使用成本持续下降，而信息交流的范围不断扩大,所有用户都从网络规模的不断扩大中获得更大的价值。在网络用户增长的同时,网站价值也随之提高。

2. 网站互动与网络社区、网络社交圈

互联网最大的魅力在于互动和参与,微信与朋友圈、BBS与网络社区、微博与微博圈子、QQ与QQ群、淘宝旺旺与淘宝商圈、MSN、SKYPE、领英等创新型网络应用,大大地体现了网络的魅力。通过互动,商家和客户可以进行有效交流,而互联网用户还把它作为信息交流、社交活动的场所。网络的这种特性给商家带来大量商机和客户,也给创业者带来意想不到的创业空间。例如,微博营销,许多个人和商家利用微博平台进行营销取得了意想不到的成功。

3. 无时间地域限制

互联网首先使每个创业者都有可能成为国际贸易企业创始人,因为网络是全球性的,没有地域限制。互联网创业不受任何限制,只要联入互联网,缴纳一定的费用就可以申请自己的域名,或者进入免费平台开创自己的商店,或者申请一个空间编辑撰写自己的博客文章,等等。总之,互联网为创业者提供了一个相对自主、自立、自由的创业环境。

4. 大众化和个性化

互联网信息传播最大的特点是一对一,而互联网的市场又是大众化的。因此,创业者无论选择什么项目,既要考虑有较大客户群体需求,又要能够满足每个客户的个性化的需求。

5. 网站的黏合力与客户忠诚度

网上企业更容易培养客户忠诚度,反之也更容易在一瞬间失去客户。例如,互联网的互动和一对一沟通模式使商家能及时和客户沟通,提供客户满意的产品进而留住顾客。一对一的沟通模式帮助商家直接了解每个人的需要和偏好,可以有针对性地进行网络营销,从而培养客户的忠诚度。

6. 先入为主

先入为主是指企业只要先进入某个行业,在确立了一定的地位之后,别人很难撼动它的地位。在传统行业中是这样,在互联网和电子商务中,这个法则同样存在,并且表现得特别明显。例如,京东、亚马逊、阿里巴巴等著名电子商务企业,它们的创业模式都是其所在领域的开先河者。尽管它们的模式在技术上没有很高门槛,但后来的效仿者却很难超越它们,甚至很难成功。

10.1.2 我国网上创业的宏观环境分析

创业环境指围绕企业创业和发展而变化,并影响或制约企业生存和发展的内外部条件的总称。创业环境影响企业的创业活动及其生存,创业者如果了解环境变化,也可以因势利导,利用环境获得创业帮助和支持。创业宏观环境主要包括:政治环境、经济环境、文化环境、科技环境、法律环境。

1. 政治环境

政治环境是指国家政治形势、政局,政府制定的各项方针、政策、法规、法令,政府机构组成和办事效率等。创业者了解和熟悉政治环境,可以最大限度地获得政府政策的支持,大大降低创业成本与风险。2000 年以来，政府出台许多鼓励创业的政策，特别是对下岗职工和大学生创业有许多优惠政策，例如，各地政府都建立了大学生科技创业基金。对于网上创业，我国政府一直是大力支持与扶持，从电子商务发展之初，我国政府就把普及和发展电子商务定为我国的基本国策，把发展电子商务作为经济建设的重要方针。李克强总理在 2014 年 9 月夏季达沃斯论坛上提出，要在 960 万平方公里土地上掀起"大众创业""草根创业"的新浪潮，形成"万众创新""人人创新"的新势态。国务院于 2015 年 6 月 11 日发布《关于大力推进大众创业万众创新若干政策措施的意见》指出："推进大众创业、万众创新，是发展的动力之源，也是富民之道、公平之计、强国之策，对于推动经济结构调整、打造发展新引擎、增强发展新动力、走创新驱动发展道路具有重要意义，是稳增长、扩就业、激发亿万群众智慧和创造力，促进社会纵向流动、公平正义的重大举措。"

2. 经济环境

经济环境指企业市场营销活动所面临的外部社会经济条件。经济环境一般包括经济发展状况、人口和收入、消费状况，以及与市场营销活动有关的行业状况、物质环境状况等。经济环境是多元的、变化的，直接影响创业项目的运行与成功。进入 21 世纪，我国经济蓬勃发展，电子商务也得到迅猛发展，给网上创业者提供了巨大的市场，给企业和个人提供了大量的网络创业机会。截至 2015 年年底，淘宝网拥有注册会员近 8 亿，淘宝网创造的直接或间接就业机会达上千万。

3. 文化环境

文化是指人类社会历史实践过程中所创造的物质和精神财富的总和，体现为价值观和态度等，即人们创造的用以表现人类行为的有意义的符号及具有历史继承性的人类行为模式。文化环境的具体内容包括教育状况、宗教信仰、审美观念、语言、亚文化等。文化环境与创业项目的定位以及创业目标的制定、运营策略的制定与实施密切相关。CNNIC 第 38 次中国互联网发展报告指出："目前排名前十位的网络应用是：即时通信、搜索引擎、网络新闻、网络视频、网络音乐、网上支付、网络购物、网络游戏、网上银行、网络文学。"不可否认，如今网络已经逐渐渗透到人们的思想、观念与生活方式之中，并形成了独特的网络文化环境。而这种网络文化环境的形成与发展也是网络创业者最大的机会。

4. 科技环境

科技环境是指创业企业所处的社会环境中的科技要素及社会科技水平的总称。新技术的出现可以对创业企业的营销活动造成直接和间接的冲击，了解新技术的发展动向并利用新技术改善产品和服务至关重要。互联网本身就体现了科技的发展，而我国政府十几年来一直致力于网络科技的普及和发展。网络基础设施的建设、网络通信技术的发展以及电子商务技术的发展，为网上创业创造了良好的科技环境，带来了许多新兴产业的发展，无论大企业还是个人创业者都可以在这里找到自己的创业机会与发展空间。

5. 法律环境

网络创业法律环境是指国家主管部门及各省、市、直辖地区颁布的各种相关法规、法令、条例等。创业者必须熟悉法律环境，合理合法才能顺利创业。自 20 世纪 90 年代后期起，国际组织、各国政府都在积极研究电子商务和互联网的特点，逐步建立和完善电子商务和互联网相关法律法规政策，旨在促进电子商务的健康良性发展。

10.1.3 互联网行业进入壁垒的特点分析

互联网商业化已有十多年时间,是一个全新兴的行业,行业生命周期基本处于发展期,这一时期的进入壁垒较低,主要表现出以下特点:

1. 规模经济壁垒体现在互动性特点带来的庞大的用户群体

在传统的行业,现存者在增大规模的同时减少了生产成本,新进入者要么增大投资额度,要么冒着高成本的风险。然而在互联网行业,具有互动性的互联网规模经济不再依靠低成本,却同样可以造就行业壁垒。以博客服务行业和即时通信行业为例,规模经济没有给博客服务提供商(BSP)带来成本优势,更多的用户带来的仅仅是更多的服务器需求及更"宽"的带宽。所以,对于互联网行业,规模经济带来的作用不再是集中于成本方面,但是同样可以带来行业壁垒,并且其效果也远远超过传统行业的规模效应,并不是增大投入就可以解决的问题。

2. 坚持和经验成为了互联网企业的必要资本量壁垒

几乎零成本也可以互联网创业,另外还有许多其他免费资源可以利用。网上创业的成本低对互联网创业者来说也是双刃剑。成本低,意味着进入的门槛低,能够进入的人也就多;而互联网行业创业者越多,竞争自然也就激烈了;同时,成本低,进入风险也就自然低,退出的壁垒就低。所以,网上创业的人很难坚持,动不动放手不干、中途退出。在网上创业,坚持就是壁垒策略。坚持和经验成为互联网企业的必要资本量壁垒。马云有句名言:"今天很残酷,明天更残酷,后天很美好,但大多数人死在明天晚上。"

3. 在互联网行业,绝对成本优势壁垒很难形成

互联网、计算机技术的特点之一是复制。从这个角度说,技术成本优势并不明显;而供销渠道直接,人才的流动自由也是网络的特点和优势,所以绝对成本优势壁垒也很难形成。

4. 互联网的"直接的网络效应"比较明显

互联网的"直接的网络效应"主要表现在:由于消费某一产品的用户数量增加而直接导致网络价值的增大。在前边已有讨论,互联网的"先入为主"的特点就是网络效应壁垒的体现。新创业者很难与先进入者在用户规模上竞争,所以创业者必须在模式创新、项目创新、服务创新等方面努力,以创新争取突破壁垒。

5. 互联网行业很难用产品差异化描述

在传统行业,一个种白菜的突然宣布说想进入房地产,大家会说他疯了,因为行业壁垒太大,很难有什么结果。而在互联网行业,你会惊奇地发现,许多原来做博客的人,现在做新媒体,明年做电子商务的可能还是他们。互联网行业确实具有前所未有的颠覆性,许多原本不相关的行业和产品正在短兵相接,比如照相机、录音机、收音机、电话、电视、电影,等等,它们都走到了一个直接的竞争平台上。在这里,已经很难用产品差异化来描述。互联网总体上还处在起步阶段,行业边界模糊。而边界的模糊给网络创业者带来的困惑是不知道自己到底该做什么,或者什么都做。许多网络创业者失败在边界范围的盲目扩张上。这时,互联网行业壁垒或许正在以另外一种方式展现,那就是如何从被边界左右过渡到自己掌控边界。

6. 网络创业几乎不存在政策法律制度壁垒

没有一个传统行业在兴起时同时受到全世界各国政府的支持、保护和给予如此大的政策上的自由空间，同时，相关的法律刚开始建立还远远没有完善。可以说，网络创业几乎不存在政策法律制度壁垒，这对于创业者来说是千载难逢的好时机。在互联网时代，似乎所有的行业壁垒都消失了，好像"世界是平的"了。然而，世界并没有变简单，新的规则正在日益形成。

10.2 互联网创业的特点和盈利模式

所谓的互联网创业就是以互联网为依赖进行的创业活动。因此互联网创业作为创业活动的一种，具有普通的创业活动的特点。但由于互联网这种新的技术和传播手段和以往的任何一种都大不一样，它大大地拓宽了人们创业的空间和实现手段，所以，互联网创业有了和任何一种创业活动不一样的特点。

10.2.1 互联网创业的特点

1. 平民化

所谓的平民化就是普通的老百姓都可以进行互联网创业。一般的创业活动不是每一个人都可以做，都可以成功的，它需要对行业的了解和一些知识的积累，同时需要一定的资金。不同行业的进入门槛不同，但是作为实体经济一般都是需要一定的资金投入。互联网创业就不同了，只要有了一定的文化基础知识，接受过一些计算机基础的培训，有台自己的计算机，创业者就可以创业了。创业者可以利用很多网上免费的资源来为自己的商业活动服务，只要创业者能够引起别人的注意。比如，现在很多人在网上开设自己的博客，把自己觉得好的别人感兴趣的东西放到网上来。写得好就会有很多的人来看，点击率高了就会有人在博客上面做广告了，这样一边写自己感兴趣的东西，一边赚钱。

2. 创新要求高

互联网使得每个人的创业机会都是平等的，每个人都可以创业，但不是每个人都可以成功。互联网创业开始就是要吸引注意力或者抓住人们的某个需求。这有很多的形式，可以是一种新的商品，比如电子贺卡；可以是一种新的形式，比如 MP3 的上传下载；可以是一种平台，比如网上商城；也可以是相同的东西不同的运营模式，比如网上订阅报纸。总而言之，要想网上创业，必须要有一个创新的地方。

3. 扩张的速度快

互联网领域的著名准则：一个网络的经济价值＝用户数量的平方。也就是说，一个网络的经济价值是按照指数级上升的，而不是按照算术级上升的。由此看到，网络的扩张速度是极其惊人的。现在全球的网民有几亿人，因此即使是让 1％的人能够对创业者的东西感兴趣那就是个很了不起的数字。网络世界里的一夜暴富故事是经常发生的，并且网络打破人们传统的经济边际。在传统经济里，随着产品生产量的增加，相应的会增加成本从而使得收益降低，而在网络的世界里不是这样。网络世界里生产的产品的成本因为其虚拟性（如软件）并不会有很大的改变，但是使用的人越多反而收益会越高。同时还有一个“技术锁定”效应会加速这种趋势。所谓的“技术锁定”就是当用户使用了某种技术或者东西以后会形成习惯,以后也会继续使用这种产品或技术,并且使用者还会不断地向周围的人扩散,今天我们使用的微软 windows 操作系统就是一个最典型的例子。由于互联网潜在的巨大消费能力,因此只要网上企业迎合了消费者的某个需求就会迅速成功。

4. 全球化竞争

竞争总是存在于市场经济中的,实体经济中也处处存在着竞争。但是,它从来没有像互联网上的竞争如此激烈。在实体经济社会中,企业之间的竞争总是局限在一定的范围之内的,即使到现在也是,不同的国家和地区的法律、文化、资源总是千差万别,因此竞争总是在一定的范围之内。但是互联网打破了这种局限,所以,每一个网上创业者从一开始就要面对全国甚至全球的其他竞争者。这种竞争从时间上和空间上都大大地扩大了。例如,百度必须面对谷歌的直接竞争。

5. 创业的形式多样化

互联网这种新的交流和传播方式的出现,使得人们可以实现以前觉得根本就不可能的事情,极大地增加了创业的多样性。可以是实体和虚拟的结合,比如在互联网上发布产品信息,再通过物流来进行配送;也可以是完全虚拟的,如软件、MP3 等通过互联网进行下载或上传;还可以是一种服务,比如提供信息或者咨询服务。互联网创业没有形式的好坏,只有是否能够吸引人们的注意力,是否足够新颖。

6. 融资渠道多样化

网上创业的资金来源比传统产业多,传统产业的资金多来源于自有和银行贷款,而网上创业最主要的资金来源是风险投资。风险投资则与融资企业共担风险。只有很好的创意,设计了切实可行的盈利模式,才能获得风险投资基金的青睐,获得风险投资并取得了成功。而像这样的创业者想获得银行的贷款是根本不可能的。例如,著名的网络企业百度、腾讯和三九健康网等都是获得了风险投资才有了今天的辉煌。

10.2.2 互联网创业的盈利模式

1. 网上商店

网络购物是互联网作为网民实用性工具的重要体现,随着中国整体网络购物环境的改善,网络购物市场的增长趋势明显。目前,越来越多的网民习惯于价格透明和购买方便的网络购物。在经济发达城市中,网络购物中电子支付和物流环节等对网络购物的限制要比其他低一级城市小一些,且这些城市中的网民网龄相对较长,对互联网的使用较为熟悉,很大程度上带动了网络购物的发展,很多人选择在网上开店来销售产品。一方面网上商店进入的门槛低;另一方面,网上商店自由度大,创业者不受时间、职业限制,可以在互联网上进行 24 小时营业,经常成为传统职业的副业。

2. 网上信息咨询服务

网上信息咨询服务能够将传统媒体内容变成网络媒体的财富来源,如百度的 RSS 新闻订阅,它是在线共享内容的一种简易方式。用户可以在网上订阅股市信息、理财知识等,这些订阅者就是网络公司的财富来源。网络新闻的最大特点是及时快捷,网民可以最大程度地参与网络新闻的互动。另外,网络新闻在表现形式上实现了多媒体整合运作,表现力与感染力更为突出。同时每个人都有自己独特的知识结构,特别是专业人士,如律师、医生等,一般人是不可能具备的,在互联网上开设网站提供问题的解答,然后收取一定的费用。当然,开设专门的网站还是比较麻烦的,所以有些人开设自己的博客,这样成本很低,在上面提供讨论和解答。

3. 短信服务

2000 年,互联网经济遭遇到重大的打击,互联网经济被称为泡沫经济。短信服务的推出,使网站摆脱了仅靠广告来维持的状况,开辟了网站创收的新渠道。根据中国工信部(MIIT)的数据,2012 年中国手机用户共发送 9000 亿条短信。这是中国短信数量的高峰,自此之后,中国手机用户发送的短信数量开始下降,而且降幅越来越大。2013 年,中国短信数量年降幅 1%;2014 年,短信数量下降了 14%;2015 年,短信数量已经下降至 6992 亿条。同时,中国的手机用户却在不断增长。工信部报告显示,2012 年到 2015 年中国手机用户增长近 2.00 亿。eMarketer 预计 2015 年底中国共有手机用户 10.3 亿,和 2012 年比增长 8.874 亿人。主要原因是手机通信应用的兴起,和其他国家相比即时通信应用在中国更受欢迎。目前,网站短信服务内容主要有以下几个方面:①手机个性服务,如手机图片、个性化铃声下载。②信息定制服务,如气象消息、包月笑话、股市行情、健康指南等。③言语传情,如节日问候语和祝福语等。据统计,用户平均每周使用网站发送短信息 10.9 条。人们开始通过网站信息服务来获取天气、财经、时事新闻等信息,并通过这种服务下载手机铃声、与他人进行沟通。随着网站提供的信息日益丰富,网站短信服务范围不断扩大,人们也越来越多地使用网站短信服务。即使在网络通信极为发达的今天,短信仍然是获取用户最高效的方式,其阅读率高达 90%。

4. 数字化频道与网上直播

这是指根据用户的需要,网络媒体派人到现场对其活动进行网上现场直播,包括网络视频、网络音乐。与其他媒体相比,网络媒体有自己独特的优势。它不需要像电视直播那样昂贵的设备,不需要庞大的直播队伍,不需要购买电视播出时间,因而收费十分低廉。此外,它还具有互动性,观众和网上直播主持人及嘉宾可互相沟通。所播的内容还可以反复阅读和重播,网上直播的这种方式正方兴未艾,人民网、新华网和其他许多门户网站都在开展这项业务,并且越来越受到用户的欢迎和认可。网络视频也是互联网娱乐的重要方式之一。截至 2016 年 6 月,我国网络视频用户规模达 5.14 亿,较 2015 年年底增加 1000 万;网络视频用户使用率为 72.4%,较 2015 年年底略有下降。其中手机网络视频用户规模为 4.40 亿,与 2015 年年底相比增长了 3514 万,增长率为 8.7%。手机网络视频使用率为 67.1%,相比 2015 年年底增长 1.7 个百分点。

5. 即时通信

即时通信,是一类允许两个或多个用户使用网络即时地传递文字消息、文件、语音与视频交流的实时通信系统。即时通信承载的功能日益丰富,一方面,正在成为社会化网络的连接点;另一方面,其平台性也使其逐渐成为电子邮件、博客、网络游戏和搜索等多种网络应用重要入口。目前,即时通信工具不仅具备简单的聊天功能,而且成为集合视频展示、文件传输、娱乐互动、博客/个人空间等多项功能的工具。中国网民对即时通信的使用率已经非常高,截至 2016 年 6 月,网民中即时通信用户规模达到 6.42 亿,较 2015 年年底增长 1769 万,占网民总体的 90.4%。

6. 搜索引擎

搜索引擎是指自动从互联网搜集信息,经过整理,提供给用户进行查询的系统。作为互联网的基础应用,搜索引擎是在互联网获取所需信息的重要工具。目前,中国网民中搜索引擎的使用率为 83.5%,用户规模超过 5.93 亿人。搜索引擎已经成为国内网民获取信息的重要入口,深刻影响着网民的网络生活和现实生活。搜索引擎是网站信息发布和查询的重要工具。搜索引擎提供免费及有偿信息查询服务,如考试成绩查询、录取信息和彩票中奖信息查询等。此外,搜索引擎还提供竞价排名广告服务。搜索引擎的竞价排名广告是一种精确内容定向的文字链接网络广告。现在,百度、搜狗等主流搜索引擎已经能够提供按照关键字搜索而显示图片形式的广告,从而进一步抹去了网络广告和搜索引擎广告之间的界限。

7. 网络游戏

网络游戏是指多名玩家通过计算机网络互动娱乐的视频游戏,包括战略游戏、动作游戏、体育游戏、格斗游戏、音乐游戏、竞速游戏、网页游戏和角色扮演游戏等多种类型,也有少数在线单人游戏。截至 2016 年 6 月,我国网络游戏用户规模达到 3.91 亿,占整体网民的 55.1%;手机网络游戏用户规模为 3.02 亿,较 2015 年年底增长 2311 万,占手机网民的 46.1%。网络游戏是一把双刃剑,在给网民提供更多的娱乐选择和促进相关产业发展的同时,也存在一些网民沉溺网络游戏,影响正常工作、学习、生活的负面问题。

8. 博客应用

博客(Blog)是一类通常由个人管理、不定期张贴新的文章的网站。一个典型的博客结合了文字、图像、其他博客或网站的链接、其他与主题相关的媒体。大部分的博客内容以文字为主,也有一些博客专注在艺术、摄影、视频、音乐、播客等各种主题。随着博客的认知和普及程度越来越高,博客应用在网民中的应用已经趋于稳定。博客是网民参与互联网互动的重要体现,也是网络媒体信息渠道之一。截至 2016 年 6 月,国内拥有个人博客/个人空间的网民用户规模已经达到 2.42 亿人,在中国网民中博客的使用率为 34%。

9. 网络论坛

网络论坛是一种提供在线讨论的应用或地方。讨论题材包括娱乐、新闻、教育、旅游、休闲等。有些论坛设有多项讨论题材,包罗万象,有的则只专注讨论某题材。在论坛中,很多使用者还会跟他人分享资源,如音乐、短片、图片等。有些公司、机构或学校,都会设有论坛,供该组织的成员作讨论之用。目前,在中国网民中,网络论坛使用率为 15.2%,用户规模达到 10812 万人。

10. 旅行预订

旅行预订是通过网络为旅游出行者提供酒店、机票、车票、门票等预订服务,是电子商务的重要应用之一。该应用的主要用户群集中在高端网民,与经济形势有一定相关性。截至 2016 年 6 月,在网上预定过机票、酒店、火车票或旅游度假产品的网民规模达到 2.64 亿。总体上看,旅行预订的增长是大趋势。

11. 交友网站

目前,婚恋交友网站主要通过与电视等传统媒体的合作等方式,提高对用户的影响力。网民对专业婚恋交友网站的认同程度也在提高，用户规模在持续成长。校园和职场网络交友形式在近几年发展非常迅速，凭借已有的用户规模基础，吸引了更多的新用户加入。丰富的应用种类(如网页游戏)和使用手段(如手机交友)，为交友网站的用户增长起到了更大的推动作用。

12. 网络教育

网络教育是一种基于互联网进行知识传输和知识学习的新型教育模式，具有资源利用最大化、学习行为自主化、学习形式交互化、教学形式个性化、教学管理自动化等特色和优势。截至2016年6月，网络教育的使用率为16.6%，用户规模达到1.18亿。网络教育主要用户群是中小学生和普通在职人员。

10.3 创业计划书

10.3.1 创业投资计划书的概念及其作用

所谓创业投资计划书，就是将创业者关于创业的想法清晰地、有步骤地、完整地表达在书面上，主要包括创业的目的、所需资金、产品概述以及竞争环境和市场前景的分析等。

拟订创业投资计划书首先有利于创业者自己捋清思路，确定该计划的可行性，并将原本朦胧的想法系统化。很多时候，一些表面上非常吸引人的计划在经过仔细的推敲之后，会出现很多问题，甚至根本没有足够的可行性。经过书面化的撰写，不断改进计划细则，拿出最终的方案，不仅可以使计划更加完美，同时增加了创业者自己的信心。

其次，一份好的创业投资计划书是争取与投资商进一步详谈的敲门砖。除非创业者有良好的背景优势，否则最好还是按照风险投资商们的规则办事，先提交一份详细的计划书供投资商参考。一般来说，投资商手上的计划书多不胜数，他们不可能一拿到创业者的计划书就确定该方案是否可行。投资商要对创业投资计划书进行全面的评估后，才能做出投资决策。

10.3.2 创业投资计划书的内容

从内容上来说，创业投资计划书分为以下几个部分。

1. 计划摘要

计划摘要是放在创业计划书最前面的内容，它浓缩了整个创业计划的精华，涵盖了计划的要点，一目了然，以便读者能在最短的时间内评审计划并作出判断。计划摘要一般要包括以下内容：公司介绍、主要产品和业务范围、市场概况、营销策略、销售计划、生产管理计划、管理者及其组织、财务计划、资金需求状况等。

在介绍企业时，首先要说明创办新企业的思路，思路的形成过程以及企业的目标和发展战略。其次，要交代企业现状、过去的背景和企业的经营范围。在这一部分中，要对企业以往的情况做客观的评述，不回避失误。中肯的分析往往更能赢得信任，从而使人容易认同企业的创业计划书。最后，还要介绍一下创业者自己的背景、经历、经验和特长等。企业家的素质对企业的成功往往起着关键性的作用。在这里，创业者应尽量突出自己的优点并表现出自己强烈的进取精神,以给投资者留下一个好印象。

在计划摘要中,还必须说明企业所处的行业,企业经营的性质和范围,企业主要产品的内容,企业的市场在哪里,谁是企业的顾客,他们有哪些需求,企业的合伙人、投资人是谁,企业的竞争对手是谁,竞争对手对企业的发展有何影响等问题。计划摘要应尽量简明、生动,特别要说明企业自身的不同之处以及获取成功的市场因素。一般情况下,计划摘要不应超过 2 页纸。

2. 产品与服务的介绍

在进行投资项目评估时,投资人最关心的问题之一就是风险企业的产品、技术或服务能否以及在多大程度上解决现实生活中的问题,或者帮助顾客节约开支、增加收入。因此,产品介绍是创业计划书中必不可少的一项内容。通常,产品介绍应包括以下内容:产品的概念、性能及特性;主要产品介绍;产品的市场竞争力;产品的研究和开发过程;发展新产品的计划和成本分析;产品的市场前景预测;产品的品牌和专利。在产品与服务的介绍部分,要对产品及其服务作出详细的说明,内容要通俗易懂,使不是专业人员的投资者也能明白。通常情况下,产品介绍都要附上产品原型、照片或其他介绍。一般的,产品介绍必须要回答以下问题:①顾客希望企业的产品能解决什么问题,顾客能从企业的产品中获得什么好处;②企业的产品与竞争对手的产品相比有哪些优缺点,顾客为什么会选择本企业的产品;③企业为自己的产品采取了何种保护措施,企业拥有哪些专利、许可证,或与已申请专利的厂家达成了哪些协议;④为什么企业的产品定价可以使企业产生足够的利润,为什么用户会大批量地购买企业的产品;⑤企业采用何种方式去改进产品的质量、性能,企业对发展新产品有哪些计划等。

3. 人员及组织结构

把一个想法转化为一个成功的风险企业,其关键的因素就是要有一支强有力的管理队伍。企业的管理人员应该是互补型的,而且要具有团队精神。这支队伍的成员必须有较高的专业技术知识、管理才能和多年工作经验。一个企业必须具备产品设计与开发、市场营销、生产作业管理、企业理财等方面的专门人才。在创业计划书中,必须要对主要管理人员加以阐明,介绍他们所具有的能力,他们在本企业中的职务和责任,他们过去的详细经历及背景。此外,在这部分创业计划书中,还应对公司结构做一简要介绍,包括:公司的组织机构图;各部门的功能与责任;各部门的负责人及主要成员;公司的报酬体系;公司的股东名单,包括认股权、比例和特权;公司的董事会成员;各位董事的背景资料。

4. 市场预测

当企业要开发一种新产品或向新的市场扩展时,首先就要进行市场预测。在创业计划书中,市场预测应包括以下内容:市场现状综述、竞争厂商概览、目标顾客和目标市场、本企业产品的特征及市场地位等。风险企业对市场的预测应建立在严密、科学的市场调查基础上。因此,风险企业应尽量扩大收集信息的范围,重视对环境的预测和采用科学的预测方法。如果预测的结果并不乐观,或者预测的可信度让人怀疑,那么投资者就要承担更大的风险,这对多数风险投资家来说都是不可接受的。市场预测首先要对需求进行预测:市场是否存在对这种产品的需求;需求程度是否可以给企业带来所期望的利益;新的市场规模有多大;需求发展的未来趋向及其状态如何;影响需求都有哪些因素。其次,市场预测还要包括对市场竞争的情况——企业所面对的竞争格局进行分析：市场中主要的竞争者有哪些；是否存在有利于本企业产品的市场空当；本企业预计的市场占有率是多少；本企业进入市场会引起竞争者怎样的反应，这些反应对企业会有什么影响等。

5. 营销策略

营销是企业经营中最富挑战性的环节，影响营销策略的主要因素有：消费者的特点；产品的特性；企业自身的状况；市场环境方面的因素。最终影响营销策略的则是营销成本和营销效益因素。在创业计划书中，营销策略应包括：市场机构和营销渠道的选择；营销队伍和管理；促销计划和广告策略；价格决策。

6. 制订生产制造计划

创业计划书中的生产制造计划应包括以下内容：产品制造和技术设备现状；新产品投产计划；怎样保证新产品在进入规模生产时的稳定性和可靠性；设备的引进和安装情况；供应商；生产线的设计与产品组装是怎样的；供货者的前置期和资源的需求量；生产周期标准的制定以及生产作业计划的编制；物料需求计划及其保证措施；技术提升和设备更新的要求；质量控制和质量改进计划。在寻求资金的过程中，为了增大企业在投资前的评估价值，创业者应尽量使生产制造计划更加详细、可靠。

7. 财务规划

财务规划需要花费较多的精力来做，其中包括现金流量表、损益表以及资产负债表的制备。流动资金是企业的生命线，因此企业在初创或扩张时，需要对流动资金有预先周详的计划并进行严格的过程控制；损益表反映的是企业的盈利状况，它是企业在一段时间运作后的经营结果；资产负债表则反映在某一时刻的企业状况，投资者可以用资产负债表中的数据得到的比率指标来衡量企业的经营状况以及可能的投资回报率。

财务规划一般要包括：创业计划书的条件假设；预计的资产负债表；预计的损益表；现金收支分析；资金的来源和使用。可以这样说，一份创业计划书概括地提出了在筹资过程中创业者需做的事情，而财务规划则是对创业计划书的支持和说明。因此，一份好的财务规划对评估风险企业所需的资金数量，提高风险企业取得资金的可能性是十分关键的。

创业窗口

商业计划书大纲编写样例

商业计划书大纲应体现如下几方面内容：①创业方案应是系统阐述如何利用市场机遇来创造薪新业务的系统文件；②要详细展示如何组织力量调研、理解和利用市场的全过程；③要确认所需的各种资源；④要揭示预期的各种风险和报偿；⑤要提出有关各方可以采取的行动。以下商业计划书大纲是由美国风险企业发起公司的伦纳德·E. 斯穆林等开发的用于指导商业计划撰写和评价商业计划的一个指南，作为编制和评价商业计划的参考。

1. 概述

① 经营业务介绍

② 机会和战略

③ 目标市场及其预测
④ 竞争优势
⑤ 经济性、盈利性和回报潜力
⑥ 团队
⑦ 股权安排
2. 行业、公司及其产品或服务
① 行业
② 公司和公司理念
③ 产品或服务
④ 进入和增长战略
3. 市场研究和分析
① 顾客
② 市场规模和趋势
③ 竞争和竞争者优势
④ 估计的市场份额与销量
⑤ 当前的市场评价
4. 企业的经济性
① 总收益和经营收益
② 利润潜力和持久能力
③ 固定成本、变动成本和半变动成本
④ 达到盈亏平衡的时间(月)
⑤ 达到正现金流的时间(周)
5. 市场营销计划
① 整体市场营销战略
② 定价策略
③ 销售策略
④ 服务和担保政策
⑤ 广告和促销
⑥ 渠道
6. 设计和开发计划
① 开发的地位和任务
② 困难和风险
③ 产品改进和新产品
④ 开发成本
⑤ 优先考虑的问题
7. 生产和运营计划
① 运营区域
② 地理位置

③ 设施和改进

④ 战略和计划

⑤ 法律法规问题

8. 管理团队

① 组织

② 关键的管理人员

③ 管理报酬和所有权

④ 雇佣和其他协议、持股计划和资金计划

⑤ 董事会

⑥ 其他股权,权力和限制

⑦ 支持性专业顾问及所提供的服务

9. 总体进度表

10. 重要的风险、问题和假设

11. 财务计划

① 实际的利润表和资产负债表

② 预估的利润表

③ 预估的资产负债表

④ 预估的现金流量分析

⑤ 盈亏平衡表及其计算

⑥ 成本控制

⑦ 重点

12. 预期的公司回报

① 期望的融资

② 股权安排

③ 资本化

④ 资金的使用

⑤ 投资者回报

13. 附录

10.4 大学生网上创业

10.4.1 大学生网络创业现状分析

国家统计局的普查数据显示,我国每千人拥有的企业数量只有2.5个,比一般发展中国家还少22～27个。日本、韩国和中国台湾地区在其结构转型期间,每千人企业数量从5个左右上升到50个左右,在中小企业中就业劳动力的比率从40%上升为70%至80%。国内企业数量少,就业的容量当然也就小。目前,不论是学有所长的大学毕业生,还是从农村转移到城市的年轻打工者,就业时多数都是托亲靠友,希望能找到一份稳定的工作,很少有人主动地去创业、去办企业。

根据教育数据咨询机构麦可思2015年6月发布的《中国大学毕业生就业报告》,2015年大学毕业生自主创业比例从上届的2.3%上升到了2.9%。自主创业的主要地区是就业比较困难的中西部地区,主要城市类型是地级及以下城市。总体而言,越是经济发达地区、越是大城市,就业环境越好,自主创业的比例越低。

党的十七大报告明确提出,要实施扩大就业的发展战略,促进以创业带动就业。把鼓励创业、支持创业摆到就业工作更加突出的位置,这是在总结我国近年来就业工作的实践、深入认识扩大就业的规律、科学分析我国就业形势的基础上提出来的。当前,作为新增劳动力的大学生,其创业状况还很不适应扩大就业的要求。全社会应该鼓励精力旺盛的青年人大胆创业。自主创业意味着勇敢的冒险和付出,也意味着意料的失败和挫折。只有在经历了最初的创业冲动和付出之后,大学生创业者才能走向成熟和冷静,才能对创业和成功有更深的理解。2008年金融危机爆发以来对大学生创业者来说既是一次挑战,更是一种机遇。从局部来看,全球金融危机可能是我国更快崛起的机会,国家4万亿元的投资可能让我国产业发展比原来更快。国家要发展有潜力的、有核心能力的新产业,这种新方向的选择,有可能让大学生创业的新兴产业与传统产业站在同一起跑线上,这给创业者带来了机会。

据调查,2014年全国个人网店和企业网店中,大学生创办的网店各占59.7%和71.6%。据此推算,大学生网络创业就业总规模约为618万人,占全国网络创业就业人员的六成。其中,在校大学生创办的网店带动就业人数约30万人;毕业5年及以内大学生创办的网店带动就业人数约231万人;毕业6年及以上大学生创办的网店带动就业人数约357万人。通过调查发现,大学生通过网络进行创业更加注重创办技术密集型的企业,且更加善于运用互联网、云计算、大数据、智能终端等新技术。目前,半数以上的大学生网店店主不了解甚至没有享受过相关扶持政策,不知道或从未接受过创业指导或创业培训。七成以上大学生网店店主希望政府强化网络创业就业的扶持政策。

经过调查研究,报告提出建议将网络创业就业人员纳入国家统计体系,以便进一步摸清网络创业就业底数,填补这一领域统计上的空白,为政府部门适时制定出台扶持网络创业就业的具体政策,给予网络创业就业人员必要的税收优惠、财政支持等,提供扎实有效的参考依据,进一步促进网络创业就业发展,实现创业推动就业的良性互动发展。具体有四方面的建议:一是建立和完善网络创业就业统计体制、机制和制度,将网络创业就业人员纳入国家就业统计体系;二是建立健全网络创业就业认定标准、程序和办法,进一步规范、推进网络创业就业;三是建立和完善大学生网络创业就业人员实名登记制度,以便建立健全定期回访制度,跟踪了解其就业失业状况;四是运用各地就业信息监测平台等系统,建立网络创业就业实名登记—就业统计—参加社保—社保补贴—权益保护等"一条龙"服务平台,建立完善网络创业就业统计信息系统。

最近,国家出台了一系列鼓励大众创业、万众创新的政策,并明确将网络创业就业者纳入国家创业就业扶持政策范围。眼下要使这些优惠政策真正落到实处,还需要各地方各部门制定具体的实施细则,实实在在地抓好落实工作。一是通过简化程序、制定细则、设立专项资金等措施,进一步完善、落实大学生网络创业就业扶持政策;二是强化网络创业就业服务平台建设，加强网络创业就业专项指导；三是建立电子商务人才教育培训体系，创新网络创业人才培养模式；四是加强大学生网络创业就业者的权益保护；五是促进大学生网络创业向实体经济和农村地区扩展。

报告认为，网络创业对大学生人生观、价值观形成具有积极影响，对大学生职业素养和综合能力提升、丰富校园文化内涵、促进毕业生就业和拉动经济等都具有较大影响，同时报告还认为大学生网络创业具有很好的发展前景。

10.4.2 大学生网络创业优势分析

网络创业作为一种新型的创业方式，已成为大学生创业的主要选择。国内最早是在20世纪90年代末开始出现网络创业的成功人物，虽然时隔20多年的时间，但是从道路发展来看，他们皆是利用互联网发展的有利时机，大胆创新，走出了一条比较典型的网络平台、高新技术和风险投资相结合的创业道路，在享受创业成功快乐和财富神话的同时，也进一步推动了互联网和电子商务的发展。然而，这样的成功案例毕竟是少数，尤其是在国内融资环境还未完全成熟的阶段，更没有普遍意义。

(1) 从主观因素看，大部分专家学者认为具有敢于挑战、敢于冒险精神而且动手能力强、具备独立自主精神的大学生往往倾向于创业。同时依赖一定网络技术创业的大学生往往运用IT技能强，能在互联网上搜寻许多信息，具备比较强的竞争力。可见，精神、素质和一定的网络技术是网络创业的主体所具备的普遍特征。

(2) 严峻的就业形势，迫使大学生寻求传统就业以外的就业方式，创业就成为一条新途径。中国尤其受此因素的影响。2015年我国城镇新增就业1312万人，同比下降0.8%，但仍然处于1300万以上的高位上。从2013年开始，我国连续三年城镇新增就业人数都在1300万人以上，大学生的前途与命运备受关注。在大学生就业形势极为严峻的情况下，自主创业成了另一条就业的康庄大道，中国政府也提出了以创业带动就业的新思路，年轻的大学生肩负起以创业解决就业压力的历史重任。

(3) 近年来，为支持大学生创业，国家和各级政府相继出台了一系列优惠政策支持大学生进行创业，涉及融资、税收、创业培训、创业指导等诸多方面。大学生创业扶持的主要内容：①对大学生创业给予资金扶持。综合考评大学生自主创业项目吸纳就业能力、科技含量、潜在经济社会效益、市场前景等因素，无偿提供2万元至15万元的资金扶持。扶持标准分为4个档次：2万元、5万元、10万元、15万元。对拥有独立自主知识产权和发明专利、节能降耗、劳动密集型的创业项目给予优先扶持；对从事个体经营的创业实体项目扶持金额不超过5万元。②落实大学生创业(开业)补贴。对符合条件大学生初次创业的，给予每人5000元的创业(开业)补贴。每人和每个营业执照只能享受一次创业(开业)补贴。了解这些优惠政策，会让打算创业的大学生感受到国家和政府的大力支持，更加坚定创业的决心，走好创业的第一步。

(4) 随着电子商务的普及，网络创业比起传统创业方式来说，具有初始资本投入低、营运成本低、风险小、方式灵活和利润回报率高等特点和优势，吸引着大学生进行网络创业。在当前严峻的就业形势和巨大的就业压力下，很多大学生选择了"网上销售"这种"投资少、门槛低、见效快"的特殊网络创业模式。个人网上销售，是随着电子商务的发展而出现的一种新型网络创业方式。目前,"网上销售"创业模式已成为国内大学生自主创业的"绝对主流"。相对于需要重新设计新商业模式、构建新平台或新系统、提供新服务的"精英型网络创业"模式,"网上销售"创业模式更大众化、更具普遍性。从eBay创始人彼埃尔·奥米迪亚、Netscape的马克·安德列森,到国内阿里巴巴董事长马云、百度总裁李彦宏、网易总裁丁磊、新浪创始人王志东等国内外知名网络创业成功的榜样在激励着一大批人,尤其是学习能力强、知识拥有量大、易于接受新生事物的大学生,进入到网络创业的领域,使得网络创业成为越来越普遍的现象。

(5) 高校、企业和政府等对创业和网络创业的重视和相关活动的组织实施,也激发了大学生的创业热情,锻炼了大学生的创业实践能力。从国内大学生创业的发展历程来看,政府、高校、企业等有关部门组织的各种创业计划(又名商业计划)竞赛扮演了非常重要的角色。竞赛的意义已不局限于大学校园,从某种程度而言,创业计划竞赛是高等院校与现实社会、大学生与企业之间的互动与沟通。1998年,清华大学在全国高校中率先举办了首届"挑战杯"创业计划大赛,随后,政府、企业等社会力量也一起参与到推动创业教育的行动中来。1999年3月,共青团中央、中国科协、全国学联举办了全国首届"挑战杯——大学生创业计划大赛"。随后,各省、市、区以及各大高等院校都逐步加入到鼓励与支持大学生创业活动中来,开始组织各级创业计划大赛。2002年3月,上海市举办了大学生创业计划大赛。2002年5月,中国宁波科技创业计划大赛启动。延续至今,创业计划大赛已成为全国各大高等院校的重点项目和例行赛事。事实上,每年各级创业大赛产生了一些实体创业公司,如曾引起广泛关注的视美乐、飞梭、易得方舟等大学生创业公司。

互联网是一个充满激情的行业,马云、丁磊、张朝阳、陈天桥等这些网络创业者在相当短的时间内就获得了前人难以想象的成就,也集聚了大量的个人财富。在这些风云人物和创富大手笔之外,以大学生、小职员为主角的普通人也在互联网舞台上演绎着自己的草根创业故事。2009年,由阿里巴巴公司组织的第二届中国大学生明日网商挑战赛,更是吸引了来自北京大学、复旦大学、中山大学、哈尔滨工业大学等高校的112 556名大学生参赛。在网络发达的情况下,网络创业、就业已经成为一种新时尚,更是一种新的就业方式。

毋庸置疑,大学生网络创业将在解决大学生就业、鼓励大学生创业、促使新企业诞生、拉动地区经济增长方面发挥越来越重要的作用,也将进一步促使电子商务乃至整个互联网产业的发展。大学生网络创业,在当前国内全民创业的浪潮中扮演着重要角色,对于国家"促进以创业带动就业"战略具有特殊意义。

本章小结

互联网的飞速发展,给创业者带来了巨大的机遇。互联网降低了创业的门槛,拓宽了创业空间。了解网络创业的盈利模式,选择恰当的创业形式,制订完备的创业计划书,对于网络创业的成功与否是至关重要的。

复习思考题

1. 网络创业的盈利模式有哪些?
2. 创业计划书包括哪些内容?
3. 大学生网络创业有哪些优势?

实　践　题

将学生五人分为一组,分别扮演总经理、财务总监、营销经理等职位,针对某一个网上创业项目(项目自拟),撰写网上创业计划书。

第 11 章

网上创业之准备

【学习目标】

通过本章的学习，学生能够对网上创业项目、进货渠道、经营模式做出合理选择；熟悉国内主要的电子商务交易平台；了解各银行网络银行的申办条件和办理流程；熟练操作各种网络支付安全工具；掌握网络创业中应用的基本网页设计技术。

【关键词汇】

网上创业(online business)　C2C(consumer to consumer)　网络银行(E-bank)　网页设计(web design)

随着互联网及电子商务的发展，网上创业开店逐渐成为年轻人自主创业的主要选择之一。与传统创业相比，网上开店有着成本低、库存压力小、不受空间及时间影响等优势。以淘宝为代表的一批电子商务网站的崛起为创业者提供了免费的交易平台，解决了销售、支付、物流、安全等多个环节问题。可以说网上创业是熟悉网络，身处高新科技前沿阵地的大学生的最佳选择。然而，并不是有理想、有冲劲、有技术就一定能在网络中生存下来。随着电子商务模式的不断成熟及网络购物需求量的不断增大，越来越多的人选择网络平台作为销售的主要方式，创业者所面临的竞争压力也逐渐增大。因此在准备网上创业前，需谨慎地选择创业项目及平台，要深入学习网上创业的相关知识，踏踏实实地迈好第一步是走向最终成功的基础。

11.1　网上创业基础

网上开店门槛低、限制少、时间灵活、经营范围广，因而受到了众多卖家的关注，创业者愿意将自己投入到网络创业的浪潮中，期待能在这里淘到第一桶金。但由于创业者的状况各不相同，不建议一味地模仿已有的成功模式。在创业初期，创业者所选择的项目、进货渠道和经营模式也是各不相同的。

11.1.1　选择合适的项目

选择好的项目是成功的一半。网络店铺与实体店铺有着较大的不同，有些商品适合网络销售，有些则不适合，即使选择了合适网络销售的项目，也未必人人都可以经营好。创业者需要综合自身优势、所需资金、可持续发展等多方面因素进行合理性选择。通常适合网上经营的商品有如下的特点。

(1) 适合网络邮寄。如果商品的体积较大，在正常商品价格之外还需增加额外昂贵的物流费用，不适合网络买卖，因此应选择体积相对较小的商品，便于邮寄。

(2) 较合理的价格。消费者通过网络购买商品最主要的原因就是因为网络中销售的商品价格相对较低，如果在网络中所销售商品在网下可以用相同的价格购买到，就不会有人通过网络购买商品。再有如果因商品的价值过低，导致单件商品的价格很低，甚至低过运费，也同样不适合网络销售。

(3) 具备独特性。网店销售不错的商品往往都是独具特色或者十分时尚。

11.1.2 选择进货渠道

网上开店，进货是一个很重要的环节。不管是通过何种渠道寻找货源，低廉的价格是关键因素，找到了物美价廉的货源，网络店铺就有了成功的保障。怎样才能寻找到适合自己创业的货源是所有在网上开店的创业者最关心的问题，也是关系网上创业能否成功的关键因素，通常货源的选择包括如下几种方式。

1. 批发市场进货

批发市场是较常见的进货渠道，可以选择本地的一些大型的服务批发市场进货。在批发市场进货需要有较强的议价能力，力争将批发价格压到最低，同时要与批发商建立好关系，在关于调换货的问题上要与批发商沟通好，避免日后起纠纷。批发市场进货的优缺点如下。

优点：商品自己挑选，可看到实物，商品质量相对有保证。

缺点：

(1) 如果想要进货价格相对较低，所进商品的数量就要相对较大，需承担一定的压货风险。

(2) 如果距离批发市场有一段距离，或去周边城市的批发市场进货，额外的交通费用及花费的时间都是需要考虑的问题。

(3) 网上发布的商品图片需要自己拍摄并处理。

批发市场进货对于地理位置要求非常高，不是每一座城市都有规模相对较大的市场。因此，选择批发市场进货的必要条件是与市场的距离相对较近或交通便利。在此基础上，卖家需有一定的经济实力去进货才能获得相对较低的价格。当然，如果自家旁边就是批发市场，进货非常方便，也可以不用压货，但由于进货数量少，价格是最大的问题。

2. 厂家直接进货

从生产厂家直接进货，利润相对较高，不过资金压力比较大，厂家出货数量肯定比批发商那里的多，要准备足够的周转资金和仓库空间。

优点：价格较低，货量充足。

缺点：虽然厂家有价格的优势，但是通常厂家都有最低起订量，存在较大的压货风险。

厂家直接进货的起批量较高,不适合零售或小额批发客户。如果有足够的资金储备,并且不担心压货风险,可以选择厂家直接进货方式。

3. 网络进货

选择阿里巴巴、慧聪网等专业的B2B平台可以找到很多适合的网络批发商,他们一般直接由厂家供货,货源较稳定。此类网络平台目前都推出了小额批发、混批等功能,方便了中小型卖家进货。

优点:网上进货非常方便,省去了线下进货的时间。另外,网络的商品种类繁多,价格也可以方便地比较。

缺点:由于无法看到实物,因此商品的质量无法保证,而额外的物流费用也是需要考虑的问题。

网络进货比较适合有一定资金,但又不想有过多商品积压的卖家。在寻找网络批发商时,尽量选择信誉度较高的批发商,但正规的大批发商通常订单较多,服务难免有时跟不上,发货速度和换货态度往往也差强人意。而且他们一般都有固定的回头客,很难和他们谈条件,除非批发的次数多了,成为他们的大客户,才可能有特别的折扣或优惠。因此建议初期选择一些刚起步的批发商,为了争取客户,他们的起批量较小,价格一般不会高于甚至有些商品还会低于大批发商,售后服务也相对较好。

4. 商家余货

商家余货中的商家指的是生产厂家或直接从厂家进货的大批发商,余货的商品或是一些外贸公司生产的尾货,订单退货;或是临时取消订单所造成的库存;或是较大批发商的库存积压。

优点:

(1) 商家余货属于中高档的东西,通常质量有所保证,在网络交易中容易得到买家的认可。

(2) 由于商品余货进货的价格较低,通常为正常价格的2～4折,再有相对数量较少,竞争的压力较小,因此在网络销售中有很大的优势。同时利用好地域或时空差价,能够获得足够的利润。

缺点:很难找到有余货的厂家。余货数量少,一旦余货卖完就失去了销售的持续性。

虽然商家余货有诸多优势,但在选择上也要慎重,且由于余货受数量的限制,不能成为卖家长期发展的主要货源供应。

5. 网络代销

网络代销是指卖家使用代销商提供的商品图片、基本信息等资料进行网络销售,从中赚取一定的差额利润。

优点:

(1) 不需要进货,没有资金及商品存储的压力。

(2) 商品图片、商品资料等信息代销商都已经提供好,并且可以通过工具直接导入,省去了很多操作的麻烦。

(3) 无需亲自物流发货,减轻了发货负担。

缺点:

(1) 代销同类商品的卖家通常较多，所使用的商品图片也完全一致，因此竞争压力较大，且没有价格优势。

(2) 由于无法看到实物，所以在与客户沟通时不能很好地解释产品的特点，客户在收到商品后容易产生心理落差。

(3) 物流都是由代销商负责，因此在收货时间方面没有保障。且店铺地址与发货地址不统一，不容易向客户解释。

(4) 无法控制商品的库存，经常有缺货的情况发生。

网络代销没有成本，方便快捷，适合不想过多投入成本的小卖家。但网络代销同样存在着很多问题，代销的卖家要做好足够的心理准备。

在淘宝，不一定非要有货才能开店，淘宝代销就是一个不错的选择，前提是有一定的信誉，如果没有太多的流动资金，担心压货，可以尝试一下。方法/步骤如下(参考百度资料)：

(1) 首先必须保证自己的淘宝店铺已经开通，这是前提。然后登录淘宝，点击卖家中心，如图 11-1。

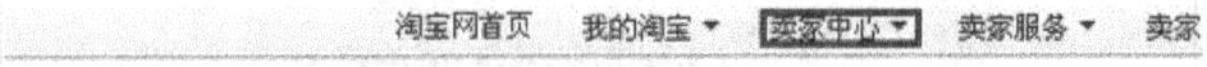

淘宝网首页 我的淘宝 ▾ 卖家中心 ▾ 卖家服务 ▾ 卖家

图 11-1　卖家中心入口

(2) 在左侧栏找到货源中心，点击一件代发，如图 11-2。在左侧出现一个搜索页面，可以在里面搜索自己欲代销的产品等，如图 11-3。或者直接点击搜索进入供销平台，如图 11-4。

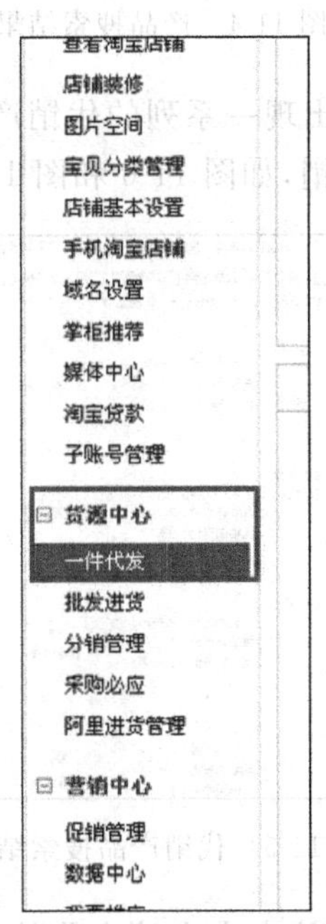

图 11-2　一件代发入口

图 11-3　产品搜索

图 11-4　产品搜索结果

(3) 比如搜索某产品，然后会出现一系列的代销产品，点击查看招募书，如图 11-5 所示，只有条件全部满足才能申请代销，如图 11-6 和图 11-7。

图 11-5　代销产品搜索结果

(4) 如果条件满足我们可以直接点击申请合作按钮，如图 11-8，进入申请页面，然后就是如图 11-9 所示提交申请。

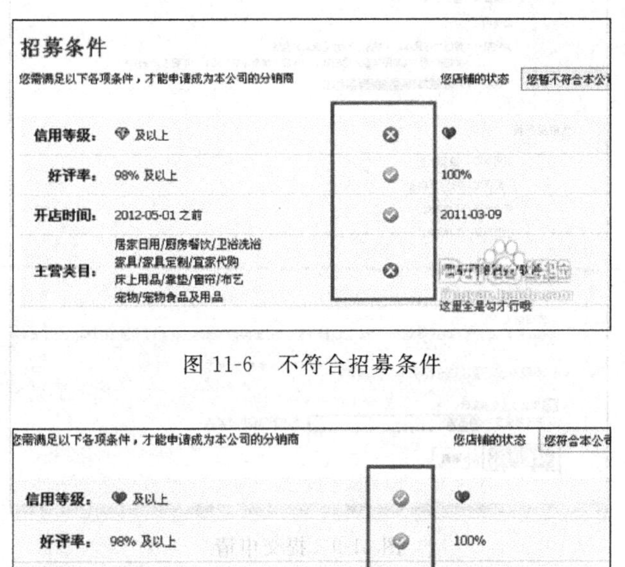

图 11-6　不符合招募条件

图 11-7　符合招募条件

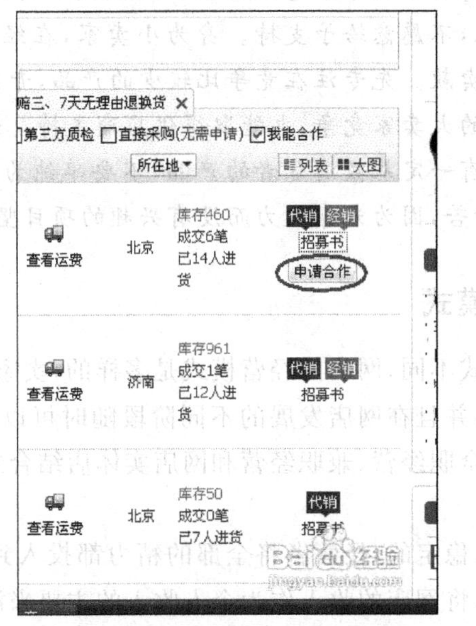

图 11-8　申请合作

(5) 完成以上几步基本上算是成功了，接下来就是等待淘宝的审核了，审核通过后，就可以做代销业务了。

图 11-9 提交申请

小窍门

大多数卖家都存在着货源找寻不易的情况。不是找不到性价比高的产品,就是因为提货量少,供应商看不上,不愿意给予支持。身为小卖家,在经营初期没必要模仿大卖家的产品线或淘宝上的热卖款。先专注在竞争比较少的产品,专门服务一小部分人,这能让卖家先避开与拥有资源的大卖家竞争,也能取得供应商支持。选择项目及产品也要注意,尽量选择有兴趣同时也有一定基数消费者的产品,不要单纯为了订单而选择自己没兴趣的项目,那会生活得很辛苦,因为光靠毅力而没有兴趣的项目坚持不了多久。

11.1.3 选择经营模式

与实体店固定的模式不同,网店的经营模式是多样的,卖家可以根据自身的情况来选择适合自己的经营方式,并且在网店发展的不同阶段随时可以在不同的模式间转换。网店的经营模式通常包括全职经营、兼职经营和网店实体店结合经营。

1. 全职经营

全职经营是长期的、稳定的,经营者将全部的精力都投入到网站的经营上,将网上开店作为自己的全部工作,将网店的收入作为个人收入的主要来源。

全职经营在时间方面有较好的机动性。1 周 7 天,每天 24 个小时,任意时间段都可以自由支配,来选择店铺经营的时间。在服务方面,全职经营能够保证与客户及时交流,避免丢单。无论是商品的上下架,物流的发货,还是商品的售后服务都能够有足够的保障。但在经营方面全职模式存在较大的风险。由于是全职经营网店,就意味着除了网店没有任何的经济收入来源,压力会相对较大。

2. 兼职经营

兼职经营的时间可长可短，自由度较大，是在本职工作之外，休息或空余时间范围内，工作有不受时间限制的特性。经营者通常将经营网店作为自己的副业，比如现在许多在校学生利用课余时间经营网店，也有一些职场人员利用工作的便利开设网店，增加额外的收入。

兼职开店的卖家一般都有稳定的经济来源，降低了开店风险，减轻了压力。但由于时间无法保证，兼职经营不可能拿出过多的精力投入，因此与客户的交流、店铺的维护、售后服务、发货等环节都有可能出现问题。

3. 网店与实体店结合经营

网店有着信息传播范围广、营业时间长、不受空间限制等优势，且由于节省了店面租金、人员工资等相关费用，商品的定价也相对较低。实体店目前虽然受到网店一定程度上的冲击，但其实物商品对于消费者来说可以实实在在地看到，且可以通过热情周到的服务感化顾客，适当弥补了价格的劣势。

两种经营方式各有自己的优势，如果将它们较好地结合到一起，可以弥补相互的不足。网店因为有网下店铺的支持，在商品的价位、销售的技巧方面都更高一筹，也容易取得消费者的认可与信任。

11.2 交易平台的选择

网上创业首选的交易平台为 C2C(个人与个人之间的电子商务)模式平台，C2C 电子商务网站拥有商家入驻门槛低、流量大、产品种类多等特点，受到中小型企业的青睐。在国内，以淘宝网为代表的 C2C 模式网站逐渐成为消费者网上购物的首选平台，下面对淘宝网、拍拍网、易趣网和百度有啊进行介绍。

11.2.1 淘宝网

1. 淘宝网简介

淘宝网(如图 11-10 所示)成立于 2003 年 5 月 10 日，由阿里巴巴集团投资创办。截至 2014 年底，淘宝网拥有注册会员近 5 亿，日活跃用户超 1.2 亿，在线商品数量达到 10 亿，在 C2C 市场，淘宝网占 95.1%的市场份额。淘宝网在手机端的发展势头迅猛，据易观 2014 年最新发布的手机购物报告数字，手机淘宝＋天猫的市场份额达到 85.1%，随着淘宝网规模的扩大和用户数量的增加，淘宝也从单一的 C2C 网络集市变成了包括 C2C、分销、拍卖、直供、众筹、定制等多种电子商务模式在内的综合性零售商圈，是亚洲最大的网络零售商圈。

2008 年，“大淘宝战略”应运而生。秉承“开放、协同、繁荣”的理念，通过开放平台，发挥产业链协同效应，大淘宝致力于成为电子商务的基础服务提供商，为电子商务参与者提供水、电、煤等基础设施，繁荣整个网络购物市场。目前每天全国 1/3 的宅送快递业务都因淘宝网交易而产生。

通过压缩渠道成本、时间成本等综合购物成本，淘宝帮助更多的人享用网货，获得更

图 11-10　淘宝网首页

高的生活品质;通过提供销售平台、营销、支付、技术等全套服务,淘宝帮助更多的企业开拓内销市场、建立品牌,实现产业升级。

2. 淘宝网功能

(1) 淘宝店铺

淘宝店铺是指所有淘宝卖家在淘宝所使用的旺铺或者店铺,淘宝旺铺是相对普通店铺而诞生的,每个在淘宝新开店的都是系统默认产生的店铺界面,就是常说的普通店铺。而淘宝旺铺服务是由淘宝提供给淘宝卖家,允许卖家使用淘宝提供的计算机和网络技术,实现区别于淘宝一般店铺展现形式的个性化店铺页面展现功能的服务。任何普通个人用户都可以在通过淘宝的实名认证后免费开店,淘宝网的运营也主要是以淘宝店铺为基础。

(2) 淘宝商城(天猫)

淘宝商城是淘宝网打造的在线 B2C 购物平台。自 2008 年 4 月建立淘宝商城以来,众多品牌包括联想、惠普、优衣库、迪士尼、Kappa、乐扣乐扣、JackJones、罗莱家纺在淘宝商城开设官方旗舰店。截至 2009 年底,淘宝商城已经拥有超过 5 亿买家,1000 万左右个商家。

淘宝商城自建立以来有着严格的审核机制,企业入主商城必须提供相应的企业资质、品牌资质和服务资质。同时,在服务方面,淘宝商城提供的七天无理由退换货和正品保障服务也更优于普通店铺。因此,对于消费者来说,淘宝商城是可信任的交易平台。

对于入驻淘宝商城的企业而言,淘宝商城提供了普通店铺和旺铺都不具有的功能,如信用评价无负值、店铺更个性的自定义装修、产品 flash 展示、商城认证等,同时强大的搜索机制及搜索排名的优先级让企业能够最大化地展示自己的商品。

淘品牌(如图 11-11 所示)是通过淘宝平台成长起来的品牌,线下的购买人群对这些品牌非常陌生,但在淘宝平台上,消费者对它们是耳熟能详,因为它们是消费者在网购过程中通过口碑传播建立起来的品牌。传统品牌专门为网络打造的品牌也属于淘品牌,比如帅康旗下的康纳电器、百丽旗下的 e 百丽等。在淘宝大平台下的淘品牌与传统品牌相比,在建立和营销推广方面都拥有非常大的优势。

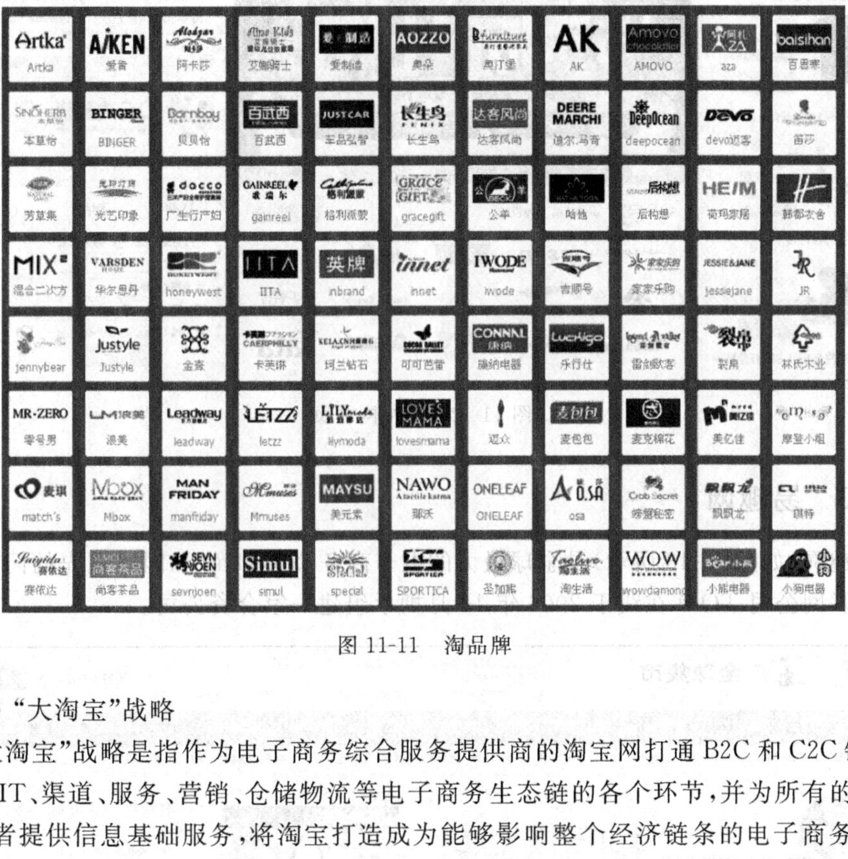

图 11-11　淘品牌

(3) “大淘宝”战略

“大淘宝”战略是指作为电子商务综合服务提供商的淘宝网打通 B2C 和 C2C 链条,同时包含 IT、渠道、服务、营销、仓储物流等电子商务生态链的各个环节,并为所有的电子商务参与者提供信息基础服务,将淘宝打造成为能够影响整个经济链条的电子商务生态系统的核心。

11.2.2　拍拍网

腾讯拍拍网(如图 11-12 所示)是腾讯旗下知名电子商务网站。拍拍网于 2006 年 3 月正式运营,是目前国内第二大电子商务平台。拍拍网目前主要有女人、男人、网游、数码、手机、生活、运动、学生、特惠、母婴、玩具、优品、酒店等几大频道,拥有功能强大的在线支付平台——财付通,为用户提供安全、便捷的在线交易服务。

依托于腾讯 QQ 超过 7.4 亿的庞大用户群以及 3 亿活跃用户的优势资源,拍拍网具备良好的发展基础。2009 年拍拍网交易额增长迅速,份额提升至 9.9%,继续稳居国内第二大电子商务平台。

图 11-12 拍拍网首页

11.2.3 易趣网

易趣网(如图 11-13 所示)是全球最大的电子商务公司 eBay 和国内领先的门户网站、无线互联网公司 TOM 在线于 2006 年 12 月携手组建一家合资公司。

图 11-13 易趣网首页

1999 年 8 月,易趣在上海创立。2002 年,易趣与 eBay 结盟,更名为 eBay 易趣,并迅速发展成国内最大的在线交易社区。2006 年 12 月,eBay 与 TOM 在线合作,通过整合双方优势,凭借 eBay 在中国的子公司 eBay 易趣在电子商务领域的全球经验以及国内活跃的庞大交易社区与 TOM 在线对本地市场的深刻理解,2007 年,两家公司推出为中国市场定制的在线交易平台。新的交易平台带给国内买家和卖家更多的在线与移动商机，促进 eBay 在中国市场的纵深发展。

与其他国内 C2C 电子商务网站不同，作为国内最早的网络交易平台，易趣网逐步将业务重点由国内在线交易向全球拓展。依托 eBay 全球资源，易趣网在 2010 年 7 月 20 日成功推出“全球集市”这一新业务，为国内网购用户打造不出“国门”全球购物的便捷。在易趣“全球集市”上线初期将有 8 个国家（美国、英国、加拿大、澳大利亚、新加坡、菲律宾、印度、马来西亚），近 500 万件在线商品数量、3 万个商品分类。

11.2.4 百度有啊

百度有啊（如图 11-14 所示）由中国最大的中文搜索引擎公司百度创办，致力为 2.21 亿中国网民提供一个“汇人气，聚财富”的高效网络商品交易平台。百度有啊通过对海量的网络交易分析、调研，在倾听和挖掘了各种交易需求后，对交易流程进行了特别的优化和处理，不仅让卖家入驻、管理和销售更加简易快捷，同时还做到了让买家浏览、比较、购买更加通畅。

图 11-14 百度有啊首页

依托百度基于其独有的搜索技术和强大社区资源，百度有啊突破性地实现了网络交易和网络社区的无缝结合，以打造完美满足用户期望的体验式服务为宗旨，为庞大的中国互联网电子商务用户提供了贴心、诚信的专属服务。

11.3 网络银行与网络支付安全

网络银行是指银行利用互联网技术，通过互联网向客户提供开户、销户、查询、对账、行内转账、跨行转账、信贷、网上证券、投资理财等传统服务项目，使客户可以足不出户就能够安全便捷地管理活期和定期存款、支票、信用卡及个人投资等。可以说,网上银行是在互联网上的虚拟银行柜台。

目前,以中国工商银行、招商银行等为代表的一批银行纷纷推出了网络银行业务,为电子商务支付环节给出了最佳的解决方案。随着网络银行的不断发展,网络支付安全技术也得到了不断地完善,数字证书、U盾、动态口令卡等多种安全形式的应用,为电子商务交易的安全把好了关口。

11.3.1 网络银行

1. 中国工商银行网络银行

(1) 业务简述

工商银行个人网络银行是指通过互联网,为工行个人客户提供账户查询、转账汇款、投资理财、在线支付等金融服务的网上银行渠道,品牌为“金融@家”。

(2) 适用对象

凡在工商银行开立本地工银财富卡、理财金账户、牡丹灵通卡、牡丹信用卡、活期存折等账户且信誉良好的个人客户,均可申请成为个人网上银行注册客户。

(3) 办理条件

需提供本人有效身份证件和所需注册的工行本地银行卡或存折。

(4) 开通流程

具体开通流程如图 11-15。开通个人网上银行需提供资料如下:

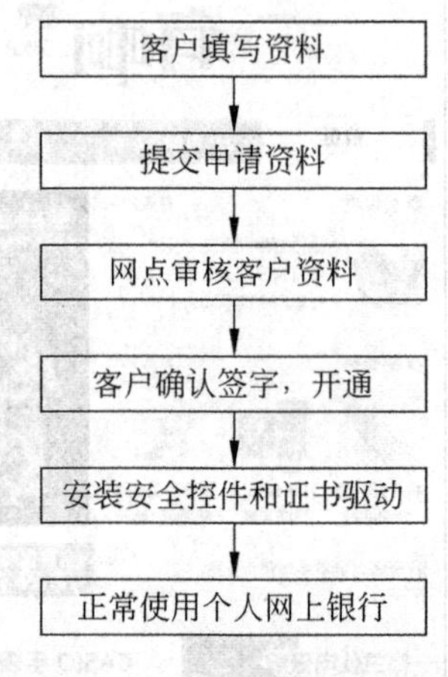

图 11-15 工商银行个人网上银行开通流程图

① 向工商银行提交的申请资料:如已在本地开立账户,需提供《中国工商银行电子银行个人客户注册申请表》、您本人有效身份证件、需注册的银行卡。

② 如果未在本地开立账户,需提供:相应注册卡申请表、《中国工商银行电子银行个人客户注册申请表》、本人有效身份证件。

③ 如果自带 U 盾需提供相应介质。

2. 中国建设银行网络银行

(1) 业务简述

建设银行网上银行是客户通过因特网享受的综合性银行服务,包括账户查询、转账汇款、缴费支付、信用卡、个人贷款、投资理财(基金、黄金、外汇)等传统服务,以及利用电子渠道服务优势提供的网上银行特有服务,合计有八大类、百余项服务。

(2) 适用对象

在建设银行开设有银行账户,包括各种龙卡、定期存折、活期存折、一折通或一本通账户等,并拥有有效身份证件,包括身份证、护照、军官证等。

(3) 开通方式

可以通过柜台或建设银行网站两种渠道开通个人网上银行服务。按开通方式选择,个人网上银行划分为全功能的高级签约版和查询还款等一般功能的普通简版,两种版本对应的使用者分别称为高级客户和普通客户。

(4) 开通流程

普通简版:适用于仅将自己的账户在建设银行网站申请开通网上银行,未到柜台进行银行账户签约的客户。开通简版后,成为个人网银普通客户,只能通过网上银行办理账户查询、为本人信用卡还款、信用卡支付等几项业务。

高级签约版:到柜台办理过账户签约网上银行手续(包括先开普通简版再到柜台办理签约或直接到柜台办理签约),即至少拥有一个签约账户(签约账户是指在柜台签约网上银行服务的银行账户)。开通高级版后,成为个人网银高级客户,可以办理网上银行提供的全部业务。具体申办流程如图 11-16 所示。

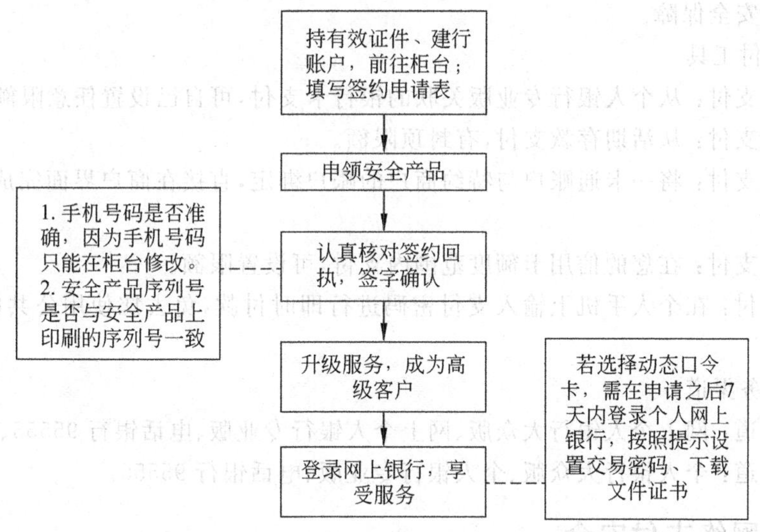

图 11-16 建设银行个人网上银行开通流程图

3. 中国农业银行网络银行

(1) 适用对象

具有互联网上网条件的所有农行个人客户。

(2) 办理条件

公共客户只要持有金穗卡无需申请即可使用公共客户功能。注册客户需到农行网点办理注册,提交相应客户信息,与农行签署服务协议。

(3) 申请方式

网点申请:直接前往网点办理注册。

(4) 开通流程

① 前往农行网点办理注册登记手续。填写《中国农业银行电子银行业务申请表(个人)》,签署《中国农业银行电子银行服务协议》,出示有效身份证件和需要注册的账户原始

凭证(金穗借记卡、金穗准贷记卡、金穗贷记卡、活期存折)。

② 获得个人网上银行证书参考号和授权码(简称两码)。证书可存放在 IE 浏览器或 USB-KEY 中,客户可根据需要选择使用。

③ 登录农行首页(http://www.abchina.com/),点击"证书向导"的"个人证书下载"。

④ 点击"证书下载",根据提示输入两码,完成证书安装。

4. 招商银行网络银行

一网通网上支付是招商银行提供的网上即时付款服务。通过一网通网上支付,可以在网上任意选购众多与招商银行签约的特约商户所提供的商品,足不出户,即可进行网上消费。

(1) 服务特色

全国联网,您可以在任何一家招商银行特约商户消费付款。

多种支付工具,满足您各种消费需求。

强大的安全保障。

(2) 支付工具

专业版支付:从个人银行专业版关联的银行卡支付,可自己设置任意限额。

一卡通支付:从活期存款支付,有封顶限额。

直付通支付:将一卡通账户与特约商户的账户绑定,直接在商户界面完成支付,可设置限额。

信用卡支付:在您的信用卡额度范围内支付,可设置限额。

手机支付:在个人手机上输入支付密码进行即时付款,免去您使用公共电脑的安全之忧。

(3) 服务渠道

申请渠道:网上个人银行大众版、网上个人银行专业版、电话银行 95555、网点柜台。

管理渠道:个人银行大众版、个人银行专业版、电话银行 95555。

11.3.2 网络支付安全

在网络支付环节中,网络银行的安全是买卖双方重视的最主要的问题之一。为了充分保障网络银行用户的安全,各大银行开发出各种网络银行安全工具。目前,国内市场上主要的网络支付安全工具有 3 类:数字证书、U 盾和动态口令卡。

1. 数字证书

数字证书就是互联网通讯中标志通讯各方身份信息的一系列数据,提供了一种在互联网上验证身份的方式,其作用类似于身份证。它是由一个由权威机构——CA 机构,又称为证书授权(Certificate Authority)中心发行的,人们可以在网上用它来识别对方的身份。数字证书是网银安全的根本保障,是被国内外普遍采用的一整套成熟的信息安全保护措施,通常被保存在电脑硬盘或 IC 卡中,用户登录时,银行系统会通过数字证书自动验证使用人身份,确保用户的真实性和唯一性。

数字证书有着安全性较好,价格低廉的优点,甚至有些银行或第三方支付工具为用户提供了免费的数字证书(如招商银行、支付宝)。但相对其他的安全工具,数字证书使用起来很不方便，用户只能在安装数字证书的电脑上使用网络银行，若要更换电脑，必须将数字证书导出，并在新电脑上安装。因此，数字证书最大的风险也在于一旦电脑被盗或挪用他人，证书就有可能被备份走。

2. U盾

U 盾是国内大部分银行采用的一种安全认证工具，U 盾的外形与 U 盘相似，内置微型智能卡处理器，从外部无法读出内部保存的关键数据，安全性较高。银行将数字证书保存到 U 盾里，用户登录时必须插入 U 盾。U 盾内的文件不会被保存在电脑上，即使电脑中了木马病毒，也不会被窃取，因此用户不必担心数字证书被黑客控制。图 11-17 为各银行网络银行 U 盾。

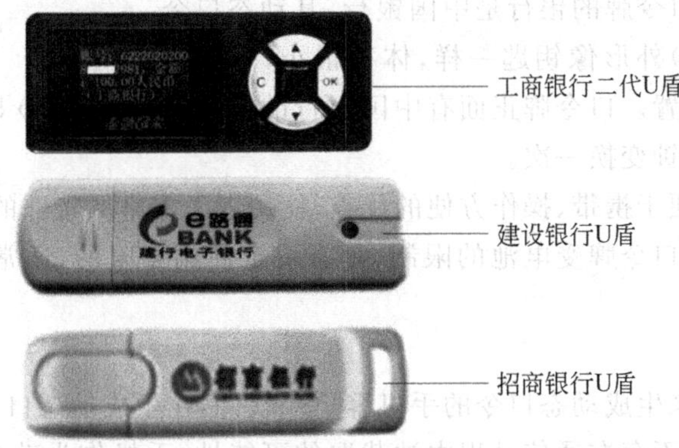

图 11-17　各银行网络银行 U 盾

3. 动态口令卡

动态口令是一连串定期变化着的银行密码，动态口令卡是动态口令的载体，只有拥有口令卡的用户才能拥有最新更换后的密码。在启用动态口令卡后，进行网上银行办理转账汇款、缴费支付、网上支付等交易时，需按顺序输入动态口令卡上的密码，每个密码只可以使用一次。常用的动态口令卡包括卡片口令卡、动态口令牌、手机令牌和短信密码。

(1) 卡片口令卡

卡片口令卡包括刮刮卡和二维矩阵卡（图 11-18 为工行电子银行口令卡），它们都是以纸质卡形式提供的。卡片口令卡有着携带方便的优点，但其缺点也相对较明显：刮刮卡有严格的使用次数限制，一般只能使用 30 次；而二维矩阵卡虽然可以无限次使用，但很

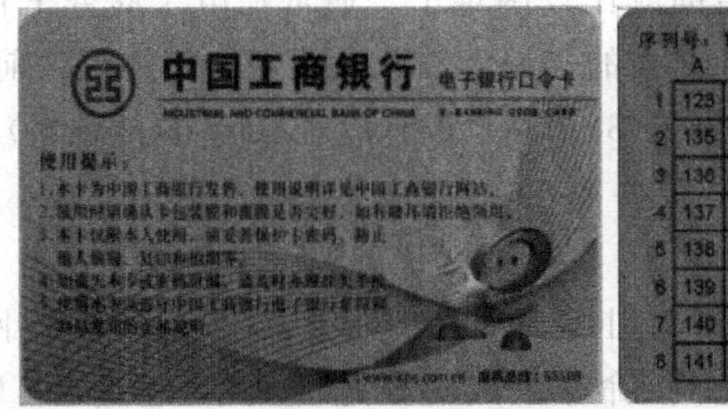

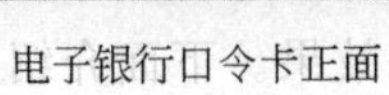
电子银行口令卡正面

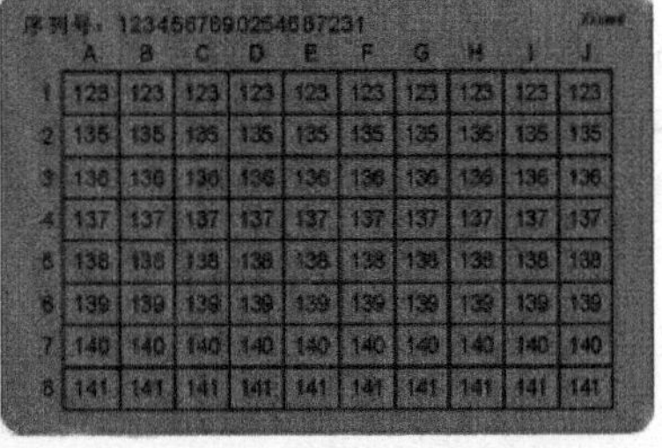

电子银行口令卡背面

图 11-18　工商银行电子银行口令卡

容易被复制。卡片口令卡不具备时效性,目前这种密码保护方式已经逐渐被各大银行淘汰。

(2) 动态口令牌

动态口令牌原理是认证服务器端和这个“动态口令牌”都使用同样的一套算法,可以自定义计算数组的时间间隔,每批次“动态口令牌”都拥有唯一的序列号,然后服务器端和“动态口令牌”执行相同的计算程序,在设定好的相同的更新时间计算出新的数组。动态口令验证服务器跟动态口令牌没有直接联系,就是根据唯一的序列号,利用公式,各自计算,保证算出的数字都一样且在同一时间更新。

图 11-19 中国银行动态口令牌

较早采用动态口令牌的银行是中国银行,其动态口令牌(如图 11-19 所示)外形像钥匙一样,体积很小,可以系在钥匙环、手机等位置。口令牌正面有中国银行的标识和一个 LCD 显示窗口,一次可以显示 6 位数字,一分钟变换一次。

动态口令牌有便于携带、操作方便的优点,使用者无需掌握特殊的电脑知识就可以进行操作,但由于动态口令牌受电池的限制,是有一定使用年限的,通常电池的寿命为 3~5 年。

(3) 手机令牌

手机令牌是用来生成动态口令的手机客户端软件,在生成动态口令的过程中,不会产生任何通信及费用,不存在通信过程中被截取的可能性,手机作为动态口令生成的载体,欠费和无信号对其不产生任何影响。由于手机令牌具有高安全性、零成本、无需携带、获取以及无物流等优势,可能会成为 3G 时代动态密码身份认证令牌的主流形式。

(4) 短信密码

短信密码以手机短信形式请求包含 6/8 位随机数的动态密码,也是一种手机动态口令形式,身份认证系统以短信形式发送随机的 6/8 位密码到客户的手机上,客户在登录或者交易认证时候输入此动态密码,从而确保系统身份认证的安全性。

11.4 网上创业相关技术基础

店铺的美化对网上开店的创业者来说是非常重要的,实现一个功能完整的店铺比较容易,但要自己动手做好一个精美的店铺就比较困难了。通常在电子商务平台进行店铺装修或商品发布时,需要掌握网页设计方面的知识。因此在学习开店知识之前,创业者需要掌握基本的网页设计语言(HTML 和 CSS)和网页设计软件(Dreamweaver)。

11.4.1 HTML 语言

HTML 即超文本标记语言是目前网络上应用最为广泛的语言,也是构成网页文档的主要语言。HTML 文本是由 HTML 标签命令组成的描述性文本,通过 HTML 标签可以在页面中显示文字、图形、动画、声音、表格、链接等效果。下面介绍几种常用的标签。

1. 段落

(1) 分段标签

<p> 标签的作用是分段，浏览器会自动地在段落的前后添加空行。<p>标签具体的语法结构如下：

```
<p align="center|left|right" >文本内容</p>
```

其中：align 属性用来设置段落内文字的对齐方式，可以设置 left(左)、center(中)和 right(右)三种参数。

(2) 换行标签

<p>可以为我们自动将文字分成段落，但是每段之间将出现一个空行，浪费了不少本来就不多的页面空间。HTML 语言提供了另一个标签符来解决这个问题，具体语法结构如下。

```
<br />
```

该标记符主要作用就是强制性地在段落内进行换行。在出现
的位置进行文本换行，相当于插入一个软回车。

2. 图像

在 HTML 中，图像由<img />标签定义。<img />是空标签，它只包含属性，并且没有闭合标签。<img />标签具体的语法结构如下。

```
<img src="url" alt="文本信息" />
```

<img>标签主要的属性包括 src 和 alt。

(1) src 属性

在页面上显示图像，需要使用源属性 src。src 是 source 的缩写，其值是图像的 url 地址。

注：src 属性值可以是图片的相对地址，也可以是完整路径的绝对地址。在淘宝中是无法使用相对地址的，在淘宝编辑器中进行信息的更改时，必须引用外部的图片、完整的路径或淘宝图片空间中的图片地址。

(2) alt 属性

alt 属性用来为图像定义一串预备的可替换的文本，替换文本属性的值是用户定义的。在浏览器无法载入图像时，浏览器会显示替换文本而不是图像。为页面上的图像都加上替换文本属性是好的习惯，这样有助于更好地显示信息，且对于那些使用纯文本浏览器的人有很大帮助。

3. 超级链接

在 HTML 中使用链接标签<a>与网络上的另一个文档相连。<a>标签的语法结构如下。

```
<a href="url" target="打开方式">链接文本</a>
```

<a>标签主要的属性包括 href 和 target。

(1) href 属性

href 属性用于定位需要链接的文档,<a>标签的开始标签和结束标签之间的文字被作为超级链接来显示。

注:淘宝可编辑页面中不允许链接到淘宝以外的网站地址,因此在写入链接时一定要填写好站内链接地址。

(2) target 属性

使用 target 属性,可以定义被链接的文档在何处显示。常用的 target 值有两种,分别是"_blank"(新建页面显示)和"_self"(在当前页面显示),未定义 target 属性默认是"_self"的效果。

4. 表格标签

表格由<table>标签来定义。每个表格均有若干行(由<tr>标签定义),每行被分割为若干单元格(由<td>标签定义)。<td>标签内输入的是单元格的数据,可以包含文本、图片、列表、段落、表单、水平线、表格等。表格标签的基本语法结构如下。

```
<table border="1">
    <tr>
        <td>单元格 1</td>
        <td>单元格 2</td>
    </tr>
    <tr>
        <td>单元格 3</td>
        <td>单元格 4</td>
    </tr>
</table>
```

单元格1	单元格2
单元格3	单元格4

图 11-20 网页表格标签显示样式

在浏览器显示如图 11-20 所示。

表格标签中涉及很多属性,它们可以分属于<table>、<tr>和<td>标签,也有 3 种标签统一的属性,下面对开店可能涉及的重要属性进行介绍。

(1) border、cellspacing 和 cellpadding 属性

这 3 种属性同属于<table>标签下,是调节边框大小及单元格间距离的属性。

border 是表格的边框属性,设置的值越大,边框的宽度越大。但在实际应用中很少使用 border 调节边框的粗细,因为 border 所显示的是一种带有立体感的边框效果,较少被人应用到实际的网页设计中,通常在使用表格定位时会将 border 的属性值设置为 0。

cellpadding属性 cellspacing属性

First	Row
Second	Row

图 11-21 表格标签中 cellpadding 和 cellspacing 属性

cellspacing 属性是指表格中单元格之间的距离,cellpadding 属性是指单元格里的内容(文本、图片等)距离单元格边框的距离。图 11-21 中所显示的为 cellspacing 属性和 cellpadding 属性都设置为 10 的效果。在使用表格标签时,为了更好地进行定位,通常设置这两个属性值为 0。

(2) width 和 height 属性

width 和 height 属性是指整个表格或表格的某一行或某个单元格的宽度或高度。单位可以是百分比或者像素,百分比设置宽度的相对值,像素设置宽度的绝对值。

(3) align 和 valign 属性

指定表格、行或单元格的对齐方式。align 是水平对齐方式,有 3 个值,left、center 和 right,分别代表左对齐、居中对齐和右对齐。valign 是垂直对齐方式,值包括 top、middle、bottom 和 baseline,分别代表顶端对齐、居中对齐、底部对齐和基线对齐。

11.4.2 CSS 语言

CSS 即样式层叠表单,是一种标记语言。与 HTML 不同,HTML 主要侧重于定义网页的内容,其排版和界面效果的局限性日益暴露出来,而 CSS 的主要思想是内容与样式分离,HTML 只包含网页的内容,而网页内容显示样式由 CSS 定义。针对不同的 HTML 标签,CSS 相对应的属性也不相同,在这里并不能面面俱到地一一介绍,下面针对 CSS 调用方式及网络店铺中文本编辑常用的 CSS 属性进行介绍。

1. CSS 调用方式

CSS 允许以多种方式规定样式信息。样式可以规定在单个的 HTML 元素中,在 HTML 页的头元素中,或在一个外部的 CSS 文件中,甚至可以在同一个 HTML 文档内部引用多个外部样式表。

(1) 外联式样式表

添加在 HTML 的头信息标识符< head>里,调用外部的.css 文件,语法结构如下。

```
<head>
    <link rel="stylesheet" href="* .css" type="text/css" media="screen" />
</head>
```

其中 href 是目标文档的 URL,type 则规定了目标 URL 的 MIME 类型,而 media 规定了文档将显示在什么设备上。

(2) 内嵌样式表

添加在 HTML 的头信息标识符<head>里,语法结构如下。

```
<head>
    <style type="text/css">
    <!--样式表的具体内容-->
    </style>
</head>
```

type="text/css"表示样式表采用 MIME 类型,帮助不支持 CSS 的浏览器过滤掉 CSS 代码,避免在浏览器面前直接以源代码的方式显示我们设置的样式表。

(3) 内嵌样式

在 HTML 的标签内调用内部的 CSS,语法结构如下

```
<tag style="properties">网页内容</tag>
```

tag代表HTML标签名称，style则代表标签内调用CSS的属性。

注：淘宝信息编辑中是支持CSS调用的，但由于其局部调用的特殊性，外联样式表和内联样式表两种方式并不适用，我们只能选择内嵌样式的方式进行CSS调用，从而辅助HTML标签，完善页面的设计。

2. 常用的CSS属性

(1) 行高

行高指的是文本行的基线间的距离。在HTML标签中，可以使用换行标签(<br>)进行行与行之间的分割，但通常显示的文本行与行之间的距离是没有任何空隙的，大片密密麻麻的文字往往会让人觉得乏味，因此适当地调整行高可以降低阅读的困难与枯燥，并且使页面更美观。

行高属性具体的语法如下。

```
line-height : normal|<实数>|<长度>|<百分比>|inherit
```

其中normal代表默认行高，一般为1～1.2；实数为实数值，缩放因子；长度为合法的长度值，可为负数；百分比取值基于元素的字体尺寸。

行高属性实现效果代码如下所示，其中前半部分是普通的段落标签显示，后半部分则在段落标签(<p>标签)的基础上加入了行高属性，属性值为22px。具体的实现效果如图11-22所示。

```
<p>
未加入行高效果<br />
未加入行高效果
</p>
<p style="line-height:22px">
加入行高效果<br />
加入行高效果
</p>
```

未加入行高效果
未加入行高效果

加入行高效果
加入行高效果

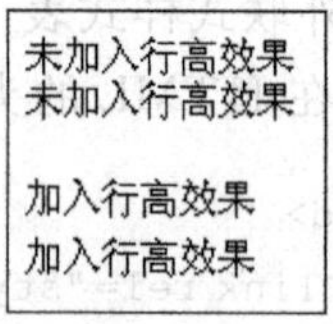

图11-22 行高CSS属性对比图

(2) 字体属性

设置字体属性是样式表的最常见用途之一。CSS字体属性允许您设置字体系列(font-family)和字体加粗(font-weight)，还可以设置字体的大小、字体风格(如斜体)。常用的字体属性见表11-1。

表11-1 字体属性表

属性名称	属 性 值	示 例
字体名称属性(font-family)	Arial, Tahoma, 宋体等	<p style="font-family: 宋体;">
字体大小属性(font-size)	常用单位有pt和px	<p style="font-size: 14px;">
字体风格属性(font-style)	normal, italic (斜体)	<p style="font-style: italic;">
字体加粗属性(font-weight)	normal, bold	<p style="font-weight: bold;">

（3）文本属性

CSS 文本属性可定义文本的外观。通过文本属性，可以改变文本的颜色、字符间距，对齐文本，装饰文本，对文本进行缩进等。常用的文本属性见表 11-2。

表 11-2 文本属性表

属性名称	属 性 值	示 例
字体颜色(color)	blue，red，#F79A87	<p style="color：red;">
文本对齐属性(text-align)	left，right，center	<p style="text-align：center;">
文本修饰属性(text-decoration)	underline(下划线)，overline(上划线)，line-through(删除线)，无	<p style="text-decoration：underline">
行高属性(line-height)	绝对长度或相对长度	<p style="line-height：24px;">
字间距属性(letter-spacing)	绝对长度或相对长度	<p style=" letter-spacing：3mm;">

11.4.3 Dreamweaver

Dreamweaver 是 Adobe 公司开发的集网页制作和网站管理于一身的所见即所得网页编辑器，它的功能非常强大，利用它可以轻而易举地制作出跨越平台限制和跨越浏览器限制的充满动感的网页。但在网上开店的店铺页面设计中，并不需要应用过多复杂的功能，下面对 Dreamweaver 的操作界面和常用的功能进行介绍。

1. **操作界面**

Dreamweaver 的进入后的主界面如图 11-23 所示，主要由菜单栏、插入工具栏、文档工具栏、编辑窗口、属性面板和控制面板几部分构成。

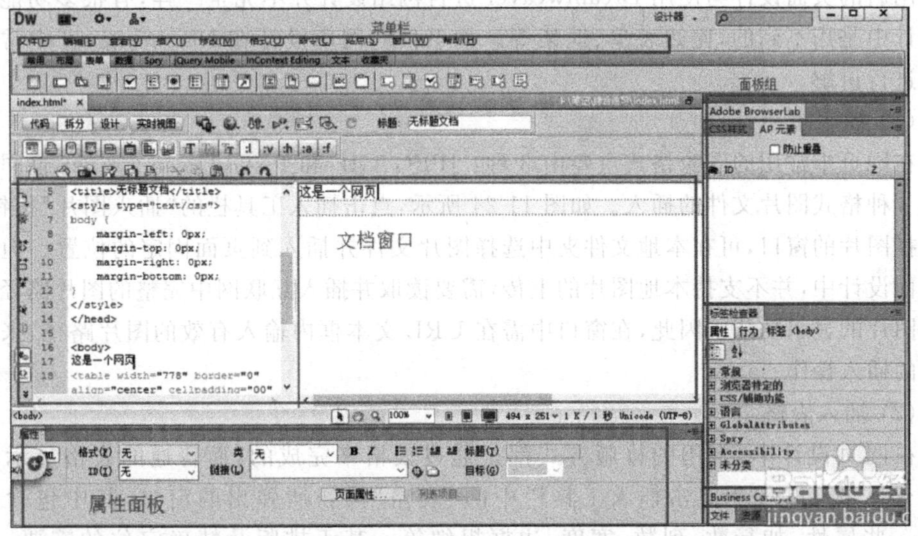

图 11-23 Dreamweaver 主界面

(1) 菜单栏

同其他多数软件相类似,Dreamweaver 的菜单栏位于工作环境最上方,包括各种菜单项。

(2) 插入工具栏

插入工具栏能让使用者在网页中插入图像、表格、Flash 动画等元素,是非常重要的工具栏,单击插入工具栏最左边的弹出式菜单,可切换选用不同类型的网页元素,默认是"常用"工具栏。

(3) 文档工具栏

文档工具栏包含各种视图转换按钮以及一些常用的文本操作按钮,用于实现文档工作布局的切换、网页的浏览和视图的选择等操作。

(4) 编辑窗口

Dreamweaver 的编辑窗口用于显示当前正在创建或者编辑的文档,与 Word 文本处理程序中的文件一样,将文本插入点移入文件中,就可以开始在这里输入文本进行编辑了。

(5) 属性面板

属性面板用于查看、设置和更改所选对象的各种属性,其中的属性参数会随着选取对象的不同而不同。

(6) 控制面板

控制面板位于 Dreamweaver 工作界面右侧,利用它可以为页面添加更多的动态效果,更方便使用者操作,主要包括设计面板、代码面板、应用程序面板、标签检查器面板、文件面板等,用户可以根据需要随时隐藏或显示这些面板。

2. 常用的基本功能

网店的页面设计与使用 Dreamweaver 进行网站设计并不完全一样,有很多功能在网店设计中是用不到的,比如表单、框架等。如下仅对网店设计在 Dreamweaver 中常用的功能进行讲解。

(1) 插入图片

在网页中常用的图像格式主要由 3 种:JPEG、GIF 和 PNG,Dreamweaver 也同时支持这 3 种格式图片文件的插入。如图 11-24 所示,点击插入工具栏的"插入图片"按钮,弹出选择图片的窗口,可在本地文件夹中选择图片文件并插入到页面固定的位置。但在网店页面设计中,并不支持本地图片的上传,需要读取并插入互联网中完整的图片路径才能实现图片的显示功能。因此,在窗口中需在 URL 文本框内输入有效的图片路径,来完成图片的插入操作。

(2) 插入表格

在网页设计中,常用的排版方式都是通过表格来完成的,而普通的表格显示功能被弱化。图 11-25 为点击插入工具栏中的"表格"按钮所弹出的窗口,其中包含了表格的一些属性,如行数、列数、宽度、边框粗细等。基于排版及精确定位的需要,可以将边框粗细、单元格边距和单元格间距全部设置为 0,具体的调整还要根据实际情况来设计。

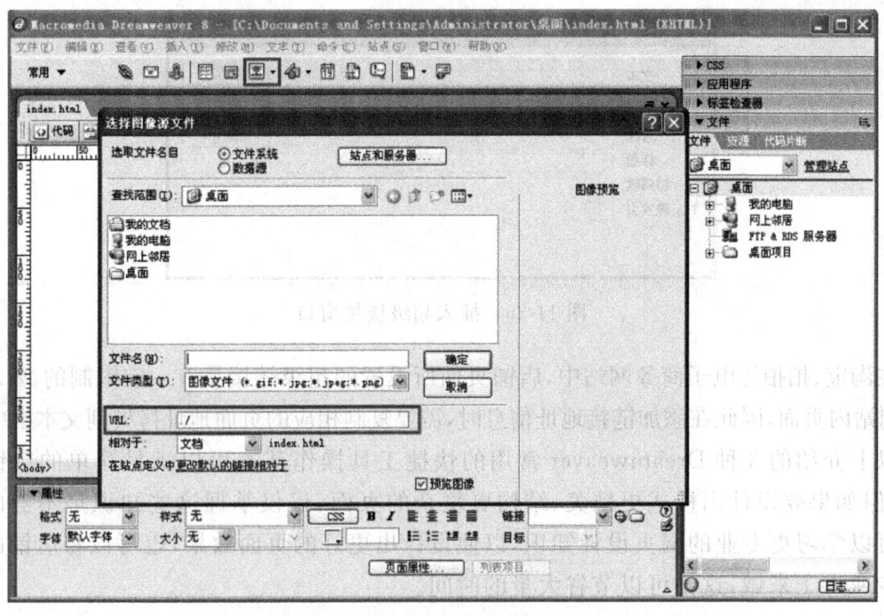

图 11-24　插入图片窗口

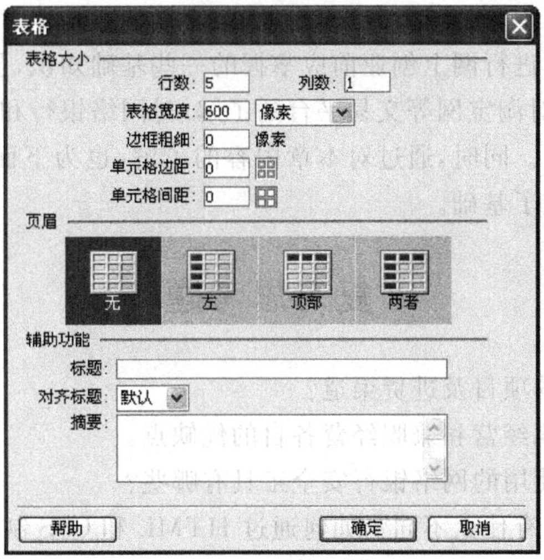

图 11-25　插入表格窗口

(3) 插入超级链接

超级链接是指从一个网页指向一个目标的连接关系，这个目标可以是另一个网页，也可以是相同网页上的不同位置，还可以是一个图片、一个电子邮件地址、一个文件，甚至是一个应用程序。图 11-26 为点击插入工具栏中的“超级链接”按钮所弹出的窗口，其中包含了表格的一些属性，其中文本是链接的文字信息；链接是点击后跳转的地址；目标可以选择弹出新的页面，也可以刷新当前的页面；标题为鼠标移动到链接文字上显示的说明文本信息。

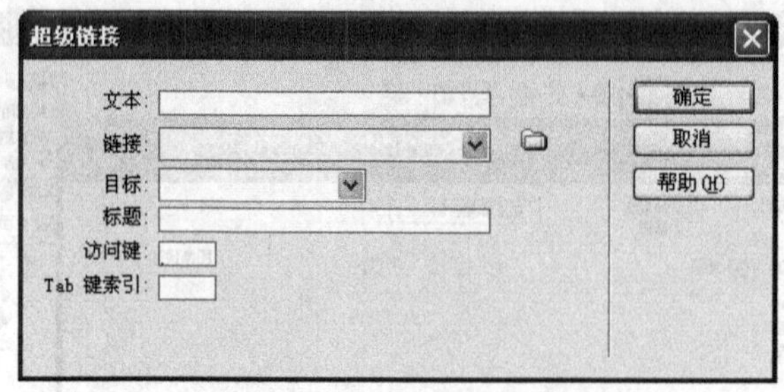

图 11-26　插入超级链接窗口

在淘宝、拍拍等电子商务网站中,店铺页面所设置的超级链接是有一定限制的,要求只能链接到站内页面,因此在添加链接地址信息时,需要复制相应的页面地址拷贝到文本框中。

以上介绍的 3 种 Dreamweaver 常用的快捷工具操作基本可以满足简单的店铺页面设计,但如果要设计出样式更精美、结构更复杂的页面,仅仅掌握这些知识是不够的。创业者可以学习更专业的网页设计知识,以便设计出更好的页面效果,也可以将店铺的设计交给专业人士来做,这样可以节省大量的时间。

本章小结

本章主要介绍了在进行网上创业前应掌握的一些基础知识,包括对创业项目、进货渠道和经营模式的选择,对淘宝网等交易平台的了解,对网络银行和网络安全技术的学习和对网页设计技术的掌握。同时,通过对本章内容的了解,也为下面章节中网上创业开店、营销和管理的学习奠定了基础。

复习思考题

1. 如何选择合适的项目及进货渠道?
2. 试分析网店全职经营和兼职经营各自的优缺点。
3. 目前各银行所使用的网络银行安全工具有哪些?
4. HTML 和 CSS 有什么不同? 如何通过 HTML 和 CSS 制作网站页面?

实践题

1. 选择一个自己感兴趣且适合网络销售的项目,根据当前自身状况,模拟选择进货渠道和经营方式。

2. 访问淘宝网、拍拍网、易趣网和百度有啊,分析它们功能上的相同点和不同点。

3. 就近选择一家银行并办理网上银行业务,分析其对应的网络支付安全工具的功能。

4. 使用 Dreamweaver 软件设计简单的网络店铺页面。

第 12 章

网上创业之开店

【学习目标】

通过本章的学习，学生应了解网上开店的基本流程；能够运用所学习的知识对网络店铺进行装修；掌握发布商品信息的技巧；学习并掌握商品拍摄及图片后期处理的相关知识。

【关键词汇】

网上开店(online shop)　店铺装修(shop decoration)

选择好适合的创业项目和进货渠道，掌握了基本的网上创业知识，创业者就可以在网络的交易平台中搭建属于自己的店铺了。本章以淘宝网电子商务平台为例，主要讲解了网上开店的基本流程、店铺装修和商品发布的相关操作与技巧。

12.1 开店流程

在淘宝中开设店铺是免费的，基于安全因素的考虑，除了要在淘宝网中申请基础账号和支付宝账号外，还需要将支付宝和网络银行进行绑定，通过认证后发布相应数量的商品就可以搭建一个店铺了。

12.1.1 账号注册

想要在淘宝成为一名真正的卖家，第一步必须要注册一个属于自己的账号。使用此账号我们既可以继续完成店铺的搭建，也可以用它购买商品。目前淘宝网提供手机号码注册。手机号码注册方式是邮箱注册的延伸(如图 12-1 所示)，注册时输入的手机号码同样可登录支付宝，同时使用手机号码可以方便地找回忘记或丢失的密码。

小窍门

网上开店经常会遇到这样的问题：有的店铺买家购物一次就能记住店主的名字，而有的店铺可能去了很多次还是记不住，这就涉及淘宝店铺起名创意的问题。因为淘宝开店所注册的账号是要和身份证号码绑定的，而一个身份证号码只能对应一个店铺，一旦店铺注册成功并发布商品，就不能取消绑定，所以在注册账号时，一定要考虑周全，避免留下

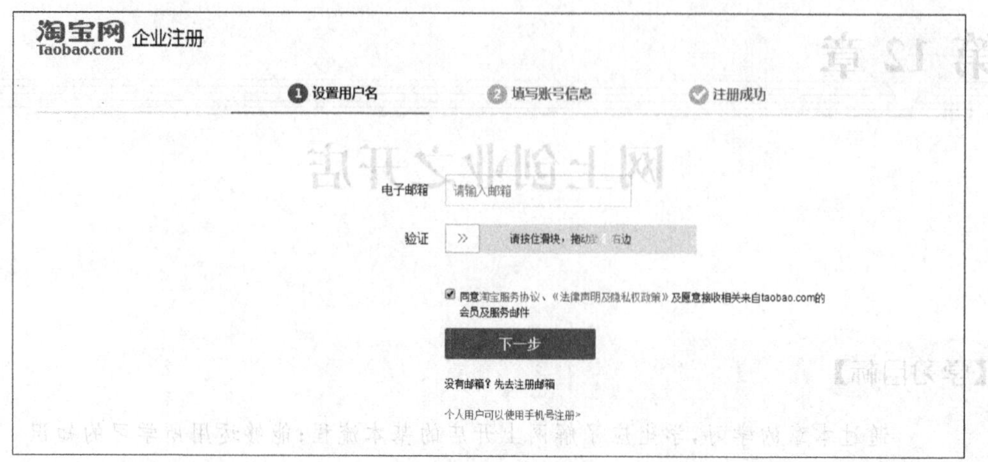

图 12-1 淘宝网企业注册界面

遗憾。注册时存在如下需要注意的问题。

(1) 会员名应尽量避免使用字母及数字,特别是英文或拼音的缩写或数字和字母的组合,不便于用户记忆。

(2) 会员名不要存在歧义或敏感词语,歧义或敏感的词语容易让人误解或产生厌烦抵触的情绪。

(3) 会员名应慎重选择与店铺所售商品相关的词语,如果店铺当前及以后的销售方向都是固定的,那么会员名中出现涉及商品属性字样的词语能起到一定的积极作用,比如"某某教学",这样的用户名就能直观地体现其是一个以教学为主的店铺。但如果店铺更换或扩展商品类别,这种专业的用户名就显得不合适了。

12.1.2 支付宝注册

支付宝是由阿里巴巴公司创办的,专为解决网络安全支付问题的第三方支付平台,在淘宝中支付宝的基本交易流程是:买家先将货款支付到支付宝中,支付宝确认收款后通知卖家发货,买家收货并确认满意后,支付宝打款给卖家完成交易。在交易过程中,支付宝作为诚信中立的第三方机构,充分保障货款安全及买卖双方利益。

支付宝在建立的初期主要是针对淘宝网,为淘宝用户提供安全交易的解决方案,用户可以在注册淘宝账号的同时建立对应的支付宝账号。然而,随着支付宝的不断发展,越来越多的交易平台选择支付宝作为第三方支付工具,用户可以直接访问支付宝网站注册账号并使用。下面分别介绍这两种不同的支付宝注册方式。

1. 淘宝网站注册

通过邮箱或手机注册时,会有选项提示用邮箱或手机号码创建支付宝账号,当我们勾选并创建淘宝账号时,同时也创建了一个对应的支付宝账号。但是,如果真正要使用支付宝,还需要进行支付宝账号的激活。

如图 12-2 所示,在"账号管理"中选择"支付宝账号管理",支付宝账号信息的状态中显示的是"未激活",单击"点击激活"链接,进入支付宝激活界面。

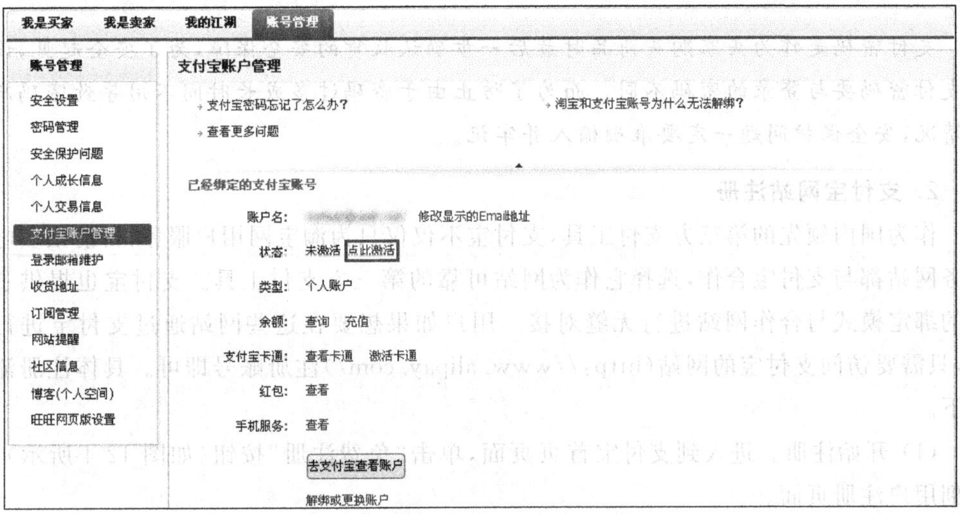

图 12-2 支付宝账户管理

图 12-3 显示的是支付宝激活所需填写的基本信息，包括用户真实姓名、支付密码、安全保护问题及答案、证件号码和联系电话。用户需认真填写真实信息，为开店的支付宝认证做好准备。

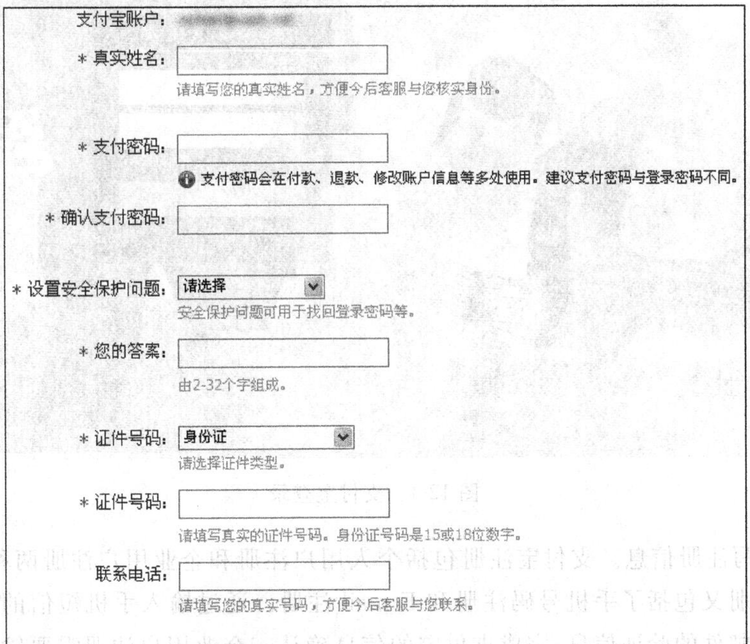

图 12-3 支付宝激活

小窍门

支付密码是作为买家购买商品时最后一步确认收货的安全保障,为了安全起见,设置的支付密码要与登录的密码不同。而为了防止由于密码过多或长时间不用导致密码忘记的情况,安全保护问题一定要准确输入并牢记。

2. 支付宝网站注册

作为国内领先的第三方支付工具,支付宝不仅仅只为淘宝网用户服务,目前很多电子商务网站都与支付宝合作,选择它作为网站可靠的第三方支付工具。支付宝也提供了便捷的绑定模式与合作网站进行无缝对接。用户如果想要在这些网站通过支付宝进行支付,只需要访问支付宝的网站(http://www.alipay.com/)注册账号即可。具体注册流程如下。

(1) 开始注册。进入到支付宝首页页面,单击“免费注册”按钮(如图 12-4 所示),进入到用户注册页面。

图 12-4 支付宝登录

(2) 填写注册信息。支付宝注册包括个人用户注册和企业用户注册两种方式,其中个人用户注册又包括了手机号码注册和 E-mail 注册。通过输入手机短信的验证信息或者点击收到邮件的验证信息,完成支付宝的信息确认。企业用户注册需要输入企业基本信息,如公司名称、真实姓名、营业执照等。图 12-5 为个人用户通过邮箱注册填写基本信息页面。

(3) 激活支付宝。淘宝会向通过注册的支付宝邮箱发送一封验证邮件,如图 12-6

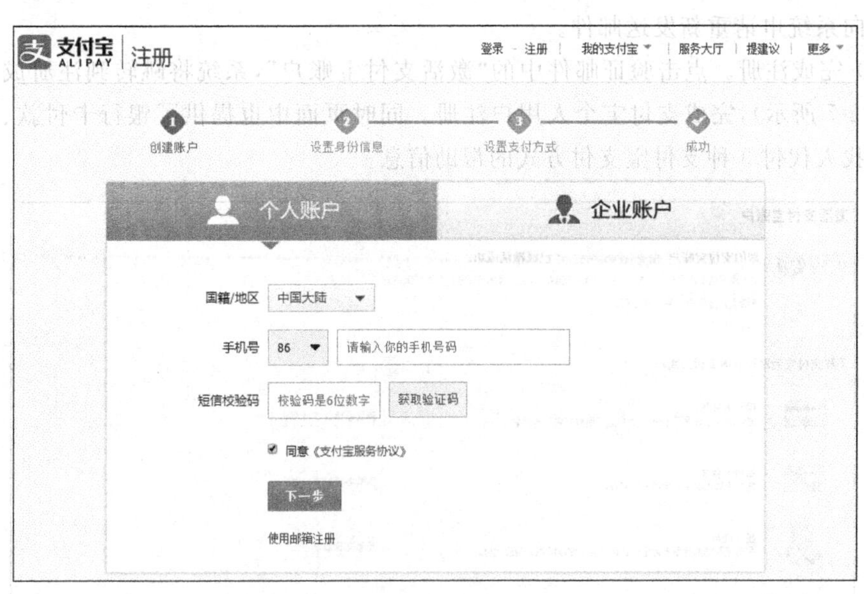

图 12-5 填写支付宝邮箱注册的基本信息

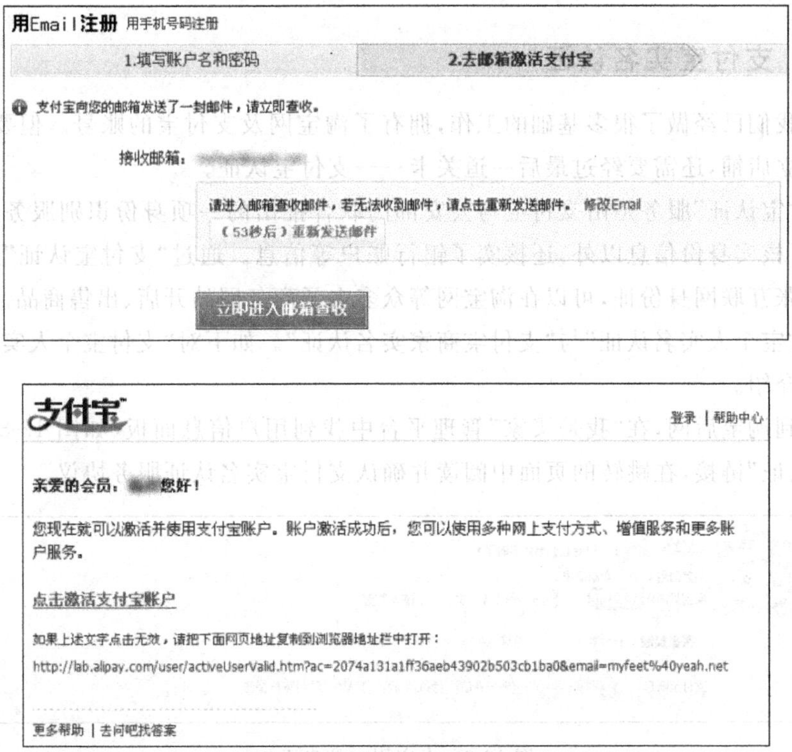

用Email注册 用手机号码注册

1.填写账户名和密码 | **2.去邮箱激活支付宝**

支付宝向您的邮箱发送了一封邮件，请立即查收。

接收邮箱：

请进入邮箱查收邮件，若无法收到邮件，请点击重新发送邮件。 修改Email

（53秒后）重新发送邮件

立即进入邮箱查收

支付宝 登录 | 帮助中心

亲爱的会员： 您好！

您现在就可以激活并使用支付宝账户。账户激活成功后，您可以使用多种网上支付方式、增值服务和更多账户服务。

点击激活支付宝账户

如果上述文字点击无效，请把下面网页地址复制到浏览器地址栏中打开：

http://lab.alipay.com/user/activeUserValid.htm?ac=2074a131a1ff36aeb43902b503cb1ba0&email=myfeet%40yeah.net

更多帮助 | 去问吧找答案

图 12-6 邮箱激活支付宝

所示,用户在提示下可以进入邮箱进入相应的确认,如果在 1 分钟内没有收到验证邮件,也可以向系统申请重新发送邮件。

(4) 完成注册。点击验证邮件中的“激活支付宝账户”,系统将跳转到注册成功页面(如图 12-7 所示),完成支付宝个人用户注册。同时页面中也提供了银行卡付款、信用卡付款和找人代付 3 种支付宝支付方式的帮助信息。

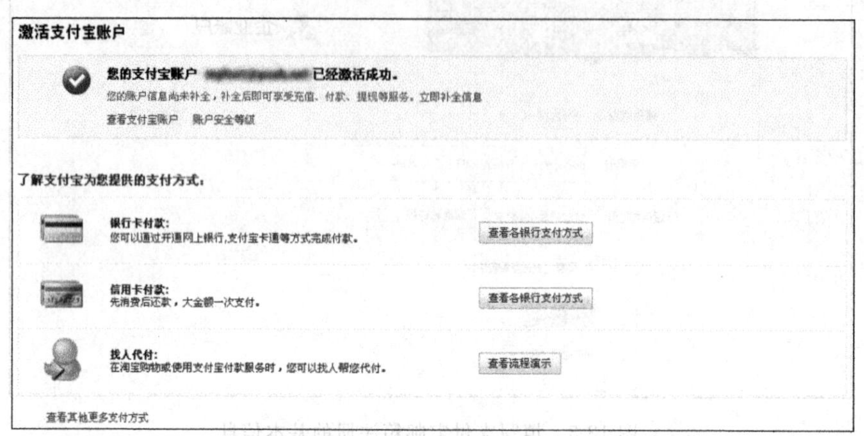

图 12-7 支付宝激活成功

12.1.3 支付宝实名认证

前面我们已经做了很多基础的工作,拥有了淘宝网及支付宝的账号。但要在淘宝网上真正建立店铺,还需要经过最后一道关卡——支付宝认证。

“支付宝认证”服务是由支付宝与公安部门联合推出的一项身份识别服务。“支付宝认证”除了核实身份信息以外,还核实了银行账户等信息。通过“支付宝认证”后,相当于拥有了一张互联网身份证,可以在淘宝网等众多电子商务网站开店、出售商品。认证内容包括“支付宝个人实名认证”与“支付宝商家实名认证”。如下对“支付宝个人实名认证”的流程进行介绍。

登录到淘宝后网,在“我是买家”管理平台中找到用户信息面板(如图 12-8 所示),点击“实名认证”链接,在跳转的页面中阅读并确认支付宝实名认证服务协议。

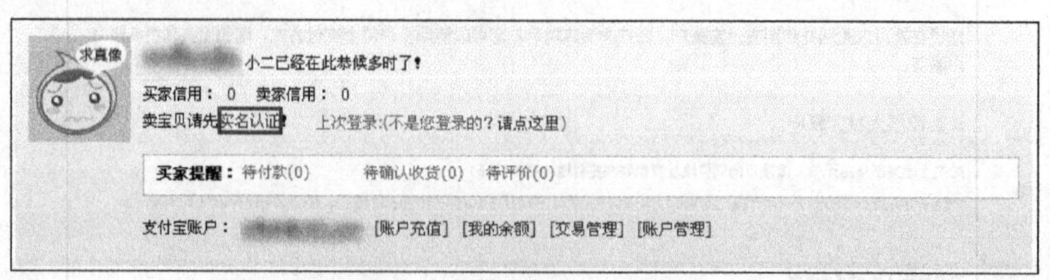

图 12-8 卖家用户信息面板

如图 12-9 所示,用户可以选择“在线开通支付宝卡通”或“通过确认银行汇款金额进行认证”。支付宝卡通将您的支付宝账户与银行卡连通，不需要开通网上银行，就可直接在网上付款，并且享受支付宝提供的“先验货，再付款”的担保服务；而通过银行汇款金额确认认证方式只需拥有与账户相同身份证信息的网上银行即可实现。下面详细介绍较常用的确认银行汇款金额认证。

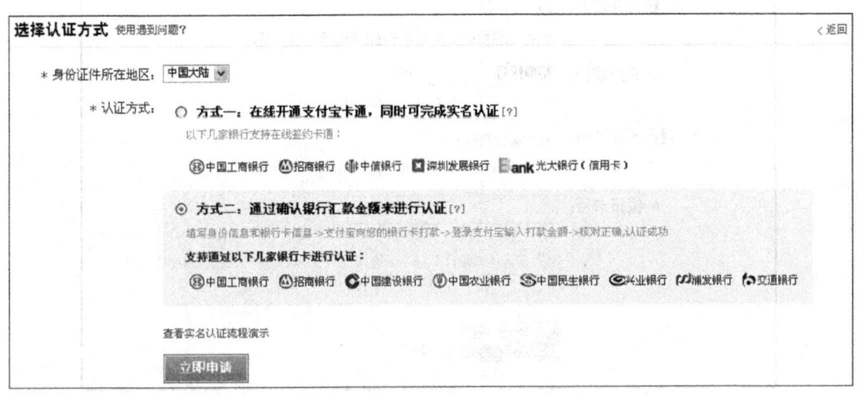

图 12-9　选择支付宝认证方式

（1）填写个人信息。如图 12-10 所示，申请支付宝认证需要填写个人基本信息，包括用户的真实姓名、身份证号码和联系电话。

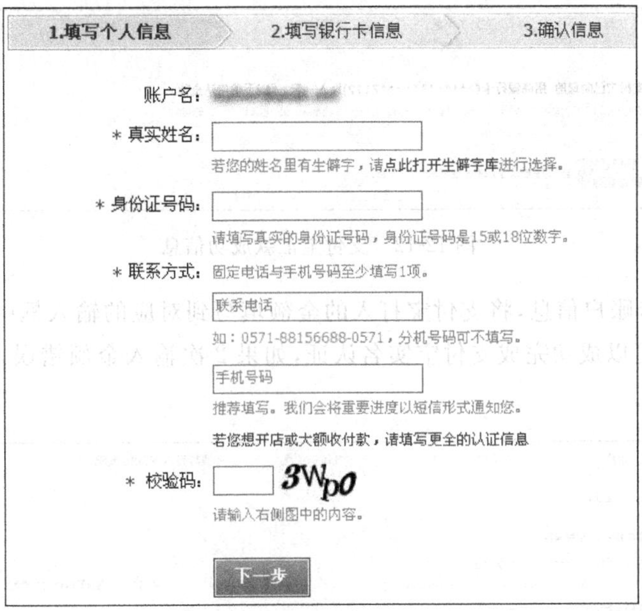

图 12-10　填写个人信息

（2）填写银行卡信息。支付宝的实名认证需要将支付宝账号和银行卡账号绑定到一起，如图 12-11 所示，用户需选择开户银行和银行所在城市信息，并正确填写银行卡账号。需要注意的是银行账号的开户名和所填写的用户信息应保持一致。

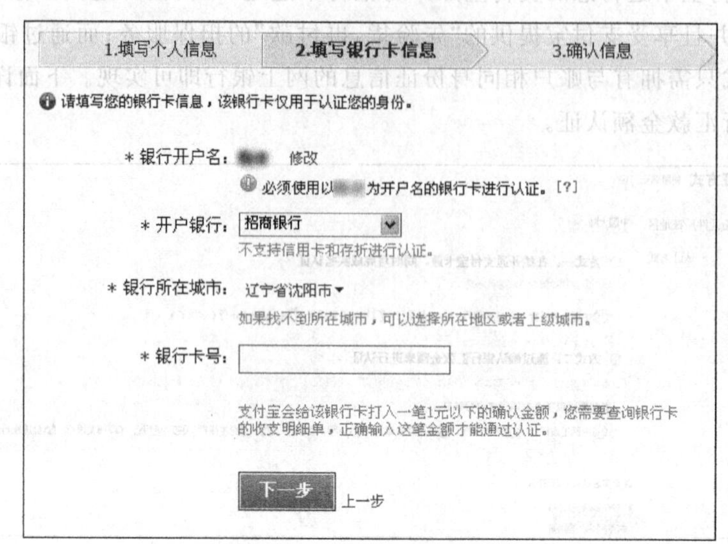

图 12-11 填写银行卡信息

(3) 填写打入卡内的金额。支付宝在用户填写个人及银行卡信息并确认后，会向银行卡中打入一笔 1 元以下的确认金额(如图 12-12 所示)。

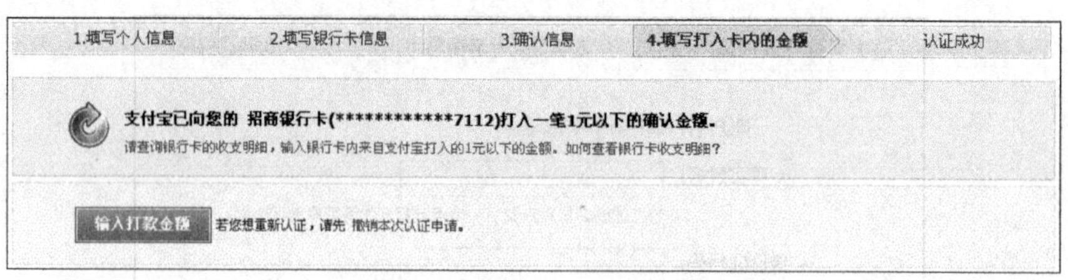

图 12-12 支付宝汇款成功信息

查询银行卡账户信息，将支付宝打入的金额填写到对应的输入框中。如图 12-13 所示，输入正确后可以成功完成支付宝实名认证，如果 2 次输入金额错误，则需要更换银行卡重新进行认证。

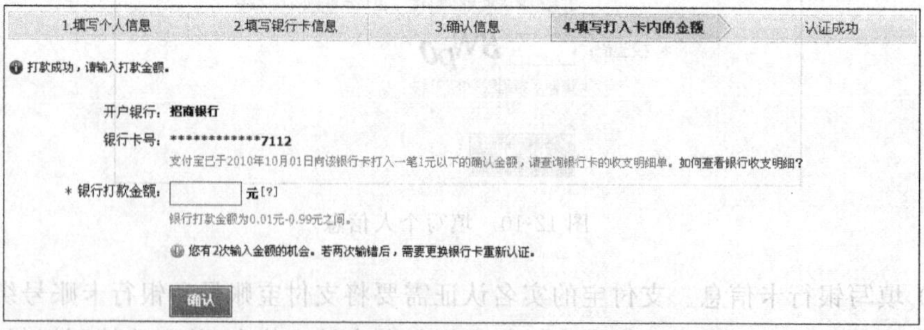

1.填写个人信息　2.填写银行卡信息　3.确认信息　4.填写打入卡内的金额　认证成功

打款成功，请输入打款金额。

开户银行：招商银行

银行卡号：************7112

支付宝已于2010年10月01日向该银行卡打入一笔1元以下的确认金额，请查询银行卡的收支明细单。如何查看银行收支明细？

* 银行打款金额： 元 [?]

银行打款金额为0.01元-0.99元之间。

您有2次输入金额的机会。若两次输错后，需要更换银行卡重新认证。

确认

图 12-13 填写打入卡内的金额

(4) 补全认证信息。在完成认证后，用户还需要继续补全认证信息，如图 12-14 所示，补全信息包括上传身份证图片、填写身份证到期日期和联系地址。

补全认证信息

账户名：

真实姓名：

身份证号码：2****************0

＊身份证类型：二代身份证　一代身份证　临时身份证

＊身份证正面图片：点击上传

＊身份证反面图片：点击上传

证件必须是彩色原件电子版，可以是扫描件或者数码拍摄照片。
仅支持.jpg .jpeg .png .bmp .gif 的图片格式。图片大小不超过2M。

＊身份证到期时间：　长期

日期的格式为:YYYYMMDD，如:20101209。若证件有效期为长期，请勾选长期。

＊联系地址：

提交

图 12-14　补全认证信息

12.1.4　建立店铺

支付宝认证通过后就可以建立属于自己的店铺了。进入卖家管理平台，如果当前店铺是未开通状态，可点击左侧导航中"店铺管理"的"我要开店"链接(如图 12-15 所示)。按照要求发布 10 件不同的商品，并且保持商品的出售状态就可以免费开店了，发布商品可以选择一口价或拍卖方式。

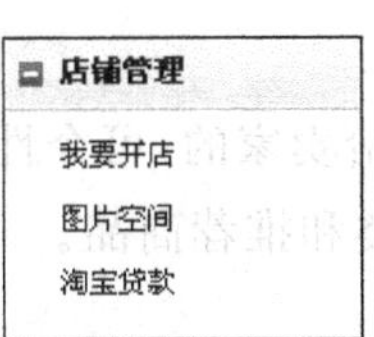

图 12-15　店铺管理导航(未开店状态)

商品发布满 10 件，卖家可以独立的开设店铺。点击"我要开店"弹出设置店铺基本信息窗口，如图 12-16 所示，卖家需要选择店铺的类目、填写店铺名称和介绍信息，点击"确定"新的店铺就建立成功了。

如图 12-17 所示，左侧的"店铺管理"模块更新了相对应的栏目信息。点击"查看我的店铺"可以查看最新的店铺展示，也可以点击"店铺装修"对店铺进行样式及颜色的重新设置。

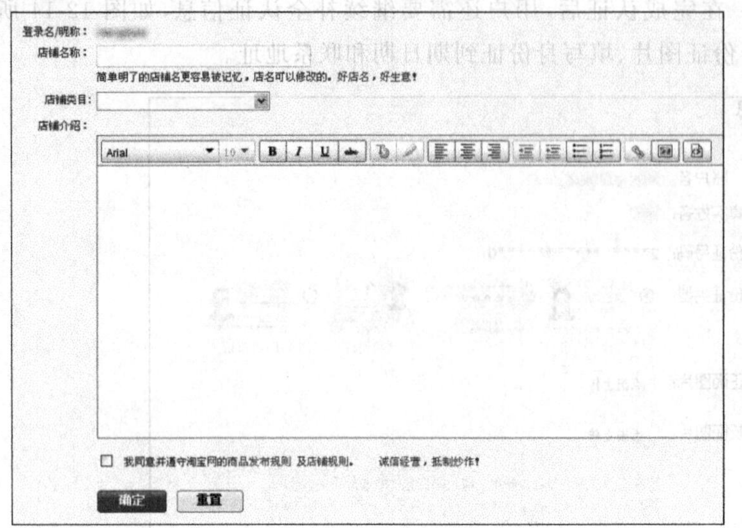

图 12-16 建立店铺

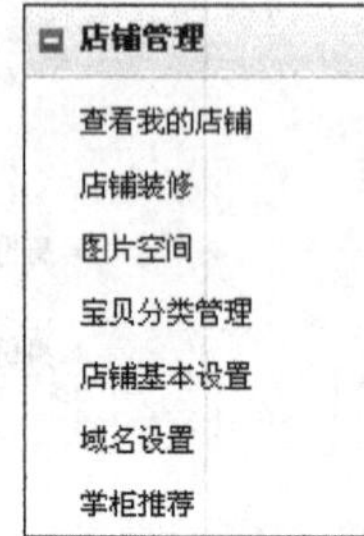

图 12-17 店铺管理导航（已开店状态）

12.2 店铺装修

对于网店来说，一个好的店铺设计至关重要，因为消费者只能通过网上的文字和图片来了解产品信息。好的店铺装修能增加用户的信任感，甚至还能对自身店铺品牌的树立起到关键作用。淘宝网中店铺的装修分为普通店铺装修和旺铺装修，普通店铺结构固定，只能做一些小的装饰，功能性不强；而旺铺的自由度大、功能强，可以设计出个性的店铺页面。同时，应用淘宝所提供的"旺铺装修模板"和"123Show 宝贝展示工具"可以辅助美化店铺。

12.2.1 普通店铺装修

淘宝网的普通店铺是免费提供给卖家的，可个性编辑的模块较少，主要包括 4 部分内容：风格设置、店标及公告、商品分类和推荐商品。

1. 风格设置

淘宝网普通店铺为卖家提供了 8 种免费的风格模板（如图 12-18 所示），包括了 4 种色调（粉、蓝、黄、绿）。具体的选择还需慎重，要根据自己店铺的经营范围、目标消费群来选。如果店铺经营的商品是女性所喜欢的，那么粉色是首选；如果销售的是家居类商品，黄色色调会给人温馨的感觉；科技数码类店铺的可以尝试选择蓝色；而美容化妆品类店铺用绿色往往更容易让人接受。

2. 店标

店标是普通店铺装修中为数不多的可引起买家注意的部分。店标不光具有识别作用，也是让顾客简单了解店铺的小窗口。店标通常在如下两个位置出现。

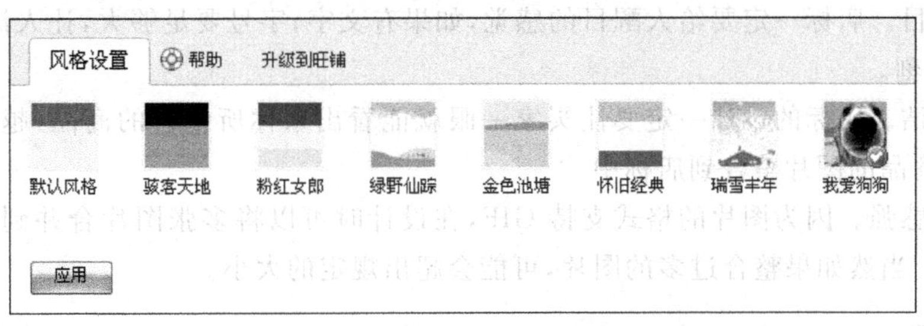

图 12-18　普通店铺免费风格模板

(1) 普通店铺首页左上方(如图 12-19 所示)。

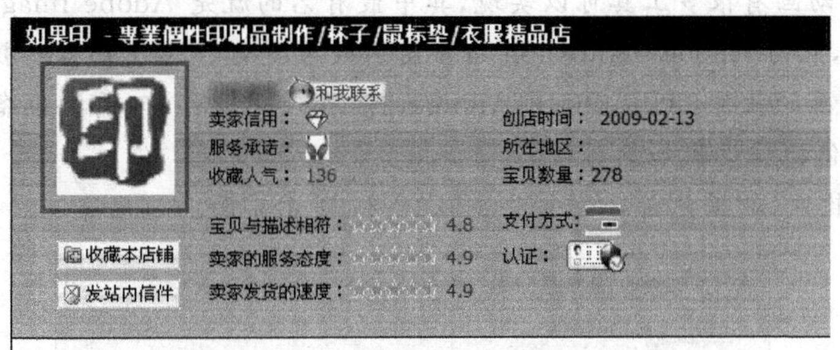

图 12-19　普通店铺首页店标

(2)"店铺街"上的招牌。这里所显示的店标非常重要,好的店标设计能给店铺带来不小的流量。如图 12-20 所示,在店铺街上众多店铺并列显示时,设计独特的店标往往能吸引顾客的光顾。

图 12-20　"店铺街"招牌

店标的尺寸限制在 100×100 像素,图片格式只能是 GIF 或 JPG,上传大小不能超过 80k。虽然限制很多,但还是有一定的发挥空间。设计店标一般主要注意以下几点:

① 醒目。店标一定要给人醒目的感觉,如果有文字,字号要足够大,让人浏览一目了然,印象深刻。

② 简洁。店标的设计一定要让买家一眼就能看出来你所销售的商品,越简单越好,也可以将商品的图片整合到店标中。

③ 动感强。因为图片的格式支持 GIF,在设计时可以将多张图片合并到一起,做成 GIF 动画。当然如果整合过多的图片,可能会超出规定的大小。

小工具

Ulead GIF Animator 制作动态店标

制作 GIF 动画有很多工具可以实现,其中最有名的就是 Adobe ImageReady,但该软件操作略复杂,且与 Adobe photoshop 组合使用效果更好。这里介绍一款操作简单的制作个性 GIF 动画的软件:Ulead GIF Animator。在使用软件前,需要准备好若干张待组合的图片。具体操作步骤如下。

(1) 打开软件,数据更新后会出现如图 12-21 所示界面。

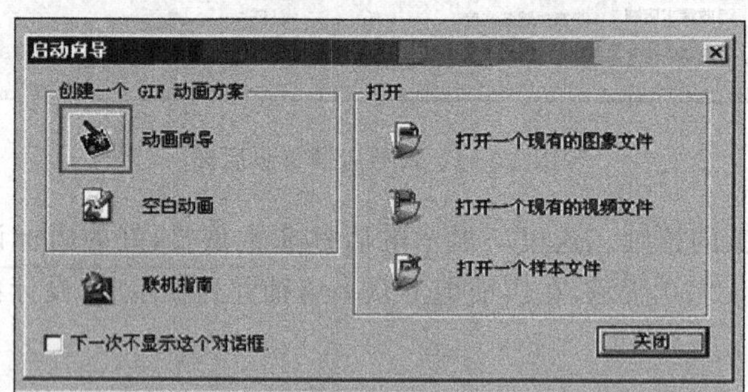

图 12-21 启动向导窗口

Ulead GIF Animator 提供两种制作 GIF 动画方案,这里选择“动画向导”来完成一个简单的 GIF 制作实例。点击“动画向导”左侧的图标后,跳转到如图 12-22 所示对话窗口。

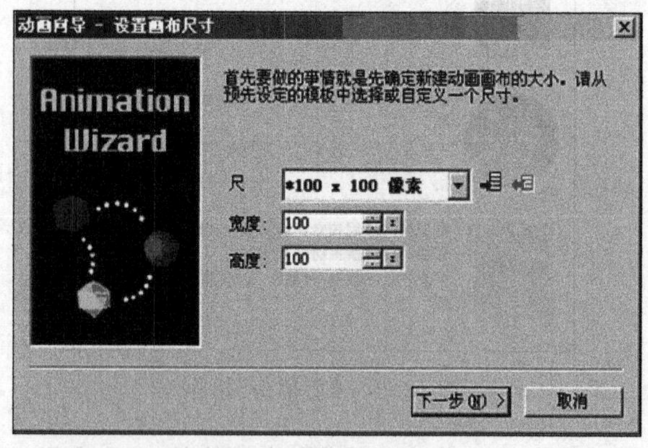

图 12-22 设置画布尺寸窗口

由于店招图片的尺寸宽高都为 100 像素，这里我们设置将要制作 GIF 图片的大小的尺寸为 100×100 像素。

(2) 点击“下一步”跳转到“添加图像”界面。如图 12-23 所示，选择“添加图像”按钮，找到事先准备好的图片素材文件夹，依次将需要的图片素材添加到窗口里。

图 12-23　选择文件窗口

(3) 点击“下一步”，在画面帧持续时间界面中设置每个画面帧的显示时间。设置界面如图 12-24 所示。

图 12-24　画面帧持续时间窗口

我们可以分别在“延迟时间”和“按帧比率指定”里面设定所需的数据，“延迟时间”选框里的数值越大图片变换越慢。点击“下一步”完成动画的向导，进入动画编辑及预览界面，如图 12-25 所示。

在此界面中可以点击“预览”查看设置效果，如果对图片变换的快慢不满意的话也可以在图片上右击选择“属性”进行相应的修改。

最后保存文件时需要注意，Ulead GIF Animator 提供了多种格式的存储，如果网店需要的是 GIF 动画图像，在存储的时候一定要选择“文件”>“另存为”>“GIF 文件”。

至此，一个动态店标就做好了，在淘宝网的“我的淘宝”中的“基本设置”里面上传就可以了。

图 12-25 动画编辑及预览界面

3. 店铺公告

淘宝店铺公告位于淘宝普通店铺右上侧,尺寸宽度限制在 480 像素的文字描述,高度不限,以滚动的形式表现。公告区域主要是介绍店铺的基本信息,是买家了解店铺的窗口。因为淘宝店铺公告的区域空间有限,所以文字一定要言简意赅。公告通常包括以下几部分内容。

(1) 欢迎语。例如:新店开张,欢迎过路的朋友到此歇歇;本店秉承诚信待客,一流的服务为宗旨;顾客至上,质量为本等。通过文字大小及颜色的调整给人更醒目的感觉。

(2) 主营项目。将店铺主营项目的关键词罗列出来,让顾客浏览一目了然。

(3) 其他信息。公告里可以写一些店铺活动的通知、店主的联系方式或是想对买家说的话等。描述信息也可以体现出店铺的优势,如商品保真、价格最低、包物流费等。

公告栏的编辑支持 HTML 和 CSS 脚本语言,利用我们上一章所学习的网页设计基本知识可以个性地设置公告信息,甚至通过网页代码发布图文配合的公告信息,让公告栏更清晰、美观,并且可以加入动画图片让效果更醒目。

4. 宝贝分类

宝贝分类是普通店铺装修的重要环节,因为不论普通店还是旺铺,清晰的分类很容易让消费者找到所需商品,尤其在商品种类繁多的时候。

宝贝分类可以是文字连接,也可以是图片链接。图片链接的优势更明显,首先,商品分类图片的显示使买家可以直观了解商品;其次,能够使买家对于店铺形成一个整体的直观印象,从而更有针对性地找到自己需要的商品,提高店铺的成交率。当然如果分类过多,使用图片会影响浏览速度;如果颜色搭配不当,也会给人造成凌乱的感觉。

编辑宝贝分类是在店铺装修左侧的“店铺类目”里，具体操作如下。

(1) 点击店铺类目右侧的“编辑”(如图 12-26 所示)。

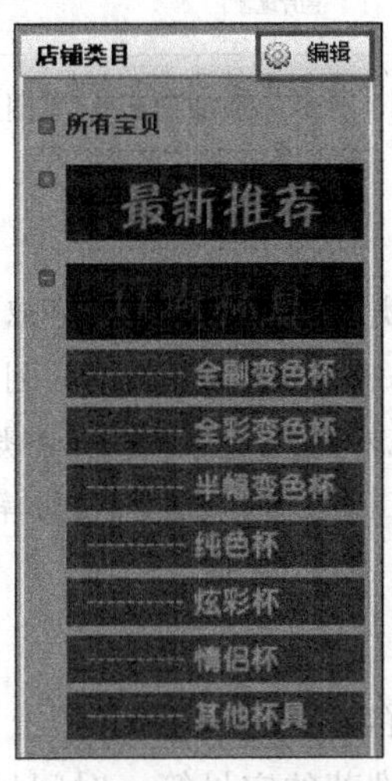

图 12-26 店铺类目界面

(2) 进入宝贝分类管理界面，如图 12-27 所示，可以通过点击“添加新分类”(A 区域)设置一级分类，也可以在一级分类的基础上点击“添加子分类”(B 区域)设置二级分类。同时也可调整分类的排序(C 区域)和删除分类(D 区域)。

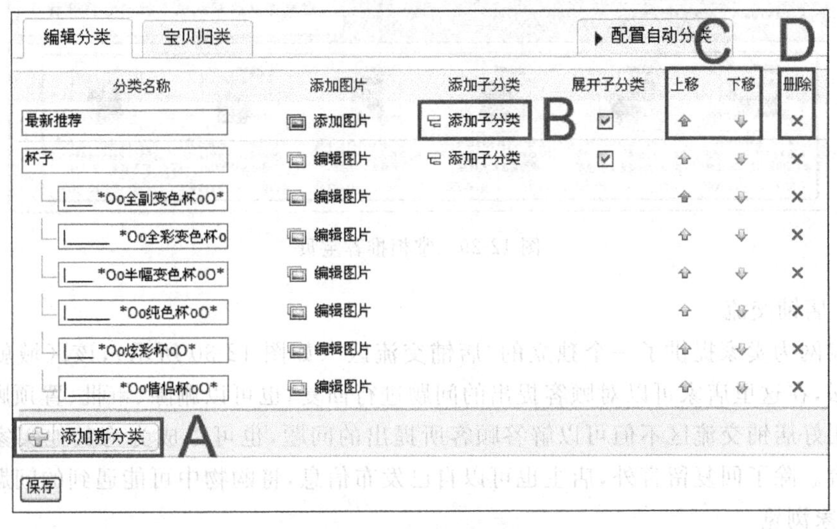

图 12-27 编辑宝贝分类

(3) 设置好文字分类后，点击“添加图片”添加分类图片链接(如图 12-28 所示)。需要注意的是，淘宝网本身并不提供分类图片的上传空间，因此需要将设计好的分类图片上传到淘宝相册空间，或者其他的空间，复制相应的图像地址添加即可。

(4) 最后点击“保存”，完成宝贝分类的编辑。

图 12-28 添加宝贝分类图片

小窍门

为了让顾客有更好的商品分类搜索体验,我们可以将分类进一步细化。除了按照常规商品分类进行划分,也可以根据商品具体属性进行划分。如鞋子可以按照品牌、尺码、年龄段进行划分;礼品可以按送礼对象、价格等划分分类。我们也可以按照新品上架的月份划分,这样可以方便顾客关注店铺的新品,提高回访率。

5. 其他工具

(1) 掌柜推荐

淘宝网普通店铺中掌柜推荐的商品位于店铺的上方(如图 12-29 所示)最醒目的地方,利用好这块空间,可以把最想推荐的宝贝第一时间呈现给顾客。

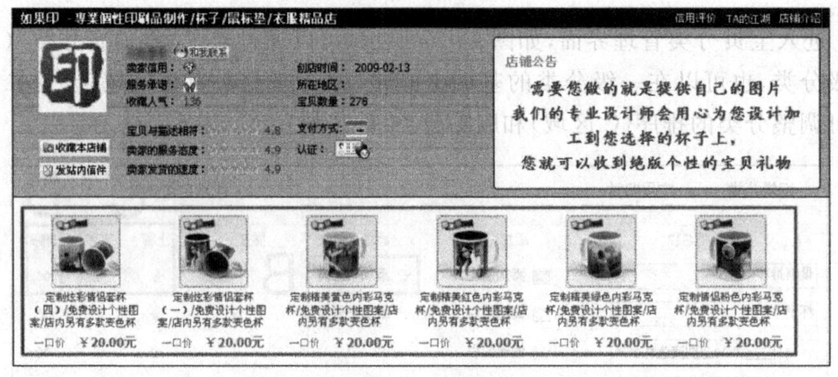

图 12-29 掌柜推荐宝贝

(2) 店铺交流

淘宝网为卖家提供了一个独立的"店铺交流区"(如图 12-30 所示),该区域就像一个小型论坛,在这里店家可以对顾客提出的问题进行回复,也可以删除、审批、置顶顾客的留言。使用好店铺交流区不但可以解答顾客所提出的问题,也可以成为为其他买家答疑解惑的平台。除了回复留言外,店主也可以自己发布信息,将购物中可能遇到的问题写到这里,供大家浏览。

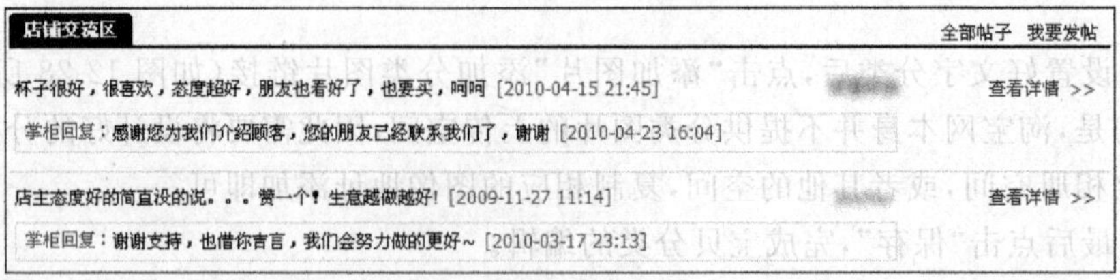

店铺交流区　　全部帖子　我要发帖

杯子很好,很喜欢,态度超好,朋友也看好了,也要买,呵呵 [2010-04-15 21:45]　　查看详情 >>

掌柜回复:感谢您为我们介绍顾客,您的朋友已经联系我们了,谢谢 [2010-04-23 16:04]

店主态度好的简直没的说。。。赞一个!生意越做越好! [2009-11-27 11:14]　　查看详情 >>

掌柜回复:谢谢支持,也借你吉言,我们会努力做的更好~ [2010-03-17 23:13]

图 12-30 店铺交流区

(3) 友情链接

设置友情链接是增加店铺浏览量的好方法,但要注意的是不要一味地追求与钻石、皇冠等高等级卖家交换友情链接。在选择交换友情链接的商家时,最好选择与自己销售的商品有一定关联的店铺,比如销售童鞋的商家,可以选择和销售童装、玩具等商品的店铺交换链接;卖手机套、充电器等手机零配件产品的商家,可以找一家专门销售手机的店铺交换链接。所交换链接的两个店铺的商品应是互相关联的,顾客在购买了一个店铺的商品后很有可能购买另一个店铺的商品,这样双方都可以做免费推广。

新开的店铺由于级别较低,在和别的商家交流交换友情链接时,经常会被拒绝。但一定不能放弃,要有信心与毅力,下面是申请交换友情链接需要注意的几点问题。

① 初期定位不要太高。皇冠级的卖家一定不会理会你的要求,我们可以将目标定位到与自己级别相差不大,且当前发展较好的商家。具体可以参考店铺的周和月的销售数量。

② 打理好自身的店铺。交换链接都是相互的,在我们重视对方店铺具体情况的同时,也要注意自身店铺的打理,即使目前没有太多的流量,也要通过对店铺不断地更新与变化,给对方以信心。

③ 要有耐心。交换友情链接遭到拒绝时不要生气,根据情况可以和对方讲讲这样的好处,一般需要交换链接的商家都会同意,就算一家不行也可再换另外一家。淘宝网的卖家非常多,总能找到适合的店铺。

12.2.2　旺铺装修

免费的普通店铺有着功能少、局限性大的缺点,并不能满足卖家个性商品展示的需求。淘宝旺铺是淘宝网在普通店铺的基础上为卖家提供的一项收费的增值服务。它提供了更个性、更专业的店铺页面,对塑造店铺形象,打造店铺品牌起到了至关重要的作用。打个比方,普通店铺就像地摊一样,虽然种类繁多,价格便宜,但形势单一,品牌效应差;旺铺则可比作专卖店,有着自己独立的招牌、店面及商品展示。淘宝旺铺与普通店铺的比较如下。

(1) 从资费方面比较,旺铺属于收费服务,而普通店铺则是免费的。

(2) 从店铺首页比较,旺铺在页面上部拥有宽度为 950 像素,高度为 100～150 像素区间的"店铺招牌"可编辑区域,而普通店铺只能动态设置店标及店铺公告。

(3) 从宝贝缩略图显示尺寸比较,旺铺可设置 120×120 像素,160×160 像素,220×220 像素 3 种大图显示方式,而普通店铺只能设置 80×80 像素的宝贝缩略图尺寸。

(4) 从店铺风格设置比较,旺铺目前提供了 24 种颜色、样式各异的模板,而普通店铺只有 8 种风格。

另外还有很多功能是目前普通店铺所没有的,包括:

(1) 可编辑的自定义模板。淘宝旺铺提供了 6 个可通过网页代码编辑的自定义模板,目前升级版的自定义模块支持插入到首页、商品列表页和商品详细说明页,使得页面设置可以更加个性化。

(2) 可添加的自定义页面。淘宝旺铺支持店家发布 7 个自定义页面,作为导航显示在店铺招牌的下面。可以利用该区域作为商品展示的平台,也可以将购物中存在的问题发布在这里。

小窍门

前面提到了淘宝旺铺的很多优点,使用好旺铺的功能对提高销量是很有帮助的,但毕竟旺铺是收费的,卖家在创业初期适不适合直接购买旺铺服务是要经过多方面考虑的,这里给出一些建议作为参考。

(1) 并不是申请了旺铺生意一定就会好。旺铺只是一个辅助工具,并不是一个营销工具,好的旺铺装修须在一定的营销手段基础上才会起到作用。

(2) 旺铺的功能强大,需要长期维护。有些卖家盲目地购买了旺铺,上架了商品后就将店铺放在一边置之不理,这样的旺铺根本没起到应有的作用。要想利用好它,就需要好好地打理,一是装修要重视,选择适合的风格后,要配合风格的颜色装饰店面,特别是自定义区域,会给店铺带来更丰富多彩的选择;二是要经常更新,比如有新品上架或者有促销的时候,就要在店铺明显的位置做宣传,这样才能有效地维系住老客户。

(3) 看选择的项目是否适合旺铺。淘宝网上有很多级别很高的卖家并没有申请旺铺。分析不适合旺铺的店铺有如下几种情况:一是有的店铺只是将淘宝作为支付的中介,其主要的营销方式不在淘宝,如一些论坛的团购等,在支付环节一般都会让会员在淘宝中拍付,从而保证了双方的安全;二是部分店铺所经营的商品网上不多,不存在太大的竞争压力,有需求的买家基本都会选择购买,这样就不用靠申请旺铺来吸引顾客了。

总之,在网上创业前一定要考察好,当认为确实有足够的精力可以打理店铺的时候,再去申请旺铺。另外,充分利用好淘宝的一些优惠政策,如淘宝所推出的不到钻石级别的卖家可以免费申请旺铺服务等。

下面我们逐一介绍旺铺的特色功能。

1. 店铺招牌设计

店铺招牌是位于旺铺最顶部的一张格式为JPG或GIF的图片,老的旺铺提供950×120像素尺寸大小的图片,改版后的旺铺高度可调节控制在100～150像素之间,所上传图片的大小需控制在100k以内。

在普通店铺中,顶部可自定义修改的只有店标和店铺公告两部分,相比较而言,旺铺的宽度为950像素的大图,则能让店家有更大的发挥空间。一般来说店铺招牌可以包括如下内容:LOGO、店铺名称、店铺地址、推荐商品等。店招的设计需要在符合所选风格的前提下,越漂亮、越吸引人越好,通常可以使用Photoshop等专业软件进行设计,但大部分卖家并不擅长,卖家还可以选择如下几种方式。

(1) 简单设计。网络中可以寻找到很多好看、实用的店铺招牌背景素材,只要用心搜索,一定能找到适合自己的。在背景图片的基础之上,选择好的字体,加入所需的内容,一个漂亮的店招图片就做好了。

(2) 找人设计。如果对店铺招牌的设计要求更高,可以花钱找人设计。淘宝中有很多店铺装修的卖家,都是专业的店铺设计师;也可以去一些威客的网站发布店招设计任务,如中国威客网(http://www.vikecn.com/)和猪八戒网(http://www.

zhubajie. com/)。

(3) Flash 店招设计。淘宝网目前推出一种 Flash 装修服务“旺铺装修模板”,购买此服务后,卖家可以在所提供的多款 Flash 模板的基础上进行个性、可视化的设计,非常简单实用。

2. 店铺导航设计

淘宝网为每一个旺铺卖家都提供了一块导航区域,类似网站的导航一样,每一个链接都可以访问一个完整的页面。页面可以是卖家自定义编辑的,也可以是通过淘宝所提供的固定选项进行显示。新版的淘宝旺铺一共有 7 个自定义页面,图 12-31 中的导航区就是链接显示的位置。

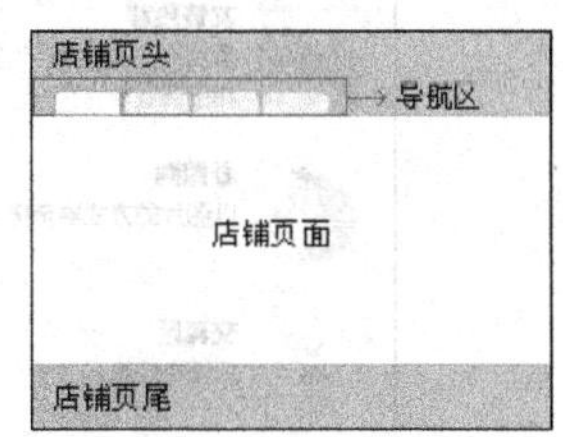

图 12-31 淘宝旺铺导航区

编辑导航可以通过如下步骤。

(1) 进入“店铺装修”的“管理页面”,如图 12-32 所示,页面中包含了已经添加的栏目,可以对它们进行编辑、删除和排序操作。其中首页和信用评价是必须存在的固定页面。

图 12-32 店铺管理页面

(2) 点击“添加新页面”按钮可添加新的自定义页面,如图 12-33 所示,下面我们逐一介绍旺铺所提供的自定义页面选项。

① 自定义页。分左右栏和通栏两种形式,可以根据自身的需求自由的设计,支持网页代码。

② 友情热荐。本栏目是为其他淘宝收费用户提供了一个宣传平台,卖家可以通过推荐别人的宝贝,赚取相应的佣金。

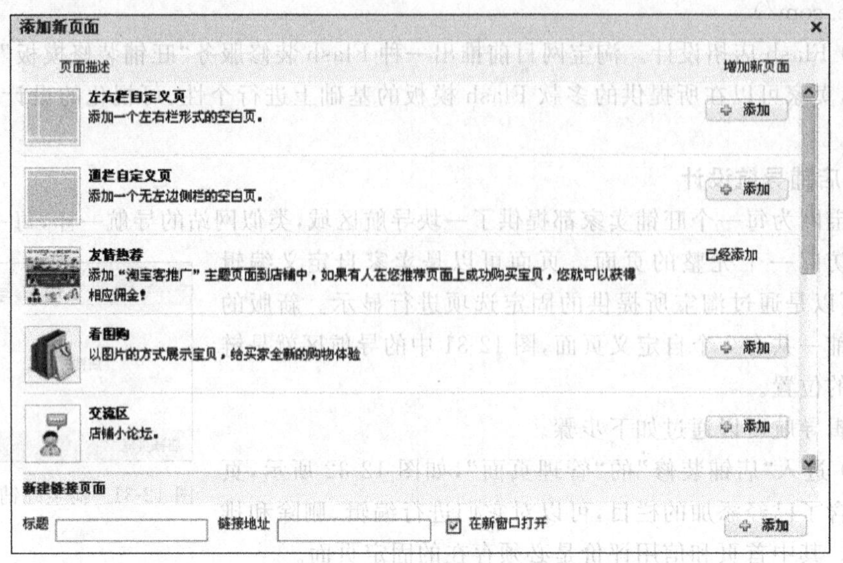

图 12-33 添加旺铺新页面

③ 看图购。以轮换图片的方式展示宝贝，丰富用户体验。

④ 交流区。将首页的“店铺交流区”以页面的形式进行显示，功能类似于论坛。

⑤ 宝贝展台。宝贝以 Flash 动态图片方式进行显示的页面，浏览速度更快、图片显示更清晰。

⑥ 教你逛旺铺。此页面是旺铺的使用教程，教买家如何在旺铺的店中查找宝贝。

⑦ 购物保障。店铺消费者保障服务介绍页面。

⑧ 店铺介绍。显示店铺介绍信息，包括认证情况、淘宝店铺、卖家信用、买家信用等。

⑨信用卡支付。淘宝网使用信用卡购物的介绍。

在“添加新页面”的最下方，还提供了“新建链接页面”功能，这里既可以链接到店铺中某个类别需要重点推荐的宝贝，也可以将好友的店铺加到此处作为重点推荐，但链接地址一定不能是阿里巴巴或淘宝网以外的任何地址。

小窍门

淘宝旺铺的导航是店铺中最引人注意的部分之一，设置好导航选项对完善店铺整体的功能起到关键的作用。由于导航中只允许最多设置 7 个选项，因此在导航栏目的选择上需要多思考，切不可随意堆砌凑数。关于导航栏目的设置推荐如下。

(1) 店铺介绍。单独设置一个栏目介绍自己，名称如“关于我们”“了解……”等，在这里可以介绍店铺的基本信息、发展历史、优势、联系方式等，如果有实体店铺，也可以将店铺的照片放到上面。

(2) 特殊说明。有些店铺所卖的商品需要向客户描述一些基本属性，每次都和买家描述比较烦琐，单独建立该区域可以较好地解决这个问题。如衣服、鞋子的尺码、易碎品的售后、个性设计产品的模板信息等。

(3) 宝贝推荐。看图购和宝贝展台可以为买家提供个性化浏览的平台，也可以通过外部链接指向所需重点宣传的商品类别。

(4) 慎用固定页面。如友情热荐、购物保障等可直接添加页面，需要反复斟酌、慎重考虑其是否适合店铺整体的需求。有些卖家因为导航设置数目没达到最多的 7 个，便通过这些固定选项进行补充，反而使得页面过于凌乱。

3. 首页装修

淘宝旺铺与普通店铺首页从显示方式上最大的区别在于旺铺拥有个性化模块设置功能。在首页模块中不但可以按照不同数量、不同缩略图大小、不同类别、不同排序方式显示商品列表，也可以创建完全自定义设计的促销区。如图 12-34 所示，选择“店铺装修”的“装修页面”，下半部分的左右两侧区域就是首页装修区，区域内所添加的模块可以随意移动排序。

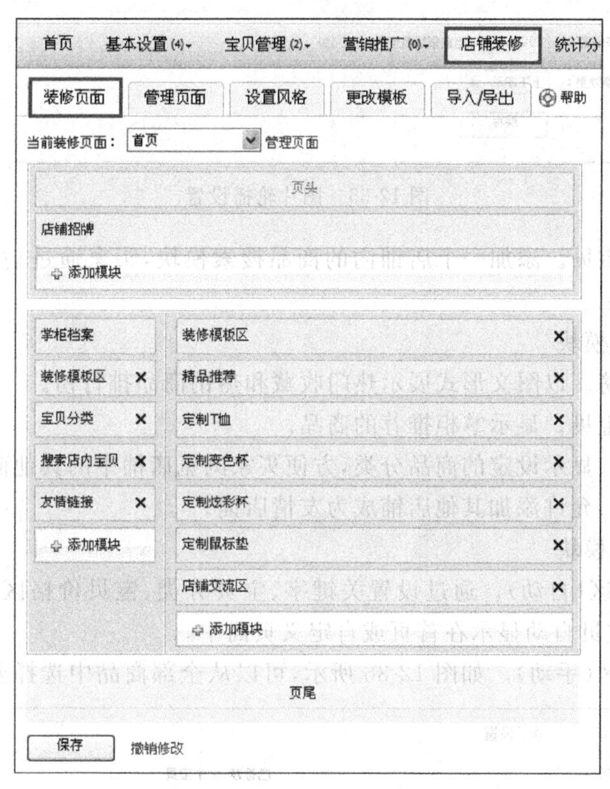

图 12-34　首页装修页面设置

点击“添加模块”，弹出可选的模块选项。由于左右两侧宽度不同，所包含的内容也不同，左侧以基本信息为主，右侧以显示商品及促销信息为主，因而所添加的模块信息也各不同。

(1) 公共模块

① 自定义内容区。可以通过编辑器输入文字、图片，也可以点击工具栏上的源代码按钮，以输入 HTML 代码的形式编辑内容。

② 装修模板区。添加此模块后，卖家可以选择 Flash 模板作为商品和店铺展示。使

用该区域,必须要购买旺铺装修模板才可以使用。

③ 图片轮播。将多张广告图片以滚动轮播的方式进行展示。图 12-35 为"图片轮播"的设置窗口,模块支持 5 张内的图片轮播显示。"图片设置"可添加图片地址及链接地址;"模块高度"可以从选项中选择,也可以选择最后的自定义进行输入,宽度左侧区域为 190 像素,右侧为 750 像素;"切换效果"分上下滚动和渐变滚动两种效果。

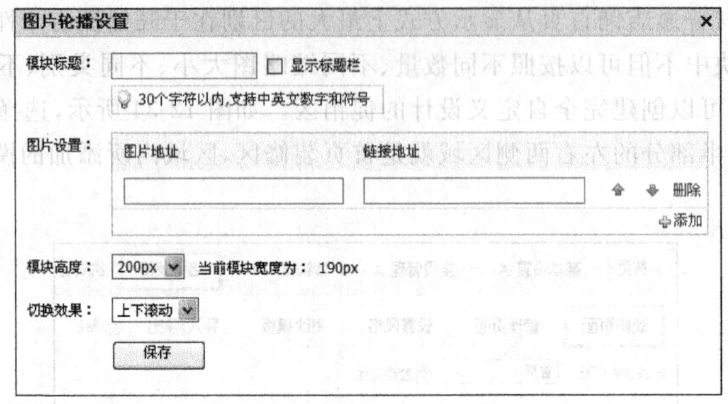

图 12-35 图片轮播设置

④ 搜索店内宝贝。添加一个店铺内的商品搜索模块,买家通过输入关键词、价格范围来搜索店内商品。

(2) 左侧区域模块

① 宝贝排行榜。以图文形式展示热门收藏和热销商品排行榜。

② 掌柜推荐宝贝。显示掌柜推荐的商品。

③ 宝贝分类。显示设定的商品分类,方便买家浏览店铺中的其他商品。

④ 友情链接。允许添加其他店铺成为友情店铺。

(3) 右侧区域模块

① 宝贝推广区(自动)。通过设置关键字、宝贝分类、宝贝价格区间、新旧程度等参数将符合要求的宝贝自动显示在首页或自定义页面中。

② 宝贝推广区(手动)。如图 12-36 所示,可以从全部商品中选择要在模块推荐显示

图 12-36 宝贝推广区(手动)

的宝贝，可按照价格和时间进行排序，缩略图显示尺寸可以是 120×120 像素、160×160 像素和 220×220 像素。

③ 掌柜推荐宝贝。和宝贝推广区(手动)类似，只不过该区域显示的是掌柜整体推荐的宝贝。

④ 店铺交流区。显示店铺中留言板块。

小窍门

左右两块区域的设置是首页旺铺装修最重要的部分，淘宝为卖家提供了足够的个性化功能来装饰店铺，利用好它们能有效地提升网店的流量及黏合度。下面介绍装修需要注意的一些细节。

① 巧用左侧的自定义内容区。左侧区域受宽度的限制(190 像素)，并不能较好地应用个性化页面设计，但并不是说这部分用处不大，相反，应用好这个模块对页面整体装修的效果及实际应用都起到了关键的作用。首先，可以设计并放置"收藏店铺"的图片，对于提高店铺的收藏量有很大的帮助；其次，可以排列一些广告宣传图片，做一些新品、品牌等的宣传；最后，也可以通过自定义内容的设计代替宝贝分类，从美观度上会有一定的提升，但存在更新烦琐、浏览速度较慢的缺陷。

② 设计好促销区。通常右侧的最上方都会设置一块自定义编辑区，用来放置促销的内容。促销区的版式一般都不固定，可以结合店铺整体的风格进行个性化设计。利用前面学过的 Dreamweaver 软件可以将促销区的设计图片拆分成若干小块进行连接，但并不是每一位店主都能设计出让人满意的促销图片。也可以购买促销区域代码，但需要注意的问题是促销区域代码中所显示的图片都是外部链接，有失效的风险。

③ 用好宝贝推广区。宝贝推广区分为"自动"和"手动"两种，主要为右侧区域提供商品的图片列表显示。通常按照推荐宝贝分类下的商品依次显示。"自动"可以按照一定的规则显示固定数量的商品，"手动"则可以规定具体显示的商品。"自动"排列商品可能不同时间显示的商品是不同的，但显示数量比较固定；"手动"虽然可以很固定地显示推荐的商品，但遇到商品下架时，将会出现较大的空缺。

4. 宝贝列表页和宝贝详细页装修

新版淘宝旺铺除了首页外，提供了宝贝列表页和宝贝详细页的装修功能。宝贝列表页与首页装修类似，也提供了左右两侧的动态模块添加，而宝贝详细页面的右侧编辑区域则在宝贝基础信息、宝贝描述和宝贝相关信息的基础上允许添加自定义内容模块(如图 12-37 所示)。

12.2.3 辅助装修工具

淘宝网在旺铺的基础之上还提供了一些辅助的装修工具，特别是为那些想花少量时间和精力装修的卖家提供了不错的选择。当然都是收费的工具，是否适合自己要看具体的实际情况。下面着重介绍两个工具：旺铺装修模板和 123Show 宝贝动态展示。

1. 旺铺装修模板

旺铺装修模板是淘宝网提供的一款基于 Flash 的在线编辑工具，卖家可以在所提供

图 12-37 宝贝列表页和详细页装修页面设置

的多款精美模板的基础上进行在线编辑制作。所设计的 Flash 动画既可以应用到店招上,也可以在促销区使用。旺铺装修模板有着选择多样、简单操作、快速设计的优点,下面介绍旺铺装修模板具体的操作步骤。

登录淘宝网后,点击右上方的"我的淘宝"链接,进入"我的淘宝"管理平台,在左侧导航中找到"软件产品/服务">"我要订购",点击进入软件服务订购中心,选择"我的软件服务",如图 12-38 所示,如果订购了旺铺装修模板服务,在下面软件服务列表中会有显示,点击右侧的"立即使用"链接,进入模板编辑界面。

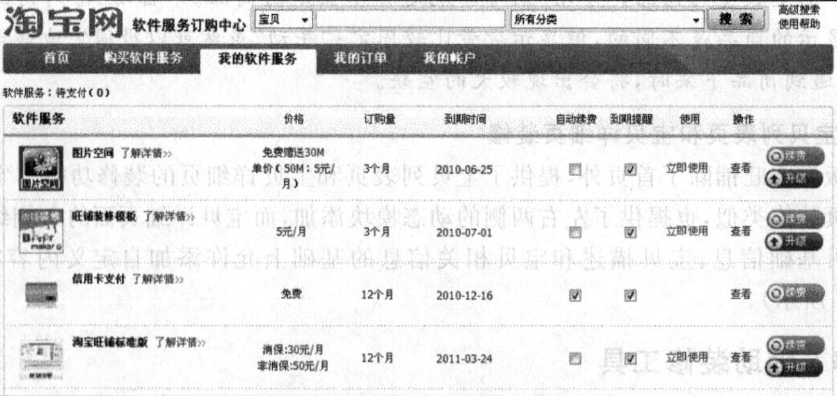

图 12-38 我的软件服务列表

如图 12-39 所示,旺铺装修模板主要应用到店招和促销两个部分,模板的可用数量与所购买的服务相关。

在设计 Flash 之前,我们需要选择好模板。如图 12-40 所示,在旺铺装修模板中寻找

图 12-39 按分类搜索模板

适合商品主题、风格的模板，在制作前可以对模板进行收藏、评价，查看它所适合投放的类别及人气。由于旺铺装修模板所提供的每月修改模板的次数是有限的，普通套餐每月只允许修改 5 次模板，因此需综合多方面因素慎重选择。

图 12-40 选择 Flash 模板

点击所选模板中的“开始制作”按钮，进入 Flash 在线编辑界面(如图 12-41 所示)，这是由淘宝独自开发的 Bannermaker 的工具，使用起来也比较简单。点击模板中需要修改的模块，在右侧出现的属性窗口中进行编辑就可以了。

除了店招外，也可以应用 Flash 编辑工具开发促销区。和店招固定格式大小不同，促销可以是位于版面右侧的自定义区域，也可以是版面左侧的收藏或是宝贝分类，模板的样式多种多样，编辑方法与店招相同。

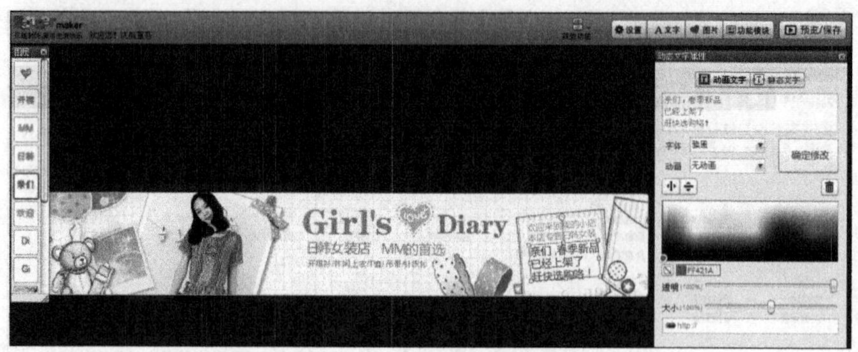

图 12-41 Flash模板编辑界面

小窍门

旺铺装修模板每天都会有很多新的模板被设计出来,卖家的选择也越来越多。但并不是使用动画越多、越花哨就越好,一些皇冠级的店铺仅仅只是使用了普通旺铺的基本功能就足够了。使用基于 Flash 的店招和促销区域会存在如下几个问题。

(1) 模式固定,不易更改。虽然旺铺装修模板的数量多,能较好地满足卖家的需求,但在对所选模板进行在线编辑时,必须按照模板所提供的版式套用固定的内容,而不是先有促销内容再去设计,从设计的角度有很大的局限性。

(2) 链接容易被浏览器阻止。Flash 中的页面链接容易被部分浏览器的默认设置阻止,需要选择"允许弹出窗口"后再点击链接,降低了用户体验。

(3) 影响浏览速度。以店招为例,普通旺铺的店招是一张图片,可以将其压缩到一定大小,既不影响效果,又不影响浏览速度。而基于 Flash 的店招,除背景图片外,还需要附加很多素材及商品图片,在网络中浏览的速度会有一定程度的降低。

2. 123Show 宝贝动态展示

123Show 宝贝动态展示是专门为淘宝商家定制的图片动态展示的工具,商家无需任何技术背景,只需要简单的操作就能制作出多种精美的 Flash 商品展示,为旺铺或商城增添个性化的色彩。这种全新的动态展示可以完美地提升消费者购物体验,是卖家提高销量的秘密武器。

(1) 主要功能

① 动态展示功能

放大镜效果可以清晰地看清商品细节、360 度旋转可以看到商品的各个角度、缩略图导航适合展示有多种颜色或材质的商品、电子杂志可用来介绍产品的知识。

② 个性化标签功能

可为商品展示添加打折促销、个性化水印等图标。

(2) 操作流程

① 订购服务

卖家在"我是卖家"＞"软件产品/服务订购"＞"购买软件服务"＞"素材/图片/视频"

>"123Show 宝贝动态展示",点击"订购"(如图 12-42 所示),卖家可以根据自身的需求选择订购的数量。

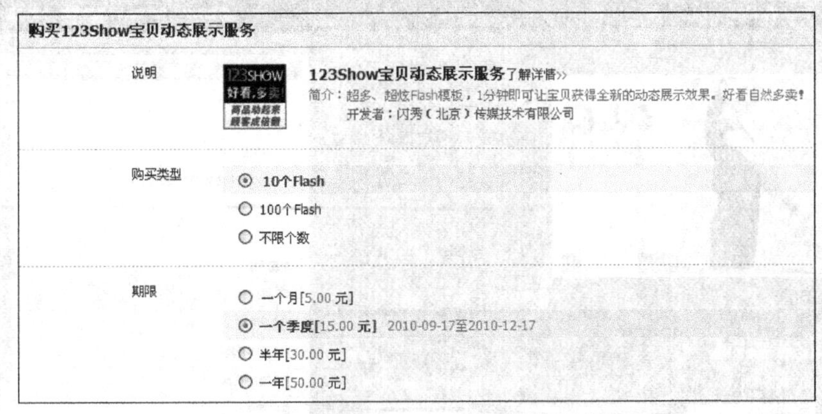

图 12-42　购买 123Show 宝贝动态展示服务

② 选择模板

进入 123Show 管理平台后(如图 12-43 所示),卖家可以根据需要从热门模板中选择适合自己的模板。

图 12-43　123Show 管理平台界面

选中合适的模板后可预览效果。如图 12-44 所示,点击"选择使用"即可完成模板选择的操作;点击"更多模板",可以重新进行模板选择。

③ 上传图片

卖家可从自己电脑中上传图片,或从"最近上传"中选择已上传的图片,或从"淘宝相册"的图片库中进行选择。双击选中图片或将图片拖拽到左侧区域,可预览展示效果。

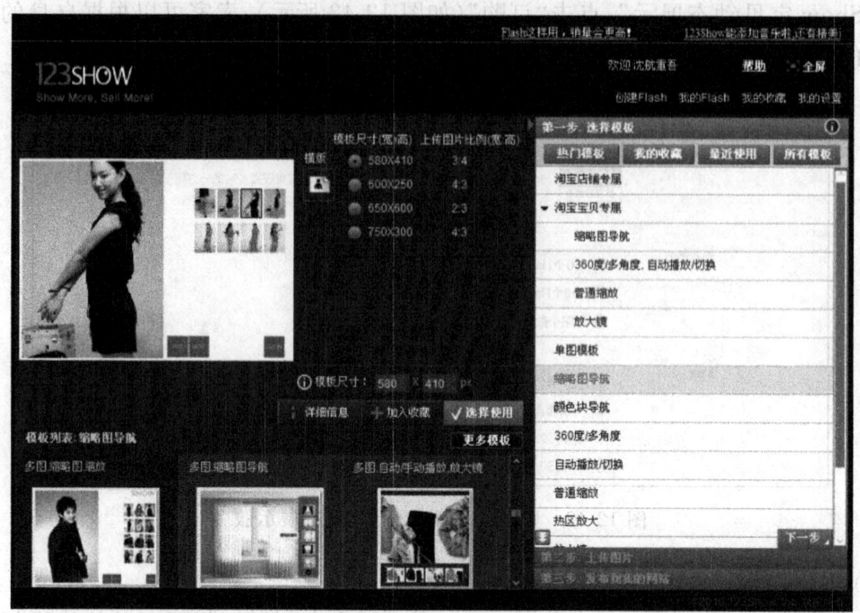

图 12-44 123Show 模板预览界面

12.3 商品发布

12.3.1 商品发布流程

1. 填写商品基本信息

首先,商家需进入"我的淘宝"页面中,点击左侧导航"宝贝管理"中的"我要卖"。在进入发布商品详细信息之前,还需要选择商品的发布方式和商品类目。

商品发布方式有两大类:一口价和拍卖(如图 12-45 所示)。一口价是卖家以固定的价格出售商品;拍卖是卖家出售商品时就设置商品起拍价、加价幅度,卖家可以根据自己的情况进行选择。

图 12-45 商品发布方式

将商品放到正确的类别中,有兴趣的买家在浏览时就容易看到您的商品,增加商品出售的概率。如果要卖的商品不知道应放在哪一个类别,或者希望能更快速地找到对应的类目和属性,可采用如下几种方法。

(1) 按级选择类目

通常在商品类别较容易划分的情况下,可选择按级查找的方式,淘宝为每一个商品最多提供了 4 级分类(如图 12-46 所示)。

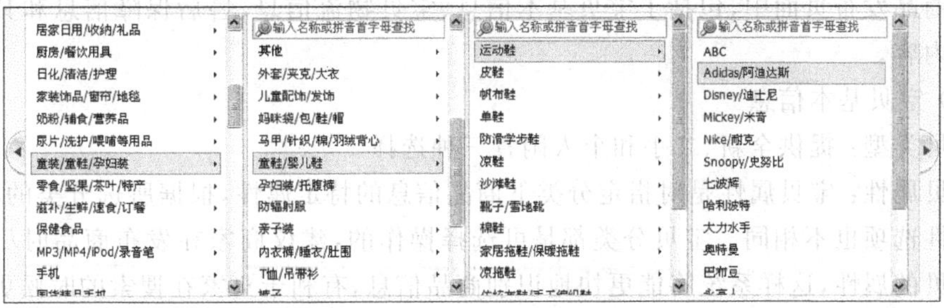

居家日用/收纳/礼品
厨房/餐饮用具
日化/清洁/护理
家装饰品/窗帘/地毯
奶粉/辅食/营养品
尿片/洗护/喂哺等用品
童装/童鞋/孕妇装
零食/坚果/茶叶/特产
滋补/生鲜/速食/订餐
保健食品
MP3/MP4/iPod/录音笔
手机
输入名称或拼音首字母查找
其他
外套/夹克/大衣
儿童配饰/发饰
妈咪袋/包/鞋/帽
马甲/针织/棉/羽绒背心
童鞋/婴儿鞋
孕妇装/托腹裤
防辐射服
亲子装
内衣裤/睡衣/肚围
T恤/吊带衫
输入名称或拼音首字母查找
运动鞋
皮鞋
帆布鞋
单鞋
防滑学步鞋
凉鞋
沙滩鞋
靴子/雪地靴
棉鞋
家居拖鞋/保暖拖鞋
凉拖鞋
输入名称或拼音首字母查找
ABC
Adidas/阿迪达斯
Disney/迪士尼
Mickey/米奇
Nike/耐克
Snoopy/史努比
七波辉
哈利波特
大力水手
奥特曼
巴布豆

图 12-46 商品类目选择

(2) 类目/属性名称的搜索

当所发布的商品不容易在所提供的选项中查找时,我们可以在类目搜索中查询关键词(如图 12-47 所示)。

类目搜索:
包装
搜索
帮助
请输入商品名称或类目属性名称,快速找到正确类目。数码产品输入型号即可。

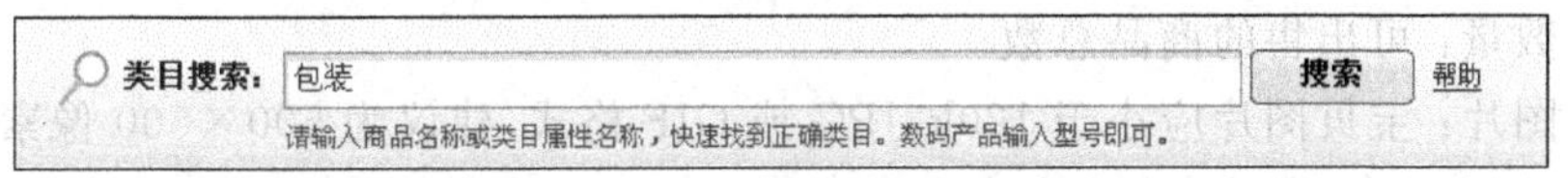

图 12-47 商品类目搜索

在搜索“包装”关键词后,系统会自动寻找与此相同的类目或属性(如图 12-48 所示)。

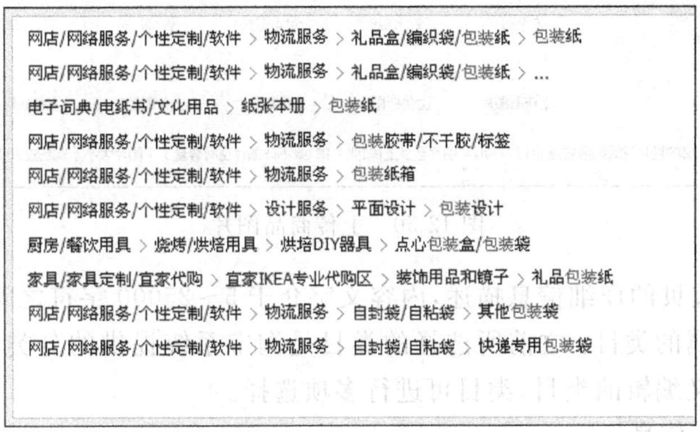

网店/网络服务/个性定制/软件 > 物流服务 > 礼品盒/编织袋/包装纸 > 包装纸
网店/网络服务/个性定制/软件 > 物流服务 > 礼品盒/编织袋/包装纸 > ...
电子词典/电纸书/文化用品 > 纸张本册 > 包装纸
网店/网络服务/个性定制/软件 > 物流服务 > 包装胶带/不干胶/标签
网店/网络服务/个性定制/软件 > 物流服务 > 包装纸箱
网店/网络服务/个性定制/软件 > 设计服务 > 平面设计 > 包装设计
厨房/餐饮用具 > 烧烤/烘焙用具 > 烘焙DIY器具 > 点心包装盒/包装袋
家具/家具定制/宜家代购 > 宜家IKEA专业代购区 > 装饰用品和镜子 > 礼品包装纸
网店/网络服务/个性定制/软件 > 物流服务 > 自封袋/自粘袋 > 其他包装袋
网店/网络服务/个性定制/软件 > 物流服务 > 自封袋/自粘袋 > 快递专用包装袋

图 12-48 商品类目搜索结果

(3) 如果经营项目比较固定,那么使用“您经常选择的类目”(如图 12-49 所示)也非常方便。系统会根据卖家的历史选择情况,保留最常使用的子类目。

您经常选择的类目:
请选择
请选择
童装/童鞋/孕妇装>>童鞋/婴儿鞋>>运动鞋
居家日用/收纳/礼品>>卫浴用具/卫浴配件>>牙刷架/牙具座

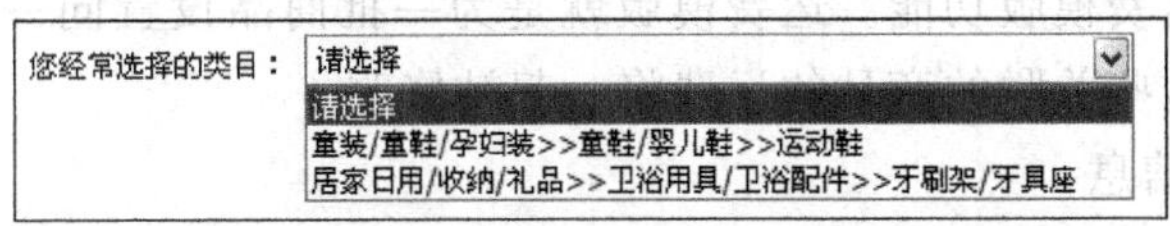

图 12-49 选择常用的商品类目

2. 填写商品详细信息

在商品发布页面中,包括了宝贝基本信息、宝贝物流信息、售后保障信息和其他信息四部分内容。

(1) 宝贝基本信息

宝贝类型:提供全新、二手和个人闲置三种选择。

宝贝属性:宝贝属性是对指定分类下商品信息的特定属性,根据所选分类的不同,宝贝的属性选项也不相同。宝贝分类都是可选择操作的,建议商家在发布商品时尽可能地完善宝贝的属性,这样系统将能更快地识别商品信息,有利于买家在搜索的时候更快地搜索到商品。

宝贝标题:宝贝标题是商品信息的简短描述信息,标题长度需限制在 30 个汉字(60 个字符)以内。设置吸引人的宝贝标题是增加宝贝点击率的关键,建议将标题设置得生动、可爱,从而吸引买家点击。

一口价:输入商品价格。

宝贝数量:可出售的商品总数。

宝贝图片:宝贝图片应小于 120k,JPG 或 GIF 格式,建议为 500×500 像素。如果已经订购了"图片空间"服务,在发布商品的时候可以在空间允许的情况下上传 5 张图片(如图 12-50 所示)。

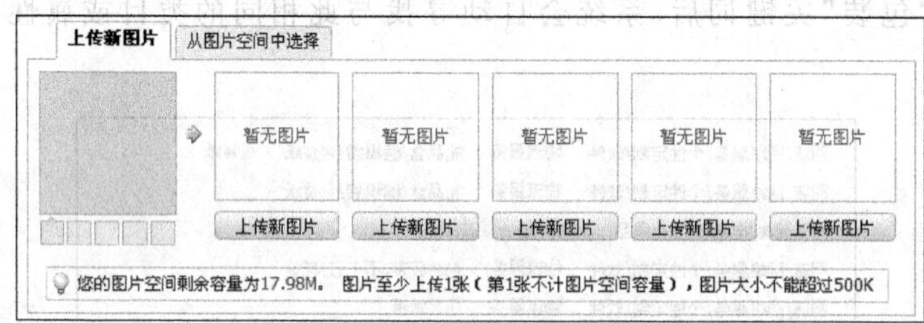

图 12-50 上传商品图片

宝贝描述:宝贝的详细信息描述,内容文字介于 5~25000 字符之间。

在店铺中所属的类目:之前所选择的类目是淘宝系统提供的分类,而此处选择的类目则是商家自定义编辑的类目,类目可进行多项选择。

(2) 宝贝物流信息

所在地:选择商品所在的省份和城市。

运费:购买商品所产生的运费。可选卖家承担运费或买家承担运费,其中选择买家承担运费选项,需要填写平邮、快递和 EMS 邮费价格。如果大部分商品的体积和重量都很接近,建议使用运费模版功能。运费模版就是为一批商品设置同一个运费。当您需要修改运费的时候,这些关联的商品的运费将一起被修改。

(3) 售后保障信息

发票:选择指定卖家是否提供发票。

保修:选择指定卖家是否为买家提供维修服务。

售后保障信息:选择售后保障服务,若商品存在质量问题或与描述不符,卖家需为使用支付宝服务付款购买商品的买家主动提供退换货服务并承担来回邮费。

售后说明：填写售后说明，让买家清楚售后保障，减少纠纷。

(4) 其他信息

有效期：指一次发布允许该商品在线出售的最长时间。商品如果未售出或未售完的情况下，有效期到商品自动下架。发布时，有效期可根据需要选择 7 天或者 14 天。

系统自动重发：指有效期到期后，如果商品未售出或未售完，系统自动重新发布商品上线的功能。发布商品时您可以选择是否需要系统重发，如果选择使用系统重发功能，系统会在商品有效期结束后帮您重发一次。如果商品已全部售出，则系统不会自动重发该商品。

宝贝开始时间：指买家可以开始购买商品的时间，也是计算有效期的开始时间。您可以设定发布后立即开始，也可以设定一个时间定时发布商品。

橱窗推荐：橱窗推荐宝贝会集中在商品列表页面的橱窗推荐中显示，每个卖家可以根据信用级别和销售情况获得不同的橱窗推荐位。

12.3.2 完整的信息描述

网络是一个虚拟的社会，网络购物的主要缺陷就是顾客无法接触到商品实物，买家对商品的感知主要来源于商品的信息描述，因此商品信息的完整性对于一个店铺来说有着至关重要的作用。通常完整的商品描述包括如下几个部分。

1. 商品名称

在商品描述的醒目位置加入与商品标题一致的描述信息，不但可以免去买家通过滚动条查看商品标题的麻烦，同时也便于买家核实商品的一致性。

2. 商品属性

作为卖家，所销售的宝贝有什么属性只有自己最清楚。在发布宝贝时，仅提供宝贝的名称和照片是远远不够的。产品的型号、规格、颜色、重量、详细介绍等都应该较详细地出现在醒目的位置。

3. 商品照片

商品照片是顾客直观了解商品最主要方式，好的照片容易让人产生购买的冲动。如何拍摄好照片也是卖家较为关注的问题，图片的拍摄与后期在下一节将会详细地介绍。在发布图片过程中需要注意如下几个方面。

(1) 有的卖家为了保证商品图片的真实性，在拍摄商品时实地取景，但拍摄的照片的光线存在一定问题，再有杂乱的背景很有可能和整体的风格格格不入。建议拍摄前尽量布置统一的拍摄背景，注意光线的分布。

(2) 商品图片效果固然重要，但一定要保持真实性。如果因为拍摄条件原因，使得照片的颜色和效果存在偏差，是可以通过软件进行必要的修复，但如果过多地依赖软件美化图片，致使实物与图片显示相差甚远，那么顾客在收到商品后心里落差会较大，退款、差评也很有可能随之而来。

(3) 特殊的商品需要进行特殊处理。如金属、水晶、珠宝等反光物品，一般很难使用普通的相机及简单的拍摄环境拍出较理想的效果，类似的商品就需要找专业人士进行拍摄。目前淘宝网中也有很多卖家专门从事商品拍照的职业,花一些钱,找到本地的摄影师,就能拍出理想的效果图片。另外如衣服、泳装等商品可以找模特进行拍摄,因为相对于静物拍摄,穿着在模特身上的衣服更能给用户以直观的感觉。

(4) 所拍摄的照片既要体现整体效果,又要表现局部的细节。为了尽可能避免网络所带来的虚拟性,拍摄时要注意商品要全方位、多角度的变化,给顾客以最佳的体验效果。商品的不同,所需要体现的细节也不同。比如鞋子,在提供整体效果图片的同时,还应特别体现鞋底、鞋带、鞋子内部等细节部分,通过图片细节的展示基本可以打消顾客对商品质量问题的顾虑。

4. 售后服务

好的售后服务可以为卖家积累良好的信誉。做出的售后承诺就一定要履行,切不可夸大。通常售后服务描述中包括如下内容:退换修的基本原则、期限和范围;不予退换修的情况说明;保修的来回邮费说明等。

5. 邮寄方式及费用

网络购物中商品性价比高是顾客参考的一个方面,但不可忽略的是,除了正常商品的费用外,买家还需要支付相应的邮资费用。如果一件商品售价是5元,而邮费的价格是10元,相对来说购买此商品额外的费用过高。正常情况下,不同地区、不同的快递公司,所涉及的邮费也是不同的。通常为了让顾客在购物时能对邮费有直观的了解,卖家一般会在商品介绍中给出邮费的说明,可包括如下内容。

(1) 快递公司。国内目前有多家快递公司与淘宝合作,供卖家选择,一般卖家都会就近选择一家或几家快递公司,但确保的原则是一定要覆盖全国的各个地区。如顺丰快递的特点就是速度快,但覆盖的范围有限,价格也较贵;圆通、申通等快递公司覆盖的范围更大些,价格也比较适中;如果有的区域普通的快递到达不了,就需要走邮政的EMS。

(2) 邮费价目表。不同地区的邮费价格差异较大,省内的价格会略低一些,江浙沪等物流较发达的地区价格也会相对较低,一般与卖家所在城市距离越远的地方,邮费就会越贵些。所以针对全国各个地区,都需要有详细的价目表,可以把相同邮费的城市放到一起。邮费又分首重和续重,通常首重是1公斤,超出的部分要另收费,价格比首重的价格略低,因此续重的价格也要体现在表中。有部分地区普通的快递到达不了,这就需要发邮政快递,邮政快递包括EMS、EMS经济快递和E邮宝三种形式,EMS最快,价格也最贵。根据不同的情况可以采用不同的方式,邮政快递的价格也可以包含在邮费价目表中。

(3) 其他相关说明。由于地区及快递公司的差异,商品到达的时间也不相同,卖家可以根据自己的经验,给出一个大概的时间区间,这样顾客对于商品的到达时间有一定的心理准备。有些店铺将包邮费算作一种促销手段,也可以在这一部分有所体现。

6. 联系方式

为每一个商品提供详细的联系信息,便于买家在有意购买时能够方便地联系到卖家。联系方式通常包括站内信、店铺留言咨询、淘宝旺旺、QQ、MSN、E-mail、手机号码等信息。

7. **其他描述信息**

(1) 推荐商品展示

在商品的描述中加入重点推荐商品并可点击查看详细信息,这样可以为买家提供更多的选择,增大交易的概率。但切不可用过多的篇幅描述其他商品信息,一是有喧宾夺主的嫌疑,二是会影响商品页面浏览的速度及整体的效果。

(2) 温馨提示

专业的商品描述只是完成了必备的部分,人性化的东西同样很重要。如果在每个商品中加入温馨提示,用最平实的语言和买家进行交流,可以有效使买家驻足浏览。

(3) 使用说明

商品的描述固然重要,商品相关的使用说明也同样不可或缺。卖家应根据所销售商品的特点,细心地收集查找资料,为买家提供帮助的同时,也减轻了与买家交流的压力。例如数码相机产品就要介绍相关的摄影知识;真皮皮包则要介绍保养方法和其他的小常识。

12.3.3　商品的拍摄

电子商务的发展并不能掩盖其自身存在的缺陷,网络是一个虚拟的平台,网购本身就存在距离感和空间感,买家摸不到实际商品,心里往往不会踏实。而有些卖家在建立店铺时,往往选用网络中与自己所销售的商品类似由专业摄影师拍摄的照片,确实也会给网店的页面增色不少,但买家在购买商品后比较图片信息,落差会很大,有种被欺骗的感觉。商品的实物拍摄可以增加买家对商品的感知度,缩短买卖双方的距离,因此是非常必要的。

然而并不是拿着一个数码相机就可以拍出让人满意的实物照片,所拍摄的商品图片如果距离实物相差太大,会影响商品整体的销售。如何拍出让人满意的实物照片也是常常困扰卖家的一大难题。

1. **商品拍摄的特点**

广义上来说,网店商品拍摄也算是商业摄影,但与拍摄写真、婚纱、商业人像等有着较大不同。根据拍摄的商品,拍摄的方式有所不同,包含了如下几个特点。

(1) 照片尺寸小。相对于普通用于平面媒体和户外广告等使用环境的商业摄影来说,网店拍摄的照片对尺寸的要求相对要低很多,理论上超过 300 万像素的数码相机拍出来的照片在尺寸上就可以满足了。

(2) 拍摄量大、拍摄频率高。卖家生意越好,上货速度和数量就越大,往往一天要拍几十件甚至上百件的商品,工作量非常大。如果需要中途改变拍摄方式,工作量会成倍增加。

(3) 拍摄要求复杂多样。这也是与传统商业摄影区别最大的地方。传统商业摄影对不同商品都有一些既定的拍摄方式,策划、统筹、流程管理、设备、模特、行程、灯光等面面俱到,而且都有专人负责,是一个系统工程,成本也相对较高。而大多数网店商品拍摄则很少有像正式的商业摄影那样集合那么多资源来运作,大多数卖家所使用的都是相对小规模的拍摄。但是由于每个店铺商品的不同,拍摄方式和拍摄风格的要求也多种多样。

(4) 对照片的风格的要求多样。以淘宝为例,淘宝中的商品种类成千上万,同类商品甚至同样的商品都很多,但由于经营者的不同导致可能对图片的要求都会截然不同,大家都希望能独树一帜,能做出自己的风格,店面装修和图片展示无疑就成为展示店主个性的最佳载体。为了能在诸多制约下尽可能地展示店内宝贝的特点,拍照就显得尤其重要。

依据以上分析,总结出成功的淘宝拍摄一般都需要满足以下几点。

① 能如实反映宝贝的真实色彩、形状、样式、材料、质感。

② 尽可能展示宝贝真实使用时的最佳状态。

③ 图片必须真实可信,而且不能太过矫揉造作,如果能表现出尽可能自然随意的效果更佳。

④ 在可能的范围内,拍摄必须简单易行,而且成本低廉,但是又不能太过单调重复。

2. **拍摄设备的选择**

由于网络销售商品的多样性和各个分类下商品的差异性,对于各自店铺内展示的照片的风格要求也大相径庭。根据要求、所拍摄的宝贝和风格的不同,对于器材的要求也会不同。摄影设备的可分为以下几种。

(1) 单反相机。如果使用单反相机配合合适焦段的镜头,基本上拍摄任何类型的照片都不是问题,可以说是拍摄各类照片的最佳选择。缺点是投入成本较大,使用难度较高,毕竟不是人人都愿意或者都有时间去钻研摄影技术。

(2) 具有手动功能的消费类数码相机。此类相机可以说是一般淘宝拍摄最理想的设备,优点是功能全、效果够用、操作简单、可使用的范围广、性价比高。如果不想花费过多的金钱和时间在拍照上,又想达到较为满意的效果,此类相机算是最佳的选择。

(3) 卡片数码相机。这类数码相机算是普通用户中持有量最大的,优点是轻便小巧、外观时尚、操作方便,拍照效果可以满足一般的要求。

(4) 手机和摄像头。除了极个别品牌中的个别型号的手机拍照功能可以达到一般卡片相机的效果之外,大多数手机和摄像头的拍照效果都不够清晰,不建议使用此种设备进行商品的拍摄。

3. **用光技巧**

摄影离不开光,有光才有影,摄影就是用光来作画的,光线对于摄影起着至关重要的作用,对光线利用的好坏也直接决定了拍摄出的照片的质量。要想利用好光线,首先要学会甄别什么光线才是适合拍摄的光线。通常摄影使用的光线包括自然光和人造光两种。

(1) 自然光,就是指以太阳为光源照射到地球上的光线。对摄影者来说,自然光或日光虽然使用方便,却是一种较难对付的光线,尤其是在进行彩色摄影时,难度更大。这是因为自然光是变化不定、难以预料的。它不仅在亮度上不断变化,而且颜色也在不断变化。选择合适的自然光可参考如下两个时间段。

第一个时间段:太阳会升至或降至15度,也就是早晨或黄昏的时间,其特点是太阳入射角度小,光对景物照射垂直面受光面积大,物体产生投影较长,受光面与阴影面反差大,光线强度小,较柔和。在这种光线条件下,选用逆光、侧逆光拍摄,容易获得明显的空气透视感,画面呈现气氛浓烈,富有诗意的造型效果。

第二个时间段：当太阳与地面的光照度成 20 度至 60 度的时候，这种光线的特点是入射角适中，光线方向性明确，亮度变化小，造型效果好，光影移动慢，色温适中，这时正是摄影的黄金时间。此时拍摄景物清晰，影调明朗，层次丰富，有利于景物在造型上表现出立体感，空间感和质感。选择不同方向的光线造型，使景物能获得色调分明，层次丰富，线条刚劲，光线明快的效果。

另外，在多云的天气里拍摄，对许多商品都能产生极好的效果。可以在室外放张桌子，把商品放在上面直接拍摄。

(2) 人造光主要是指各种灯具发出的光。这种光源是商品拍摄中主要使用的光源，它的发光强度稳定，光源的位置和灯光的照射角度可以根据自己的需要进行调节。一般来讲，布光至少需要两种类型的光源，一种是主光，另一种是辅助光。在此基础上还可以根据需要打轮廓光。

主光是所有光线中占主导地位的光线，是塑造拍摄主体的主要光线，一般选择主光置于拍摄物顶部有较好效果。而辅助光一般应安排在照相机附近，灯光的照射角度应适当高一些，目的是降低拍摄对象的投影，不致影响到背景的效果，可以选择左右 45 度角向内照射。需要注意辅助光不能太强，以免影响主光。轮廓光一般置于物体左后侧或者右后侧，灯位应设置较高一些，以免产生眩光，可根据相机取景器适当调节其位置。服装商品拍摄中，细腻材料的服装比较适合用柔和的光，而粗糙材料的服装比较适合直接打光。

12.3.4　商品发布管理规则

卖家通过淘宝平台可以发布商品，进行商品的交易，但一定不能发布违法、违规的信息。对于违反规则的用户，淘宝会对会员进行相关处罚，甚至冻结用户账号。有很多卖家在不注意的情况下就违反了规则，因此了解淘宝的“商品发布管理规则”是很有必要的。

1. 商品发布数量管理规则

店铺商品可发布的数量上限与商品所属类目以及卖家的信用有关，如书籍类的商品 1 钻以下信誉可发布 3000 个商品，1 钻至 2 钻信誉可发布 30000 个商品，3 钻及以上信誉则可发布 300000 个商品。对于手机类商品 1 钻以下信誉可发布 120 个商品，1 钻至 3 钻信誉可发布 200 个商品，3 钻至 5 钻信誉可发布 300 个商品，1 皇冠及以上信誉则没有发布数量限制。

2. 禁止和限制发布商品信息规则

不是所有商品在淘宝中都可以随意发布的，淘宝有 53 类禁止发布商品及 17 类限制发布商品，如果违反规定发布相关产品有权立即予以删除，并保留给予相关用户警告、冻结直至终止其账户的权力。

3. 重复铺货商品管理规则

完全相同以及商品的重要属性完全相同的商品，只允许使用一种出售方式(从一口价，拍卖中选择一个)，发布一次。违反以上规则，即可判定为重复发布，并将受到淘宝的相关处罚。对于不同的商品，必须在商品的标题、描述、图片等方面体现商品的不同，否则将被判定为重复铺货。

4. 支付方式不符商品管理规则

卖家在商品信息中拒绝使用支付宝或者违反支付宝流程,淘宝网判定其商品为支付方式不符商品。

5. 商品价格、邮费不符商品管理规则

发布商品的定价或者邮费不符合市场规律或所属行业标准,滥用网络搜索方式实现其发布的商品排名靠前,影响淘宝网正常运营秩序的,淘宝网判定其相关商品为价格邮费不符商品。

6. 信用炒作商品管理规则

交易双方以一方或双方增加"会员积累信用"为目的而发布的商品,淘宝网判定为信用炒作商品。

7. 广告商品管理规则

商品描述不详、无实际商品、仅提供发布者联系方式以及非商品信息的商品(住宅类除外),淘宝网判定为发布广告商品。

8. 放错类目/属性商品管理规则

商品属性与发布商品所选择的属性或类目不一致,或将商品错误放置在淘宝网推荐各类目下,淘宝网判定为放错类目商品。

9. 乱用关键词商品管理规则

卖家为使发布的商品引人注目,或使买家能更多地搜索到所发布的商品,而在商品名称中滥用品牌名称或和本商品无关的字眼,扰乱淘宝网正常运营秩序的行为,淘宝网判定其相关商品为乱用关键词商品。

10. 标题、图片、描述等不一致商品管理规则

所发布的商品标题、图片、描述等信息缺乏或者多种信息相互不一致的情况,淘宝网判断为标题、图片、描述等不一致商品。

本章小结

本章主要介绍了在淘宝电子商务平台中开店的基本知识。创业者搭建属于自己的网络店铺需要经过账号注册、支付宝注册和支付宝实名认证3个步骤,但并不是创建了店铺就可以在网上进行商品的销售,精美的店铺装修和完整的商品发布同样不可或缺。掌握了本章所讲授的内容,创业者能够轻松建立属于自己的专业网络店铺。

复习思考题

1. 如何注册支付宝并通过实名认证?
2. 淘宝旺铺装修和普通店铺装修有哪些区别?
3. 淘宝完整的商品信息描述包括哪些方面?
4. 淘宝商品发布管理规则包括哪些?

实　践　题

1. 建立属于自己的淘宝店铺。
2. 对建立的店铺进行装修(普通店铺装修或旺铺装修)。
3. 在店铺中发布商品,保证商品信息的完整性。
4. 利用所学知识拍摄商品图片并进行后期处理。

第13章

网上创业之营销

【学习目标】

通过本章的学习，学生应了解宣传网络店铺的营销手段，包括利用淘宝平台营销；搭建独立的店铺网站；学会使用论坛营销、搜索引擎营销、即时通信营销、网络广告等基本的营销技巧。

【关键词汇】

网络营销(network marketing)　论坛营销(BBS marketing)　搜索引擎营销(searching engine marketing)　即时通信营销(IM marketing)　网络广告(online advertising marketing)

建立好了店铺，如果什么都不做，即使装修得再漂亮，商品价格再低，也不会有顾客光临的。不将它推广开，提高它的知名度，网上店铺只能说是做给自己看的，失去了其存在的意义。如何将自己的店铺营销出去，如何提升访问量，并且吸引客户的眼球，是所有初期开店的卖家需要思考的问题。在本章中介绍了搭建独立网站的方法；如何利用淘宝平台进行商品的推广；如何使用论坛营销、搜索引擎营销、即时通信营销、网络广告等多种营销相结合的方式宣传网店。

13.1　淘宝平台营销

13.1.1　信用的累积

1. 淘宝信用等级

淘宝会员在淘宝网每使用支付宝成功交易一次，就可以对交易对象作出一次信用评价。评价分为好评、中评、差评三类，每种评价对应一个信用积分。具体为：好评加一分，中评不加分，差评扣一分。

在交易中作为卖家的角色，其信用度分为以下20个级别(如图13-1所示)。

2. 淘宝信用的重要性

随着电子商务的不断发展，淘宝网等C2C交易平台也逐渐被更多的人所认可，同时淘宝网自身也不断地改进，为用户和商家提供了越来越好的服务。早期跟随淘宝网打拼的店铺经营到当前大多已经积累了较高的信用，甚至有的卖家已经达到金冠级别；一些中

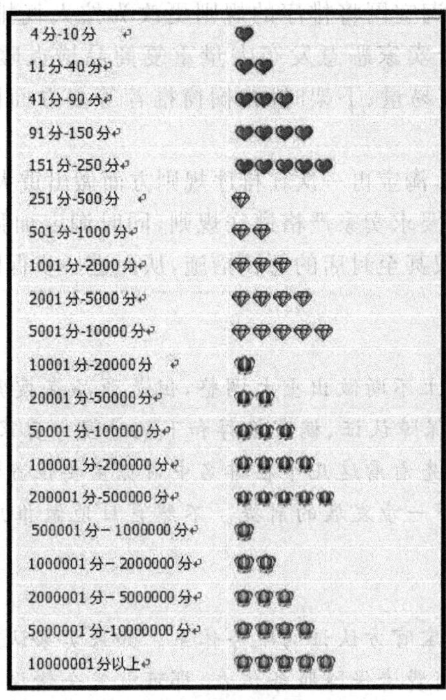

图 13-1　淘宝信用等级

生代的卖家依靠着一定的机遇及自身的拼劲，也跨入了钻石或皇冠信用的行列。可以说目前淘宝众多分类下的商品都能找到信誉较高的卖家，而顾客在选择所购买的商品时最主要的参考依据也是店铺信用度，因此积累有效的信用对于卖家来说是非常重要的。

店铺提升信誉的方式只有一种，就是所销售商品的数量。2009 年之前搜索淘宝内商品是通过下架时间来进行默认排序的。也就是说对于一个新店铺，只要付出一定的努力，商品总有排到前面的机会。但规则改变后，淘宝商品搜索的默认排序更改为按照人气、诚信度排序，人气综合了交易量、浏览量、收藏量等多方面因素，对于新建立的店铺来说很难在初期通过淘宝的搜索平台获得较好的销售机会，而交易量小就积累不了足够的信用，如此往复很容易形成恶性循环。因此，淘宝新店铺的卖家需要采用更多的营销手段来让自身店铺的信用达到一定的高度。

13.1.2　淘宝搜索优化

淘宝站内搜索优化指的是在分析用户搜索习惯的基础上，有针对性地进行一定的优化，从而提高商品被搜索到的概率的一种营销方式。

1. 淘宝排序规则的发展

淘宝的排序规则大概经历了如下几个阶段。

(1) 2009 年前，淘宝网处于发展壮大阶段。为了鼓励卖家开店，淘宝推出了很多优惠政策，排序的规则也是按照下架时间进行排序。也就是说新卖家只要用心去做，质量价格都没问题，一定会有机会将商品销售出去。

(2) 2009—2010 年,淘宝网将排序的规则更改为按人气排序方式。解决了以往按下架时间排序方式中部分卖家恶意发布大量重复商品增大曝光概率的问题。人气综合了店铺信誉、收藏量、交易量、下架时间、橱窗推荐等多方面因素,使得搜索后的结果更加合理。

(3) 2010 年 7 月之后,淘宝再一次在排序规则方面做出重大改革,诚信度成为排序的关键因素。新的排序规则要求卖家严格遵守规则,同时淘宝加强了对违规行为监察的力度,对违规的卖家采取降权甚至封店的惩罚措施,从而进一步保障消费者的权益。

小窍门

淘宝虽然在排序规则上不断做出重大调整,但是商品在搜索排序展示中的几个硬指标还是没有变化:消费者保障认证、橱窗推荐和下架时间。卖家想要店铺发展,基础的工作就要先做好。首先就要先看看这几个在排名中占据主要位置的参数有没有调整好。做好这方面的优化,是考虑下一步发展的前提。不然盲目地做推广,就会事倍功半,因为你已经输在了起跑线上。

(1) 消费者保障体系

消费者保障体系是淘宝官方认证的服务体系。如果卖家认为自己的店铺各方面都非常完善了,不需要再加入消费者保障服务体系,那可就完全错误了。因为淘宝默认将消费者保障体系作为重要的评判标准之一,一旦有了这个标识,在排序的过程中,商品的展示概率会比没有这个标识的店铺高出很多。

(2) 橱窗推荐

淘宝排序规则里另一个重要的参数就是橱窗推荐。在同时满足搜索规则的宝贝里,优先展示橱窗推荐的商品。橱窗推荐的宝贝是每个店铺最主要的流量来源。因为在搜索排序中,设置橱窗推荐的宝贝优先展示于没有橱窗推荐的宝贝。

橱窗推荐位不能随便使用,必须是选择店铺里最能吸引用户注意的商品。判断橱窗推荐商品的方法有很多种,系统有自动的商品推荐,用户也可以通过统计软件的监测,查看关注度最高的宝贝排序,然后再加上自己对于市场的直观感觉进行判断。橱窗推荐设置以后不能一直不变,要经常根据经营情况进行调整。将尽可能多的橱窗推荐给快下架的商品,能够最大限度地争取更多的流量。

(3) 下架时间

时间排序是搜索规则中最终需要的参考条件。越快下架的商品排在越前面。这条规则凌驾于许多普通规则之上。很多卖家在上宝贝的时候都是一口气上完的,这样就很容易导致流量分布不合理,一周出现一天的流量高峰,假如没有抓住这波流量就又要等到下周。上架时间通常设置在流量集中到高峰时段,有较高的转化率。

2. 标题关键词的优化

淘宝的搜索引擎和大多数搜索引擎一样,是根据商品关键词来查找的。当用户输入所需查找的关键词时,系统会自动返回与标签最相近的商品名称。因此卖家在发布商品时,在正确使用淘宝规则的前提下,对所发布的商品标题进行一定的优化,对于提高店铺的访问量是非常有帮助的。

淘宝的标题长度要求不超过 60 个字符(30 个汉字),如何将所需推广的关键词较好地展示在这里成为关键。通常选择标题关键词可从以下几个方面入手。

(1) 在标题里包含所售产品的核心关键词。选择关键词的一个重要技巧是选取那些人们在搜索时经常用到的词语,这就需要站在买家的角度去思考可能搜索的关键词,或是使用数据统计工具辅助分析。当然也可以参考销售同类商品的卖家店铺发布商品时所使用的关键词。

(2) 选择一些相对冷门的关键词。对于一个新店铺来说,热门关键词搜索后的排序一般是没有任何优势的。为了让用户能够更好地搜索到商品,需要选择相对冷门的关键词或者是关键词的组合,被搜到的概率就会增加很多。

(3) 标题关键词的分割。如果标题一点都不分割,会使整体看上去非常混乱。虽然有利于增加被搜索到的概率,但是会让买家看得很辛苦甚至厌烦。因此,少量而必要的断句是应该的。使用如/.^的一些符号或者是半角空格,搜索引擎在处理的时候会按照紧密排列规律,忽略这些特殊符号的存在,起到很好的效果。

3. **淘宝排序优化**

淘宝商品的排序通常指的是通过关键词搜索或者分类搜索进入到的产品列表的排列顺序,可以说获得了好的搜索排列位置对于提升销量有着至关重要的作用。每一位卖家都渴望了解淘宝排序的具体算法,尽可能提升排名。但淘宝的排序算法是保密且多变的,如果一味追求排序的技巧,用一些非常规手段获取流量,非常容易被淘宝判做违规而降权,甚至查封店铺。因此,作为卖家,需要以不变应万变,做好店铺的基础工作,同时又要根据淘宝的规则,在合理的范围内做出一定的优化。

通过对淘宝排序规则的分析,不难看出,随着淘宝网不断的规范化,对于新卖家的挑战也越来越大,一个新的店铺开始没有任何信誉及人气,想要通过搜索排序排到前面的概率很小。但并不是说淘宝的新店铺没有任何机会,合理地利用规则可以帮助我们获得一定的机会。以下是对排序优化的几点分析。

(1) 较低的价格有较明显的优势。淘宝默认排序并不会因为低价而将商品的排名提前,但在二次搜索的选项中有按照价格的排序,很多消费者在关键词搜索后都喜欢按照价格从低到高进行排序,这样价格较低的商品就能获得较好的排名了。

(2) 集中推广核心商品。淘宝还提供了按销量排序的方式供消费者选择,同时在搜索结果列表的右侧也有具体销量的显示。因此,卖家需要先确定网店中若干核心商品,在消费者拍付时引导他们拍指定的商品。这样有利于提高单件商品的销量,从而获得用户按销量高低搜索较好的排名。

(3) 注重细节。在二次搜索中,还包含了很多细节的选项。如是否支持货到付款,是否加入消费者保障联盟,阿里旺旺是否在线等,多注意此类细节有助于提高商品被搜索的概率。

13.1.3 使用好交流平台

开网店离不开推广,在淘宝网开店更是如此。在社区或者论坛发帖作为一个交流的方式,也可起到推广网店的作用。淘宝自身就提供了一个完善的交流平台——淘宝社区,利用好这一交流平台有助于提升店铺的访问量。特别对于新的卖家,在运营的初期,在商品质量和价格都没有明显优势的前提下,通过在社区的宣传,可以在店铺运营初期获得一定的流量。再配合网店装修、好的态度、优质的服务,慢慢积累人气,网店才能走上正轨。在淘宝社区发帖通常包含如下几个优点。

(1) 社区发帖是公认的店铺推广必不可少的方法之一。有质量的帖子,被大家关注力度将会大大增加,关注人数越多,社区推荐位上商品被人看到的次数就越多,成交可能性也就大大增加。

(2) 发的帖子被推荐或者设置精华。这是对社区有贡献的表现,往往社区对这样热衷于发原创好帖的卖家也照顾有加。如果有更好的宣传推广机会的话,这些卖家都有绝对的优先权。

(3) 社区的很多功能也围绕着淘宝网店的经营。比如银币,写了好的帖子被推荐,可以获得更多的银币,这些银币就可以购买推荐位和广告位。

(4) 有质量的帖子有很大可能被推上淘宝首页。这里不仅卖家来,还有更多的买家光顾。买家被帖子吸引进来了,又关注了商品信息,成交概率是非常大的。

小窍门

淘宝社区发帖的作用是非常明显的,同样发帖也是有一定技巧的,并不是随意发的任何帖子都能起到作用,有些错误的做法会引起读者的反感,甚至被判为作弊而扣分。通常如下几种发帖方式是不推荐的。

(1) 在非广告区打广告。访问社区的卖家或买家,都是来学习交流的,大家都想从社区学习到一些新的知识。如果看到了广告帖会大煞风景,买家也不会选择以这样的宣传方式出售的商品。

(2) 转载别人的帖子。转载别人已经看过多遍的帖子,浏览量是不会高的,这样的帖子生命力也不强。

(3) 发一些与社区或版面无关的帖子。这样做很容易被删除,同样也会被扣除银币。

(4) 在别人帖子里加入广告。这是对作者不尊重的做法。常看到有些写得很好的原创帖,回帖几百上千,很多人都认真看完给予用心回复,但有几个广告回帖时十分难看。不但不会起到作用,相反还会引起他人的反感。

13.1.4 数据统计工具

在淘宝开店,使用数据统计工具是必备的分析武器。它可以帮助卖家知晓客户来源的地区,有怎样的消费习惯,也可以知道在同行竞争中的劣势在哪里。数据统计工具功能大体包括流量分析、推广分析、销售分析、客户分析以及其他辅助功能几个方面。下面以淘宝网推出的唯一统计工具——量子统计为例,分析其数据统计的功能。

(1) 淘宝搜索关键词

淘宝搜索关键词反映的是买家通过哪些词的搜索到达店铺宝贝的数据,因此关键词对于店铺而言是第一入口。量子统计报表提供所有关键词的统计信息,如到达页浏览量、平均每次访问页面数、跳失率等。另外,还提供了“趋势查看”功能,卖家可以依次查看随着时间的变化，每个关键词的到达页浏览量、搜索次数及跳失率的变化趋势。

(2) 销售分析

量子统计推出的销售分析包括自定义指标和同类店铺经营对比。通过自定义，可以将数据简化，只查看想了解的内容，不必在一大堆数据中迷失。而量子统计还在此基础上做了店铺经营趋势和经营状况对比。利用这个功能，卖家可以了解淘宝网中任何想了解的产品类目情况，同时根据自己的店铺做一个对比。

(3) 首页点击热图

因为视觉营销的缘故，很多卖家都非常关心自己店铺各个区位设置带来的营销效果。卖家很难通过肉眼来判断首页放置的大图是不是最佳的，店铺宝贝的排列是否合理，更或者什么区域才是买家最为关注的。量子统计的一个亮点在于用数据直观地告知其视觉营销的效果。推出的首页点击热图上，卖家可以看到各个图标下的点击数，这让本来对视觉不敏感的你突然之间发现原来设想的热图 A，也许并不是买家最为关注的，反而那个在角落里的 B，成为众人的焦点。这样的设置成为店铺装修的优化器。

13.1.5 收费工具

1. 雅虎直通车

雅虎直通车就是买关键词，然后按照买家在站内搜索点击收费。直通车绝对不可以盲目投放，选择什么样的商品来作直通车，适用直通车的目的是什么，直通车标题、类目出价设置，搜索关键词及成交关键词如何选取等，都是学问。当系统的运营技能提升到一定程度，结合淘宝数据统计软件分析设置综合应用会更好。

(1) 关键词选取

关键词一定要以成交关键词为第一选择。了解和把握买家的行为习惯，买家在购买所在行业的产品时，会以哪些关键词为搜索。

(2) 关键词出价

默认出价：先根据行业的特点，用默认出价设一个比较低的统一价格，然后根据默认价格设置一个相对高一点的价格。比如一般默认价格为 0.1 元，如果出 0.18 元，这样能保证大部分的关键词都排在第一页。

热门词出价：通过淘宝首页的搜索、系统推荐关键词等方式得到热门词，再根据客户价值对热门词的出价进行修改，具体的参考值是一个访客价值。有一个万能公式：一个访客价值＝一定时期的利润/访客数。这是店铺产品的保本价，因此投放直通车时，产品的平均点击单价不能超过这个值。否则，直通车费用超过了承受范围，最后又会失去对直通车的信心。

热门出价微调：利用关键词查询对热门词出价进行微调。比如说出 0.37 元就可以向前进一页，改为 0.34 元，同样排在第一页，却可以省很多钱。

(3) 类目出价

类目出价的方法其实与热门关键词出价方法相似，同样是先按一个访客价值修改出价，不同之处是查询排名方式是在高峰期按照类目进行查询，然后按热门词出价微调的原则对类目出价进行微调。

(4) 直通车优化

产品上车以后,要根据销售的情况不停地进行调整,包括优化图片、标题、关键词等。

2. 钻石展位

钻石展位是专为有更高推广需求的卖家量身定制的产品。精选了淘宝最优质的展示位置,通过竞价排序,按照展现计费。性价比高更适用于店铺、品牌的推广。三大核心优点:淘宝黄金流量;自由竞价、低门槛参与;丰富图片展示,吸引眼球。

(1) 钻石展位选择广告位,根据自己店铺的定位选择合适的位置。

(2) 设置投放信息、价格与预算,这里有两个关键值,“千次展现价格”和“预算”。所填写的“千次展现价格”,就是要与其他客户进行真刀真枪比拼的价格。对于普通计划而言,这个价格设置的高低,完全决定了计划是否能够竞标到流量。价格设置只是第一步,还要结合“定向信息”的设置来做“定向投放”,也就是预算。每日投放预算是通过价格竞标获得流量的使用权后,每天广告能被展现多少次取决于每日投放预算的大小。广告的展现量可以粗略地计算为:广告展现次数=日预算/千次展现结算价格。

3. 超级卖霸

超级卖霸就是联合起来一起购买硬广告(简称硬广)。因为品牌广告太贵,卖家就可以通过参加淘宝举办的活动,把自己的产品都放置在一个大硬广中作宣传。这种方式的好处是投入小得多,风险对很多卖家来说也能承受,而且点击不会另外收费,比较受众多卖家欢迎。毕竟有很多买家不知道购买的商品要搜索什么关键字,与直通车的效果互补,对拉动流量和带动长期的人气很有帮助。

① 挑选符合当季的热卖产品。根据整体店铺推广需要,不一定是本店里最热卖的产品。

② 挑选买家好评比较多的产品。买家能快速了解产品效果,成交转换率更高。

③ 价格要有优势。保证绝对的价格优势,不能为了赚回广告费用而挑选贵的产品。

④ 考虑同行。避开同行类似的产品宣传,另辟蹊径。

⑤ 产品颜色须注意。在与活动的主题颜色协调的前提下,要抓住买家眼球。

4. 店铺内营销工具

(1) 红包

红包是支付宝公司为卖家提供的一项增值服务,由卖家批量发送,用于支付宝交易中的虚拟优惠券。红包所抵用金额,是由发放红包的卖家承担的。

红包的优势是可以设定红包使用范围,吸引客户在本店铺购物;可以自行控制优惠金额,有针对性地给予不同买家不同的优惠。

使用技巧

① 配合会员关系管理,向现有顾客发送红包可以促成再次购买。

② 发送有使用期限的红包,比直接降价对买家的吸引力更大。

③ 红包领取按钮可以转换为代码通过论坛、店铺等多种线上渠道传播。

(2) 满就送

满就送是类似实体店中使用的满就送促销工具,在网店中设置的形式更多样:免邮费、小礼品、满就减、送积分、店铺 VIP 卡、店铺优惠券,另外还可以设置多主题促销活动。

满就送的优势如下：

① 提高转化率，提高店铺的关注度，进而提高流量和转化率。

② 提升客单价，通过满就送的方式，提升店铺整体交易额。

③ 提升店铺流量，参加淘宝卖家促销活动。

满就送的使用技巧为：

① 作为淘宝运用最广泛的营销工具，普遍用于各个类目，以服装、箱包类最多。

② 设置多种形式的满就送套餐，如免邮费、小礼品、满就减、积分、店铺 VIP 卡、店铺优惠券。

③ 可以设置多阶梯满就送促销主题，参加各种主题促销活动。

(3) 搭配套餐

搭配套餐是将 2 个或者 2 个以上的商品单件以搭配的形式组合销售，这种营销方式很大程度上提高了卖家促销的自主性，同时也为买家提供了更多的便利和选择权。

搭配套餐的优势如下：

① 搭配套餐组合商品，搭配形式灵活多样，适合不同买家需求。

② 利用搭配套餐让你的订单量和店铺人气双重增加，用于店铺推广，进而提高整体交易额。

③ 利用搭配套餐组合商品的价格优势，让更多进店的人购买店铺商品，提高转化率。

搭配套餐的使用技巧有：

① 合理设置相关商品搭配组合方式，提高商品整体展示层次。服装类展示效果更佳。

② 参加搭配减价卖家促销活动。

③ 结合热卖单品组合搭配，提高客户的客单价和其他商品的曝光率。

(4) 限时打折

限时打折就是我们常说的“秒杀”，在店铺推广、商品促销中效果明显。卖家可以选择特定的商品在限定的时间内以低于原价销售，过期即恢复原价。

限时打折的优势如下：

① 利用限时打折活动推广店铺，提升店铺人气和店铺流量，进而提高整体交易额。

② 利用限时打折商品的价格优势，让更多进店的人购买商品。

③ 限时限量打折作为成功的营销理念，能够紧握消费者的购物心理，将其运用于网店，让你更加得心应手。

限时打折的使用技巧如下：

① 选择合适的促销主题和限时打折商品。

② 结合店铺其他宣传方式，提高秒杀活动曝光率。

③ 根据商品性质和流量具体情况，设置各个时间段的限时打折。

(5) 店铺优惠券

店铺优惠券基于会员关系管理的消息通道和满就送通道，由卖家发放给会员并用于本店铺促销活动的促销工具。店铺优惠券一共有 3 元、5 元、10 元、20 元、50 元、100 元 6 种不同面额。卖家可自行设置发放的对象、面额、数量以及有效性。

店铺优惠券的优势如下：

① 促销方式比实体店更加灵活，细分用户群，可选择不同等级会员发放不同面额数量以及有效期优惠券。

② 以营销消息的方式将店铺优惠券发放到会员手里，拓展销售方式，提高店铺流量，提高会员再次购买的可能性，加强会员黏性，保持会员群体稳定不流失。

③ 相比淘宝抵押权、支付宝红包，卖家具有更高的灵活性和可选性。完全由卖家支配发放的对象、面额、数量以及有效期，专门用于本店促销活动。

店铺优惠券的使用技巧如下：

① 卖家可根据实际情况将促销信息和店铺优惠券同时精准发放。

② 店铺优惠券的功能主要体现在通过满就送、会员关系管理维护老客户和通过创建店铺优惠券买家领取功能主动营销新客户这两大方面。

13.2 独立网站的搭建

淘宝网作为C2C平台为买卖双方提供了安全、可靠的交易方式，卖家在淘宝巨大流量的保护伞下获得了足够多的销售机会。但随着电子商务的不断发展，一方面，在淘宝平台中开设店铺的商家逐渐增多，竞争压力加剧；另一方面，在中国，以当当网、京东商城等一批网站为代表的B2C模式逐渐发展成熟，分流了一批用户。目前越来越多的卖家将眼光投放在独立网站的搭建上，大型卖家可以将独立网站作为品牌搭建及销售的平台，中小型卖家使用独立网站可以增加曝光的概率，提升自身的层次。这些独立的网站有的隶属于某个大型商业网站，使用二级域名；有些则是自己购买空间和域名来建站。

13.2.1 网站域名的申请

1. 域名命名方法

(1) 用企业名称的汉语拼音作为域名。这是为企业选取域名的一种较好方式，实际上大部分国内企业都是这样选取域名的，这种域名非常易记，想到企业就想到域名。例如，红塔集团的域名为 hongta. com，新飞电器的域名为 xinfei. com，海尔集团的域名为 haier. com，四川长虹集团的域名为 changhong. com. cn，华为技术有限公司的域名为 huawei. com。这样的域名有助于提高企业在线品牌的知名度，即使企业不做任何宣传，其在线站点的域名也很容易被人想到。

(2) 用企业名称相应的英文名作为域名。这也是国内许多企业选取域名的一种方式，这样的域名特别适合与计算机、网络和通信相关的一些行业。例如，长城计算机公司的域名为 greatwall. com. cn，中国电信的域名为 chinatelecom. com. cn，中国移动的域名为 china. mobile. com。

(3) 用企业名称的缩写作为域名。有些企业的名称较长，如果用汉语拼音或者用相应的英文名作为域名就显得过于烦琐，不便于记忆。因此，用企业名称的缩写作为域名不失为一种好方法。缩写包括两种方法：一种是汉语拼音缩写，另一种是英文缩写。例如，广东步步高电子工业有限公司的域名为 gdbbk. com，泸州老窖集团的域名为 lzlj. com.

cn，中国国际电子商务网的域名为 ec. com. cn，计算机世界的域名为 ccw. com. cn，中央电视台的域名为 cctv. cn。

(4) 用汉语拼音的谐音形式给企业注册域名。在现实中，采用这种方法的企业也不在少数。例如，美的集团的域名为 midea. com. cn，康佳集团的域名为 konka. com. cn，格力集团的域名为 gree. com，新浪用 sina. com. cn 作为它的域名。

(5) 以中英文结合的形式给企业注册域名。荣事达集团的域名是 rongshidagroup. com，其中"荣事达"三个字用汉语拼音，"集团"用英文名；中国人网的域名为 chinaren. com。

(6) 以纯数字注册域名。以纯数字注册域名的网站一般没有企业背景，而是新成立的 IT 或是数字媒体网站公司，一般以吉祥、简短和便于记忆的纯数字或谐音数字作为网站域名，例如 3721. com，17173. com，163. com，51. com。

(7) 在企业名称前后加上与网络相关的前缀和后缀。常用的前缀有 e、i、net 等，后缀有 net、web、line 等。例如，海尔商城的域名为 ehaier. com，中国营销传播网的域名为 emkt. com. cn，网络营销论坛的域名为 webpromote. com. cn，联合商情域名为 itl68. com、北京奥运官方网站域名为 beiiin92008. cn。

(8) 用与企业名不同但有相关性的词或词组作域名。一般情况下，企业选取这种域名的原因有多种：或者是因为企业的品牌域名已经被别人抢注不得已而为之，或者觉得新的域名可能更有利于开展网上业务。例如，The Oppedahl&Larson Law Firm 是一家法律服务公司，而它选择 patents. com 作为域名。很明显，用 patents. com 作为域名要比用公司名称更合适。另外一个很好的例子是 Best Diamond value 公司，这是一家在线销售宝石的零售商，它选择了 jeweler. com 作为域名，这样做的好处显而易见：即使公司不做任何宣传，许多顾客也会访问其网站。

(9) 不要注册其他公司拥有的独特商标名和国际知名企业的商标名。如果选取其他公司独特的商标名作为自己的域名，很可能会惹上一身官司，特别是当注册的域名是一家国际或国内著名企业的驰名商标时。换言之，当企业挑选域名时，需要留心挑选的域名是不是其他企业的注册商标名。

(10) 注册. net 域名时要谨慎。. net 域名一般留给有网络背景的公司。虽然任何一家公司都可以注册，但这极容易引起混淆，使访问者误认为访问的是一家具有网络背景的公司。企业防止他人抢注造成损失的一个解决办法是，对. net 域名进行预防性注册，但不用作企业的正规域名。国内的一些企业包括某些知名公司选择了以. net 结尾的域名。例如不少免费邮件提供商，如 371. net，163. net 等。而国外的与此服务相近的在线服务公司则普遍选择以. com 结尾的域名。

2. 申请域名具体步骤

在选择了理想的域名之后，用户应当按照域名注册的程序完成域名注册。下面以注册一个国内域名为例，介绍注册域名的具体步骤。

(1) 确定域名注册代理商。

(2) 搜索域名。在注册之前首先上网进行查询检索一下自己选择的域名是否已被注册。一般可到中国互联网络信息中心(CNNIC)网站(http://www. cnnic. net. cn)或域名认证注册服务机构进行网络查询。在搜索框里输入想要注册的域名,然后单击搜索框的"查询"按钮。如果想申请的域名已经被别人注册,页面上会给出提示,并可以查询另一个域名。

(3) 注册域名。如果域名尚未被别人注册,系统会提示可以注册。如果需要立即注册,则单击"继续"按钮。

(4) 注册用户。填写用户名及密码,如果已注册过域名,则填入原有的用户名及密码,这样就无须填写下一步的"注册申请表"了。

(5) 填写注册申请表。可以通过 Web 方式或下载申请表格两种方式填写注册申请表。Web 方式是指在代理商的网站上联机填写域名注册申请表并递交,注册系统会对填写的内容进行在线的基本格式检查,检查无误后就进入付款流程。

(6) 确认付款方式,填写发票内容。

(7) 订单确认。选择了付款方式后,代理商的域名注册系统将针对此次的注册操作生成一个由数字组成的订单号,务必记住此订单号,并在向代理商发的传真、邮件中注明此订单号。同时,代理商的域名注册系统会即刻向用户的邮箱发出一封"订单确认信",通知用户已收到注册信息,同时会提醒用户尽快办理支付手续。在完成注册流程并办理好支付手续后,域名即注册成功。

3. 域名管理

在域名成功注册后,用户可以使用注册用户名及密码登录到代理商网站的域名管理系统,对域名进行如下操作:

① 基本信息修改:可修改注册时填写的个人信息。

② DNS(域名指向)的修改:可以修改域名 IP 地址,从而更改它的指向。

③ URL 转发功能:通过此功能,可将域名转至任何一个 HTTP 地址。

13.2.2 网站空间的选择

目前在互联网上安置网站有很多选择,用户可以自行创建 Web 服务器,可以使用托管服务器,也可以使用虚拟主机,还可以租用主页空间或者使用免费空间。相比较而言,建立自己的 Web 服务器是花费最大的一种方法,但可以获得最好的控制效果:用户可以根据自己的意愿对 Web 服务器进行管理、更新或者进行硬件升级。租用主页空间或者使用免费空间虽然花费比较少,但用户的控制能力很弱,提供的功能也不够强大,并且维护过程也变得比较麻烦。

下面将分别介绍主要的网络服务方式:托管服务器、虚拟主机及独立服务器以便用户根据自己的条件选择最符合自己需要的网站安置方式。

1. 托管服务器(主机托管)

由于接入国际互联网需要租用国际信道,需投入大量资金建立中转站,租用国际信道和大量的当地电话线,因此其成本一般用户是无法承担的。ISP 通过集中使用、分散压力的方式,向本地用户提供接入服务。托管服务器(又称主机托管)便是其中的一项服务。

托管服务器是指在具有与 Internet 实时相连的网络环境的 ISP 机房放置一台服务器或租用一台服务器。客户可以通过远程控制将服务器配置成 www、E-mail、FTP 服务器。

将 Web 服务器委托给 ISP 保管，客户需要做的只是将设备放到 ISP 的中心机房或数据中心，然后客户进行网站的远程管理和维护。ISP 为客户提供优越的主机环境，包括机架空间、恒温及恒湿环境、网络安全防护、UPS 供电以及防火设施等。目前提供托管服务器的 ISP 向用户收取机架空间费用和接入费用，结算方式比较简单。主机托管适合于中、大型规模的网站。

2. 虚拟主机

虚拟主机是指在网络服务器上分出一定的磁盘空间，用户可以租用此部分空间，以供用户放置站点及应用组件，提供必要的数据存放和传输功能，每台虚拟主机都有独立的域名和 IP 地址，并有完整的 Internet 服务器(WWW、FTP、E-mail)功能。虚拟主机按照和空间大小(如 100MB、500M)和网络带宽资源来收费。优点是省去了全部硬件投资，缺点是不支持高访问量，因此适合于搭建小型网站。

利用虚拟主机技术，可以把一台真正的主机分成许多虚拟的主机，虚拟主机之间完全独立，在外界看来，每一台虚拟主机和一台独立的主机完全一样，但费用却大不一样。由于多台虚拟主机共享一台真实主机的资源，因此每个虚拟主机用户承受的硬件费用、网络维护费用、通信线路的费用均大幅度降低。

目前，许多企业建立网站都采用这种方法，不必支付专用线路费用，同时也不必为使用和维护服务器的技术问题担心，更不必聘用专门的管理人员，因为这些事都由 ISP 来处理了。虚拟主机在高峰时段会出现访问延迟现象，有时因为安全原因，可能限制某些程序的运行，进而限制了电子商务网站平台的实施。

3. 独立服务器

虚拟服务器和托管服务器都是将服务器放在互联网服务商的机房中，由互联网服务商负责互联网的接入及部分维护工作。独立服务器则是指用户的服务器从互联网接入到维护管理完全由自己操作。企业自己建立服务器主要考虑的内容有硬件、系统平台、接入方式、防火墙、数据库、人员配备等。

中型规模网站自备主机的数据量在 30～100 MB 之间，日访问量在 20000 人次以上，需要独立的 DNS、Mail、Web 和数据库服务器，其中 Web 服务器和数据库服务器可以根据情况扩充并分担不同的任务。

大型电子商务网站自备主机的构造相对复杂，除 DNS、Mail、Web、数据库服务器以外，还需要配置防火墙设备、负载均衡设备、数据交换服务器等，并使用较好的网络设备，采用网络管理软件对网站运行情况进行实时的监控。

独立服务器需要专用的机房、空调、电源等硬件设施，也需要操作系统、防火墙、电子邮件等运行软件。这些软硬件都需要专职人员加以维护。因此，对企业来说，使用独立服务器需要有较多的支出。

13.2.3 使用 ECShop 建立商务网站

ECShop 是 ShopEX 公司推出的一款 B2C 独立网店系统，适合企业及个人快速构建个性化网上商店。系统是基于 PHP 语言及 MYSQL 数据库构架开发的跨平台开源程序。ECShop 设计了人性化的网店管理系统帮助商家快速上手，还根据中国人的购物习惯改进了购物流程,实现更好的用户购物体验。ECShop 网店系统无论在产品功能、稳定性、执行效率、负载能力、安全性和 SEO 支持(搜索引擎优化)等方面都居国内同类产品领先地位,成为国内最流行的购物系统之一。

1. 前期准备及配置

(1) 硬件及软件平台的准备

首先,准备能够承载商务网站系统平台的 Web 服务器。这个 Web 服务器最好使用 Linux 操作系统(当然 Unix/FreeBSD/Solaris/Windows NT2000/2003 也同样可以)、Apache 服务器、Mysql 数据库并能够运行 PHP 程序。也可以自备一台接入了互联网的服务器,在上面配置 ECShop 的运行环境,还可以向 ISP 托管或租用一台虚拟主机。然后,到 ECShop 的官方网站 http://www.ecshop.com/下载最新的 ECShop V2.6.2 版本的程序文件。将下载 ECSHOP 软件包解压到本地。

(2) ECShop 的安装与配置

利用 FTP 工具,将 upload 目录下的程序文件全部上传到承载商务网站平台的空间的存放目录下面,该目录要求在浏览器中能够访问。在浏览器中访问 http://公司的网址//(这个地址当然是注册过的域名,并已经成功绑定到了公司的 Web 服务器目录)。确定后,进入检测系统环境页面,检测系统环境和目录权限。之后,添加完数据库信息和管理员账号后就可以点击立即安装。安装过程包括创建配置文件、创建数据库、创建数据、创建管理员账号等,这些操作完成后,访问网店前台页面的网址为 http://公司的网店域名 。网店后台网址为 http://公司的网店域名/admin/(管理员账号信息就是在安装系统时所设置的管理员信息)。

2. 用 ECShop 管理店铺

(1) ECShop 功能模块介绍

ECShop 具有的可扩展性及模板的灵活性,可以让企业对电子商务平台进行更自由的定制。ECShop 具有以下功能模块:

系统设置模块:包含了网店的常用功能和全局配置的开关。包括商店设置、支付方式和配送方式 、邮件服务器设置、地区列表、计划任务、友情链接、验证码管理、文件权限检测、FLASH 播放器管理、自定义导航栏、文件校验、站点地图。

商品管理模块:是网店展示商品的核心。包括商品分类、商品类型、商品品牌、商品回收站、图片批量处理、商品批量上传、商品批量修改、生成商品代码、标签管理、商品批量导出、商品自动上下架、虚拟卡的一些设置。

促销管理模块:是网店和会员进行进一步交互,给用户增加乐趣,同时丰富网店的一个设置。其中包括夺宝奇兵,红包类型、商品包装、祝福贺卡、团购活动、专题管理、拍卖活动、优惠活动、批发管理、超值礼包、积分商城商品。

订单管理模块:可以对网店上的所有订单进行详细的操作。

广告管理模块:可以在网店设置广告。

报表统计模块:显示了网店的一些报表,包括流量分析、客户统计、订单统计、销售概况、会员排行、销售明细、搜索引擎、销售排行、访问购买率、站外投放 JS。

文章管理模块:可以设置文章的分类,对现有文章的添加和管理等操作,以及文章的自动发布与撤销。这里还可以设置网店的调查。

会员管理模块：包括了对会员的编辑、添加，会员等级的设置，对会员留言的回复，会员的充值提现，资金管理。

权限管理模块：可以增加多个网店管理员，而且可以对网店管理员进行详细的权限设置。可以查看管理员日志，这里还有一个办事处的设置。

模版管理模块：可以给网店选择某个模版，也可以对现有的模版进行设置。包括了模版选择、设置模版、库项目管理、语言项编辑、模版设置备份、邮件模版。

数据库管理：包含数据的备份和恢复，以及表的优化，SQL 查询，网店的数据转化。

推荐管理模块：通过推荐设置，可以让您的会员在推荐新会员后有所提成。这样既活跃了网店，也给会员增加了积极性。

邮件群发管理：通过这个设置，可以给您的会员发送邮件。包括邮件订阅管理、杂志管理、邮件队列管理。

(2) 进入 ECShop 后台管理功能的方法

进入后台的方法：登录 http://企业网站地址/admin，即在企业的 ECSHOP 网店的域名后面加/admin 即可访问网店后台。

(3) ECShop 后台店铺设置与管理

① 商店基本信息管理

在网店后台＞系统设置＞商店设置里，可以完成商店的几乎所有的设置，包括的设置有网店信息、基本设置、显示设置、购物流程、商品显示设置、短信设置、WAP 设置等，这个部分可以说是 ECShop 网店系统的核心配置。功能设置根据电子商务网站建设的需要进行初始化设置。完成后，就可以在平台上发布商品了。

② 后台发布商品

进入后台管理界面(如图 13-2 所示)，选择"商品管理"＞"添加商品"，添加所要发布的商品名，如诺基亚 3230。输入商品货号，如果不输入商品货号，系统将自动生成一个唯一的货号，如 ECS000018 。确定商品品牌，指选择商品的品牌。本店售价是指这款商品要出售的价格。会员价格为－1 时表示会员价格按会员等级折扣率计算。也可以为每个

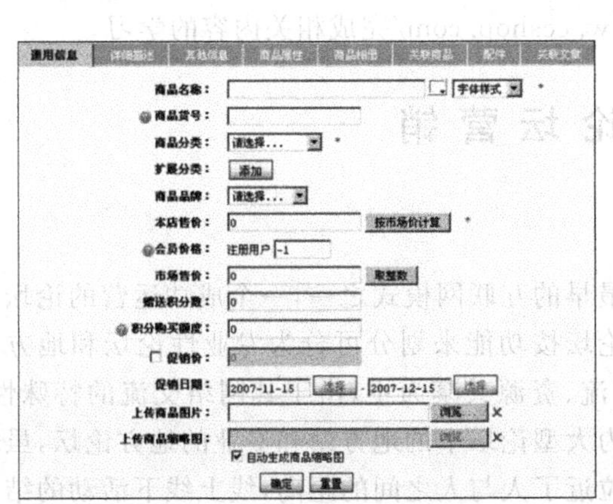

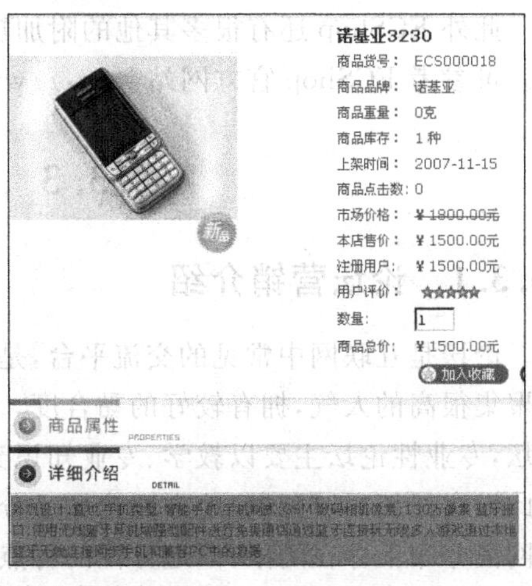

图 13-2　ECShop 后台发布商品与前台展示

等级指定一个固定价格,如果选择按市场价计算,会员的价格就没有优惠,直接按本店的实际售价来计算。市场售价是指其它市场上的价格。赠送积分数是指会员购买这款商品时赠送的积分。积分购买额度是指购买该商品时最多可以使用多少钱的积分。促销价是指在某一个促销日期间的销售价格。上传商品图片是从本地上传商品的图片。可以上传缩略图也可以选择自动生成缩略图。

进一步描述商品,可以切换到详细描述页面。在 HTML 编辑窗口将商品描述信息拷贝或输入到文本框内。产品的其他信息,比如商品的库存量、商品属性、商品相册、关联商品、配件和关联文章的设置可以在相应页内输入信息。填写完全后确定,即完成一件商品的后台发布。

③ 订单管理

一个正常实际运行过程中的 ECShop 商城,每天会有很多会员通过提交订单来购买商品。因此如何做到对各种会员提交的不同产品的订单进行有效、即时的处理,会对会员产生很重要的影响。ECShop 后台专门集成了一个模块进行订单方面的管理,主要包括订单列表、订单查询、合并订单、订单打印、缺货登记、添加订单等,基本上包括了订单管理应有的所有功能。

订单列表主要是将 ECShop 商城系统里的用户的所有订单进行罗列(如图 13-3 所示)。订单列表主要把订单里的一些信息进行表格化的罗列,主要包括订单号、下单时间、收货人、总金额、应付金额、订单状态和操作。如果想进一步查看某一个订单的详细信息,只需选择订单操作栏的查看,就可以查看该订单的详细信息。

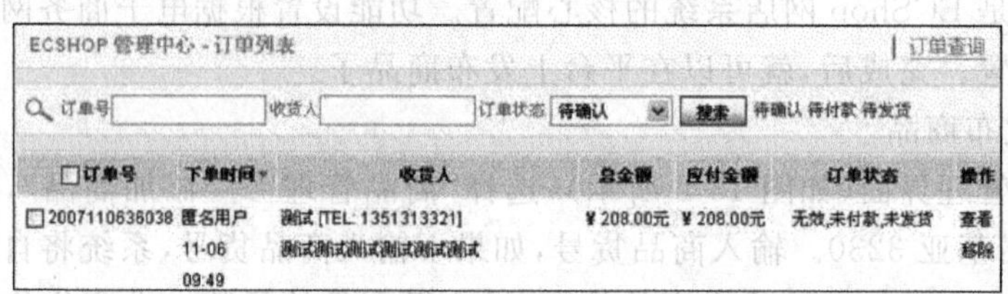

图 13-3 ECShop 订单列表管理

此外 ECShop 还有很多其他的附加功能,如模板设置等,由于篇幅的限制这里不再叙述。可参考 ECShop 官方网站 http://www.ecshop.com/完成相关内容的学习。

13.3 论坛营销

13.3.1 论坛营销介绍

论坛是互联网中常见的交流平台,是最早的互联网模式之一,一个成功运营的论坛可以聚集很高的人气,拥有较好的黏合度。论坛按功能来划分可分为专业性论坛和地方性论坛,专业性论坛主要以教学、专业知识交流、资源共享为主,由于其网络交流的特殊性,因此没有任何区域限制;地方性论坛又分为大型论坛中的地方站和专业的地方论坛,虽然从网民分布上存在局限,但地方性的特点拉近了人与人之间的距离,线上线下活动的结合让网络更加真实可信。对于针对本地推广产品的企业来说,本地性论坛无疑是最适合的平台之一，不同性质的论坛平台，营销的方式也会有所不同。

论坛营销就是企业利用论坛这种网络交流的平台，通过文字、图片、视频等方式发布企业的产品和服务的信息，从而让目标客户更加深刻地了解企业的产品和服务，最终达到宣传企业的品牌、加深市场认知度的目的。

13.3.2 论坛商品交易与团购

作为以商品销售为主的卖家来说，在选择适合的论坛进行推广时，如果所选论坛本身拥有商品交易或团购版块，无疑会给产品在论坛的营销带来很大的便利。下面针对论坛商品交易和团购两种模式进行分析。

1. 论坛商品交易

有很多运营方向专一的论坛都拥有自己的交易版块，如篮球专业论坛通常会有球衣及球鞋的交易市场，宠物论坛也会提供宠物交易的版块。论坛商品交易是在特定论坛经营模式下，衍生出来的方便论坛用户与用户之间交易，从而提升论坛的黏合度及访问量的功能。下面以中关村在线论坛的“硬件交易区”栏目为例进行分析。

中关村在线作为中国第一科技门户，是一家资讯覆盖全国并定位于销售型的 IT 互动门户，被认为是中国最具商业价值的 IT 专业门户。中关村在线是集产品数据、专业资讯、科技视频、互动行销为一体的复合型媒体。

中关村在线论坛是 IT 行业内最具潜力的互动平台。丰富高质的论坛内容和精彩不断的定期活动，使得论坛得到了广大网友的一致认同，成为业界第一的专业论坛、最具人气的论坛。论坛中“硬件交易”版块(如图 13-4 所示)为论坛用户提供了电脑硬件的交易场所。

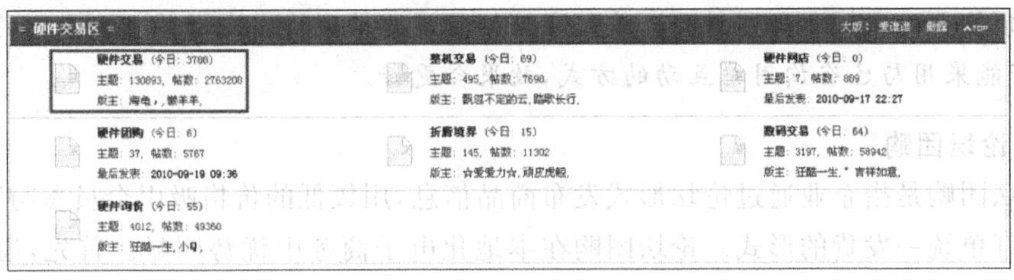

图 13-4 中关村在线论坛硬件交易版块

虽然“硬件交易区”有 7 个版块，但“硬件交易”版块是人气最火的栏目。点击“硬件交易”进入到该栏目下的列表显示页面(如图 13-5 所示)，用户可以在此栏目中发布出售或购买信息，产品的分类包括 CPU、主板、显卡、显示器、内存等计算机硬件。卖家即可以发布个人的二手信息，也可以发布产品销售信息。

小窍门

在论坛的交易版块发布产品信息需要注意以下几点：

(1) 介绍信息一定要详细。和淘宝中发布产品信息一样，在论坛中发布的信息也一定要详细，图片同样要吸引人。与淘宝不同，论坛有着更大的灵活性，比如论坛允许按一

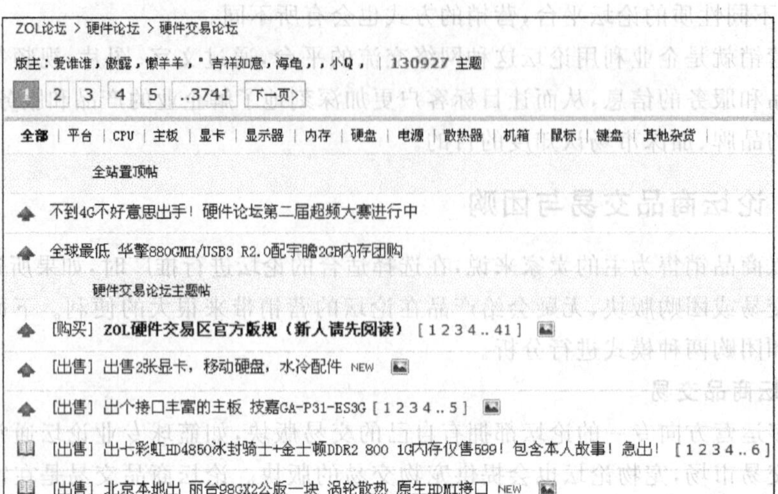

图 13-5 硬件交易栏目列表页面

定的大小要求上传图片，论坛拥有功能完善的文本编辑器等。再有，因为发布的信息只能为一条，不能像淘宝网那样实现多商品显示，因此在论坛中发布的产品信息通常会较长，建议可以在回复帖中完善商品信息。

(2) 利用规则增加曝光率。论坛中除列表第一页外，其他页面下的宣传效果都要大打折扣。人气较旺的论坛用户的参与积极性是非常高的，通常在版块中发布的文章很快就会被挤到第二页甚至更靠后的位置，而通过回复帖子的方式可以将文章重新显示在第一页的最前面。但顶帖的方式并不是适用于所有论坛的交易版块，有的论坛为了防止会员恶意顶帖会规定一些限制措施。建议在顶帖时不要单纯地发布简单且无意义的文字信息，最好能采用与已咨询用户互动的方式，效果会更好。

2. 论坛团购

论坛团购是指企业通过论坛形式发布商品信息，用较低的价格吸引会员参与购买，最后形成订单统一发货的形式。论坛团购在本地化电子商务中优势明显。首先，通过论坛组织起来的团购信息能够更加直观地浏览参与的人数和购买的数量；其次，本地论坛便于人们沟通，对商品质量进行评价，遇到问题也能够方便地解答；最后，论坛灵活的参与性能够对商家信誉度和商品质量进行评价，以防上当。下面对沈阳本地母婴类的权威论坛“沈阳妈妈网”的团购版块进行介绍。

“沈阳妈妈网”是沈阳本地权威的育儿网站，以交流和传播婴幼儿知识、分享育儿心得为宗旨，旨在为妈妈们提供一个专业的育婴交流平台。论坛有近 20 万的主题帖和超过 300 万的帖子，每日平均发帖量在 6000 帖左右。其中团购版为论坛中人气最旺的栏目(如图 13-6 所示)。

点击“团购版”栏目链接，进入帖子列表，如图 13-7 所示，列表中显示了最近所发布的团购信息，与商品交易版块所不同的是团购版是以量取胜，因此价格要相对较低，而且不同的论坛有不同的版规，比如“沈阳妈妈网”必须等级达到一定级别才能在“团购版”中

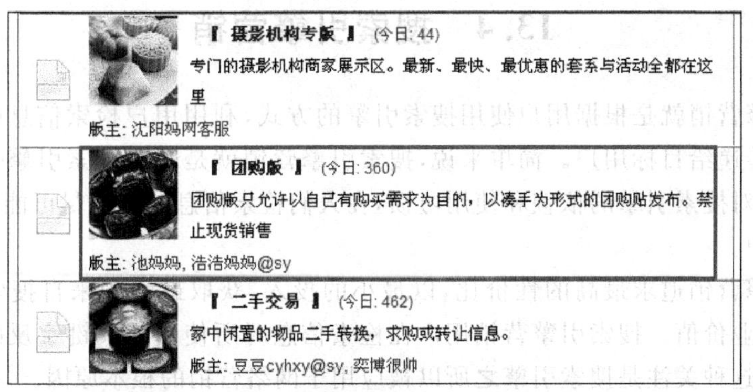

图 13-6 沈阳妈妈网栏目列表

开团,且发布的团购信息必须为凑手形式。

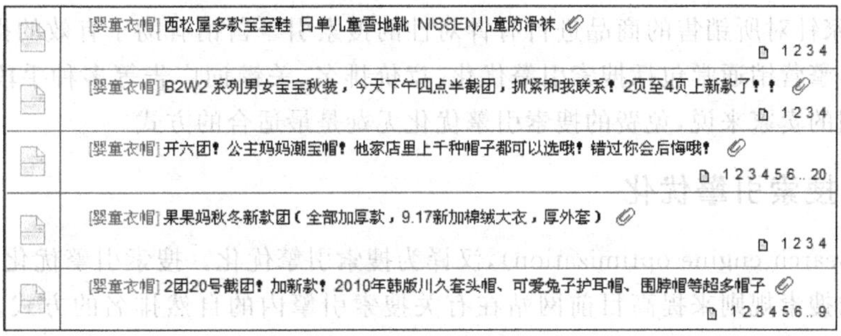

[婴童衣帽] 西松屋多款宝宝鞋 日单儿童雪地靴 NISSEN儿童防滑袜 1 2 3 4

[婴童衣帽] B2W2 系列男女宝宝秋装,今天下午四点半截团,抓紧和我联系!2页至4页上新款了!! 1 2 3 4

[婴童衣帽] 开六团!公主妈妈潮宝帽!他家店里上千种帽子都可以选哦!错过你会后悔哦! 1 2 3 4 5 6 .. 20

[婴童衣帽] 果果妈秋冬新款团(全部加厚款,9.17新加棉绒大衣,厚外套) 1 2 3 4

[婴童衣帽] 2团20号截团!加新款!2010年韩版川久套头帽、可爱兔子护耳帽、围脖帽等超多帽子 1 2 3 4 5 6 .. 9

图 13-7 团购版列表信息

13.3.3 论坛软性营销

论坛营销并不是说在论坛中注册账号并发布信息就可以了,会员的等级、参与度、对规则的理解等因素都影响着论坛宣传的效果。通常在论坛中软性的宣传要注意以下几点。

(1) 让自己的账号分量更重

很多卖家在论坛宣传只是简单地重复发布信息、顶帖回复信息的过程。这样做的效果并不好,因为论坛是靠人与人的参与才建立起来的,没有很好的交互在论坛中是不能获得基本的信任的。因此,只有在论坛发布、回复信息的过程中,增加与其他会员间的交流,才能得到论坛管理员及用户的信任。

(2) 把产品宣传内容设置在自己的个性签名里

论坛的个性签名是在会员发布或回复信息时显示在帖子下面的,由会员自己设置的基本信息。通常签名档可以放置文字信息,有些论坛也允许放图片和外部链接信息。试想卖家精心设置的一个签名信息,会在用心参与论坛交流的文章中被显示出来,相比较硬性的广告帖,无疑这种软性的宣传方式更容易让潜在的买家接受。

13.4 搜索引擎营销

搜索引擎营销就是根据用户使用搜索引擎的方式,利用用户检索信息的机会尽可能将营销信息传递给目标用户。简单来说,搜索引擎营销就是基于搜索引擎平台的网络营销,利用人们对搜索引擎的依赖和使用习惯,在人们检索信息的时候尽可能将营销信息传递给目标客户。

搜索引擎营销追求最高的性价比,以最小的投入,获取最大的来自搜索引擎的访问量,并产生商业价值。搜索引擎营销用户在检索信息时所使用的关键字反映出用户对该产品的关注,这种关注是搜索引擎之所以被应用于网络营销的根本原因。

对于淘宝网等 C2C 平台的新卖家来说,使用单一的交易平台很难在强手如林的竞争对手中脱颖而出,这就使卖家不得不思考其他的营销渠道。在中国,越来越多的人使用百度和 Google 等搜索引擎作为日常查询信息的平台,搜索引擎在中国的市场份额也不断扩大,因此卖家针对所销售的商品进行有针对性的搜索引擎营销有助于有效的提高销量。

搜索引擎营销通常包括搜索引擎优化、竞价排名、关键词广告等多种手段,作为电子商务中小型的卖家来说,免费的搜索引擎优化无疑是最适合的方式。

13.4.1 搜索引擎优化

SEO(search engine optimization),汉译为搜索引擎优化。搜索引擎优化是一种利用搜索引擎的搜索规则来提高目前网站在有关搜索引擎内的自然排名的方式。SEO 的目的理解是:为网站提供生态式的自我营销解决方案,让网站在行业内占据领先地位,从而获得品牌收益;SEO 包含站外 SEO 和站内 SEO 两方面;SEO 是指为了从搜索引擎中获得更多的免费流量,从网站结构、内容建设方案、用户互动传播、页面等角度进行合理规划,使网站更适合搜索引擎的索引原则的行为;使网站更适合搜索引擎的索引原则又被称为对搜索引擎优化,对搜索引擎优化不仅能够提高 SEO 的效果,还会使搜索引擎中显示的网站相关信息对用户来说更具有吸引力。

13.4.2 关键词的选择

搜索引擎优化的基础是尽可能地让用户常搜索的关键词排在搜索引擎平台的第一页。但越热门的关键词竞争越激烈,推广的难度也就越大,对于百度平台来说,有些热门关键词搜索后的主要位置都被收费的竞价排名所占据。因此怎么合理地选择关键词成为搜索引擎优化的关键。长尾关键词无疑是较好的选择。

长尾理论中提到需求和销量不高的产品所占据的共同市场份额可以和主流产品的市场份额相比,甚至更大。同样,对于用户搜索的关键词也符合长尾理论。我们将那些除了目标关键词以外所有带来访问流量的关键词称作长尾关键词。长尾关键词的优势体现在两点:一是长尾关键词可最大限度地集中非热门关键词带来的流量,从而达到获取搜索引擎流量最大化的目的;二是比起竞争激烈的主关键词,长尾关键词更容易获得好的排名。下面以百度搜索平台为例,通过对百度指数、百度相关搜索和本地关键词的分析,为卖家推广关键词的选择提供较好的方案。

1. 百度指数

百度指数(http://index.baidu.com/)是以百度网页搜索和百度新闻搜索为基础的免费海量数据分析服务,用以反映不同关键词在过去一段时间里的"用户关注度"和"媒体关注度"。使用者可以发现、共享和挖掘互联网上最有价值的信息和资讯,直接、客观地反映社会热点、网民的兴趣和需求。

图 13-8 为百度指数首页,页面下方滚动的是热门关键词及指数,在搜索框中输入查询的关键词可以查看该关键词的关注度及相关关键词的检索次数。

图 13-8 百度指数首页

以"童鞋"关键词为例,搜索后可以查看近期"童鞋"关键词的相关趋势、用户关注度和媒体关注度。图 13-9 所示为"童鞋"相关检索词和上升最快相关检索词的排序列表,这部分有助于我们了解相关热门关键词都有哪些,便于我们选择适合的关键词进行推广。

童鞋 相关检索词分布 全国 当月

	相关检索词:		上升最快相关检索词:	
1	童鞋什么意思	1	品牌童鞋	189%
2	巴布豆童鞋	2	巴布豆童鞋	58%
3	童鞋品牌	3	童鞋批发	45%
4	童鞋批发	4	童鞋品牌	36%
5	abc童鞋	5	外贸童鞋	24%
6	童鞋批发网	6	童鞋批发网	17%
7	品牌童鞋	7	abc童鞋	14%
8	童鞋是什么意思	8	外贸童鞋批发	13%
9	中国童鞋网	9	米奇童鞋	12%

图 13-9 相关检索词分布

2. 百度相关搜索

百度搜索引擎有两个位置可以查看被用户经常搜索的相关关键词。以"童鞋"关键词为例,如图 13-10 所示,在百度中输入“童鞋”,停留很短的时间后,系统就会匹配与“童鞋”相关的关键词,由于这些关键词都是百度用户搜索过的,因此有很高的参考价值。

图 13-10 百度首页相关搜索关键词列表

点击“百度一下”按钮,进入到搜索结果列表,如图 13-11 所示,百度在结果列表的下方也会根据用户搜索后的结果匹配相关的关键词。

相关搜索	品牌童鞋	abc童鞋	淘宝网童鞋	巴布豆童鞋	童鞋们
	童鞋是什么意思	童鞋什么意思	童鞋批发	童鞋网	大黄蜂童鞋

图 13-11 百度搜索结果页相关搜索关键词列表

3. **本地关键词**

在针对本地商品销售的搜索引擎营销中,长尾关键词会起到关键的作用,在确定目标关键词的基础上加入地区关键词,不但降低了关键词推广的难度,同时也可获得固定的、来自本地的流量,从而创造更多的销售机会。如关键词“T 恤”,在百度首页收录中大部分来自竞价排名,推广难度较大,但加入本地化关键词“沈阳 T 恤”,推广难度会降低很多,且本地销售目标更明确。配合其他辅助关键词,如“沈阳 T 恤批发”“沈阳 T 恤定制”等,针对性更强,效果更明显。关键词推广的渠道可以选择信誉良好的论坛、博客、分类信息等网站,便于被搜索引擎收录。

13.4.3 信息发布平台的选择

确定了所需推广的关键词后,我们需要在不同的网站平台发布与关键词相关的信息,然后等待被搜索引擎收录。但并不是任意选择网站发布信息都能够被收录。即使被收录,关键词也未必能排在靠前的位置。下面介绍几类搜索引擎收录较好、权值较高的网站平台。

1. 百度相关网站

根据比达咨询(BigData-Research)发布的《2015 年上半年中国移动搜索市场研究报告》显示，截至 2015 年 6 月，百度移动搜索活跃用户渗透率为 80.5%，排名第一，神马搜索以 27.8%的活跃用户渗透率排名第二，搜狗搜索紧随其后排名第三。下面简单介绍百度的几款核心工具及使用方法。

(1) 百度空间(http://hi.baidu.com/)

"百度空间"于 2006 年 7 月 13 日正式开放注册，空间的口号是：真我，真朋友。用户注册后，可以在空间写博客、传图片、养宠物、玩游戏，尽情展示自我；还能及时了解朋友的最新动态，从上千万网友中结识感兴趣的新朋友。分享心情，传递快乐。

作为百度推出的一款博客平台，"百度空间"提供了宽松的环境，用户可以无限制地注册账号并在空间中发布文章，同时上传图片也比较方便。在"百度空间"中发布的博客信息有较大的概率被百度收录，因此"百度空间"是比较便捷的宣传平台。

(2) 百度知道(http://zhidao.baidu.com/)

"百度知道"是一个基于搜索的互动式知识问答分享平台，是用户自己根据具体需求有针对性地提出问题，通过积分奖励机制发动百度知道界面其他用户，来解决该问题的搜索模式。同时，这些问题的答案又会进一步作为搜索结果提供给其他有类似疑问的用户，达到分享知识的效果。

"百度知道"的信息也有较大的概率被百度收录，排名更加靠前。因此多回答和自己销售商品相关的问题，就有机会被采纳为最佳答案，从而达到营销的目的。但需要注意的是，并不是任何问题回答后都有意义，需要寻找标题中包含核心关键词的问题，这样在百度搜索对应关键词，排到前面的概率就增大了很多。另外，不能为了宣传自己而去回答问题，"百度知道"不允许发布明显的广告信息，如电话、QQ 号等，因此在回答问题时既要对人有帮助，又要在宣传自己的方面注意一定的技巧，比如上传图片、参考的网站都是可以用做宣传的地方。

(3) 百度有啊(http://youa.baidu.com)

"百度有啊"是建立在百度旗下独有的搜索技术和强大社区资源的基础上的网上个人 C2C 交易平台，为每一位通过实名认证的用户提供了免费开店的机会，在这里可拥有一个独立的网址和一间专属的店铺，可以按照自己喜欢的风格进行店铺装修。

虽然"百度有啊"在市场份额上落后于淘宝网、拍拍网，但作为百度旗下的交易平台，通过"百度有啊"发布的商品在百度搜索引擎中有较好的亲和力，关键词设置得当可获得较高的搜索排名，并且针对性很强。需要注意的是，在"百度有啊"发布的商品是需要持续维护的，商品每 7 天或 14 天就要重新上架。

2. 分类信息网站

分类信息是人们在信息时代的百科全书，它包含了工作、学习、娱乐、生活、交通、服务等多个方面。分类信息网站就是将这些信息汇总的网络平台。分类信息的优势是信息发布快捷、方便且免费，由于分类信息网站网络优化做得都很好，因此能够在百度关键词搜索中可获得较好的排名。通常能够较好利用的分类信息网站有综合分类信息网站和行业分类信息网站。

(1) 综合分类信息网站

以58赶集、口碑网为代表的分类信息网站,开创了全新的信息传播途径,聚合了海量个人信息和大量商家信息,为网民解决日常生活中的焦点、难点问题提供了最便捷的解决途径。

此类网站提供的服务覆盖生活的各个领域,包括房屋租售、餐饮娱乐、招聘求职、二手买卖、汽车租售、宠物票务、旅游交友等多种生活信息,可以在平台内选择适合的分类发布信息,除文字信息外还可以上传图片,丰富了商品的展示。

(2) 垂直型行业网站

垂直型行业网站是指对某一个行业有明确、深远的发展趋势的网站,比如中国鞋网,中国服装网等。

行业网站相对综合信息网站来说,专业性更强,因为行业网站通常都是针对某一垂直领域的商品信息,但由于行业网站所涉及产品的特殊性,并不是所有可销售的商品都能找到适合的行业网站进行推广。

3. 论坛

在前面我们已经分析了论坛营销的重要性,同样一个正规且访问量较大的论坛,对于搜索引擎的亲和力也是较好的。如果在发布交易或团购信息的同时,注意文章标题关键词的搭配,不但可以在论坛获得较好的效果,同时关键词被搜索引擎收录后也可带来更大的流量。

13.5 其他营销方式

13.5.1 即时通信营销

即时通信工具是开展网络营销的必备工具,是进行在线客服、维护客户关系等有效沟通的利器,有了即时通信工具,实现了与客户零距离、无延迟、全方位的沟通,特别是企业网站或电子商务网站。即时通信工具的合理利用,既可以与客户保持密切联系、促进良好关系,也可以有效促进销售、实现商务目的。

即时通信营销是企业通过即时通信工具帮助企业推广产品和品牌的一种手段,常用的主要有两种情况:第一种是网络在线交流。中小企业建立了网店或者企业网站时一般会有即时通信在线,这样潜在的客户如果对产品或者服务感兴趣自然会主动和在线的商家联系。第二种是广告。中小企业可以通过即时通信工具发布一些产品、促销信息,或者可以通过图片发布一些网友喜闻乐见的表情,同时加上企业要宣传的标志。常用的即时通信软件包括阿里旺旺、QQ、MSN、微信等,根据功能的不同,营销的方式也不一样。如下介绍国内目前较常用的几款即时通信软件。

1. 阿里旺旺

阿里旺旺是为淘宝网和阿里巴巴网量身定做的交流工具,通过阿里旺旺能够帮助卖家轻松找客户,发布、管理商业信息,及时把握商机,随时洽谈做生意。关于阿里旺旺软件具体的功能在第14章中有详细的介绍,下面总结了阿里旺旺在和客户沟通中所需注意的技巧。

(1) 不要随意打扰客户

通过旺旺与商友进行沟通,技巧很重要。好的沟通技巧有助于提升订单的成交率,即使没有成交,也给商友留下专业的印象。当下一次有生意机会的时候,会被优先考虑到,同时也增加了朋友互相介绍的机会。

好的沟通习惯是在认识前先与客户进行一些简单的沟通,简洁地回答客户提出的每一个问题。切不可无理由地给客户发信息,这样会引起反感。

(2) 交流的时间不要太长

商务交流与普通的聊天不同,就像一个会议一样,时间不可太长。卖家在交流的时候需列出一个提纲,把一些经常遇到的问题的答案提前准备好,尽量在较短的时间内与买家沟通好。

(3) 注意所使用的语言

相对于面谈,在网上交流,人会变得随意和自由。但毕竟是在进行商务交流,所以旺旺的语言、态度、措辞等应该是认真和严肃的。在沟通中要尽量避免一些因国籍、文化背景、政治背景、信仰等的不同而产生的一些不必要的话题。

(4) 利用好旺旺群做营销

建立阿里旺旺群,先去搜索客户,把目标客户、潜在客户加入到个人旺旺群里,通过定期的活动,潜移默化地影响客户,最终转化为自己的固定客户。

2. QQ

QQ是深圳市腾讯计算机系统有限公司开发的一款基于互联网的即时通信软件。腾讯QQ支持在线聊天、视频电话、点对点断点续传文件、共享文件、网络硬盘、自定义面板、QQ邮箱等多种功能,并可与移动通信终端等多种通信方式相连。截至2016年3月,QQ即时通信的活跃账户数达到8.77亿,最高同时在线账户数达到2.6亿。

与旺旺基于买卖交流的模式不同,QQ是一个大众化的即时通信软件。它有着受众群体广泛、使用者年龄段跨越大、娱乐性强的特点,适合人与人之间的沟通交流,如果要利用QQ进行企业或产品的营销,并不能像使用阿里旺旺那样有针对性地收集客户信息,但并不是说QQ就不适合作为产品销售的交流工具。在建立独立网站的同时,企业通常可以留下QQ交流的信息;在进行搜索引擎营销、论坛营销等推广时,卖家同样可以留下QQ号码作为联系方式。另外,QQ群组也是可以进行营销的平台之一。

3. MSN

MSN是微软公司推出的即时消息软件,可以与亲人、朋友、工作伙伴进行文字聊天、语音对话、视频会议等即时交流,还可以通过此软件来查看联系人是否联机。

与QQ不同的是,MSN并不是一个把娱乐和交友作为主要功能属性的软件品牌,而是一个以商务为导向、多元应用相配合的服务品牌。MSN最大的宝藏在于它牢牢地占据了中国即时通信市场的高端,把持着数量可观的优良用户,这些用户的一个特性是受教育水平高,他们使用MSN绝非以娱乐休闲为主要目的,而更多的是用于工作及与熟悉朋友间的沟通。

MSN与商务更紧密地结合在一起,呈现出一种专用的商业沟通工具,与QQ鲜明地划清了界限。对于应用即时通信营销的卖家来说,根据所销售的产品及受众群体的特点,也可以选择使用 MSN 作为营销的主要工具。

13.5.2 网络广告

网络广告就是利用网站上的广告横幅、文本链接、多媒体的方法,在互联网刊登或发布广告,通过网络传递到互联网用户的一种高科技广告运作方式。网络广告的形式多种多样,但并不是每种方式都适合产品销售,下面针对电子商务的特点,介绍了几种实用的网络广告形式。

1. 淘宝联盟

淘宝联盟(原名阿里妈妈)是阿里巴巴旗下的一个全新的互联网广告交易平台,主要针对网站广告的发布和购买平台。广告投入商(淘宝卖家)可以将需宣传的产品信息直投到选定的相关网站中,针对性强,会获得较理想的宣传效果。

淘宝联盟区别于其他淘宝站内营销方式最大的不同是它将宣传延伸到淘宝站外的各个网站。想要加入淘宝联盟的各大网站的站长可以通过"淘宝客"选择推广方式,并将系统自动生成的代码插入网站合适位置。目前,"淘宝客"支持搜索推广、页面推广、店铺推广、商品推广和 API 接入几种推广方式。

淘宝卖家可在淘宝联盟平台中选择适合推广的网站。如图 13-12 所示,进入网站"买广告"页面,卖家可以根据网站列表中网站的广告位快照、网站信息、价格浏览量等基本信息来选择适合自己的推广渠道。

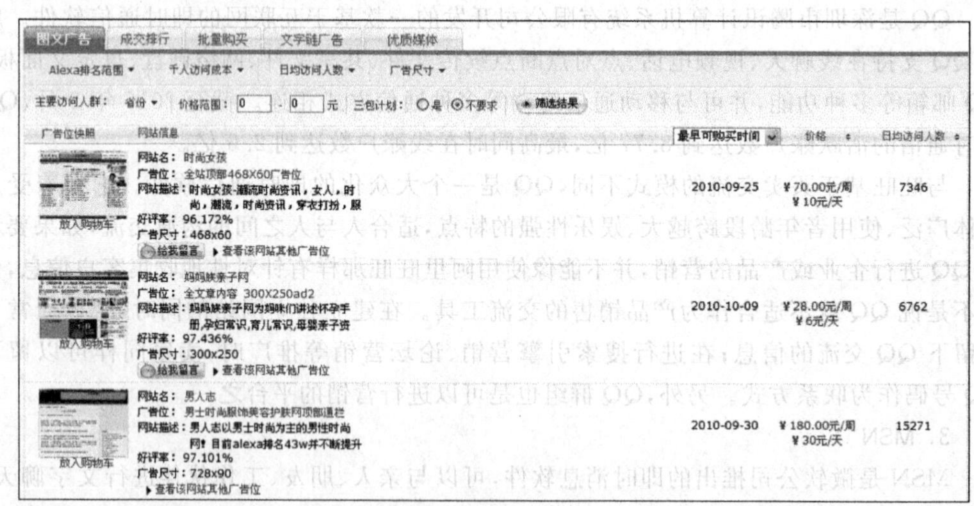

图 13-12 图文广告列表

为了让所选择的推广网站目的性更强,卖家也可以选择与推广商品类别相关的网站作为购买的付费平台,淘宝联盟提供了完善的分类搜索模块(如图 13-13 所示),让卖家能够轻松找到合适的网站平台。

2. Google Adwords

Google AdWords 是一种在 Google 及其广告合作伙伴的网站上快捷简便地刊登广

影音娱乐：影视评论 影视下载 网络电视 播客视频 娱乐八卦 超级fans 流行音乐 在线视频
站长之家：网络服务 域名主机 编程开发 网赚资讯 网站联盟 站长论坛 互联网资讯
教育培训：留学移民 外语培训 职业培训 大专院校 中小学教育 婴幼儿教育 人才招聘 考研资讯 办公文案
生活资讯：餐饮美食 家居装修 星座命理 婚庆资讯 生活信息 二手交易 母婴专区 彩票博彩
潮流时尚：美容美发 美体瘦身 女性生活 时尚门户 流行服饰 时尚资讯 化妆知识 时尚饰品
动漫游戏：动漫综合 flash动画 网络游戏 休闲网游 游戏门户 在线小游戏 单机游戏 数码电玩
人文艺术：综合小说 幽默笑话 女性小说 玄幻小说 小说下载 设计创意 艺术欣赏 文化历史 军事国防
门户网站：新闻门户 综合信息 知名网站 综合社区
互联网：网络工具 搜索引擎 网络导航 软件下载
投资理财：财经理财 招商加盟 房产信息 保险资讯
两性生活：婚恋交友 情感交流 交友联谊
医疗健康：疾病治疗 保健养生 医疗论坛 中医中药
爱好收藏：宠物相关 收藏鉴赏 摄影专题 休闲爱好
数码硬件：数码产品 电脑硬件 手机应用 手机及配件
企业服务：经营管理 行业网站 商业推广
网上商城：女性商城 数码商城 鲜花礼品 综合商品
汽车：驾校 汽车资讯 车友会 汽车服务
个性生活：QQ&非主流 虚拟空间装饰
运动体育：热门运动 体育赛事 运动健身
博客空间：综合博客 个人博客
旅游户外：旅游信息 旅行机构 住宿出行

图 13-13　广告分类搜索列表

告的方式，无论广告预算多少都可充分享受其高效的服务。Google AdWords 广告会随搜索结果一起显示在 Google 上，还会显示在 Google 联网中的搜索网站和内容网站上，这其中包括新浪、网易、腾讯、中华网、AOL 等知名网站。全球每天有千万计的客户在 Google 上进行搜索，并浏览 Google 联网中的页面，所投入的广告可能每天有成百上千次的展示，但只有对产品感兴趣的客户点击了广告，且进入网站时，Google AdWords 才会收取一次点击费用。

Google Adwords 展示广告的位置及形式是多样的，通常可以将所展示的广告分为 Google 站内广告展示和 Google 站外广告展示两部分。

(1) Google 站内广告展示

在 Google 搜索引擎中搜索"模具"关键词，图 13-14 中显示的是搜索之后的结果页面，在页面的上侧和右侧显示的就是 Google Adwords 用户在 Google 站内投入关键词广告后所显示的效果。

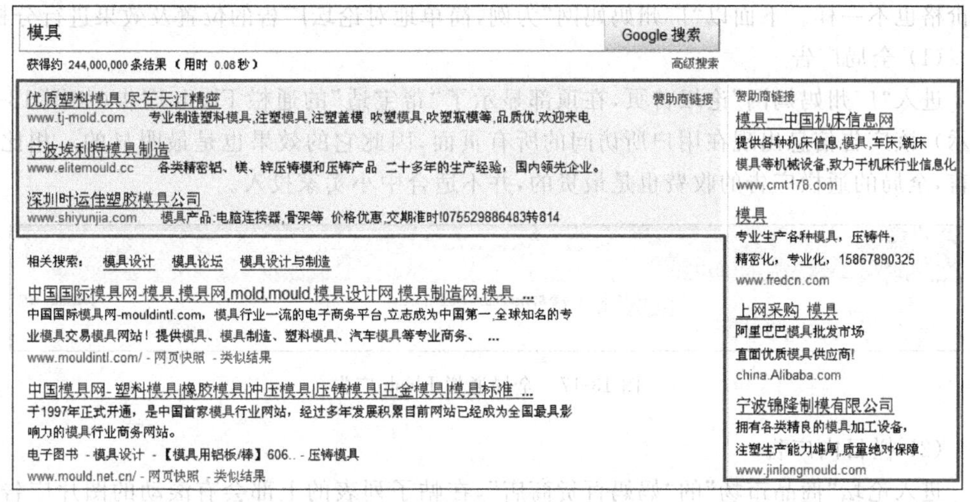

图 13-14　Google 站内广告展示

(2) Google 站外广告展示

Google Adwords 不但可以在自身的搜索引擎中加入推广广告，同样在其他与 Google 合作的网站也可以显示相应的广告信息。下面以中国模具论坛(http://www.

mouldbbs. com/)为例对 Google 站外不同的广告形式进行讲解。

进入中国模具论坛首页,如图 13-15 所示,在页面的顶部显示了 Google 广告的信息,其中左侧为 Google 根据网站所属的类别进行的关键词类别匹配信息,右侧是图形广告信息。

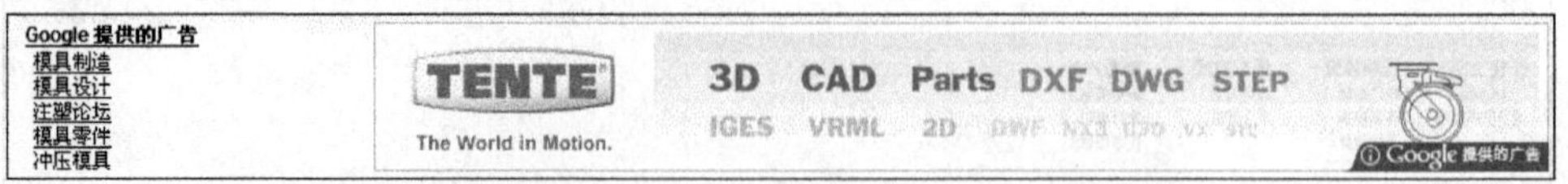

图 13-15 Google Adwords 分类和图形广告

进入论坛中帖子的内页,在帖子的顶部显示如图 13-16 所示的 Google Adwords 文字广告。

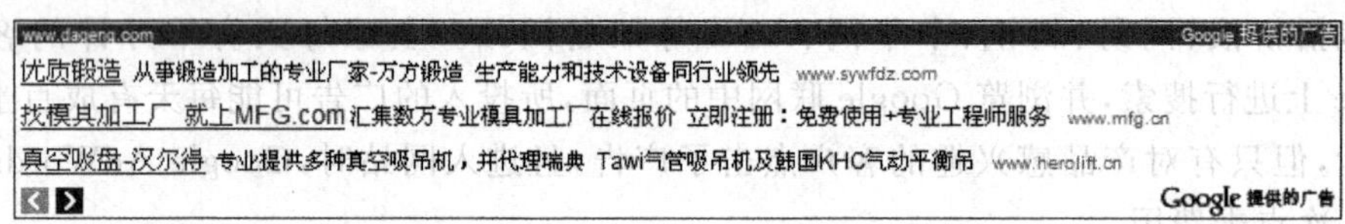

图 13-16 Google Adwords 文字广告

由以上分析可以看出,在中国模具论坛中所匹配的广告信息都是与模具相关的信息,Google Adwords 的这种智能匹配模式有助于将用户所提交的推广广告信息投放到最适合的网站中,从而加强了广告实施的效果。

3. 论坛广告

论坛广告是指在特定的论坛中投入的广告信息,根据论坛的不同,广告所显示的位置及价格也不一样。下面以“广州妈妈网”为例,简单地对论坛广告的位置及效果进行分析。

(1) 全局广告

进入“广州妈妈网”论坛首页,在顶部显示了“帮宝适”的通栏 Flash 广告(如图 13-17 所示),该广告信息出现在用户所访问的所有页面,因此它的效果也是最明显的。相比较而言,全局的通栏广告的收费也是最贵的,并不适合中小卖家投入。

图 13-17 全局通栏 Flash 广告

(2) 栏目内广告

进入论坛“商品市场”的“妈妈百货商店”,在帖子列表的上部会有滚动的图片广告显示(如图 13-18 所示)。由于进入该栏目的用户购买商品的目的性较强,因此选择在栏目内部推广相关的商品效果较理想,且价格适中。

(3) 栏目置顶

如图 13-19 所示,框中标注的是在论坛栏目中置顶的帖子。由于置顶广告帖与其他

图 13-18　滚动图片广告

普通帖子处在同一个界面下，因此容易引起用户更多的关注。相对栏目内广告，置顶帖最大的优势在于它的互动性，图 13-19 中"千人宝宝摄影大团购"的文章，回复的参与者达到了 17 页，起到了很好的效果。

帖子	页码
【百团大战】金沙洲时代糖果87m²四房精装78万元起洋房99折团购继续报名（已有215人）	[1 2 3 4 5 6 .. 10]
重要通知：关于禁止会员转载团购网团购信息的通告！	[1 2 3 4 5 6 .. 7]
千人宝宝摄影大团购！！！低至299元-桃子摄影	[1 2 3 4 5 6 .. 17]
[杂类其他] 请发帖前学习版规（帖子被处理的会员请在这里找原因，恕不一一回复）	[1 2 3 4 5 6 .. 7]

图 13-19　置顶帖列表

(4) 专版广告

对于某些特殊行业的商家来说，在论坛中宣传本身就要交纳一定的费用。比如在"广州妈妈网站"进驻的摄影机构，网站规定其只能在特定的摄影机构专版里发布相应的广告信息，且需要付费。图 13-20 中为通过认证的企业会员发布的摄影宣传信息。

帖子	页码	作者
[儿童摄影] 非常宝贝广州店盛大启航☆套餐送全部底片啦☆！！！！！！	[1 2 3 4 5 6 .. 15]	gzfcbb
[个人写真] 成人纯摄影的最佳选择：谢绝任何隐性消费，只出佳作连篇	[1 2 3 4 5 6 .. 42]	天赐小金猪
[儿童摄影] 丰富多彩，硕果累累：外拍作品连续两年入选NUK中国"爱，从心开始"家庭图片展	[1 2 3 4 5 6 .. 198]	天赐小金猪
[儿童摄影] 咖啡豆子唯美外景底片全送　最新优惠信息团680元8*8杂志册	[1 2 3 4 5 6 .. 90]	咖啡豆子
[儿童摄影] "小不点"原价600元电子相册推广期间全部150元（再做推广中）	[1 2 3 4 5 6 .. 13]	小不点儿童摄影

图 13-20　专版广告

本章小结

网络店铺营销是网上开店最重要的环节，好的营销可以让店铺的访问量和交易量有质的飞跃。创业者不但可以利用淘宝网内的规则、工具、交流平台进行宣传推广，也可以将营销扩展到淘宝站外，如搜索引擎营销、论坛营销、即使通信营销、网络广告等。同时，建立独立的网站也能够带来更多的用户，起到很好的宣传效果。

复习思考题

1. 淘宝网内部搜索平台的优化包括哪几方面?
2. 淘宝网包括哪些收费的营销工具?它们各自的特点是什么?
3. 如何申请域名并选择网站空间?
4. 什么是论坛营销?在论坛营销的过程中需要注意哪些问题?
5. 如何进行有针对性的搜索引擎营销?

实 践 题

1. 分析各淘宝卖家在淘宝社区中的营销方式。

2. 模拟选定几个域名,访问中国万网(http://www.net.cn/),查询这些域名是否被注册?如果被注册,它们的注册信息及到期日期是什么?

3. 选定几个商品相关的关键词,在各平台中发布信息,观察百度和Google搜索引擎的收录情况。

4. 访问淘宝联盟(http://www.alimama.com/),比较各类别下广告投放的情况。

第 14 章

网上创业之管理

【学习目标】

通过本章的学习，学生应掌握淘宝基本工具：阿里旺旺和淘宝助理的使用方法；熟悉淘宝平台中商品管理和交易管理的方式；了解财务管理、库存管理、客户关系管理和安全管理方面的知识。

【关键词汇】

商品管理(commodities management)　交易管理(transaction management)　财务管理(financial management)　库存管理(inventory management)　客户关系管理(customer relationship management)

通过前面两章的学习，我们掌握了建立网店的方法和店铺营销的技巧。店铺一旦有了访问量和交易量，如果没有很好的管理，将会使经营变得一团糟。本章主要介绍网络店铺管理方面的知识，包括淘宝的工具管理、淘宝平台的商品管理和交易管理、财务管理、库存管理、客户关系管理和安全管理。

14.1 工具管理

淘宝网提供了两款免费的软件，是卖家在进行店铺管理中必备的使用工具：一款是用来进行即时通信交流的阿里旺旺，另一款是方便商品管理的淘宝助理。

14.1.1 阿里旺旺

阿里旺旺是将原先的淘宝旺旺与阿里巴巴贸易通整合在一起的一个新品牌。它是淘宝和阿里巴巴为商人量身定做的免费网上商务沟通软件/聊天工具，可以帮助用户轻松找客户，发布、管理商业信息，及时把握商机，随时洽谈做生意。阿里旺旺根据所在平台应用的不同又分为阿里旺旺(淘宝版)与阿里旺旺(贸易通版)两个产品。这两个产品之间支持会员互通交流。但是，如果想同时使用与“淘宝网站”和“阿里巴巴中文站”相关的功能，仍然需要同时启动“淘宝版”和“贸易通版”。下面对淘宝网中应用广泛的阿里旺旺(淘宝版)进行介绍。

1. 好友管理

作为一款以即时通信为主的软件,好友管理是不可或缺的功能。图 14-1 显示的是阿里旺旺的好友管理界面,使用者可以通过点击下侧的"添加好友"按钮,对好友或者群进行精确查找;也可以在"消息记录"中查询与好友的历史聊天记录;同时通过好友列表上侧的按钮组,可以在好友列表、最近联系的好友和群列表中任意切换。

随着店铺的发展,阿里旺旺中的联系好友会越来越多,可能寻找一个客户信息得花不少时间,要给几个客户同时发信息需逐一查找,费时又费力。为了方便使用者更好地管理用户,阿里旺旺提供了便捷的好友分组管理功能。图 14-2 中将阿里旺旺经常联系的客户进行分组,在一级分组的基础上(如"货源"分组)下又添加了二级组分类,方便卖家查询客户信息。

2. 我的淘宝

在淘宝网站中为买卖双方提供了非常便捷的管理平台,而阿里旺旺将网站中主要的管理功能都集成到一起,让用户可在不登录网站的情况下进行基本的管理操作。如图 14-3 所示,我的淘宝中包括了我是买家、我是卖家、我的设置和我的社区 4 个部分。

图 14-1 阿里旺旺好友管理　　图 14-2 好友分组　　图 14-3 我的淘宝管理

3. 其他管理

(1) 交易管理

阿里旺旺中的交易管理可以方便用户查看最近的买入和卖出记录,可以快捷查看当前交易所处的状态。对于卖家来说,使用交易管理也可以方便发货、延长收货时间、评价等基本操作。

(2) 收藏夹

收藏夹功能方便用户查找已经收藏的宝贝或店铺信息。

(3) 便民中心

便民中心可以方便用户使用阿里旺旺对电话、游戏进行充值,订购国内外机票,还可对物流进行在线下单。

14.1.2 淘宝助理

淘宝助理是提供给卖家的一款免费、功能强大的客户端工具软件(如图 14-4 所示),它可以使卖家不登录淘宝网就能直接编辑宝贝信息,快捷批量上传宝贝。淘宝助理有如下功能:

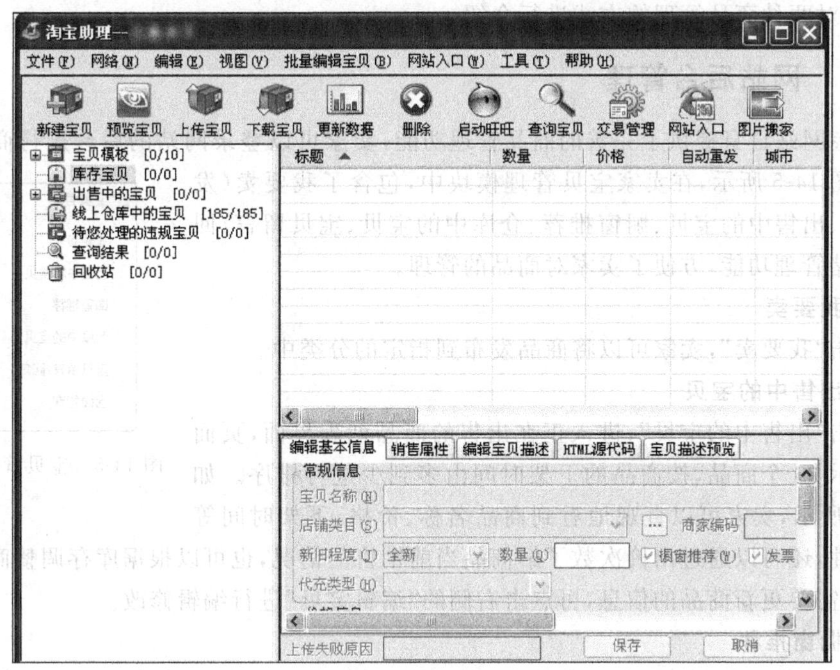

图 14-4 淘宝助理主界面

① 离线管理、轻松编辑商品信息。

② 快速创建新宝贝,还可以通过模板,数秒钟就建立新的宝贝。

③ 批量编辑宝贝信息。

④ 通过下载,轻松修改已经发布的宝贝。

⑤ 修改后批量上传,无需人工操作。

⑥ 批量打印快递单、发货单,省下大量人工填写工作,还可以自定义打印模板。

⑦ 批量发货,减少手工操作,针对某些快递单还可自动填写运单号。

⑧ 批量好评,减少手工操作,方便通过好评进行营销。

⑨ 图片搬家,提供简单的操作,帮您将宝贝描述中的图片自动迁移到淘宝图片空间。

⑩ 支持本地图片,上传宝贝时自动将本地图片上传到图片空间。

⑪ 支持视频、flash 的添加。

⑫ 批量编辑宝贝，对宝贝描述、类目、属性全新改版。

⑬ 交易管理批量编辑，批量编辑物流公司和运单号，减少手工操作。

⑭ 导入导出 CSV 格式，编辑库存宝贝、出售中宝贝、线上仓库中宝贝的商品信息。

⑮ 数据库修复，最大化地修复受损数据库。

14.2 商品管理

淘宝提供了两种商品管理的方式，一种是通过淘宝网网站用户管理平台进行商品的更新，另一种是使用淘宝助理进行管理。相比较而言，淘宝助理更适合批量较大的商品管理，下面对两种商品管理的方式进行介绍。

14.2.1 网站后台管理

淘宝网站自身提供了完善的商品管理功能，卖家可以登录网站的后台进行商品的管理。如图 14-5 所示，在卖家宝贝管理模块中，包含了我要卖(发布商品)、出售中的宝贝、橱窗推荐、仓库中的宝贝、宝贝留言/回复和仓储管理功能，方便了卖家对商品的管理。

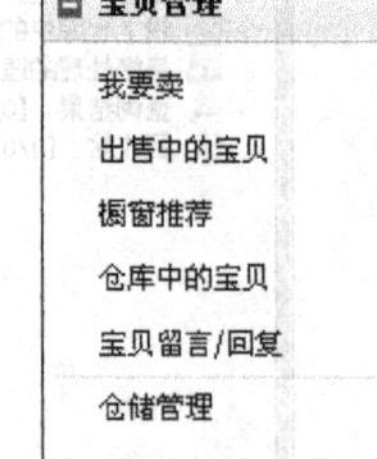

图 14-5 宝贝管理导航

1. 我要卖

点击“我要卖”，卖家可以将商品发布到指定的分类中。

2. 出售中的宝贝

点击“出售中的宝贝”，进入正在出售的商品列表界面，页面每页显示 20 个商品，按商品的下架时间由多到少进行排序。如图 14-6 所示，卖家可以直观地看到商品名称、价格、下架时间等重要属性，还可以通过出价次数了解商品当前销售的情况，也可以根据库存调整商品的数量，如果需要更新商品的信息，可点击右侧的“编辑宝贝”进行编辑修改。

3. 橱窗推荐

橱窗推荐宝贝会集中在宝贝列表页面的橱窗推荐中显示，每个卖家可以根据信用级别与销售情况获得不同数量的橱窗推荐位。点击“橱窗推荐”，可以对出售中的商品设置推荐，也可以取消已设置推荐的商品。

4. 仓库中的宝贝

在淘宝中发布的商品是有时间限制的，商品的下架时间可以选择 7 天或者 14 天。而商品到期后会由“出售中的宝贝”自动转入“仓库中的宝贝”，同时在店铺中相对应的商品也会下架。如果想要对下架的商品进行上架或其他处理，需点击“仓库中的宝贝”进入下架商品列表。如图 14-7 所示，仓库中下架的宝贝包括四类：等待上架的宝贝、全部卖光的宝贝、待您处理的违规宝贝和历史宝贝记录。其中，等待上架的宝贝和全部卖光的宝贝属于自然下架，只要直接上架或修改上架数量即可；待您处理的违规宝贝是由于违规而被淘宝强制下架的商品，卖家可以在修改违规操作后上架商品；而下架 3 个月以上的商品则自动进入历史宝贝记录。

图 14-6 出售中的宝贝

图 14-7 仓库中的宝贝

5. 宝贝留言/回复

点击“宝贝留言/回复”显示的是买家的留言信息，如图 14-8 所示，卖家可以回复或者删除留言。如果不想在这里看到某条留言信息，可以选中它，点击“不再提示”。

您现在查看的是：近期的留言

宝贝名称	买家名单	留言日期	留言状态	选择
定制情侣粉色内彩马克杯/免费设计…	越行怎么越远	2016-08-03	等我回复	□
DIY 定制定做T恤 个性T恤 印衣服/…	raffaelloliu	2016-07-16	等我回复	□
全变色杯蓝色&黑色 送礼的是…	happyrong1987	2009-04-10	我已回复	□

共1页 | 上一页 << [1] >> 下一页 到 页 查看　反选　不再提示

图 14-8 宝贝留言/回复

14.2.2 批量管理

普通的店铺通过淘宝网站后台的管理系统可以完整地实现全部的功能。但对于商品数量多、出货量大的店铺来说,拥有单一功能的网站后台管理从效率上不能满足基本的要求,无论是商品的上架还是基本信息的维护都要耗费大量的时间。而淘宝助理的批量管理功能可以帮助卖家解决网站管理平台带来的不足。下面介绍淘宝助理中的批量上传和批量编辑功能。

1. **批量上传商品**

与网页操作不同,淘宝助理最大的优势就是批量操作,特别是针对下架商品的批量上架操作,对于卖家来说更为实用。

(1) 下载仓库中的宝贝

登录淘宝助理后,在快捷工具栏中点击"下载宝贝",如图 14-9 所示。

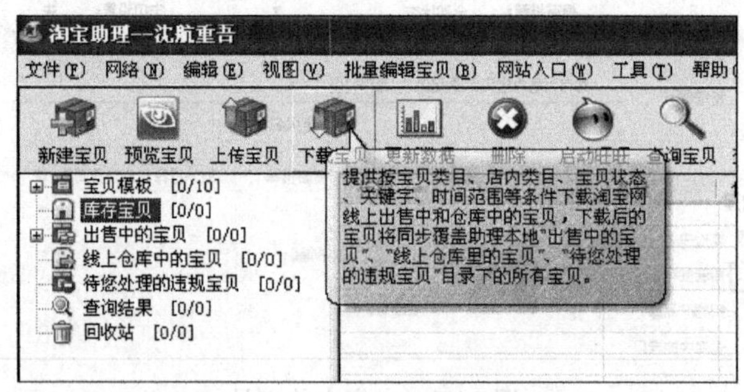

图 14-9 淘宝助理下载宝贝

在弹出下载宝贝窗口中(如图 14-10 所示),可以选择商品所在淘宝内类目、商品所在店铺内类目、商品的时间范围、标题中包含的关键词和宝贝状态。

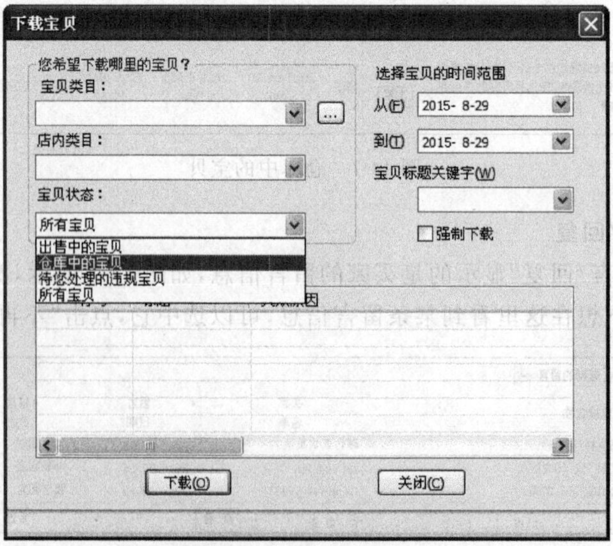

图 14-10 下载宝贝窗口

卖家若想获取已下架商品信息，可采用如下操作：选择宝贝状态为“仓库中的宝贝”；选择宝贝的时间范围从建立店铺的时间开始至今；点击“下载”按钮，全部的已下架商品信息将会显示在淘宝助理左侧的“线上仓库中的宝贝”中(如图 14-11 所示)。

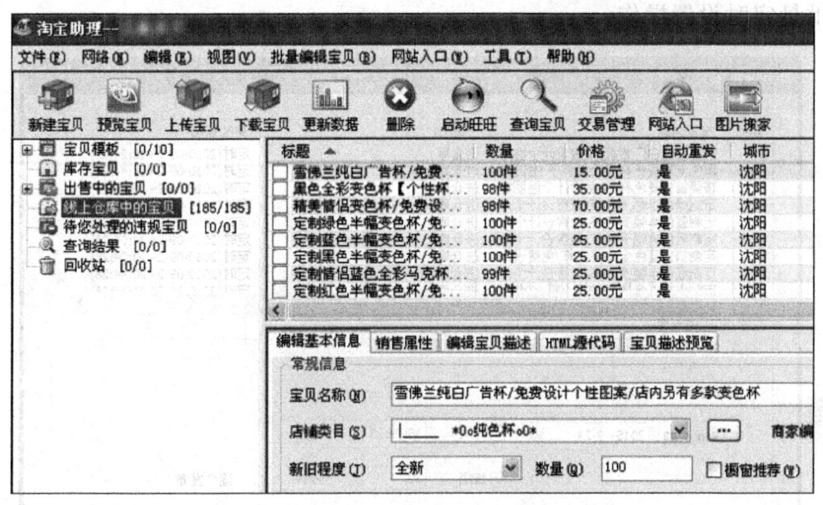

图 14-11　线上仓库中的宝贝列表

(2) 上传商品

卖家不但可以使用淘宝助理进行批量商品上传，还能将商品进行分时定时上架，保证店铺中的商品下架时间在不同的时间段，防止由于集中下架而带来的流量损失。具体的操作步骤如下。

在右侧“线上仓库中的宝贝”列表中选中全部的商品，点击右键选择菜单中的“编辑”>“立即/定时/进仓库”(如图 14-12 所示)。

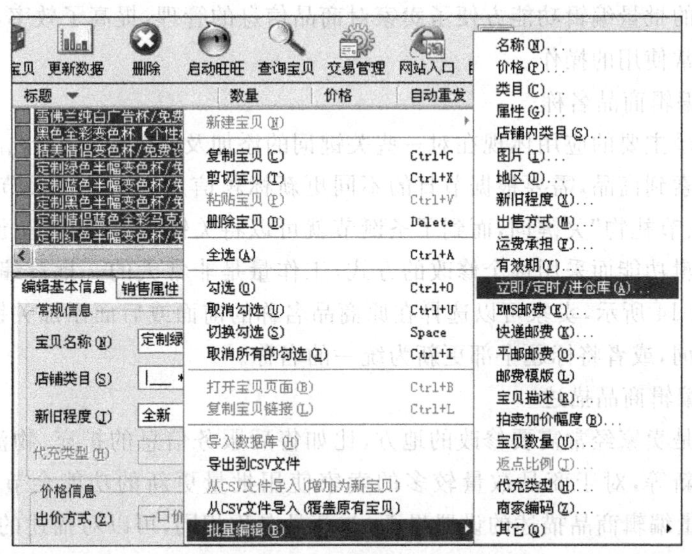

图 14-12　批量编辑宝贝菜单

图 14-13 为批量编辑宝贝窗口,选择“开始时间”为“定时”,输入起始时间及上传商品间隔的时间,点击“预览”按钮,在列表右侧看到每个商品具体的上架时间。根据商品上架时间的不同可再次调整间隔时间,尽量避开访问量相对较低的时间段。点击“保存”按钮,完成批量定时设置操作。

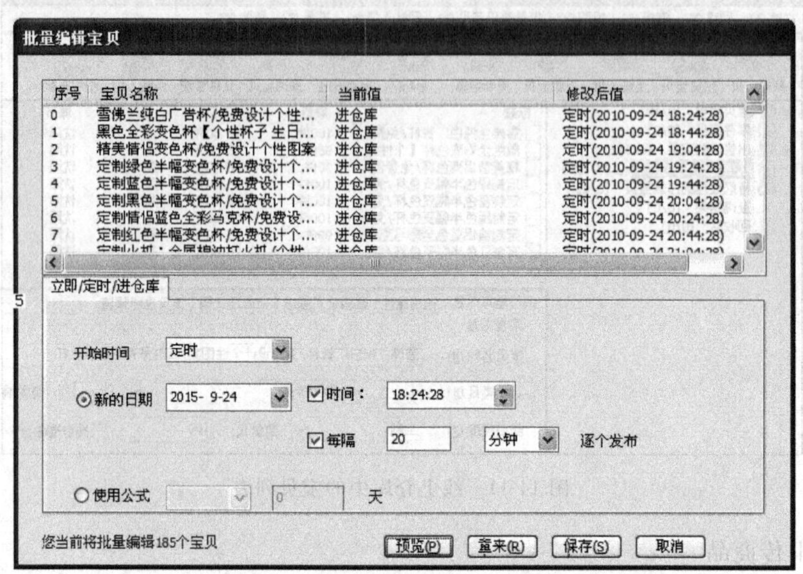

图 14-13 批量编辑宝贝窗口

最后需要将已经设置好上架时间的商品上传到淘宝网,全选仓库中的宝贝,在右键菜单中选择勾选,点击上侧“上传宝贝”菜单即可完成商品的批量上传。

2. 批量编辑商品信息

淘宝助理的批量编辑功能方便了卖家对商品信息的管理,提高了效率,是卖家在进行商品管理中经常使用的操作。

(1) 批量编辑商品名称

商品名称最主要的应用体现在对一些关键词的添加及修改上,比如礼品店铺,为了能让更多的人搜索到商品,需要根据节日的不同更新标题信息。到了情人节可以在标题的后面加上“情人节礼物”关键词,而到了圣诞节就可以将关键词修改为“圣诞节礼物”。如果没有批量编辑功能而采用逐个修改的方式,工作量是非常大的。批量编辑商品标题设置界面如图 14-14 所示,卖家可以选择在原商品名称的前面或后面添加关键词,也可以查找并替换关键词,或者将标题全部更新为统一的名称。

(2) 批量编辑商品描述

商品描述是卖家经常需要修改的地方,比如售后服务信息的扩充、物流资费的调整、商品推荐的更新等,对于商品数量较多的卖家使用批量更新的功能会节省很多时间。图 14-15 为批量编辑商品描述的设置界面,与商品名称相同,可以对描述的内容进行添加和编辑操作。由于描述页面设计中存在很多 HTML 标签,因此在源码的编辑一定要仔细,否则操作不慎会导致显示异常。

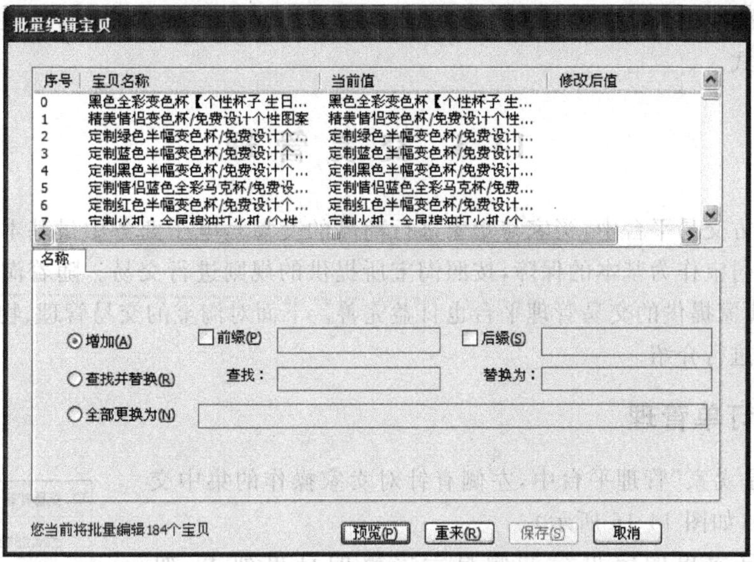

图 14-14 批量编辑商品名称窗口

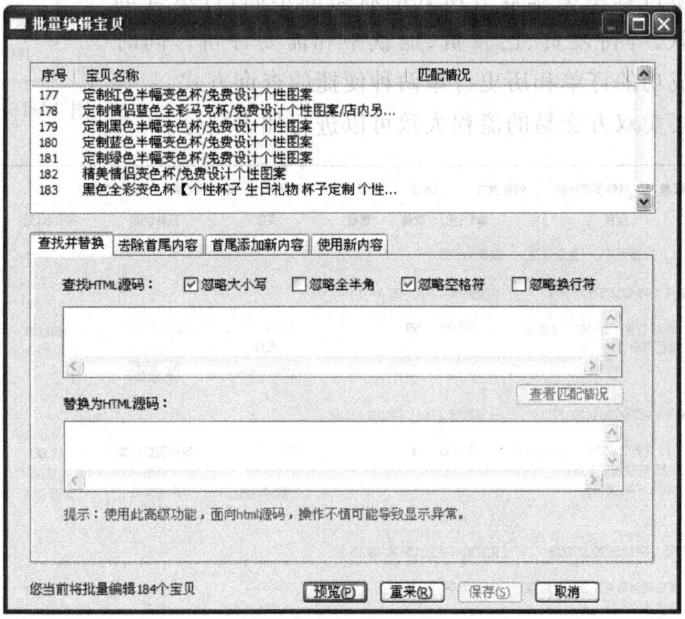

图 14-15 批量编辑商品描述窗口

(3) 批量编辑运费

淘宝网中卖家设置的运费包括平邮、快递和 EMS 的价格。由于合作的快递公司的不同，物流价格的更改也不可避免。在淘宝助理中提供了 3 种运费批量更改的接口，同时在不同的邮费模板间可以随意地批量切换，方便了卖家对运费的管理。

(4) 其他批量管理

除以上提到的常用的批量管理功能外，淘宝助理还拥有对商品其他属性的批量修改功能,如价格、类目、属性、图片、地区、新旧程度、出售方式、有效期等,为卖家提供了更便捷的管理方式。

14.3 交易管理

在第三方交易平台中,买家与卖家进行商品的交易是电子商务中最基本的环节。买卖双方将支付宝作为基本的保障,按照淘宝所提供的规则进行交易。随着淘宝功能的不断完善,为卖家提供的交易管理平台也日益完善。下面对淘宝的交易管理、物流管理和批量交易管理进行介绍。

14.3.1 订单管理

在“我是卖家”管理平台中,左侧有针对卖家操作的集中交易管理模块(如图 14-16 所示)。

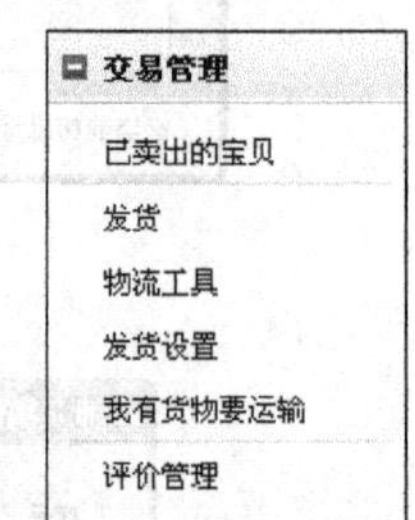

图 14-16 交易管理模块

点击“已卖出的宝贝”,右侧显示完整的订单列表,如图 14-17 所示,进入栏目默认显示的是按时间逆序排列的全部订单。由于在交易过程中买卖双方所处的状态的不同,订单查询可分为买家付款、等待发货、已发货、退款中和需要评价。同时平台还提供了成功的订单和历史订单两种便捷的查询方式。

在淘宝中买卖双方交易的流程大致可以进行如下划分。

所有订单 | 等待买家付款 | 等待发货 | 已发货 | 退款中 | 需要评价 | 成功的订单 | 历史订单

宝贝	单价(元)	数量	售后	买家	交易状态	实收款(元)	评价
全选 批量发货 批量备注 批量免运费							
订单编号:45421557813958	成交时间:2015-08-24 14:47						
2015个性台历定做/8寸精品双面模板	32.00	50		syzyzy 王丹 给我短信	买家已付款 详情 发货	900.00 (含 快递 :0.00)	
订单编号:45299161077158	成交时间:2015-08-23 11:22						
DIY 定制定做T恤 个性T恤 印衣服/纯棉圆领白色T恤/DOTA	35.00	1		raffaelloliu ---- 给我留言	等待买家付款 详情 关闭交易 投诉	43.00 (含 快递 :8.00) 修改价格	
订单编号:44900839205058	成交时间:2015-08-18 15:31						
黑色高档精美礼品包装盒 适合一个变色杯	5.00	1		woxiazi ---- 给我留言	交易成功 详情 投诉	170.00 (含 快递 :0.00) 查看物流	双方已评
粉色小熊精美礼品包装盒 适合一个变色杯	5.00	4					

图 14-17 订单列表

1. 买家拍下宝贝

当买家拍下宝贝时,在卖家订单列表中将会出现“等待买家付款”的订单列表。如图 14-18 所示,买家可以通过阿里旺旺与买家进行交流;可以点击“详情”查看买家的基本信息;如果因缺货、同城交易、长时间联系不到买家等特殊情况,可以在与买家进行沟通后点击“关闭交易”;如果买家所拍商品价格与实际所定价格不符,可以通过点击“修改价格”对商品的价格及邮费进行修改。

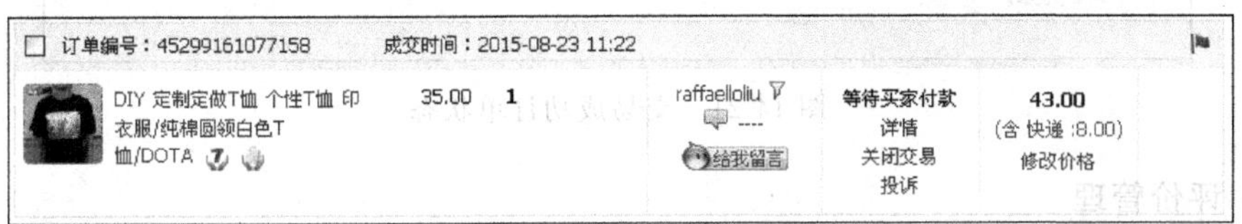

图 14-18 等待买家付款订单状态

2. 买家付款

当买卖双方确认所拍商品之后,买家可以通过支付宝、网络银行、信用卡等多种方式进行付款,付款之后的订单如图 14-19 所示。卖家点击“发货”按钮对商品进行发货,并填写快递单号。

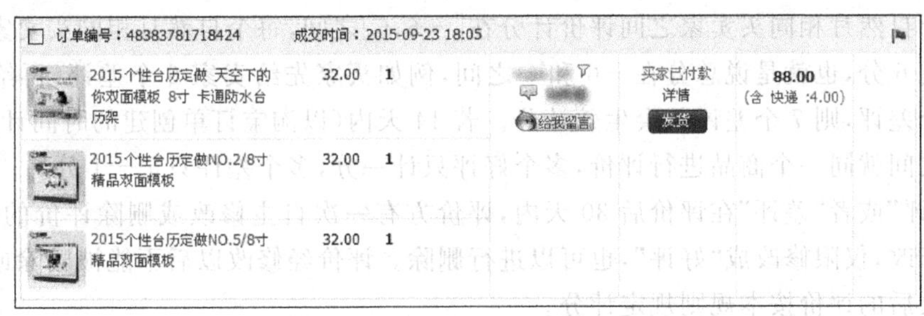

图 14-19 买家已付款订单状态

3. 卖家已发货

卖家发货后,订单显示已发货状态(如图 14-20 所示),等待买家的确认收货。如果买家因为忘记收货而没确认,淘宝系统会按照时间自动确认收货,其中虚拟物品 3 天自动确认收货,实物 10 天自动确认收货。如果发货后由于物流或其他原因买家在所规定的时间内没有收到货物,买家可以点击“延长收货时间”延长收货时间。另外卖家也可点击“查看物流”跟踪发货的状态。目前淘宝已经与大部分的快递公司统一接口,通过淘宝平台就可以查看物流状态,而不用登录对应快递公司的网站进行查询。

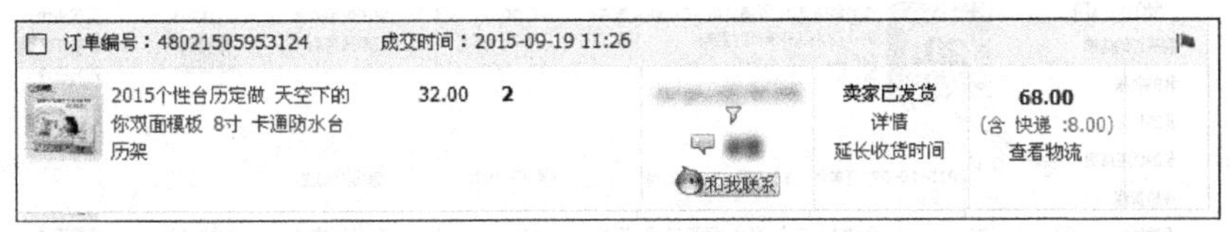

图 14-20 卖家已发货订单状态

4. 交易成功

买家收到货物并确认后,需到淘宝平台对所购买的商品进行确认,确认后的卖家订单显示“交易成功”状态(如图 14-21 所示),如果买家在交易过程中提出异议并申请退款,在此状态下,卖家还需要处理退款申请。

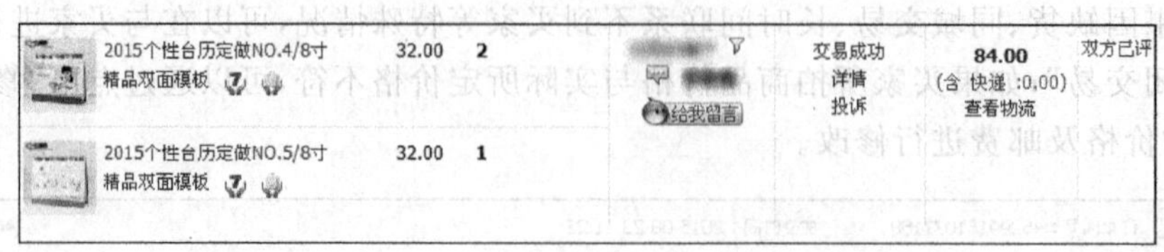

图 14-21 交易成功订单状态

5. 评价管理

淘宝网会员在个人交易平台使用支付宝服务成功完成每一笔交易后,双方均有权对对方交易的情况作一个评价,这个评价称为信用评价。评价分为"好评""中评""差评"三类,每种评价对应一个积分。评价积分计算方法:评价积分的计算方法,具体为:"好评"加一分,"中评"零分,"差评"扣一分。每个自然月中,相同买家和卖家之间的评价计分不得超过6分(以淘宝订单创建的时间计算)。超出计分规则范围的评价将不计分。

每个自然月相同买卖家之间评价计分在[-6,6]之间,每个自然月相同买卖家之间总分不超过6分,也就是说总分在-6和6之间,例如买家先给卖家6个差评,再给1个好评和1个差评,则7个差评都会生效计分。若14天内(以淘宝订单创建的时间计算)相同买卖家之间就同一个商品进行评价,多个好评只计一分,多个差评只记-1分。

"中评"或者"差评"在评价后30天内,评价方有一次自主修改或删除评价的机会,可以选择修改,仅限修改成"好评",也可以进行删除。评价经修改以后不能被删除或再次修改。更改后的评价按本规则规定计分。

点击"评价管理"后可查看买家对店铺的全部评价(如图14-22所示)。同时,在规定的时间内,也可对评价做出解释。

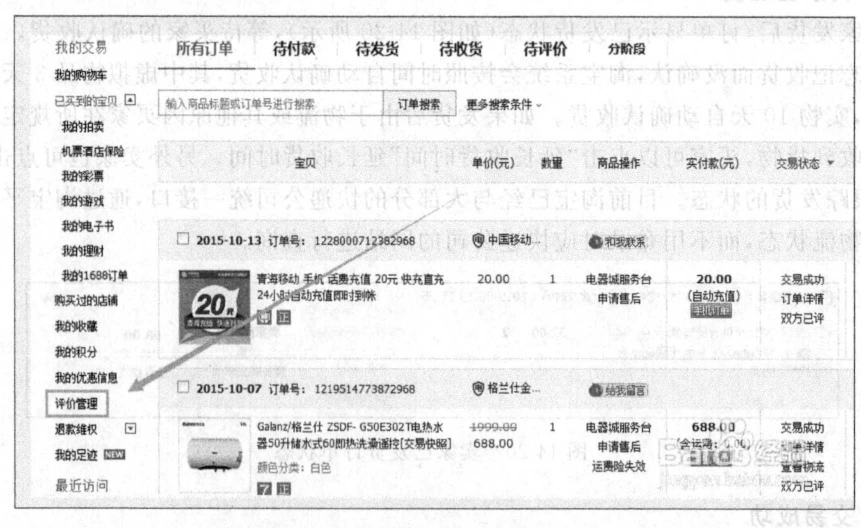

图 14-22 评价管理

14.3.2 物流管理

1. **物流发货**

在买家付款后，卖家需要选择适合的物流公司发货，在淘宝发货平台中提供了四种物流服务，包括限时物流、在线下单、自己联系物流和无需物流。

(1) 限时物流

限时物流是为了对物流的时效进行约束而产生的一种新型物流方式。它是指淘宝与快递公司签订协议，令快递公司保证在约定时间内把卖家的宝贝送达买家。如若延时或者超时，将对快递公司做出罚款等相应处罚。目前在淘宝物流平台上提供限时物流服务的有以下物流公司：韵达快递、联邦快递、圆通速递。

如图14-23所示，卖家可以选择限时方式，包括当日达、次晨达和次日达。具体的物流公司及收费标准可以在列表中查看，选择好物流公司后会显示发货的截止日期和送达时间。

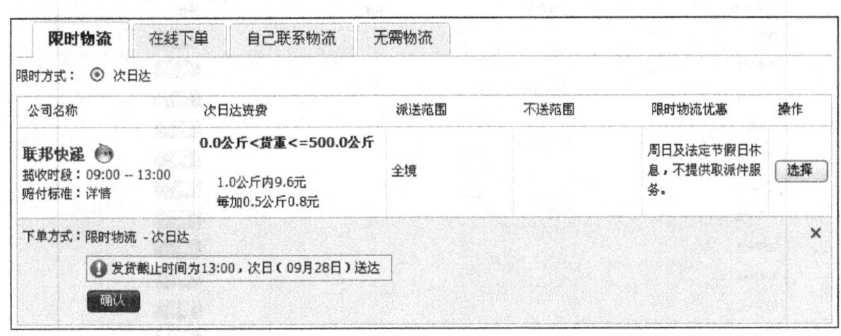

图 14-23 限时物流

(2) 在线下单

在线下单是指使用与淘宝合作并推荐的快递公司。选择在线下单的快递公司，淘宝会负责联系相应的快递公司上门取货，省去了自己联系物流的烦琐。目前与淘宝合作的推荐物流公司有：EMS、E邮宝、申通、圆通、韵达、宅急送、中通、天天等。

如图14-24所示，点击要选择的物流公司的"选择"按钮，选择"在线发送订单"。确认后，淘宝将通知物流公司上门取货。需要注意的是如果填写了正确的运单号后确认，交易状态就会变为"卖家已发货"，如果您下单时没有运单号，也可以在物流公司取件后再填写运单号。

(3) 自己联系物流

除选择淘宝提供推荐的物流公司外，卖家还可以自己在本地直接联系物流公司。如图14-25所示，在对应的物流公司填写运单号码，点击"确认"即可。

(4) 无需物流

如果卖家出售的宝贝是虚拟物品或本地自取，不需要物流运输，直接在无需物流里点击"确认"即可完成发货。

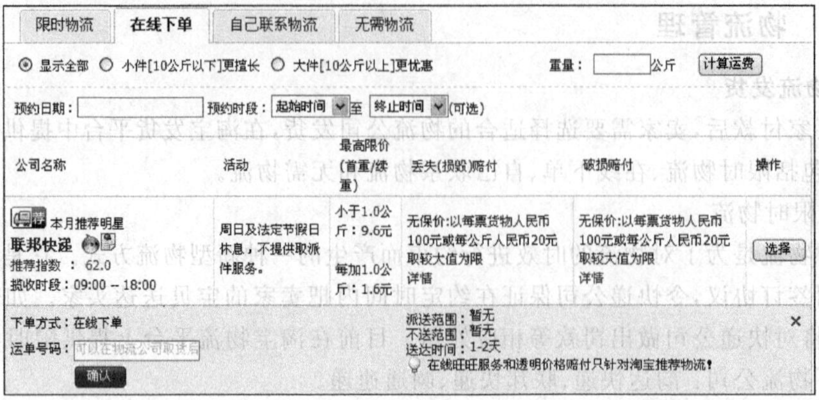

图 14-24 在线下单

图 14-25 自己联系物流

2. 追踪订单

物流追踪是物流公司为客户提供的，通过网站、手机、电话输入单号查询货物到达每个中转站的时间的服务。完善的追踪系统取决于每个运输、分拣、中转、配送的时间，甚至可以精确到每一环节的准确时间。

通常客户在查询一个单号的物流信息时，需要选择对应的物流公司提供的查询系统（网站、电话或短信）进行查询，如果订单较多且物流公司各不相同，会给查询带来极大的不便。为了解决在淘宝中查询物流信息的不便，淘宝与各大物流公司合作，提供了淘宝平台内部查询物流信息的功能。在订单处于已发货和交易成功状态时，买卖双方都可在订单列表中找到对应的商品，点击“查看物流”来跟踪订单（如图 14-26 所示）。

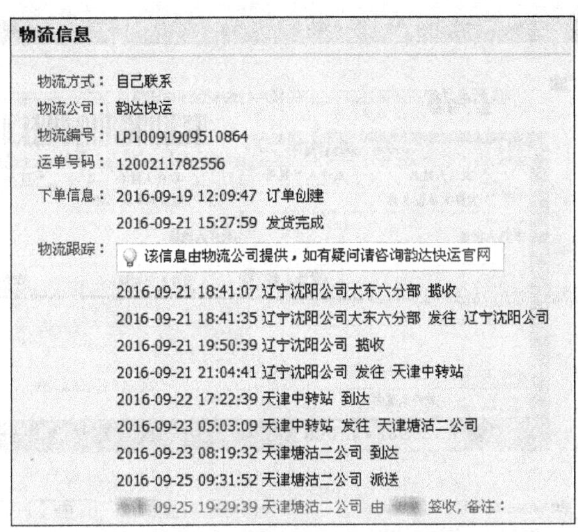

图 14-26　查看订单物流信息

14.3.3 批量订单管理

使用淘宝助理可以对订单进行批量的管理，对于交易量较大的店铺，是一个非常实用的功能。

(1) 下载订单

如图 14-27 所示，登录淘宝助理点击“交易管理”，在弹出的对话框中点击“订单下载”，完成从上一次下载到当前的增量下载。选中已下载的订单，可以查看订单详情、备注等，还可以修改物流信息。

图 14-27　订单下载

(2) 快递单模板管理

点击“模板管理”，在弹出的模板设置窗口中（如图 14-28 所示）可以选择系统提供的合作的物流公司默认快递单样式，也可以新建、修改和删除快递单模板。新建模板需要设置快递单的大小，选择打印内容，并把各标签拖动到适合位置，更改字体，最后保存即可。

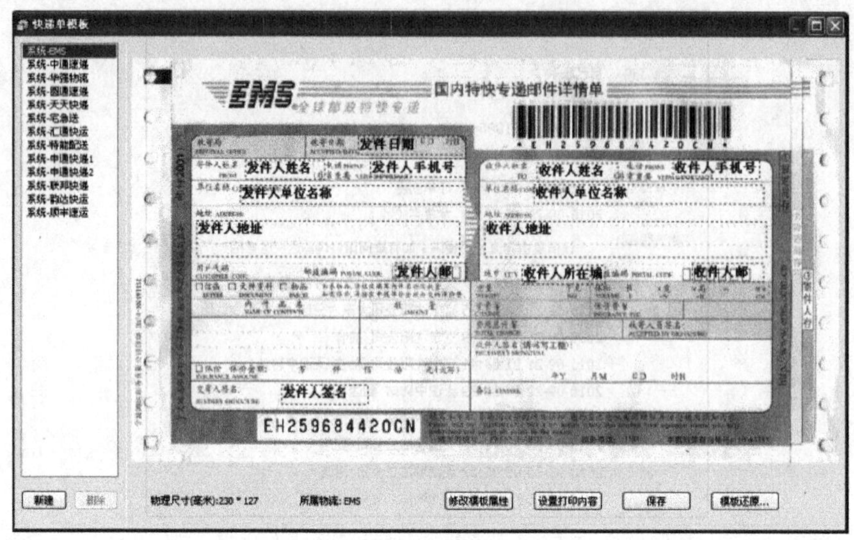

图 14-28 快递单模板管理

(3) 批量打印快递单

对于若干个勾选中的订单,可进行批量打印快递单。进入打印快递单页面,更改信息完成后,可以打印预览或者直接打印,省去卖家手工填写的工作。如果打印的快递单的运单号是连号的,淘宝助理还能自动帮您填写运单号,并减少出错的可能。使用此功能需要有一台针式打印机。

(4) 批量打印发货单

选中一个或多个订单,点击"发货单",可以实现批量发货单打印功能,方便卖家管理大量的订单,分派发货,检查订单,以及临时备注记录等。

(5) 批量发货

在待发货列表中,勾选需要发货的订单,点击"批量发货",可以实现订单的统一批量发货功能。注意所勾选订单的物流信息中的快递公司和运单号必须按照发货运单号选择并填写正确,否则买家将无法正确查阅物流信息。

14.4 财务管理

财务管理对于网商来说在整个销售过程中起着至关重要的作用。做好财务管理我们才能更清楚地知道自己到底在每个销售季度内是否盈利,并从中获悉哪种产品比较受消费者欢迎。可以正确地制定进一步的销售策略。

对于财务管理,初期的时候会觉得只有那么几种货物,不值得一管。但随着业务量的不断增大,如果没有正确的管理,会把自己弄得焦头烂额。账目不清楚会导致部分资金在无形中流失,并且不能合理规划销售流程。通常简单的财务管理可以概括为成本核算、记账。

1. 成本核算

成本核算可以直接反映店铺的经营情况，也可以直接对店铺实际支出费用进行调控。成本核算是整个财务管理的核心过程。要进行成本核算首先要了解什么是成本。成本可以分为直接成本和间接成本两大类：直接成本包括店铺在经营过程中产生的进货成本、进货交通费以及邮费包装费用等，也可以叫经营成本；间接成本则是一些因管理而产生的费用，包括通信费、网络费、退换货产生的其他费用和店主的基本生活费用。

了解成本的构成之后，在核算成本的时候就能够对店铺的利润有直观的了解，从而指导商品定价，使本利比例合理，这样才能实现利益最大化。

2. 记账

记账就是要记录每天的资金流。使用一些收费的财务软件会更加快捷、方便，但对于初涉网商的卖家来说，花钱去购买昂贵的财务管理系统有些牵强，下面介绍使用 Excel 表格来进行简单记账的方法。

(1) 新建一个 Excel 表格。标明商品编号、名称、规格、数量、单价等(如图 14-29 所示)。给单元格加上边框，这样可以使表格更清晰一些。

	A	B	C	D	E	F	G
1	编号	进货日期	名称	规格	数量	进货单价	金额
2							
3							
4							
5							
6							
7							

图 14-29 新建 Excel 表格

(2) 如图 14-30 所示，在单元格中录入商品基本信息。

	A	B	C	D	E	F	G
1	编号	进货日期	名称	规格	数量	进货单价	金额
2	1	6月18日	宝宝休闲牛皮皮鞋	135	2	56.5	
3				140	5	56.5	
4				145	10	56.5	
5				155	3	56.5	
6							

图 14-30 录入商品基本信息

(3) 对于同类商品中的多个选项可以合并同类项，选择需要合并的单元格。点击右键点击设置单元格式，选择对齐中的合并单元格(如图 14-31 所示)。

(4) 对于日期的设置仍然要点击右键单击设置单元格式(如图 14-32 所示)，在数字中点击日期选择自己习惯的日期记录方式即可。

(5) 进货的金额可以用公式直接计算出来。公式为进货单价×数量＝金额，在 Excel 中表示为 F2×E2(如图 14-33 所示)。

进行以上操作之后点击存盘或使用快捷键 Ctrl＋s 金额便直接运算出来了，对于其他单元格的操作可以按住右键下拉(如图 14-34 所示)，就可以完成相同的运算了。

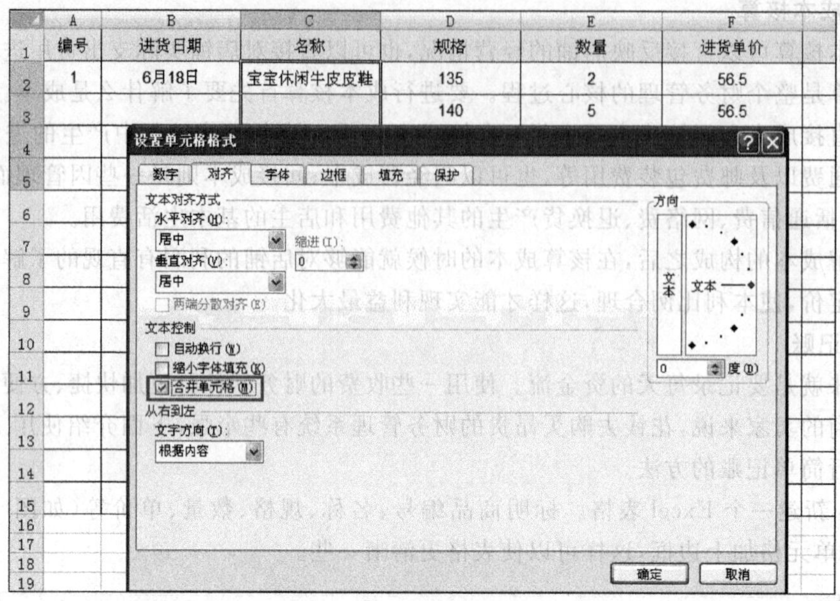

图 14-31 合并同类商品单元格

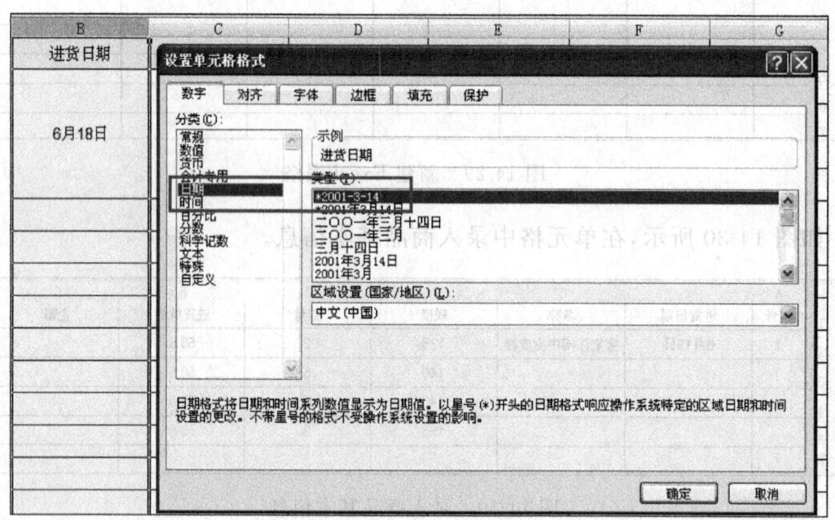

图 14-32 设置日期格式

	A	B	C	D	E	F	G
1	编号	进货日期	名称	规格	数量	进货单价	金额
2				135	2	56.5	=F2*E2
3	1	2016-6-18	宝宝休闲牛皮皮鞋	140	5	56.5	
4				145	10	56.5	
5				155	3	56.5	
6							

图 14-33 输入计算公式

	A	B	C	D	E	F	G
1	编号	进货日期	名称	规格	数量	进货单价	金额
2	1	2016-6-18	宝宝休闲牛皮皮鞋	135	2	56.5	113
3				140	5	56.5	282.5
4				145	10	56.5	565
5				155	3	56.5	169.5
6							

图 14-34 复制相同属性的单元格操作

(6) 与设置日期采用同样的方法设置货币的表示方式(如图 14-35 所示),便于区分金额与其他数字。这样我们前期的进货便记录完毕了。

A	B	C	D	E	F	G
编号	进货日期	名称	规格	数量	进货单价	金额
1	2016-6-18	宝宝休闲牛皮皮鞋	135	2	56.5	￥113.00
			140	5	56.5	￥282.50
			145	10	56.5	￥565.00
			155	3	56.5	￥169.50

图 14-35 设置货币格式

(7) 下面要做的是计算每日销售的记录,将每天销售商品的详细信息录入 Excel 表格中(如图 14-36 所示),按照上面的操作方法便能轻松地运算出商品的销售金额。

	A	B	C	D	E	F	G	H	I	J	K
1	编号	进货日期	名称	规格	数量	进货单价	金额	销售日期	销售数量	销售单价	金额
2	1	2016-6-18	宝宝休闲牛皮皮鞋	135	2	56.5	￥113.00	2016-8-21	2	70.9	￥141.80
3				140	5	56.5	￥282.50				￥0.00
4				145	10	56.5	￥565.00	2016-7-3	6	70.9	￥425.40
5				155	3	56.5	￥169.50	2016-6-29	1	70.9	￥70.90
6	2	2016-7-29	巴布豆童鞋	155	15	66	￥990.00				￥0.00
7	3	2016-7-29	巴布豆童鞋	165	8	78	￥624.00				￥0.00

图 14-36 商品销售总表

另外,除了对每日的进货和销售情况做录入,还要将每月的因经营产生费用进行记录,包括通信费、网络费、退换货产生的其他费用和店主的基本生活费。用每月销售总额减去经营成本和因经营产生的费用就能得出当月的实际销售所得,也就是利润。

14.5 库 存 管 理

对于淘宝店铺来说,浏览量和成交量固然重要,但是,能够随时随地掌握自己的商品库存量也同样重要。进行有效的库存管理,即时指定促销措施来清仓,才能使店铺迅速发展。

1. 统计库存

为了方便卖家操作及使用,库存的统计需要运用免费的 Excel 表格进行录入运算。方便起见,我们可以在之前所做的财务 Excel 表格的后面添加库存信息,这样每月基本销售情况便一目了然。同时,通过表格还能体现出商品具体的销售情况,从而指导下个月的进货工作。

简单的库存统计公式为：库存＝进货数量－销售数量，如图 14-37 所示，我们可以通过设定 Excel 的计算公式来显示当前的库存量。一旦修改了发货数，库存数量也会发生变化，只要每次进货回来后就填写进货量，发货后再修改发货量，商品的库存情况就一目了然。

A	B	C	D	E	F	G	H	I	J	K	L
编号	进货日期	名称	规格	数量	进货单价	金额	销售日期	销售数量	销售单价	销售金额	库存
1	2016-6-18	宝宝休闲牛皮皮鞋	135	2	56.5	￥113.00	2016-8-21	2	70.9	￥141.80	0
			140	5	56.5	￥282.50				￥0.00	5
			145	10	56.5	￥565.00	2016-7-3	6	70.9	￥425.40	4
			155	3	56.5	￥169.50	2016-6-29	1	70.9	￥70.90	2
2	2016-7-29	巴布豆童鞋	155	15	66	￥990.00				￥0.00	15
3	2016-7-29	巴布豆童鞋	165	8	78	￥624.00				￥0.00	8

图 14-37　显示库存量

数据录入是我们每次进、发货都要进行的一项工作，通过录入后计算的数据，可以了解每次进货所需资金总额和库存积压资金总额(如图 14-38 所示)。也可以看出哪些商品需要补货，哪些商品需要进行促销活动以防积压。计算公式是：库存金额＝商品的库存数量×进货的单价。

A	B	C	D	E	F	G	H	I	J	K	L	M
编号	进货日期	名称	规格	数量	进货单价	金额	销售日期	销售数量	销售单价	销售金额	库存	库存金额
1	2016-6-18	宝宝休闲牛皮皮鞋	135	2	56.5	￥113.00	2016-8-21	2	70.9	￥141.80	0	￥0.00
			140	5	56.5	￥282.50				￥0.00	5	￥1,412.50
			145	10	56.5	￥565.00	2016-7-3	6	70.9	￥425.40	4	￥2,260.00
			155	3	56.5	￥169.50	2016-6-29	1	70.9	￥70.90	2	￥339.00
2	2016-7-29	巴布豆童鞋	155	15	66	￥990.00				￥0.00	15	￥14,850.00
3	2016-7-29	巴布豆童鞋	165	8	78	￥624.00				￥0.00	8	￥4,992.00
合计				43		￥2,744.00		9		￥638.10	34	￥23,853.50

图 14-38　显示库存金额

在如上制作的 Excel 表中，可以清楚地看到，在我们的库存商品中，哪些是畅销品，哪些商品销售得不如人意。同样，表中的数据也可以直观地反映出库存量的多少。库存量过多，需要推出一些促销活动进行清货；库存量过少，需要尽快补货。另外，根据销售的"二八法则"，可以从这些数据中分析出店铺的商品里，哪些是能为我们带来 80％销量的商品，以便确定店铺的主打商品。

从库存量来看，不能通过绝对数量来判断商品库存量是否安全，而是要结合发货量来看相对的比例。一般库存数量是发货量的 1.5 倍即为正常库存，也叫安全库存。当然，还需要考虑物流方面的因素，因为从进货到商品入库的周期长短，会影响我们对安全库存量的确定。如果是月底进货，在月初或月中查看发货量的话，并不能客观地反映出交易量，所以应该以一个固定的核算周期来检查库存是否安全。

2．控制库存

经营网点的成本相对来说比较小，其中最重要的一项开支就是进货费用。应该什么时候进货，进多少货都是需要好好计划的。有些卖家总是抱怨交易量在增加，但商品的库存量也在增加，赚的钱都变成货了。可见，做好库存管理工作至关重要，库存管理好了，店铺经营的压力自然就减小了很多。下面介绍几种控制库存的方法。

(1) 根据销售类别分析

库存控制主要是从进什么货、进多少货入手的，按一天、一周或一个月作为一个周期来统计店铺的发货量。通过这些数据来分析店铺下个月最保守的进货数量，尽量减少库存积压，又不用频繁补货，有效减少进货的时间和成本。

(2) 根据销售数量分析

可以根据几个月销售的数据计算出下月大致的进货量，这是一个简单的计算方法，就是把各个数据乘以相应的系数求和。这个系数叫权重系数，是一个权衡数据参考价值轻重的数值。

这种计算方法有两个原则：

① 距离预测时间越近的指标对结果影响越大；

② 各期权重系数之和等于1。

(3) 根据销售经验分析

不同的商品会有不同的淡季和旺季，因此上面两种方式不一定适合所有的卖家，一般经营了一段时间的店主，都可以根据自己的销售经验来分析出基本的进货量。

3. 清理库存

除了统计库存和控制库存外，还需要学会如何清理库存。对于经营者来说，库存是严重影响店铺发展的问题，几乎所有的店铺都受库存问题的困扰。当库存商品出现积压时，一定要想办法清理库存，轻装前进。清理库存最常用的方法是通过拍卖、特价、满就送等促销活动来达到清理库存、盘活资金的目的。清仓促销活动包括如下几种方式。

(1) 拍卖促销

使用竞拍方式发布商品，由顾客按自己的心理价位来出价，以此吸引更多的人踊跃参加，比如“一元拍”“荷兰拍”，这种促销方式有一定风险，所以在使用前应该做好承受亏损的心理准备。

(2) 打折促销

这是目前商家最常使用的一种促销方式，打折幅度较大的商品可以促使顾客尽快做出购买的决定。

(3) 服务促销

服务促销是指在不提高商品价格的前提下，增加商品或服务的附加值来进行的一种促销方式，如“包邮”等，让顾客感到物有所值，这种促销方式更容易让消费者接受。

(4) 赠品促销

当顾客购买一件商品时，可获赠卖家提供的赠品，多买多赠，送完即止，如“满就送”“红包”销售等。“红包”可以在下次购买时直接抵扣，刺激顾客再次消费，加强促销的效果。这种方式不仅可以快速消化库存，还能带动其他商品的销售。

(5) 团购促销

参加团购销售，特别是小商品、服装和生活用品，这些商品都有较大的团购市场，而团购能产生批量销售,更容易吸引老顾客参与,效果更好。

另外,在进行促销活动前一定要把握好分寸,既不能把门槛设置得过高,让顾客望而却步;又不能将促销的价格定得过低,超出自身的承受能力。同时,促销的活动要尽量简单,复杂的操作会降低用户参与的积极性。

在了解了统计库存、控制库存和清理库存后,我们就能有效地进行库存管理,使店铺的经营进入良性循环,只有这样,店铺才能稳定地发展,从而有更大的上升空间,取得更好的业绩。

14.6 客户关系管理

无论是网店还是实体店,都要信守生意的基本准则:顾客就是上帝。寻找新客户对于企业和网店的重要性不言而喻,可是大多数的店主却把精力放在寻找新客户上,而对于维持已有的客户关系漠不关心,这样无形当中损失了老客户再次上门的机会。下面对客户关系管理在淘宝中的应用、沟通技巧及售后服务进行介绍。

14.6.1 建立客户数据库

在与客户完成一笔交易之后,给卖家留下的除了钱之外还有很多买家的基本信息,如电话、地址、邮箱、客户的生日等。如果能够充分利用好这些信息,对于维护客户关系可以起到很关键的作用。卖家需要做的是尽可能收集买家的个人信息和喜好,特别是电子邮件或QQ,因为这是零成本与老客户沟通联系的方式,按不同的客户类别进行分类,建立一张客户资料的表,以便提交客户数据到数据库当中。

14.6.2 沟通中注意技巧

卖家在淘宝的生存发展,用心经营和诚信待人是最重要的。但如果在用心和诚信的基础上多一点沟通技巧,对于顾客来说就是多了一分信任。在与买家进行交流中所应注意的技巧总结如下。

(1) 给顾客好的第一印象

推销商品先推销自己,只有顾客认可你、相信你,才能接受你所卖的商品。第一印象很重要,这个时候需要的是专业和热心。即便是尚未建立信誉度的新人,只要对自己所卖的宝贝表现得足够专业,也会让顾客对你产生信任;而热心则使顾客产生亲近感,愿意和你进一步交流。

在与顾客的交流中态度要求礼貌,但不能过于亲密;在服务过程中应尽量为客户着想;称呼尽量使用"您";如无法满足顾客的要求,第一句需要回答"非常抱歉"。

在专业方面,对自己所出售的商品要熟悉,产地、规格、型号、性能等各项参数了如指掌,多说肯定的、确切的话,少用"可能""也许""应该是吧"等含混不清的用词。

(2) 消除顾客的购买顾虑

网店本身就是一种非面对面的销售,顾客在购买前,对卖家的信誉度、商品的质量、售后服务自然会有所顾虑,而卖家只能通过语言技巧去沟通。有的顾客也许会直接提出疑问，也有的顾客把疑问放到心里，而不提出来。不管怎样，我们应把顾客可能提出的问题预先整理好，并在沟通时主动提出，这样能最大程度地打消顾客的顾虑。

(3) 如何与顾客进行价格交流

在与顾客进行交流的最后环节就是议价，如果遇到爽快的买家会直接拍下宝贝付款，但也有部分买家会认为商品的价格"太贵了"。对商品价格不满意的买家有两种可能：一种价格确实超出他的心理价位，另一种则是顾客本身就想砍价。

对待第一种顾客，只要对自己的定价有信心，可以耐心地为顾客讲解，与其他实体店面或网店的价格比较，打消顾客对价格的顾虑；而对待第二种顾客就要采取一定的策略，可以在允许的范围内打一些折扣或者包邮，也可以赠送一些小礼品吸引顾客。

14.6.3 售后服务

售后服务是整个交易过程的重点之一。售后服务和商品的质量、信誉同等重要，在某种程度上，售后服务的重要性甚至会超过信誉，因为有时信誉不一定全部都是真实的，但是好的售后服务却是无法做假的。耐心周到的客户服务，会让买家心情愉悦，使得成为老客户再次上门的概率增大，同时也拉近了与买家的距离，增强信任感，买家也很可能推荐给其他的亲朋好友。售后服务的具体操作包括如下几步。

(1) 随时跟踪包裹去向

买家付款后要尽快发货并通知买家，货物寄出后要随时跟踪包裹去向，如有运输意外要尽快查明原因，并向买家解释。

(2) 交易结束及时联系

货到后即时联系对方，首先询问对货品是否满意、有没有破损，如对方回答没有，就请对方确认并评价，这就是所说的"先发制人"。如果真的有什么问题，因为我们是主动询问的，也会缓和一下气氛，更有利于解决问题。

(3) 认真对待退换货

货品寄出前最好要认真检查一遍，千万不要发出残次品，也不要发错货。如果因运输而造成货物损坏或确实是商品本身问题导致买家要求退换货时，我们也应痛快地答应买家要求。

(4) 平和心态处理投诉

因为顾客性格、物流速度等多方面原因，会不可避免地出现各种各样的纠纷。能和平解决的尽量和平解决，如果真正遇到居心不良或特别顽固的买家，我们也应拿起合法武器去据理力争。

(5) 定时联系买家，并发展潜在的忠实买家

交易真正结束后，不要认为什么事都没有了，就此冷落了买家。适时的发出一些优惠或新品到货的信息，可能会吸引回头客；每逢节假日用短信或旺旺发一些问候用语，会增进彼此的感情。当然，也有的人不喜欢这些，自己要适度掌握并随机应变，尽量挑选自己认为比较随和、有潜在性的买家去发展，从而使其成为忠实的买家。

14.7 安全管理

在淘宝交易中,支付宝作为第三方支付平台,保障了买卖双方的利益,降低了交易的风险,在交易过程中起到了关键作用。因此支付宝的安全管理也是淘宝卖家需要重点注意的问题。目前支付宝提供了完善的安全保障体系,为用户提供了多种安全保障方式。进入支付宝管理页面,点击"安全中心"的"安全管家",支付宝会自动检测所使用账号的安全级别。支付宝的安全措施包括如下几种方式。

(1) 密码保护

支付宝账户有两个密码,分别是登录密码和支付密码。登录密码和支付密码一定要分别设置,不能为了方便设置成同样一个密码。密码最好是数字加上字母以及符号的组合,尽量避免选择用您的生日和昵称作为登录密码或支付密码。不要使用同其他的在线服务一样的密码。在多个网站中使用一样的密码会增加其他人获取您的密码并访问您账户的可能性。

(2) 安全保护问题

安全保护问题将作为您通用的身份校验,可用于找回登录密码、找回支付密码、申请证书、导入证书等。一定要个性化设置,不要很容易被人猜出答案。

(3) 系统消息定制

用户可传输的信息进行加密和解密、数字签名和签名验证,确保网上传递信息的机密性、完整性。使用数字证书,即使所发送的信息在网上被他人截获,甚至丢失了个人账户、密码等信息,仍可以保障您的账户、资金安全。

(5) 手机动态口令

单笔大额交易,增加免费手机动态口令确认。可以通过短信、电话语音两种方式验证账户持有人身份,全面保障支付宝账户余额安全。

(6) 支付盾

支付盾是支付宝公司推出的使用硬件进行验证和签名的安全解决方案,它是具有电子签名和数字认证的工具,保证了网上信息传递时的保密性、唯一性、真实性和完整性。支付盾的价格分为支付盾工本费和一年的服务费用,合计 58 元,其中支付盾工本费 40 元,一年服务费 18 元(主要就是证书服务费)。目前五年内免收更新服务费,每年到期后免费更新。

本章小结

随着店铺的不断发展,商品数量和交易量的不断增加,以往逐个商品编辑、上架、发货等单一的操作逐渐变得效率低下,合理地利用淘宝所提供的工具可以解决商品交易管理中出现的问题。同时,学习并掌握本章中讲解的财务管理、库存管理、客户服务管理和安全管理方面的知识,可以让店铺的经营逐步走向正规化。

复习思考题

1. 阿里旺旺中常用的功能有哪些？
2. 淘宝网中完整的商品交易流程包括哪些？
3. 如何进行有效的库存管理？
4. 淘宝网售后服务包括哪几方面？
5. 支付宝安全管理的方式有哪几种？

实　践　题

1. 登录淘宝助理，使用商品批量编辑和订单批量管理功能。
2. 体验作为淘宝卖家完整的交易流程。
3. 使用 Excel 建立属于自己的财务和库存表。

第 15 章

跨境电商之速卖通

【学习目标】

通过本章的学习，学生应了解速卖通开店流程；了解速卖通店铺管理；掌握速卖通营销推广方法。

【关键词汇】

跨境电商(cross-border electronic commerce)　速卖通(AliExpress)

15.1　速卖通概述

近年来，随着国际贸易环境的恶化，以及欧洲、日本的需求持续疲弱，中国出口贸易增速出现了下台阶式的减缓。而以跨境电商为代表的新型贸易近年来的发展脚步正在逐渐加快，并有望成为中国贸易乃至全新经济的增长引擎。

速卖通作为阿里巴巴未来国际化的重要战略产品，这几年的发展可谓风生水起，已成为全球最活跃的跨境平台之一，并依靠阿里巴巴庞大的会员基础，成为目前全球产品品类最丰富的平台之一。

速卖通的特点是价格比较敏感，低价策略比较明显，这也跟阿里巴巴导入淘宝卖家客户策略有关，很多人现在做速卖通的策略就类似于前几年的淘宝店铺。速卖通的侧重点在新兴市场，特别是俄罗斯和巴西市场。

15.2　速卖通开店

从 2016 年 4 月初开始，速卖通商家必须以企业身份入驻速卖通，不再允许个体商家入驻；而到 2016 年下半年，商家必须有品牌，仅仅有企业身份已不够了，也就是说，商家准入标准会连上两个台阶：企业身份、品牌。

2015 年，速卖通平台上的独立买家已有 4400 万，日访问量达数千万量级。速卖通总经理沈涤凡认为，因为汇率、劳动力、环境优势都不再具备，中国外贸过去低质量、低价格的道路走不下去了。而在当今的国际市场，3C、运动、安防等诸多领域，中国已经出现了能够与国外厂商竞争的品牌了。业内人士透露，我们判断，未来五年中国外贸必然从代工往相对高端的自有品牌走。之所以要变化，其实是市场的竞争、消费者对平台的要求以及整个市场的不断变化三方面决定的。

15.2.1　账号注册

（1）登录速卖通的官方网站，点击免费开店，如图 15-1 所示。

图 15-1　速卖通官方网站

（2）设置登录名。填写注册邮箱，邮箱填写完毕后，光标移到验证码处，右侧会自动出现一组验证码，如图 15-2 所示。

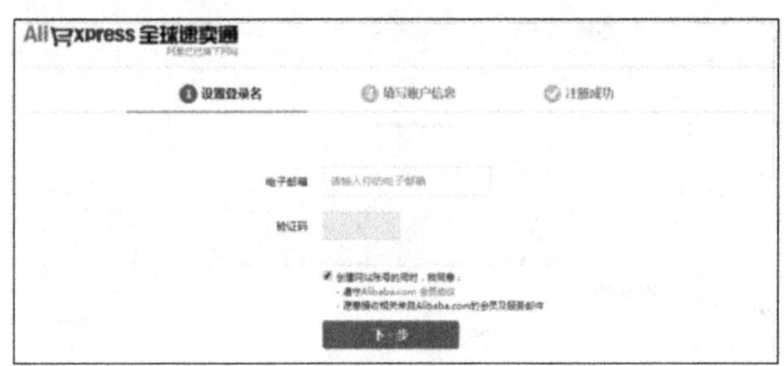

图 15-2　填写注册邮箱

（3）邮箱验证。填写完邮箱和验证码，点击确认，我们会看到下面的界面，此时系统会自动发送一封邮件到我们的注册邮箱，这时候我们点击立即查收邮件，系统将自动跳转到邮箱登录页面，如图 15-3 所示。

图 15-3　邮箱验证

（4）完成邮箱注册。登录邮箱后我们可以收到下面这样一封邮件，点击完成注册或者蓝色字体的链接就可以完成邮箱验证了！如图 15-4 所示。

（5）填写账户信息。按照下图的要求填写个人信息，如图 15-5 所示。

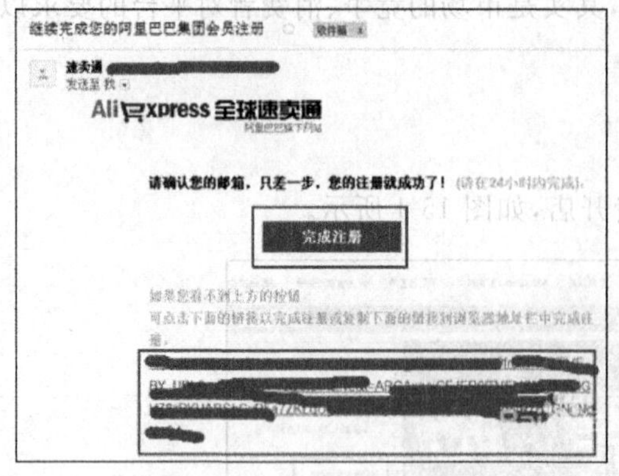

图 15-4　确认邮箱

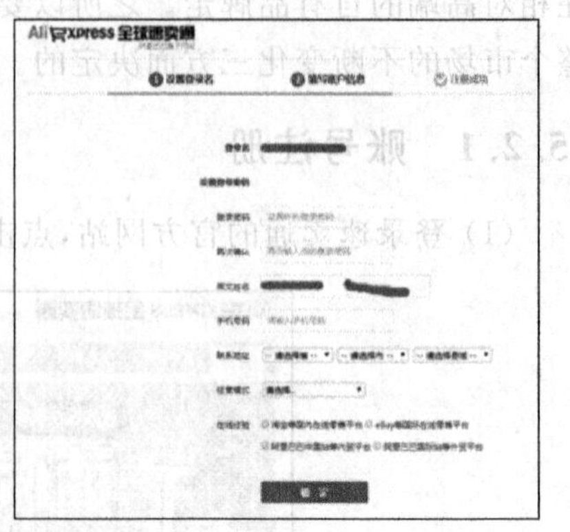

图 15-5　填写个人信息

(6) 手机验证。填写完个人信息后点击确认按钮,将会弹出手机号码的验证页面,一分钟内我们之前填写的手机号码会收到系统发送的验证码,将收到的验证码填入下方的验证码一栏中,如图 15-6 所示。

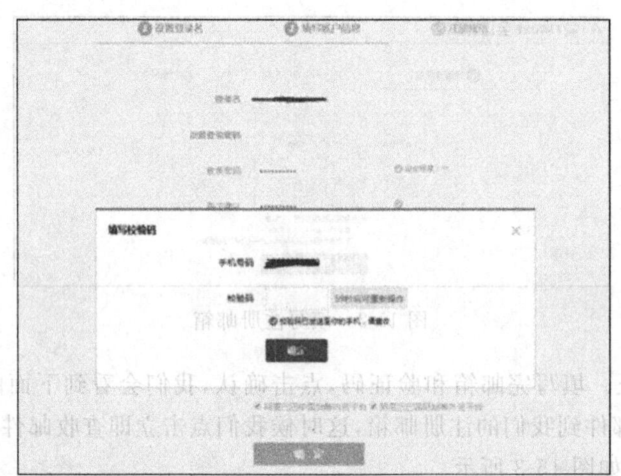

图 15-6　手机验证

(7) 个人实名认证。如图 15-7 所示。

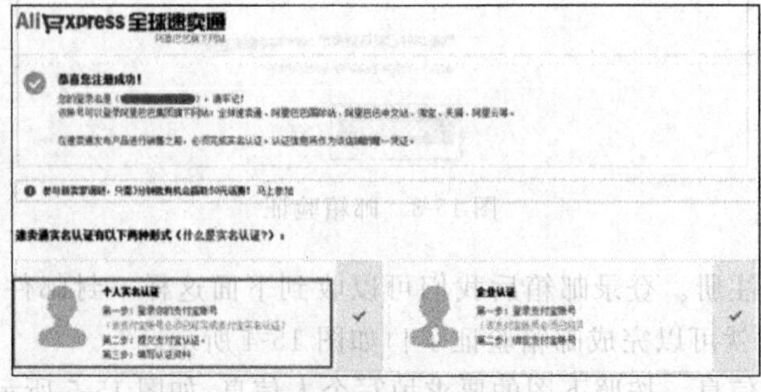

图 15-7　个人实名认证

15.2.2 支付宝验证

(1) 支付宝实名验证。点击个人实名认证后,系统将跳转到支付宝的登录页面,此时我们需要填写我们的支付宝账号和支付宝的登录页面,如图 15-8 所示。

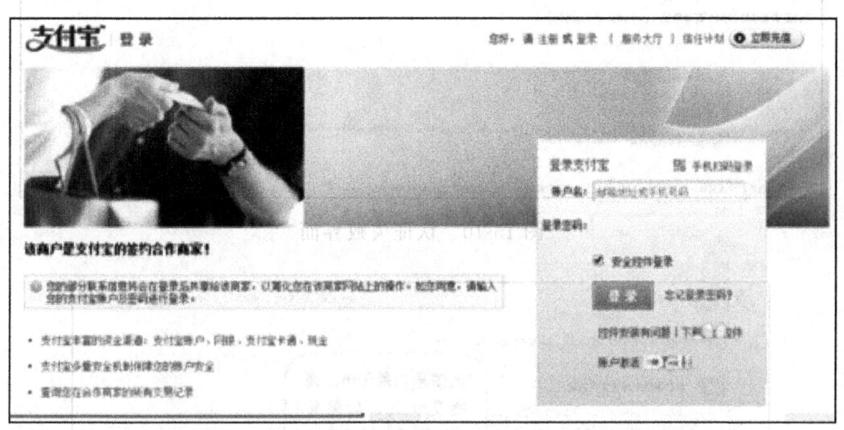

图 15-8 支付宝登录

(2) 支付宝授权。支付宝登录成功后会显示以下页面,如图 15-9 所示。

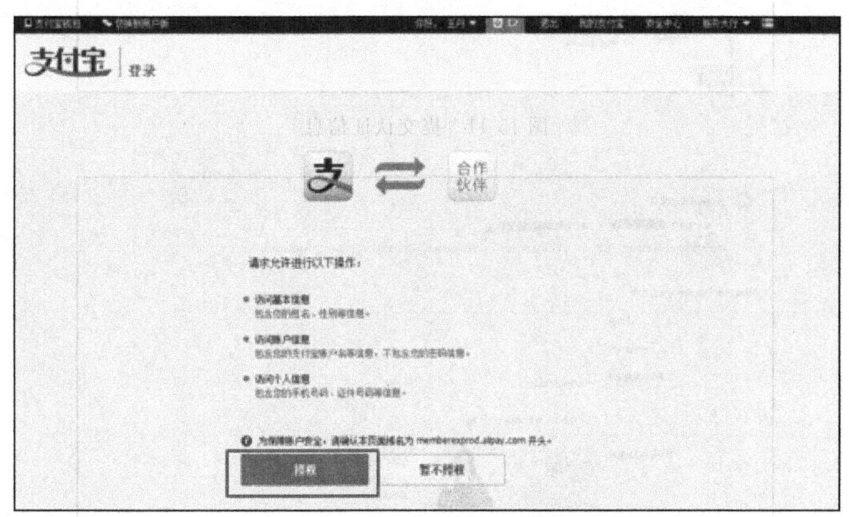

图 15-9 支付宝授权

如果您的支付宝未经过认证,那么系统会提示以下信息,如图 15-10 所示。如果出现此提示,请您先去支付宝页面完成支付宝认证,或者使用其他的支付宝账户进行实名认证。

如果您提交了已经通过支付宝实名认证支付宝账户,请核对您的认证信息是否有误。

如果此信息无误,请提交认证,如图 15-11 所示。如果有误,请登录您的支付宝账号管理页面修改。

(3) 认证完成。认证完成后,我们需要进一步补全个人的真实信息,信息填写页面如图 15-12 所示。

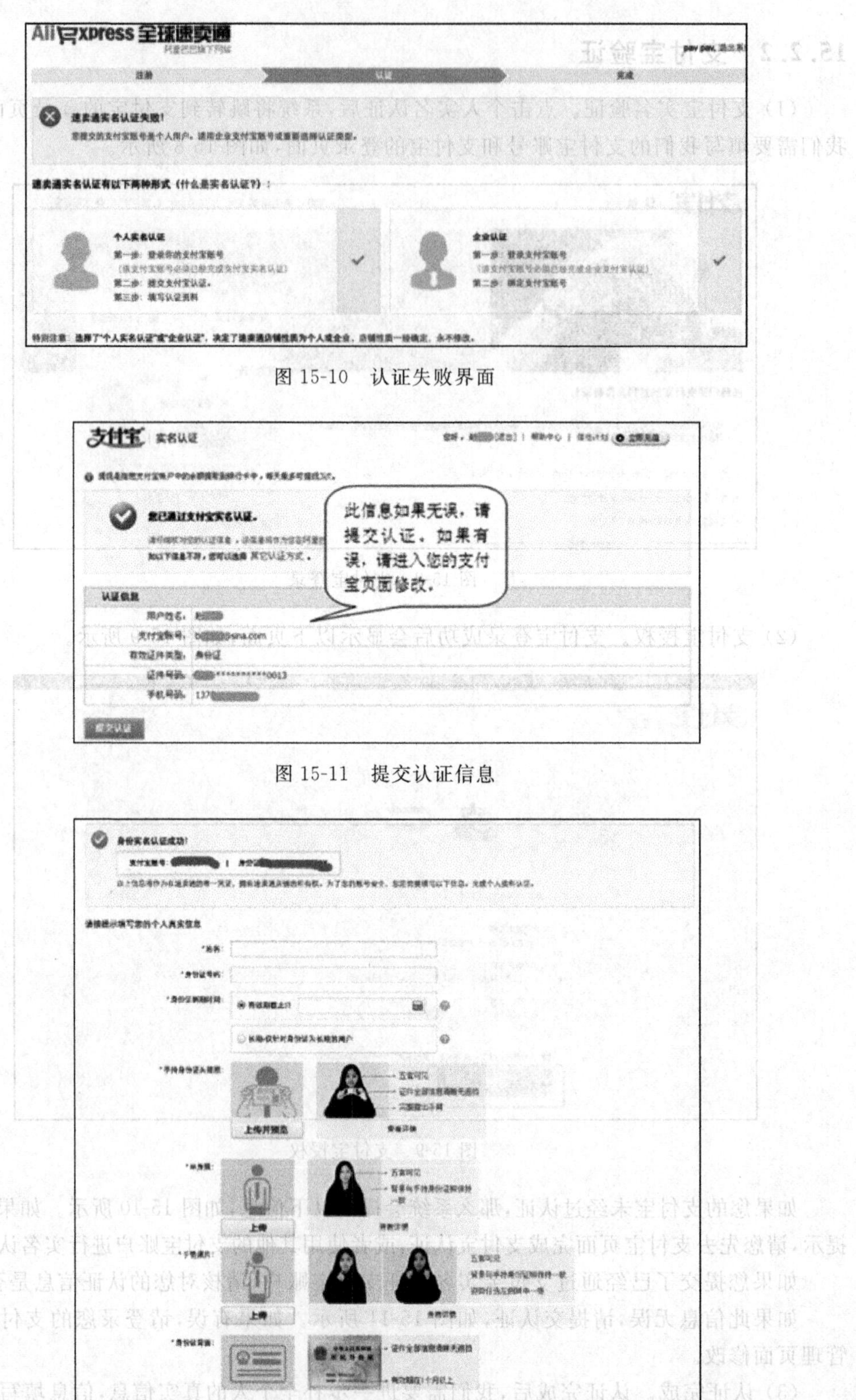

图 15-10　认证失败界面

图 15-11　提交认证信息

图 15-12　补全个人真实信息

如果您提交的信息未通过审核，系统会告知您原因，并可重新填写，如图 15-13。

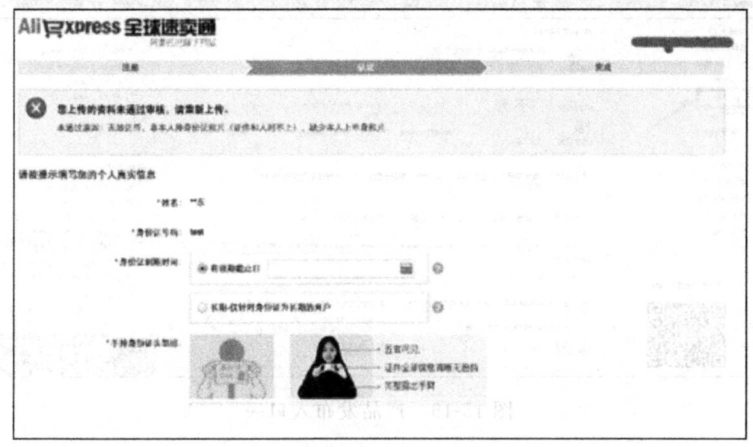

图 15-13 信息未通过审核

(4) 如果信息审核通过了，将看到如下页面，如图 15-14，并可登录速卖通操作平台，开启赚美金之旅。

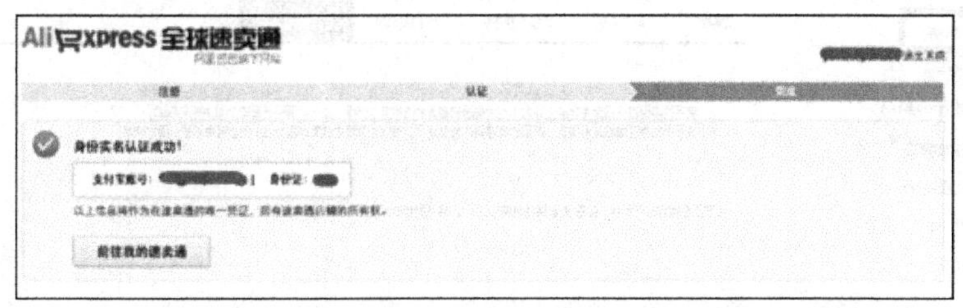

图 15-14 认证成功

15.2.3 发布产品

全球速卖通平台商品发布方式分为两种。第一种是常规商品发布方式，卖家需要一步一步填写商品类目、标题、属性、详细描述、物流方式等信息，完成整个宝贝的流程。第二种是淘宝代销商品认领方式，淘代销可以将淘宝宝贝信息方便、快捷的批量导入速卖通平台。

(1) 找到产品发布入口，第一种入口如图 15-15。

第二种入口如图 15-16。

(2) 找到要发布的产品类目，如图 15-17。

(3) 请在发布前进行规制阅读，如图 15-18。

(4) 产品基本信息填写。产品属性包含 2 个方面，系统定义的属性和自定义属性，如图 15-19。自定义属性的填写可以补充系统属性译文的信息，让买家对您的产品了解得更加全面。

(5) 产品标题填写。标题是买家搜索到您的商品的重要因素，因此标题必须具备准确性、完整性和简洁性，如图 15-20。

图 15-15　产品发布入口一

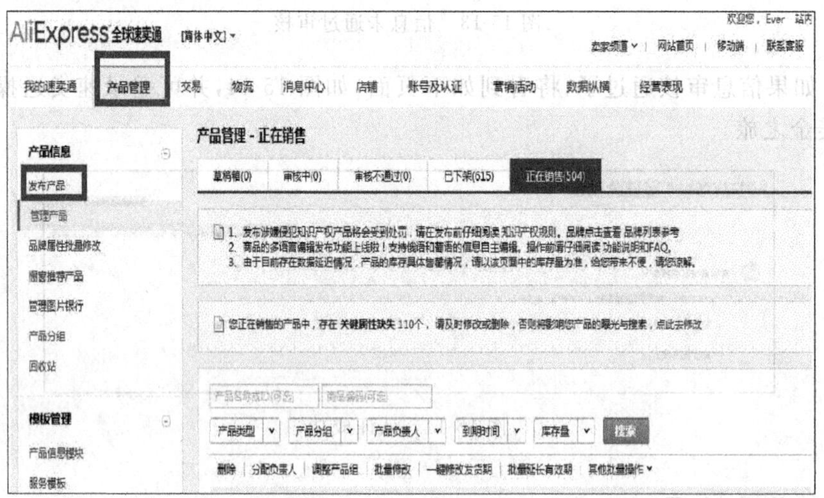

图 15-16　产品发布入口二

图 15-17　选择产品类目

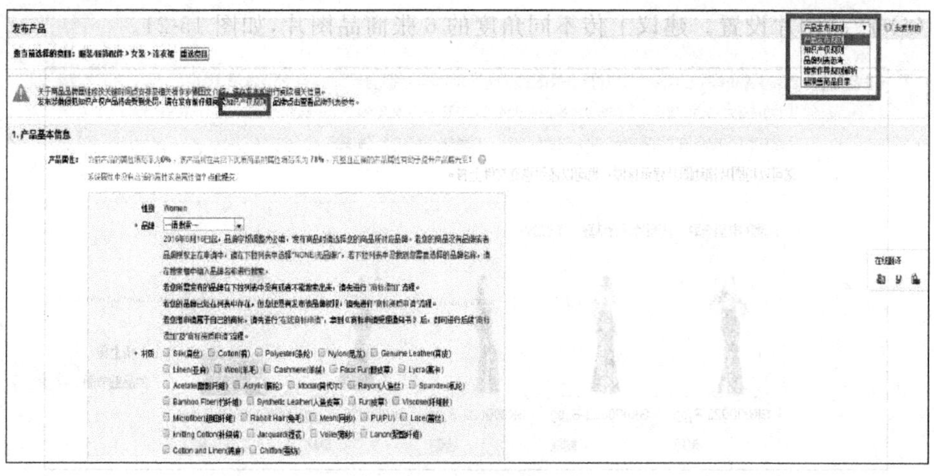

图 15-18 规则阅读

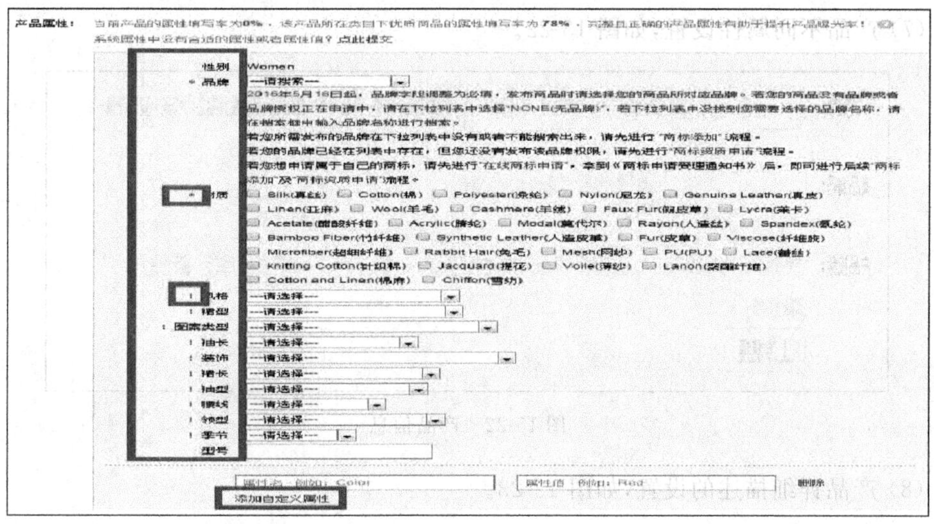

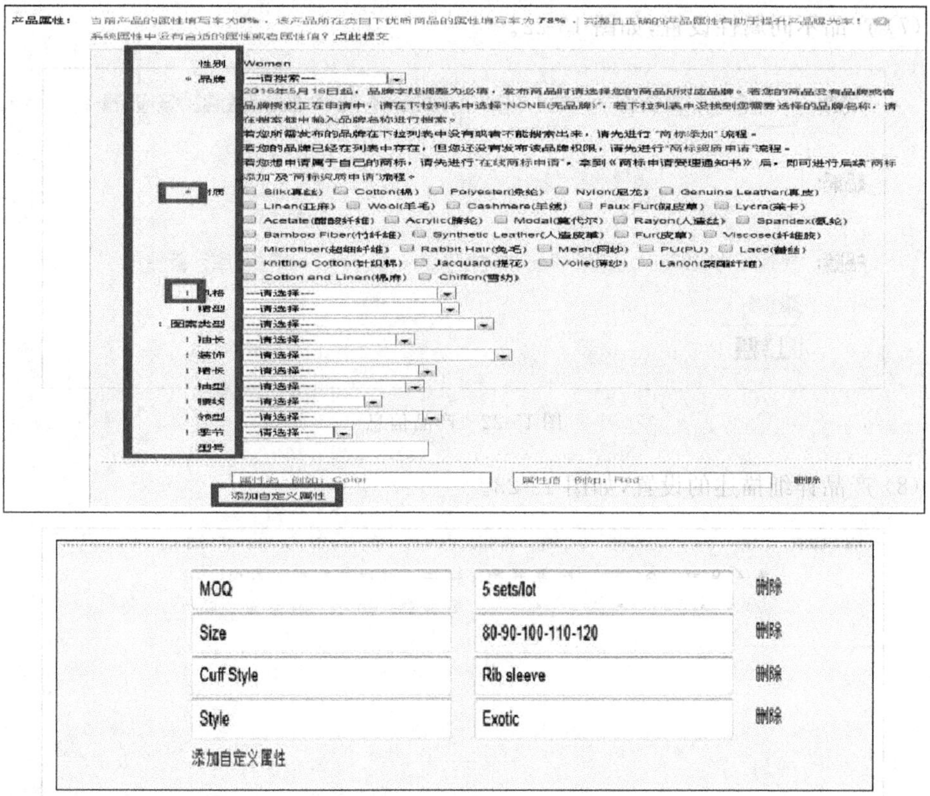

MOQ	5 sets/lot	删除
Size	80-90-100-110-120	删除
Cuff Style	Rib sleeve	删除
Style	Exotic	删除

添加自定义属性

图 15-19 系统定义的属性和自定义属性

* 产品标题： 您还可以输入 128 个字符

图 15-20 产品标题

(6) 产品图片设置。建议上传不同角度的 6 张商品图片,如图 15-21。

* 产品图片: 图片格式JPEG,文件大小5M以内;图片像素建议大于800*800;横向和纵向比例建议1:1到1:1.3之间;
图片中产品主体占比建议大于70%;背景白色或纯色,风格统一;如果有LOGO,建议放置在左上角,不宜过大。
不建议自行添加促销标签或文字。切勿盗用他人图片,以免受网规处罚 了解更多
您可以将图片拖动图片显示区域,也可以通过选取文件上传。
从我的电脑选取 从图片银行选取 全部删除
请上传
产品细节图
GK000022-F.jpg
GK000022-B.jpg
GK000022-S.jpg
GK000022-W.jpg
GK000022-D.jpg
删除

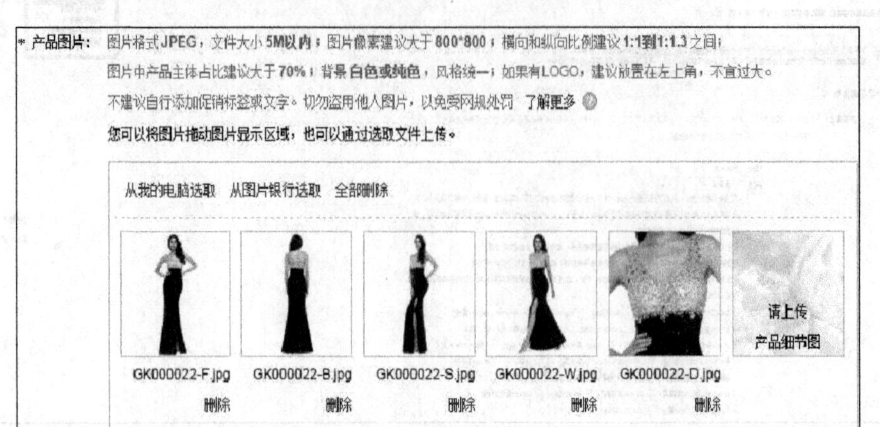

图 15-21 产品图片设置

(7) 产品不同属性设置,如图 15-22。

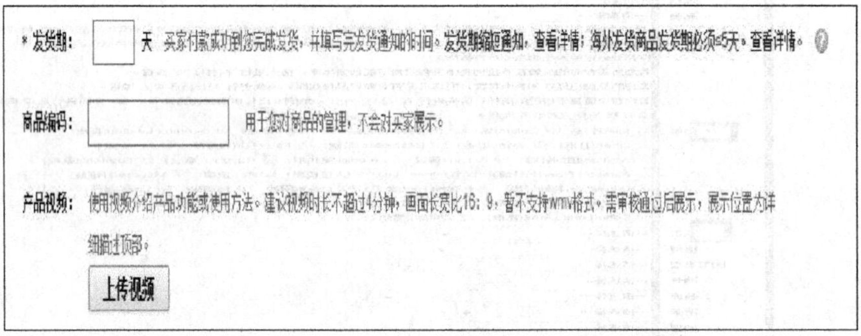

* 发货期: 天 买家付款成功到您完成发货,并填写完发货通知的时间。发货期缩短通知,查看详情;海外发货商品发货期必须≤5天。查看详情。
商品编码: 用于您对商品的管理,不会对买家展示。
产品视频: 使用视频介绍产品功能或使用方法。建议视频时长不超过4分钟,画面长宽比16:9,暂不支持wmv格式。需审核通过后展示,展示位置为详细描述顶部。
上传视频

图 15-22 产品信息

(8) 产品详细描述的设置,如图 15-23。

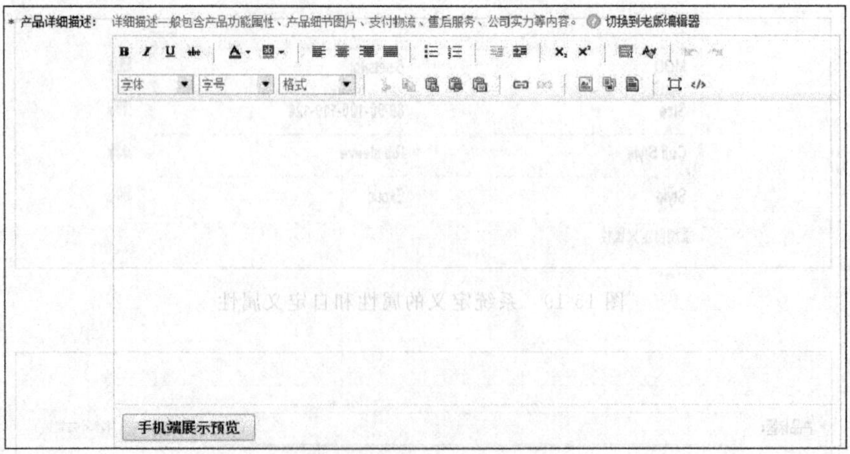

* 产品详细描述: 详细描述一般包含产品功能属性、产品细节图片、支付物流、售后服务、公司实力等内容。 切换到老版编辑器
字体
字号
格式
手机端展示预览

图 15-23 产品详细描述

(9) 合理的包装设置和运费设置,如图 15-24。

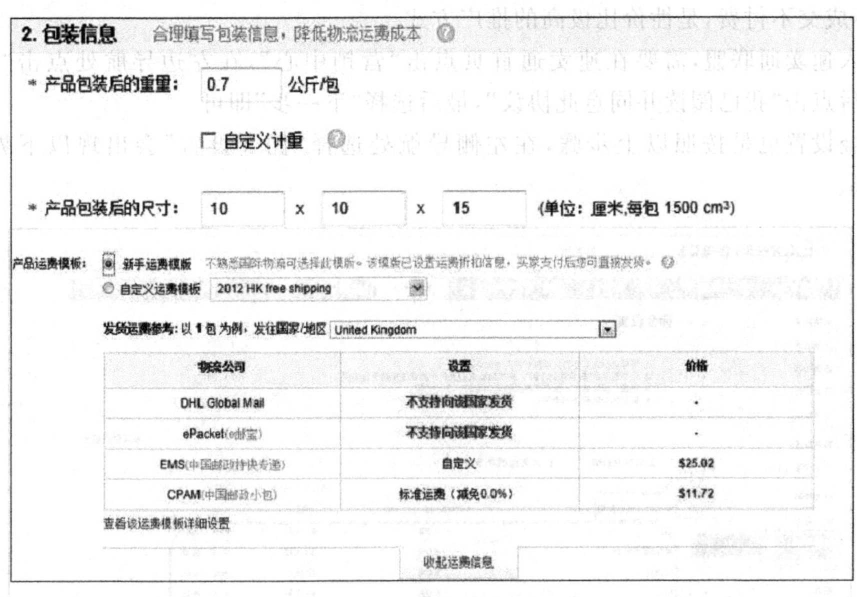

图 15-24 包装和运费设置

(10) 其他信息。选择正确的产品分组,方便后期买家在您店铺中查找产品,同时也便于后期对产品的管理,产品有效期指抄在审核成功后的展示时间,如图 15-25。

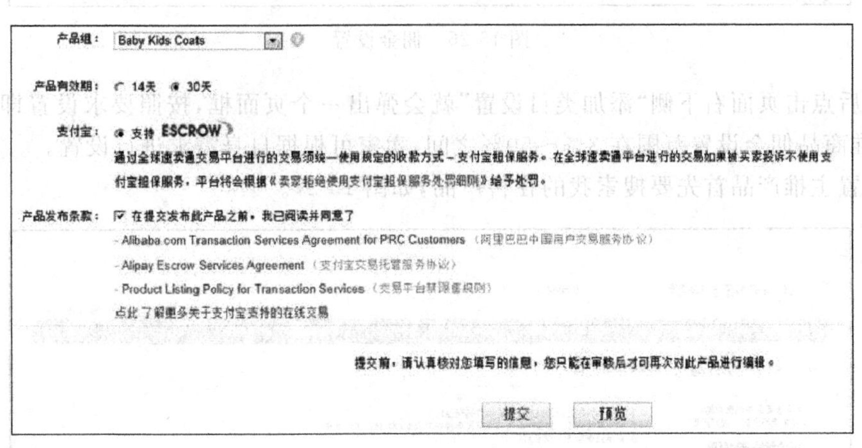

图 15-25 其他信息设置

15.3 速卖通营销

15.3.1 联盟营销

速卖通联盟是速卖通官方推出的一种"按效果付费"的推广模式,它是国内最大的海外网络联盟体系之一。加入速卖通联盟营销的卖家可以得到海量海外网站曝光机会并享有联盟专区定制化推广流量。速卖通联盟卖家只需为联盟网站带来的成交订单支付联盟佣金,不成交不付费,是性价比极高的推广方式。

加入速卖通联盟,需要在速卖通首页点击“营销中心”,在左边导航处点击“联盟看板”,然后点击“我已阅读并同意此协议”,最后选择“下一步”即可。

佣金设置也是按照以上步骤,在左侧导航处选择“佣金设置”会出现以下界面,如图 15-26。

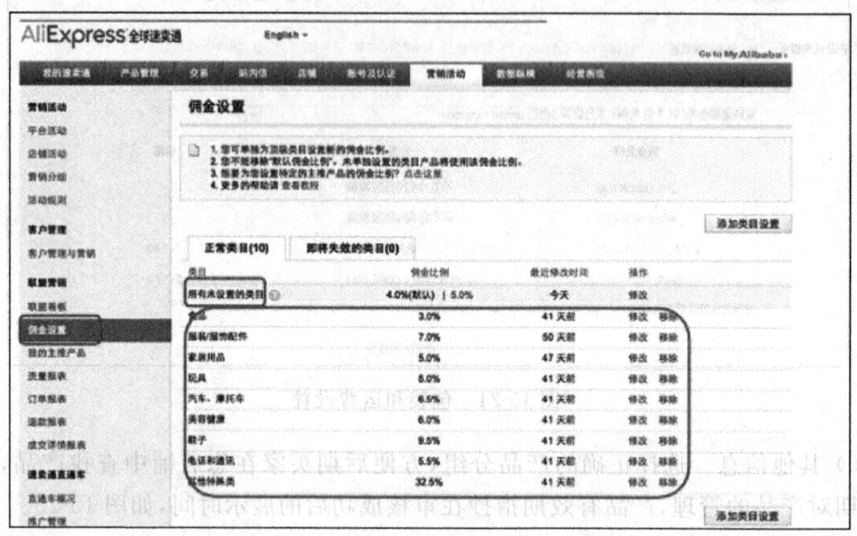

图 15-26 佣金设置

然后点击页面右下侧“添加类目设置”就会弹出一个页面框,按照要求设置即可。一般,主推商品佣金设置范围在 3%~50%之间,卖家可根据自身需求进行设置。

设置主推产品首先要搜索我的在售产品,如图 15-27。

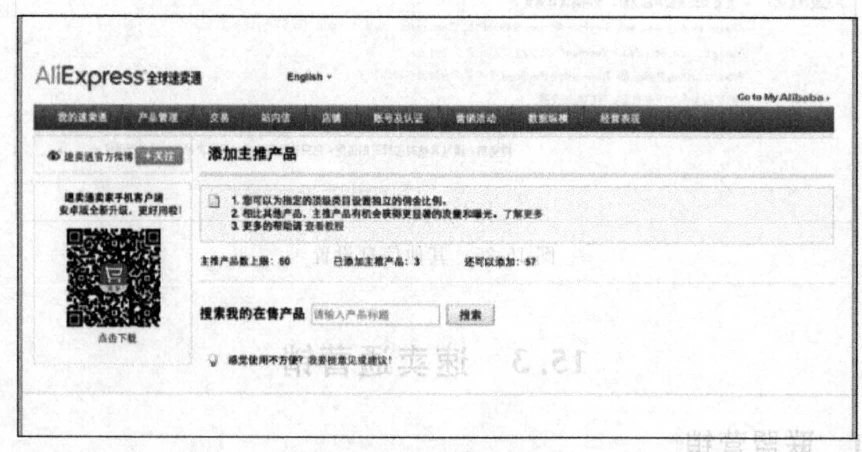

图 15-27 添加主推产品

搜索后会出现在售产品列表,从列表选择某一产品后,点击页面右下方“添加主推产品”即可。

15.3.2 SNS 营销

社交服务网络(social network service,SNS),依据六度理论,以认识朋友的朋友为基础,扩展自己的人脉,并且无限扩张自己的人脉,在需要的时候,可以随时获取一点,得到该人脉的帮助。SNS 网站,就是依据六度理论建立的网站,帮助运营朋友圈的朋友。现在常用的 SNS 工具有:YouTube、Facebook、Twitter、LinkedIn、Instagram、Pinterrst、Skype、Whatsapp。

SNS 营销要多利用有趣的图片和文章,保证信息简短易懂,多分享消息,增加账号附加值,多点赞保持关注,多利用链接驱动流量到你的店铺。SNS 营销不要以自我为中心单纯展示自己的产品,不要发布虚假产品信息,不要忽略数据的收集。

1. 利用 Itao 营销

Itao 拥有俄罗斯站点和美国站点的卖家图片秀聚集地,或者可以理解为速卖通产品的导购网站,引流效果好、流量精确,可以直接导向产品,网址为:http://ru.itao.com,首页如图 15-28。使用 Itao 进行推广需要注册速卖通买家账户,然后上传图片,指向速卖通产品。

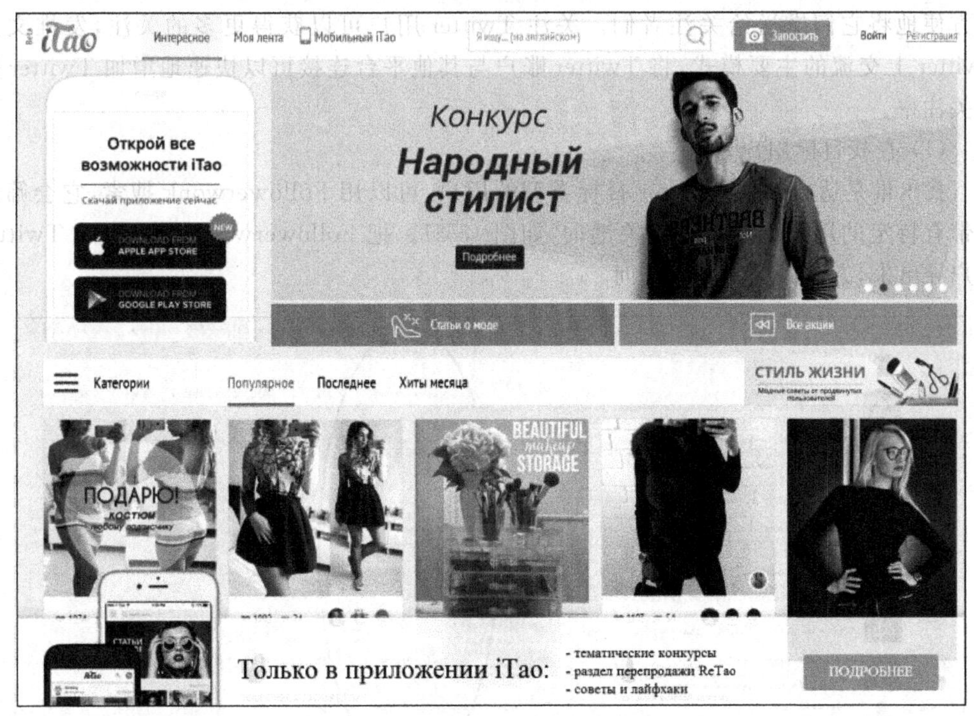

图 15-28 Itao 首页

2. 利用 Facebook 营销

首先登录 Facebook 账户,点击右上角的下拉符号,选择创建主页,如图 15-29,然后完善主页信息,主要是宣传活动的最佳平台。创建活动很简单,只要点击发布栏上方的活动、大纪事,然后待机创建活动,如图 15-30,需要注意选择分享对象按钮,这个按钮可以选择哪些人收到活动信息,当这些人收到活动信息后,这个活动会出现在他们的Facebook上面的日历中作为提醒,修改活动信息后,接收方的日历也会自动调整。

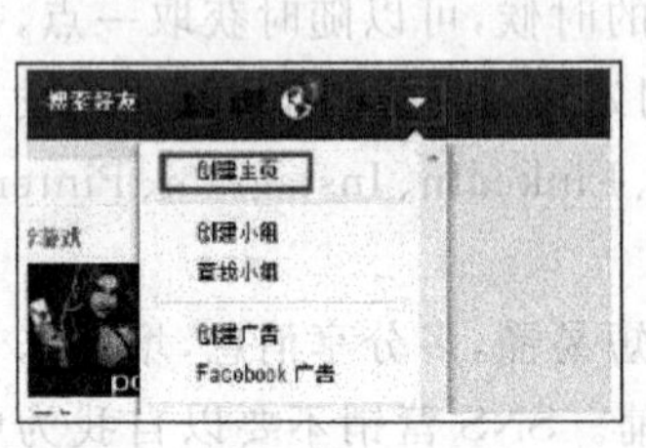

图 15-29　创建主页　　　　图 15-30　添加活动

3. 利用 Twitter 营销

Twitter是一个短信交流工具,可以给你关注者发送140个字符以内的消息,消息可以包含一个连接到任何Web内容的链接(博客文章、网站等)或者是图片和视频。如果一张图片胜过千言万语,那么在推文中添加图片将极大地扩展可以分享的内容。关注别人的账户,而人们关注你的Twitter账户,这样可以自己感兴趣的话题信息,并非常方便地将它们推送给关注者们。关注Twitter用户可以获得更多的关注,发推文是Twitter上交流的主要模式,将Twitter账户与其他平台连接可以快速地增加Twitter账户关注率。

(1) 查找目标用户

找出谁是适合你的Twitter目标类型的用户,可以用Followerwonk搜索,它会筛选出带有特定的用户地理位置和关键词,如图15-31。把Followerwonk筛选出的Twitter用户导出来,方便保存并随时查询。

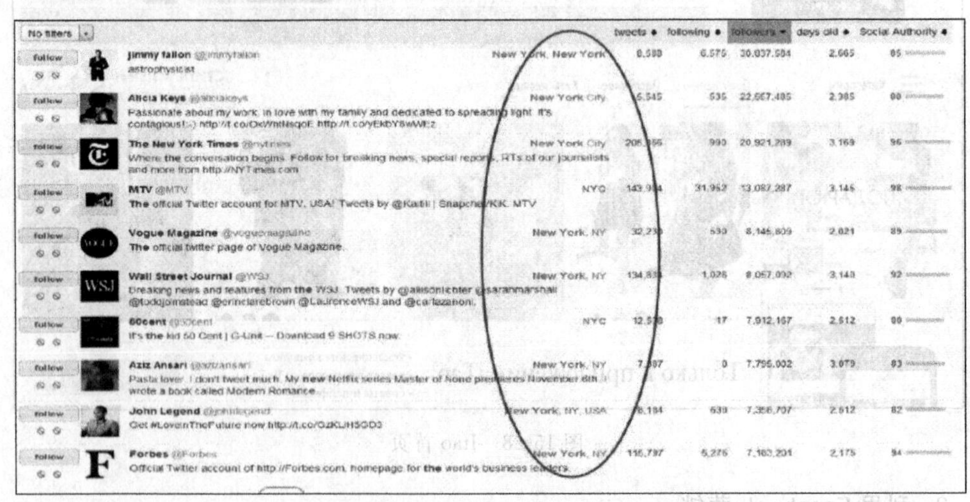

图 15-31　Followerwonk 搜索结果

(2) 拓展目标列表

打开最初保存的目标用户列表,研究他们都关注了什么,一般都会关注兴趣爱好相同的,因此可以有很多重大的发现,去看 Twitter follower 报告或者第三方搜索工具 Socialbakers 找到这些用户,最好把这些重要的人加到你的主要目标受众表中。如果手动找你想关注的人,很耗费时间,所以可以在搜索过程中把一些和公司、产品等相似的设为重点关注,看看哪些人关注了他们,因为他们有可能也是你的目标受众,然后把他们的名单自动生成 Excel,手动筛选找到一些目标用户来放到自己的表中。

(3) 分类整理 list

如果有很多数据,一定要分类整理,这样查找的时候更加清楚,更加方便。可以按地域分类整理,如图 15-32。具体的划分有很多种,要结合自己的产品实际情况去划分,划分好之后可以去测试转化率如何。

brianmoran	157,980	3,041	52.0	46,984	1,028	78.8	small business, business, entrepreneurship, social media, finance
DeleMomodu	145,597	9,260	16.2	28,528	445	60.2	t.i., electronic arts, nigeria, slans, genesis
EmelieNordify	140,769	60,340	2.3	15,547	1,217	65.8	loveland, models, social media, blah blah blah, love story
ViatorTravel	140,466	1,937	72.5	21,288	1,164	62.8	travel and tourism, social networks, tourism, the world, hollywood
TourismPHL	131,779	225	585.7	4,160	525	61.6	travel and tourism, agencies, philippines, passport, hotels
RomeoPiansayJr	129,635	43,955	2.9	14,850	456	60.4	new orleans, turkey, contests, hotels, nook
croon1	125,959	754	167.1	1,610	6	47.6	hawaii
ProductPost	118,862	73,929	1.6	25,115	297	72.4	turkey, religion and spirituality, toys, football, politics
Adam_Lees	106,603	94,123	1.1	21,477	102	63.8	energy, john terry, justin bieber, torres, football
bluedacom	103,536	30,118	3.4	10,275	49	48.7	
MrBroadcastTV	99,348	2,926	34.0	8,786	5	37.6	

But Wait, There's More!

Download your Simply Measured report to Excel to analyze all the raw data and play around with all of the beautiful charts and graphics that you see above.

Like What You See?

Get more reports and more data by starting your trial of Simply Measured today! Trusted by over 35,000 users.

图 15-32　分类整理

4. 利用其他 SNS 工具营销

Instagram 可以将热点和店铺集合起来进行推广,也可以创建社区建立电子邮箱列表。使用 Linkedin 进行营销需要创建公司主页并完善主页信息,发展和吸引关注者并发表企业快讯。

15.4　速卖通物流

15.4.1　国际物流对跨境电商的影响

(1) 对产品定价的影响。需要准确计算对应国家的运费,确定哪些国家可以设置包邮、哪些国家不可包邮,这样才能确定合理的定价。

(2) 对产品转化率的影响。产品是否包邮会直接影响产品的转化率,也会影响产品的访问深度和客户的停留时间。

(3) 影响纠纷和买家的客户体验。合理的优选物流会减少纠纷,准确快速的物流会提升客户的购买体验,从而增加客户的黏性,纠纷订单原因分析如图 15-33。

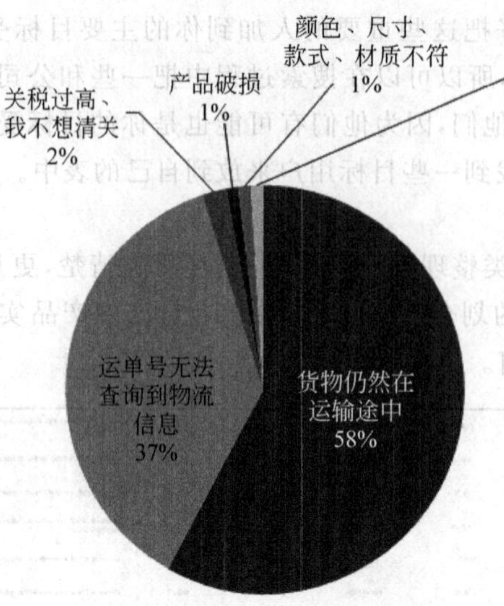

图 15-33 纠纷原因分析

15.4.2 国内和国际物流的区别

跨境电商常用的物流方式有 6 种：邮政小包系列;EMS 系列;e 邮宝;国际四大快递;专线;海外包。这几种物流各有优缺点,合作之前,创业者事先应充分了解,寻找一家合适的物流公司。比如,EMS 系列在国内不是很火,因为大家觉得它不够快,但在国际上它非常强大,速度快。以发货到俄罗斯为例,最快一周内可送到买家手中。跨境电商运费各家公司有所不同。以邮政小包为例,一般是每 1000 克 90～100 元。国内和国际物流区别表见表 15-1。

表 15-1 国内和国际物流区别表

	国内快递	国际快递
运输方式	顺丰速运,申通快递,圆通速递,中通快递,百世汇通,天天快递,中国邮政,EMS 邮政特快专递,宅急送,全峰快递等	(1) 商业物流：UPS,DHL 等 (2) 邮政物流：EMS、EUB 等;China Post;Hongkong Post 等 (3) 专线物流、海外仓物流 EMS,UPS,无忧物流
	地址,姓名,电话	额外的需要填写报关签条
运费计算	首重,续重	首重,续重等
快递费用	一般 3～23 元,较低	地区不同,价格不同,较高
货运时间	短,稳	较长,不稳定
信息跟踪	单号,可以通过电话和网络追踪最新信息	

15.4.3　主流物流介绍

中邮航空小包是平台卖家用得最多的物流方式，价格便宜，但是时效不稳定，丢包率高。E 邮宝/E 特快针对美国和欧洲 4 个主要国家的物流方式，时效快、价格高、丢包率低、相对稳定。

1. 中邮航空小包(China Post Air Mail)

俗称中邮小包，航空小包及其他以收寄地命名的小包(如北京小包)，中邮航空小包指重量在两千克以内，外包装长宽高之和小于 90 厘米，且最长边小于 60 厘米，通过邮政空邮服务寄往国外的小邮包。国际小包可以分为平邮小包和挂号小包两种。平邮小包不受理物流查询；挂号小包大部分国家可全程跟踪，部分国家只能查询到签收信息，部分国家不提供信息跟踪服务(如澳大利亚和加拿大)，中邮小包面单和报关签条如图 15-34。跟踪查询网址为：http://17track.net。

中国邮政对延误邮件、平邮小包不做赔偿；由于姓名、地址出错或海关扣押不能正常投递的邮件不做赔偿；由于寄递不合格产品的邮件不做赔偿；由于中国邮政原因造成卖家损失时，卖家需要举证，根据《邮政法》最多可获得三倍邮资的赔偿，但是卖家要注意，挂号费不在赔偿范围内。

图 15-34　中邮小包和 e 邮宝面单

2．国际 e 邮宝(ePacket)和国际 e 特快(e-EMS)

国际 e 邮宝是中国邮政为适应国际电子商务寄递市场的需要,为中国电商卖家量身定制的一款全新经济型国际邮递产品。国际 e 邮宝和香港国际小包服务一样是针对轻小件物品的空邮产品,目前,该业务限于为中国电商卖家寄件人提供发往美国、加拿大、英国、法国、澳大利亚、德国、以色列的包裹寄递服务。单件限重 2 公斤,主要路向参考时限 7～10 个工作日,价格实惠。e 邮宝面单如图 15-34,e 邮宝资费标准如图 15-35。

<table>
<tr><th colspan="6">国际e邮宝</th></tr>
<tr><td rowspan="16">路向</td><td colspan="2">加拿大（非ebay）</td><td colspan="3" rowspan="3">19元/件+0.065元/克</td></tr>
<tr><td colspan="2">以色列（非ebay）</td></tr>
<tr><td colspan="2">挪威（非ebay）</td></tr>
<tr><td colspan="2">澳大利亚（ebay/非ebay）</td><td colspan="3" rowspan="3">19元/件+0.06元/克</td></tr>
<tr><td colspan="2">法国（非ebay）</td></tr>
<tr><td colspan="2">德国（非ebay）</td></tr>
<tr><td colspan="2">英国（ebay/非ebay）</td><td colspan="3">17元/件+0.065元/克</td></tr>
<tr><td colspan="2">沙特阿拉伯（非ebay）</td><td colspan="3">26元/件+0.05元/克</td></tr>
<tr><td colspan="2">乌克兰（非ebay）</td><td colspan="2">8元/件+0.1元/克</td><td rowspan="8">起重50克，不足50克按50克计费</td></tr>
<tr><td rowspan="3">俄罗斯</td><td>非ebay</td><td colspan="2">10元/件+0.1元/克</td></tr>
<tr><td>ebay</td><td colspan="2">8元/件+0.1元/克</td></tr>
<tr><td>促销价　（ebay+非ebay）</td><td colspan="2">8元/件+0.092元/克</td></tr>
<tr><td rowspan="4">美国</td><td rowspan="2">非ebay</td><td>1~200克</td><td>9元/件+0.08元/克</td></tr>
<tr><td>201~2000克</td><td>9元/件+0.075元/克</td></tr>
<tr><td>ebay</td><td colspan="2">9元/件+0.074元/克</td></tr>
<tr><td>wish</td><td colspan="2">9元/件+0.075元/克</td></tr>
<tr><td>重量限制</td><td colspan="5">单件最高限重2千克</td></tr>
<tr><td>时限（不承诺）</td><td colspan="5">沙特、乌克兰、俄罗斯7~15个工作日，其他路向7~10个工作。</td></tr>
<tr><td rowspan="2">尺寸</td><td colspan="5">单件最大尺寸：长、宽、厚合计不超过90 厘米，最长一边不超过60 厘米。圆卷邮件直径的两倍和长度合计不超过104 厘米，长度不得超过90 厘米。</td></tr>
<tr><td colspan="5">单件最小尺寸：长度不小于14 厘米，宽度不小于11 厘米。圆卷邮件直径的两倍和长度合计不小于17 厘米，长度不小于11 厘米。</td></tr>
<tr><td rowspan="3">查询和赔偿</td><td colspan="5">1.提供收寄、出口封发、进口接收实时跟踪查询信息，不提供签收信息，只提供投递确认信息。客户可以通过EMS网站或拨打客服专线、寄达国邮政网站、eBay网站中查看邮件跟踪信息。</td></tr>
<tr><td colspan="5">2.暂不提供邮件的丢失、延误、损毁补偿、查验等附加服务。对于无法投递或收件人拒收邮件，提供集中退回服务（德国e邮宝暂不提供集中退回的服务）。</td></tr>
<tr><td colspan="5">3.德国e邮宝的寄达国邮政网站查询：需登录法国邮政DPD网站——http://www.dpd.com/tracking进行查询（“Your user name”处，输入“epacketcn”后，在下行的“Parcel reference”处，输入e邮宝单号即可）。</td></tr>
<tr><td rowspan="5">备注</td><td colspan="5">1.邮政shipping发运系统支持语言：简体中文、繁体中文、日语、意大利语、西班牙语、俄语、英语；不支持语言：韩语、阿拉伯语、葡萄牙语、德语、法语、挪威语；</td></tr>
<tr><td colspan="5">2.资费价格涉及小数点后3位的，计算结果四舍五入，保留到两位小数，精确到分；</td></tr>
<tr><td colspan="5">3.ebay平台英国邮件不提供，投递确认服务；</td></tr>
<tr><td colspan="5">4.wish平台美国e邮宝价格试办执行城市：北京、杭州、宁波、义乌、福州、广州、东莞、深圳；其他城市：执行“非ebay”平台美国e邮宝价格；</td></tr>
<tr><td colspan="5">5.投递范围：（1）美国——本土，本土以外所有属地及其海外军邮地址；（2）英国——本土及海峡群岛、马恩岛；（3）其他国家——仅本土。</td></tr>
</table>

图 15-35　e 邮宝资费标准

国际 e 特快与国际 e 邮宝类似,国际 e 特快按首重 50 克和续重 50 的计费模式。国际 e 特快运作模式与国际 e 邮宝类似,与电商平台和电商卖家系统对接,客户在线打印详情单,提交揽收信息,或上门自送。国际 e 特快内部处理与标准国际 EMS 基本相同,国际 e 特快采取 50 克起续重的计费模式,符合电商产品的特点,有效降低卖家的物流成本,提高产品的市场竞争力。目前开通日本、韩国、中国香港、新加坡、中国台湾、英国、法国、加拿大、澳大利亚、西班牙、荷兰、俄罗斯、巴西、乌克兰、白俄罗斯。e 特快资费标准如图 15-36。

路向			价格（单位：元）首重	续重	时限（单位：工作日）（参考、不承诺，不提供卡哈拉投递时限承诺服务）	限重（单位：kg）
原资费体系区（起重：50g以内，每50g一续重）	亚洲	中国台湾	16	0.6	2～4	30
		中国香港	48	0.5		
		日本	81	1.2		
		日本（促销价）	35	1.5		
		韩国	60	0.9		
		韩国（促销价）	35	1.2		
		新加坡	70	1.2		
	欧洲	英国	70	2	5～7	
		法国	105	2		
		西班牙	85	2.2		20
		荷兰	91	2		30
		俄罗斯	60	4	7～10	
		乌克兰	120	2.5		20
		白俄罗斯	120	2.5		30
	北美	加拿大	105	3	7～10	
	南美	巴西	115	4		

图 15-36 e快递资费标准

3. 商业快递

商业快递对比见表 15-2。

表 15-2 商业快递对比表

全称	别称	抛重	时效性	计费	特 点
邮政特快专递	EMS	xyz/8000	5～20 天，不稳定		适用范围广
敦豪航空货运	DHL	xyz/5000	3～10 天	首重加续重，续重不满 0.5kg 按 0.5kg 计算	时效快，包裹丢件率低，平台提供折扣低，配合高价订单或小额批发有奇效。发往俄罗斯需提供商业发票，且 Fedex 发欧盟和部分中东国家需提供发票。
联邦快递	Fedex	xyz/5000	3～10 天		
联合包裹速递	UPS	xyz/5000	3～10 天		

(1) 国际 EMS

优点：网络强大、价格合理；可不提供商业发票即可清关，而且具有优先通关的权利；特别是对敏感的货物，一般都可以通关。通关不过的货物可以免费运回国内。适宜发小件且对时效要求不高的货物，也可走敏感货物。

缺点：相对于商业快递速度偏慢；查询网站信息滞后，一旦出现问题，查询只能做书面查询，时间较长。

(2) Fedex(联邦快递)

优点：适宜走 21 公斤以上的大件，到中南美洲和欧洲的价格较有竞争力；一般 2～4 日工作日可送达。网站信息更新快，网络覆盖全，查询响应快。

缺点是：价格较贵，需要考虑产品的体积重量；对托运物品的限制也比较严格。

(3) UPS

优点：速度快、服务好；强项在美洲线路和日本线路，特别是美加、南美、英国，适宜发快件;一般2～4日工作日可送达。去美国的话,差不多48小时能到达;货物可送达全球200多个国家和地区;可以在线发货、全国109个城市上门取货服务。查询网站信息更新快,遇到问题解决及时。

缺点:运费较贵,要计算产品包装后的体积重量;对托运物品的限制比较严格。

(4) DHL

优点:去日本、东南亚、澳洲有优势,适宜走小件;可送达国家网点比较多;一般2～4日工作日可送达;去欧洲一般3个工作日,到东南亚一般2个工作日;查询网站货物状态更新也比较及时,遇到问题解决速度快。

缺点:走小货价格稍有优势;对托运物品的限制比较严格,拒收许多特殊商品。

(5) TNT

优点:全球货到付款服务、速度快、通关能力强,报关代理服务;免费及时准确货物追踪查询,无偏远派送附加费;在欧洲和西亚、中东及政治、军事不稳定的国家有绝对优势;时效2～4个工作日通至全球,特别是到西欧3个工作日,可送达国家比较多;网络比较全,查询网站信息更新快,遇到问题响应及时。

缺点:要算抛重,对所运货物限制也比较多。

4. 国际物流常用工具

常用的跟踪查询、时效统计查询工具:

http://www.17track.ne

http://www.91track.com

更多物流类应用工具见:http://fuwu.aliexpress.com

更多物流服务工具见:http://seller.aliexpress.com

15.4.4 无忧物流介绍

跨境物流一直是跨境电商行业的一个痛点,特别是巴西、澳大利亚、欧美这些重点关注对象,市场巨大的同时,当地天灾人祸造成的物流延误也给卖家带来不少烦恼。“AliExpress无忧物流”正是考虑到这一点,旨在帮助卖家降低物流不可控因素之影响。

“无忧物流”服务是目前国内出口电商首次出现行业级一站式物流服务,没有出口业务经验的电商也能轻松操作。此项服务的推出将极大降低其从事出口业务的准入门槛。“AliExpress无忧物流”将揽收、配送、物流详情追踪、物流纠纷处理、售后赔付等系列服务打包整合成标准服务与优先服务两个可选项,通过菜鸟大数据智能路由分单技术的使用,出口卖家选择后,平台能迅速通过具体订单的不同需求(收货国、物品重量、品类等),进行最优化的物流服务与对应服务商选择提供整合服务。此外,因物流原因导致的退款纠纷将由平台承担。无忧物流优势如图15-37。

速卖通方面表示,俄罗斯、乌克兰等东欧国家可承诺35天运达,巴西90天,其他国家60天。需要注意的是,无忧物流不支持纯电、液体、粉末商品以及违禁品。

卖家如果要选择无忧物流,可以新增或编辑运费模板,进行一键设置,如图15-38。

买家下单后,点击“AliExpress无忧物流”创建物流订单,发货到国内仓库即可,如图15-39。

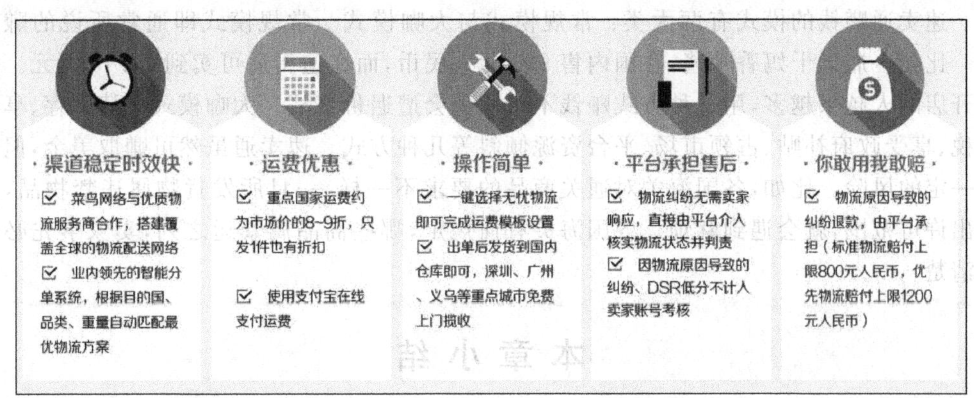

图 15-37　无忧物流优势

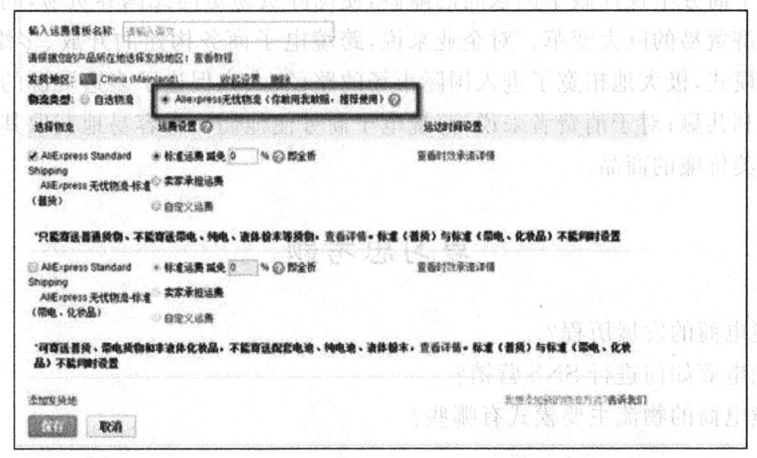

图 15-38　无忧物流设置

图 15-39　创建无忧物流订单

15.5　速卖通沟通与风险

速卖通的联系方式有两种，在线即时沟通；通过电子邮件沟通。买家几乎都能用英语交流，卖家不懂英语，最好招个懂英语的员工，实在不行，自己在网上下载一个翻译软件，可以凑合着翻译。

速卖通赚钱的模式有两大类：常规模式与大咖模式。常规模式即通常所说的赚差价。比如一瓶老干妈香辣酱，在国内售 9.3 元人民币，而在速卖通可卖到 17.15 美元。由于开店的人越来越多，用这种方式赚钱不可避免会遭遇价格战。大咖模式有清库存、享受退税、享受政府补贴、占领市场、平台资源倾斜等几种方式。速卖通虽然可赚取美金，但也有一定的风险。比如，各国海关对通关商品的要求不一样，一旦所发货物属违禁物品，或超出许可范围，就会遇到麻烦。各国海关有何规定，哪些商品属禁运之列，卖家事先必须弄清楚。

本章小结

跨境电子商务作为推动经济一体化、贸易全球化的技术基础，具有非常重要的战略意义。跨境电子商务不仅冲破了国家间的障碍，使国际贸易走向无国界贸易，同时它也正在引起世界经济贸易的巨大变革。对企业来说，跨境电子商务构建的开放、多维、立体的多边经贸合作模式，极大地拓宽了进入国际市场的路径，大大促进了多边资源的优化配置与企业间的互利共赢；对于消费者来说，跨境电子商务使他们非常容易地获取其他国家的信息并买到物美价廉的商品。

复习思考题

1. 跨境电商的发展历程？
2. 跨境电商如何进行 SNS 营销？
3. 跨境电商的物流主要模式有哪些？

实践题

1. 登录亚马逊等跨境电商经营网站，分析其主要的销售产品；
2. 研究跨境电商物流需要注意的事项。

参考文献

[1] 李蔚田.网络营销实务[M].北京：北京大学出版社，2009.

[2] 中国电子商务研究，中心网站，http://www.100ec.cn/

[3] 艾瑞咨询集团网站，http://www.iresearch.com.cn/

[4] 中国互联网信息中心，http://www.cnnic.net/

[5] 百度百科，http://baike.baidu.com/

[6] 百度文库，http://wenku.baidu.com/

[7] 百度知道，http://zhidao.baidu.com/

[8] 中商情报网站，http://www.askci.com/

[9] 中国网络营销传播网站，http://www.1mkt.net/

[10] 知乎网站，http://www.zhihu.com/

[11] 比特网站，http://mi.chinabyte.com/

[12] 中营网站，http://www.cbmedia.cn/

[13] 朱迪·斯特劳斯等著，时启亮等译.网络营销(第四版)[M].北京：中国人民大学出版社，2007.

[14] 瞿彭志.网络营销(第三版)[M].北京：高等教育出版社，2009.

[15] 阿里巴巴商学院网络创业研究中心.大学生网络创业现状与趋势[M].北京：电子工业出版社，2010.

[16] 岚姐姐.网店经营宝典——从新手到职业网商的蜕变[M].北京：清华大学出版社，2008.

[17] 淘宝论坛，http://bbs.taobao.com/

[18] 淘宝客服，http://service.taobao.com/

[19] 姚斌.新搜索规则时代店铺优化[J].淘宝天下·卖家，2010.

[20] 远方的梦想.淘宝付费推广学习手册[J].淘宝天下·卖家，2010.

[21] 林君君.三大店铺数据统计工具横评[J].淘宝天下·卖家，2010.

[22] 卓骏.网络营销学(第二版)[M].北京：清华大学出版社，2008.

[23] 邓顺国，邬锦雯，秦刚等.网上创业[M].北京：高等教育出版社，2008.

[24] 冯英健.网络营销基础与实践(第三版)[M].清华大学出版社，2007.

[25] [美]Efraim Turban，David King 著，严建援等译.电子商务——管理视角(第4版).北京：机械工业出版社，2008.

[26] [美]Allan Afuah，Christopher L. Tucci 著.电子商务教程与案例(第2版).北京：清华大学出版社，2005.

[27] [美]加里.斯奈德，詹姆士.佩里，成栋译.电子商务(第2版)，北京：机械工业出版社，2002.

[28] Rafi A. Mahammed，Robert J. Fisher，Bernard J. Jaworski 等著.王刊良译.网络营销(第2版).北京：中国财政经济出版社，2004.

[29] 赵礼强，荆浩，魏利峰等.电子商务理论与实务[M].北京：清华大学出版社，2010.

[30] 李志刚.网上创业理论与实践[M].北京：机械工业出版社，2010.

[31] 兰宜生，王东，汤兵勇.网上创业[M].北京：机械工业出版社，2007.

[32] 姜旭平.网络整合营销传播[M].北京：清华大学出版社，2007.

[33] 吴建安.市场营销学[M].北京：高等教育出版社，2015.

[34] 朱迪·斯特劳斯等著，时启亮等译，网络营销(第五版)[M].北京：中国人民大学出版社，2010.

教师服务

感谢您选用清华大学出版社的教材！为了更好地服务教学，我们为授课教师提供本书的教学辅助资源，以及本学科重点教材信息。请您扫码获取。

教辅获取

本书教辅资源，授课教师扫码获取

样书赠送

市场营销类重点教材，教师扫码获取样书

清华大学出版社

E-mail: tupfuwu@163.com
电话：010-83470332 / 83470142
地址：北京市海淀区双清路学研大厦 B 座 509

网址：http://www.tup.com.cn/
传真：8610-83470107
邮编：100084

教师服务

感谢您选用清华大学出版社的教材！为了更好地服务教学，我们为授课教师提供本书的教学辅助资源，以及本学科重点教材信息。请您扫码获取。

>> 教辅获取

本书教辅资源，授课教师扫码获取

>> 样书赠送

市场营销类重点教材，教师扫码获取样书

清华大学出版社

E-mail: tupfuwu@163.com
电话：010-83470332 / 83470142
地址：北京市海淀区双清路学研大厦B座509

网址：http://www.tup.com.cn/
传真：8610-83470107
邮编：100084